Kerstin Groeper

Im fahlen Licht des Mondes
Der lange Weg der Cheyenne

Der weiße Mann führte zwei Kriege. Einen, um uns zu töten. Und einen, um die Erinnerung daran auszulöschen.

Black Kettle, Cheyenne-Häuptling, 1867

Im fahlen Licht des Mondes

Der lange Weg der Cheyenne

Historischer Roman
von
Kerstin Groeper

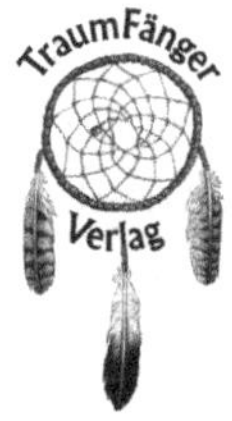

Impressum

Im fahlen Licht des Mondes, Kerstin Groeper
TraumFänger Verlag Hohenthann, 2015

ISBN 978-3-941485-48-8
Lektorat: Michael Krämer
Satz und Layout: Janis Sonnberger, merkMal Verlag
Druck und Bindung: CPI - Clausen & Bosse, Leck
Titelbild: James Ayers@2015
2. Auflage Februar 2018

Printed in Germany

Inhalt

Der weiße Mann führte zwei Kriege. Einen, um uns zu töten. Und einen, um die Erinnerung daran auszulöschen.

Black Kettle, Cheyenne-Häuptling, 1867

Dieses Buch ist für das Volk der Cheyenne und gegen das Vergessen

Moekaé

Moekaé kniete am Feuer im Tipi und starrte sinnend in die Glut. Die Hände ruhten in ihrem Schoß, untätig, und doch waren sie schwielig und kräftig, gewohnt schwere Arbeit zu verrichten. Moekaé genoss die Ruhe. Nur gedämpft drangen die Geräusche der umliegenden Zelte an ihr Ohr. Leise, fröhliche Stimmen waren zu hören und dazwischen das Knurren von Hunden, die sich um irgendwelche Knochen balgten.

Moekaés geschwungene Lippen zeigten ein zartes Lächeln, als die junge Frau den Stimmen des Dorfes zuhörte. Ansonsten blieben die Augen ernst, als ob sie schon zu viel Leid gesehen hätten. Mit einer fahrigen Bewegung strich die Frau eine Haarsträhne nach hinten, die sich aus den Zöpfen gelöst hatte. Die Zöpfe fielen über ein geblümtes Kleid, das mit einem Gürtel gerafft wurde, an dem einige Utensilien hingen: ein Messer in einer bestickten Scheide, ein buntes Täschchen mit Feuersteinen und Zunder und ein Ahlenbeutel mit Nähnadeln und Fäden. Als sie sich nach vorne beugte, um Feuerholz nachzulegen, baumelten lange Ohrringe aus elfenbeinfarbenen Dentaliumschnecken hin und her, die fast bis zum Gürtel hinabhingen und das ovale Gesicht auf würdevolle Weise einrahmten. Sie bildeten einen schönen Kontrast zu den dunklen Gesichtszügen der Frau und den fast schwarzen Augen. Gegen die Kälte, die von der Wand des Tipis strahlte, hatte die Frau sich mit einer blauen Decke geschützt, die lose über die Schultern hing und kaum die schlanke Gestalt verbarg.

Moekaés Blick löste sich von den züngelnden Flammen, die nach dem Holz griffen, und blieb an den buntbemalten Taschen hängen, die überall am Rand des Tipis gestapelt lagen. Sie waren gefüllt mit Vorräten und Kleidung für den Winter. Die Jagd im Herbst war gut gewesen, obwohl sie mehrmals den weißen Soldaten hatten ausweichen müssen, die ihnen nach der Schlacht am Little-Bighorn-Fluss hartnäckig gefolgt waren. Jetzt lag bereits der erste Schnee und die Cheyenne hatten sich bis in die Bighorn-Berge zurückgezogen, um den Soldaten zu entkommen. Moekaé lächelte, als sie an den großen Sieg am Little-Bighorn dachte. Sie war über das Schlachtfeld gegangen und hatte den gefallenen Soldaten die Waffen abgenommen. Ihr Mann besaß nun ein neues Gewehr mit viel Munition und sie selbst trug einen Revolver unter ihrem Kleid. Einige Frauen hatten Custer gefunden und ihm das Trommelfell mit ihren Ahlen durchstochen, damit er sich auch im Jenseits daran erinnerte, dass es besser war, seine Versprechen einzuhalten. Einst hatte er im Zelt des Bewahrers der Heiligen Pfeile versprochen, nie wieder Krieg gegen die Cheyenne zu führen. Nun, er hatte dieses Versprechen gebrochen und dies hatte den Untergang für ihn und seine Soldaten herbeigeführt.

Moekaé schaute auf, als ihr Ehemann Heskovetse die Türklappe hob und in das Tipi kletterte. Er trug eine Decke aus warmem Büffelfell um die Schultern, die er nun achtlos zu Boden gleiten ließ. Darunter trug der junge Mann ein buntes Hemd aus Baumwolle, warme Winterleggins und einen Lendenschurz aus blauem Deckenstoff, den er über einen Conchogürtel geschlagen hatte. Seine Haare fielen lose über die Schultern und waren durch den Wind, der draußen tobte, durcheinander-gewirbelt. Er schlug sich mit einem breiten Grinsen auf seinen Bauch und deutete an, dass er kurz vor dem Platzen war. „Noch einen Bissen und ich sterbe", meinte er gut gelaunt.
Die junge Frau deutete auf den vollen Kochtopf und lächelte ebenfalls. „Nimm!"
„Uah!", stöhnte der junge Krieger und ließ sich dann schwerfällig auf ein Fell plumpsen. „Ich sterbe bereits bei dem Gedanken an Fleisch!"
„Die Jagd war gut." In Moekaés Stimme lag Zufriedenheit und die Hoffnung, dass alles wieder so werden würde wie einst.
„Wahrhaftig", stimmte Heskovetse ihr zu. „Obwohl die Herden der Büffel an Zahl abnehmen. Die Gier der Weißen vernichtet alles, was es sonst im Überfluss gegeben hat."
Moekaé senkte den Blick und ihr Lächeln verschwand. Für diesen Winter hatten sie genug Vorräte, doch sie wusste, dass alle sich Sorgen machten, wie es in Zukunft weitergehen sollte. Weise Menschen sprachen bereits davon, dass es besser wäre, in die

Reservationen zu gehen, doch die jungen Krieger wollten davon nichts hören. Sie warf ihrem jungen Ehemann einen unsicheren Blick unter ihren langen Wimpern zu und musterte ihn prüfend. Er war jung und drahtig, gewohnt zu kämpfen. Seine Augen waren stolz und wild, nur wenn er sie musterte, verloren sie ein wenig diesen gefährlichen Schein. Er liebte sie, auch wenn er manchmal rücksichtslos und unnahbar wirkte. Sie war ihm im Frühling zur Ehefrau gegeben worden und seitdem war wenig Zeit geblieben, um sich näher kennenzulernen. Er gehörte der Gesellschaft der Blue-Soldiers an und trug stolz seinen geschnitzten Talisman aus Hirschhorn in der Hand, wenn er in den Kampf zog. Die Blue-Soldiers hießen eigentlich Elkhorn Scrapers, doch nachdem sie nach einem Kampf mit Soldaten die blauen Jacken erbeutet hatten, trugen sie nun diesen Namen. Vorher gab es diesen Namen auch schon, aber da war er spöttisch gemeint, und so hatten die Krieger es vorgezogen, die alte Bedeutung zu vergessen. Moekaé senkte den Blick und dachte an frühere Zeiten zurück, als die Männer noch ihre Zeremonien gefeiert und ihre besondere Kriegsausrüstung getragen hatten. Sie erinnerte sich an die Kappen aus Rabenfedern der Dogsoldiers und an die Bemalung der Kit-Foxes, die sich den Oberkörper und das Gesicht mit gelber Farbe und die Beine schwarz bemalt hatten. All dies war nun vergangen. In all den Kämpfen war keine Zeit mehr geblieben, sich für den Kriegszug zu schmücken, sondern es ging um das Überleben.
Meist war ihr Mann, bekleidet mit einer blaue Uniformjacke, mit den Blue-Soldiers unterwegs, um gegen das Eindringen der weißen Soldaten oder Siedler zu kämpfen.

Sie hingegen war damit beschäftigt gewesen, seine Mokassins zu flicken, seine Hemden und Leggins zu nähen und seine Proviantbeutel zu füllen, wenn er nach einer kurzen Rast wieder aufbrechen musste. Sie zählte ungefähr siebzehn oder achtzehn Winter, so genau wusste das niemand. Ihre Eltern hatten erzählt, dass sie nach dem Vertrag von Fort Laramie bei den hundert Zelten geboren worden war. Damals waren die Zeiten gut gewesen und die Weißen hatten mit Geschenken darum gebuhlt, durch das Land

der Cheyenne ziehen zu dürfen. Inzwischen waren die Cheyenne geschwächt von den ewigen Kämpfen und den Seuchen, die ihr Volk hart getroffen hatten.
Moekaé freute sich auf den Winter. Er versprach Ruhe und Frieden. Endlich würde ihr Ehemann zuhause sein und sie konnten vielleicht ihr Eheleben beginnen. Noch wuchs kein Kind in ihrem Leib und die anderen Frauen munkelten, ob sie vielleicht unfruchtbar wäre.
Moekaé biss die Lippen aufeinander und schob diesen Gedanken beiseite. Wie sollte ein Kind entstehen, wenn der Ehemann nie bei ihr lag? Heskovetse hatte nur selten mit ihr geschlafen. Es war kurz und ungeschickt gewesen und hatte ihr wehgetan. Nun hoffte sie, dass der Winter ihn sanft machte und er in ihr mehr seine Frau sah und nicht einen Feind, den man unter sich bezwingen musste. Die Mutter hatte ihr einen alten Trick verraten, wie man die Schmerzen vermeiden konnte und wie eine Frau es schaffte, dass auch der Mann seine Frau liebkoste. „Nimm Fett", hatte ihre Mutter geflüstert. „Und streichle seinen kleinen Mann, damit auch er sich Zeit lässt und dich streichelt. Dann wird es schöner zwischen euch beiden sein."
Sie hatte geprustet vor Lachen, doch dann hatte sie über die Worte nachgedacht. Schon lange hatte sie sich vorgestellt, wie sie zu ihm sein würde, wenn er endlich bei ihr lag, und diese Vorstellung hatte ihre Ängste weniger werden lassen. Sie würde nicht wie ein Brett unter ihm liegen wie bisher, sondern die Initiative ergreifen. Auch Cheyennefrauen waren mutig. Sie kicherte plötzlich und erntete einen erstaunten Blick ihres Mannes.
„Warum lachst du?", fragte Heskovetse misstrauisch. Manchmal schien er wirklich nicht viel von Frauen zu wissen oder vermutete, dass er irgendwelchen Spott auf sich zog.
Moekaé lächelte freundlich und streichelte ebenfalls über ihren Bauch. „Ich fühle mich auch kugelrund, aber ich wünschte, es wäre aus einem anderen Grund!"
Der misstrauische Blick ihres Mannes wurde plötzlich sanft und Moekaé staunte über die Veränderung.
„Warte nur, mein Grasmädchen", flüsterte er in ihr Ohr. „Auch ich wünsche mir ein Baby. Bald!"

Sie zuckte kichernd zusammen und freute sich über diese Worte. Endlich dachte er mal nicht an Kampf und Krieg! Sie nahm die Spielerei mit ihrem Namen auf und neckte ihn ebenfalls: „Dann darfst du mich aber nicht nur mit deinen Stacheln stechen, mein Stachelschwein, sondern mit deinem anderen Ding!"
Heskovetse grinste breit und staunte nicht schlecht über diese Anzüglichkeit bei seiner sonst so keuschen Ehefrau. „So, so! Ich bin also dein Stechschwein!", murmelte er frech.
„Hmh!", antwortete Moekaé. Dann öffnete sie ihre Beine und zeigte provozierend auf ihre weibliche Stelle. „Hier, genau hier!"
„Uah!", schimpfte Heskovetse empört. „Als ob ich das nicht wüsste!" Mit einem Satz warf er sich auf seine junge Ehefrau und zog mit einem Ruck ihr Kleid in die Höhe. Doch dann nahm er sie plötzlich ganz sanft in die Arme und drückte ihr einen Kuss auf die Wange. Kichernd lagen sie engumschlungen da, fast wie jung Verliebte, die noch nicht wussten, was Liebe eigentlich ist.
„Noch nicht!", flüsterte Heskovetse. „Noch nicht!"
Moekaé drückte sich an ihn und nickte. Sie wusste, dass die Männer noch ihre Reinigungsrituale machen mussten. Zu viel Blut war geflossen und die Geister mussten erst besänftigt werden. Ein Kind war eine hohe Verantwortung und durfte nicht gedankenlos gezeugt werden.

Sie lag mit offenen Augen neben ihrem Mann und sah zu, wie das Feuer langsam niederbrannte. Ihr Tipi war klein, aber sie war froh, dass sie es mit niemandem teilen musste. Ihre Eltern lebten im Zelt nebenan, zusammen mit ihrer Schwester und den Kindern. Ihre Schwester war bereits Witwe und hatte keinen neuen Mann mehr gewählt. Ein Bruder war letztes Jahr gefallen und hatte ebenfalls eine Frau und zwei Kinder hinterlassen, die nun versorgt werden mussten. Ihr Volk hatte schlimme Zeiten erlebt und sie dachte an all die Menschen, die bereits von ihr gegangen waren. Ihre Großeltern waren beide bei einem Überfall der Soldaten getötet worden, ebenso wie eine kleine Cousine und ein weiterer Bruder. Er war noch ein Kind gewesen, keine zwölf Winter alt, und doch hatten die Soldaten kein Mitleid gehabt. Sie hatte nun keine Brüder mehr. Warum schossen die Soldaten auf Frauen und Kinder? Dafür gab es keine Erklärung. Wahrscheinlich waren es keine wahren Menschen, sondern böse Geister aus einer anderen Welt.

Sie war zu müde, um aus dem Kleid zu schlüpfen, und döste mit offenen Augen. Sie wollte ihren Mann nicht wecken, der immer noch einen Zipfel ihres Kleides um seine Hand geschlungen hatte. Es war ein Kleid aus geblümtem Baumwollstoff, das ihnen bei irgendwelchen Friedensgesprächen als Geschenk überreicht worden war. Sie glaubte nicht mehr an Frieden. Zu oft hatte sie erleben müssen, dass Menschen ihres Volkes trotz dieses Friedens zusammengeschossen worden waren. Weiße hielten sich nicht an Verträge oder das gegebene Wort. Für Moekaé war das unverständlich. Worte, die unter den Heiligen Pfeilen oder der Anwesenheit des Bündels von Sweet Medicine, des Propheten, gesprochen wurden, waren heilig. Sweet Medicine war vor Generationen auf den Heiligen Berg, den Bear Butte, gestiegen und hatte dort von Mahéo die Anweisungen erhalten, wie die Cheyenne zu leben hatten, um Mahéo zu gefallen. Die Regeln und Verhaltensweisen waren seither für jeden Menschen klar gewesen und jeder hielt sich daran. Selbst Gefangene fielen unter diesen Schutz und konnten auf Mitleid hoffen. Weiße Menschen hatten keine Regeln und Wertvorstellungen. Selbst Wölfe kümmerten sich um Ihresgleichen, doch weiße Menschen fielen übereinander her und verschonten selbst Babys in den Tragewiegen nicht. Sie waren wie die Spinnen, bei denen das Weibchen nach der Paarung das Männchen frisst, wenn es nicht schnell genug flüchtete. Sie breiteten sich in dem Land der Cheyenne aus wie die Spinne ihr Netz.

Die Zerstörung des Landes und der Lebewesen darin war für Moekaé unvorstellbar und ging einher mit dem Niedergang ihrer Sitten und Bräuche. Frauen fühlten dies eher als die Männer, die oft noch damit beschäftigt waren, mit Waffengewalt das Unvermeidbare aufzuhalten. Aber die Frauen erlebten, dass Sitten verrohten, Männer sich nicht mehr an die alten Überlieferungen und Rituale hielten oder im Kampf abstumpften. Längst ging es nicht mehr um Ruhm und Ehre, sondern um das bloße Überleben. Viele der Älteren, deren Aufgabe es wäre, die Geschichten und Überlieferungen weiterzugeben, waren getötet worden und so ging Wissen, das sonst von Generation zu Generation überliefert wurde, auf immer verloren. Vielleicht hatte sich deshalb ihr Bauch noch nicht gerundet? Welches Kind wollte schon in eine solche Welt geboren werden? Doch ein Kind bedeutete auch Hoffnung. Ein Kind bedeutete, dass das Volk der Cheyenne weiterexistieren würde. Ja, in den Frauen lebten die kommenden Generationen.

Moekaé schlief ein und träumte davon, an einem See zu sitzen und ihr Baby im Arm zu halten. Dieses Gefühl war unbeschreiblich schön. Ganz deutlich spürte sie das Gewicht des Kindes in ihrem Arm, fühlte den warmen Körper, doch dann fuhr sie plötzlich schweißgebadet auf, als dieses Baby seine seltsamen blauen Augen öffnete und sie das Gefühl hatte, in diesem Blau ertrinken zu müssen. Augen in der Farbe des Sees! Sie wischte sich den Schweiß von der Stirn und horchte auf ihr pochendes Herz. Auch ihr Mann wurde unruhig und blinzelte sie verschlafen an.
Im gleichen Augenblick zerriss eine Salve die Stille des angehenden Morgens. Kugeln zerfetzten das Leder des Zeltes und zischten über Moekaés Kopf hinweg, ohne wirklich Schaden anzurichten. Schreie hallten durch das Dorf, Pferde wieherten und das ohrenbetäubende Brüllen von angreifenden Soldaten ließ die Menschen für einen kurzen Augenblick in Lähmung verfallen. Moekaé sah schreckensbleich auf ihren Mann, der ebenso entsetzt neben ihr kauerte.
„Lauf!", befahl Heskovetse. „Lauf!" Er schlüpfte in seine Uniformjacke, als würde dies ihn irgendwie beschützen. Dann schnappte er sich sein Gewehr und einen Munitionsgürtel, hängte sich eine Decke um die Schultern und schlüpfte aus dem Tipi. Mit fliegenden Händen packte Moekaé ebenfalls eine Decke, griff nach einem Proviantbeutel und einer Tasche, als bereits die nächste Salve durch das Tipi jagte und sie sich instinktiv in die Decken fallen ließ. Kriechend schob sie sich zum Eingang des Zeltes und ließ sich hinausrollen. Die Tasche blieb liegen. Moekaé wickelte die Decke um ihren Körper und hängte sich den Beutel um den Hals, während sie neben ihrem Mann kniete, der mehrere Schüsse in die Front der angreifenden Soldaten jagte. Überall

war Rauch, sodass kaum zu erkennen war, ob die Schüsse irgendwelchen Schaden anrichteten.
„Zum Wald!“, herrschte Heskovetse sie an und zeigte mit den Lippen in die ungefähre Richtung. Er hatte sich bereits einen kleinen Überblick verschafft und hoffte auf einen Fluchtweg für die Frauen und Kinder.
Moekaé schlüpfte an ihm vorbei und begann mit weichen Knien zu laufen. Kugeln flogen an ihr vorbei und nur aus den Augenwinkeln sah sie, wie Menschen neben ihr zu Boden stürzten. Ihr Mann blieb genau hinter ihr und drängte sie, immer weiterzurennen. „Schneller! Lauf schneller!“
Neben ihnen lief Moekaés Schwester mit ihren beiden Kindern. Sie schrie hysterisch und hielt das kleinere Kind gegen ihre Brust gepresst. Moekaé nahm ihren Neffen an der Hand und zog das Kind rücksichtslos mit. Der kleine Junge war erst vier Jahre alt und konnte mit seinen kurzen Beinen kaum mithalten. Seine Augen waren weit vor Furcht und er weinte seine Angst heraus. Am Himmel erschien die erste Morgenröte und tauchte das Tal in ein gespenstisches Licht. Überall waren die braunen Uniformmäntel aus Büffelfell der Soldaten zu sehen, die zu Fuß oder zu Pferde durch das Dorf der Cheyenne jagten und wahllos auf alles schossen, was sich bewegte. Die Soldaten trugen Pelzmützen und Fellhandschuhe, die sie vor der Kälte schützten, während die Indianer zum Teil nur leicht bekleidet in die Kälte des Morgens flüchteten. Manche waren fast nackt, als sie schlaftrunken aus den Tipis wankten und dort von Kugeln getroffen zusammensackten.
Moekaé sah, wie ihre Schwester nach vorne fiel und dabei ihre Tochter fallen ließ. „Steh auf!“, bat Moekaé verzweifelt und zog ihre Schwester am Arm. Blut sickerte aus dem Mund der Schwester, dunkel und schwallweise, dann brachen die Augen und alles wurde schwer. Moekaé war so entsetzt, dass sie zu keinem Gedanken fähig war. Neben ihr schrie der kleine Junge nach seiner Mutter und sie nahm es kaum wahr. „Schwester!“, rief Moekaé. „Schwester, bitte steh auf!“
Heskovetse riss das kleine Mädchen hoch und stürzte mit ihr davon. „Lauf weiter!“, schrie er mit überschnappender Stimme.

„Du kannst ihr nicht mehr helfen. Nimm den Jungen mit!"
Wie in Trance griff Moekaé nach der Hand des Jungen und zog ihn mit sich fort. Wieder peitschten Kugeln neben ihr in den Boden und sie schlug einen Haken. Dann tauchte sie unter einige Bäume, änderte leicht die Richtung und rannte tiefer in den Pinienwald. Überall rannten Frauen und Kinder um ihr Leben. Manche überschlugen sich, als würde eine riesige Hand ihnen von hinten einen kräftigen Schlag versetzen, aber Moekaé wusste, dass sie nie wieder aufstehen würden. Im Dämmerlicht konnte sie nicht erkennen, wer fiel, und sie wollte es auch gar nicht wissen. Hier ging es nur noch um ihr eigenes Überleben.
Heskovetse hielt plötzlich an und drückte ihr das kleine Mädchen in die Arme. Sie war fast noch ein Baby, keine zwei Winter alt, und wurde von der Mutter noch gestillt. Sie weinte schluchzend und drückte ihr nasses Gesicht an Moekaés Hals. „Sei leise", flüsterte Moekaé. Sie rannte weiter, während ihr Mann hinter einem Baum in Deckung ging und mit anderen Männern eine Schützenlinie bildete, um den Rückzug der Frauen und Kinder zu decken. Kurz stockte der Angriff der Soldaten und dies gab den Menschen Zeit, tiefer im Dickicht des Waldes zu verschwinden. Viele hatten es nicht geschafft. Die Soldaten gingen nun dazu über, die wenigen Überlebenden im Dorf zusammenzutreiben und hatten ihren offensichtlichen Spaß an ihrer Überlegenheit. Schreie erklangen, als Frauen misshandelt und verletzte Männer einfach erschossen wurden. Dann konnten die Flüchtenden einen hellen Feuerschein im Tal erkennen, als die Soldaten damit begannen, die Zelte mitsamt aller Ausrüstung in Brand zu stecken.
Moekaé rannte weiter und setzte sich dann völlig außer Atem neben andere Frauen und Kinder, die hinter einigen Felsen Schutz gesucht hatten. „Sie brennen alles nieder!", wimmerte eine ältere Frau.
Moekaé dachte an die Vorräte, die sie in mühevoller Arbeit angelegt hatte, und an die warme Kleidung. Aber mehr noch dachte sie an all die Menschen, die nun dort unten lagen und ihr Leben gelassen hatten. Ihre Schwester war tot und sie wusste nicht, ob es ihre Eltern und Freundinnen geschafft hatten. Tröstend drückte sie die beiden Kinder an sich und stellte fest, dass sie zumin-

dest voll bekleidet waren. Sie hießen Kleiner-Biber und Rotes-Blatt. Kurz schoss der Gedanke durch ihren Kopf, dass sie nun die Mutter für diese beiden Kinder sein würde und die Verantwortung lastete wie ein schwerer Stein auf ihrem Herzen. Wie sollte sie die Kleinen ernähren? Kleiden? Warm halten? Wo sollten sie nun hin? Ein ängstliches Raunen ging durch die Ansammlung der Frauen und Kinder, als Schritte zu hören waren, doch es waren nur einige Krieger, die schwer atmend zu ihnen aufschlossen. „Schnell! Weiter! Die Soldaten folgen uns!", zischten sie warnend. Hastig sprangen alle auf und liefen weiter in die dichte Wildnis. Sie verteilten sich und jeder suchte sich allein einen Weg nach Norden, um den Soldaten die Verfolgung so schwer wie möglich zu machen.

Moekaé trug Rotes-Blatt auf ihrer Hüfte und zog Kleiner-Biber an der Hand hinter sich her. Der Junge war erschöpft und jammerte leise.

„Sei still!", zischte Moekaé mahnend. „Wir müssen ganz leise sein, damit die bösen Vehoe uns nicht finden."

„Wo ist meine Mutter?", fragte Kleiner-Biber bittend. Er hatte plötzlich Angst vor dieser Tante, die sonst immer so freundlich und liebevoll gewesen war.

„Sie ist gestürzt und kann nicht mehr aufstehen", antwortete Moekaé schnell. Es hatte keinen Sinn, dem Kind jetzt erklären zu wollen, dass die Mutter nie wiederkommen würde.

„Was machen dann die Vehoe mit ihr?", jammerte Kleiner-Biber weiter. „Ich will nicht, dass wir ohne sie fortgehen."

„Wir müssen!", drängte Moekaé. „Und nun komm!"

Widerstandslos ließ sich das Kind mitziehen. Doch manchmal drehte es den Kopf und sah mit großen Augen den Feuerschein und die Rauchwolken, die sich in der Ferne abzeichneten. Immer noch waren Gewehrschüsse zu hören und jedes Mal zuckte das Kind zusammen und klammerte sich furchtsam an Moekaés Hand.

Die Sonne stieg höher und ein Teil der Frauen und Kinder kletterte in eine tiefe Schlucht. Leise folgten sie einem reißenden Bach, der sich ebenfalls seinen Weg durch die Schlucht bahnte. Das

Jammern und Klagen hatte aufgehört, stattdessen waren nur die leisen Schritte der Menschen zu hören. Manchmal rollte ein Kieselstein unter den Füßen weg und ein Rabe krächzte, als wäre es ein ganz normaler Morgen. Das Gewehrfeuer in der Ferne war verstummt, vielleicht hatten die fliehenden Menschen aber auch genügend Abstand zwischen sich und den Ort des Grauens gebracht. Von hinten erklang Hufgetrappel und panisch vor Angst drängten sich die Flüchtenden zwischen einige Felsen. Doch es waren ein paar junge Krieger, denen es gelungen war, einen Teil der Ponyherde zu retten. Leise frohlockend kamen die Frauen aus ihren Verstecken und nahmen zum Teil in Streifen gerissene Decken her, um den Pferden einfache Zügel anzulegen. Schnell saßen alle auf den Ponys und die Flucht ging nun schneller voran. Hufe klapperten gegen den steinigen Boden, ansonsten war es wieder still.
Moekaé hatte Kleiner-Biber hinter sich auf das Pony gesetzt und der Junge klammerte sich an ihr fest. Vor sich im Arm hielt sie Rotes-Blatt, die vor Erschöpfung eingenickt war. Das Kind lag schwer in ihrem Arm und Moekaé schob es in eine aufrechte Position, um den Arm zu entlasten. Der Kopf wackelte dabei haltlos hin und her, bis er schließlich wieder in ihrer Armbeuge ruhte. Kurz hatte Moekaé den Verdacht, dass das Kind vielleicht doch irgendwie verletzt war, aber sie konnte nichts feststellen. Still folgte sie den anderen Frauen, die sie nun im Tageslicht besser erkennen konnte. Vor ihr ritt Eiserne-Zähne, eine ältere Frau, die ebenfalls ein Kleinkind im Arm hatte. Ein siebenjähriges Mädchen saß hinter der Mutter und hielt den Bauch der Mutter umklammert. Weiter vorn erkannte Moekaé ihre Freundinnen Sommer-Regen und Büffelkalb-Frau. Ein Krieger drängte sich an ihr vorbei und sie fragte ihn besorgt nach ihren Mann. „Hinten!“, signalisierten seine Hände, dann trabte er davon. Moekaé war beruhigt und trieb das Pony zu einem schnelleren Schritt an. Heskovetse würde bestimmt bald kommen!
Der Bauch des Ponys wärmte sie ein bisschen und Moekaé war froh, dass sie wenigstens dieses Pferd hatte. Der Atem war deutlich als Nebel zu sehen und dies erinnerte sie daran, wie kalt es eigentlich war. Das Pony trottete dahin und irgendwann wachte

das kleine Mädchen wieder auf und weinte leise nach seiner Mutter. Moekaé griff in den Beutel und zog etwas Trockenfleisch hervor, um das Kind abzulenken. Auch Kleiner-Biber verlangte nach etwas zu essen und sie drückte ihm einen Streifen Fleisch in die Hand. „Iss langsam! Wir haben nicht viel!", warnte sie das Kind. Rotes-Blatt kaute ebenfalls an dem trockenen Fleisch und wieder kullerten dicke Tränen über das Gesicht des Kindes. „Nahgo?", fragte sie immer wieder nach ihrer Mutter.
Moekaé schwieg. Sie wollte nicht lügen und sie wollte nicht die Wahrheit sagen. Irgendwann würden die Fragen aufhören, wenn keine Antwort kam.
Die Stille wurde von Schüssen durchbrochen und sofort brach Panik unter den Menschen aus. Oben waren Soldaten in Stellung gegangen und hatten die verzweifelten Menschen in der Schlucht unter Beschuss genommen. Schreie hallten durch die Luft, brachen sich an den Wänden und kehrten als schauerliches Echo zurück. Moekaé rutschte vom Rücken des Ponys und riss Kleiner-Biber ebenfalls herunter. Der Junge kreischte vor Angst und klammerte sich so an der Tante fest, dass sie kaum noch laufen konnte. Rotes-Blatt hatte den Mund weit aufgerissen und brachte keinen Ton mehr heraus. Wieder schlugen Kugeln in die Bäume, prallten an den Felsen ab und heulten als Querschläger durch die Schlucht. Moekaé zerrte das Pony neben sich her und benutzte es als Deckung. Es wieherte angstvoll und versuchte tänzelnd, sich loszureißen. Moekaé konnte es unmöglich halten und so rutschte der provisorische Zügel durch ihre Hände. Wiehernd galoppierte das Pony davon und Moekaé tauchte zwischen einige Bäume, um den Kugeln zu entgehen. Sie hastete geduckt dahin, den Jungen rücksichtslos hinter sich herziehend, während sie das Mädchen gegen ihre Brust drückte. Sie stolperte mehr als sie lief und sah immer wieder, wie Menschen um sie herum zu Boden stürzten. Sie waren nur noch so wenige und auch diese fielen den Kugeln zum Opfer. Dann verschwand sie endlich hinter einigen großen Felsen, die ihr besseren Schutz gaben, und duckte sich in eine Felsnische. Beide Kinder schrien ihre Angst heraus und auch ihr Herz schlug so schnell, dass es aus ihrer Brust zu springen drohte. Zwei Männer sprangen neben ihr in Deckung und nahmen

die Soldaten unter Beschuss. Es war Heskovetse, der seiner Frau mit einem Nicken den Befahl gab, sich weiter zurückzuziehen. Moekaé krabbelte davon und zerrte die weinenden Kinder hinter sich her. Sie war panisch vor Angst. Gleichzeitig hatte sie eine Todesangst um ihren Mann. Es waren nur noch zwei Männer, die dort bei den Felsen den Rückzug der wenigen Überlebenden sicherten. Immer wieder hörte sie wütendes Gewehrfeuer und sie wusste, dass ihr Mann dort niemanden vorbeilassen würde, solange er noch lebte.

Die Schlucht gabelte sich nach Norden und Westen und Moekaé wählte eine steile Passage in westlicher Richtung nach oben, um der Todesfalle zu entkommen. Selbst wenn einige Soldaten am Grat der Schlucht entlangliefen, um ihr den Weg abzuschneiden, würden sie eher an der nördlichen Seite warten. Sie hätten erst in die eine Schlucht hinabsteigen müssen, um zu der westlichen Seite zu gelangen. Wahrscheinlich hatten sie die Abzweigung überhaupt nicht gesehen.

Moekaé schnaufte unter dem Gewicht des Kindes, doch sie kletterte weiter den steilen Pfad bergan. Vor ihr rannten Eiserne-Zähne mit ihren Kindern und ein Stückchen weiter erkannte sie ihre Freundin Büffelkalb-Frau. Sie hinkte stark und schien verletzt zu sein. In der Hand hielt sie einen Revolver. Moekaé beeilte sich, um ihre Freundin einzuholen und zu stützen. Sie balancierte das Kind auf ihrer linken Hüfte und legte den Arm von Büffelkalb-Frau um ihre Schulter. Kleiner-Biber klammerte sich an einen Zipfel ihres Kleides und lief tapfer mit. Er weinte nicht mehr, vielleicht hatte er erkannt, dass dies ohnehin nichts nützte. Büffelkalb-Frau lehnte sich schwer auf Moekaés Schulter und zog mit zusammengepressten Lippen ihr Bein hinterher. „Eine Kugel hat mich erwischt“, stöhnte sie leise.

„Ist es schlimm?“, fragte Moekaé besorgt.

„Nein, aber ich muss die Blutung stoppen. Mir wird schlecht!“

„Noch nicht! Lass uns erst aus dieser Schlucht herauskommen. Die Soldaten sind zu nahe!“, weigerte sich Moekaé.

Ehe sie es verhindern konnte, sackte ihre Freundin zusammen und glitt zu Boden. Ihr Gesicht war aschfahl und Moekaé hatte Angst. Sie wusste, dass die Soldaten ihnen auf den Fersen waren.

Immer noch waren Gewehrschüsse zu hören, obwohl sie sich zu entfernen schienen. Moekaé setzte das Kind ab und kniete sich zu ihrer Freundin. „Lass sehen!“, meinte sie hastig. Büffelkalb-Frau schob das Kleid aus blauem Wollstoff hoch, das sich an einer Seite bereits dunkel vom Blut gefärbt hatte, und tastete nach dem Oberschenkel. Eine hässliche, blutige Schramme zog sich quer durch das Fleisch. Die Wunde blutete stark, schien aber eher oberflächlich zu sein.

„Uh!“, stöhnte Büffelkalb-Frau, dann sackte ihr Kopf kraftlos nach hinten. Moekaé wusste, dass nur der Blutverlust dieser Frau die Kraft nahm, denn Büffelkalb-Frau war gewohnt zu kämpfen. Noch im Frühjahr hatte sie beim Kampf am Rosebud ihren Bruder aus der Gefahrenzone gerettet. Sie galt als Kriegerfrau und ihre Tapferkeit war an den Lagerfeuern besungen worden. Das alles zählte nun nicht mehr. Hier waren sie nun die Gejagten und wenn Büffelkalb-Frau nicht aufstand, dann würden die Soldaten über sie herfallen.

Moekaé schlug ihr mit der Hand ins Gesicht und brachte sie so wieder zur Besinnung. „Du kannst hier nicht bleiben!“, warnte sie eindringlich. Energisch riss sie einen Streifen Stoff aus ihrem eigenen Kleid und band damit die Wunde notdürftig ab. Dann half sie ihrer Freundin wieder auf die Beine. „Komm!“, mahnte sie drängend. „Du weißt, was diese Vehoe mit uns Frauen machen!“

Büffelkalb-Frau nickte und humpelte eilig neben Moekaé her. Die Kälte schien den Schmerz zu lindern und sie nahm Kleiner-Biber an der Hand, sodass Moekaé sich besser um das kleine Mädchen kümmern konnte. Moekaé blieb hinter der Freundin, um besser sehen zu können wenn sie eventuell stürzte. Außerdem war der Pfad zu schmal, um nebeneinander zu gehen. Sie war froh, dass auch Büffelkalb-Frau eine Decke dabei hatte, um sich warm zu halten. Von hinten waren von den Frauen nur der Scheitel und die Ansätze der Zöpfe zu sehen. Ansonsten waren die zähen Körper von den Decken verhüllt. Schließlich hatten die beiden Frauen den Grat der Schlucht erreicht und schauten sich vorsichtig um. Auf der einen Seite war ein breites Tal, doch auf der anderen Seite begann dichter Pinienwald. Hastig liefen die beiden Frauen mit den Kindern darauf zu, immer in der Angst, dass doch einige Soldaten sie entdeckten und niederschossen. Schwitzend tauchten sie in den Schutz der Bäume und drangen tiefer in das Dickicht ein. Erschöpft setzten sie sich unter einige Bäume und verhielten sich ruhig.

„Wir gehen in der Nacht weiter“, wisperte Moekaé.

Büffelkalb-Frau nickte wortlos und legte sich auf die Seite. Ihre Hand glitt prüfend über den Verband. „Und wohin gehen wir dann?“, fragte sie. Ihre schwarzen Augen ruhten fast bittend auf dem Gesicht von Moekaé. Die Hand der Kriegerfrau zitterte, als sie die Decke fester um ihren Körper zog.

„Nach Norden! Dort werden wir die anderen finden“, versicherte Moekaé. Sie erkannte, dass Büffelkalb-Frau nicht aus Angst zitterte, sondern wegen der Verletzung.

„Und was machen wir dann?“ Das runde Gesicht von Büffelkalb-Frau zeigte plötzlich Hass und Wut.

Moekaé zuckte die Schultern und machte eine vage Handbewegung. „Vielleicht finden wir ein anderes Dorf? Die Lakota haben im Herbst auch die Büffel gejagt. Sie werden noch in der Nähe sein. Vielleicht finden unsere Männer einen Lagerplatz von ihnen?“

„Hoffentlich“, murmelte Büffelkalb-Frau. „Es ist kalt.“ Sie zitterte nun vor Kälte und schien orientierungslos zu sein.

Moekaé sagte nichts dazu. Mehr Sorgen bereitete ihr, wie sie überhaupt zu einem Dorf gelangten und ob sie dort freundlich aufgenommen wurden. Sie hüllte die beiden Kinder unter ihre Decke und spürte das Zittern. Es war kalt und ohne Decken und Unterschlupf würden sie den Winter hier draußen nicht überleben.

Es war zu gefährlich, ein Feuer zu entfachen, und so hockten sie eng beisammen, um sich gegenseitig zu wärmen. Moekaé kramte etwas Trockenfleisch aus dem Beutel und alle aßen dankbar. Moekaé kaute es für Rotes-Blatt weich, damit das Kind es besser schlucken konnte. Dann kümmerte sie sich um die Schussverletzung ihrer Freundin. Zum Glück hatte die Blutung aufgehört und so wickelte Moekaé nur einen neuen Stofffetzen um das Bein. Die Dämmerung kam bereits und die beiden Frauen hatten Angst vor

der kommenden Nacht. „Sollen wir weitergehen?“, fragte Büffelkalb-Frau. „Vielleicht finden wir eine geschützte Stelle, wo wir Feuer machen können?“
„Nein!“, wehrte Moekaé entschieden ab. „Wir sind noch zu nahe. Vielleicht setzen sie Kundschafter ein, um uns aufzuspüren. Die Soldaten sehen unsere Spuren und auch den aufsteigenden Rauch eines Feuers nicht, aber ihre Kundschafter schon. Wahrscheinlich haben sie Crow- oder Arikara-Scouts dabei. Wie sonst haben sie unser Dorf gefunden?“
Über das Gesicht von Büffelkalb-Frau huschte plötzlich ein Anflug von Scham. „Ich bin nur noch gerannt, ohne mich umzusehen. Ich weiß nicht, was mit meiner Familie ist und ob mein Bruder noch lebt.“
Moekaé biss die Lippen zusammen. „Meine Schwester ist tot. Ich weiß nicht, was mit meinen Eltern ist. Und mein Mann lag dort hinten bei den Felsen und versuchte die Soldaten aufzuhalten. Ich weiß nicht, ob er noch lebt.“ Sie drückte die Kinder fester an sich und seufzte tief. „Morgen gehen wir weiter nach Norden und treffen hoffentlich auf andere.“
Es wurde dunkel und die Frauen dösten eine Weile. Dann wurde die Kälte unerträglich. Die Kinder jammerten und Moekaé fühlte mit ihren Händen die Kälte in den kleinen Körpern. „Wir müssen weiter!“, befahl sie energisch.
„Jetzt?“, flüsterte Büffelkalb-Frau. Die Verletzung raubte ihr die Kraft.
„Ja, wir werden erfrieren, wenn wir uns nicht bewegen!“
Wieder rafften sich die Frauen auf und Moekaé band sich Rotes-Blatt vor sich an die Brust, um sie mit ihrer Decke warm zu halten. Kleiner-Biber schlotterte vor Kälte, aber sie hatte nichts, um ihn warm zu halten. „Geh mit Büffelkalb-Frau zusammen! Wenn du dich bewegst, wird dir bald wärmer!“
Kleiner-Biber kroch unter die Decke von Büffelkalb-Frau und stolperte müde neben ihr her. Seine Füße waren Klumpen aus Eis und er konnte kaum noch auftreten. „Meine Füße tun so weh!“, klagte er.
„Gleich wird es besser!“, versuchte Moekaé ihn zu trösten. Vorsichtig tasteten sich die Frauen durch die Dunkelheit, dann wur-

de der Wald wieder lichter und sie sahen die Sterne am Himmel. Trotzdem war es gefährlich, denn in der Dunkelheit konnte man kaum die Hand vor den Augen erkennen. Mehrmals stolperten sie über unebene Stellen und Gestrüpp. Es war still und so suchte Moekaé wieder den Rand des Waldes, weil dort das Vorwärtskommen leichter war. Niemand würde sie entdecken, solange sie im Schutz der Dunkelheit liefen, aber die Sicht wäre unter dem Licht der Sterne etwas besser. Kleiner-Biber setzte sich schließlich auf den Boden und weigerte sich weiterzugehen. Moekaé sah ein, dass sie eine Pause machen mussten und kniete sich neben das frierende Kind. Vorsichtig zog sie ihm die Mokassins aus und rieb seine eisigen Füße. Dann steckte sie die kleinen Füße unter ihr Kleid und drückte sie zum Wärmen gegen ihren Bauch. „Besser?“, fragte sie.
Kleiner-Biber nickte und schaute auf seine schlafende Schwester. „Bei dir ist es warm!“
Moekaé fühlte nach den Füßen von Rotes-Blatt und stellte fest, dass sie warm waren. Sie lächelte: „Ja, bei mir ist es warm.“ Dann wandte sie sich an ihre Freundin: „Du könntest Rotes-Blatt tragen. Sie ist nicht so schwer. Dann kann ich Kleiner-Biber unter meiner Decke tragen!“
Büffelkalb-Frau nickte nur. Sie wusste, dass es um das Überleben der Kinder ging.
Nach einer Weile brachen sie wieder auf. Rotes-Blatt hing nun in einem Tuch festgebunden vor Büffelkalb-Frau und Kleiner-Biber saß in die warme Decke gehüllt auf dem Rücken von Moekaé. Er wurde schwer und Moekaé kam nur noch langsam voran. Immer noch war es stockdunkel und der Morgen fern.
Den Rest der Nacht liefen die Frauen am Rand des Waldes dahin, bis sie vor Erschöpfung zusammenbrachen. Sie hatten kein Gefühl mehr, welche Entfernung sie zurückgelegt hatten. Sie konnten nur hoffen, dass die Soldaten die Suche aufgegeben hatten.
Sie kuschelten sich unter einer Pinie zusammen und schliefen eng umschlungen ein. Die ersten Strahlen der Morgensonne tanzten über den Waldboden, brachen sich in den Ästen und wurden von glitzernden Eiskristallen an der dunklen Rinde reflektiert.

Heskovetse

Heskovetse war hinter dem Felsen in Deckung gegangen und gab Schuss um Schuss auf die Soldaten ab. Er versuchte, seine Munition nicht zu verschwenden und zielte genau. Immer wieder sackte ein Körper zusammen und die Soldaten wurden vorsichtiger. Querschläger jaulten durch das Tal, dann nahm der Beschuss ab. Heskovetse wusste, dass die Soldaten versuchen würden, ihn zu umgehen, und gab seine Position auf. Mit einem Tippen auf die Schulter gab er auch Hohes-Pferd zu verstehen, dass er sich lieber zurückziehen sollte. „Schnell, in den Wald!", zischte er.
Heskovetse feuerte noch einige Schüsse in Richtung der Soldaten, dann rannten die beiden Krieger den Pfad entlang. Auch sie entdeckten die schmale Schlucht, die sich westwärts wandte, und kletterten in ihr empor. Sie liefen keuchend, so schnell sie konnten, und ließen sich schnaufend in das Gras fallen, als sie schließlich den Grad erreichten. Durch das breite Tal stapften bereits Soldaten, ihre Gewehre im Anschlag, und Heskovetse wusste, dass die Frauen wahrscheinlich Deckung im Wald suchen würden. Wieder nahm er die Soldaten unter Beschuss, damit sie nicht den Wald erreichen konnten. Es war ihm gleichgültig, ob sie ihn einkesselten oder abknallten, alles was zählte war, den Frauen einen kleinen Vorsprung zu verschaffen. Er wusste, dass Moekaé vor ihm war und noch lebte. Für sie zu sterben, war vielleicht der einzige Sinn, den sein Leben noch hatte. Rauch stieg vor seinen Augen auf und nahm ihm die Sicht. Er kniff die Augen zusammen und schoss auf die vereinzelten Schatten, die manchmal vor ihm auftauchten.
Die Soldaten hatten Abstand davon genommen, den Wald zu erreichen, und versuchten nun, die Krieger zu überwältigen. Sie wussten nicht, dass es nur zwei waren, die ihnen mit dem Mut der Verzweiflung ihre Kugeln entgegenschickten.
„Ich habe fast keine Munition mehr!", rief Hohes-Pferd warnend. Heskovetse nickte und gab das Zeichen, dass der Krieger sich zurückziehen sollte. „Ich halte sie noch eine Weile auf und folge dir dann!"

Heskovetse feuerte mehrere Schüsse hintereinander, damit Hohes-Pferd in einer kleinen Rinne verschwinden konnte. Kriechend bewegte sich der Krieger auf den Wald zu und verschwand schließlich zwischen den Bäumen. Heskovetse grinste, denn niemand hatte seinen Freund gesehen. Wieder gab er mehrere Schüsse ab, dann erhielt er plötzlich Unterstützung von der anderen Seite des Tals. Auch dort waren offensichtlich Krieger in Stellung gegangen und nahmen die Soldaten unter Beschuss. Dort brach heilloses Durcheinander aus. Wenig geordnet zogen sich die Soldaten zurück und sammelten sich am Ende des Tales, um sich zu beraten. Heskovetse nutzte die Gelegenheit, um ebenfalls zu verschwinden. Geduckt rannte er die Rinne entlang und tauchte schließlich mit einem Satz unter die Bäume. Hohes-Pferd wartete bereits auf ihn und deutete mit seinen Lippen zu der anderen Seite des Tales. „Sie werden die Soldaten noch ein bisschen aufhalten. Lass uns das Tal umgehen und zu ihnen stoßen. Gemeinsam sind wir stärker!"

Heskovetse nickte und im Dauerlauf drangen die beiden tiefer in den Wald vor, um nach einem Weg zu suchen, der sie an der anderen Seite des Tales wieder zu ihren Freunden führen würde. Hin und wieder erklang Gewehrfeuer, aber sie konnten nicht sagen, ob es die Soldaten oder die Cheyenne waren, die dort schossen.

Die beiden liefen im lockeren Dauerlauf durch den Wald und fühlten die Wärme, die in ihnen hochstieg. Heskovetse hatte die wärmende Decke längst während der Kämpfe verloren und die Kälte hatte nach ihm gegriffen, als er schießend am Boden lag. Selbst die blaue Uniformjacke bot keinen ausreichenden Schutz gegen die unbarmherzige Kälte. Schnee lag in der Luft und er wusste, dass es bald schneien würde. Dann würde es noch schwerer werden, ohne Schutz hier draußen zu überleben. Die Finger waren bereits blau und manchmal hatte er versucht, die Hände mit seinem Atem zu wärmen. Jetzt strömte das Blut schneller durch die Adern und brachte das Gefühl in die tauben Finger und Füße zurück.

Zum ersten Mal konnte Heskovetse ihre Situation überdenken. Überhaupt wunderte es ihn, dass er noch am Leben war. Den ganzen Tag hatte er nichts anderes getan, als den Rückzug der

Frauen und Kinder zu decken. Schießen, laufen, in Deckung gehen, schießen. Er hatte mitangesehen, wie ihr Dorf in Flammen aufgegangen war, und war hilflos vor Wut zur Untätigkeit verdammt gewesen. Er hatte miterlebt, wie Freunde und Familienangehörige gestorben waren, und hatte nicht einmal Zeit gehabt, Trauer zu empfinden. Auch jetzt ließ er dieses Gefühl nicht zu. Für Trauer war jetzt keine Zeit. In seinen Gedanken wirbelte es, als er an die nächsten Schritte dachte, die nun zu tun waren. Sie mussten die Frauen und Kinder sammeln, vielleicht einige Ponys einfangen und sich zu den nächsten Dörfern durchschlagen. Sein Atem formte weiße Wolken vor seinem Gesicht und erinnerte ihn daran, dass er vollkommen ungeschützt war. Sein Tipi mit all den Vorräten und der Kleidung darin waren verloren und die Ponyherde in alle Winde verstreut, wenn die Soldaten sie nicht zusammengeschossen hatten.
Kurz dachte Heskovetse an seinen Medizinbeutel und den Talisman aus Hirschhorn. Beides hatte ihm spirituelle Kraft verliehen und ihn immer daran erinnert, was es hieß, ein Cheyenne-Krieger zu sein. Immer ging es im Kampf um Ehre und Tapferkeit, doch all diese Werte waren plötzlich nichtig geworden. Die Weißen kannten keine Gnade. Die Grausamkeit, mit der die Soldaten auch gegen Frauen und Kinder vorgingen, war so unfassbar und bedrohlich, dass die Cheyenne langsam an den eigenen Untergang glaubten. Seitdem die heilige Büffelhaube im Zorn von einer eifersüchtigen Frau zerstört worden war, hatte das Glück die Cheyenne verlassen. Sie hatten das Wohlwollen Mahéos verwirkt. Wie sollten sie nun weiterleben? Sollten sie sich dem Schicksal fügen? Aufgeben?
Seltsam. Heskovetse hatte nach der Schlacht am Little-Bighorn ein solches Hochgefühl erlebt. Sie hatten den verhassten Weißen eine Niederlage erteilt und Custer getötet. Doch keine fünf Monate später hatten sie nun dafür büßen müssen und es waren hauptsächlich Frauen und Kinder gewesen, die im Kugelhagel der Soldaten gestorben waren. Heskovetse dachte an Moekaé, die hoffentlich irgendwo in diesem Wald Zuflucht gefunden hatte. Ob die beiden Kinder noch lebten? Es war selbstverständlich, dass er nun für die Kinder verantwortlich war. Er hatte gesehen,

wie seine Schwägerin gestorben war, und er hatte doch nichts tun können. Wie schon so oft.
Vor ihm hielt Hohes-Pferd in seinem Lauf inne und deutete auf den Boden. „Sieh, zwei Frauen und ein Kind sind hier gelaufen!"
Heskovetse nickte und folgte den Spuren. „Sie sind allein. Lass uns ihnen folgen. Vielleicht ist es Moekaé."

Es wurde dunkel und so wurde es schwierig, noch irgendwelche Spuren zu finden. Aber die beiden wussten, dass die Frauen einen Weg in nördlicher Richtung suchen würden. Hinter ihnen war es still geworden. Vorsichtig wechselten sie die Richtung und suchten die Krieger am Ende des Tales. Nichts. Auch die Soldaten hatten sich offensichtlich zurückgezogen und die Cheyenne ihrem Schicksal überlassen. „Wir gehen weiter nach Norden", meinte Hohes-Pferd.
„Ja, aber wir bleiben am Waldrand. Die anderen werden auch einen Weg nach Norden suchen. Vielleicht haben die Lakota ihre Dörfer dort."
Wieder machten sich die Männer auf den Weg. Manchmal gingen sie langsam, doch bereits nach kurzer Zeit griff die Kälte nach ihnen und so setzten sie ihren Dauerlauf fort, wenn es der unebene Boden zuließ. Ihre Schatten verschmolzen mit der dunklen Wand des Waldes und ihre Blicke waren auf den Boden geheftet, um Unebenheiten zu erahnen. Heskovetse dachte an Moekaé. Er war froh, dass sie noch kein Kind hatten und auch, dass Moekaé kein Kind unter ihrem Herzen trug. Dann dachte er an Rotes-Blatt und Kleiner-Biber, die so plötzlich ihre Mutter verloren hatten. Er war nun für die zwei Kinder verantwortlich. Wer wohl noch entkommen war? Er zählte erst fünfundzwanzig Winter und er dachte an die unzähligen Menschen, die bereits der weißen Gier nach Land zum Opfer gefallen waren. Die älteren Männer hatten ihm noch von den alten, ehrenvollen Kriegszügen erzählt. Wo es üblich war, Ponys zu rauben, und nur die Geschicklichkeit zählte. Mit leuchtenden Augen hatten sie von ihren Heldentaten erzählt. Eine Attacke gegen den Feind reiten und ihn mit dem Coupstick berühren, das waren die Geschichten, die ihm als Kind erzählt worden waren. Immer hatte er davon geträumt, ebensolche Hel-

dentaten zu begehen. Sich im Kampf Mann gegen Mann mit dem Feind zu messen. Aber die Weißen hatten keine Moral. Sie kamen mit ihrer überlegenen Feuerkraft und töteten erbarmungslos. In ihm brodelte ein solcher Hass, dass er Mühe hatte zu atmen und kurz anhielt, um zu verschnaufen.
Die Sterne verblassten und am Horizont ließ ein heller Streifen den kommenden Tag erahnen. Bald würde die Sonne aufgehen und er hoffte, dann seine Frau zu finden. Sie bewegten sich nun vorsichtiger, denn die Helligkeit bot keinen so großen Schutz mehr wie zuvor die Dunkelheit. Alles blieb still, erstarrt in der ersten Kälte des Winters. Nicht einmal Vögel zwitscherten. Frierend bewegten sich die beiden nun langsam und vorsichtig vorwärts. In der einen Hand hielten sie ihre Gewehre, die andere Hand hatten sie unter die Hemden gesteckt, um sie wenigstens etwas zu wärmen.
Wieder war es Hohes-Pferd, der mit einer ruckartigen Kopfbewegung auf einige Fußabdrücke im Raureif des Morgens zeigte. Hier war erst vor kurzem jemand entlanggelaufen. Heskovetses Gesicht entspannte sich, als er mit den Augen der Spur folgte und unter Pinien einige Gestalten liegen sah. Sie waren in dunkle Decken gehüllt und hatten sich eng aneinandergekuschelt. Er drehte ab und bewegte sich in Richtung der Gruppe.
Eine der Gestalten richtete sich erschrocken auf, hatte das leichte Knirschen unter seinen Mokassins gehört. Er erkannte Moekaé und lächelte erleichtert. Die Furcht in ihren Augen verschwand und wich einem erleichterten Gesichtsausdruck. Sie blieb sitzen, um das Kind an ihrer Seite nicht zu wecken.
„Bist du verletzt?“, wisperte sie besorgt. Auch die andere Frau richtete sich ein wenig auf und blickte ihm erleichtert entgegen.
„Wo sind die Soldaten?“, fragte sie.
„Die Soldaten sind weit hinter uns. Ich glaube nicht, dass sie uns folgen. Dafür ist es ihnen zu kalt. Aber wir können nicht zurück. Sie haben das Dorf und alles darin verbrannt.“
Moekaé nickte. „Wir haben das Feuer gesehen.“ Ihre Stimme war fast tonlos. „Wo sind die anderen?“
Heskovetse zuckte die Schultern. „Wir haben niemanden gesehen. Die Überlebenden werden nach Norden gehen. Wir müssen

ein anderes Dorf finden, oder wir werden sterben." Er stellte das Gewehr gegen einen Baumstamm und steckte seine kalten Hände unter sein Hemd. Moekaé wickelte sich aus ihrer Decke und reichte sie ihrem Mann. „Hier! Wärme dich etwas auf! Soll ich ein Feuer machen?"
Heskovetse nagte an seinen Lippen, dann schüttelte er den Kopf. „Zu gefährlich!"
Er setzte sich mit Hohes-Pferd unter eine Pinie und schmiegte sich eng an seinen Freund, während Büffelkalb-Frau und Moekaé die andere Decke teilten. Kleiner-Biber setzte sich ebenfalls zu den Männern und die Decke reichte nur knapp für die drei Personen.
Heskovetse musterte seinen Freund von der Seite und kniff die Lippen zusammen. Hohes-Pferd war deutlich unterkühlt und sein dunkles Gesicht wirkte stumpf und fleckig. Sein Freund starrte fast blicklos vor sich hin und schien zum ersten Mal an all die Menschen zu denken, die gestorben waren. Heskovetse senkte den Blick und ließ seinen Freund in der Trauer allein. Sie alle hatten schwere Verluste zu verkraften.
Sie schliefen erschöpft ein, während leichter Reif ihre Spuren verdeckte und den Wald in eine glitzernde Zauberwelt verwandelte.

Am Spätnachmittag aßen sie Trockenfleisch, dann machten sie sich wieder auf den Weg. Die Sonne hatte sie etwas gewärmt, doch nun fürchteten sie sich vor der Kälte der Nacht. Die Männer gaben den Frauen die Decke zurück und machten sich im Dauerlauf auf den Weg. Vorsichtig liefen sie nach Norden und sicherten wachsam die Umgebung, während die Frauen und Kinder ihrer Spur folgten. Unterwegs stießen die beiden Männer auf Eiserne-Zähne und ihre Kinder und brachten sie zu der Gruppe zurück. Kurze Zeit später fanden sie eine weitere Frau und einen Krieger. Es war Schwarzer-Kojote, der eine Schusswunde am Arm hatte, die behandelt werden musste. Sie versorgten die Wunde und Heskovetse musterte den Krieger schweigsam. Auch er trug nur das Nötigste am Leib und war unterkühlt. Sie brauchten dringend Decken! In der Dämmerung fanden die beiden Krieger noch zwei kleine Mädchen, die jämmerlich zu weinen anfingen, als sie

endlich gefunden wurden. Sie wussten nicht, ob sonst jemand überlebt hatte. Heskovetse fühlte eine solche Wut in sich aufsteigen, dass er kaum in der Lage war, die beiden Kinder zu trösten. Was hätte er auch sagen sollen? Die beiden Mädchen waren zumindest in warme Decken gehüllt und schienen unverletzt zu sein. Vertrauensvoll schlossen sie sich der Gruppe an und klammerten sich an Büffelkalb-Frau, um dort etwas Trost zu finden. Über ihre Wangen liefen lautlose Tränen der unendlichen Verlassenheit und Trauer. Sie waren nicht fähig, das Erlebte in Worte zu fassen, und so drückte Büffelkalb-Frau die Kinder lediglich fest an sich. Wie sollten Kinder so etwas überhaupt verstehen?
Heskovetse drängte die kleine Gruppe unbarmherzig zur Eile an. Im Dunkeln kamen sie nicht schnell voran, aber es war sicherer, im Schutz der Dunkelheit weiterzugehen. Wolken hatten sich vor die Sterne geschoben und es hatte begonnen zu schneien. Wenn erst dichter Schnee lag, wäre ein Vorwärtskommen noch schwieriger. Moekaé hatte Kleiner-Biber wieder Huckepack genommen und stolperte manchmal unter dem Gewicht des Kindes, aber er konnte es nicht ändern. Seine Aufgabe war es, die Frauen und Kinder zu schützen und einen sicheren Weg für sie zu finden.

Die ganze Nacht liefen die Menschen nach Norden, nur manchmal machten sie eine kurze Pause. Schweigend und erschöpft saßen sie dann unter den Bäumen, mit eisigen Wangen und Füßen. Schneefall setzte ein und die Decken boten keinen ausreichenden Schutz mehr. Besonders die Krieger litten unter der eisigen Kälte. Aber auch Rotes-Blatt war merkwürdig still und rührte sich kaum noch im Arm von Büffelkalb-Frau. „Ich kann sie nicht warmhalten!", jammerte Büffelkalb-Frau hilflos.
„Wenn es Tag wird, machen wir ein Feuer", erklärte Heskovetse. „Im Tageslicht wird uns der Schein des Feuers nicht verraten, aber jetzt ist es noch zu dunkel."
Schweigend machten sie sich wieder auf den Weg. Die Bewegung war besser als das Herumsitzen und half gegen die Kälte. Alle sehnten den Sonnenaufgang herbei und hofften auf ein wärmendes Feuer. Kurz vor der Morgendämmerung fand Heskovetse eine Gruppe verschreckter Ponys. Leise lockend näherte er sich

den vier Tieren und griff schließlich nach einem herabhängenden Seil. „Ganz ruhig!", flüsterte er beruhigend. Sein Herz schlug höher vor Freude, denn mit den Ponys würden sie nun schneller vorankommen. Außerdem konnte man sich an ihren Körpern wärmen oder zur Not das Fleisch essen. Die Ponys waren zutraulich und ausgesprochen froh, wieder menschliche Gesellschaft gefunden zu haben. Er führte die Ponys zu den anderen zurück und erfreute sich an den dankbaren Gesichtern. Dann ordnete er eine Rast an. „Sucht trockenes Holz! Ich muss meine Füße wärmen!"
Die Frauen führten die Ponys auf eine kleine Lichtung und banden ihnen die Vorderbeine zusammen, damit sie nicht weglaufen, aber trotzdem grasen konnten. Unter den Bäumen lag noch kein Schnee und die Pferde rupften das gelbliche Gras. Dann sammelten die Frauen trockene Zweige und entzündeten ein kleines Feuer, während die Männer einige Äste zu einem Windschutz aufschichteten. Schließlich hockten alle um das Feuer und streckten ihre Füße in Richtung der angenehmen Wärme. Auch Rotes-Blatt wurde wieder lebhafter und verlangte nach etwas zu essen. Moekaé sah auf ihre schwindenden Vorräte und teilte gerecht das letzte Trockenfleisch. Wortlos schüttelten die Männer die Köpfe und deuteten an, dass sie das Fleisch lieber für die Kinder aufsparen sollte. So fütterte Moekaé nur Kleiner-Biber, Rotes-Blatt, die beiden Mädchen und die Kinder von Eiserne-Zähne, während die Erwachsenen auf Nahrung verzichteten. Die Krieger waren es gewohnt zu fasten. Sie genossen es, ihre Hände und Füße zu wärmen. Die Frauen schichteten Zweige am Boden auf, um sich gegen die Kälte zu schützen, und schließlich kuschelten sich alle unter die wenigen Decken, um etwas zu ruhen.

Im Laufe des Tages stießen weitere Menschen zu ihnen, sodass die Gruppe auf über zwanzig Personen wuchs. Unter den Neuankömmlingen waren auch die Tante der Mädchen und eine Verwandte von Büffelkalb-Frau, sodass sich stille Freude ausbreitete. Trotzdem blieb die Angst, wer wohl noch überlebt hatte oder doch den Kugeln der Soldaten zum Opfer gefallen war.
„Solange unsere Frauen und Mädchen überleben, wird unser Volk leben!", überlegte Heskovetse laut.

„Nicht, wenn die Soldaten über sie herfallen!", widersprach Hohes-Pferd. Sein hageres Gesicht war vom Hass verzerrt. Er lud sein Gewehr und zählte die Kugeln, die er noch übrig hatte. Jede Kugel bedeutete einen toten Soldaten.

Heskovetse senkte den Blick und rieb seine steifen Finger. Vielleicht hätte er schon längst dafür sorgen sollen, dass in Moekaés Bauch sein Kind heranwuchs und nicht das Kind eines Soldaten, wenn er seine Frau nicht mehr schützen konnte. Warum hatte er so lange gezögert? Sinnend musterte Heskovetse seine Frau, die unter der Decke kaum zu sehen war. Rotes-Blatt hatte sich an sie gekuschelt, so als wäre Moekaé bereits die Mutter. Moekaé war seit dem Frühjahr seine Frau und er hatte erst zweimal Liebe mit ihr gemacht. Natürlich konnte sich so der Bauch einer Frau nicht runden. Aber er war abgelenkt gewesen. Ständig hatten die Blue-Soldiers zu Kämpfen aufgerufen und er war ihrem Ruf willig gefolgt. Dann hatte die Büffeljagd seine ganze Aufmerksamkeit gefordert und seine Frau war bis in die Dunkelheit hinein beschäftigt gewesen, das Fleisch und die Felle zu verarbeiten. Sie hatte nach Blut und Schweiß gerochen und war abends todmüde in die Felle gefallen. Für was? All diese Dinge waren nun verloren. Ein Kind in ihrem Bauch wäre etwas Bleibendes. Etwas, für das es sich zu kämpfen lohnen würde. In den Kindern lag die Zukunft des Volkes. Er musste dafür sorgen, dass wenigstens sein Neffe und seine Nichte überlebten. Heskovetse stützte sinnend seinen Kopf in die Hände und stieß einen Zweig in das Feuer. Die Welt änderte sich so schnell. Überall schossen die Siedlungen der Weißen aus dem Boden und ihre Ackergeräte zerstörten die Mutter Erde. Zäune und Koppeln grenzten das Land ein und ließen keinen Platz mehr für die Cheyenne und die wilden Tiere dieses Landes. Wohin sollten sie gehen? Mit plötzlicher Klarheit erkannte er, dass es keinen Ort mehr gab, wo sie ihr bisheriges Leben fortsetzen konnten. Die Büffel verschwanden ebenso wie das andere Wild und die Weißen schossen auf jeden Indianer, der sich zeigte. Wut erfüllte ihn. Grenzenloser Hass. Es waren ihre Jagdgründe, die ihnen von Mahéo anvertraut worden waren! Die Weißen hatten hier nichts zu suchen. Seine Zehen brannten und er wusste, dass er leichte Erfrierungen hatte. Er konnte es nicht ändern. Hohes-Pferd und den anderen ging es genauso. Es würde besser werden, wenn sie reiten konnten, denn dann würde der Bauch des Ponys sie wärmen.

In der Dunkelheit brachen sie wieder auf. Alle hatten sich erholt und das Feuer hatte sie erwärmt. Noch war der Hunger erträglich und die Kinder schienen etwas kräftiger zu sein. Sie saßen auf den Ponys und hielten sich an der Mähne fest. Heskovetse verzichtete auf ein Pony und lief wieder mit Hohes-Pferd im Dauerlauf voran. Der verletzte Krieger hockte auf einem Pferd und hatte Kleiner-Biber vor sich. Heskovetse war froh darum, denn nun musste Moekaé das Kind nicht mühsam auf ihrem Rücken tragen. Sie führte ein Pony mit zwei Kindern und machte einen erholten Eindruck.
In der Nacht erreichten sie offene Prärie und nutzten die Dunkelheit, um weiterzugehen. Dieses Mal wandten sie sich nach Osten, in Richtung der Black Hills. Entweder sie fanden ein Dorf der Lakota oder sie mussten sich doch in Camp Robinson den Soldaten ergeben. Der Wind peitschte ungebremst über das Land und die Menschen liefen mit gebeugten Häuptern. Immer wieder rasteten sie an den Flussläufen und wärmten sich an kleinen Feuern. Einmal schlachteten sie ein Pony, weil der Hunger zu groß wurde. Die Frauen rösteten das Fleisch und teilten dann das übrige Fleisch als Wegzehrung auf. Zum ersten Mal seit Tagen konnten sich alle wieder sattessen und die Kinder verbrannten sich fast die Finger, als sie das heiße Fleisch in ihre Münder stopften.
Eine weitere Gruppe mit Flüchtlingen stieß zu ihnen und sofort teilten die Frauen das Fleisch auch mit diesen Menschen. Die Situation war verzweifelt und noch hatten sie kein anderes Dorf gefunden. In der Nacht tobte ein Schneesturm und sie schlachteten ein weiteres Pony, nahmen die Gedärme heraus und steckten ein Baby und Rotes-Blatt in die warme Bauchhöhle, um die Kinder zu wärmen. Die anderen versteckten sich unter den Decken und ließen sich dann einschneien, um so die Wärme zu halten. Alle hatten am Morgen Erfrierungen an den Füßen und es wurde schwierig, die Kinder aus dem Bauch des Ponys hervorzuho-

len, weil es steifgefroren war. Doch die beiden Kinder lebten und so machten sich die Menschen wieder auf den Weg. Die beiden anderen Pferde waren im Schneesturm davongelaufen und so mussten nun alle zu Fuß gehen. Es war mühsam, weil der Schnee das Vorwärtskommen erschwerte. Die Cheyenne liefen nun tagsüber, weil es im Grunde gleichgültig war, ob jemand sie entdeckte. Einen weiteren Schneesturm würde keiner überleben.
Der eisige Wind tobte erbarmungslos um die Menschen und besonders die Kinder litten unter der grimmigen Kälte. Heskovetse hatte sich in der Not das Fell des Ponys abgezogen und trug es nun um seine Schultern. Nach außen war es blutig und steif, aber es hielt zumindest den Wind ab. Niemand hatte mehr die Kraft, als Kundschafter vorauszulaufen.
Gegen Abend war das Baby in den Armen der Mutter erfroren. Selbst unter der Decke war es für das Neugeborene zu kalt gewesen. Niemand weinte, niemand klagte. Selbst die Mutter nicht. Sie legten das Kind in die Astgabel eines abgestorbenen Baumes und gingen einfach weiter. Es war nun bei Mahéo. Dort war es warm und sonnig und all die Verwandten würden es mit offenen Armen aufnehmen. Eine Frau brach zusammen und weigerte sich weiterzugehen. Auch sie sehnte sich nach Frieden und Wärme. Die Menschen gingen mit gebeugten Köpfen an ihr vorbei und ließen sie zurück. Wahrscheinlich würde es ihnen in Kürze ebenso ergehen. Längst war Moekaé zu erschöpft, um noch auf andere Menschen zu achten. Ihre Füße waren Klumpen des Schmerzes und schienen gar nicht mehr zu ihrem Körper zu gehören.

Heskovetse und Hohes-Pferd trieben die Menschen so gut es ging weiter. Wer jetzt aufgab, dem konnten sie nicht helfen. Heskovetse hatte Kleiner-Biber auf seinen Rücken gebunden, weil das Kind nicht mehr laufen konnte. Der Umhang aus dem Fell des Ponys bot kaum Schutz, denn der Wind fasste darunter und ließ alles erstarren. Heskovetse wusste, dass der Junge am Erfrieren war. Er zitterte nicht mehr und das war ein schlechtes Zeichen. Rotes-Blatt hing wieder vor der Brust von Moekaé und er hoffte, dass dies das Kind ein wenig wärmen würde. Sie schleppten sich die ganze Nacht vorwärts, mühsam einen Schritt vor den

anderen setzend. Irgendwann merkte Heskovetse, dass der Junge aufgehört hatte zu atmen. Seine Arme waren bereits steif und er hatte Mühe, ihn von der Schulter zu nehmen. Sanft legte er das Kind in den Schnee, betrachtete das starre Gesicht mit den vereisten Wimpern. Er war froh, dass er noch keinen Sohn hatte, den er auf diese Weise zurücklassen musste, doch die Wut war die gleiche. Das Zelt war warm gewesen, gefüllt mit Vorräten, genauso wie sein eigenes, ehe die Soldaten gekommen waren. Der Junge hätte nicht sterben müssen. Moekaé hielt neben ihn und starrte schweigend auf ihren Neffen. Ihr Gesicht war eine starre Maske, unfähig noch irgendein Gefühl auszudrücken. Heskovetse tastete sanft nach ihrer Schulter. „Lebt Rotes-Blatt noch?"
Moekaé nickte und erst jetzt sah Heskovetse im fahlen Licht des Mondes die Eiskristalle, die in ihren Wimpern hingen. Menschen drängten sich an ihnen vorbei, die keine Augen für den kleinen Jungen hatten, der dort im Schnee lag. Auch er war nun bei Mahéo.
„Komm", flüsterte Heskovetse mit rauer Stimme. „Wir müssen weiter!"
Moekaé setzte sich schlurfend in Bewegung und Heskovetse folgte ihr. Sein Rücken, der vorher durch den Körper des Jungen geschützt worden war, fröstelte nun. Immer noch fiel Schnee und die ungeschützten Menschen hatten nichts mehr, um sich gegen die Natur zu wehren.

Gegen Morgen erreichten sie schließlich ein weites Tal, das von mehreren Hügeln gesäumt wurde. Ein Späher stand auf dem höchsten Felsen und stieß einen Warnruf aus. Nur mühsam konnte Heskovetse den Kopf heben, doch dann blieb er abrupt stehen und hob die Hand. Zelte! Dort vorne standen Zelte. Wärme! Sein einziger Gedanke galt dem Feuer, das bestimmt in diesen Zelten brennen würde, und ganz kurz traf ihn die Trauer, dass der Junge nicht ein wenig länger überlebt hatte. Jetzt hätte man ihn am Feuer wärmen können! Aber vielleicht war es noch nicht zu spät für Rotes-Blatt, Moekaé und die anderen. Einige Krieger kamen misstrauisch auf ihn zu und er erkannte, dass es Lakota waren. Sie waren vollkommen überrascht, die Flüchtlinge zu sehen.

Schnell breitete sich das Entsetzen in den Gesichtern der Männer aus, als sie sahen, in welch verheerendem Zustand die Ankömmlinge waren. Frauen wurden gestützt, Kinder im Laufschritt in die Zelte getragen und den Männern noch auf den letzten Schritten Decken um die Schultern gelegt.
Heskovetse blieb bei Moekaé und ließ sich mit seiner Frau in ein Zelt führen. „Welches Dorf?“, fragte er in der Sprache der Lakota.
„Crazy-Horse!“, lautete die freundliche Antwort.
Heskovetse atmete erleichtert auf, obwohl es im Grunde gleichgültig war, von wem sie gerettet wurden. Aber noch im Sommer hatten sie zusammen mit Crazy-Horse gekämpft und er wusste, dass sie hier in Sicherheit waren. Crazy-Horse würde niemals seine Verbündeten verraten.
Er ließ es zu, dass eine ältere Frau ihm die steifgefrorene Kleidung auszog und begann, seine eisigen Füße zu massieren. Er saß da wie benommen, unfähig noch irgendetwas zu tun. Sein Gesicht war eine eingefallene Maske und seine Augen lagen tief in den Höhlen. Nur nebenbei registrierte er, dass Rotes-Blatt weinte, als sie von Moekaé getrennt wurde.
Eine füllige Frau packte das Kind in warme Decken und fütterte es mit einer warmen Suppe. Dem kleinen Mädchen schien es gut zu gehen, denn hungrig verlangte es nach mehr. Moekaé wimmerte unterdrückt, als das Blut in ihren Füßen zu zirkulieren begann. Er konnte sehen, dass ihre Füße blau waren, zum Teil schon mit den verräterischen Zeichen von bleibenden Erfrierungen, aber seine Füße sahen bestimmt auch nicht besser aus. Sein Rücken zeigte ebenfalls diese Spuren und die ältere Frau begann damit, ihn mit Bärenfett zu massieren. Mühsam knetete Heskovetse seine Finger und überlegte, ob er jemals wieder in der Lage sein würde, ein Gewehr abzufeuern. Jemand reichte ihm eine Schale mit Suppe und er wärmte seine Hände, indem er die Schale einfach festhielt. Zumindest seine Nase schien in Ordnung zu sein, denn der Geruch nach Fleisch war köstlich. Vorsichtig setzte er die Schale an die Lippen und begann in kleinen Zügen zu trinken. Dann nahm er den Löffel und schöpfte auch das Fleisch aus der Suppe. Niemand hatte bisher gesprochen. Nur die Frau plapperte beruhigend auf Rotes-Blatt ein. Das Mädchen verstand kein

Lakota, aber die Stimme war so wohltuend, dass es sich vertrauensvoll an die Frau kuschelte und sich füttern ließ.
Heskovetse hörte von draußen Hufgetrappel und hob fragend die Augenbrauen. Ein Mann lächelte und machte eine beruhigende Handbewegung. „Sie suchen die Umgebung nach weiteren Überlebenden ab", erklärte er.
„Gut!", seufzte Heskovetse erleichtert.
„Aus wessen Dorf seid ihr?", fragte der Lakota.
„Dull-Knife!", antwortete Heskovetse. „Soldaten fanden unser Wintercamp und haben es vernichtet. Ich weiß nicht, wer überlebt hat." Seine Stimme war müde und brüchig.
„Wir werden sie finden!", versicherte der Mann. „Ich bin Kickender-Bär und das sind meine Frau und meine Mutter. Dort hinten sind meine Kinder."
„Ich bin Heskovetse und das ist meine Frau Moekaé", murmelte Heskovetse. Es war nicht üblich, sofort seine Namen zu sagen, aber es war klar, dass sie eine Weile hier bleiben würden, und er wollte höflich sein.
„Ruht euch aus. Wir haben nicht viele Vorräte, denn die Soldaten haben uns seit dem Sommer nicht in Ruhe gelassen, aber wir werden teilen, was wir haben!" Er wedelte auffordernd mit der Hand und gab den Frauen ein Zeichen, dass sie frische Kleidung heraussuchen sollten.
„Nia'isch!", bedankte sich Heskovetse. Erst jetzt fiel ihm auf, wie sehr er stinken musste. Seit Tagen hatten sie sich nicht waschen und die Kleidung wechseln können.
Eine bleierne Müdigkeit überfiel ihn und er bat mit einer Handbewegung, dass er schlafen wollte. Die Frauen richteten den Flüchtlingen einige Büffeldecken und dankbar kuschelte sich Heskovetse in die warmen Felle. Seine Augenlider waren schwer und er konnte sie keinen Augenblick mehr offen halten. Moekaé lag neben ihm und er hörte an ihrem regelmäßigen Atem, dass sie längst eingeschlafen war. Leises Murmeln war zu hören, doch es war beruhigend und einschläfernd.

Crazy-Horse

Heskovetse schlief einen ganzen Tag und eine Nacht, erst dann wurde er von den Stimmen im Tipi wieder geweckt. Auch Moekaé hatte sich nicht gerührt und fieberte leicht. Rotes-Blatt dagegen saß bei den Kindern und hatte sich eine Puppe geschnappt, die sie fest an sich drückte. „Kleiner-Biber“, nannte sie die Puppe. Vielleicht ahnte sie, dass auch ihr Bruder nie wieder bei ihr sein würde. Die Tochter von Kickender-Bär schenkte ihr die Puppe großzügig. „Nia'isch“, flüsterte das kleine Mädchen. Es trug inzwischen ein warmes Winterkleid, gefütterte Mokassins und lederne Leggins. Die Frau von Kickender-Bär hatte die Sachen von einer Freundin bekommen.

Heskovetse erhob sich und verließ das Tipi, um sich frisch zu machen. Kickender-Bär begleitete ihn zum Waschplatz der Männer und sah zu, wie sein Gast sich sorgfältig abschrubbte und die Haare kämmte. Schweigend sah er zu, wie Heskovetse als Zeichen der Trauer seine Haare auf Schulterlänge abschnitt. Das Gesicht des Kriegers war zu einer Maske erstarrt, als er in die frische Kleidung schlüpfte, die Kickender-Bär ihm reichte. Die anderen Sachen packte Heskovetse ordentlich zusammen, damit seine Frau sie irgendwann säubern konnte. Zusammen mit seinem Gewehr waren es die einzigen Dinge, die er hatte retten können. Ein trockener Husten schüttelte ihn plötzlich und nüchtern stellte er fest, dass auch er Fieber hatte.

Kickender-Bär musterte ihn besorgt. „Die Winterkrankheit hat auch unser Dorf heimgesucht. Viele sind schon gestorben. Du musst dich schonen und warmhalten.“

Heskovetse nickte bedächtig. Überall starben die Menschen an den Krankheiten der Weißen oder wurden von ihnen zusammengeschossen. Welchen Sinn hatte ihr Leben noch? „Mein kleiner Neffe überlebte den Weg hierher nicht“, erzählte er mit zusammengebissenen Zähnen. „Nun möchte ich sehen, wer es geschafft hat!“

Kickender-Bär führte ihn zu einem größeren Zelt, aus dem murmelnde Stimmen drangen. „Ich habe Little-Wolf gesehen“, er-

zählte Kickender-Bär. „Er war von Kugeln übersät, aber jetzt spricht er bereits zu den Kriegern!"
Heskovetse überhörte die gut gemeinte Bemerkung. Ihm war nicht nach Lachen zu Mute, denn zu viele Menschen seines Dorfes hatten ihr Leben gelassen. Er musste sich vergewissern, wer von seinen Freunden noch da war. Er betrat das große Zelt und blickte sich vorsichtig um. Dort saß Little-Wolf und eine gewisse Befriedigung erfüllte Heskovetse. Little-Wolf hatte das Heilige Bündel von Sweet Medicine vor sich auf dem Schoss. Es war das Bündel, das der Prophet vor Generationen selbst besessen hatte und das seitdem immer gehütet worden war. Es war gut, dass wenigstens ihre heiligsten Dinge in Sicherheit gebracht werden konnten. Little-Wolf war Sweet Medicine Häuptling, der Hüter des Heiligen Bündels. Solange ihre Heiligtümer überdauerten, würden die Cheyenne ebenfalls existieren. Neben Little-Wolf saß ihr Häuptling Dull-Knife und daneben Kleiner-Schild und Schwarzer-Kojote. Es waren gute Männer. Heskovetse sah sich nach seinem Freund Hohes-Pferd um und entdeckte ihn zwischen einigen jüngeren Männern. Er setzte sich dazu und sein Freund legte freundschaftlich den Arm um seine Schulter. „Wie geht es deiner Frau?", fragte er besorgt.
„Moekaé fiebert. Aber sie lebt. Kleiner-Biber hat es nicht geschafft."
Das Gesicht von Hohes-Pferd verdunkelte sich. „Oh, und das kleine Mädchen?"
„Sie lebt", antwortete Heskovetse einsilbig. „Wer hat es noch geschafft?"
Hohes-Pferd legte den Kopf schief und schloss die Augen vor Trauer. „Wir wissen nicht, wen die Soldaten gefangen genommen haben", meinte er ausweichend.
Heskovetse erlebte in Gedanken den Kampf ein weiteres Mal. So viele Menschen waren vor seinen Augen gestorben. Erst jetzt bekamen die Bilder Namen und es nahm ihm die Luft. Seine Schwägerin, sein Neffe, drei Freunde, ein Bruder, mehrere Frauen und Kinder, denen er nicht hatte helfen können. Wahrscheinlich waren auch seine Schwiegereltern gestorben. Er hatte zwar gesehen, wie sie aus dem Tipi gestürzt waren, aber dann hatte er sie nicht

mehr erblickt. Er wusste, dass sie den rettenden Waldrand nicht erreicht hatten. Noch hatte er Moekaé nichts davon erzählt, aber vermutlich wusste sie es ohnehin.

Er schaute hoch, als Crazy-Horse das Tipi betrat und schweigend auf die Cheyenne blickte. Sein ganzer Körper drückte den Zorn aus, den er empfand, als er seine Verbündeten in einer solch verzweifelten Lage sah. Crazy-Horse trug keinerlei Auszeichnungen oder Federn, sondern war bescheiden gekleidet. Auch er wirkte unterernährt, als hätte er sich das Essen vom Munde abgespart, damit andere satt würden. Mit einer ruhigen Bewegung setzte der Kriegshäuptling sich zu Dull-Knife und Little-Wolf, dann stopfte er bedächtig eine Pfeife. Es war still und alle sahen zu, wie die Männer die Pfeife rauchten.

Es war Crazy-Horse, der schließlich mit einer höflichen Bewegung seiner Hand die Gäste aufforderte zu sprechen. Dull-Knife erzählte mit ruhigen Worten von dem Überfall der Soldaten. Seine Stimme war leise, fast ausdruckslos, seine Züge eingefallen und starr vor Trauer. Alle schwiegen, als er geendet hatte. Nach einer ganzen Weile stand Crazy-Horse auf und hob seine Stimme: „Ihr seid unsere Gäste. Wir teilen mit euch das Wenige, was wir haben. Bleibt, solange es euch gefällt. Im Frühling werden wir weitersehen."

Er verschwieg ihre eigene Notlage, denn nach der Schlacht am Little-Bighorn hatten die Lakota kaum Zeit gehabt, Vorräte anzulegen. Während Sitting Bull nach Kanada geflohen war, hatte Crazy-Horse die Soldaten an der Nase herumgeführt. Aber sie hatten ihre Frauen und Kinder dabei, die nun darunter litten, dass die Soldaten scheinbar endlos ihre Kriege fortsetzen konnten. Crazy-Horse verschwieg, wie sehr sein Dorf unter der Winterkrankheit litt und wie viele bereits zu Wakan-tanka gegangen waren. Jeder, der seine Augen öffnete, konnte die unzähligen Totengerüste sehen, die um das Dorf herum errichtet worden waren. Auch Crazy-Horse spielte mit dem Gedanken aufzugeben. Die Verluste waren einfach zu hoch. Doch es war selbstverständlich, seine Verbündeten aufzunehmen, und niemals wäre es ihm in den Sinn gekommen, hungrige Flüchtlinge wegzuschicken.

Für die Lakota waren die vielen Flüchtlinge eine Belastung. Sie hatten selbst nicht genug und mussten nun das Wenige mit noch mehr Menschen teilen. Jede Familie hatte mehrere Personen zusätzlich in ihrem Tipi und Verzweiflung breitete sich aus. Krieger versuchten, selbst im Winter zur Jagd zu gehen, um die vielen Mäuler zu stopfen. Manchmal kehrten sie mit einem Hirsch oder einer Antilope zurück und dann wurde das Fleisch gerecht auf die Zelte aufgeteilt. Oft reichte es nur für eine dünne Suppe, die niemanden wirklich satt machte.
Heskovetse blieb im Zelt von Kickender-Bär und erholte sich einige Tage. Der Husten wurde besser und so ließ er sich Munition für sein Gewehr geben, um ebenfalls zu jagen. Außerdem bastelte er an einem Bogen, weil er Pfeile immerhin selbst schnitzen konnte, wenn ihm die Munition ausging. Mit dem Bogen erlegte er einige Schneehasen, was bei den Frauen leise Jubelrufe auslöste. Moekaé nähte ihm eine Mütze, die ihn nun besser gegen die Kälte schützte. Sie hatte sich erholt und kümmerte sich liebevoll um Rotes-Blatt.
Das Kind war still, weinte fast nie und fragte auch nicht mehr nach seiner Mutter oder dem Bruder. Sie waren einfach verschwunden und Rotes-Blatt klammerte sich an die Menschen, die ihr geblieben waren. Sie spielte fast lautlos mit der Puppe und tat so, als wäre es der Bruder. Sie war klein und gerade erst dabei, ihre eigene Sprache zu lernen. Der Verlust hatte sie verstummen lassen. Nur langsam öffnete sie sich der neuen Umgebung und wunderte sich, warum plötzlich alle Dinge neue Namen hatten. Mit einer Geschwindigkeit, wie es nur kleinen Kindern möglich ist, schnappte sie die neue Sprache auf, mit der die Gastgeber sie umsorgten. So kam es, dass das kleine Mädchen bald besser Lakota als Cheyenne sprach, denn die Flüchtlinge waren in Trauer und hüllten sich meist in Schweigen, so suchte das Kind die Gesellschaft der anderen Kinder und Menschen.
Auch Moekaé lernte die Sprache ihrer Gastgeber und hatte erfahren, dass Grasfrau in der Sprache der Lakota „Peji-win" bedeutete. Peji-win klang schön und so störte sie es nicht, wenn sie so gerufen wurde. Kickender-Bärs Frau hieß Tate-ihumni, Wirbelnder-Wind, und Moekaé freundete sich schnell mit ihr an.

Wirbelnder-Wind war etwas älter als Moekaé und hatte bereits einen erwachsenen Sohn. Die sonst so füllige Frau magerte sichtlich ab und alle machten Scherze, dass sie bald wieder wie ein junges Mädchen aussehen würde. Nichtsdestotrotz wussten alle, wie ernst die Lage war.

Moekaé ging oft in die anderen Zelte, um dort nach ihren Freundinnen zu sehen. Die Frauen formten eine Gemeinschaft, um sich gegenseitig in ihrer Trauer zu unterstützen. Büffelkalb-Frau hatte ihre gesamte Familie verloren und klammerte sich an die Hoffnung, dass vielleicht einige von den Soldaten weggeführt worden waren. „Vielleicht sind sie in einem Fort? Vielleicht hat mein Bruder doch überlebt? Welchen Sinn macht es, wenn ich ihm in der Schlacht das Leben gerettet habe, und er nun doch stirbt?", überlegte sie immer wieder.

Moekaé blieb still und hoffte, dass ihre Eltern vielleicht in einem Fort wären. Sie hatte gesehen, wie ihre Schwester getötet wurde, aber nicht, ob ihre Eltern gefallen waren. Büffelkalb-Frau war schmal geworden und schien ihren Lebenswillen verloren zu haben und so tröstete Moekaé ihre Freundin und wurde ein wenig von ihren eigenen düsteren Gedanken abgelenkt.

Im Monat der schmerzenden Augen brach plötzlich Hektik im Dorf aus, denn die Späher auf dem Hügel hatten eine Kolonne Soldaten entdeckt, die auf dem Weg ins Tal war. Heskovetse hatte immer die Hartnäckigkeit bewundert, mit der die Lakota ihr Dorf schützten, und darüber nachgedacht, wie viele Menschen überlebt hätten, wenn auch ihr Dorf so geschützt worden wäre. Sie hatten gewusst, dass die Soldaten hinter ihnen her waren und hatten sich doch auf die Ruhe des Winters verlassen. Die Lakota waren vorsichtig und das rettete nun ihr Dorf.

Mit fliegenden Händen bauten die Frauen die Tipis ab, spannten die Pferde ein und verließen das Tal in nördlicher Richtung, während die Krieger bereits in voller Bemalung auf ihre Ponys sprangen und den Soldaten entgegenritten. Sie wollten den Rückzug der Frauen und Kinder decken und die wertvollen Vorräte retten. Auch die Cheyenne unterstützten die Lakota und schlossen sich den Kriegern an.

Kratzspuren im Schnee verrieten, wo die Frauen und Kinder geflohen waren, und die Männer wussten, dass die Soldaten sie einholen würden, wenn es ihnen nicht gelang, die Weißen in die Flucht zu schlagen. Das Dorf war groß und so lagen genügend Krieger hinter den Bäumen und Felsen, um die Soldaten gebührend zu empfangen. Aber Crazy-Horse war vorsichtig. Mit Handzeichen schickte er einige junge Späher aus, die sicherstellen sollten, dass die Soldaten nicht einen Trupp hinter den Frauen und Kindern herschickten, indem sie das Tal einfach umgingen.
Heskovetse nickte anerkennend und visierte mit zusammengekniffenen Augen die ersten Reiter an. Die Sonne schien, wurde vom Schnee reflektiert und blendete ihn in den Augen. Heskovetse hatte den Lauf des Gewehrs mit einem Tuch getarnt, damit das Aufblitzen des Metalls in der Sonne die Soldaten nicht vorzeitig warnte. Dann rollte der Donner von den Felswänden, als eine Salve in die Wand der Reiter schlug. Panik brach unter den Soldaten aus, als Pferde wieherten und buckelnd davonstoben, ihre Reiter schutzlos im Schnee liegen lassend. Andere Pferde wälzten sich zuckend am Boden, während die Reiter verzweifelt nach Deckung suchten. Befehle wurde gebrüllt und ein Hornsignal dröhnte als Echo von den Felswänden zurück. Schnell gingen die Soldaten in Stellung und nahmen die Indianer unter Beschuss. Dumpfe Einschläge erklangen, als manche Kugeln harmlos in den Schnee prallten, dann wurde das Feuer erwidert.
Heskovetse wartete auf das Signal zum Angriff, aber es kam nicht.
Die Lakota blieben in der Deckung der Felsen und Bäume, feuerten auf die Soldaten, ohne sich zu erkennen zu geben. Methodisch zwangen die Lakota die Soldaten in Deckung zu bleiben und sicherten so den Rückzug ihrer Frauen und Kinder. Hier ging es nicht um Mut und Tapferkeit oder das Erringen von Coups, sondern nur noch um das Überleben. In der Nacht setzten die Lakota sich ab. Nur wenige blieben zurück und erreichten mit gezielten Schüssen, dass die Soldaten ihnen nicht nachsetzen konnten. Die anderen folgten im Dauerlauf den Frauen und Kindern, bis sie schließlich die Jugendlichen mit der Pferdeherde eingeholt hatten. Ein gnädiges Schneetreiben verwischte ihre Spuren, sodass

es wenig wahrscheinlich wurde, dass die Soldaten sie noch einholten.

Crazy-Horse verschwand nach Norden und blieb den Rest des Winters in einem versteckten Canyon. Die Wochen vergingen und trotz der Ruhe und der Gewissheit, dass sie die Soldaten genarrt hatten, war die Stimmung schlecht. Alle wussten, dass sie im Frühjahr wieder gnadenlos verfolgt werden würden. Die Männer beobachteten die Kinder, die ihre Winterspiele aufgenommen hatten, und machten selbst ausgedehnte Jagdzüge, um den Hunger in den Zelten zu lindern, doch am Abend sprachen sie über die ungewisse Zukunft.

Die Frauen beschäftigten sich mit alltäglichen Dingen. Sie sammelten Holz und besserten die Kleidung aus. Alle hatten sich daran gewöhnt, dass die Cheyenne bei ihnen waren, und Freundschaften waren entstanden. Tate-ihumni liebte Rotes-Blatt und erzählte ihr einfache Geschichten der Lakota. Fast so als wäre sie nun die Großmutter des Kindes. Alle wussten, dass diese Zeit des Friedens bald vorbei sein würde, und doch lebten die Frauen in der Hoffnung, dass es für sie und ihre Kinder eine Zukunft geben würde.

Die Schlinge zog sich immer enger um die letzten frei lebenden Indianer und auch Crazy-Horse wurde immer öfter bedrängt, endlich aufzugeben. Krieger, die ihm noch im Sommer willig gefolgt waren, ließen sich nun von den Versprechungen der Regierung einlullen und setzten den Häuptling unter Druck, endlich eine Reservation aufzusuchen. Alle hatten Verluste zu beklagen und der Winter nahm den Menschen die Hoffnung. Crazy-Horse wusste das, aber er wusste auch, dass er sterben würde, wenn er sich ergab. Zu viel war geschehen, als dass die Weißen einen Feind wie ihn am Leben lassen konnten. Aber vielleicht war das der Preis, den er zahlen musste, wenn er wollte, dass sein Volk lebte. Er redete mit Dull-Knife und Little-Wolf darüber, die in einer ähnlichen Lage wie er selbst waren. Er teilte ihnen seinen Entschluss mit, nach Camp Robinson zu gehen und sich dort zu ergeben. „Ich war Hemdträger. Meine Aufgabe ist es immer noch, das Volk zu schützen, auch wenn ich dabei mein Leben gebe.

Wenn sie mich dort töten, dann bin bereit!", erklärte er ruhig.
Dull-Knife schüttelte den Kopf. „Einst, da warst du Hemdträger deines Volkes. Was soll aus den Menschen werden, wenn ihre Anführer sterben? Wie soll es Hoffnung geben, wenn die Tapfersten ihr Leben geben? Welche Geschichten wollen wir unseren Kindern erzählen? Sie werden sagen, dass wir unsere Anführer verraten haben!"
Crazy-Horse lächelte weich und zuckte mit den Schultern. „Meine Tochter starb. Sie hat mein Herz mit Freude erfüllt. Sie hat mir Demut gezeigt und Großmut. Dies alles starb in mir, als sie mir genommen wurde. Nun denke ich an die Kinder, die noch leben. Sie werden sterben, wenn wir uns nicht ergeben. Die Zeiten sind gegen uns, aber wenn unser Volk als Ganzes überlebt, dann werden wir uns eines Tages an all die Dinge erinnern, die uns nun genommen werden. Dull-Knife, wir müssen leben. Als Volk! Ich bin nur ein Kriegshäuptling und die Erinnerung an mich wird vergehen."
Dull-Knife lächelte wehmütig und zwinkerte gutmütig mit seinen Augen. „Die Erinnerung an dich wird nie vergehen. In unseren Legenden und Geschichten wirst du ewig weiterleben."
Crazy-Horse nickte. „Versprich mir das, und ich werde gern sterben."
Dull-Knife machte eine abschließende Handbewegung. „In unseren Geschichten reiten wir Seite an Seite, mein Freund!"
„Waschté!", seufzte Crazy-Horse, dann wurde nichts mehr gesprochen. Das Schweigen lastete schwer auf den Männern und sie dachten an die guten Jahre, in denen ihre Tipis mit Büffeldecken ausgelegt und die Töpfe mit Fleisch gefüllt waren.

Im Frühling ergab sich Crazy-Horse mit über tausend Kriegern den Soldaten im Camp Robinson, während Dull-Knife und Little-Wolf sich im Monat des grünen Grases auf den Weg zur Agentur von Red Cloud machten. Die Lakota waren ihre Verbündeten und sie hofften, dass es ihnen erlaubt wurde, bei den Oglala zu bleiben. Einige junge Krieger waren empört und forderten die Häuptlinge auf zu kämpfen, doch die anderen waren erleichtert und hofften darauf, endlich zu erfahren, ob Angehörige den Angriff der Soldaten überlebt hatten. Noch klammerten sie sich an die Hoffnung, dass sie bleiben konnten. Viele hatten Verwandte bei den Lakota und so dachten sie an ihre Familien, bei denen sie dann bleiben konnten.

Die weißen Agenten in der Red Cloud Agentur waren mit der Ankunft der Cheyenne jedoch vollkommen überfordert. Telegramme wurden versendet und Soldaten marschierten zum Schutz der weißen Siedler auf. Auch andere Gruppen der Cheyenne hatten sich ergeben und nun wurde beraten, was mit ihnen geschehen sollte. Nach der Schlacht am Little-Bighorn waren die Weißen gegenüber den Cheyenne nicht wohlgesonnen. Immer wieder wurde von Bestrafung und Deportation geredet.

Ein Teil des Volkes war längst im Indianerterritorium ansässig und so versuchte die Regierung, die Cheyenne zu überreden, ebenfalls nach Süden zu gehen.

Darlington Agentur

Moekaé hockte mit Rotes-Blatt am White-Fluss und schaute auf das fließende Wasser. Sie hatte sich etwas von dem Fort entfernt, in dem sie in einer Baracke untergebracht waren, aber immer noch nicht weit genug, um dem Lärm zu entgehen. Noch weiter durfte sie nicht gehen, denn die Cheyenne galten als Gefangene. Den Frauen und Kindern wurde mehr Bewegungsfreiheit eingeräumt, während die Männer meist in den Unterkünften bleiben mussten.

Moekaé hatte sich in Trauer ihre Haare abgeschnitten, denn sie wusste nun mit Bestimmtheit, dass ihre Eltern nicht mehr lebten. Alle Cheyenne hatten sich ergeben und waren nun hier im Camp Robinson zusammengeführt worden. Ihre Eltern waren nicht dabei gewesen. Aber sie hatte ihre Freundin Brennendes-Gras getroffen, die den Angriff schwer verletzt überlebt hatte. Ihre Freundin hatte miterlebt, wie Soldaten den beiden alten Menschen einfach das Gewehr in den Nacken gelegt und sie erschossen hatten. Moekaé hatte die Augen geschlossen, als sie vom Tod ihrer Eltern erfuhr. Sie hatte Rotes-Blatt an sich gedrückt und Halt in der Nähe zu dem Kind gesucht, das sie nun wie eine Tochter aufzog. Mit ausdruckslosem Gesicht hatte sie der Stimme ihrer Freundin gelauscht, die ihr von dem Angriff erzählt hatte. Schreckliche Dinge waren an diesem Tag geschehen. Ihre Freundin war trotz einer Schussverletzung vergewaltigt worden und litt unter Alpträumen. „Sei froh, dass du entkommen konntest! Lass es niemals zu, dass die Soldaten dich lebend erwischen! Sie sind wie Tiere und achten unsere Tugenden nicht." Brennendes-Gras hatte die Decke vor ihr Gesicht gezogen und war wieder verschwunden. Sie hatte keinen Mann mehr, der über sie wachen konnte. Auch er war in dem Kampf getötet worden.

Moekaé sprach nie wieder mit ihrer Freundin darüber. Jede Frau blieb allein mit ihren Erinnerungen und der Schmach, die ihr angetan wurde. Für Moekaé blieb nur die Gewissheit, dass sie ihre gesamte Familie verloren hatte. Nur Rotes-Blatt war ihr geblieben und eine Schwägerin mit ihrem Sohn.

Heskovetse dagegen hatte überhaupt keine Verwandten mehr. Seine Eltern, seine Brüder und eine Schwester waren von den Weißen getötet worden, ebenso die Großeltern, zwei Onkel und eine Tante mit ihren drei Kindern. Er war so voller Hass, dass er nicht einmal mehr mit Moekaé sprach. Meist saß er bei Wirres-Haar oder Sammelt-seine-Medizin und anderen Kriegern und schmiedete Rachepläne. Sie wollten sich nicht mit der Situation abfinden und suchten nach Möglichkeiten, dem eintönigen Leben im Camp Robinson zu entfliehen. Sie fühlten sich nicht als Männer und Krieger und machten die Häuptlinge dafür verantwortlich, die viel zu schnell eingewilligt hatten, nach Süden zu gehen. Heskovetse hatte sich verändert. Er war unnahbar und harsch geworden und Moekaé litt darunter. Sie bemühte sich, ihm zu gefallen und achtete darauf, ihm das Gefühl zu geben, dass er wichtig für sie war. Manchmal strich er über ihr Haar und lächelte wehmütig, dann hoffte sie, dass er wieder zu ihr kommen würde und seine düsteren Gedanken vergaß. Vielleicht würde es im Süden besser werden. Auch für sie war es der Weg in die Gefangenschaft, eine Reise in ein Land, in das sie nicht gehen wollte, aber vielleicht konnten sie dort in Frieden leben.

Eine Libelle kreiste über dem Wasser und riss Moekaé ein wenig aus ihrer Starre. Sie saß immer noch gedankenverloren am Fluss und hörte auf das Lärmen und Schreien des nahen Camps. Soldaten brüllten Befehle, Kutschen ratterten vorbei, Kinder schrien und tobten. Es war ein heilloses Durcheinander. Sie hoffte auf die Abreise, um diesem Chaos endlich zu entgehen. Auch für Rotes-Blatt wäre es besser, der Enge und dem Lärm zu entgehen. Das Kind saß schweigend neben ihr und sie hätte es fast vergessen.

Die Welt änderte sich so schnell und es war schwierig, vorherzusehen, welcher Weg der richtige war. Wie sehr hätte Moekaé jetzt den Zuspruch ihrer Mutter gebraucht. Ihre warme Stimme hätte ihr Rückhalt gegeben und sie hätte mit ihrer Weisheit gute Worte gefunden. So viele Menschen waren für immer gegangen. Moekaé fühlte den Verlust körperlich und konnte kaum atmen vor Trauer. Wie schön wäre es, wenn die Mutter noch da wäre, um ihr bei der Erziehung des Kindes zu helfen. Sie vermisste die Gespräche, die Anleitung, den Zusammenhalt und die sorgfältige Unterweisung in all den spirituellen Dingen. Wer würde in dem neuen Land die Zeremonien durchführen? Stets hatten die Cheyenne eine tiefe Verbundenheit zu dem Land gehabt und nun sollten sie all dies aufgeben? Die Weißen sprachen davon, dass die Cheyenne nun Farmer werden sollten. Die Kinder sollten in die Schule gehen und endlich lernen, wie die Weißen zu leben. Moekaé wollte Rotes-Blatt nicht in eine Schule schicken. Es war Aufgabe der Mutter und Großmutter, das Mädchen zu erziehen und darauf zu achten, dass der Wille Mahéos beachtet wird. Was würde Rotes-Blatt von den Weißen lernen? Noch war sie klein, fast noch ein Baby, doch die Zeit schritt schnell voran und dann würden die Weißen mit ihrer Gier auch nach den Kindern greifen. Sanft drückte Moekaé ihre Nichte an sich und strich ihr mit der Hand über das Gesicht. „Siehst du die Libelle?“, fragte sie mit einem Lächeln.

„Ja“, antwortete das Kind leise. „Aber ich mag die Schmetterlinge lieber“, fuhr es fort und Moekaé hob erstaunt die Augenbrauen. „So?“

„Ja, Schmetterlinge bringen die Träume. Da sehe ich meine Nahgo!“

„Das ist schön!“, seufzte Moekaé. „Meine Nahgo besucht mich auch in meinen Träumen.“

Die beiden schwiegen wieder und Moekaé wunderte sich über die Gedankengänge des kleinen Mädchens. Sie war kein Baby mehr. Seit dem Tag, als die Soldaten ihr die Mutter genommen hatten, war sie kein Baby mehr. Noch immer drückte sie die Puppe fest an sich und klammerte sich an die Erinnerung an ihre Familie und ihren Bruder.

Moekaé erhob sich und nahm Rotes-Blatt an der Hand. Es wurde Zeit zurückzugehen und sich in die Schlange der Frauen einzureihen, denen die Lebensmittel gegeben wurden. Es war entwürdigend. Jeden Tag wurde das Essen verteilt, manchmal auch Kleidung, und Moekaé hasste die Untätigkeit, zu der sie verdammt wurden. Früher war ihr Tag ausgefüllt gewesen mit notwendigen Arbeiten, hier gab es nichts zu tun. Fast zehn mal zehn, mal zehn Menschen drängten sich auf engstem Raum und hatten keine Möglichkeit, sich zurückzuziehen. Wie sehr sehnte sie sich nach einem Zelt, in dem sie mit ihrer verbliebenen Familie am Feuer sitzen konnte. Hier gab es weder einen Waschplatz für die Frauen noch die Möglichkeit in die Büsche zu gehen. Alle Menschen drängten sich an der gleichen Stelle am Fluss, um sich zu waschen, oder benutzten die Latrinen, um zu urinieren. Dort stank es entsetzlich und Moekaé ekelte sich davor. Wie konnten die Weißen nur so leben?

An den Flüssen, an denen sie gelagert hatten, war das Wasser stets sauber und frisch gewesen. Der Wald war unberührt und still gewesen. Hier wurde alles totgetrampelt und das Wasser schmeckte abgestanden von all den Verunreinigen, die von den Weißen hineingeleitet wurden. Sah so ihre Zukunft aus?

Sie kehrte zu den Baracken zurück und wurde fast erschlagen von dem Lärm um sie herum. Soldaten musterten sie mit anzüglichen Blicken und sie wickelte die Decke fester um sich herum. Ihre Hand umklammerte die Hand von Rotes-Blatt, damit das Kind in dem Trubel nicht verloren ging. Sie fand Heskovetse und er nickte nur gleichmütig mit seinem Kopf in Richtung der Essensausgabe, damit sie auch das Essen für ihn holte. Es war unter seiner Würde, sich in die Schlange der Frauen und Kinder zu stellen. Moekaé nahm die Tassen aus Blech, in die fast immer die gleiche Suppe gefüllt wurde und stellte sich an. Die Frauen warteten schweigend, bis sie an der Reihe waren, und liefen dann zu den Männern zurück. Auch die Kinder waren still und warteten mit hungrigen Augen darauf, dass ihnen die Tassen gereicht wurden. Alle sehnten sich nach den Zeiten zurück, als die Männer von der Büffeljagd heimgekehrt waren und sie sich die Bäuche mit Fleisch vollgestopft hatten. Sie hatten sich mit gesundem, nahrhaftem und sättigendem Fleisch ernährt und in der Suppe war das Fett geschwommen. Selbst für die Hunde war es ein Festschmaus gewesen. Diese Zeiten waren lange vorbei und würden nie mehr zurückkehren.

Die Frauen wussten das, während die Männer sich noch der Illusion hingaben, dass sie eines Tages wieder zur Jagd gehen konnten. Auch Heskovetse träumte mit glänzenden Augen von dem Land im Süden, in dem sie wieder frei leben konnten. „Wir

bekommen dort Ponys und Zelte", erzählte er begeistert, als Moekaé ihm wortlos die Tasse hinhielt. „Ich werde wieder jagen und dir besseres Fleisch bringen."
„Das ist schön", murmelte Moekaé. „Dann werden wir auch wieder Hunde haben, die sich um die Knochen balgen."
„Ja, und dann wird sich dein Bauch runden und mein Kind in dir heranwachsen."
Moekaé lächelte und freute sich über die Begeisterung ihres Mannes. Anscheinend hatte er gute Nachrichten erhalten und dies hatte seine Stimmung gehoben. Es war schön, dass er nicht blicklos vor sich hin starrte und die Welt um sich herum zu vergessen schien. Und es war schön, dass er zum ersten Mal seit langem von einem Kind sprach.
„Was sagen die Häuptlinge?", wagte sie zu fragen.
„Wir brechen in ein paar Tagen auf", antwortete Heskovetse vergnügt. „Wir bekommen Pferde für die lange Reise und die Frauen und Kinder dürfen in den Kutschen der Weißen reisen. Es ist ein langer Weg, aber dann werden wir in dem Land im Süden mit unseren Verwandten zusammenleben." Sichtliche Erleichterung war aus seiner Stimme zu hören. Auch er litt darunter, hier eingesperrt und zur Untätigkeit verdammt zu sein. „Einige Krieger wollen nicht mit uns gehen. Sie haben Verwandte bei den Oglala und wollen sich lieber ihnen anschließen. Die Weißen erlauben es nicht, aber sie werden wohl eines Nachts einfach verschwinden!" Er lachte trocken.
„Und du?", fragte Moekaé ein wenig besorgt.
Ihr Mann winkte harmlos ab. „Ich schaue mir dieses Land im Süden an und wenn es mir nicht gefällt, dann kehre ich hierher zurück. Die Häuptlinge sagen, dass jeder zurückkehren kann, wenn es ihm nicht gefällt."
„Wirklich?", wunderte sich Moekaé. „Warum schicken sie uns dann überhaupt von hier fort. Warum bekommen wir nicht hier eine Reservation, so wie die Lakota?"
Heskovetse runzelte die Stirn und machte eine unwillige Handbewegung. „Die Häuptlinge haben so entschieden. Sie meinen, dass es gut wäre, wieder ein starkes Volk zu sein. Ein Teil unseres Volkes ist im Süden und der andere Teil im Norden. Zusammen

sind wir stärker!" Das entbehrte nicht einer gewissen Wahrheit und Moekaé dachte darüber nach. Gemeinsam konnte man vielleicht besser ihre Wünsche und Anliegen durchsetzen.

In den nächsten Tagen machte sich eine gewisse Unruhe unter den Cheyenne bemerkbar. Die Männer saßen oft in Beratungen zusammen, während die Frauen ihre wenigen Habseligkeiten einpackten. Viel war ihnen nicht geblieben, aber sie hatten Kleidung und andere Utensilien erhalten. In Gruppen brachen die Menschen auf, immer begleitet von dem Säbelrasseln der Soldaten. In der Nähe wurde die verbliebene Ponyherde getrieben, aber die Soldaten ließen es nicht zu, dass alle Menschen ritten. Anscheinend war ihnen das Risiko zu groß, dass einige Cheyenne einfach verschwanden.

Moekaé wollte die Soldaten nicht in ihrer Nähe. Sie hasste es, wie die Soldaten sie wie Gefangene nach Süden trieben und das Marschtempo vorgaben. Es war der Weg in die Gefangenschaft und nicht in die Freiheit.

Vielleicht war das auch den Männern klar, denn die Hochstimmung wich einem Gefühl der Ohnmacht und Hoffnungslosigkeit. Frauen wurden offen angepöbelt, wenn sie sich etwas entfernten, und die Soldaten machten sich einen Spaß daraus, ihnen zwielichtige Angebote zu machen. Sommer-Regen ließ sich von den billigen Geschenken verführen und stahl sich immer wieder mit einem Mann in die Büsche. Die anderen Frauen verachteten sie und zogen die Decken über ihre Köpfe, wenn sie vorbeikam. Eines Tages war sie weg und niemand kümmerte sich darum, wohin sie verschwunden war.

Moekaé hatte ihre Decke stets sittsam um ihren Körper gewickelt, obwohl es tagsüber dafür eigentlich zu heiß war. Aber sie wagte es nicht, sich ohne diesen letzten Schutz zu bewegen. Rotes-Blatt trippelte tapfer neben ihr her und nur selten musste Moekaé den Wagen in Anspruch nehmen, um sich auszuruhen. Zumindest saß sie dort mit anderen Frauen zusammen, was einen gewissen Schutz vor den Zudringlichkeiten der Soldaten bedeutete. Es waren offene Kutschen, in denen sich Frauen und Kinder zusammendrängten, umgeben von ihren wenigen Bündeln. Zum Glück

blieb das Wetter beständig. Nur einmal regnete es leicht und die Frauen und Kinder suchten unter den Wagen Schutz vor der Nässe.
Die Männer saßen teilnahmslos auf den zugeteilten Ponys und schienen die Welt um sich herum vergessen zu haben. Manchmal kam es zu Ausschreitungen, wenn Männer ihre Frauen dafür verantwortlich machten, wenn die Soldaten zu aufdringlich wurden. Auch Heskovetse schlug seine Frau grün und blau, weil er dachte, dass sie ihren Körper nicht bedeckt genug gehalten hatte. Moekaé sagte nichts und verteidigte sich auch nicht. Sie wartete ab, bis Heskovetse seine Wut an ihr ausgetobt hatte und wieder zu den Männern zurückging. Er hatte seine Ehre wiederhergestellt und seinem Weib gezeigt, wohin es gehörte. Dabei wäre so ein Verhalten noch vor kurzem undenkbar gewesen.
Moekaé blieb unter ihrer Decke und wich den mitleidigen Blicken der anderen Frauen aus. Sie hatte nichts getan und die anderen Frauen wussten das. Die Frauen hatten sich seit Tagen nicht gewaschen, damit die Soldaten keinen Blick auf ihre Körper erhaschen konnten, und selbst zum Urinieren legten die Frauen die Decken nicht ab. Es war entwürdigend und jeder hoffte auf ein Ende der langen Reise. Die Cheyenne waren nicht prüde, aber unter diesen Umständen zu reisen war eine Qual. Die Frauen und Männer stanken und Hautkrankheiten breiteten sich aus. Für ein Volk, das es gewohnt war, jeden Morgen zu baden, eine unhaltbare Situation.
Schließlich weigerten sich die Anführer weiterzugehen und verlangten, dass die Gruppen zusammengeführt wurden. „Wir wollen nicht wie Schafe von euch getrieben werden", beschwerte sich Dull-Knife. „Unsere Männer sind keine Männer, wenn sie nicht die Frauen und Kinder schützen können. Eure Soldaten belästigen unsere Frauen und zeigen keinen Respekt. Wir wollen als Volk nach Süden gehen!"
Zwei Tage weigerten sich die Menschen weiterzugehen und schließlich lenkte der verantwortliche Offizier ein. Er ordnete an, dass die verstreut reisenden Gruppen zusammengelegt wurden und die Soldaten die Cheyenne nur noch aus der Ferne bewachten.

Abends bauten die Soldaten in einiger Entfernung ihr Lager auf und plötzlich hatten die Frauen und Kinder wieder mehr Intimsphäre. Die Erleichterung war deutlich zu spüren. Auch Moekaé lächelte wieder öfter und setzte sich zu ihrem Mann an das Feuer. So sollte es sein. Es war fast wie damals, als sie noch den Herden der Büffel gefolgt waren.
Heskovetse strich sanft über ihre Wange und lächelte ebenfalls. „Bald sind wir am Ziel, dann wird alles wieder gut! Wir werden unsere Verwandten sehen und wieder ein starkes Volk sein."
Moekaé nickte still und freute sich darauf, endlich in Frieden mit ihrem Mann zu leben. „Bewachst du morgen meinen Badeplatz? Ich stinke so! Ich möchte mich baden und will nicht, dass einer dieser Langmesser in meine Nähe kommt."
Heskovetse grinste frech. „Aber ja! Und du könntest vielleicht dein Kleid waschen und meine Sachen gleich dazu."
Moekaé kicherte hinter vorgehaltener Hand. Es war schön, wieder Scherze zu machen und Zeit füreinander zu haben.

Am Morgen gingen die Menschen zum ersten Mal seit langem wieder zum Fluss, um sich zu waschen. Die Männer bewachten den Badeplatz der Frauen und wiesen neugierige Soldaten ab, wenn diese den nackten Frauen zu nahe kamen. Gelächter erklang von dem Fluss, als die Menschen sich gegenseitig nassspritzten. Kleider wurden gewaschen und zum Trocknen in die Büsche gehängt und überall saßen Frauen, die sich gegenseitig die Haare kämmten. Kinder kreischten und planschten. Es war fast wie damals, als sie noch frei und ungebunden über die Prärie zogen.

Die Reise dauerte fast drei Monate, denn die Soldaten wichen größeren Siedlungen der Weißen aus. Die Cheyenne waren erschüttert, was aus ihren Gebieten inzwischen geworden war. Jagdgründe, die noch vor kurzem von den Büffelherden durchzogen worden waren, gehörten nun weißen Siedlern, die ihre Länder mit Stacheldraht und Zaun gegen mögliche Eindringlinge sicherten. Städte und Dörfer schossen aus dem Boden und weiße Siedler standen mit Gewehren vor ihren Häusern, wenn die Cheyenne an ihnen vorbeizogen. Immer hatten die Cheyenne im Einklang mit der Natur gelebt, hatten der Erde Opfergaben gegeben, um sie gnädig zu stimmen. In Gebeten hatte man sich bei den Tieren und anderen Bewohnern des Landes bedankt, wenn die Jagd gut gewesen war oder die Natur den Cheyenne besonders gewogen war. Selbst das Flüstern des Windes war eine Erscheinung, zu der man beten konnte, und die die Worte zu Mahéo trug.

Die Cheyenne sahen das Tun der Weißen nicht als Besiedelung, sondern als Zerstörung des Landes. Die Erde wurde mit Ackergeräten aufgerissen, Zaunpfähle wie Speere in den Boden getrieben und wilde Tiere aus ihren natürlichen Wohnsitzen vertrieben. Früher waren hier die Büffelherden durchgezogen, so unzählbar wie die Sterne, und die Cheyenne senkten die Köpfe und verstanden nicht, wo ihre Brüder hingegangen waren. Wie konnte man eine solche Anzahl ausrotten? Allein der Gedanke war so unvorstellbar, dass die Cheyenne ihn nicht aussprechen konnten. Alles schien dem Untergang geweiht zu sein. Die Büffel, das Land und ihre alte Lebensweise. All ihre alten Überlieferungen schienen plötzlich wertlos zu sein, nicht mehr von Belang, ohne Sinn. Was halfen Gebete, wenn Mahéo sie nicht mehr erhörte? Der Verfall ihrer Sitten und Bräuche war so umfassend, dass die Menschen ins Nichts zu stürzen drohten. Niemand schien mehr zu wissen, was richtig und falsch war. Auch das Ansehen der Häuptlinge litt, denn die jungen Männer wussten, dass die Häuptlinge keine Antworten mehr liefern konnten. Während der langen Reise verschwanden einige junge Männer einfach. Sie machten sich auf den Rückweg nach Norden, um sich dort den Oglala anzuschließen. Noch waren es nicht zu viele, aber die Bewachung durch die Soldaten wurde wieder strenger. Es war klar, dass die Cheyenne immer noch Gefangene waren, und die Häuptlinge wurden zur Rede gestellt, warum sie die Fluchtversuche nicht unterbanden. Little-Wolf und Dull-Knife schwiegen zu den Vorwürfen. Was hätten sie auch antworten sollen? Längst hatten die jungen Männer den Respekt verloren und machten im Grunde, was sie wollten.

Im August erreichten die Cheyenne schließlich die Darlington Agentur, in der Nähe von Fort Reno im Indianerterritorium. Sie wurden in einer demütigenden Prozedur gezählt und schließlich in verschiedene Lager eingeteilt. Zu gefährlich war allein der Name der Cheyenne, als dass man sie in größerer Zahl zusammengelassen hätte. Zelte und Kleidung wurden ausgegeben und anschließend bekam jede Familie Lebensmittelkarten. Die Männer murrten, denn sie wollten zur Jagd gehen, so wie sie es gewohnt waren. Sie wollten Waffen und ihre Familien selbst ernähren. „Was sollen wir hier den ganzen Tag tun?", fragten sie erbost. Auch das Wiedersehen mit ihren Verwandten verlief nicht so, wie sie es erhofft hatten. Viele Familien hatten sich seit über dreißig Jahren nicht gesehen und hatten sich voneinander entfremdet. Die südlichen Cheyenne befürchteten durch die Ankunft der Cheyenne aus dem Norden Nachteile für sich. Tatsächlich war die Ankunft so vieler Menschen von der Regierung schlecht vorbereitet worden. Von Anfang an wurden zu wenig Lebensmittel verteilt und Hunger breitete sich aus. Immer wieder beschwerten sich die Häuptlinge, dass die Nahrungsmittel nicht ausreichend seien, doch die Zustände änderten sich nicht.

Auch Moekaé und Heskovetse magerten sichtlich ab und Moekaé litt darunter, dass ihr Mann gereizt und schlecht gelaunt war. Während sie wenigstens den Haushalt und das Kind versorgen konnte, saß Heskovetse meist tatenlos im Tipi und sehnte die alten Zeiten herbei. Immer wieder schüttelte er den Kopf und warf frustriert Holzscheite in das Feuer. „Wir hätten nicht hierher kommen dürfen", murmelte er dann. „Hier sind wir keine Männer. Wir sitzen herum, als wären wir alte Weiber, und bekommen Almosen von den Weißen. Ich will selbst für meine Familie sorgen. Sieh nur, wie sehr dieses dürre Ding dort abmagert. Rotes-Blatt ist nun unsere Tochter, doch sieh selbst, wie dünn sie ist. Wie soll sich dann dein Buch runden? Sag mir das! Wie soll mein Sohn in deinem Leib wachsen?"
Moekaé antworte schon lange nicht mehr, denn das hätte ihn höchstens gereizt. Sie kümmerte sich um Rotes-Blatt und erntete auch dafür einen gereizten Blick ihres Mannes. Es erinnerte ihn

ständig daran, dass er Kleiner-Biber nicht hatte retten können. Und dass sie immer noch kein Kind von ihm trug.

Moekaé nähte ihrem Mann Mokassins aus Kuhleder, denn anderes Leder gab es hier nicht. Die Häuptlinge hatten erreicht, dass ihnen nicht nur Fleisch, sondern lebende Tiere übergeben wurden, sodass sie auch die Häute verwerten konnten. Anfangs hatten sich die Frauen darüber gefreut, doch schnell wurde allen klar, dass die Weißen sie auch dieses Mal betrogen, denn die mageren Tiere waren es kaum Wert, dass man sie schlachtete.

Moekaé lernte schnell, aus den wenigen Zutaten, die sie bekam, irgendwelche Speisen herzustellen. Sie tauchte Mehlfetzen in Bratfett und erhielt so einen Süßspeise, die den Hunger stillte. Heskovetse aber sehnte sich nach frischem Fleisch. Er wollte Hirsch- oder Büffelfleisch und keine fettigen Mehlfetzen. Manchmal stahl er sich mit seinem selbst gebastelten Bogen davon und kehrte mit einem Kaninchen zurück. Es war verboten und er riskierte es, bestraft zu werden. Moekaé sagte nie etwas dagegen, denn wenn es ihm gelang, mit Beute heimzukehren, dann war er lustig und redete manchmal sogar mit Rotes-Blatt. Trotzdem konnte jeder sehen, wie sehr die Menschen abmagerten. Der ständige Hunger schwächte die Cheyenne und machte sie anfällig für Krankheiten. Auch das ungewohnt heiße Klima sorgte für Ausbrüche von Fieber und anderen Krankheiten, die bisher unbekannt bei dem Volk gewesen waren. Die ersten Opfer waren die Alten und Kinder und Moekaé sorgte sich um Rotes-Blatt. Sie war so mager, so zierlich, dass bereits ein Windhauch genügte, das Kind umzuwerfen. Sie hörte auf die Stimmen in den anderen Tipis, die um ihre verstorbenen Lieben trauerten. Immer mehr Familien weigerten sich, ihre Kinder in die Schule des weißen Mannes zu schicken, weil sie dort den Eltern entfremdet wurden und seltsame Lieder lernten. Außerdem starben gerade diese Kinder an den Krankheiten des weißen Mannes, sodass die Cheyenne glaubten, dass in den Häusern der Weißen böse Geister lebten. In den ersten Wochen starben allein über fünfzig Kinder an der Fleckenkrankheit des Weißen Mannes. Ein Verlust, der in schweren Vorwürfen endete, denn die Eltern forderten von den Häuptlingen, dass sie in den Norden zurückkehren wollten, um die verbliebenen Kinder zu schützen. Auch Heskovetse hatte Angst um seine kleine Nichte. Vielleicht hielt er deshalb Distanz zu dem kleinen Mädchen, weil er im Grunde nicht daran glaubte, dass es den nächsten Winter überstand. Noch war Rotes-Blatt zu klein, um an die Orte der Weißen zu gehen, und das schien das Kind zu schützen. Heskovetse betete für das kleine Mädchen. Und er betete für seine Frau.

Aber es war Heskovetse, der im Spätherbst daniederlag und sich in Fieberträumen hin und her wälzte. Seine dunklen Augen lagen tief in den Höhlen und sein drahtiger Körper wirkte wie das Skelett eines Toten. Moekaé war hilflos vor Angst. Ihre Zeremonien und Gebete brachten keine Linderung mehr und sie wusste nicht, wie sie ihrem Mann noch helfen sollte. Auch andere lagen krank in den Zelten und die Menschen hockten hilflos neben ihren Familienangehörigen und sahen zu, wie sie starben. Ein weißer Arzt bot seine Hilfe an, doch er konnte es nicht verhindern, dass viele Menschen starben, auch weil die benötigten Medikamente nicht eintrafen.

Der Winter kam und traf die Menschen in ihrer Trauer vollkommen unvorbereitet. Sonst hatten sie Vorräte anlegen können, doch nun waren sie von den Lebensmittellieferungen der weißen Agenten abhängig. Meist standen die Frauen in langen Schlangen an dem Gebäude an, in dem Lebensmittel, Stoffe und Decken an die Cheyenne ausgegeben wurden. Einige Frauen hatten ein wenig Gemüse gezüchtet, doch die Männer lehnten diese Arbeiten ab. Es war auf jeden Fall zu wenig, um ein hungriges Volk zu ernähren. Meist war das Fleisch bereits nach zwei Tagen aufgegessen und die übrigen Tage lebten die Menschen von hartem Mais, Mehl und Kaffee. Oft genug wurden selbst diese Rationen noch gekürzt, wenn der zuständige Agent John D. Miles die Lieferungen zurückhielt, um die Cheyenne zu bestrafen. Sie sollten Ackerbau lernen, Kurse besuchen und die Kinder zur Schule schicken, doch die Cheyenne weigerten sich hartnäckig. Sie senkten bockig die Augen, legten Decken über ihre Köpfe und drehten sich weg.

Im Winter besserte sich Heskovetses Zustand zur Erleichterung von Moekaé. Die kühleren Temperaturen schienen ihm zu helfen, während andere Menschen nun an der Winterkrankheit starben. Die Krankheit hatte Heskovetse verändert und noch kompromissloser gemacht. Immer öfter sprach er davon, in den Norden zurückzukehren. „Du wirst mit mir kommen!", sagte er seiner Frau. „Ich will nicht, dass einst unser Kind hier geboren wird und dann stirbt, wie all die anderen Kinder!"
„Rotes-Blatt lebt!", widersprach Moekaé.
Fast wohlwollend musterte Heskovetse das zarte Kind. „Ja, dieses dürre Etwas ist doch stärker als ich dachte." Mit einem Lachen zog er das Kind auf seinen Schoß und kitzelte es. Es war das erste Mal, dass er seiner Nichte gegenüber Zärtlichkeit zeigte, und das Mädchen dankte es ihm mit einem strahlenden Lächeln. „Sie wird uns gesunde Söhne gebären und eines Tages werden wir als Volk wieder stark sein. Deshalb müssen wir nach Norden gehen. Dort ist der Heilige Berg und dort sind unsere Jagdgründe. Nur dort können wir so leben, wie Mahéo es für uns vorgesehen hat. Hier können wir unsere Frauen und Kinder nicht schützen. Hier kann ich kein Mann sein."
„Du bist mein Mann!", betonte Moekaé mit fester Stimme.
„Aber ich ernähre dich nicht, wie es sonst zwischen Mann und Frau sein sollte. Ich schütze dich nicht. Ich bin hier zur Untätigkeit verdammt. Ich fühle mich so wenig als Mann, dass ich nicht einmal das Lager mit dir teile!"
„Du warst lange krank", versuchte Moekaé ihren Mann aufzuheitern.
„Ja", stimmte Heskovetse zu. „So wie viele. Aber nun geht es mir besser und ich weiß nicht, wie es weitergehen soll. Du gehst zu der Agentur und lässt dir die Lebensmittel geben. Du versorgst das Tipi, während ich meinen Träumen nachhänge. Ich sehne mich nach dem Heiligen Berg. Ich möchte dort beten und erfahren, was Mahéo für unser Volk gesehen hat."
„Das ist gut", stimmte Moekaé zu. Gebete waren in der Vergangenheit immer hilfreich gewesen. „Vielleicht müssen wir lernen, einen neuen Weg zu gehen. Vielleicht musst auch du lernen, mit diesen neuen Zeiten zurechtzukommen."

Heskovetses Augen wurden plötzlich schwarz vor Wut. „Ich will nichts lernen!", fauchte er ungehalten. „Ich bin Krieger! Blue-Soldier! Ich will keinen Garten anpflanzen wie ein Weib. Und ich will nicht diese gefleckten Kühe züchten. Und ich will nicht, dass meine Kinder in die Schule der Weißen gehen. Versteht du das?"
Moekaé war bei diesem Ausbruch etwas zurückgewichen und auch Rotes-Blatt versteckte sich hinter dem Rücken ihrer Tante.
Heskovetse machte eine begütigende Bewegung mit der Hand. „Ich wollte euch nicht erschrecken. Verzeiht!"
Moekaé nickte erleichtert und reichte ihm eine Schale mit Essen.
„Gib sie dem Kind", wehrte er höflich ab. „Ich habe keinen Hunger."
Es war eine Lüge, aber Moekaé gehorchte, denn sie wollte ihren Mann nicht erneut reizen.
Mit zusammengekniffenen Augen beobachtete der Mann, wie das Kind hungrig das Essen hinunterschlang. Selbst für dieses kleine Kind war es zu wenig.
„Vielleicht müssen wir alle diese neuen Dinge lernen?" Fast bittend sah Moekaé ihren Mann an. Sie war so hilflos. Auch sie wusste nicht, wie sie auf all die Neuerungen reagieren sollte. Sie sah nur den Zorn ihres Mannes und der machte sie genauso hilflos wie die fremde Umgebung.

Die Tage vergingen in Eintönigkeit und immer öfter verschwand Heskovetse, um im Zelt der Krieger Pläne für die Zukunft zu schmieden. Und er fand etwas anderes, um der Trostlosigkeit zu entgehen: Alkohol. Immer wieder kamen Händler ins Dorf, die billigen Branntwein an die Indianer verkauften. Sie tauschten ihn gegen Lebensmittel und Handarbeiten, sodass den Frauen fast nichts mehr blieb. Wertvolle Stickereien wechselten ebenso den Besitzer wie notwenige Lebensmittel. Heskovetse betrank sich gerne, denn nur dann konnte er das Elend vergessen und er fühlte sich wieder wie ein Krieger.
Er übersah, wenn seine Frau und Nichte ihn hungrig ansahen und der Topf über dem Feuer leer blieb. Manchmal taumelte er in sein Zelt, schickte das Kind hinaus und fiel über seine Frau her. Er wollte sich nicht ändern und er wollte sich auch nicht anpas-

sen. Längst hätte sein Sohn in dem Bauch seiner Frau wachsen sollen und ihre magere Gestalt erfüllte ihn mit Unzufriedenheit. Vielleicht lenkte dieses Kind seine Frau von der Erfüllung ihrer Pflichten ab? Er wollte ein Mann sein und seinen Samen in ihr heranwachsen sehen. Er wollte die Töpfe in seinem Tipi mit Fleisch füllen und er wollte, dass alle satt waren und ihn dankbar ansahen.

Rotes-Blatt hatte längst gelernt, dass sie besser im Zelt von Büffelkalb-Frau verschwand, wenn ihr Onkel wieder mit diesem seltsamen Blick in den Augen nach Hause kam. Sie hatte ein Gespür entwickelt, wann es besser war, sich unsichtbar zu machen.

Moekaé dagegen ließ manchmal Lebensmittel verschwinden, damit ihr Mann sie nicht gegen das Geheimniswasser eintauschte. Sie versteckte das Mehl und andere Sachen in einer Grube, damit sie wenigstens eine Kleinigkeit kochen konnte. Hunger war ein ständiger Begleiter und er zehrte die Menschen aus.

Heskovetse veränderte sich zusehends. Er war kaum wiederzuerkennen, als er eines Abends in sein Zelt zurückkam und mit stierem Blick seine Frau musterte. Seine Haare waren ungepflegt und sein Gesichtsausdruck wurde dumpf unter dem Einfluss des Alkohols. Seine Frau und das Kind hatten Angst vor ihm. Vielleicht machte genau das ihn noch ärgerlicher und unnahbarer. Er hatte die vorwurfsvollen Augen des Kindes satt, die ihn musterten, als wäre er ein böser Geist. Er hatte mit anderen Männern über die Zukunft geredet und fühlte sich gut. Die vorwurfsvollen und fast ängstlichen Augen des Kindes passten nicht in seine Wahrnehmung. Er war hier der Mann im Zelt. Er wollte, dass ihm Achtung und Respekt entgegengebracht wurde.

„Geh raus!“, brüllte der Krieger plötzlich ungehalten. „Raus!“

Moekaé wurde blass und griff beschützend nach dem Kind. „Bitte!“, flehte sie ängstlich. Sie sah den Blick ihres Mannes, der von Alkohol getrübt war, und ahnte Schlimmes.

„Raus!“, wiederholte Heskovetse und dieses Mal war er heiser vor Zorn. „Ich will sie nicht sehen!“

„Aber …?“ Fassungslos blickte Moekaé auf ihren Mann, dann nahm sie hastig das Kind in ihre Arme und flüsterte ihm ins Ohr, dass es zu Büffelkalb-Frau laufen sollte. „Alles wird wieder gut! Ich hole dich zurück. Geh zu Büffelkalb-Frau und sag, dass du dort schlafen möchtest."

Mit vor Schreck geweiteten Augen flüchtete das Kind aus dem Tipi und Moekaé hörte auf seine schnellen Schritte. „Was ...?", hauchte sie entsetzt, doch schon beugte sich Heskovetse zu ihr und stieß sie mit einer heftigen Bewegung auf ihr Lager nieder. „Ich zeige dir, dass ich dein Mann bin!", knurrte er wütend. „Ich will nichts anderes lernen oder sein! Ich will, dass du gehorsam bist und endlich meinen Sohn gebierst!"

„Bitte!", bat Moekaé voller Ahnung. „Bitte, ich bin doch gehorsam!"

Ihr Flehen wurde zu einem Wimmern, als Heskovetse ihr die Beine auseinanderdrückte und brutal in sie eindrang. „Bitte!", hauchte sie immer wieder, um ihn in seinem Tun etwas zu bremsen. „Ich bin doch gehorsam!"

Es tat so weh, dass es ihr die Luft nahm und sich alles in ihr verkrampfte. Sie versuchte, ihr Denken auszuschalten, ihre Gefühle und ihren Körper zu vergessen, aber der Schmerz ließ es nicht zu. Alles, was sie je von ihrer Mutter gelernt hatte, wurde hier in Frage gestellt. So durfte es nicht sein. Niemals. Noch waren ihre Haare kurz und die Zeit der Trauer um ihre Eltern und Schwester nicht vorbei. Alles, was sie je gelernt hatte und an das sie stets geglaubt hatte, wurde in diesem brutalen Akt in Frage gestellt.

„Siehst du, dass ich dein Mann bin?", herrschte er sie ungehalten an. „Siehst du es?"

Der Alkohol, der ihr ins Gesicht schlug, nahm ihr den Atem. „Ja!", stöhnte sie. Dann wurde sie still, als er genauso plötzlich und viel zu schnell über ihr zusammensackte. Nicht so, dachte sie immer wieder. Nicht so! Sie dachte an Rotes-Blatt und war froh, dass er das Kind weggeschickt hatte. So etwas sollte kein Kind sehen. Vielleicht war es die Anwesenheit des Kindes gewesen, die ihn daran gehindert hatte, seine Männlichkeit zu beweisen. Aber zwischen Mann und Frau sollte es anders sein. Liebevoll und zärtlich, mit gegenseitigem Respekt. Sie hoffte, dass in diesem Akt kein Kind gezeugt worden war, denn es wäre nicht richtig. Sie fühlte sein pulsierendes Geschlecht und wartete darauf, dass er sich zurückzog. Sie sagte nichts und machte auch keine Bewegung. Wie tot lag sie unter ihm und wartete einfach ab, dass er sich erhob.

Es dauerte eine ganze Weile, doch schließlich rollte er sich auf die Seite und starrte an die Zeltwand. „Ich bin dein Mann", erklärte er nun völlig ruhig. „Geh und hole das Kind!" Immer noch stank er nach dem Fusel, aber er schien bei klarem Verstand zu sein. Eigentlich machte es das alles noch schlimmer.

Wortlos erhob sich Moekaé und verließ das Zelt. Der eisige Wind schlug ihr ins Gesicht und ließ sie wie aus einem Alptraum erwachen. Sie blinzelte, um eine Träne zu unterdrücken, dann hatte sie sich wieder im Griff. Ich werde nicht weinen, dachte sie tapfer. Ich bin eine Cheyenne-Frau. Sie schlüpfte in das Tipi von Büffelkalb-Frau und setzte sich zu ihrer Freundin ans Feuer. Rotes-Blatt sprang sofort auf und kuschelte sich auf ihren Schoß. Müde legte Moekaé ihre Arme um das Kind, dann sah sie ihrer Freundin in die Augen.

„Geht es dir gut?", fragte Büffelkalb-Frau.

„Ja!", antwortete Moekaé einsilbig.

„Was ist passiert?"

„Nichts!"

Jeder konnte sehen, dass es eine Lüge war, doch niemand sagte etwas. Moekaé blickte auf die anderen Menschen in dem Tipi. Da saß Schwarzer-Kojote, ein Freund von Heskovetse, den Büffelkalb-Frau inzwischen geheiratet hatte. Im Hintergrund saßen die Mutter von Schwarzer-Kojote und ein Jugendlicher, wahrscheinlich der jüngere Bruder des Kriegers. Alle hielten die Blicke gesenkt, als ahnten sie, was in dem anderen Tipi vorgefallen war. Wortlos erhob sich Moekaé und verließ mit Rotes-Blatt wieder das Tipi. Ihre Schritte waren langsam und schwer, als sie in ihr eigenes Tipi zurückkehrte. Mit dem Kind im Arm legte sie sich auf der Frauenseite des Zeltes auf ihr Lager und drehte sich so, dass sie Heskovetse nicht ansehen musste. Nichts war mehr so, wie es zu sein hatte. Nichts.

Aufbruch

Heskovetse haderte mit sich selbst. Er wusste, dass er falsch gehandelt hatte, und trotzdem blieb dieses Gefühl von Wut. Nicht gegenüber Moekaé, sondern gegenüber den Weißen, die ihn letztendlich in diese Lage gebracht hatten. Er wollte ein guter Ehemann sein. Moekaé sollte längst einen Sohn von ihm haben und er würde sich an dem Kind erfreuen. Ein kräftiger, starker Sohn würde es sein und nicht so ein schwächliches Kind wie Rotes-Blatt. Er wollte Moekaé nicht wehtun und noch verstand er nicht wirklich, warum er die Geduld verloren hatte. Sie war demütig und gehorsam und trotzdem fühlte er sich nicht als ihr Ehemann. Vielleicht lag es an der Trauerzeit oder auch an dem Kind, das ihn stets mit den großen schwarzen Augen anstarrte. Alles hatte sich verändert und er war nicht bereit, sein Leben zu ändern. Immer hatte er den Geschichten gelauscht, in denen die Heldentaten der Männer gerühmt wurden. Wie sollte er je ein solcher Krieger werden? Er durfte nicht einmal mehr zur Jagd gehen! Wie sollte Moekaé ihn respektieren, wenn es ihm nicht gelang, die Familie zu ernähren? Meist blieb der Kochtopf leer und er hatte die hungrigen Augen satt, die ihn ohne Hoffnung anstarrten. Heute hatte er Moekaé gezeigt, wo ihr Platz war, aber anstelle eines Hochgefühls, empfand er nur Scham und Bedauern. Insgeheim wusste er, dass auch dieses Gesöff schuld daran war, dass er die Geduld verloren hatte. Nichts, was diese Weißen ihnen brachten, war von irgendeinem Nutzen.

Am Morgen verließ er wortlos das Tipi und traf sich mit seinen Freunden. Er vermied es, Schwarzer-Kojote in die Augen zu sehen, der vermutlich genau wusste, was vorgefallen war, und scherzte dafür mit Wirres-Haar und Hohes-Pferd. Er musste sich für nichts rechtfertigen. Moekaé war seine Frau und er konnte mit ihr tun, was ihm beliebte.

Die Männer setzten sich zusammen und sahen dem Sonnenaufgang zu. Der Frühling kam und mit ihm die Hoffnung, dass es besser wurde. Die Männer trugen inzwischen Hosen aus Stoff, geblümte Baumwollhemden und runde Hüte auf dem Kopf. Aus

der Ferne hätte man sie für Arbeiter halten können. Nur die Füße steckten in einfachen Mokassins, als wollten die Männer sich wenigstens mit dieser Kleinigkeit an ihre alte Lebensweise erinnern. Ihre Haare waren in Zöpfe geflochten, die unter dem Rand des Hutes hervorschauten.
„Ich hörte, dass die Häuptlinge nach Norden gehen wollen", erzählte Hohes-Pferd. Sein hageres Gesicht war von Sorgenfalten durchzogen und ließ ihn älter erscheinen als er war. Keiner der Krieger hatte bisher seinen dreißigsten Winter gesehen, aber sie wirkten mit ihren Falten und Narben wie Großväter.
„Sie reden nur!", meinte Heskovetse verächtlich. „Aber ich werde es tun! Ich habe es satt, vor einem leeren Topf zu sitzen."
Schwarzer-Kojote nickte zustimmend. „Die Lebensmittel, die sie uns geben, reichen kaum, um die Kinder zu ernähren, geschweige denn uns. Ich bin ein Mann! Ich könnte einen ganzen Bison verschlingen!"
Heskovetse zwinkerte herausfordernd mit den Augen: „Warum holen wir uns nicht genügend Fleisch? Ich bin es leid, immer auf die Weißen zu warten. Sie geben uns gerade so viel, dass wir nicht sterben. Mehr nicht."
„Sie halten uns damit schwach", erklärte Hohes-Pferd bitter. „Sie füttern unsere Kinder in diesem Ort, den sie Schule nennen, und unsere Kinder verlieren den Respekt vor uns."
Heskovetse schüttelte den Kopf und stand unvermittelt auf. „Ich hole meinen Bogen und bringe gutes Fleisch in mein Tipi!"
Auch Hohes-Pferd und Wirres-Haar erhoben sich. „Wo gehen wir hin?", fragten sie mit leuchtenden Augen.
„Weiter unten am Fluss ist die Farm eines Weißen. Wir schlachten einen Ochsen und bringen nur das Fleisch zurück. Niemand wird etwas finden, denn wir werden es gegessen haben!" Alle lachten gut gelaunt und liefen zurück in ihre Zelte, um ihre Bögen zu holen.
Gegen Mittag hatten sie tatsächlich einen Ochsen geschossen und zerteilten mit ihren Messern das Fleisch. Jeder nahm, was er tragen konnte, und vorsichtig machten sie sich auf den Rückweg in das Dorf. Sie umgingen einige Häuser und schlüpften dann unbemerkt in die Tipis, um ihren Frauen das Fleisch zu geben.

Heskovetse reichte seiner Frau verlegen das Fleisch. Noch war die schändliche Tat nicht vergessen. Er wusste nicht, was er sagen sollte, und so musterte er sie nur. Sie war so jung und hübsch. Er würde ihr nie wieder wehtun!
Sie sah ihn mit ihren sanften Augen an und wieder fühlte er diese Schuld. Sie stach wie ein Messer in sein Herz. „Ich trinke nicht mehr", murmelte er ernst. „Denn es macht, dass wir vergessen, wer wir sind!"
Ihre Augen füllten sich mit Tränen vor Freude und Heskovetse fühlte sich schlecht. Sie war eine gute Frau und niemals hätte er sie auf so schändliche Weise behandeln dürfen. Es war gut, dass er ihren Topf mit gutem Fleisch füllte. Er würde dies in Zukunft immer tun! Gierig stopften alle das Fleisch in den Mund, sodass ihnen das Fett über das Kinn lief. „So sollte es immer sein!", murmelte er leise. „Ich bringe das Fleisch."
Moekaé nickte nur mit vollem Mund und schnitt noch mehr Fleischstücke klein, die das Kind besser kauen konnte. „Dann ist auch Rotes-Blatt nicht mehr so dürr", meinte Heskovetse ernst. „Ich bin jetzt ihr Vater und ich werde sie nie wieder hinausschicken!" Er fühlte sich besser, denn am Blick seiner Frau konnte er erkennen, dass er die richtigen Worte gefunden hatte.

Kurze Zeit später kam bereits die Lagerpolizei in Begleitung des erbosten Farmers und durchsuchte die Zelte nach dem gestohlenen Fleisch. Sie fanden nichts. Die Töpfe waren leer und auch in den Vorratsbehältern wurde außer ranzigem Fett und mit Maden verseuchtem Mehl nichts gefunden. Die Menschen hockten teilnahmslos zusammen und ließen die Überprüfung stoisch über sich ergehen. Kleidung wurde durch die Tipis geworfen, Kochgeschirr umgestoßen und Mehl zum Teil verschüttet, um nach Patronen zu suchen, doch die Polizisten fanden nichts. Unverrichteter Dinge zogen sie wieder ab, während der Farmer tobend und schimpfend zum Agenten lief, um sich zu beschweren.

Der Agent ließ in seiner Hilflosigkeit das ganze Volk bestrafen und kürzte bei der Lebensmittelausgabe erneut die Rationen. Wut über diese Ungerechtigkeit breitete sich aus und die Stimmen mehrten sich, die verlangten, dass sie wieder in den Norden ziehen durften. Hin und wieder verschwanden einfach junge Männer und machten sich allein auf den Weg in die Heimat. Der Agent reagierte darauf mit einer Verstärkung der Truppen. Außerdem forderte er Geiseln von den Häuptlingen, damit verhindert wurde, dass noch mehr Menschen die Reservation verließen. All diese Maßnahmen dienten jedoch nur dazu, dass selbst die Häuptlinge an keinen Frieden mehr glaubten und noch entschiedener den Plan verfolgten, das Volk in die Heimat zurückzuführen.

Heskovetse sah dies mit Befriedigung. Er hatte sich zwei Männern anschließen wollen, die bereits zu Beginn des Sommers nach Norden aufgebrochen waren, doch nun wartete er ab. Seine Augen leuchteten voller Tatendrang und er war ausgeglichen und ruhig. Bald! Bald hätte die Untätigkeit ein Ende. Zum ersten Mal seit langem war er wieder der sorgende Ehemann und liebevolle Vater. Ja, er würde sein Weib nach Norden führen und er würde für Rotes-Blatt der Vater sein. Im Norden würde das Kind aufblühen und seiner Frau eine wertvolle Hilfe sein, wenn sie erst seine Kinder trug. Ein Mädchen war doch keine so schlechte Sache. Rotes-Blatt war noch klein und doch konnte sie bereits ein Feuer hüten und Wasser vom Fluss holen.

Manchmal legte sich Heskovetse zu seiner Frau und streichelte sie sanft. Er wollte ihr nicht wehtun, wenn er seinen Samen in ihren Bauch pflanzte. Das Kind sollte sie erfreuen und musste daher in Liebe gezeugt werden. Sein Hass galt den Vehoe, den Spinnenwesen, die mit ihrer Art die Welt überzogen und vernichteten. Seit langem betete er wieder, reinigte sich im täglichen Bad, kämmte sich sorgsam die Haare und achtete darauf, dass es seiner Frau und seiner Tochter gutging. Er redete das Kind nun mit „meine Tochter“ an und das schien Moekaé sehr zu erfreuen. Moekaés Haare flossen inzwischen wieder über ihren Rücken und sie hatte nach dem Jahr der Trauer begonnen, sie wieder in ordentliche Zöpfe zu flechten. Auch Rotes-Blatt trug ihre Haare inzwischen in Zöpfe geflochten und wirkte nun nicht mehr wie ein Baby, sondern wie ein kleines Mädchen. Beide trugen die bunten Kleider der weißen Frauen. Fast niemand besaß mehr die schön bestickten Gewänder aus Hirschleder. Auch Heskovetse trug eine dunkle Hose aus Stoff, ein Kalikohemd und eine Weste. Nur der Lendenschurz, den er über der Hose trug, ließ erahnen, dass er ein Cheyenne-Krieger war, oder die Mokassins, die Moekaé ihm aus der Kuhhaut geschnitten und zusammengenäht hatte. Wenn er im Norden zur Jagd ging, dann würde Moekaé ihm wieder die traditionelle Kleidung nähen. Er wollte ein Hemd aus weichem Hirschleder, schön bestickt mit den Mustern seines Volkes. Er wollte Leggins und nicht diese kratzende Hose. Sie würden in einem Tipi aus Büffelhäuten leben, durch das nicht der eisige Wind pfiff, und sie würden ihre müden Häupter des Nachts auf warmen Büffelfellen ausruhen. Rotes-Blatt würde mit den anderen Mädchen Holz sammeln und die Fransen ihrer Kleider würden die Knöchel umspielen. Manchmal träumte Heskovetse mit offenen Augen von diesem Leben in der Zukunft. Er kannte viele versteckte Täler, in denen sie ihre Tipis aufschlagen konnten und durch die klare Bäche flossen, an dessen Ufer die buntgescheckten Ponys grasen konnten. Er dachte an sein Lieblingspony, das wahrscheinlich bei dem damaligen Angriff der Soldaten mit den anderen Tieren abgeknallt worden war. Er hatte es von klein auf großgezogen und ausgebildet. Der Verlust schmerzte noch immer. Warum die Soldaten die Ponys einfach töteten, ging über seinen Verstand. Diese blinde Zerstörungswut, ein ganzes Dorf niederzubrennen und die Ponyherde zu töten, war in seinen Augen unvorstellbar grausam. Heskovetse dachte an die wenigen Tiere, die ihnen noch geblieben waren. Immer waren die Ponys ihr Reichtum gewesen, doch nun wiesen ihnen die Weißen Ackergäule zu, die nur dazu gut waren, den Pflug zu ziehen. Im Winter mussten sie gefüttert werden, weil sie zu dumm waren, um sich selbst ihr Futter zu suchen. Die Tiere waren in seinen Augen wertlos und nicht zu vergleichen mit den schnellen, drahtigen Ponys, mit denen sie sonst über die Prärie gezogen waren. Fast verächtlich stieß er ein Grunzen aus, als er daran dachte, dass sie nun mit diesen Ackergäulen nach Norden aufbrechen würden.

„Was hast du gesagt?", riss ihn Moekaés Stimme aus seinen Tagträumen.

Heskovetse blickte auf und sah zu, wie Moekaé an einem Mokassin nähte. Seine Frau war fleißig und das erfüllte ihn mit Zufriedenheit.
„Sieh zu, dass du genügend Mokassins für die Reise hast", meinte er freundlich. „Und mach mir Leggins! Diese Hose ist nichts für eine lange Reise."
Sie nickte eifrig. „Aber ja!"
Er lächelte. „Wir werden bald aufbrechen und dann können wir nur das Nötigste mitnehmen."
„Wir haben nicht viel", meinte Moekaé. „Es wird in einem Bündel Platz haben."
„Ich nehme nur meine Puppe mit", erklärte Rotes-Blatt mit wichtiger Stimme. Heskovetse lachte herzhaft und stupste dem Kind in den Bauch. „Für deine Puppe werden wir auf jeden Fall einen Platz finden!"
„Nicht wahr? Ich kann sie ja an meinen Bauch binden, so wie Nahgo das Baby!"
„Welches Baby?", fragte Heskovetse verwirrt.
Moekaé wurde dunkelrot und senkte verlegen den Kopf. Dann zeigte sie vielsagend auf ihren Bauch. „Ich bin mir nicht ganz sicher ..."
Heskovetses Augen strahlten voller Stolz und er streichelte behutsam über ihren Bauch. „Aber ich bin mir sicher! Siehst du, unser Kind weiß, dass es im Norden geboren wird. Deshalb ist es gekommen!"
Moekaé senkte zweifelnd den Blick. „Ich habe Angst. Der Weg ist doch so weit. Und es wird bestimmt sehr anstrengend. Vielleicht sollten wir warten, bis es geboren ist."
„Unser Sohn ist Cheyenne. Er wird stark genug sein!"
Heskovetses Stimme ließ keinen Widerspruch zu und so schwieg Moekaé einfach. Sie unterdrückte ein Seufzen, um ihren Mann nicht zu reizen. Noch war ihr Bauch kaum gerundet, die Schwangerschaft noch nicht einmal zu ahnen. Wahrscheinlich wären sie längst im Norden, ehe die Reise für eine Schwangere zu anstrengend wurde. Ihr Baby würde im Frühling geboren werden und sie rechnete damit, dass sie zu Beginn des Winters längst ein sicheres Dorf erreicht hatten.

Vielleicht hatte sie sich auch geirrt und in den nächsten Tagen setzte die Blutung ein. Sie machte eine leichte Bewegung mit der Hand und schob die Sorgen beiseite. „Ich hätte Rotes-Blatt nichts sagen sollen“, meinte sie begütigend. „Aber ich habe nicht viele Menschen, mit denen ich reden kann. Ein Baby war ein so schöner Gedanke. In ein paar Tagen weiß ich es sicher.“

Heskovetse beugte sich vor und lächelte frech. „Wenn du mir in ein paar Tagen sagst, dass dein Bauch sich doch nicht rundet, dann kriechen wir noch mal in die Felle!“

Moekaé kicherte erleichtert. „Dann wärst du nicht böse?“

„Aber nein!“, versicherte Heskovetse freundlich. „Aber dann warten wir, bis wir im Norden sind. Damit du keine Angst mehr zu haben brauchst.“

Moekaé lächelte erfreut. So sollte ihr Mann sein. Fürsorglich!

„Ich lasse es dich wissen.“

Am Abend kehrten Dull-Knife und Little-Wolf sichtlich erregt von einer Unterredung mit dem Agenten zurück. Geflüster ging durch das Dorf und plötzlich herrschte überall hektische Betriebsamkeit. Heskovetse kehrte zu seinem Tipi zurück und wedelte ungeduldig mit der Hand. „Pack zusammen. Wir brechen auf!“

„Wann?“, wunderte sich Moekaé.

„Jetzt!“

„Im Dunkeln?“, wunderte sich Moekaé.

„Ja! Anscheinend wollen sie Geiseln von uns nehmen. Sie werden am Morgen kommen, aber dann sind wir längst weg. Nun beeile dich! Und nimm genügend Vorräte mit!“

Moekaé begann mit fliegenden Händen alles einzupacken, was ihr für die Reise wichtig erschien. Sie hatte nicht viel und so stopfte sie ein Kleid zum Wechseln, Mokassins und Vorräte in ihre Taschen. Rotes-Blatt stand mit großen Augen daneben und wunderte sich über den Trubel. „Wo gehen wir denn hin?“, fragte sie.

„Heim!“, antwortete Moekaé.

Sie wickelte eine Decke um ihren Leib und nahm eine weitere Decke über ihre Schulter, dann verließ sie mit den Bündeln das Tipi. Wehmütig blickte sie auf das Zelt, das stehen bleiben sollte. „Es würde uns nur aufhalten!“, hatte Heskovetse erklärt. „Außerdem

täuscht es die Soldaten, wenn die Tipis noch stehen und die Feuer brennen. Schichte Holz nach, damit die Soldaten glauben, dass wir noch da sind!"
Moekaé hatte gehorcht und stand nun vor dem Pferd, das Heskovetse ihr brachte. Er selbst saß auf einem Pony und trug ein Gewehr in der Hand. Sie fragte nicht, wo er es her hatte, denn auch andere Männer waren plötzlich bewaffnet. Ihr Herz schlug bis zum Hals vor Aufregung. Wieder würden Soldaten hinter ihnen her sein und Menschen sterben. Sie setzte Rotes-Blatt in den Sattel und kletterte hinterher. Das Pferd war ungewohnt hoch, schien aber brav zu sein. Mit ihren Hacken klopfte sie dem Tier in die Seite und es setzte sich in Bewegung. Moekaé lenkte es zu den anderen Frauen und Kindern, die eine ordentliche Reihe bildeten und bereits das Lager verließen. Alle saßen auf Pferden und Ponys, selbst kleinere Kinder und Mädchen. Einst war die Ponyherde ihr ganzer Stolz gewesen und nun würden sie mithilfe der Ponys in ihre Heimat zurückkehren. Sie waren froh, dass sie die Ponys nicht in Zeiten des Hungers geschlachtet hatten. Bereits im nächsten Frühjahr würden sie Fohlen haben und in baldiger Zukunft würden die Cheyenne wieder genügend Ponys haben. Es wurde dunkel, doch entschlossen wandten sich die Menschen erst nach Westen, später dann nach Norden und verschwanden im Flussbett des nördlichen Canadian Flusses.

Heskovetse flankierte den Zug der Frauen und Kinder und spürte zum ersten Mal seit langem ein Hochgefühl. Stolz trug er neue Leggins, ein einfaches Hemd und darüber die Uniformjacke der Soldaten. Er war nun wieder ein Blue-Soldier, ein Kämpfer, ein Cheyenne-Krieger. Er dachte nicht an das Kind, das vielleicht in Freiheit geboren wurde, oder an die anderen Frauen und Kinder. Er fühlte sich wieder als Krieger, der sein Volk schützte und aus der Gefangenschaft führte. Der Wind war immer noch der gleiche, der durch sein Haar fuhr, und doch fühlte er sich anders an. So, als könne man bereits den Schnee riechen, der im Norden auf sie warten würde. Hohes-Pferd ritt neben ihm und er konnte im fahlen Licht der Sterne dessen Lächeln erkennen. „Es sind viele aufgebrochen!", nickte Hohes-Pferd ihm zu. Heskovetse nickte

zustimmend. An die sechzig Krieger, über hundert Frauen und bestimmt hundertfünfzig Kinder hatten sich auf den Weg nach Norden gemacht. Gleichzeitig verdüsterte sich sein Gesicht ein wenig. Sie mussten offenes Gelände überqueren und es würde schwierig werden, eine so große Anzahl an Menschen zu verbergen. „Wir werden nachts reiten!“, bemerkte er zuversichtlich.
„Die Soldaten werden uns folgen“, meinte Hohes-Pferd zögernd.
Heskovetse grinste herablassend. „Nicht vor morgen früh, wenn wir Glück haben, sogar noch später. Wenn wir die ganze Nacht hindurch reiten, haben wir einen großen Vorsprung.“
„Wenn wir nur Krieger wären, wäre der Vorsprung genug, aber wir reisen mit Frauen und Kindern!“, wandte Hohes-Pferd ein.
Heskovetse zuckte die Schultern. „Sie werden schnell reiten müssen!“
Die beiden Männer schwiegen und schlossen sich den anderen Reitern an, die sich an die Spitze der Kolonne setzten, um nach einem guten Weg zu sehen. Es war schön zu sehen, wie wieder die Federn im Wind wehten, die die Männer an ihrem Schopf oder an den Hüten befestigt hatten. Wer konnte, hatte auf die Kleidung der Weißen verzichtet. Sie gingen nach Norden, um wieder als Cheyenne zu leben.
Wenn es die Sicht zuließ, dann trieben sie die Pferde zu einem Trab an. Mehrmals überquerten sie abgeerntete Felder und erlaubten sich einen schnellen Galopp, um das offenen Gelände möglichst ungesehen zu verlassen. Zweimal durchschritten sie den Canadian Fluss in dieser Nacht, dann schwenkten sie nach Norden, um irgendwann den Cimarron Fluss zu erreichen und an dessen Ufer entlangzureiten. Sie machten keine Rast und trieben die Frauen und Kinder auch am nächsten Tag unbarmherzig weiter. Sie wussten, dass die Soldaten ihnen folgen würden und die Soldaten mussten keine Rücksicht auf Frauen und Kinder nehmen.
Manchmal kamen sie an Farmen vorbei und amüsierten sich, wenn die Weißen sich hinter ihren Fenstern und Türen verbarrikadierten. Die Häuptlinge hatten angeordnet, dass niemand zu Schaden kommen sollte, und noch hielten sich die jungen Männer daran. Heskovetse hatte kein Mitleid mit den Weißen, aber

er wusste, dass jeder Kampf Zeit kosten und sie nur unnötig aufhalten würde. Noch hatten sie genügend Vorräte und Pferde. Er konnte abwarten, bis die Häuptlinge etwas anderes entschieden. Manchmal kehrte er um und sah nach Moekaé und Rotes-Blatt, die müde auf dem Pferd hockten. Aber es lag nicht an ihm, eine Rast zu befehlen, und so ignorierte er ihre Blicke.

Am Abend hob Little-Wolf schließlich die Hand und gab das Zeichen für eine kurze Rast. Die Pferde waren erschöpft und mussten grasen. Sie hatten den Cimarron erreicht und noch hatte die Nachhut keine Soldaten gesichtet. Die Menschen ließen die Pferde zum Fluss laufen und das saftige Gras fressen, während die Frauen zum ersten Mal ihre Bündel öffneten und sich etwas zu essen holten. Auch die Männer setzten sich schweigend dazu und nahmen dankbar von dem Wenigen, was ihnen die Frauen reichten. Der Mond ging auf und warf sein Licht auf die vielen Menschen, die sich einfach im Gras zusammengekugelt hatten, um etwas zu schlafen. Gegen Mitternacht brachen die Cheyenne wieder auf. Der kurze Schlaf hatte die Männer erfrischt, nur die Kinder hingen in den Armen ihrer Mütter und versuchten, noch ein bisschen zu dösen. Manchmal war leises Greinen zu hören, wenn ein Kind zu erschöpft war und nicht weiterreiten wollte.
Heskovetse blieb bei Schwarzer-Kojote und Hohes-Pferd und sicherte den Weg, den vielleicht auch die Soldaten nehmen würden. Ihre Ponys trotteten dahin und die Aufmerksamkeit ließ nach. Soldaten ritten nicht bei Nacht.
Zwei weitere Tage ritten die Cheyenne im scharfen Tempo nach Norden, dann signalisierten die Späher plötzlich, dass Gefahr drohte. Die Soldaten hatten sie eingeholt!
Dull-Knife und Little-Wolf gaben den Frauen und Kindern das Signal, in Deckung zu gehen, während die Männer in einigen Bodensenken und hinter Hügeln in Stellung gingen. Little-Wolf trat den Soldaten entgegen und bat um eine Unterredung. Noch versuchte er, einen Kampf zu vermeiden. Heskovetse lag in einer Bodenwelle und visierte einen Soldaten an. Er brauchte nur den Finger zu krümmen, doch er war diszipliniert genug, auf das Zeichen zum Angriff zu warten.

Er konnte sehen, wie ein Dolmetscher auf den Häuptling einredete und dieser immer wieder stoisch den Kopf schüttelte und nach Norden zeigte. Es war klar, was er zu sagen hatte. Sie würden nicht umkehren, sondern ihren Weg fortsetzen. Heskovetse lächelte freudlos. Nein, niemals würde er in das Camp zurückkehren! Niemals! Selbst wenn die Häuptlinge anders entschieden, würde er seinen Weg fortsetzen. Dort, im Süden, lauerte nur der Tod. Er wollte keinen weiteren Winter in diesem Elend verbringen. Schweiß lief ihm über die Stirn und zum ersten Mal dachte er an das Ungeborene. Moekaé hatte ihm noch nicht gesagt, ob es heranwuchs oder nicht. Fast hoffte er nun auf dieses Kind. Es sollte wissen, dass er hier lag, bereit für dieses zu sterben. Seine Aufmerksamkeit richtete sich wieder auf das Geschehen vor ihm, denn bei den Soldaten war plötzlich Unruhe ausgebrochen. Einige versuchten anscheinend, die Cheyenne zu umgehen, und plötzlich hallten Gewehrschüsse durch das Tal.
Little-Wolf tauchte weg und rannte geduckt in die Sicherheit seiner eigenen Krieger. Auch Heskovetse erhob sich und gab dem Häuptling Feuerschutz. Sein Gewehr gab Schuss um Schuss ab und tauchte alles in Pulverdampf.
Kinder und Frauen schrien voller Angst und er hoffte, dass Moekaé entkommen konnte. Vor ihm war ein Soldat zusammengesackt und er kroch näher, um sich dessen Waffen zu holen. Heskovetse blickte in blaue Augen, die ihn bittend ansahen, doch Heskovetse kannte kein Mitleid mehr. Er nahm sein Messer und stach es dem Feind mitten ins Herz. Er fühlte eine solche Befriedigung, als dessen Augen brachen, dass er am liebsten gejubelt hätte. Schnell nahm er das Gewehr und schnallte sich den Patronengurt um, dann kroch er wieder in die Deckung der Bodenwelle zurück. Hastig lud er das neue Gewehr und brachte es in Anschlag. Überall um ihn herum flog der Dreck, als Kugeln neben ihm einschlugen. Er zielte sorgfältig und traf einen weiteren Feind mitten ins Herz, dann sprang er auf und jagte davon, um eine bessere Deckung zu erreichen. Schwer atmend tauchte er hinter einen Felsen und grinste Wirres-Haar an, der hier ebenfalls versteckt gelegen hatte. Überall hatten die Krieger das Feuer auf die Soldaten eröffnet und zwangen so den Feind, in Deckung zu

bleiben. Dull-Knife erhob sich aus seiner Deckung und gab einigen Männern mit einem Handzeichen zu verstehen, dass sie ihm folgen sollten. Pferdegetrappel war zu hören und Heskovetse wusste, dass Dull-Knife die Gelegenheit ergriff, um die Frauen und Kinder in Sicherheit zu bringen. Immer wieder erhob er sich, um die Soldaten mit einem wahren Kugelhagel einzudecken. Beißender Rauch erfüllte die Luft und er spürte den Rückstoß des Gewehres an seiner Schulter. Seltsamerweise hatte er keine Angst. Er hatte diesen Weg gewählt und er war bereit, dafür in den Tod zu gehen.

Der Kampf dauerte bis in die Dunkelheit, aber selbst dann zogen sich die Männer nicht zurück. Die Frauen brauchten jeden Vorsprung, den sie kriegen konnten. Hin und wieder fiel ein Schuss, doch ansonsten blieb es in der Nacht ruhig. Heskovetse und Hohes-Pferd wechselten sich mit der Wache ab und gönnten sich sogar die Zeit zu schlafen. Einem Mann genügten oft nur wenige Stunden, um wieder ausgeruht und kampfbereit zu sein. Bei Sonnenaufgang pfiffen erneut Kugeln durch die klare Luft. Die Krieger ließen sich nicht provozieren und blieben in Deckung. Trotzdem verhinderten sie hartnäckig, dass die Soldaten weiterziehen konnten. Den ganzen Tag über lieferten sich die gegnerischen Parteien Feuergefechte, dann wurde es wieder still, als in der Dunkelheit gezielte Schüsse nicht mehr möglich waren.

Heskovetse verzog freudlos die Lippen. Irgendwo im Tal hinter ihnen warteten die Ponys, um sie zu den Frauen und Kindern zurückzubringen. Ihr Vorsprung würde beträchtlich sein und wahrscheinlich würde es einen guten Tag dauern, ehe die Krieger zu ihnen aufschließen konnten. Es war gut so!

Am Morgen machten die Soldaten einen plötzlichen Ausbruchsversuch und Heskovetse hechtete vorwärts, um noch den einen oder anderen zu erwischen. Auch andere Krieger sprangen aus der Deckung und rannten schreiend und schießend auf die flüchtenden Soldaten zu. Heilloses Durcheinander brach aus und johlend sahen die Cheyenne zu, wie die Soldaten vollkommen ungeordnet in Richtung des Flusses flohen. Sie brauchten Wasser! Das war der Grund für den plötzlichen Rückzug. Heskovetse lachte, dann griff er Hohes-Pferd an die Schulter. „Lass uns zurückreiten. Wir haben die Soldaten aufgehalten. Es wird sie Zeit kosten, sich neu zu formieren und uns zu folgen!"

Erschöpft, aber zufrieden wandten sich die Männer den Ponys zu und machten sich im leichten Trab auf den Weg, die Frauen und Kinder einzuholen. Die Ponys waren frisch und ausgeruht und reckten unternehmungslustig die Nüstern in den Wind. Heskovetse fühlte sich so lebendig wie schon lange nicht mehr. Er hatte Hunger wie ein Wolf, aber er fühlte das Pulsieren des Blutes in seinen Adern und genoss die Bewegungen des Ponys unter sich. Er hatte früher schon Hunger ausgehalten. Aber wieder über die Prärie zu jagen und das Gefühl zu haben, frei wie der Adler zu sein, war etwas, das er nie wieder missen wollte. Sie ritten westwärts und vermieden es, in die Nähe von Dodge City zu kommen. Längst hatten sie das Indianerterritorium verlassen und befanden sich in Kansas. Die Cheyenne kannten das Gebiet und wieder waren sie betroffen, wie schnell dieses Land von den weißen Farmern in Besitz genommen worden war.

Am Abend erreichten sie die wartenden Frauen und Kinder. Alle waren froh, dass niemand getötet worden war, und das gab den Menschen die Zuversicht, dass sie unter einem guten Stern standen. Sie wurden von dem Heiligen Bündel geschützt und das gab ihnen Kraft.

Mit ruhiger Stimme teilte Little-Wolf die Menschen in kleine Gruppen auf, damit sie unentdeckt nach Norden entkamen. Das Land bot nicht viele Möglichkeiten, sich zu verstecken, und so war es sicherer, in kleinen Gruppen zu verschwinden. Meist reisten sie im Schutz der Dunkelheit und blieben tagsüber in kleinen Senken versteckt. Einige Tage später kam es zu einer erneuten Schießerei am Bluff Creek, doch die Krieger wehrten die Soldaten nach einem kurzen Gefecht ab und trieben die Frauen und Kinder zu einer schnellen Flucht.

Kansas

Moekaé war am Ende ihrer Kräfte. Die tagelange Flucht hatte sie ausgezehrt und ihre Vorräte waren längst erschöpft. Rotes-Blatt war still geworden und saß meist teilnahmslos vor ihr im Sattel. Wenn sie tagsüber rasteten, fiel das Kind in einen traumlosen Schlaf, der mehr einer Ohnmacht glich, während Moekaé kaum ruhen konnte, weil jederzeit mit einem Angriff zu rechnen war. Jeder Weiße zwischen hier und dem Heiligen Berg im Norden schien es darauf abgesehen zu haben, sie aufzuhalten. Die Krieger hatten zwei Cowboys getötet, die ohne Vorwarnung auf sie geschossen hatten. Die Häuptlinge hatten befohlen, jeden Kontakt zu vermeiden, um den Soldaten keinen Anhaltspunkt zu geben, wo die Cheyenne sich gerade aufhielten. Aber zufällige Begegnungen ließen sich nicht vermeiden, gleichgültig wie gut die Späher den Weg sicherten.

Die Frauen und Kinder waren in ständiger Furcht, dass plötzlich jemand auf sie schoss. Die Weißen machten keinen Unterschied, ob sie einen Krieger, eine Frau oder ein Kind vor sich hatten. Manchmal kam Heskovetse bei seiner Familie vorbei und blickte stirnrunzelnd auf seine erschöpfte Frau. Er wusste, dass Moekaé Nahrung brauchte, damit das Ungeborene in ihrem Leib gut gedeihen konnte. Manchmal kam er an weißen Siedlungen vorbei, aber noch folgte er der Anweisung der Häuptlinge, ihre Anwesenheit zu verbergen. Einmal nur gelang es den Männern, ein verirrtes Kalb zu töten und zu den hungrigen Menschen zu bringen. Die Frauen wagten es nicht, ein Feuer zu entzünden, sondern wickelten das Fleisch um Grasbüschel, die sie kurz anzündeten, um das Fleisch zu garen. Für jeden waren es nur ein paar Bissen, doch es genügte, um die Hoffnung auf bessere Nahrung in die Menschen zu pflanzen. Ja, irgendwann würden sie die Siedlungen hinter sich lassen und dann könnten sie wieder zur Jagd ziehen. Noch hatten die Krieger die Fähigkeit des Jagens nicht verlernt.

Nach einigen Tagen kam es am Sand Creek zu einer Schießerei mit Cowboys. Vielleicht waren sie durch die getöteten Männer auf die Spur der Indianer gebracht worden, oder das verirrte Kalb war doch nicht so einsam gewesen, wie sie gedacht hatten.

Moekaé glitt vom Pferd und riss Rotes-Blatt herunter, als plötzlich Kugeln um sie herum flogen. Schnell gingen die Frauen und Kinder in Deckung, während die Krieger eine Verteidigungslinie bildeten. Einige Männer schickten die Frauen und Kinder hinter einen niedrigen Hügel und gaben mit Handzeichen zu verstehen, dass sie dort bleiben sollten. Mit klopfendem Herzen ging Moekaé in Deckung und drückte Rotes-Blatt ganz fest an sich. Das Kind hatte den Mund weit aufgerissen vor Furcht und doch drang kein Ton aus seinem Mund. Schüsse waren zu hören und Moekaé betete zu Mahéo, dass es den Männern gelang, die Vehoe aufzuhalten. Instinktiv griff sie zu dem Revolver, den sie stets unter ihrem Kleid versteckt hielt. Er war geladen und im Notfall würde sie sich das Leben nehmen.
Tränen liefen über ihr Gesicht, als sie plötzlich an das Ungeborene dachte. In welche Welt würde es geboren werden? Würde sie es überhaupt jemals sehen, oder würde es mit ihr durch eine Kugel sterben? Noch war es wahrscheinlich winzig klein und fast hoffte sie, dass es ihren Leib wieder verließ. Irgendwann wären die Zeiten besser, wenn es je bessere Zeiten für ihr Volk gab. Sie drückte gegen ihren Bauch und versuchte abzuschätzen, ob es überhaupt noch da war. Aber sie hatte keine Blutung gehabt und so musste sie annehmen, dass es weiterhin wuchs. Es gab Wege, eine Schwangerschaft zu beenden und zum ersten Mal dachte Moekaé über diese Möglichkeit nach. Doch dann dachte sie an Heskovetse, der sich dieses Kind so sehr wünschte. Für Heskovetse lag die Zukunft in diesem Kind.
Moekaé wischte die Tränen weg und atmete tief ein. Es war nicht ihre Entscheidung, ob dieses Kind geboren wurde. Wenn es stark genug war, dann würde es die Entbehrungen überstehen, oder es würde zu Mahéo zurückkehren. Sie drückte Rotes-Blatt an sich, die immer noch mit vor Schreck geweiteten Augen auf die Schüsse hörte.
Moekaé zeigte mit ihrer Hand auf die untergehende Sonne: „Sieh nur, bald wird es dunkel. Dann hört das Schießen auf!“

Sie hatte recht. Langsam senkte sich die Dunkelheit über das Land und Stille breitete sich über den sanften Hügeln aus. Dann kam Heskovetse mit schlechten Nachrichten zurück: „Die Soldaten sind eingetroffen! Sie werden am Morgen angreifen!"
Moekaé versuchte, diese Nachricht irgendwie zu akzeptieren, und konnte es doch nicht verhindern, dass Tränen über ihr Gesicht liefen. Sie war dankbar für die Dunkelheit, damit Heskovetse es nicht sah. „Und nun?", flüsterte sie mit erstickter Stimme.
„Wir kämpfen", meinte Heskovetse leidenschaftslos. Mit einem Satz war er wieder verschwunden und ließ Moekaé mit ihren Ängsten und Sorgen allein. Seine Aufgabe war es, die Frauen und Kinder zu schützen, nicht zu trösten. Dafür war jetzt keine Zeit.

Heskovetse lief zu den anderen Männern und ließ sich bei Hohes-Pferd und Wirres-Haar ins Gras fallen. Die Männer hatten damit begonnen, aus Steinen eine provisorische Befestigung zu bauen, und Heskovetse duckte sich nun dahinter und versuchte in der Dunkelheit etwas zu erkennen. In der Ferne leuchteten einige Feuer, an denen die Soldaten ihr Lager aufgeschlagen hatten. Weiter rechts im Tal hatten die Cowboys ihr Camp aufgebaut. Ansonsten war es ruhig. Vorsichtig erhoben sich die Männer und sammelten weitere Gesteinsbrocken, um den Wall zu erhöhen. Dann gruben sie mit ihren Messern Grasbüschel aus und stopften sie dazwischen. Heskovetse wunderte sich ein wenig über die Taktik, denn noch lagen die Frauen und Kinder in dem Tal versteckt, anstatt die Flucht fortzusetzen. Aber vielleicht brauchten alle eine Rast. Er lag hinter den Steinen und schloss für einige Momente die Augen. Sie waren schwer und er konnte sie nur noch mit Mühe offen halten. Seit Tagen waren sie unentwegt in Bewegung gewesen, immer auf der Hut vor den Weißen, nun forderte die Erschöpfung ihren Tribut. Er schlief tief und traumlos, bis er von einem Rütteln an der Schulter wieder geweckt wurde. Blinzelnd und orientierungslos blickte er in das grinsende Gesicht von Wirres-Haar, der ihm wortlos das Gewehr in die Hand drückte. Heskovetse drehte sich auf den Bauch und schaute prüfend über die wackelige Befestigung. Auch die Feinde waren erwacht und er konnte die Kochfeuer sehen. Sein

Magen knurrte unüberhörbar und er sehnte sich nichts mehr herbei, als dort hinunterzustürmen und den Feinden die Kochtöpfe zu rauben. Auch dieses schwarze Getränk wäre jetzt nicht schlecht, um endgültig wach zu werden. Dann gab es nur noch sein Gewehr und die Patronen, die er immer in das Magazin stopfte, um die Wellen der Angreifer aufzuhalten, die versuchten, ihre Stellung zu erstürmen. Querschläger zischten über ihn hinweg, Gras spritzte auf, als Kugeln viel zu nah bei ihm einschlugen; Rauch nahm ihm die Sicht und er hustete, um den beißenden Qualm aus seinen Lungen zu bekommen. Gegen Mittag kam das Zeichen zum Rückzug, denn die Weißen versuchten nun von mehreren Seiten, die Cheyenne einzukesseln. Außerdem drohte den Frauen und Kindern Gefahr. Rennend und schießend zogen die Indianer sich auf den nächsten Hügel zurück, während die Soldaten die provisorische Stellung der Indianer eroberten.
Einige Krieger wurden weggeschickt, um den Rückzug der Frauen und Kinder zu decken. „Geht nach Norden! Wir holen euch in der Nacht wieder ein!“, schrie Little-Wolf mit hektischer Stimme, während seine Männer eine Salve nach der anderen auf die Soldaten schossen. Die Soldaten lagen nun hinter dem Steinwall, den die Indianer vorher mühsam errichtet hatten, während die Krieger schlecht geschützt in Bodenwellen und manchmal nur hinter Erderhebungen lagen. Mit dem Mut der Verzweiflung rannten einige Männer eine Senke entlang, schlugen einen Bogen und griffen dann die Soldaten von hinten an. Völlig irritiert ließen die Soldaten sich narren und zogen sich wieder etwas zurück, während einige Blue-Soldiers, unter ihnen Heskovetse, bis in das Camp der Soldaten vordrangen, das nun kaum geschützt vor ihnen lag. Sie töteten zwei junge Soldaten, die von dem Angriff vollkommen überrascht waren, kletterten dann in einen Munitionswagen und griffen sich an Patronenschachteln, was sie tragen konnten. Genauso schnell, wie sie gekommen waren, zogen sich die Krieger zurück und verschwanden im Dauerlauf hinter den rollenden Hügeln.
Schnaufend und vor Aufregung zitternd warfen sie sich schließlich in den Schutz der anderen Männer und verteilten hastig die erbeutete Munition.

Heskovetse grinste breit, als er Wirres-Haar und Hohes-Pferd die Munition geben konnte. „Die Soldaten haben vor Angst den Urin laufen lassen, als wir dort ankamen! Sie standen einfach nur da wie Präriehunde und fielen um, als unsere Kugeln sie trafen." Theatralisch riss er die Augen auf und ließ sich ins Gras plumpsen. Die anderen Männer lachten ebenfalls und luden dann hastig die Gewehre. Schuss um Schuss jagten sie in die Front der angreifenden Feinde. Doch es wurde eng. Von allen Seiten drangen die Weißen vor und es war abzusehen, dass die zahlenmäßig überlegenen Soldaten sie irgendwann überrennen würden. Immer wieder mussten die Cheyenne sich zurückziehen und hinter einer Verteidigungslinie, die im Grunde keinerlei Schutz bot, in Deckung gehen. Mehrere Krieger waren bereits verwundet und mussten aus der Gefahrenzone gebracht werden.

Langsam wurde es dunkel und durch schnelle Bewegungen und Stellungswechsel konnte der Feind am Vormarsch gehindert werden. Unter Lebensgefahr rannten die Krieger als Zielscheiben durch das hohe Gras, verschwanden mit einem Hechtsprung hinter dem Kamm des nächsten Grabens oder Hügels und verwirrten auf diese Weise die näherrückenden Soldaten.
Schließlich wurde der Schusswechsel weniger und die Indianer erhielten eine kurze Verschnaufpause. Little-Wolf traf die einzig mögliche Entscheidung. Er befahl in der Nacht den Rückzug. Es war schwierig, den Befehl an die weit verstreut liegenden Krieger weiterzugeben, und so dauerte es eine Weile, bis auch der letzte sich langsam in die Dunkelheit zurückzog.
Zwei Männer blieben zurück, gaben immer wieder von verschiedenen Positionen Schüsse ab, um die Soldaten zu täuschen, während der Rest der Krieger sich im Dauerlauf auf den Weg machte, die Frauen und Kinder einzuholen.
Im schnellen Tempo erreichten sie nach Mitternacht die Frauen und Kinder und trieben sie weiter zur Eile an. „Schnell, wir konnten die Soldaten aufhalten, aber im Morgengrauen werden sie uns wieder folgen. Beeilt euch!" Die Krieger hatten kein Mitleid mit den Kindern, die vor Müdigkeit schwankten und sich kaum noch auf den Pferden halten konnten. Hin und wieder nahm ein

Mann ein Kind zu sich auf das Pferd, damit es wenigstens etwas dösen konnte und die Frauen entlastet waren, aber im Morgengrauen war auch diese Hilfestellung zu gefährlich. Die Scouts schwärmten aus, um den Weg vor ihnen zu sichern, während einige Männer den Weg nach hinten absicherten.
Am nächsten Tag erreichten sie den Arkansas Fluss und die Menschen atmeten auf. Hier waren bereits ihre Jagdgründe. Nördlich von ihnen befand sich das Gebiet des Smoky Hill, eine Gegend, die sie in- und auswendig kannten. Hier hatten sie die Büffel gejagt und ihre Dörfer aufgeschlagen.
Die beiden Männer, die zurückgeblieben waren, schlossen mit den anderen auf und gaben kurz Entwarnung. „Die Soldaten sind erst am Morgen aufgebrochen. Wir haben also eine ganze Nacht Vorsprung." Das waren gute Nachrichten, doch die Cheyenne wussten, dass die Soldaten vermutlich auch von Norden her aufbrachen, um ihnen den Weg abzuschneiden. Zweimal noch mussten sie Eisenbahnlinien überschreiten und von dort aus war es jedes Mal möglich, dass Soldaten den Weg patrouillierten.
Dann stießen Heskovetse und einige andere junge Männer bei der Sicherung der Vorhut plötzlich auf weiße Büffeljäger. Beide Parteien waren völlig überrascht und warteten kurz ab, wie die andere reagieren würde. Schließlich versuchten die Büffeljäger ihr Heil in der Flucht und die Cheyenne sahen ihnen nach, wie sie im Galopp auf ihren Pferden verschwanden. Sie hatten alles stehen- und liegenlassen und die Männer verschwendeten ihre Kraft nicht darin, ihnen nachzusetzen. Alle hatten seit Tagen nichts gegessen und das Lager der Büffeljäger war voller Fleisch und guter Felle. Lachend setzten sich Heskovetse und Hohes-Pferd an das Feuer und schenkten sich Kaffee in die Blechtassen ein. Sie fanden Zucker und benutzten ihn großzügig, um das schwarze Getränk zu süßen. Andere schnitten bereits schmale Streifen aus dem Fleisch, steckten es auf Stöcke und hängten es zum Braten über das Feuer. Noch halb roh und blutig stopften sie das Büffelfleisch in den Mund und jeder grunzte vor Vergnügen. Es war so lange her, dass sie Büffelfleisch gegessen hatten, dass mancher fast vergessen hatte, wie es schmeckte. Während die

Männer damit begannen, große Mengen Fleisch zu rösten, machten sich die anderen auf den Weg, die hungrigen Menschen zu dem Lager zu führen. Der Winter kam und die Lebensmittel und Felle waren ein Geschenk, das mehr als willkommen war. Alle waren erschöpft und so saßen die Menschen dankbar um das Feuer und aßen das willkommene Fleisch. Schnell brannten mehrere Feuer, an denen sich die Menschen ausruhten. Little-Wolf runzelte zwar die Stirn, weil er befürchtete, dass der Vorsprung verloren ging, aber er wusste auch, dass die Menschen endlich eine Rast brauchten.

Heskovetse setzte sich mit seiner Frau an ein Feuer und lachte wohlwollend, als sie ein riesiges Stück Fleisch röstete. Er dachte an den Winter, kurz ehe die Soldaten gekommen waren, in dem er das letzte Mal solche Mengen gegessen hatte. „Nun wächst das Ungeborene wieder!", stellte er zufrieden fest. Moekaé nickte nur und riss mit ihren Zähnen ein Stück Fleisch ab. „Es wäre schön, wenn wir hier eine Weile bleiben könnten. Vielleicht gibt es noch mehr Büffel, die wir jagen können. Wir brauchen doch Zelte und Kleidung für den Winter!"
Heskovetse Augen verdunkelten sich vor Sorge. Er wusste, dass sie noch längst nicht in Sicherheit waren. Auch er hatte Angst vor dem kommenden Winter. Vielleicht fanden sie Zuflucht bei den Lakota. Niemals wären sie imstande, rechtzeitig Vorräte anzulegen oder gar Zelte zu nähen. So viele Büffel gab es nicht mehr. Aber er wischte die Sorgen beiseite. Erst einmal musste es ihnen gelingen, überhaupt bis in den Norden durchzustoßen. Gut gelaunt fütterte er Rotes-Blatt mit einem Stück Fleisch und strich über ihr schmales Gesicht. Das Kind schien nur noch aus großen, schwarzen, hungrigen Augen zu bestehen. Schließlich machte er eine großzügige Handbewegung zu Moekaé und schickte sie los, damit auch sie einen Anteil an den Fellen erhielt.
„Nimm dir ein Fell, damit du uns Wintermokassins machen kannst."
Moekaé erhob sich willig und ging zu den anderen Frauen, die damit begonnen hatten, die Büffelfelle in Teile zu schneiden. Es waren nicht viele Felle, aber es reichte für neue Mokassins oder

für wärmere Umhänge für die Krieger. Die Luft war klar und kalt und jeder wusste, dass dieses Jahr der Winter früh über sie hereinbrechen würde.
Moekaé nähte noch in der Nacht neue Mokassins für Rotes-Blatt und stopfte sie gut mit Büffelwolle aus, damit das Kind warme Füße hatte. Ihr Magen arbeitete an dem Fleisch, das sie in Mengen verschlungen hatte, und hielt sie vom Schlafen ab. Erst gegen Morgen fiel sie in einen tiefen Schlaf und wurde schließlich gegen Mittag geweckt, als ihr Mann sie mit einem Lächeln rüttelte. „Wir müssen weiter", sagte er auffordernd. Rotes-Blatt stand bereits neben ihm und hatte die Puppe an sich gedrückt. Schnell bereitete Moekaé noch ein weiteres Essen zu und steckte das restliche Fleisch in ihren Beutel. Es würde für mehrere Tage reichen und das beruhigte sie.
Sie ritten den ganzen Tag unbehelligt über die Prärie und erlaubten sich ein mäßiges Tempo, um die Pferde zu schonen. Die Blue-Soldiers hielten weiterhin Ausschau, meldeten jedoch, dass von Süden her keine Soldaten in Sicht wären. Am Abend lagerten sie an einem Bach und die Frauen sammelten Holz für die Lagerfeuer. Moekaé nähte neue Mokassins für Heskovetse und rüstete sie mit einer doppelten Sohle aus, damit sie länger hielten. Das Gleiche machte sie für sich. Stolz wackelte sie mit ihren Füßen und betrachte das warme Schuhwerk aus Büffelhaut. So sollte ihre Kleidung immer sein!

Im ruhigen Tempo brachen die Menschen am Morgen wieder auf. Little-Wolf und Dull-Knife konnten sehen, dass sich die Menschen in der Pause erholt hatten, auch wenn sie nun Gefahr liefen, dass die Soldaten sie von mehreren Seiten einkreisten. Little-Wolf schickte die Blue-Soldiers in alle Richtungen aus, damit sie in weiter Runde den Weg sicherten. Er traute dem Frieden nicht. Die Soldaten hätten sie längst einholen müssen. Wenn sie bis jetzt nicht da waren, bedeutete es lediglich, dass aus einer anderen Richtung eine andere Abteilung ihnen nachsetzte. Die Blue-Soldiers hatten Ersatzpferde dabei, damit sie weitere Entfernungen zurücklegen konnten. Umsichtig umgingen sie besiedeltes Gebiet und hielten sich zwischen den weitläufigen Hügeln versteckt. Sie hatten den Vorteil, dieses Gebiet gut zu kennen. Es gab unzählige Bäche und Täler, die ihre Bewegungen verbargen. Je weiter sie nach Norden vorstießen, desto zerklüfteter wurde das Gelände und desto besser schützte es die fliehenden Menschen.

Schließlich meldeten die Späher, dass sich ihnen wieder Soldaten näherten, und die Häuptlinge berieten sich, wie sie der erneuten Gefahr begegnen sollten. Soldaten konnten schneller reisen als die Cheyenne, die auf Frauen und Kinder Rücksicht nehmen mussten, und so entschied man sich zum Kampf. Wenn man den Soldaten eine empfindliche Niederlage bereitete, so würde es Tage dauern, bis sie sich wieder formierten oder Ersatz kam. Die Cheyenne hätten dann wertvolle Zeit gewonnen. „Das Gelände ist ideal für einen Hinterhalt", meinte Little-Wolf. Er war der Stratege der Gruppe und man achtete sein Wort aus langen Jahren der listigen Kriegsführung. Wirres-Haar nickte voreilig mit dem Kopf. „Weiter vorn ist ein Canyon! Wenn es uns gelingt, die Soldaten dort hineinzulocken, können wir sie von beiden Seiten unter Beschuss nehmen!"

Auch Heskovetse hatte die Schlucht gesehen und meinte: „Weiter hinten ist ein enges Tal, in dem die Frauen und Kinder in Sicherheit wären."

„Ja, aber es ist eine Todesfalle, wenn wir die Soldaten nicht aufhalten!", wandte Schwarzer-Kojote ein. Heskovetse wedelte ungeduldig mit der Hand. „Dann können sie immer noch über die Felsen entkommen! Die Wände sind nicht so steil, dass man sie nicht erklimmen könnte."

„Hmh!", meinte Little-Wolf zögernd. „In dem Tal wären auch unsere Ponys gut geschützt. Es muss uns gelingen, die Soldaten in die Falle zu locken. Wenn wir erst viele von ihnen getötet haben, dann werden sie die Flucht ergreifen und sich zurückziehen. Das tun sie immer! Sie sind feige, vor allen Dingen, wenn sie ihr eigenes Blut gesehen haben!"

Leises Gelächter antwortete ihm und alle nickten bestätigend. Der Plan war gut und sie würden kaum Verluste erleiden, wenn er gelang. Die Cheyenne hätten dann genügend Zeit, weiterzufliehen und ihre Spuren zu verwischen.

Die Späher führten die Menschen in die tiefe Schlucht und hinterließen dabei deutliche Spuren. Die Soldaten sollten ihnen ja folgen. Am hinteren Ende der Schlucht öffnete sich ein schmales Tal, in dem die Frauen und Kinder sich Deckung zwischen einigen Bäumen und Felsen suchten. Dazwischen grasten die Ponys, sichtlich zufrieden, dass sie endlich etwas Gras rupfen konnten.
Die Krieger aber kletterten die steilen Wände empor und legten sich zu beiden Seiten der Schlucht auf die Lauer. Ungeduldig warteten sie auf die Soldaten und hofften auf den leichten Kampf. Sie würden die Feinde einfach von oben unter Beschuss nehmen und hoffentlich viele von ihnen töten. Jeder hatte den Plan verstanden und jeder wusste, dass die Frauen und Kinder in Gefahr wären, wenn er nicht gelang. Voller Anspannung schauten sie in die Ferne, um die Soldaten zu sehen.
Tatsächlich folgten die Soldaten der deutlichen Spur und schlugen ein schnelles Tempo an, um die vermeintlich Fliehenden rasch einzuholen. Sie hatten bereits mehrfach eine Schlappe erlitten und die öffentliche Meinung hatte sich gegen sie gerichtet. Man sprach offen von Unfähigkeit und machte sich über die Armee lustig, die nicht in der Lage war, ein paar zerlumpte Indianer wieder einzufangen.

Für die Indianer aber ging es ums Überleben. Sie wollten in die Heimat zurück und den katastrophalen Umständen im Süden entkommen. Sie hatten längst Gebiete erreicht, die ihnen vertraut waren und waren umso mehr entschlossen, die Reise fortzusetzen. Das Büffelfleisch hatte ihnen Kraft gegeben und gab ihnen die Hoffnung, dass die Zeiten wieder besser werden würden.
Aufmerksam lagen die Männer im Hinterhalt, geduldig und still. Niemand sprach ein Wort, niemand bewegte sich, niemand hustete und selbst das Atmen schien auf ein Minimum reduziert zu sein. Es war so still, dass selbst Vögel getäuscht wurden und sich sorglos in die Zweige der Büsche setzten und ihr Zwitschern wieder aufnahmen.
Die ersten Armeescouts erreichten bereits die Schlucht und suchten sich misstrauisch ihren Weg hindurch. Wachsam hefteten sich ihre Augen auf den Boden und ebenso wachsam sicherten sie die

Felswände. Dann gaben sie mit Handzeichen das Signal, dass die Soldaten ihnen folgen konnten. Während die Kundschafter weiter in die Schlucht vorstießen, ritten die Soldaten in geordneter Kolonne hinterher.
Heskovetse hatte bereits den Finger am Abzug und wartete auf das Signal zum Angriff. Noch nicht! Noch nicht, warnte ihn seine innere Stimme. Auch Hohes-Pferd und Wirres-Haar lagen bewegungslos in seiner Nähe. Sie warfen ihm einen fragenden Blick mit den Augen zu und er schüttelte unmerklich den Kopf. Noch nicht! Erst mussten die Soldaten in der Schlucht sein und möglichst weit hineingelockt werden, damit ihnen der Rückweg versperrt wurde. Sättel knirschten und Hufe klapperten über Gestein, als einige Soldaten direkt unter ihm vorbeiritten.
Dann fiel ein Schuss. Er explodierte wie ein Blitzeinschlag inmitten der Schlucht und wurde als rollendes Echo weitergetragen. Sofort brach unter den Soldaten Panik aus. Die wenigen Männer, die die Schlucht bereits erreicht hatten, rissen ihre Pferde herum und preschten davon, während die anderen sofort außerhalb der Schlucht in Deckung gingen. Die Armeescouts hingegen trieben ihre Ponys zu einem rasenden Galopp an und suchten ihr Heil in der Flucht nach vorne. Schießend preschten sie durch den Canyon und erreichten schließlich das Tal, in dem sich die Ponyherde befand.

Heskovetse hatte sich aufgerichtet und schoss auf die fliehenden Soldaten, ohne Schaden anzurichten. Er konnte sehen, dass die Soldaten nun geordnet damit begannen, die Schlucht von allen Seiten zu umgehen. Befehle wurden gebrüllt und aus der Flucht wurde innerhalb kürzester Zeit ein geordneter Angriff. Aus dem hinteren Tal erklangen plötzlich Angstschreie der Frauen und Kinder, als auch dort Schüsse abgefeuert wurden.
Heskovetse hatte keine Zeit, darüber nachzudenken, was schief gelaufen war. Irgendjemand hatte zu früh geschossen und die Soldaten gewarnt. Niemand wusste, wer geschossen hatte und es war auch gleichgültig. Plötzlich waren die Cheyenne die Gejagten und die Frauen und Kinder waren durch die Ungeduld eines Einzelnen in Gefahr. Kugeln flogen gefährlich nah an ihm vor-

bei und zwangen ihn, seine Stellung zu verlassen. Die Soldaten kamen nun von oben und nahmen die Indianer unter Beschuss. Innerhalb kürzester Zeit hatte sich das Blatt gewendet und die Cheyenne saßen in der Falle.

Mit dem Mut der Verzweiflung machte sich Heskovetse auf den Rückweg in das Tal. Er kletterte über Felsen und Steine, rutschte auf halsbrecherische Weise steile Abhänge hinunter und sah wie nebenbei, dass unter ihm die Ponyherde durch die Schlucht hetzte. Die Ponys! Sie verloren die Ponys! Wie sollten sie nun den Soldaten entkommen? Neben sich sah er Hohes-Pferd und Wirres-Haar, die gebückt neben ihm her rannten. Weiter vorn lief Schwarzer-Kojote. Alle liefen in Höchstgeschwindigkeit in Richtung der Frauen und Kinder und versuchten, vor den Soldaten dort zu sein. Schließlich erreichten sie das Tal, in dem völlige Panik ausgebrochen war. Überall rannten schreiende Frauen und Kinder auf den Schutz der Felsen zu, während an den Hängen bereits die ersten Soldaten auftauchten, die die fliehenden Menschen unter Beschuss nahmen. Heskovetse drängte die Menschen die Hänge hinauf und hoffte, dass es ihnen gelang, das Tal zu verlassen, ehe die Soldaten endgültig in Stellung gegangen waren. Ihre Kugeln trafen die Menschen, gleichgültig ob es Männer, Frauen oder Kinder waren. Oft trafen sie ein Pony, hinter dem die Menschen Schutz gesucht hatten, doch die Mehrzahl der Herde war bereits durch die Schlucht geflüchtet. Er kam an der Frau von Dull-Knife vorbei, die gestürzt war. Er versuchte ihr aufzuhelfen und erkannte, dass sie bereits tot war. Ein Pony hatte ihr den Schädel eingetreten.

Schließlich erreichte er Moekaé, die mit Rotes-Blatt auf der Hüfte vor ihm herrannte. „Schnell, klettere die Felsen hoch!", schrie er aus Leibeskräften. Erst jetzt bemerkte er den unfassbaren Lärm und den endlosen Kugelhagel, der aus den Gewehrläufen auf die Menschen niederregnete. Menschen stürzten und humpelten dann weiter, von Verwandten und Freunden hastig mitgezogen. Wirres-Haar zog ein Kind mit sich fort, dessen Mutter gestürzt war, und er konnte nur hoffen, dass sie lebte und die Soldaten gnädig mit ihr waren. Heskovetse sah ein Pony, das wiehernd durch das Tal stob. Es riss ein Travois mit sich, auf dem ein alter

Mann transportiert wurde. Er konnte nicht mehr laufen und lag nun hilflos auf dem Schleppgerüst und wurde in Richtung der Soldaten gezogen. Niemand kümmerte sich um ihn und viel später, als das Pony schließlich erschöpft stehen blieb, fanden einige Cowboys den alten Mann und erschlugen ihn mit einem Knüppel.

Heskovetse blieb hinter seiner Frau und hoffte so, die Kugeln von ihr fernzuhalten. Rotes-Blatt schrie ihre Angst heraus und zum ersten Mal hörte er das Kind überhaupt weinen. Kugeln schlugen neben ihm ein und mit einem Hechtsprung riss er seine Frau mit dem Kind in die Deckung eines Felsens. Moekaés Gesicht schrammte über den rauen Fels und es entstand eine hässliche Kratzspur. Er schubste sie ungeduldig weiter, bis sie schließlich den Grat erreichten und dahinter in Deckung gingen. Viele Männer hatten den Grad erreicht und bildeten nun eine geordnete Verteidigungslinie, damit die Frauen und Kinder die Möglichkeit hatten zu fliehen. Weitere Täler und Schluchten öffneten sich vor ihnen und so verschwanden die Menschen in kleinen Gruppen.

Heskovetse verlor seine Frau aus den Augen und konzentrierte sich darauf, denjenigen Feuerschutz zu geben, die den Grad der Schlucht noch nicht erreicht hatten. Immer wieder drängten sich Frauen mit furchtsam aufgerissenen Augen an ihm vorbei, die verzweifelt versuchten, ihre Kinder in Sicherheit zu bringen. Zum Schluss kamen ältere Menschen und Heskovetse biss wütend die Zähne zusammen. Wer sollte ihnen Geschichten erzählen und ihnen die Zeremonien lehren, wenn die Alten nicht mehr da waren? Humpelnd kam eine ältere Frau bei ihm vorbei und er stand auf und feuerte mehrere Schüsse an ihr vorbei, damit sie endlich die Sicherheit des Kamms erreichte. Sie nickte dankbar und verschwand auf dem schmalen Pfad, der in das nächste Tal führte.

Langsam senkte sich die Dunkelheit über das Land und Heskovetse wusste, dass nun die Cheyenne eine Chance hatten, zu verschwinden. In der Dunkelheit wäre es den Soldaten unmöglich, ihnen zu folgen. Schießend verteidigte er seine Stellung, während er darauf wartete, dass er ebenfalls in der Nacht verschwinden konnte. Überleben, dachte er wütend. Alles was zählte, war noch wenige Augenblicke zu überleben. Er wurde nun vorsichtiger. Er wechselte die Stellung, um besser geschützt zu sein und schoss nur noch, wenn er sicher sein konnte, selbst nicht getroffen zu werden. Es kam niemand mehr den steilen Weg hoch und so hoffte er, dass es alle geschafft hatten. Es ging nur noch darum, die Stellung zu halten. Nur noch ein kleines bisschen! Die Dunkelheit würde sie verschlucken und die Fährtenleser der Armee konnte ihre Spur erst am Morgen wieder aufnehmen, wenn sie bereits über alle Berge waren.

Er wartete, bis die ersten Sterne am Himmel glitzerten, dann machte er sich auf den Weg. Er hatte keine Ahnung, wie er Moekaé wiederfinden sollte. Außerdem war er müde und erschöpft. Wieder stand ihm eine schlaflose Nacht bevor und langsam zehrte dies an seinen Kräften und Nerven. Seine Ohren dröhnten von dem ungeheuren Lärm der Gewehrsalven und er schüttelte den Kopf, weil er dieses unangenehme Pfeifen loswerden wollte. Die Luft war kühl und die plötzliche Stille genauso verwirrend wie vorher der Lärm. Kieselsteine rutschten unter seinen Mokassins weg, sonst war nichts zu hören. Es kam ihm vor, als hätte der Kampf gerade nicht stattgefunden, als wären keine Menschen gestorben und der Verlust der Ponyherde nur ein schlechter Traum.
Er lief vorsichtig zwischen sanften Hügeln dahin, bis er mehrere Männer einholte, die ebenfalls die Nacht nutzten, um sich abzusetzen. Kurz fassten sich die Männer an den Schultern, genossen das Gefühl der Freundschaft und Gemeinschaft. „Habt ihr Hohes-Pferd oder Wirres-Haar gesehen?“, fragte Heskovetse besorgt.
Wild-Hog, ein älterer Krieger schüttelte verneinend den Kopf. „Nein, wir haben noch niemanden gesehen. Wir hoffen, dass alle den Ort weiter oben am Bach finden. Dort, wo vor vielen Jahren unser Dorf gestanden hat.“
Heskovetse legte zweifelnd den Kopf schief. „Nicht alle sind alt genug und werden sich daran erinnern.“
„Nein, aber die älteren Frauen und Männer werden die anderen

dorthin führen. Dann sammeln wir uns und machen uns wieder auf den Weg."

Heskovetse nickte zustimmend und machte eine einladende Handbewegung. „Ich folge dir!"

Mit Rücksicht auf das Alter der anderen Männer mäßigte er sein Tempo, als er Wild-Hog folgte. Auch die beiden anderen Männer waren keine jungen Krieger mehr. Schließlich erkannte er Dull-Knife und war erschrocken, welche Veränderung mit dem Häuptling geschehen war. Er schien Fieber zu haben und schleppte sich nur mühsam vorwärts. Sein Gesicht war eine Maske der Trauer um seine Frau, die von dem Pony getötet worden war. Aber wo waren Dull-Knifes Kinder und seine andere Frau?

Heskovetse blieb bei den Männern und hörte manchmal auf die Laute der Umgebung. Noch blieb alles still. Die Soldaten hatten davon abgesehen, ihnen in der Dunkelheit zu folgen. Wahrscheinlich dachten sie, dass die Cheyenne ohne Ponyherde ohnehin keine Chance hatten.

Mehrmals stießen die Männer in der Nacht auf versprengte Gruppen von Frauen und Kindern, sodass Heskovetse bald für den Schutz von über zwanzig Menschen verantwortlich war. Immer noch folgte er Wild-Hog, der die Menschen zielstrebig in Richtung der Quelle des kleinen Baches führte. Weit nach Mitternacht erreichten sie schließlich den Ort und blickten sich besorgt, aber auch voller Hoffnung um. Dunkle Gestalten erhoben sich und blickten ihnen entgegen. Hin und wieder war sogar der Umriss eines grasenden Ponys zu sehen.

Heskovetse erkannte Moekaé und drückte ihr seine Wange gegen das erschöpfte Gesicht. Mehr Zärtlichkeit erlaubte er sich nicht. Aber er war froh, dass sie es geschafft hatte. Rotes-Blatt lag auf einer Decke und schlief. Auch sie schien unverletzt zu sein. „Ich hatte solche Angst", erzählte Moekaé mit zitternden Lippen. „Die Kugeln schlugen neben uns ein und trafen das Pferd. Ich rannte so schnell ich konnte und hoffte nur, dass ich nicht getroffen wurde. Ich musste alles zurücklassen, nur den Beutel mit Fleisch hatte ich dabei, weil ich ihn um meinen Hals gebunden hatte. Er schlenkerte hin und her, während ich rannte, und ich konnte ihn nicht losschneiden, weil ich doch Rotes-Blatt trug. Die ganze Zeit dachte ich nur daran, dass dieser baumelnde Beutel mich am Laufen hindert." Sie kicherte plötzlich hysterisch und wischte sich verlegen über das Gesicht. „Stell dir vor, die Kugeln flogen um mich herum, und alles, an was ich denken konnte, war dieser dumme Beutel!"

Heskovetse nickte müde. „Wenigstens haben wir etwas Fleisch! Und sieh, meine Mokassins sind auch noch da!" Zufrieden streckte er seine Füße nach vorne und begutachtete das neue Schuhwerk. Die doppelt genähten Sohlen hatten sich bewährt.

Moekaé seufzte leise. „Wir haben so viel verloren! Wie sollen wir nun weiterkommen? Wir haben kaum noch Ponys!"

Heskovetses Lippen wurden schmal. „Wir holen uns welche!", meinte er mit harter Stimme.

Moekaé schwieg. Sie hatte plötzlich Angst um ihren Mann. Sie hörte auf die anderen Stimmen in der Dunkelheit. Immer mehr Menschen trafen ein und umarmten sich kurz, wenn Verwandte einander wiederfanden. Dull-Knife wurde von seiner Tochter in eine Decke gehüllt und zur Seite geführt, damit er abseits von den anderen seine Trauer um seine Frau zeigen konnte.

Dann erschien Little-Wolf inmitten einiger Krieger, und Heskovetse erkannte seinen Freund Hohes-Pferd. Mit einem Lächeln nickte er seinem Freund zu, dann horchte er auf den Häuptling, der mit ruhiger Stimme Anweisungen gab: „Wir haben nicht viel Zeit. Wir warten noch eine Weile, damit wir uns ausruhen können und damit andere uns einholen können, doch dann brechen wir auf. Am besten teilen wir uns in kleine Gruppen auf, um die Soldaten zu verwirren. Vor uns befindet sich das Gebiet des Smoky Hill und danach teilt das eiserne Ross des weißen Mannes das Land in zwei Hälften. Dort ist das Gebiet eben und leicht zu bewachen. Wir können es nur nachts überwinden, indem wir uns in kleine Gruppen aufteilen und den Fluss und anschließend die Gleise überqueren. In einigen Tagen sammeln wir uns wieder am Sappa-Bach."

Die Männer murmelten „aho" und nickten zustimmend. Es war klug, was der Häuptling sagte. Viele Menschen hatten keine Ponys mehr und zu Fuß wäre es schwer für die Soldaten, irgendwelche Spuren zu erkennen. Sie würden einfach durch die Linien der

Soldaten schlüpfen und in den weitläufigen Hügeln verschwinden. Tagsüber gab es genügend Möglichkeiten, wo man sich verstecken konnte.

Alle kehrten zu ihren Familien zurück und legten sich auf die Decken, um ein wenig zu ruhen. Ihnen war fast nichts mehr geblieben und die wenigen Ponys wurden gebraucht, um die Kranken und Verletzten zu tragen. Schlimm war der Verlust der Ponys und der gesamten Ausrüstung. Sie hatten nur noch, was sie am Leibe trugen, und alle wussten, dass sie diese Dinge irgendwie ersetzen mussten. Der Winter kam und ohne Vorräte und Kleidung konnten sie die Flucht nicht fortsetzen. Viele hatten eine ähnliche Situation früher schon erlebt und sie wussten, was ihnen bevorstand. Vielleicht zum ersten Mal seit langer Zeit dachte Heskovetse wieder an Kleiner-Biber, der an genau solchen Entbehrungen gestorben war. Er wollte nicht, dass es Moekaé und Rotes-Blatt ebenso erging.

Heskovetse setzte sich zu seiner Frau und kuschelte sich zu ihr unter die Decke. Moekaé hatte die Decke um ihren Leib gewickelt gehabt, als die Schießerei begann, sonst hätten sie nicht einmal diese eine Decke gehabt. Er fasste an ihren Bauch und dachte an das Ungeborene. Würde es leben?

Sappa-Bach

Nach Mitternacht brachen die Menschen wieder auf. Jeweils in kleinen Gruppen verschwanden sie in der Dunkelheit und machten sich auf den Weg nach Norden. Heskovetse blieb bei Moekaé und Rotes-Blatt. Manchmal trug er sogar das schlafende Mädchen, um Moekaé etwas zu entlasten. Außerdem hatten sich ihm Schwarzer-Kojote mit seiner Frau Büffelkalb-Frau, Hohes-Pferd und Wirres-Haar angeschlossen. Sie führten ein weiteres Kind und ein halbwüchsiges Mädchen mit, die ihre Eltern verloren hatten. Moekaé vermisste ihre Freundin Brennendes-Gras, denn seit dem Angriff der Soldaten hatte sie die junge Frau nicht mehr gesehen. Vielleicht war sie in der Schlucht zurückgeblieben. Noch hatte niemand einen Überblick, wer gefallen war und wer es geschafft hatte, zu entkommen. Diese Gewissheit würde es erst in ein paar Tagen geben, wenn sie den Sappa-Bach erreicht hatten.

Bei Tagesanbruch versteckten sie sich unter einigen hängenden Felsen und hielten abwechselnd Wache, während die übrigen Cheyenne in einen todesähnlichen Schlaf fielen. Die Erschöpfung war so allumfassend, dass selbst das Gefühl des Hungers zur Nebensache wurde. Trotzdem blieb der Verlust aller Vorräte, Kleidung und der Ponys ein Zustand, der ihre weitere Reise gefährdete. In der Dämmerung sprachen die Männer offen darüber, während die beiden Frauen schweigend zuhörten. „Hier gibt es viele Farmen, wo wir uns holen können, was wir brauchen!", bemerkte Heskovetse zynisch. Er war so voller Hass gegen die Weißen, dass er Mühe hatte zu atmen. Auch die anderen Männer nickten zustimmend. „Ja, wir holen uns zurück, was sie uns genommen haben!", meinte Hohes-Pferd.

„Erst, wenn wir die Eisenbahn überschritten haben!", mahnte Schwarzer-Kojote zurückhaltend. „Wir gefährden die anderen, wenn wir nun voreilig irgendwelche Farmen überfallen. Noch wissen sie nicht, wohin wir gegangen sind. Aber wenn wir Farmen überfallen, dann wissen sie, wo wir die Gleise überschreiten werden!"

„Nicht, wenn niemand übrig bleibt, um es ihnen zu sagen!", erklärte Heskovetse kalt.
„Ja, aber sie könnten gefunden werden. Es ist besser, wenn wir die Siedlungen umgehen und unsere Spuren verwischen. Die anderen Gruppen werden ebenso verfahren und einfach verschwinden. Später holen wir uns dann, was wir brauchen, und kehren in den Norden zurück."
Heskovetse senkte den Kopf und nickte schließlich zustimmend. „Du hast recht! Wir müssen an die anderen denken." Sie teilten sich das Fleisch aus Moekaés Beutel und brachen dann auf. Der Schlaf hatte alle erfrischt und im schnellen Tempo folgten sie den Tälern nach Norden.

Nach zwei Tagen erreichten sie schließlich die Gleise der Eisenbahn und schlichen in der Nacht über das offene Gelände. Heskovetse erreichte die Gleise als erster und legte sein Ohr darauf, um zu hören, ob vielleicht das Eiserne Ross auf der Suche nach ihnen war. Nichts war zu hören und so gab er den anderen das Zeichen, die Gleise zu überqueren. Die Männer drängten die Frauen und Kinder nun fast zu einem Dauerlauf, um möglichst schnell die gefährliche Ebene zu durchqueren. Heskovetse trug Rotes-Blatt auf seinem Rücken, damit Moekaé schneller vorankam. Man hörte das Schnaufen der Menschen, als sie so schnell es ging durch die Dunkelheit liefen. Irgendwo kläffte ein Kojote und die Menschen zuckten alarmiert zusammen. Vielleicht waren doch Soldaten in der Nähe und patrouillierten an den Gleisen entlang? Ein Kojote war immer ein schlechtes Zeichen. Moekaé spürte, wie wieder die Angst in ihr hochstieg, als sie ihrem Mann durch die Dunkelheit folgte. Wann würde diese Flucht endlich aufhören? Manchmal war sie so erschöpft, dass sie zu vergessen schien, warum sie diese Mühen überhaupt auf sich nahm. Doch dann dachte sie an das Ungeborene und hoffte, dass es wirklich im Frühling in der Freiheit geboren wurde und nicht im Süden, wo so viele Kinder an den Krankheiten gestorben waren. Sie hatte das Gefühl, den Mond besser zu kennen als die Sonne, und überlegte, wann sie jemals wieder einen normalen Tagesablauf haben würde. Tagsüber ruhten sie erschöpft in irgendeinem Ver-

steck, nur um des Nachts wieder ihre Flucht fortzusetzen. Der Mond war ihr Freund und Verbündeter geworden, auch wenn er zeitweise nicht zu sehen war oder nur als schmale Sichel am Himmel, die kaum Licht spendete. Aber es gab auch die Nächte des Vollmondes, in denen ihre Schritte sicher durch das unebene Gelände gelenkt wurden.
Heskovetse führte die Menschen über das offene Gelände und ließ schließlich Rotes-Blatt von seinem Rücken gleiten. Er warf einen prüfenden Blick zurück und erlaubte sich ein lockeres Grinsen. „Nichts zu sehen!", meinte er zufrieden. „Gehen wir zum Sappa- Bach!"

Unbemerkt tauchten sie in die Schluchten und Täler, die sich nun vor ihnen auftaten, und erreichten schließlich den vereinbarten Ort. Nach und nach trudelten die Gruppen im Tal des Sappa-Baches ein und zum ersten Mal seit langem entzündeten die Menschen einige Feuer, um sich zu wärmen. Es wurde kalt und die Cheyenne hatten fast nichts dabei, was sie für diese Jahreszeit brauchten. Mit sorgenvollen Augen blickten Dull-Knife und Little-Wolf auf die ausgezehrten und zerlumpten Gestalten. Niemals würden sie es auf diese Weise schaffen, den Heiligen Berg zu erreichen. Trotzdem mussten sie es versuchen. Sie hatten bereits ihre Jagdgründe erreicht. Hier hatten noch vor wenigen Jahren die Herden der Büffel gegrast. Hier hatte aber auch vor drei Jahren das Massaker an dem Dorf der südlichen Cheyenne von Little-Bull stattgefunden. Die Cheyenne wussten davon und Wut erfüllte die Menschen, als sie an all die Massaker dachten, die ihrem Volk angetan worden waren. Es gab keine Familie, die keine Toten zu betrauern hatte. Jeder Einzelne musste mit dem Verlust von Familienangehörigen leben. Es gab Männer und Frauen, die alleine aus einer Großfamilie übrig geblieben waren und die mit diesem Verlust nicht mehr leben konnten. Sie waren wie Geister und für die anderen nicht mehr ansprechbar. Wieder warnten die älteren Männer, dass es schwere Konsequenzen geben würde, wenn man die weißen Siedlungen heimsuchte, doch die Jüngeren schwiegen dazu und brachen dann doch auf, um die benötigten Pferde und Lebensmittel zu holen. Sie hatten keine andere Wahl.

Ihre Ponyherde war vernichtet und ohne Ponys gab es kein Weiterkommen.

Heskovetse, Schwarzer-Kojote und einige andere Männer brachen im Morgengrauen einfach auf. Sie wussten, dass die Häuptlinge es nicht gutheißen würden, aber sie fürchteten die Konsequenzen nicht. Heskovetse dachte an seine Frau und Rotes-Blatt. Er brauchte dringend warme Kleidung, Lebensmittel und ein Pony für die beiden. Moekaé trug immer noch das Kind unter ihrem Herzen und er wollte nicht, dass es schwächlich und kränklich blieb. Moekaé brauchte Fleisch. Viel Fleisch! Und er wollte, dass sie die weitere Reise auf einem Pferd verbrachte, damit sie ein wenig geschont wurde. Er empfand kein Mitleid, als sie am frühen Morgen auf einen Farmer und dessen Sohn trafen und die beiden töteten. Sie nahmen die Pferde an sich und ließen die beiden unberührt liegen. Es war keine tapfere Tat gewesen, denn die beiden hatten nicht einmal versucht zu kämpfen, so wurden sie nicht skalpiert. Vorbei waren die Zeiten, als Cheyenne-Krieger mit Federhauben und Kriegsbemalung ihren Feinden gegenübergetreten waren und es mutiger war, den Feind mit einem Coupstick zu berühren, anstatt ihn zu töten. Hier ging es nur noch um das nackte Überleben und vielleicht auch um Rache. Alle hatten diese tiefe Wut in sich, diesen grenzenlosen Hass auf alles, was die Weißen ihnen angetan hatten. Endlich konnten sie es ihnen heimzahlen.
Heskovetse dachte an die verstümmelten Frauen und Kinder vom Sand Creek, Washita oder vom Sappa-Bach, an den Angriff auf Two Moons oder sein eigenes Dorf in den Little-Bighorn-Bergen. Es waren unzählige Überfälle auf unzählige Dörfer, in denen unzählige Menschen seines Volkes niedergemetzelt worden waren. Es war sein Recht, dass er nun zurückgab, was ihnen angetan worden war, und er sich die Dinge holte, die er benötigte. Verächtlich musterte er die erbeuteten Pferde, die kaum ein Ausgleich für die schnellen Ponys waren, die ihnen genommen worden waren. Es waren mehr oder weniger Ackergäule, die höchstens dazu taugten, die Frauen und Kinder zu tragen. Sie ritten weiter in östlicher Richtung und machten sich auf die Suche nach

lohnender Beute. Sie hatten Blut geleckt und ohne die Kontrolle der Älteren waren ihre Bedenken wie weggewischt.

Mit ausdruckslosen Gesichtern näherten sie sich einer Kutsche, auf denen ein weißer Mann, zwei ältere Söhne und zwei Mädchen saßen. Noch schienen die Menschen die Gefahr nicht zu ahnen, sodass die Cheyenne sich gefahrlos nähern konnten. Heskovetse schoss den Mann nieder und ignorierte das Kreischen der Mädchen. Die anderen Männer erschossen die zwei Söhne des Weißen. Leblos fiel der eine Körper vom Kutschbock, während der andere neben dem Vater zusammensackte. Die Mädchen waren starr vor Entsetzen und leisteten keinen Widerstand.
Heskovetse spürte, wie sein Herz über diesen weiteren Sieg klopfte. Er kletterte mit den anderen auf die Kutsche und zwang die Mädchen, ihre Kleider auszuziehen. Er wollte Moekaé so ein Kleid mitbringen. Seine Frau trug nur noch Fetzen am Leib und das Kleid stank, weil sie es schon seit langem nicht mehr gewaschen hatte. Nun würde er ihr ein neues mitbringen. Die Cheyenne schirrten die Pferde aus, dann zogen einige Männer die Mädchen zum Ufer des Baches. Sie waren jung, aber in den Augen der Cheyenne bereits alt genug, um bei einem Mann zu liegen. Heskovetse sah zu, aber er beteiligte sich nicht an dem Geschehen.
Die Männer waren aufgeheizt von dem leichten Sieg und fühlten sich überlegen. Längst hatten sie kein Mitleid mehr und die alten Überlieferungen und Wertvorstellungen schienen vergessen zu sein. Mitleidlos drückten sie die Mädchen ins Gras und vergingen sich an ihnen. Das Schreien wurde zu einem Wimmern, das schließlich ganz erstarb.
Die Männer lachten abfällig und schickten die verängstigten Mädchen nackt zu einem angrenzenden Gehöft. Die beiden weinten vor Furcht, flehten um Gnade, weil sie offensichtlich davon ausgingen, dass die Indianer sie ohnehin töten würden.

Heskovetse nahm sein Gewehr und machte ihnen unmissverständlich klar, dass sie endlich gehen sollten. Er fand es lustig, wie ihre helle Haut in der Sonne leuchtete. Es sah aus wie der hel-

le Bauch der Eidechsen. „Seht nur, es sind Eidechsen-Weibchen!“, meinte er spöttisch. Es wunderte ihn selbst, wie wenig Mitleid er fühlte und wie sehr er diese Menschen verachtete. Er wusste, dass die Ältesten ihr Tun nicht gutheißen würden und es gegen alles verstieß, was ihnen von Mahéo gelehrt worden war. Im Grunde fürchtete er sogar, dass ihr Tun die Bestrafung der Geister hervorrufen würde. Wen sollten sie nun noch um Hilfe anflehen? Aber all die Heiligen Dinge, die ihnen bisher Schutz gegeben hatten, hatten ihre Kraft verloren. Die Heiligen Pfeile und die Heilige Büffelkappe waren im Süden geblieben und damit auch all die moralischen Werte, nach denen sie bisher gelebt hatten. Die Alten hielten sich noch daran, doch die jungen Krieger hatten ihren Glauben verloren. Was blieb, war diese grenzenlose Wut auf alles, was die Weißen in dieses Land brachten. Und dieser Hass richtete sich auch gegen die fremden Weiber und Kinder. Genauso wenig, wie die Soldaten auf die Frauen und Kinder der Cheyenne Rücksicht nahmen, genauso wenig hatten die Cheyenne nun einen Grund, die Frauen und Kinder der Farmer zu schonen. Sie wollten Vergeltung. Außerdem würden die Überfälle Verwirrung stiften und Panik verursachen. Menschen würden fliehen und die Soldaten würden zum Schutz der Farmer gebraucht werden. Niemand konnte wissen, wo die Cheyenne als nächstes zuschlagen würden. und das würde ihnen Zeit geben, weiter nach Norden vorzustoßen.
Die Cheyenne lachten übermütig, als die Mädchen davonrannten, dann nahmen sie die erbeuteten Pferde und ritten weiter. Sie brauchten nicht nur Pferde, sondern auch Lebensmittel.
Sie überraschten eine weitere Familie in ihrem Haus, töteten den Mann und den Sohn und verwundeten die Frau, die schwer verletzt aus der Tür kroch. Sie ließen sie leben und nahmen alles von Wert, vor allen Dingen Lebensmittel und Vieh. Die Frau hatte gerade gekocht und so aßen die Cheyenne das warme Essen. Sie töteten einige Kühe und führten die anderen Tiere aus dem Pferch. Es waren schwere Ackergäule, die mit dem Fleisch beladen wurden, das die Cheyenne hastig von den getöteten Kühen schnitten. Zwei der Krieger waren inzwischen damit beschäftigt, die geraubten Tiere vor sich herzutreiben, was das Vorankommen

verzögerte. Alle freuten sich darauf, dass bald die Frauen und Kinder versorgt werden konnten.

Am Spätnachmittag stießen sie auf ein weiteres Farmhaus. Es war aus Grassoden gebaut und Rauch stieg auf, als würde jemand im Inneren gerade kochen. Hohes-Pferd gab den Reitern mit Handzeichen zu verstehen, dass sie die mitgeführte Herde etwas abseits warten lassen sollten, und ritt mit den anderen näher an das Haus heran. Sie bewegten sich fast lautlos und noch schien niemand ihre Anwesenheit bemerkt zu haben. Mit einer Hand gestikulierte Hohes-Pferd in Richtung eines großen Haufens Tipistangen, die neben dem Haus ordentlich aufgeschichtet worden waren. Einige waren bereits in handliche Scheite zersägt worden. Offensichtlich hatte die Familie hier auf bequeme Weise Feuerholz gesammelt. Die Männer kniffen wütend die Lippen aufeinander, als sie die Zerstörung der Stangen zur Kenntnis nahmen. Irgendwann waren diese Stangen von ihnen gesammelt worden und Cheyennefamilien hatten darunter Schutz gefunden.

Ein Wagen näherte sich dem Haus, der von zwei Jugendlichen gelenkt wurde, die auf dem Kutschbock saßen, während drei Mädchen hinten auf der Ladefläche hockten. Die Cheyenne ritten näher, erschossen die beiden Jungen und zwangen die vollkommen verängstigten Mädchen, in das Haus zu gehen. Eine Frau wich schreiend vor ihnen zurück, doch die Indianer schubsten sie in eine Ecke des Raumes und rissen ihr die Kleidung vom Leib. Panisches Schreien erfüllte den Raum, doch die Cheyenne kannten kein Mitleid mehr.

Heskovetse fühlte die Erregung in sich, als er sich an der Hilflosigkeit dieser Menschen ergötzte. Er fand zwei Kleider, die vielleicht Rotes-Blatt passen würden, und nahm sie an sich. Aus einer Truhe holte er ein weiteres Kleid, das er Moekaé schenken wollte. Auch die anderen Männer plünderten bereits das Haus und nahmen alles mit, was ihnen nützlich und wertvoll erschien. Sie waren an die zwölf Männer und das kleine Haus platzte fast aus allen Nähten, als die Krieger es durchsuchten. Die ganze Zeit über weinte und schrie die Frau, während die Mädchen sich aneinanderklammerten und ebenfalls hysterisch kreischten. Vielleicht war es dieser hohe Ton, der die Männer reizte, denn plötzlich drückten drei Krieger die Frau zu Boden und vergingen sich an ihr.

Heskovetse zerrte das jüngste Kind aus dem Haus und deutete an, dass es wegrennen sollte. Das Kind stand nur da wie gelähmt und er kümmerte sich nicht weiter darum. Sollte es sich nur zeit ihres Lebens an diesen Tag erinnern. Dieses Land gehörte den Cheyenne und das sollten diese Frauen nie vergessen. Er drehte sich um und kehrte in das Haus zurück. Mehrere Männer hatten inzwischen den Mädchen die Kleider vom Leib gerissen und sich über die Wehrlosen gebeugt. Das Jammern und Schreien hatte aufgehört, stattdessen blickte Heskovetse in Augen, die vor Furcht und Schmerz riesig wirkten. Diesen Tag würden die Mädchen und ihre Mutter nie vergessen. Heskovetse blickte mit gemischten Gefühlen auf das Geschehen. Ein Mädchen lag auf dem harten Boden und ihre Hände wurden von zwei Männern festgehalten, während der dritte sich stoßend seinen Weg in das Innere suchte. Das andere Mädchen wehrte sich nach Kräften, doch die Männer hielten es am Boden fest und lachten. Es war brutal und doch heizte es die Männer auf. Mit der hellen Haut des Mädchens sah es aus, als würde ein Spinnenwesen seine Beine hin und her bewegen. Ja, es waren Vehoe, Spinnenwesen.

Heskovetse fühlte, wie sein Geschlecht steif wurde, und beugte sich ebenfalls über das Mädchen. Er drang rücksichtslos in ihr wundes Geschlecht vor und erfreute sich an dem Wimmern. Es war wie eine Rache für das, was er Moekaé angetan hatte. Er wollte diese Frau nicht, aber er wollte sie demütigen. Es war gegen jedes Recht und gegen jede Überlieferung und Heskovetse wusste in diesem Augenblick, dass sie eines Tages dafür bezahlen würden. Die anderen Männer lachten und machten Scherze über die Misshandelten. Sie waren dürr, vor Angst wie erstarrt, und die Männer verglichen die Frauen mit den Tipistangen, die draußen lagen. „Wenn man zwei Stangen über Kreuz legt, fühlt es sich genauso an, wenn man seinen Schwanz daran reibt!“, meinte Wirres-Haar geringschätzig. Früher hätte man diese Mädchen geraubt und der Verantwortung der Frauen übergeben. Sie hätten unter dem Schutz des Dorfes gestanden und man hätte versucht, aus ihnen gute Cheyenne-Frauen zu machen. Heute aber wollten die Cheyenne keine Gefangenen mitführen und so erfuhren diese Frauen diesen Schutz und diesen Respekt nicht. Auch die anderen Männer wussten, dass sie eines Tages dafür büßen würden, aber im Grunde fürchtete ohnehin jeder dieser Männer, dass er bald zu den Ahnen gehen würde. Je weiter sie nach Norden vorstießen, desto mehr wurde ihnen klar, dass sich die Welt verändert hatte. Die Zeiten, in denen sie frei und ungebunden über die Prärie ziehen konnten, waren vorbei. Jeder wusste das.

Aber keiner wusste, was sie im Norden tatsächlich tun sollten. Sie konnten vielleicht noch einen Winter in Freiheit verbringen, doch die Weißen würden von allen Seiten kommen und die Cheyenne zwingen, ihre Lebensweise zu ändern. Hohes-Pferd und Heskovetse hatten Angst vor der Zukunft. Vielleicht waren sie deshalb an diesem Tag so unversöhnlich und mitleidlos.
Irgendwann ließen die Männer von ihren Opfern ab. Sie fesselten die Mutter und die Mädchen und warfen sie auf das Bett, das an einer Wand stand. Dann legten sie Feuer in dem Haus und benutzten dazu voller Schadenfreude die zersägten Tipistangen. Jeder nahm die Bündel, die er für sich geschnürt hatte, und trug sie zu den wartenden Pferden. Sie führten die wenigen Pferde aus der Koppel, töteten die Hühner und Schweine und ritten schließlich davon. Sie ignorierten die Hilfeschreie der Frauen, die gegen die Fesseln kämpften, um dem Feuer zu entgehen. Sie kehrten aber auch nicht um, um die Frauen zu töten, als es ihnen doch gelang, sich zu befreien und das Haus zu verlassen. Sollten diese Weiber ruhig leben und erzählen, was ihnen widerfahren war.

Heskovetse fühlte die Scham, als er sich von dem Haus entfernte, und er fürchtete sich davor, in Moekaés Augen zu blicken. Würde sie wissen, was die Männer getan hatten? Warum hatte er sich überhaupt an diesen Taten beteiligt? Er war genauso schuld an dem Geschehenen wie die anderen, denn er hatte nichts unternommen, um es zu verhindern. Es war ein Unterschied, ob man Pferde und Kühe raubte oder sich an wehrlosen Menschen verging. Es war keine Lust gewesen, die die Männer getrieben hatte, sondern reine Zerstörungswut. Sie wollten diese Menschen nicht nur demütigen, sondern zerstören. Und dieses Gefühl war etwas Schlechtes, etwas, das Mahéo niemals gutheißen würde. Dieses Gefühl hatte nicht nur Auswirkungen auf ihn und die Männer, sondern würde auch Moekaé und Rotes-Blatt nichts Gutes bringen. Wie sollte unter diesen Umständen ein Kind heranwachsen? Er hatte kein Mitleid mit den fremden Kindern gehabt und dies würde eines Tages Folgen für seine eigenen Kinder haben. „Es war nicht gut, was wir heute getan haben!“, bemerkte er plötzlich.

Hohes-Pferd hob überrascht die Augenbrauen und grinste freudlos. „Natürlich nicht!“, stimmte er zu. „Aber es ist auch nicht richtig, was die Weißen uns angetan haben!“

„Nein! Trotzdem. Mahéo hat uns gelehrt, Mitleid zu empfinden und Großmut zu zeigen. Wir haben uns weit von dem entfernt, was es heißt, Cheyenne zu sein.“

„Wir wurden dazu gedrängt!“, erklärte Hohes-Pferd ruhig.

„Ja!“, stimmte Heskovetse erleichtert zu. Er schwieg eine Weile, dann schüttelte er seinen Kopf. „Wir sollten es nicht mehr tun!“

Hohes-Pferd grunzte missbilligend und schob stur die Lippen vor. „Wir haben uns nichts vorzuwerfen. Diese Frauen waren allein im Haus und wir haben sie uns genommen. Wären wir nicht auf der Flucht, hätten wir sie mitgenommen und dann wären sie unsere Weiber geworden. Sollen sie froh sein, dass sie mit dem Leben davongekommen sind.“

„Wer will schon so dürre Tipistangen zum Weib?“, grinste Heskovetse, aber es war ein schlechter Scherz, der kaum über das hinwegtäuschte, was er eigentlich empfand.

„Na, mit gutem Futter wäre schon etwas aus ihnen geworden“, lächelte Hohes-Pferd zurück. „Lass uns die anderen suchen, denn das Fleisch wird dort dringend benötigt. Wir haben uns den ganzen Tag die Bäuche vollstopfen können, aber die Frauen und Kinder warten bestimmt schon.“

Die Sterne waren längst am Himmel, als sie mit den geraubten Pferden und Ochsen das Lager am Ufer des Baches fanden. Auch

andere Gruppen waren erfolgreich zurückgekehrt und verteilten nun die Lebensmittel und Pferde auf die einzelnen Familien. Der Tag war gut gewesen, denn am nächsten Tag würde jeder die Reise auf einem Pferd fortsetzen können. Die Menschen spotteten zwar über die Ackergäule und doch würde es ihnen die Reise nun erleichtern. Die Krieger grinsten frech und erklärten, dass sie nach besseren Pferden Ausschau halten würden.
Little-Wolf und Dull-Knife schüttelten besorgt die Köpfe und ermahnten die jungen Männer, möglichst wenige Menschen zu töten. „Wir werden es schwer haben, wenn wir nun zu unbedacht sind!"
Die jungen Männer aber senkten bockig ihre Köpfe und behielten ihre düsteren Gedanken für sich. Was geschehen war, konnte nicht mehr geändert werden. Sie hatten Blut auf sich geladen und irgendwann würde es mit Blut zurückgezahlt werden. Jeder wusste das und so nahmen sie diese nüchterne Tatsache einfach hin.

Heskovetse drückte Moekaé die Kleider in die Hand und erfreute sich an ihrem dankbaren Lächeln. Sie hatten sich seit Tagen nicht richtig waschen können, vom Wechseln der Kleider ganz zu schweigen, und so freuten sich alle über diese Möglichkeit sich zu reinigen und frisch zu machen. Moekaé warf Heskovetse einen misstrauischen Blick zu und fragte: „Hast du die Frau und das Kind getötet?"
„Nein!", antworte Heskovetse. Er war froh, dass er ihr tatsächlich die Wahrheit sagte. Sie schien zu ahnen, dass er nicht alles erzählte, aber nahm Abstand davon, ihn mit weiteren Fragen zu quälen. Sie waren in Zeiten der Not und dies erforderte manchmal eben harte Maßnahmen.
Moekaé wusste, dass die Pferde und Lebensmittel ihnen nicht geschenkt worden waren. Wortlos röstete sie das Fleisch über dem Feuer und war dankbar dafür, dass sie sich endlich wieder sattessen konnte. Sie reichte Heskovetse die ersten Stücke, doch der wehrte mit einer leichten Handbewegung ab. „Iss nur, ich habe mich den ganzen Tag an den Kochtöpfen der Weißen sattgegessen." Mehr erzählte er nicht, obwohl Moekaé sah, dass ihn etwas

bedrückte. Aber es gab Dinge, die sollte eine Ehefrau besser nicht wissen.

Moekaé fütterte Rotes-Blatt, dann schnitt sie sich ebenfalls lange Streifen aus dem Fleisch. Außerdem hatte Heskovetse Brot mitgebracht und die beiden kauten hungrig daran. Später nahm Moekaé das Kind mit zum Bach und wusch es gründlich ab. Sie selbst nahm ein Bad und nahm sich die Zeit, die Haare zu waschen. In den frischen, sauberen Kleidern fühlten sie sich wesentlich besser. Staunend drehte sich Rotes-Blatt im Kreis und zupfte an dem geblümten Stoff. „Sieh nur, wie hübsch ich bin!", strahlte sie zufrieden. Das Kleid war dem Kind zu groß und schleifte über den Boden, sodass Moekaé einige Fäden aus dem Saum zupfte und damit begann, es etwas zu kürzen. Mit langen Stichen nähte sie den Saum um, während das Kind ganz still stand, damit Moekaé die richtige Länge sehen konnte. Nur der Mond und das Feuer leuchteten bei dieser Arbeit, sodass die Naht nicht ganz gerade verlief, aber für diese beiden Menschen war es trotzdem das schönste Kleid, das sie je gesehen hatten. Moekaé war ebenfalls in das neue Kleid geschlüpft und hatte befriedigt festgestellt, dass es nicht beschädigt war. Es war also keiner Frau einfach vom Leib gerissen worden. Sie fand das Kleid schön. Es war aus warmem, dunkelblauem Stoff und hatte eine hellblaue Schürze. Für die kältere Jahreszeit war es durchaus geeignet. Trotzdem warf Moekaé die alten Gewänder nicht weg. Obwohl sie müde war, nahm sie sich die Zeit, die Sachen zu waschen und zum Trocknen in die Büsche zu hängen. Man konnte nie wissen, wann Heskovetse weitere Kleider brachte. Sie besaß nun wieder drei Kleider und hatte für Rotes-Blatt ebenfalls Kleidung zum Wechseln und eine warme Decke. Auch Heskovetse trug nun eine saubere Hose und ein buntes Kaliko-Hemd und sah mehr wie ein weißer Farmer aus. Sein Lendenschurz hing zum Trocken über einem Strauch. Er war so speckig und abgewetzt gewesen, dass sie ihn mehrmals hatte waschen und spülen müssen. Auch das Hemd war vollkommen verdreckt gewesen und hing nun flatternd im Wind.

„Wenn wir erst im Norden sind und wieder ein Tipi haben, dann werden wir nie wieder so stinken", flüsterte Moekaé voller Hoffnung.

„Ja! Wenn wir erst im Norden sind", wiederholte Heskovetse sinnend.
„Wie sollen wir es schaffen, rechtzeitig vor dem Winter Tipis zu bekommen?"
„Na, wir rauben sie uns!", erklärte Heskovetse überzeugt.
Moekaé kicherte belustigt. „Aber weiße Menschen leben nicht in Tipis!"
„Hmh!", überlegte Heskovetse. „Na, dann scheuchen wir sie aus ihren Häusern und leben selbst darin!"
„Könntest du denn in so einem Haus wohnen?", fragte Moekaé verwundert.
Heskovetse legte nachdenklich den Kopf schief und dachte darüber nach. „Weißt du, heute war ich in einem solchen Haus. Es war dunkel und stickig, aber warm. Das Essen wurde auf einem seltsamen Gestell zubereitet, in dem Feuer brannte. Und an den Wänden standen erhöhte Gestelle, in denen die Weißen schlafen. Alles war anders, aber nicht schlecht. Ich bevorzuge unsere Tipis, denn damit kann ich von Ort zu Ort ziehen, aber wenn ich muss, dann kann ich auch in so einem Haus leben. Es war wie in Camp Robinson, ehe wir in den Süden gehen mussten. Aber so ein Haus ist viel kleiner und nur für eine Familie. Das könnte mir schon gefallen."
Er schwieg eine Weile, dann machte er eine abschließende Handbewegung. „Nein, diesen Winter werden wir Unterschlupf bei den Lakota suchen. Nächstes Frühjahr werden wir dann Büffel jagen und Häute für neue Tipis haben."
„Gut", seufzte Moekaé zufrieden. „Denn im Frühling wird dein Sohn geboren werden und dann brauchen wir ein schönes Tipi!"
„Wir brauchen auch ein schönes Tipi für Rotes-Blatt!", erklärte Heskovetse mit einem lustigen Zwinkern zu dem kleinen Mädchen. Rotes-Blatt strahlte ihn an und kurz dachte Heskovetse an das weiße Kind, das er heute verschont hatte. Vielleicht hatte er es getan, weil er an Rotes-Blatt gedacht hatte.

Platte-Fluss

Am Morgen begleiteten einige Männer die Frauen und Kinder im scharfen Tempo weiter nach Norden, während sich die anderen wieder auf die Suche nach Vorräten machten. Die meisten Farmer hatten in Panik ihre Häuser verlassen und so drohte nun den Cheyenne eher Gefahr von Bürgerwehren, die sich zum Schutz gebildet hatten. Die Krieger nahmen mehrere Pferde mit und töteten zwei weitere Farmer, die versuchten ihre Heimstatt zu schützen. Hauptsächlich konzentrierten die Cheyenne nun ihr Vorgehen auf Farmen, die ohnehin auf dem Weg in Richtung Norden lagen. Sie brauchten mehr Pferde, denn die Ackergäule, die sie bisher zusammengetrieben hatten, würden ein schnelles Tempo nicht lange durchhalten.

Am Nachmittag begegneten ihnen zwei Jungen, die aufgrund der Kleidung nicht gleich erkannt hatten, dass es sich bei den Reitern um Cheyenne handelte. Heskovetse und Wirres-Haar ritten ganz nahe auf die Jungen zu und griffen ihnen einfach in die Zügel. Die Jungen wagten es nicht, sich zu bewegen, und starrten nur entsetzt auf die Indianer, die sie nun umzingelt hatten. Heskovetse machte eine eindeutige Geste, die den Jungen zeigte, dass sie absteigen sollten. Die beiden beeilten sich, der Aufforderung nachzukommen, und standen dann betreten neben ihren Pferden. Sie trugen Latzhosen und einfache Hemden und hatten löchrige Hüte auf dem Kopf. Sie trugen keine Waffen bei sich, was die Krieger eher erheiterte. Die Jungen waren vielleicht dreizehn Jahre alt, für die Krieger alt genug, um zu kämpfen und zu sterben. Hohes-Pferd aber lächelte herablassend. „Sie sind noch Kinder. Lassen wir sie gehen!“ Er beugte sich nach vorne und sagte laut: „Schsch!“ Es klang, als würde er einen Hund davonscheuchen. Die beiden wichen etwas zurück, dann drehten sie sich um und rannten davon. Hohes-Pferd konnte sehen, dass mehrere Männer die Waffen hoben, doch er winkte energisch ab. „Lasst sie ziehen. Ihr habt gehört, was die Ältesten gesagt haben.“

„Wir haben bereits so viele Feinde getötet!“, mischte sich Schwarzer-Kojote unwillig ein. „Wieso sollen wir nun Mitleid zeigen?

Die Soldaten werden wenig Mitleid mit uns haben, wenn sie uns einholen!“
Heskovetse nickte ebenfalls, doch dann dachte er an Moekaé und Rotes-Blatt. Die beiden Jungen waren noch Kinder und bisher hatten sie Frauen und Kinder gedemütigt, aber nicht getötet. Jetzt damit anzufangen, schien auch ihm nicht ratsam zu sein. „Lasst sie laufen!“, meinte er ruhig. „Wir können dankbar sein, denn diese zwei Pferde sind die ersten Tiere, die man überhaupt als Pferde bezeichnen kann.“
Die anderen lachten über diesen Scherz und griffen gut gelaunt nach den Zügeln der beiden Pferde. Ohne die Jungen noch eines Blickes zu würdigen, ritten die Cheyenne davon.

Kurze Zeit später griffen sie eine weitere Farm an. Die Menschen verbarrikadierten sich in dem Haus und nahmen die angreifenden Krieger unter Beschuss. Ein Krieger wurde getötet, als er versuchte, über das Dach in das Haus zu gelangen. Heskovetse und Wirres-Haar bargen ihren Freund und gaben mehrere Schüsse auf die Fenster des Hauses ab. Wütendes Gewehrfeuer antwortete ihnen und so verzichteten die Cheyenne auf ihre Rache. Sie trieben die Pferde aus der Koppel, töteten alle Kühe und Rinder, trampelten einen Gemüsegarten nieder und versuchten, das Haus in Brand zu stecken. Wütendes, zum Teil verzweifeltes Geschrei erklang aus dem Haus, doch die Farmer waren klug genug, sich nicht provozieren zu lassen und hielten die Tür geschlossen. Schließlich hatten die Krieger genug und verließen die kleine Siedlung. Sie hatten die Leiche des jungen Mannes dabei, um sie den Verwandten zu übergeben.

Am Abend erreichten sie wieder die Frauen und Kinder, die an diesem Tag ebenfalls weite Entfernungen zurückgelegt hatten und nun erschöpft auf eine Rast warteten. Wieder wurden Pferde verteilt und einige Ackergäule, die bereits lahmten, einfach laufengelassen. Ein Ochse wurde geschlachtet und das Fleisch gerecht verteilt. Auch andere Gruppen kehrten mit Beute zurück. Nur eine Gruppe schien wenig erfolgreich gewesen zu sein und erzählte, dass sie sich den ganzen Tag hindurch in einem Gefecht

mit einem einzelnen weißen Mann befunden hatten. „Er hatte sich in einem Tal befunden und hat dort seine Pferde verteidigt. Wir wollten uns seine Waffen holen, doch er lag im Gras und hat Schuss um Schuss abgegeben."
„Ihr habt den ganzen Tag nur diesen einen Mann bekämpft?", wunderte sich Heskovetse.
Die Krieger zuckten die Schultern und grinsten. „Ja, so ist es. Wir wollten seine Pferde und Waffen, und er wollte sie uns nicht geben!" Die Männer kicherten verlegen, als sie die Sinnlosigkeit ihres Handelns erkannten. „Und dann?", erkundigte sich Heskovetse.
„Nichts! Es wurde dunkel und wir ritten schließlich davon."
Alle lachten, doch dann wurden die Männer ernst, denn an diesem Tag war einer von ihnen gestorben und dies zeigte ihnen den Ernst der Lage. Andere Männer erzählten, dass sie nur knapp einer Bürgerwehr aus zwanzig Männern entgangen waren, die sich an ihre Spur geheftet hatte. „Die Weißen wurden gereizt und werden uns noch mehr jagen. Wir werden nirgends mehr sicher sein."
Little-Wolf erhob seine Stimme und alle Menschen schwiegen respektvoll. „Von nun an werden wir die Siedlungen meiden. Wir haben genug, um bis in den Norden durchzukommen. Sie dürfen nicht wissen, wo wir sind, oder sie werden uns aufhalten! Es wird keine weiteren Überfälle mehr geben, denn sie gefährden uns alle!"
Alle schwiegen und nickten ihr Einverständnis, auch die jungen Männer.

Heskovetse setzte sich zu seiner Frau und nahm das Fleisch entgegen, das sie ihm reichte. Sie schien besorgt zu sein und er runzelte fragend die Stirn. „Rotes-Blatt hat Fieber", erklärte Moekaé leise.
„Viele haben Fieber! Die Reise ist sehr anstrengend, doch bald werden wir den Platte-Fluss überqueren, und dann befinden wir uns im Gebiet der Lakota. Dort werden wir Schutz finden und Rotes-Blatt kann sich ausruhen." Es sollte beruhigend klingen, doch seine Worte schienen Moekaé kaum zu erreichen. Sie wirkte

erschöpft und müde, war kaum noch in der Lage, die Augen offen zu halten. Sie hielt das kleine Mädchen in ihrem Schoß und streichelte über ihr Haar. Heskovetse wusste, dass die Frauen und Kinder am meisten unter den Anstrengungen zu leiden hatten, aber er konnte es nicht ändern. „Schlaf ein bisschen!", meinte er müde.

Am nächsten Tag flohen die Cheyenne bis in das Tal des Republican-Flusses und ritten selbst bei Nacht noch weiter, um die Soldaten über ihren Verbleib zu täuschen. Die Cheyenne reisten in einer Geschwindigkeit, die selbst Soldaten nicht durchhalten konnten. Die Kinder schliefen vor Erschöpfung in den Armen ihrer Mütter, die selbst kaum noch in der Lage waren, im Sattel oder auf dem blanken Pferderücken zu sitzen. Die ganze Zeit hielt Moekaé das fiebernde Kind vor sich im Schoß, obwohl ihre Arme kaum noch die Kraft hatten, das Kind zu tragen. Ihr Bauch schmerzte und zum ersten Mal hatte Moekaé das Gefühl, dass dieses Kind vielleicht nicht bleiben würde. Die Strapazen waren einfach zu groß.

Um Mitternacht erlaubten die Häuptlinge den erschöpften Menschen eine kurze Rast, auch weil die Pferde nicht mehr weiter konnten. Die Krieger töteten zwei lahmende Ackergäule und verteilten das Fleisch an die Menschen. Sie verzehrten es fast roh, weil niemand es wagte, ihre Position durch Feuer zu verraten. Sie wickelten das Fleisch um brennende Grasbüschel, deren Rauch in der Dunkelheit nicht so gut zu sehen war wie ein offenes Feuer. Es wurde nur kurz gegart, aber wenigstens lieferte es Kraft für die weitere Reise. Auch Moekaé aß davon und wickelte sich dann eng in ihre Decke, um ein wenig zu schlafen. Wenn sie nicht auf dem Pferderücken saß, ließen die Krämpfe in ihrem Bauch nach, und das beruhigte sie etwas. Rotes-Blatt lag immer noch fiebernd neben ihr. Sie konnte das Kind nur warm halten und hoffen, dass der kleine Körper selbst mit dem Fieber fertig wurde. Sie hatte dem Kind Fleisch gegeben und hoffte, dass dies dem Kind ebenfalls helfen würde. Ihr Schlaf war einer Ohnmacht nahe und so schrak sie zusammen, als Heskovetse sie viel zu früh wieder weckte. „Wir müssen weiter!", sagte er nur. Dieses Mal brachte er seiner Frau ein Pferd, das einen Sattel trug. Sie konnte nun leichter aufsteigen und ihre Füße in den Steigbügeln abstützen. Es entlastete ihren Bauch, außerdem konnte sie Rotes-Blatt besser vor sich im Sattel halten. Das Kind war nun nicht mehr so schwer und das entlastete ebenfalls ihren Bauch. Sie lächelte dankbar und Heskovetse nickte ihr freundlich zu. Er galoppierte davon, um einen sicheren Weg zu finden. Das Gelände war nun durchzogen von Schluchten und bot besseren Schutz vor eventuellen Verfolgern. Little-Wolf hatte Späher ausgeschickt, die den Weg nach hinten absichern sollten, aber noch waren keine Verfolger aufgetaucht. Unbeirrt zogen die Menschen nach Norden und erreichten schließlich in der Abenddämmerung den Arm des Südlichen Platte Flusses. Es war ein Gewaltmarsch, den vor ihnen noch nie jemand auf sich genommen hatte. Die Häuptlinge erlaubten den Menschen nun eine längere Pause. Vor ihnen lag eine weitere Eisenbahnlinie und die Späher sollten erst in Erfahrung bringen, wann der beste Zeitpunkt sein würde, um auch dieses Hindernis zu überqueren.

Die Nacht tat den Menschen gut und in kleinen Gruppen zogen die Cheyenne weiter in Richtung der Eisenbahnschienen. Sie warteten auf die Dunkelheit und überquerten dann die Gleise. Manchmal einzeln, manchmal in kleinen Gruppen. Sie huschten über das Hindernis und verschwanden dann in der Dunkelheit des Platte-Tales. Einen Tag später überquerten sie bereits den Nördlichen Platte-Fluss und machten sich an den Aufstieg in die Hügel dahinter. Rollende Prärie lag nun vor ihnen und ihre Herzen schlugen höher. Leider wurde das Wetter schlechter und voller Sorge blickten die Cheyenne in den Himmel, an dem bereits dunkle Wolken den ersten Schnee ankündigten.
Moekaé dachte an den Winter und fragte sich, wie sie ihn ohne warme Tipis überleben sollte. Sie wollte nicht schon wieder auf das Mitleid fremder Menschen angewiesen sein. Auch die Lakota hatten schwere Zeiten vor sich und weitere Menschen, die sie versorgen mussten, wären eine enorme Belastung. Manchmal konnte sie hören, dass die Häuptlinge in ihrer bedächtigen Art darüber stritten, wohin es letztendlich gehen sollte. Dull-Knife

wollte zu seinen Verwandten bei der Red Cloud Agentur, während Little-Wolf endlich den Heiligen Berg erreichen wollte, so wie sie es zu Beginn der Reise besprochen hatten.
Der erste Schneesturm setzte ein und hilflos zogen die Frauen die Decken über ihre Köpfe, um sich vor der Kälte zu schützen. Die Späher hatten gemeldet, dass ihnen von Süden her die Soldaten folgten, und so setzten sie ihre schnelle Flucht fort. Sie hofften, dass sie die Soldaten in den unwegsamen Sand Hills abschütteln konnten.
Das schlechte Wetter ließ sie nur langsam vorankommen und viele Menschen wurden krank, weil sie nur schlecht für die Kälte gerüstet waren.
Auch Rotes-Blatt hatte nun hohes Fieber und Moekaé fürchtete um das Leben ihrer kleinen Nichte. Manchmal drückte sie Schnee auf die Stirn des Kindes, um das Fieber ein wenig zu senken, doch es schien kaum etwas zu nützen. Das Kind war schmal geworden und die Haut fast durchsichtig. Heskovetse hatte ihr eine weitere Decke gegeben, damit sie das Kind besser wärmen konnte, doch alles, was sie wirklich brauchte, war ein warmes Tipi. Moekaé hockte mit schmalen Lippen im Sattel und fühlte, wie das Kind immer schwächer wurde.

Am Abend machten sie endlich eine Pause und die Häuptlinge erlaubten den Frauen, dass sie Feuer machen durften. Es war Heskovetse, der Feuerholz sammelte, damit Moekaé sich um das Kind kümmern konnte. Vorsichtig flößte Moekaé dem fiebernden Kind Wasser ein, damit es nicht so austrocknete. Heskovetse sammelte dürre Zweige und errichtete damit einen Windschatten, der die Hitze des Feuers ein wenig reflektieren würde. Überall drängten sich die Menschen um die Feuer, während Schnee fiel und sich auf die Menschen legte.

Die Situation war verzweifelt und Stille breitete sich aus. Nur an einem Feuer saßen Dull-Knife, Little-Wolf und einige andere Anführer und berieten mit ruhigen Stimmen, was zu tun sei.
Dull-Knife deutete mit seinen Lippen auf die umliegenden Menschen und meinte: „Viele sind krank. Sie werden sterben, wenn

wir nicht bald Unterschlupf finden. Ich gehe zu Red Cloud und warte dort den Winter ab."
Little-Wolf pfiff verächtlich durch die Zähne. „Die Soldaten werden dich dort aufspüren! Glaubst du, dass sie dich in Frieden dort leben lassen, nach dem, was wir getan haben? Niemals! Du gehst in dein Verderben! Es ist besser, wenn wir uns hier in den Sand Hills verstecken und im Frühling weiterreisen."
Dull-Knife schüttelte seinen Kopf. „Viele werden sterben, wenn wir hier bleiben. Wir haben keine Tipis und nicht genügend Vorräte. Das ist keine weise Wahl."
„Wir haben schon öfter unter solchen Bedingungen überlebt. Wir werden Höhlen finde, in denen wir vor den Winden geschützt sind. Noch haben wir Ponys, die wir schlachten können. Niemals ergebe ich mich der Armee. Ich bin der Häuptling des Sweet Medicine Bündels. Es ist meine Pflicht, den Heiligen Berg zu erreichen!"
„Was schlägst du also vor?", fragte Dull-Knife mit müder Stimme. Auch er war vom Fieber geschwächt und man konnte sehen, dass die Unterhaltung ihn anstrengte.
„Kein Mann kann einem anderen Mann sagen, was er tun soll. Jeder soll selbst eine Entscheidung treffen. Ich bleibe mit denen hier, die mir folgen wollen, und du kannst mit deinen Leuten zu den Lakota ziehen."
„Du meinst also, dass wir uns trennen sollten?"
„Bleibst du hier?", fragte Little-Wolf zögernd. Er kannte die Antwort bereits und doch musste er diesen letzten Versuch unternehmen.
„Bruder, wir sind so weit gekommen", antwortete Dull-Knife begütigend, „Aber ich muss an die Kranken und Schwachen denken. Sie werden den Winter hier draußen nicht überleben."
„Vielleicht nicht!", stimmte Little-Wolf zu. „Und doch vertraue ich auf das Heilige Bündel. Ich will jetzt nicht aufgeben. Ich will den Heiligen Berg erreichen und ziehe dann weiter nach Norden in unsere Jagdgründe am Powder-Fluss. Dort ist die Jagd gut und wir können wieder wie Cheyenne leben."
Dull-Knife nickte. „Vielleicht folge ich dir dann im Sommer dorthin."

Little-Wolf lächelte erleichtert. „Ja, dann sind wir wieder vereint! Das wäre gut. Nimm du die Menschen, die dir folgen wollen, und wir werden sehen, wem Mahéo gewogen ist!"
Dull-Knife nickte nur, dann erhob er sich und wickelte die Decke um seinen Körper. Das Fieber und die anstrengende Reise hatten ihn geschwächt. Er war nur noch ein Schatten seiner selbst und doch ging er mit Würde und Stolz. Die Last der Verantwortung drückte ihn und er wusste, dass er einen Weg einschlug, den er unter anderen Umständen niemals gewählt hätte. Es tröstete ihn, dass Little-Wolf das Heilige Bündel weiterhin trug und einige den harten Weg wählten. Aber seine Aufgabe lag im Schutz der Frauen und Kinder. Was nützten ihre Prinzipien, wenn es niemanden mehr gab, der sich daran erinnern würde? Mit langsamen Schritten ging er zum Feuer, an dem seine Frauen und Töchter saßen, um ihnen seine Entscheidung mitzuteilen. Überall wurde nun leise geflüstert und darüber beraten, wem man vertrauen und folgen sollte. Viele hatten ihre Meinung längst gebildet und folgten einfach dem Anführer, dem ihre Loyalität galt.

Heskovetse war noch unschlüssig, denn einige seiner Freunde wollten bei Little-Wolf bleiben und andere sich Dull-Knife anschließen. Er wusste, dass Schwarzer-Kojote mit Little-Wolf gehen würde, aber nicht, wie Wirres-Haar und Hohes-Pferd sich entscheiden würden. Außerdem hatte er Angst um Rotes-Blatt. Er befürchtete zu Recht, dass das Kind den Winter nicht überleben würde. Auch wusste er nicht, ob er Moekaé dies zumuten konnte. Er musste auch an das Ungeborene denken, das sie erwartete. Sie hatten schon einmal mit Hilfe der Lakota einen Winter überstanden. Warum sollten sie diese Chance nicht erneut ergreifen? Er entschied, mit Dull-Knife zur Red Cloud Agentur zu ziehen, und bat auch seine Freunde Wirres-Haar und Hohes-Pferd, mit ihm zu kommen. Es war nicht ihre Art, jemand anderen zu überzeugen, aber die beiden schienen einen Rat nötig zu haben. Die vielen Kämpfe und die anstrengende Flucht hatten sie bis an den Rand der körperlichen und seelischen Erschöpfung getrieben und sie schienen nicht mehr zu wissen, was sie tun sollten. Die Krieger waren es gewohnt, Entbehrungen zu ertragen, doch diese ständige Hetzjagd auf sie, ohne jede Form von spirituellem Beistand, hatte sie müde werden lassen. Irgendwie schien ihre Flucht sinnlos zu sein und im Grunde ahnten sie, dass ihre Zeit vorbei war. Ihre einzige Hoffnung lag darin, bei den Lakota unterzutauchen und dort den Soldaten zu entwischen. Vielleicht ahnten sie auch, dass irgendwann jemand Rechenschaft für ihre Taten verlangen würde. Heskovetse musste sie nicht überreden, denn ihre Entscheidung war längst getroffen. Sie würden mit Dull-Knife ziehen und ihr Glück bei Red Cloud versuchen. Sie verabschiedeten sich mit einer kurzen Umarmung von Schwarzer-Kojote und sahen zu, wie er mit Büffelkalb-Frau und den anderen Männern, Frauen und Kindern nach Norden verschwand. Ihre Gesichter waren Masken aus Stein, denn sie ahnten wohl, dass sie einander vielleicht nie wiedersehen würden.

Dull-Knife wandte sich nach Nordwesten, um am Chadron-Bach die Red Cloud Agentur zu erreichen, dicht gefolgt von den Scouts der Armee, die sich seit der Überquerung des Platte-Flusses an ihre Spur geheftet hatten. Dull-Knife wusste, dass die Armee ihm dicht auf den Fersen war, und trieb die Menschen zur Eile an. Längst hatten sie unbesiedeltes Gebiet erreicht und die Gefahr schwand, dass wild gewordene Siedler mit Waffengewalt ihre Heimstatt verteidigten oder Bürgerwehren bildeten, um auf eigene Faust gegen die Cheyenne vorzugehen. Hier gab es zwar Farmen, aber die lagen weit verstreut. Meist handelte es sich um größere Farmen, die Vieh züchteten und eine größere Mannschaft dafür brauchten. Die Cheyenne wichen diesen Gefahren aus und suchten Gebiete, die noch unberührt vor ihnen lagen. Sie wollten möglichst unbehelligt das Dorf von Red Cloud erreichen.

Tage mit trockenem Wetter wechselten sich ab mit Schneestürmen, die das Vorwärtskommen behinderten. Die Späher meldeten, dass sie etwas Zeit gewonnen hatten, weil die Scouts der Soldaten nun durch zwei Fährten, die in verschiedene Richtungen führten, verwirrt wurden. Außerdem verwischte der Schnee alle Spuren, sodass die Scouts die Fährte auch immer wieder neu aufnehmen mussten. Die Cheyenne wurden getrieben, aber nicht gehetzt, sodass sie in mäßigem Tempo weiterziehen konnten. Alle wunderte nur, mit welcher Hartnäckigkeit ihnen die Soldaten folgten, und dies zeigte ihnen, dass sie auch im Dorf von Red Cloud nicht sicher wären. Sie waren immer noch über hundertdreißig Menschen und die konnten nicht einfach versteckt werden. Es würde Fragen geben und die Männer würden verhaftet werden. Heskovetse flankierte schweigend den Zug der Frauen und Kinder, die tief gebeugt in den Sätteln saßen und sich die Decken vor das Gesicht gezogen hatten, um sich vor dem schneidenden Wind zu schützen. Heskovetse unterdrückte eine Hustenattacke und trieb sein Pferd zu einem langsamen Trab an. Auch er fror, aber mehr, weil er Fieber hatte. Er versuchte Moekaé über seinen schlechten Zustand hinwegzutäuschen, aber sein ausgemergeltes Gesicht und seine fiebrigen Augen täuschten niemanden mehr. Moekaé schwieg, denn sie hatte keine Kraft mehr, etwas dagegen zu tun. Es gab auch nichts, was hätte helfen können. Sie brauchten Essen und Wärme. Rotes-Blatt schien es etwas besser zu gehen, obwohl sie wie ein Baby in ihren Armen lag und sich kaum bewegte. Vielleicht hatte sie das Laufen inzwischen verlernt. Sie reisten nun tagsüber, weil es nachts zu gefährlich wurde. Die Späher versuchten Plätze zu finden, an denen es Feuerholz gab oder Zweige, die man als Unterlage benutzen konnte. Es war zu kalt, um auf dem nackten Boden zu schlafen. Viele Menschen waren inzwischen ernsthaft erkrankt und zwei kleine Kinder und eine ältere Frau bereits gestorben. Dull-Knife hatte immer noch Fieber und seine Haut wirkte wie vergilbtes Papier. Längst war es ihm gleichgültig, ob die Soldaten sie einholten oder nicht, denn sein Haufen verzweifelter Menschen stellte längst keine Gefahr mehr dar. Er konnte sich darauf verlassen, dass die Soldaten eher Verhandlungen führen würden, wenn seine Krieger von Kampfhandlungen absahen. Auch die Soldaten wollten im Winter in ihre warmen Häuser zurück. Er behielt die Gedanken für sich und näherte sich im steten Tempo dem Chadron-Bach, wo er die Agentur von Red Cloud vermutete. Dort lag auch das nächste Fort, in dem sie Zuflucht finden konnten. Sie waren so weit vorgestoßen, dass es kein Zurück mehr gab. Hinter ihnen lagen die Sand Hills, in denen es außer Klapperschlangen nichts gab. Dull-Knifes müde Gedanken verweilten manchmal bei Little-Wolf, der dort den Winter verbringen wollte. Viele würde es nicht überleben.

Nach gut zwei Wochen erreichten sie schließlich den Chadron-Bach und blickten schweigend auf den verlassenen Platz der Red Cloud Agentur. Hier war niemand! Das Tal lag still und öde vor ihnen und es war deutlich zu sehen, dass hier schon länger niemand mehr gewesen war. Die Gebäude waren abgebaut worden und nur einige Fundamente waren stille Zeugen, dass dieser Ort noch vor einiger Zeit belebt gewesen war. Ein weiterer Schneesturm kündigte sich an und Dull-Knife gab das Zeichen, ein Lager zu errichten. Viele Augen richteten sich fragend auf ihn, doch er wehrte die unausgesprochene Frage mit einer Handbewegung ab. Er würde am nächsten Tag einige Späher aussenden, die sich auf die Suche nach Red Cloud begeben sollten. Einige Cheyenne ritten einfach weiter und versuchten, nun auf eigene Faust die Lakota zu erreichen. Dull-Knife hielt sie nicht auf, denn es stand ihm nicht zu, jemanden aufzuhalten, der gehen wollte oder kein Vertrauen mehr in seine Führung hatte.
Müde kauerten sich die Menschen um einige Feuer, die schnell entfacht worden waren. Der Schneesturm heulte um sie herum und Hoffnungslosigkeit breitete sich aus. Wo waren die Lakota? Heskovetse hatte den Kopf auf seine Hände gestützt und versuchte die Kopfschmerzen zu ignorieren, die ihn plagten. Längst konnte er die Hustenanfälle nicht mehr unterdrücken und manchmal hustete er bereits Blut. Dull-Knife wollte am nächsten Tag Späher ausschicken, doch Heskovetse hatte keine Kraft mehr, ein Pferd zu besteigen. Eingehüllt in seine Decke wünschte er sich Sonne herbei, ein warmes Feuer, einen Topf mit heißer Suppe und ein weiches Büffelfell, auf dem er ruhen konnte. Sein Körper zitterte unkontrolliert und er schämte sich, dass er es nicht mehr kontrollieren konnte. „Ich bin schwach geworden", flüsterte er fast unhörbar.
Moekaé schwieg. Sie wunderte sich, dass das Ungeborene immer noch in ihrem Leib wuchs und sie nicht von den Krankheiten betroffen war. Sie schichtete Zweige als Windschutz auf, damit

Rotes-Blatt und Heskovetse es warm hatten. Dann gab sie den beiden Fleisch aus ihrem Beutel. Heskovetse kaute gedankenverloren und schlief nach wenigen Bissen erschöpft ein. Rotes-Blatt dagegen kuschelte sich an ihre Ziehmutter und riss mit ihren kleinen spitzen Milchzähnen eine Faser nach der anderen von dem trockenen Fleisch. Am Feuer war die Kälte besser auszuhalten und Moekaé hoffte, dass die Späher am nächsten Tag gute Nachrichten brachten.

Am Morgen brachen die Cheyenne wieder auf, denn niemand wollte eine weitere Nacht unter freien Himmel verbringen. Sie zogen weiter nördlich, wo sie ein Dorf der Lakota vermuteten. Nicht weit von hier war ein Lieblingsplatz von Crazy-Horse gewesen, der als Winterlager gut geeignet war. Vielleicht hatten sie Glück?

Kurze Zeit später ritten die Späher in eine Patrouille der Soldaten und konnten nur mit knapper Not einem Gefecht entkommen. Sie kehrten zu den anderen zurück und warnten sie vor den heranrückenden Soldaten. Dull-Knife schlug eine andere Richtung ein, doch ein weiterer Schneesturm machte ihr Vorwärtskommen fast unmöglich.

Moekaé hatte Angst, als sie hinter einigen Hügeln in Deckung ging und dort abwartete, was die Soldaten tun würden. Die Cheyenne waren ohne jeden Schutz, kaum in der Lage sich gegen einen Angriff zu verteidigen. Auch die Krieger wussten das und warteten voller Sorge ab, was Dull-Knife tun würde. Im Grunde befürchteten alle ein Gemetzel und viele Frauen hatten ihre Kinder umschlungen und weinten vor Furcht. Moekaé versuchte Rotes-Blatt zu trösten, die vor Angst zitterte. Das Kind zählte noch nicht einmal vier Winter und hatte bereits unzählige Angriffe erlebt. Es hatte die Eltern und Großeltern verloren und miterlebt, wie der Bruder erfroren war. Moekaé hielt das zitternde Kind in ihren Armen und hoffte, dass endlich alles vorbei wäre, und sie bei ihren Ahnen und an der Seite von Mahéo in Frieden weiterleben konnten. Sie hatte keine Angst vor dem Tod, sondern nur vor dem, was die Soldaten ihnen antun konnten, ehe man sie tötete. Heskovetse lag neben ihr im Schnee und hielt sein Gewehr umklammert. Er musterte sie mit dunklen Augen und plötzlich ahnte sie, was er tun würde, wenn die Soldaten näher kamen. Sie war dankbar dafür und schloss erleichtert die Augen. Gemeinsam würden sie bei Mahéo sein und aller Schmerz und alles Leid hätte ein Ende.

Noch war kein Schuss gefallen und Moekaé betete still, um sich ruhig auf den Übergang in das andere Leben vorzubereiten. Eine Ewigkeit schien zu vergehen und Moekaé wunderte sich, warum die Soldaten nicht angriffen. Dann kam plötzlich Bewegung in die Menschen und Dull-Knife rief alle zu einer Beratung zusammen. Moekaé schien wie betäubt. Ihre Beine waren eingeschlafen und es fiel ihr schwer, sich zu erheben. Auch Heskovetse schien misstrauisch und desorientiert. Er war bereit, dem Tod ins Auge zu sehen, und wunderte sich nun über den Lauf der Dinge. Dull-Knife blickte auf die Anwesenden und machte eine beruhigende Handbewegung. „Die Soldaten wollen mit uns verhandeln. Wir sollen in ihr Lager kommen und uns an den warmen Feuern aufwärmen. Sie geben uns Essen und Decken!"
Alle schwiegen, denn dieses Angebot ergab in ihren Augen keinen Sinn. Wieso sollte man einen Feind mit Essen und Decken versorgen? Die Cheyenne fürchteten eine Falle, aber im Grunde war es gleichgültig, denn sie hatten keine andere Wahl. Die Alternative war, hier draußen im Schneesturm zu erfrieren oder einfach zusammengeschossen zu werden. Unentschlossen standen die Männer da, während die Frauen wieder Hoffnung schöpften. Durften sie leben?
Mit gemischten Gefühlen ließen sich einige Männer in das Camp der Soldaten führen und sahen ihre Befürchtungen bestätigt, als andere Soldaten kamen und vorsichtig in Stellung gingen. Noch wurden die Menschen nicht durchsucht, doch es glich eindeutig einer Kapitulation und nicht einer freundlichen Einladung. Mit ausdruckslosen Gesichtern setzten sie sich an die Feuer und nahmen das Essen entgegen, das ihnen in die Hände gedrückt wurde. Noch bemühten sich die Soldaten um höfliches Benehmen und versuchten, die Cheyenne nicht weiter zu reizen. Doch die Cheyenne konnten sehen, wie weitere Soldaten in Stellung gin-

gen, und es war klar, dass sie in die Enge gedrängt werden sollten. Schließlich verließen die Krieger das Camp und kehrten zwischen die Felsen zurück, wo sie zuvor Zuflucht gefunden hatten. Es war eisig kalt und zu spät, um noch nach Holz zu suchen.

Die Soldaten kamen nicht näher und ließen die Cheyenne in Ruhe. Die Wachen standen in einiger Entfernung, aber so unauffällig, dass sich eine gewisse Gelassenheit ausbreitete. Dann hörten die Cheyenne, wie ihre Pferdeherde fortgetrieben wurde. Sie saßen fest und jeder Fluchtversuch wäre nun sinnlos. Niemand wagte es, einen Schuss abzufeuern und die Soldaten in ihrem Tun aufzuhalten, denn das hätte ein Gemetzel nach sich gezogen.

Am Morgen verhandelten Dull-Knife und Wild-Hog mit den Soldaten, wobei Wild-Hog für die jungen Krieger sprach. Er war jünger als Dull-Knife, der durch die Krankheit ohnehin geschwächt war. In der Nacht waren weitere Truppen eingetroffen und die Cheyenne sahen sich in aussichtloser Lage. Die jüngeren Krieger errichteten Brustwehren und machten sich kampfbereit, während die älteren Männer zu Besonnenheit aufriefen.

Die Soldaten dagegen brachten ihre Kanonen in Stellung und unter den jüngeren Kriegern brach Unruhe aus. Der Fluchtweg war ihnen abgeschnitten und sie wollten lieber sterben, als mit den Soldaten zu gehen. Immer wieder verlangten sie, zu den Agenturen der Lakota gebracht zu werden. Immer mehr Soldaten trafen ein und innerhalb kürzester Zeit schien das Tal von Soldaten nur so zu wimmeln.

Die Cheyenne erhöhten ihre Brustwehren und machten sich bereit, im Kugelhagel zu sterben. Die Frauen und Kinder weinten, denn der Hunger und die Kälte machten ihre Lage aussichtslos. Vielleicht wollten manche mit ihren Männern in den Tod gehen, aber andere waren in den Norden gezogen, um zu leben. Sie klammerten sich an die Hoffnung, dass es Dull-Knife gelingen würde, eine Lösung herbeizuführen.

Moekaé half ihrem Mann dabei, Steine übereinander zu schichten und hockte sich dann mit schmerzverzerrtem Gesicht neben ihn. Ihr Bauch war steinhart und sie glaubte nicht mehr daran, dass ihr Baby je lebend geboren werden würde. Der Hunger zehrte an ihr, denn sie hatte nun seit drei Tagen nichts mehr ge-

gessen. Auch Rotes-Blatt jammerte nicht mehr, denn sie hatte längst gelernt, dass es nichts nützte. Meist war sie still und wartete apathisch ab, was als Nächstes geschehen würde. Die Welt schien nur aus Bedrohungen zu bestehen und ihr Leben aus Hunger, Kälte und Müdigkeit. Heskovetse überprüfte sein Gewehr und drückte Moekaé ein weiteres in die Hand. „Du kannst es nachladen!“, meinte er ruhig. Er ignorierte ihre offensichtlichen Schmerzen. Wahrscheinlich wären sie ohnehin bald tot und dann brauchte er sich auch um das Ungeborene nicht zu sorgen. Er war nicht einmal traurig. Manchmal war der Tod das geringere Übel. Er war Krieger und im Moment konnte er keine Rücksicht auf die Schmerzen seiner Frau nehmen. Dort, hinter der nächsten Anhöhe, hatten die Soldaten die Geschütze auf sie gerichtet, und seine ganze Aufmerksamkeit galt nun dem bevorstehenden Kampf. Er wusste, dass niemand hier lebend herauskommen würde, wenn erst der erste Schuss gefallen war. „Ich wünschte, ich wäre gerannt, als es noch möglich war!“, knurrte er wütend.
„Wohin denn?“, flüsterte Moekaé. „Ich kann nicht mehr rennen!“, fügte sie hinzu.
„Du bist ja auch eine Frau!“, stellte Heskovetse fest.
Moekaé schwieg und drückte sich in ihre Decke gehüllt an die Felsen. Sie horchte in sich hinein, doch noch war das entstehende Leben so winzig, dass sie nichts fühlen konnte. Manchmal bemerkte sie ein leichtes Flattern, doch es war ihre erste Schwangerschaft, und die Veränderungen ihres Körpers waren fremd für sie. Sie hatte keine Angst mehr, sondern bedauerte nur, dass es so enden würde. Sie strich Rotes-Blatt über das Haar und wünschte, dass dieses Kind ohne Furcht in das andere Leben trat, um ihre Eltern wiederzusehen. Würde sie die Kugel spüren, wenn sie getroffen wurde? Wie fühlt sich der Tod an?

Zwei Tage lang lagen sie fast bewegungslos in der Kälte, während Dull-Knife hartnäckig Verhandlungen führte. Die Stunden dehnten sich endlos und der Hunger war inzwischen stärker als das Gefühl der Angst. Moekaé lutschte Schnee, um wenigstens ihren Durst zu stillen. Rotes-Blatt war so geschwächt, dass sie die meiste Zeit schlief. Nur manchmal blinzelte sie mit ihren Augen und dann ließ Moekaé auch sie ein wenig Schnee lutschen. Tagsüber schien die Sonne und an einigen windgeschützten Stellen konnten sich die Menschen etwas aufwärmen, doch nachts sanken die Temperaturen unter den Gefrierpunkt. Obwohl Moekaé mehrere Schichten Kleidung übereinander trug und sich in warme Decken gehüllt hatte, half dies nicht mehr gegen die Kälte, die vom Boden her nach oben schlich. Die Kälte war allumfassend und tödlich.

Am Morgen türmten sich dunkle Wolkenberge am Himmel und die Menschen ahnten, dass der nächste Schneesturm bevorstand. An diesem Tag schien keine Sonne, die die Menschen kurz wärmte.

Die Cheyenne verbrachten eine weitere Nacht in der Kälte und ergaben sich schließlich am Morgen. Sie hatten eingesehen, dass ihre Lage aussichtslos war.

Moekaé folgte ihrem Mann in das Camp der Soldaten und wunderte sich, dass sie immer noch am Leben war. Menschen mit weißen Gesichtern unter braunen Wintermützen starrten sie misstrauisch, manche sogar bewundernd an und machten ihnen den Weg frei, als sie zu mehreren bereitstehenden Karren geführt wurden. Sie wurden nicht geschubst oder gedrängt, sondern eher respektvoll dazu bewogen, auf den Karren Platz zu nehmen. Den Männern wurden die Waffen weggenommen, doch die Frauen durften ihre Messer und anderen Utensilien behalten. Niemand fand den Revolver, den Moekaé immer noch unter ihrem Kleid trug, abgesehen davon, dass niemand es wagte, die Frauen und Kinder zu durchsuchen. Schnell saßen die Menschen zusammengedrängt auf den Karren und die Fahrt begann in Richtung Camp Robinson. Dull-Knife hatte die Menschen aufgefordert, keine Gegenwehr zu zeigen. „Wir kamen bis hierher. Wir sind an dem Ort, wo wir bleiben wollten. Die Soldaten haben uns zugesichert, dass wir uns im Fort frei bewegen können und wir die Gespräche fortsetzen werden."

Die jüngeren Krieger bezweifelten diese Versprechen, aber sie dachten an die sechzig Frauen und über vierzig Kinder, die mit ihnen sterben würden, wenn sie kämpften. Ohne diese Frauen und Kinder hätten sie vermutlich den Kampf gewählt. Auch Heskovetse saß mit gesenktem Kopf auf dem Karren und fuhr dieser schmachvollen Zukunft entgegen. Er würde eingesperrt werden und wäre den Soldaten auf Gedeih und Verderb ausgeliefert. Wie sollte er unter diesen Umständen seine Frau schützen? Er glaubte diesen Weißen und ihren Versprechen nicht. Wieder setzte ein verheerender Schneesturm ein und er zog die Decke über seinen Kopf. Es war nicht gegen die Kälte, sondern ein Zeichen der Demütigung, die er empfand.

Camp Robinson

Moekaé spürte den beißenden Schmerz der Kälte in ihren Schultern und konnte doch nichts dagegen tun. Rotes-Blatt saß ebenfalls in eine Decke gehüllt auf ihrem Schoß und so konnte sie wenigstens das Kind vor dem eisigen Wind schützen. Sie fühlte die Erfrierungen auf der Haut und hoffte, dass die Reise endlich ein Ende hatte. Der Wagen ruckelte über den unebenen Boden und manchmal wurden die Menschen durchgeschüttelt, wenn er über Steine und Bodenunebenheiten fuhr. Es gab nichts zum Festhalten und eine gewisse Hilflosigkeit und Apathie breitete sich aus. Der Schneesturm nahm zu und verwandelte sich in einen Blizzard, der ein Vorwärtskommen fast unmöglich machte. Schreie drangen durch die weiße Wand der Schneeflocken, mit denen sich die Soldaten verständigten. Es wurde schnell dunkel und Moekaé fürchtete sich davor, eine weitere Nacht draußen verbringen zu müssen.

Unvermittelt tauchten plötzlich graue Gebäude neben ihnen auf und sie erkannte, dass sie das Fort erreicht hatten. Befehle wurden gebrüllt und mit steifen Gliedern kletterten die erschöpften Menschen von den Karren. Moekaés Füße schmerzten, als sie nach der langen Reise durch die Kälte plötzlich belastet wurden. Nur mühsam schlurfte sie voran, schwankend und schwindelig. Rotes-Blatt strauchelte und sie hatte nicht die Kraft, um sie hochzunehmen. „Komm", flüsterte sie. „Gleich wird es wieder warm."

„Meine Füße!", jammerte das Mädchen.

„Ich weiß! Gleich wird es besser", tröstete Moekaé das Kind.

Wie in Trance ließ sie sich von den Soldaten zu einem Gebäude treiben und merkte kaum, dass die Frauen und Kinder dabei von den Männern getrennt wurden. Sie war nur froh, aus dem Schneesturm herauszukommen. Stille umfing sie, als sie das Gebäude betrat. Und Wärme. Ein Ofen stand in der Mitte des Raumes und schutzsuchend drängten sich die Frauen um das warme Feuer. Noch waren sie fest in die Decken gehüllt und mit misstrauischen Blicken musterten sie die Soldaten, die sich an der

Tür aufgestellt hatten. Moekaé konnte sehen, dass an den Wänden Säcke aufgeschichtet waren, auf denen Decken lagen. Wahrscheinlich sollten sie als Schlafplätze dienen. Vielleicht durften sie die steifen, schneebedeckten Decken gegen diese trockenen Decken austauschen? Rotes-Blatt zitterte vor Kälte und sie fürchtete um das Kind. Zögernd ging sie zu einer dieser Schlafstätten und griff nach der Decke, die dort ordentlich zusammengefaltet lag. Die Soldaten an der Tür rührten sich nicht und so nahm sie ihre Decke von der Schulter und wickelte sich in die blaue Wolldecke der Soldaten. Sogleich machten es ihr die anderen Frauen nach und einige ließen sich auf den Säcken nieder, um ihre Füße zu massieren oder sich um die Kinder zu kümmern. Weitere Soldaten betraten den Raum und eine leichte Unruhe war unter den Menschen zu spüren. Dann wurde ein riesiger Kessel hineingetragen und vier weitere Soldaten brachten Schüsseln und Löffel. Ein Mann in ziviler Kleidung sprach in der Sprache der Lakota zu den Frauen und bat darum, dass jemand seine Worte auf Cheyenne übersetzte. Es war Eiserne-Zähne, die sich bereit erklärte, die Worte der Vehoe zu übersetzen. Umständlich räusperte sich der Mann, dann begann er im schlechten Lakota von der Mildtätigkeit der Weißen zu erzählen: „Die Soldaten wollen keinen Krieg mehr. Ihr seid nun hier! In drei Monden werden die Weißen entscheiden, was mit euch geschehen wird. So lange bleibt ihr hier. Ihr dürft nicht fliehen. Wenn einer geht, werden die anderen bestraft. Die Frauen dürfen bis zum Fluss gehen, um Wasser zu holen oder die Kleider zu waschen. Die Krieger müssen in den Häusern bleiben. So wurde es beschlossen! Nun bekommt ihr Suppe. Dazu müsst ihr euch in einer Schlange anstellen."
Empörtes Murmeln war zu hören, denn dies entsprach nicht der Vereinbarung. Eine ältere Frau trat vor und forderte: „Ich will zu meinem Mann."
Die Worte wurden übersetzt und begütigend hob der Soldat die Hand: „Morgen werden wir darüber entscheiden. Heute Nacht bleibt ihr hier. Wer krank ist, darf zu dem weißen Doktor gehen. Morgen werden wir weitersehen!"
Moekaé senkte bockig den Kopf. Sie wollte zu keinem Arzt gehen! Sie wollte mit ihrem Mann vereint sein und sie wollte die-

se demütigende Situation nicht. Sie sollten drei Monde hier ausharren? Was sollten sie hier den ganzen Tag tun? Sie fürchtete sich vor der Langeweile und den Belästigungen, denen sie dann ausgesetzt wäre. Schon einmal hatten sie in diesen Häusern ausharren müssen und sie wusste genau, was von ihnen verlangt wurde. Aber jetzt war Winter und es würde kaum Möglichkeiten geben, der Enge zu entfliehen. Sie biss die Zähne zusammen, um das Aufsteigen der Tränen zu verhindern. Die Verzweiflung war so greifbar, dass es ihr die Luft nahm. Sie konnte das nicht noch einmal aushalten! Wie benommen stand sie da und hörte auf das Rauschen in ihren Ohren, das plötzlich alles übertönte. Die Stimmen waren nur noch von fern zu hören, als wäre sie in einem anderen Raum, in einer anderen Zeit gefangen. Gefangenschaft. Dieser Gedanke beherrschte ihr Denken. Sie ließ sich auf den Sack plumpsen und zog Rotes-Blatt neben sich.
Die anderen Frauen stellten sich geordnet in einer Reihe an und warteten darauf, dass ihnen Suppe in einem Blechnapf gegeben wurde. Für viele war es das erste Essen seit Tagen, trotzdem entstand kein Gedränge. Sittsam hatten die Frauen die Decken um ihre Körper geschlungen und verbargen zum Teil sogar ihr Gesicht vor den Blicken der Soldaten.

Moekaé erhob sich mühsam und schritt ebenfalls nach vorne, um ihre Ration entgegenzunehmen. Sie schämte sich, andererseits war sie froh, dass sie Rotes-Blatt etwas zu essen geben konnte. Der Soldat schöpfte teilnahmslos die Suppe in einen Napf und reichte ihn ihr. Er schenkte ihr keinen Blick und so drehte Moekaé sich wortlos um und ging zu ihrem Platz zurück. Rotes-Blatt sah ihr mit hungrigen Augen entgegen und Moekaé hockte sich zu ihr, um die Suppe mit ihr zu teilen. Es war reichlich und das warme Essen breitete sich angenehm im Magen aus. Dann legte sich Moekaé auf die Lagerstatt und wickelte sich in die Decke. Ihre Füße wurden warm und ihr Rücken kribbelte, als würden tausend Ameisen darüberlaufen, trotzdem schlief sie sofort ein. Rotes-Blatt drückte sich an sie, doch davon merkte sie nichts mehr.
In der Baracke war es so still, dass der Wachposten neben der Tür sich überflüssig vorzukommen schien. Manchmal ging er ein

Stück auf und ab, warf einen misstrauischen Blick auf die schlafenden Menschen, als traute er der Ruhe nicht.

Am Morgen rührten sich die erschöpften Menschen nur langsam. Eine Frau ging versuchsweise mit ihrem Kind vor die Tür und wurde nicht aufgehalten. Sie verschwand in Richtung des White-Flusses, um sich zu erleichtern. Ein Soldat hielt sie schließlich auf und zeigte ihr die Latrinen, die sie benutzen sollte. Kopfschüttelnd verschwand die Frau in den Bereich hinter einem Holzzaun, der den Frauen vorbehalten war. Nach und nach rafften sich die Menschen auf und gingen ihren Bedürfnissen nach. Wieder erschienen Soldaten und verteilten einen warmen Brei. „Wir werden gefüttert wie Hunde!", meinte Eiserne-Zähne verächtlich. Moekaé senkte den Kopf und schwieg. Im Moment war sie nur dankbar, dass sie überhaupt etwas bekam. Natürlich wollte sie lieber selbst das Essen zubereiten und für ihre Familie sorgen, aber vielleicht wurde es den Soldaten bald zu dumm, sie wie kleine Kinder zu bedienen. Am späten Vormittag erschien ein Offizier in Begleitung des Arztes. Wieder mussten sich die Frauen in einer Reihe aufstellen und an dem Arzt vorbeigehen. Mit prüfendem Blick musterte der Arzt die Frauen, berührte sie jedoch nicht. Zweimal ließ er über den Dolmetscher fragen, ob die Frau etwas benötigte und erntete jedes Mal nur ein trotziges Kopfschütteln. Bei den Kindern ließ sich der Arzt mehr Zeit und lächelte freundlich, wenn er sie musterte. Bei einigen Kindern runzelte er besorgt die Stirn und fasste prüfend an deren Köpfe, um festzustellen, ob sie Fieber hatten. Die Mütter ließen es zu, obwohl ihnen anzumerken war, dass sie dem weißen Medizinmann misstrauten. Auch Moekaé wich dem Blick des Arztes aus, damit er nicht in ihr Innerstes sehen konnte. Bei Rotes-Blatt dagegen wartete sie geduldig ab, was der Arzt sagen würde. „Hat deine Tochter Fieber?", fragte der Dolmetscher.
„Ja!", antwortete Moekaé wahrheitsgemäß.
„Hustet sie, oder hat sie Durchfall?"
Moekaé schluckte schwer. Noch nie hatte ein Medizinmann solche Fragen gestellt. Wie wollte er die Geister um Hilfe bitten? Wie wollte er ergründen, wie es ihrer Seele ging? Wie wollte er über-

haupt in der Lage sein, dem Kind zu helfen?
„Ja!", antwortete sie kurz.
„Was nun?", fragte der Dolmetscher ungeduldig.
„Sie hustet!"
Der Arzt sagte etwas und lächelte Moekaé freundlich zu. Wesentlich freundlicher wandte sich der Dolmetscher erneut an sie: „Der weiße Medizinmann fragt, ob sie schon lange hustet und Fieber hat."
„Ja", flüsterte Moekaé.
Der Arzt nickte ihr gutmütig zu und ließ über einen Adjutanten eine Flasche bringen. Er zückte einen Löffel, schüttete etwas Saft darauf und hob ihn an den Mund des Kindes. „Das ist Medizin gegen den Husten. Du musst nun dreimal am Tag kommen und dir diese Medizin holen. Dazu darfst du das Gebäude verlassen und zum Hospital kommen. Ich zeige dir den Weg."
Moekaé nickte gehorsam und drückte Rotes-Blatt an der Schulter, damit sie die Medizin schluckte.
„Es wird dir helfen", meinte sie wenig überzeugt, aber sie hoffte, dass dieser Saft dem Kind wenigstens nicht schadete.
Rotes-Blatt verzog das Gesicht, aber gehorchte ohne Protest. Dann ließ sie es zu, dass der Arzt wie bei den anderen Kindern nach ihren Füßen sah und die Frostbeulen behandelte. Er schmierte eine Salbe darauf und kitzelte dann ihre Zehen. Die Augen von Rotes-Blatt blitzten kurz, dann war der kurze Moment der Freude wieder vorbei. Sie drückte sich scheu an Moekaé und starrte die weißen Menschen furchtsam an. Im Raum war es trotz der vielen Menschen leise. Manchmal war ein Flüstern zu hören, nur die lauten Stimmen der Soldaten übertönten die Ruhe, wenn sie ihre Anweisungen brüllten. Die Kinder zuckten jedes Mal zusammen, denn ihre Eltern sprachen leise und ruhig mit ihnen, um ihre jungen Ohren nicht zu beleidigen. Soldaten schienen zu glauben, dass die Cheyenne taub wären.

Moekaé brachte Rotes-Blatt zu der Schlafstatt zurück und setzte sich ebenfalls auf den Strohsack. Zum ersten Mal packte sie die wenigen Dinge aus, die ihr noch geblieben waren. Sie überprüfte die Kleidung und begann, einige Risse zu flicken. Rotes-Blatt lag mit geschlossenen Augen neben ihr. Ihre zarten Finger spielten unbewusst mit der Puppe, die inzwischen genauso zerlumpt aussah wie die Kleidung von Rotes-Blatt. Moekaé streichelte sanft über die zarten Finger und wartete darauf, dass das Kind die Augen öffnete. „Soll ich deine Puppe auch flicken?“, fragte sie. Eigentlich gab es wichtigere Dinge, aber Moekaé ahnte längst, dass sie für all diese Dinge viel Zeit haben würde. Rotes-Blatt nickte eifrig und gab ihr voller Vertrauen die Puppe. „Uh, das sieht aber schlimm aus!“, lächelte Moekaé. „Ich weiß nicht, ob ich das noch retten kann.“

„Doch!“, behauptete Rotes-Blatt mit fester Stimme. Dann drehte sie sich zur Seite, um wieder zu schlafen. Ihre Backen waren vom Fieber gerötet und Moekaé strich ihr vorsichtig über die Stirn. „Schlaf, meine Tochter. Hier ist es warm!“

Sie vertiefte sich in die Arbeit und riss einige Fäden aus einem Kleid, um Nähmaterial zu haben. Dann stopfte sie Stroh in die Puppe und flickte eine Naht. Vorsichtig besserte sie die Kleidung der Puppe aus und nähte einige Perlen an, die wie Augen aussahen. Die Puppe war das Einzige, was dem Kind geblieben war, und Moekaé verwendete viel Sorgfalt auf die Arbeit.

Die Ruhe wurde gestört, als wieder ein Soldat mit schweren Schritten in den Raum trat und einige Holzscheite neben den Ofen legte. Mit bellender Stimme gab er einige Befehle und Moekaé verstand, dass die Frauen nun selbst das Holz holen sollten. Gehorsam erhoben sich einige Frauen, um sich die Stelle zeigen zu lassen, wo das Holz gelagert wurde.

Moekaé fröstelte, als sie an die frische Luft trat. Noch war sie geschwächt und nach der Kälte der letzten Wochen weigerte sich der Körper, wieder diese Kälte zu ertragen. Der Himmel war blau und die Luft nach dem Blizzard wieder klar.

Moekaé sah sich um und erkannte, dass sich in dem Camp seit ihrer Abreise vor einem guten Jahr nicht viel verändert hatte. Die Gebäude waren mit Schnee bedeckt und Rauch stieg aus den Kaminen. Einige Soldaten huschten durch den Schnee, ansonsten war es ruhig. Auch die Weißen blieben im Winter lieber in ihren warmen Häusern.

Moekaé kam an einem Gebäude vorbei, das mit einem Bretterzaun umgeben war. Sie hörte Worte in der Sprache der Cheyenne und vermutete, dass hier die Männer eingesperrt waren. Sie senkte traurig den Kopf, denn Heskovetse war krank und sie wollte sich selbst um ihn kümmern.
Mit den anderen Frauen folgte sie den Soldaten zu einem Schuppen, in dem das Holz gelagert war. Es war neben der Säge, in der Nähe des Flusses, und sie wunderte sich darüber, dass die Weißen ganze Bäume fällten, um ihr Hütten zu bauen und ihre Öfen zu feuern. Die Cheyenne sammelten totes Holz, das einfach am Boden lag, und schlugen dazu keine lebenden Bäume. Sie versteckte ihr Gesicht unter der Decke, bis nur noch ihre Augen hervorlugten, drehte sich um und ging zurück. Sie wollte Rotes-Blatt nicht so lange allein lassen. Auch andere Frauen folgten ihr und der Soldat schien unsicher zu sein, wie er darauf reagieren sollte.
„Hey!", rief er mit lauter Stimme. „Bleibt stehen!"
Die Frauen reagierten nicht und gingen einfach den Weg zurück, den sie gekommen waren. Dem Soldaten blieb nichts anderes übrig, als ihnen grummelnd zu folgen, und Moekaé war fast zum Lachen zumute. Sie huschte in die Baracke und setzte sich neben Rotes-Blatt. Dann kamen bereits wieder Soldaten herein und brachten weitere Kessel mit Essen. Dieses Mal wurde das Geschirr an die Frauen und Kinder verteilt und es hieß, dass nun jeder selbst für seine Sachen sorgen sollte. Der Dolmetscher sagte, dass sie bis zum Fluss gehen dürften, um sich zu waschen und das Geschirr abzuspülen. Der Kessel wurde in die Mitte des Raumes gestellt und zwei ältere Frauen traten vor, um das Essen zu verteilen. Moekaé fand das gut, denn so hatten sie wenigstens etwas zu tun.
Am Nachmittag ging sie mit Rotes-Blatt zu dem Gebäude, das die Weißen Hospital nannten. Es wunderte sie, dass es für kranke Menschen ein eigenes Haus gab, denn bei den Cheyenne wurden Kranke im Kreise der Familie behandelt. Die Weißen hatten merkwürdige Sitten. Sie stellte sich in die Reihe der Frauen, die mit ihren Kindern gekommen waren und wartete darauf, dass der Arzt Rotes-Blatt untersuchte. Sie erblickte Heskovetse, der mit zwei anderen Männern etwas abseits stand und ebenfalls dar-

auf wartete, behandelt zu werden. Er unterdrückte einen Hustenanfall, was ihm nicht gelang, und Moekaé sah, dass er Blut spuckte. Sie hatte Angst um ihn und trat aus der Reihe der wartenden Frauen, um zu ihrem Mann zu laufen. Ein Soldat versperrte ihr den Weg und drängte sie grob in die Reihe zurück. Plötzlich war es still und eine unangenehme Spannung breitete sich aus. Wie auf Befehl drehten sich die Frauen einfach um und verließen den Raum wieder, ohne dass der Arzt die Möglichkeit hatte, nach den Kranken zu sehen. „Hey!", rief er empört. „Jetzt wartet doch. Ich will euren Kindern doch nur helfen!"
Niemand beachtete ihn und in wenigen Sekunden war der Raum leer. Die Männer waren ebenfalls gegangen, ohne sich behandeln zu lassen. Nur am hinteren Ende des Raumes standen zwei Betten, in denen zwei kranke Frauen lagen, die zu schwach waren, um aufzustehen. Ihre Augen waren ausdruckslos, ohne Regung, doch in ihrem Inneren tobte es. Sie schlugen die Decke über ihre Gesichter und der Arzt verließ kopfschüttelnd den Raum.

Moekaé kehrte mit Rotes-Blatt auf dem Arm zu den Baracken der Gefangenen zurück und ging geradewegs zu dem Gebäude, wo die Männer eingesperrt waren. Niemand sprach mehr von Bewegungsfreiheit oder Verhandlungen, denn es war klar, dass die Cheyenne als Kriegsgefangene galten. Aber Moekaé hatte genug. Sie wollte zu ihrem Mann und kein Soldat würde ihr den Weg versperren. Auch andere Frauen zeigten diese Entschlossenheit und drückten sich erhobenen Hauptes an den Wachen vorbei, um zu ihren Ehemännern zu gelangen. Die Wachen wussten nicht, wie sie reagieren sollten, und ließen die Frauen einfach passieren. Noch wurde offensichtlich versucht, eine Eskalation zu vermeiden.
Moekaé huschte in den Raum und ließ ihren Augen Zeit, sich an das Dämmerlicht zu gewöhnen. Einige Männer saßen in einem Kreis am Boden und unterhielten sich. Als sie die Frauen erblickten, unterbrachen sie das Gespräch und standen auf, um die Ankömmlinge zu begrüßen. Die Ehepaare verschwanden in den Ecken, um leise miteinander zu reden, und Moekaé sah sich suchend um. Wirres-Haar winkte sie herbei und führte sie zu ei-

nem Lager an der Wand, auf das sich Heskovetse niedergelegt hatte. Er lächelte flüchtig, als er Moekaé sah und fasste nach ihrer Hand. Moekaé setzte sich zu ihm und nahm Rotes-Blatt auf ihren Schoß. Das Kind hustete wieder und sie klopfte ihm den Rücken, damit sich der Schleim lösen konnte. Die Nase war verklebt und sie nahm einen Zipfel ihrer Schürze, um dem Kind die Nase zu putzen.

„Wie geht es ihr?", fragte Heskovetse besorgt.

„Sehr schlecht. Sie hustet und hat Fieber!", antwortete Moekaé wahrheitsgemäß. „Ich wollte die Frauen um Rat fragen. Ich traue dem Medizinmann der Weißen nicht."

„Ich werde für sie beten", murmelte Heskovetse. Dann schloss er kurz die Augen. Sein Gesicht war eingefallen und die Haut wirkte fleckig. Er fröstelte leicht und Moekaé nahm die Decke, die am Ende des Lagers lag, und deckte ihn zu.

„Sie haben Crazy-Horse hier getötet", erzählte Heskovetse unvermittelt."

Moekaé schluckte schwer und starrte ihren Mann ungläubig an.

„Woher weißt du das?", fragte sie betroffen.

„Von dem Mann, der für uns spricht. Die Soldaten sprechen offen darüber und scheinen sehr zufrieden zu sein, dass sie Crazy-Horse getötet haben. Sie haben keine Ehre!" Sein Tonfall triefte vor Verachtung. Dann meinte er bitter: „Sie warten nur auf eine Gelegenheit, um uns auch zu töten."

„Crazy-Horse hat es vorhergesehen", meinte Moekaé voller Trauer.

„Ja!"

Die beiden Menschen schwiegen und dachten an all die Menschen, die bereits von ihnen gegangen waren. Es waren gute Menschen gewesen.

„Hast du noch den Revolver?", fragte Heskovetse.

Moekaé nickte bestätigend. „Ja, unter meinem Kleid!"

„Gib ihn mir. Die Soldaten suchen immer wieder nach Waffen, aber wir haben sie längst unter dem Boden versteckt. Sie wollen, dass wir wieder nach Süden gehen. Wenn sie uns zwingen, dann wird es zum Kampf kommen." Heskovetse erzählte diese Tatsache fast beiläufig, ohne Emotion. Er würde lieber sterben, als wieder in den Süden zu gehen. Moekaé wusste das und schwieg. Sie fasste kurz an ihren Bauch, in dem das Ungeborene heranwuchs. Im Grunde war es ein Wunder, dass es immer noch da war. Es wollte leben und sie wollte nicht, dass es im Süden dahinsiechte und starb. Sie hatte zu viele Kinder sterben sehen. „Wir gehen niemals wieder in den Süden!", erklärte sie mit fester Stimme.

„Nein!", stimmte Heskovetse zu.

„Die Soldaten müssen doch wissen, dass sie uns nicht zwingen können. Nicht nachdem sie gesehen haben, was wir bereit sind auf uns zu nehmen."

„Sie sind wütend. Sie sagen, dass wir weiße Siedler getötet haben und nun bestraft werden müssen."

„Die Weißen haben doch uns verfolgt und bekämpft ...", meinte Moekaé. „und sie haben unsere Ponys getötet." Für sie war dies alles eine verdrehte Welt.

„Ja, aber wir haben weiße Siedler getötet und Schlimmeres getan! Deswegen sind sie wütend. Es wird keine Verhandlungen geben. Sie behandeln uns wie Gefangene und eines Tages werden sie uns wieder in den Süden bringen."

Moekaé hob ihr Kleid und brachte den Revolver zum Vorschein, der dort schon so lange verborgen war. Wortlos drückte sie ihn Heskovetse in die Hand. Dann kramte sie aus ihrem Zundertäschchen einige Kugeln hervor und reichte sie ebenfalls ihrem Mann. Es waren elf.

Entschlossen lud Heskovetse den Revolver, dann rief er leise nach Hohes-Pferd, damit er die Waffe versteckte. „Hier, mein Freund, bald werden wir sie brauchen!"

Hohes-Pferd zeigte seine Zähne und verschwand unauffällig im Hintergrund des Raumes. Oft waren Soldaten anwesend, die alles überwachten, was die Indianer taten, so musste er eine günstige Gelegenheit abwarten, um ein Dielenbrett zu lockern und die Waffe darunter verschwinden zu lassen. Heskovetse wurde wieder von einer Hustenattacke geschüttelte und ein Soldat näherte sich misstrauisch. Er ließ den kranken Mann aufstehen und durchsuchte ihn nach Waffen. Es war demütigend und doch stand Heskovetse einfach nur da und ließ es über sich ergehen. Dann sollte auch Moekaé durchsucht werden, doch ein gereiztes

Murmeln der Männer unterband diese Aktion. Stattdessen wurde Moekaé aufgefordert, den Raum zu verlassen. Sie fügte sich und schloss sich den anderen Frauen an, die wieder in die andere Baracke zurückgeführt wurden. Dort blieben sie unbelästigt und es wurde ihnen sogar ein gewisses Maß an Bewegungsfreiheit eingeräumt. Die Kinder tollten herum, tagsüber durften die Frauen das Camp verlassen oder sogar ihre Männer besuchen, nur zum Appell mussten sich alle wieder einfinden.
Einige Männer erklärten sich bereit, den Soldaten als Scouts zu dienen, um der Eintönigkeit der Gefangenschaft zu entfliehen. Sie sollten das Versteck von Little-Wolf finden und so führten sie die Soldaten in die winterliche Landschaft. Niemand forderte sie zur Rechenschaft auf, als sie unverrichteter Dinge zurückkehrten, denn es war klar, dass bei diesem Schnee niemand irgendwelche Spuren finden würde. Die Cheyenne lachten sich ins Fäustchen, wenn sie die Soldaten im Kreis herumführten, bis die Suche schließlich ganz eingestellt wurde.

Langeweile breitete sich aus, denn die Cheyenne, die sonst im Winter ihren handwerklichen Beschäftigungen nachgingen, waren zur Untätigkeit verdammt. Selbst das Essen wurde ihnen geliefert, sodass den Cheyenne nichts anderes übrig blieb, als an vergangene Zeiten zu denken. Geschichten wurden erzählt, Pläne geschmiedet, Kleidung ausgebessert und heimlich Vorräte angelegt. Die fertige Suppe konnte nicht aufbewahrt werden, aber die Frauen hatten herausgefunden, dass unter dem Kornspeicher beträchtliche Mengen Mais durch die Ritzen des Bodens fielen. So krochen sie darunter und sammelten die einzelnen Körner auf. Die Körner konnte man zerstoßen und mahlen und einen schmackhaften Brei daraus zubereiten.
Viele Cheyenne vertrugen das Essen der Weißen nicht und litten unter Darmerkrankungen. Der Maisbrei war da eine willkommene Abwechslung. Die Häuptlinge mahnten jedoch, die Körner für Notzeiten aufzubewahren und Vorräte für eine mögliche Flucht anzulegen. „Wir haben kein Fleisch, denn mit dieser Suppe wollen sie uns schwach machen! Aber mit dem Mais können wir eine Weile überleben und die Kinder füttern."

Auch Moekaé nutzte die Möglichkeit, nach diesen Maiskörnern zu suchen. Es lenkte von der Eintönigkeit des Lagerlebens ab. Außerdem verschärfte sich der Ton ihnen gegenüber und es war klar, dass irgendwann die weißen Soldaten sie zur Rückkehr zwingen würden. Buffalo-Hump, der Sohn von Dull-Knife, war diesem Leben inzwischen entflohen. Seine Frau war Lakota und der junge Mann hatte sich entschieden, lieber Unterschlupf bei seinen Verwandten zu suchen. Alle fanden seine Flucht gut, obwohl die Soldaten die verbliebenen Cheyenne bestraften, indem sie den Männern das Verlassen der Baracke nun ganz verboten. Auch die Frauen wurden stärker überwacht, wenn sie das Camp verließen. Stets wurden sie von Wachposten begleitet, wenn sie zum Waschen oder Holzsammeln gingen, sodass es unmöglich war, sich alleine zu bewegen. Die Soldaten nutzten die Situation aus und machten sich an die jungen Mädchen heran, wenn sie es wagten, sich alleine zu bewegen. Sie boten Lebensmittel, wenn eine Frau mit ihnen hinter den Schuppen verschwand. Die Cheyenne hatten immer noch hübsche Mädchen und die Soldaten gaben ihnen Namen. „Blanche" nannten sie Tochter von Dull-Knife, doch der Häuptling wachte über die Tugend seiner Tochter.
Der Druck nahm zu, nur die Kinder spielten ihre Spiele und bastelten aus den einfachsten Materialien irgendwelche Reifen und Stöcke, sogar einfache Bögen, mit denen sie sich beschäftigen konnten.

Hunger

Im Januar änderte sich die Situation schlagartig. Ein neuer Kommandant hatte nun den Befehl, die Abreise der Cheyenne vorzubereiten, und so verschärfte sich der Tonfall von Tag zu Tag. Captain Wessels, der neue Kommandant, war mit der Situation völlig überfordert. Er wollte die Befehle umsetzen und setzte die Cheyenne unter Druck, damit sie in den Süden zurückkehrten. Es kam zu kleineren Auseinandersetzungen, vor allen Dingen, als Wild-Hog und einige andere Männer verhaftet und in Ketten gelegt wurden, weil sie sich für die Überfälle in Kansas vor Gericht verantworten sollten. Dabei war es Wild-Hog gewesen, der immer wieder diese Überfälle verurteilt und versucht hatte, die jüngeren Männer zu mäßigen. Die Cheyenne wussten das natürlich. „Seht nur, nun nehmen sie bereits unsere Anführer fest! Wild-Hog ist ein guter Mann, der den Frieden liebt und uns stets gewarnt hat. Genauso haben sie es mit Crazy-Horse getan! Seht nur, wie sie uns verraten und versuchen, uns weiter zu schwächen."

Mit der Verhaftung von Wild-Hog war ein Fürsprecher für eine friedliche Lösung verschwunden und die Stimmung weiter angeheizt worden. Als Nächstes wurden die Frauen und Kinder mit den Männern zusammengepfercht und die Holzlieferungen eingestellt. Bei eisigen Temperaturen wurde die Lage schnell unhaltbar für die Menschen. Viele Menschen erkrankten und einige mussten auf die Krankenstation verlegt werden. Andere weigerten sich entschieden, überhaupt noch Wohltätigkeiten der Weißen anzunehmen.

„Wir werden kämpfen!", erklang es nun immer öfter. Die Soldaten wurden mit aggressiven Gesten gereizt und die Cheyenne machten sich einen Spaß daraus, die Soldaten mit Stöcken zu berühren, als würden sie einen Coup erringen.

Moekaé sah dies alles mit Entsetzen. Sie hatte sich damit abgefunden, als Gefangene behandelt zu werden, und hoffte auf eine friedliche Lösung. Jetzt drängte sie sich mit den anderen auf engstem Raum zusammen und hörte die Gespräche der Männer,

die offen von Kampf sprachen. Hatten sie die Flucht und die Entbehrungen bereits vergessen? Niemand würde hier lebendig entkommen. Die Kälte machte sie mürbe und sie hatte Angst, dass Rotes-Blatt wieder hustete.
Dann wurde die Essensausgabe eingestellt und die Menschen wurden damit konfrontiert, entweder in die Umsiedelung einzuwilligen oder zu sterben. Hunger breitete sich aus, doch die Cheyenne schüttelten stur die Köpfe, wenn die Soldaten wieder zu Verhandlungen kamen. „Wir gehen nicht in den Süden!", lautete die stoische Antwort.
„Dann lasst wenigstens die Kinder hier raus!", versuchte der Kommandant einen Kompromiss. „Wir füttern sie und geben sie euch zurück, wenn eine Lösung gefunden wurde."
Wieder weigerten sich die Cheyenne, denn sie sahen in diesem humanitären Angebot lediglich den Versuch, dass nun über die Kinder Druck auf sie ausgeübt werden sollte. „Lieber essen wir unsere Kinder und dann noch unsere Frauen, ehe wir nachgeben!", lautete die aggressive Antwort.
Captain Wessels geriet diplomatisch in eine unhaltbare Situation, denn er erkannte, dass die Cheyenne niemals aufgeben würden, wenn er jetzt irgendwelche Zugeständnisse machte. Er verschärfte die Maßnahmen, um die Cheyenne buchstäblich auszuhungern. Einige Krieger verließen daraufhin mit ihren Familien die Baracke und die Soldaten schickten Wild-Hog, damit er versuchte, seine Familie und andere zu überreden, aufzugeben. Einige Alte und Kranke gingen mit ihm, während die anderen stoisch ihrem Schicksal entgegenblickten. Lieber würden sie verhungern und erfrieren, als in den Süden zu gehen, doch die Verzweiflung war ihnen in die Gesichter geschrieben.
Auch Moekaé war über jeden Punkt hinweg, wo sie noch an eine Zukunft für sich und die Kinder glaubte. Ihr Bauch hatte sich gewölbt und sie fühlte die Bewegungen des Ungeborenen, andererseits magerte sie ab und sie wusste, dass sie von Tag zu Tag schwächer wurde. Auch Rotes-Blatt hatte wieder diese seltsam blasse Haut und ihr Gesicht schien nur noch aus riesigen, hungrigen Augen zu bestehen. Sie war so zart und klein. Viel zu klein für ihr Alter. Den ganzen Winter hatte sie immer wieder mit Hus-

ten und Fieber gekämpft. Manchmal gab es Zeiten, in denen es ihr besser zu gehen schien, doch dann fiel sie wieder in sich zusammen und der Zustand verschlechterte sich. Moekaé wusste, dass das Kind Wärme und Essen brauchte. Die Gefangenschaft und die Kälte würden das Kind das Leben kosten. Immer wieder betete Moekaé zu Mahéo und flehte um Hilfe, doch der Spender allen Lebens schwieg.

Die Krieger rissen die Bretter aus dem Boden, um das Feuer in Gang zu halten, und als es keine Bretter mehr gab, verbrannten sie die Strohsäcke. Die Frauen bereiteten aus den Maiskörnern einfache Mahlzeiten zu und die Krieger verzichteten auf Nahrung, damit wenigstens die Kinder etwas essen konnten. Einmal erschlugen sie einen Lagerhund und brieten ihn unter dem Protest der Soldaten auf dem Feuer. Die Krieger bauten sich drohend auf und die Stimmung war so angespannt, dass die Soldaten die Baracke verlassen mussten. Sie stellten nun nur noch draußen Wachen auf und trauten sich nicht mehr hinein.
Das Hundefleisch wurde gerecht verteilt, doch für so viele Menschen war es höchstens ein Bissen für jeden. Es war das erste Fleisch seit Wochen und die Menschen lutschten daran, um möglichst lange den Geschmack im Mund zu haben.
Moekaé überließ ihre Portion Heskovetse, doch ihr Mann schüttelte den Kopf und deutete auf das Kind. „Lass es ihr. Unsere Kinder werden die Erinnerung an uns tragen, wenn sie überhaupt überleben."
„Sie ist so schwach", meinte Moekaé hilflos vor Angst.
„Aber sie ist zäh!" Ein Hustenanfall nahm ihm die Luft und Moekaé klopfte ihm heftig auf den Rücken, um ihm das Atmen zu erleichtern. Sie wusste, dass ihr Mann sterben würde. Er wehrte sich nur noch ein bisschen. Er schien auf etwas zu warten, aber sie wusste nicht, auf was. Er lächelte, als er wieder atmen konnte und kurz blitzte sein Humor auf, die Persönlichkeit, die er einst gewesen war. „Huh, bald habe ich mehr Blut auf meiner Brust als in meinem Körper!"
Moekaé senkte den Blick, damit er ihre Trauer nicht sah. Was sollte sie auch sagen? Sie wussten beide, wie es um ihn stand. Vor-

sichtig tastete Heskovetses Hand nach ihrem Bauch. „Ich würde es gern sehen!", meinte er mit einem tiefen Bedauern in seiner Stimme.
Moekaés Kehle wurde so eng, dass sie nichts mehr sagen konnte. Sie dachte an Kleiner-Biber, der im Schnee gestorben war, und all die anderen Kinder, die wahrscheinlich den Winter nicht überleben würden. Sie drückte Rotes-Blatt an sich, die längst wie ihr eigenes Kind geworden war, und fühlte eine lähmende Hilflosigkeit. Sie konnte nur mitansehen, wie die Menschen dahinsiechten, ohne ihnen helfen zu können. Noch war das Ungeborene geschützt in ihrem Leib, doch wenn es erst geboren war, dann würde es das gleiche Leid erfahren wie all die anderen. Ihr Körper war ausgemergelt und sie fürchtete, dass sie nicht genügend Milch haben würde, um das Neugeborene zu ernähren. Mit trüben Augen starrte sie in die Luft und hing ihren Gedanken nach. Nichts war mehr so, wie es sein sollte. Während der Schwangerschaft gab es viele Tabus und Rituale, die einzuhalten waren, aber hier war dies alles nicht möglich. Wie sollte so ein Ungeborenes gedeihen?
Im Moment schien das alles gleichgültig zu sein. Im Grunde hoffte sie nur auf den Tag, an dem dies alles enden würde. Sie lebte nur noch für Rotes-Blatt und hoffte, dass sie dem Kind den Weg in das andere Leben erleichtern könnte. Manchmal sang sie leise Lieder oder erzählte uralte Geschichten der Cheyenne. Dann hörte das Kind mit fiebrig glänzenden Augen zu oder schlief einfach ein. Im Schlaf konnte man den Hunger eine Weile vergessen.

Heskovetses Zustand verschlechterte sich, wenn dies überhaupt noch möglich war. Sein Atem kam nur noch rasselnd und jede Bewegung strengte ihn an. Meist lag er dösend auf seinem Lager und wartete auf den Tod.
Längst war das Feuer in dem Ofen erloschen, doch Heskovetse schien über den Punkt hinweg zu sein, an dem man noch Hitze oder Kälte empfindet. Die Baracke war überfüllt und trotzdem war es bitterkalt. Die Menschen hüllten sich in ihre Decken und warteten, selbst die Kinder. Es war zu kalt, um umherzutollen. Die Stimmung aber wandelte sich von Verzweiflung in Wut. Al-

len war klar, dass etwas geschehen musste, oder die Menschen würden einfach sterben. Auch Heskovetse raffte sich auf, als die Anführer zur Beratung riefen, und setzte sich in den Kreis der Krieger. Hohes-Pferd und Wirres-Haar blieben neben ihn und stützten seinen geschwächten Körper. Die Frauen blieben in ihren Ecken sitzen und verfolgten mit großer Sorge, was die Männer dort berieten. Die Stimmen waren leise, nichtsdestotrotz entschlossen.

„Wir müssen hier raus!", sprach Hohes-Pferd die Gedanken aller aus.

„Aho", murmelten alle. Keiner hatte die Stimme erhoben, denn es war eine einfache Tatsache.

„Sie wollen uns aushungern. Aber die Ersten, die sterben werden, sind unsere Kinder. Das dürfen wir nicht zulassen."

Dull-Knife nickte bestätigend. „Ich bat euch, aufzugeben, doch das war keine weise Entscheidung. Ich sagte euch, dass wir nun hier sind und bleiben werden, doch auch das war eine Lüge der Weißen. Wir könnten in den Süden zurück, doch ihr alle wisst, was uns dort erwartet. Ich sehe keine Zukunft mehr für uns. Wir wollten zu unseren Verwandten, den Lakota, doch selbst diesen Wunsch wollen sie uns nicht gewähren. Ich bin krank und mein Volk ist geschwächt. Je länger wir hier ausharren, desto schwächer werden wir. Wenn wir fliehen, werden viele sterben, aber vielleicht gelingt es uns auch, wenn wir mutig und klug handeln."

„Noch haben wir Waffen!", nickte Wirres-Haar herausfordernd. „Wenn nur einige überleben, so überlebt auch unser Volk. Hier erwartet uns nur der Tod."

„Wie viele Waffen haben wir noch?", fragte Dull-Knife.

„Einige Gewehre und Revolver. Wir müssten die Frauen fragen, ob sie noch Munition versteckt haben."

Leises Lachen erklang, als die Männer kurz daran dachten, wo die Frauen überall Gewehrteile und Patronen versteckt hatten. Manche nutzten sogar die Windeln der Kinder als Versteck oder hingen die Teilchen als Schmuck an ihre Halsketten. Lange konnte man sich jedoch mit den wenigen Waffen kein Gefecht mit den Soldaten liefern.

„Wir müssen es im Dunkeln wagen!“, meinte Heskovetse ernst. „Die Soldaten schlafen dann und brauchen Zeit, um sich zu sammeln. Die Dunkelheit wird uns verschlucken und wenn wir uns aufteilen, dann wissen die Soldaten nicht, wem sie folgen sollen.“

„Und wohin sollen wir gehen?“

„Wir müssten den White-Fluss erreichen. Dort finden wir Deckung und können uns verstecken. Von dort gehen wir nach Norden und suchen die Dörfer der Lakota.“

„Im Winter ist der Weg weit und beschwerlich. Die Kinder werden kaum durchhalten!“, warnte ein Krieger.

„Sie halten länger durch als hier“, meinte Heskovetse leise. „Außerdem gibt es nördlich von hier Höhlen, in denen wir uns verstecken können. Dort gibt es auch Feuerholz und wir können den Mais kochen, den die Frauen gesammelt haben. Hier haben wir nicht einmal Feuer.“

Alle murmelten zustimmend und Schweigen breitete sich aus. Schließlich machte Dull-Knife eine abschließende Geste und beendete die Versammlung. „Denkt über die Worte nach. Ich möchte alle Stimmen hören. Redet auch mit euren Frauen. Vielleicht entscheiden sie sich anders und bleiben lieber in dem Hospital der Weißen.“

Es war seltsam still im Raum, als die Männer zu ihren Frauen gingen. Alle hatten die Worte gehört und doch war allen längst klar, wie ihre Entscheidung sein würde. Sie wollten Freiheit oder den Tod. Die Gefangenschaft war zermürbend, die Enge und der Dreck unerträglich und der Hunger und die Kälte nicht mehr auszuhalten. Die Kinder jammerten, doch außer einer Handvoll Schnee gab es nichts, was die Mütter ihnen in die Hand drücken konnten.

Am nächsten Tag kam wieder der Kommandant und teilte mit schneidender Stimme mit, dass bald die Zeit der Abreise gekommen sei. Die Indianer reagierten mit stoischen Gesichtern und schüttelten nur ihre Köpfe. Sie wollten nicht mehr verhandeln. Manche Krieger schlugen die Decken über ihre Köpfe und wandten sich demonstrativ ab. Sie wollten nicht einmal mehr reden.

„Wenn ihr euch nicht beugt, dann gibt es auch kein Wasser mehr!“, brüllte der Kommandant unbeherrscht. Der Druck auf

ihn hatte zugenommen und langsam wollte er Erfolge sehen und die lästigen Indianer loswerden. Der schlechte Zustand der Gefangenen hatte sich bis zur Presse herumgesprochen und erste Reporter belagerten ihn mit unangenehmen Fragen. Die Disziplin seiner Soldaten begann zu leiden, weil die ständige Bewachung der Gefangenen an den Nerven zehrte und langsam zu einem logistischen Desaster führte. Er brauchte Erfolge, und zwar schnell. Die Cheyenne konnten vielleicht Hunger ertragen, aber Durst war etwas anderes. In ein oder zwei Tagen wäre das Problem gelöst. Triumphierend verließ der Kommandant die Baracke und wies an, dass niemand mehr hinein oder hinaus ging.
Mit Wut im Herzen blickten ihm die Krieger hinterher, doch niemand äußerte sich oder ließ sonst eine Reaktion zu. Sie wussten nur, dass sie schnell handeln mussten.

Als Heskovetse sich zu seiner Frau zurückschleppte, blickte sie ihn mit fassungslosen Augen an. „Ich brauche Wasser", meinte sie verzweifelt. „Rotes-Blatt hat wieder Fieber und sie dörrt aus. Und mein Ungeborenes wird sterben, wenn ich kein Wasser habe!"
Heskovetse nickte nur und sagte nichts. Er ließ sich neben seine Frau plumpsen und hustete schwer. Nachdenklich blickte er auf das Blut, das er gespuckt hatte. „Wir werden heute Nacht gehen. Bist du bereit?"
„Wohin?"
Heskovetse hörte und spürte ihre Verzweiflung. „Weg von hier!", meinte er ruhig.
„Und du?"
„Ich werde auch gehen und kämpfen."
Moekaé spürte eine solche Hoffnungslosigkeit, dass sie es nicht verhindern konnte, dass ihr die Tränen über die Wangen liefen.
„Wir werden sterben!", meinte sie traurig.
„Ja!", antwortete Heskovetse ehrlich. „Wahrscheinlich."
„Oh!" Moekaé fiel sichtlich in sich zusammen und legte die Hand auf ihren Bauch. Längst konnte sie das Kind fühlen und spürte die sanften Tritte. Noch war es zu früh für eine Geburt, aber bald wäre es vielleicht so weit. Die Zugvögel würden kommen und

dann wäre es auch die Zeit für ihr Baby. „Du kannst gehen, wenn du willst", hörte sie die Stimme ihres Mannes.

„Wohin?", flüsterte Moekaé.

„In das Hospital der Weißen. Du musst nicht mit mir kommen. Sie werden dich in den Süden schicken. Mit denen, die uns bereits verlassen haben."

„Nein!", lehnte sie brüsk ab. Sie war selbst überrascht über diese Reaktion, aber ihre Entscheidung war klar. Sie würde nicht in den Süden gehen. Lieber wählte sie den Tod für sich und ihre Kinder als dieses lange Dahinsiechen, wo am Ende doch nur der Tod lauerte. Eine Kugel tötete schnell und ohne Leid. Sie war am Ende ihrer Kräfte und sehnte den Tod herbei. Bei Mahéo gab es keine Kälte und keinen Hunger. Sie hatte keine Angst mehr vor dem Wechsel in das andere Sein. Kleiner-Biber würde auf sie warten und ihre Schwester und Eltern. Sie dachte an ihre Großeltern, die schon so lange von ihr gegangen waren. Von ihrem Volk war fast nichts mehr da. Was wollte sie hier noch? Kurz dachte sie an das Ungeborene, das sie dann in ihre Arme nehmen konnte. Würde es in der anderen Welt bereits leben? Oder würde sie dort immer noch einen dicken Bauch haben? Der Gedanke war so lustig, dass sie kichern musste. Heskovetse starrte sie verständnislos an und wartete auf eine Erklärung. „Ich gehe mit dir", meinte Moekaé ruhig.

„Es ist gut!", meinte Heskovetse. „Ich will nicht, dass mein Sohn im Süden dahinsiecht. Ich will auch nicht, dass er auf eine Schule der Weißen geht. Und ich will nicht, dass er diese Suppe isst."

Moekaé senkte den Blick und lächelte still in sich hinein. Immer sprach dieser Mann von einem Sohn, nie von einer Tochter.

„Kannst du laufen?", fragte Heskovetse mit einem leichten Nicken in Richtung ihres Bauches.

„Ja!" Moekaé wunderte sich, dass er tatsächlich an eine Flucht glaubte. Sie dagegen glaubte nicht daran, dass sie überhaupt das Gebäude verlassen würden. Draußen standen Wachposten, die sofort auf sie schießen würden.

„Wir töten die Wachposten und dann verschwinden wir in verschiedene Richtungen", erklärte Heskovetse. „Du versuchst, den Fluss zu erreichen, und gehst dann nach Norden."

„Und du?“, fragte Moekaé. Sie wagte nicht, ihren Mann anzusehen.
„Ich bin Blue-Soldier!“, lautete die stolze Antwort.
Moekaés Lippe wurden schmal. Sie wusste plötzlich, dass dies der Abschied war, und wieder stieg die Trauer in ihr hoch. Es war nie eine gute Ehe gewesen, weil sie nie Zeit gehabt hatten, so zu leben, wie es sein sollte. Aber manchmal hatte sie gespürt, wie Heskovetse gewesen wäre, wenn die Weißen ihnen nicht alles genommen hätten. Genau dieser Stolz und diese Selbstaufgabe waren jetzt zu sehen. Ja, er war Blue-Soldier. Ein Krieger, der sein Leben gab, um seine Familie und sein Volk zu schützen. Er wusste, dass er in seinem Zustand nicht weit laufen konnte, aber er konnte dafür sorgen, dass andere vielleicht den rettenden Fluss erreichten.
Moekaé öffnete ihr Herz und ließ dieses Gefühl der Trauer zu. Sie liebte Heskovetse für diesen Moment der Wahrheit. Erst jetzt erkannte sie, wer er wirklich war und wer er hätte sein können. Sie war dankbar, denn so konnte sie ihm alles verzeihen und als guten Menschen sehen.
Der Tag verging quälend langsam. Angespannt saßen die Menschen beisammen und warteten auf die Nacht. Immer wieder jammerten Kinder nach etwas zu trinken, während die Erwachsenen sich stoisch ihrem Schicksal ergaben. In der Nacht würden sie irgendwann den Fluss erreichen, wenn sie es überhaupt so weit schafften. Am besten hatten es noch die Babys, die an den ausgetrockneten Brüsten ihrer Mütter nach dem letzten Tropfen saugten. Es reichte nicht, um satt zu werden, aber es stillte wenigstens den schlimmsten Durst, während die Mütter noch stärker unter dem Wassermangel litten.
Den ganzen Tag über bereiteten sich die Menschen auf die Flucht vor. Der Mais wurde aufgeteilt, die Mokassins mit Stoff umwickelt, Decken zerschnitten und die Waffen geladen.
Es gab keinen großen Plan. Die Männer wollten die Scheiben zerschlagen und dann sollten alle die Baracke verlassen. Es wurde kein Treffpunkt ausgemacht, an dem man sich später wieder treffen wollte, und auch sonst kein weiteres Signal vereinbart. Jetzt ging es nur noch um das nackte Überleben.

Gegen Abend setzten sich die Männer ein letztes Mal zur Beratung zusammen. Sie sprachen leise und leidenschaftslos, damit die Soldaten, die immer noch in der Nähe postiert waren, nicht misstrauisch wurden. Hohes-Pferd erklärte sich bereit, mit einigen jungen Kriegern die Fenster zu zerschlagen.
„Wir werden als Erste nach draußen gehen und die Soldaten töten. Dann kommt ihr nach und helft den Frauen und Kindern raus. Danach muss jeder seinen eigenen Weg finden." Seine Worte zeigten allen, wie gefährlich das Unterfangen war, und doch sprach niemand dagegen. „Wir haben die Überraschung auf unserer Seite. Die Weißen denken, dass wir nachts nicht kämpfen und liegen wahrscheinlich in ihren Betten. Aber sie sind nachlässig und wissen im Grunde nichts. Wir kämpfen auch nachts, wenn wir dazu gezwungen werden, und dieses Mal haben wir die Dunkelheit auf unserer Seite. Seid vorsichtig, denn sie werden die nächsten Tage nach uns suchen und erst Ruhe geben, wenn sie uns getötet oder gefunden haben!"
Alle bissen die Zähne zusammen, denn die Hartnäckigkeit der Soldaten war bekannt.
Andererseits war es ihr Land und sie kannten hier jeden Schlupfwinkel. Mit einer Handbewegung schickte Dull-Knife die Männer fort, damit sie sich auf den Kampf vorbereiten konnten. Die Männer beteten um Beistand, saßen bei ihren Frauen und Kindern und überprüften zum wiederholten Mal ihre Waffen. Kleinere Kinder und Babys wurden in warme Decken eingehüllt und auf dem Rücken der Mütter festgebunden, während den älteren Kindern die Füße umwickelt wurden, damit sie länger gegen die Kälte geschützt waren. Frauen banden sich ebenfalls die Decken um den Leib und hingen sich die wertvollen Beutel mit dem Mais um den Hals. Sie trugen nur noch stinkende Lumpen, die nach Fett rochen und starr vor Schmutz waren, doch sie hatten nichts mehr. Wer Glück hatte, besaß zwei Kleider, die man gegen die Kälte übereinander tragen konnte.
Die Situation war menschenverachtend und vollkommen unverhältnismäßig, aber die Armeeführung wollte ein Exempel statuieren und allen zeigen, dass man mit den Indianern machen konnte, was man wollte.

Draußen kündigte sich mit lauten Stimmen der Wachwechsel an und langsam wurde es still im Camp. Im Winter gingen die Menschen frühzeitig zu Bett und so war auch in dieser Nacht bald niemand mehr unterwegs. Frierend standen die wachhabenden Soldaten vor der Baracke, in der die Gefangenen ausharren mussten, und verfluchten den Tag, an dem sie zur Armee gegangen waren, während drinnen die Krieger in Stellung gingen.
Dann zersplitterten die Fenster und die ersten Krieger sprangen mit einem Satz in Freie. Ehe die Soldaten überhaupt wussten, wie ihnen geschah, hatte Hohes-Pferd den Revolver auf sie gerichtet und abgedrückt. Wie vom Blitz getroffen sanken die Soldaten in den Schnee, während dunkle Gestalten aus dem Fenster kletterten und in der Dunkelheit verschwanden.
Aus den anderen Häusern quollen nun ebenfalls Soldaten, zum Teil nur mit Unterwäsche bekleidet, die verdutzt die Wege entlangliefen, um zu sehen, was da vor sich ging. Befehle wurden gebrüllt und eilig rannten die Soldaten zurück, um ihre Gewehre zu holen. Einige alte, kampferprobte Veteranen schossen bereits auf die fliehenden Indianer und warfen sich dann kopfüber in den Schnee, als ihnen eine Salve entgegenschlug. Innerhalb von Minuten war das gesamte Camp auf den Beinen und machte sich an die Verfolgung der Indianer. Wahllos wurde auf alles geschossen, was sich bewegte, und in der Panik war es gleichgültig, ob man dabei Frauen und Kinder erwischte. Immer wieder sanken dunkle Gestalten in den Schnee und erst beim näheren Hinsehen erkannten die Männer, dass sie gerade eine Frau oder ein Kind getroffen hatten. Schwerverletzte Cheyenne wurden in das Hospital getragen, während andere nicht so viel Glück hatten und bereits nach wenigen Schritten in die Freiheit im Kugelhagel starben.

Flucht

Moekaé folgte Heskovetse durch das Fenster und rannte dann den Weg entlang. Sie hörte, dass Heskovetse dicht hinter ihr war und ließ sich von ihm in Richtung des Flusses drängen. „Lauf!“, keuchte er immer wieder, „Lauf!“ Moekaé trug Rotes-Blatt auf dem Rücken und rannte so gut es ging. Ihre Hand stützte den Bauch, während die andere Hand sich in die Decke gekrallt hatte, die sie um ihren Körper trug. Sie wusste, dass sie ohne Decke niemals überleben würde. Das Kind weinte vor Entsetzen und erst jetzt erkannte Moekaé, dass sie bereits unter Beschuss lagen. Kugeln pfiffen an ihr vorbei und sie duckte sich instinktiv. „Nicht langsamer werden!“, schrie ihr Mann. „Lauf!“
Eine Kugel schrammte an ihrem Arm entlang und sie taumelte vor Entsetzen. ‚Wenn sie das Kind treffen, das auf meinem Rücken festgebunden ist?‘, dachte sie panisch. Sie wollte stehen bleiben und Rotes-Blatt vom Rücken nehmen, doch Heskovetse schubste sie grob weiter. „Lauf!“
„Das Kind!“, protestierte Moekaé.
„Ich bin hinter dir!“, keuchte Heskovetse. „Lauf zum Fluss und versteck dich!“
„Mein Mann!“, schrie Moekaé. Dann wurde ihre Stimme leise. „Mein Mann …“ Es waren ihre letzten Worte, denn mehr Zeit blieb nicht. Heskovetse hatte sich hingekniet, um ihr Feuerschutz zu geben. Im Dunkeln sah sie, wie sein Gewehr aufblitzte, dann drehte sie sich um und rannte weiter. Wieder flogen Kugeln an ihr vorbei und sie schlug einen kleinen Haken, um aus der direkten Schusslinie heraus zu sein. Sie wusste, dass die Soldaten nun auf Heskovetse schießen würden und dass es kein Wiedersehen mehr gab. Ihre Kehle war eng vor Verzweiflung und die Trauer so allumfassend, dass sie sich am liebsten hingesetzt hätte, um ebenfalls auf den Tod zu warten. Nur Rotes-Blatt, die vor Entsetzen schrie, brachte sie in die Wirklichkeit zurück. Noch waren sie am Leben und noch hatte sie Heskovetses Stimme im Ohr, der ihr befohlen hatten zu rennen. „Sei leise!“ rief sie beschwörend. „Gleich sind wir am Fluss und dann kannst du trinken. Wir ver-

stecken uns, bis die Soldaten die Suche aufgeben. Bitte, sei leise!" Vielleicht erkannte das Kind, wie ernst die Lage war, vielleicht wusste es aber schon längst, dass Schreien ohnehin nichts half, jedenfalls drückte das Kind sein Gesicht auf ihre Schulter und wurde leise. Moekaé konnte fühlen, dass es am ganzen Leib zitterte. Immer noch flogen Kugeln an ihr vorbei, aber sie wusste, dass es keine gezielten Schüsse mehr waren. Sie sah andere Menschen, die inzwischen den Fluss erreicht hatten und kurz niederknieten, um zu trinken. Der Durst war alles, was ihr Denken beherrschte. Mit Tomahawks schlugen sie Löcher ins Eis und schöpften mit bloßen Händen das eisige Wasser. Auch Moekaé kniete sich kurz hin und trank das Wasser, dann versuchte sie, auch Rotes-Blatt etwas einzuflößen. Brüllen und Schreien erklang und wieder schlugen Kugeln in die Menschen, die hastig aufsprangen, um ihre Flucht fortzusetzen. Moekaé wählte den Weg flussabwärts, während andere versuchten, hinter der Sägemühle in Deckung zu gehen. Viele wurden dort von den Soldaten erwischt und entweder gefangen genommen oder getötet.

Moekaé tastete sich im Dunkeln das Flussbett entlang und rollte sich in ihre Decke, als sie die Schritte der Soldaten hörte. Sie schaufelte etwas Schnee über sich und über das Kind und hoffte, dass die Soldaten einfach an ihr vorbeigingen. Im Dunkeln sah sie aus wie einer der Steine am Fluss und sie hoffte, damit die Soldaten zu täuschen. Ihr Herz klopfte zum Zerspringen und sie spürte die empörten Bewegungen des Babys. „Nicht atmen", flüsterte sie warnend. „Nicht bewegen!" Dann drückte sie ihr Gesicht gegen die Arme und hörte auf die schweren Schritte, die immer näher kamen. Stimmen drangen an ihr Ohr und sie fürchtete, dass Rotes-Blatt in ihrer Angst vielleicht weinte oder schrie. Das Kind lag immer noch festgebunden auf ihrem Rücken und so konnte sie ihm nicht den Mund zuhalten. „Bitte, Mahéo", flehte sie lautlos, „lass sie uns nicht finden!"
Wieder fielen Schüsse und sie fühlte, wie das Kind zusammenzuckte. „Nicht bewegen", flüsterte sie bittend. Dann erstarb ihre Stimme vor Furcht, als immer mehr Soldaten zum Fluss kamen, um die Cheyenne unter Beschuss zu nehmen. Doch die Männer

rannten nun in Richtung der Sägemühle, wo sie mehr Indianer vermuteten. Moekaé wartete eine Weile, dann erhob sie sich und kletterte weiter am Ufer entlang. Ihr Bauch wurde hart und das Gewicht des Ungeborenen zog nach unten. Wieder nahm sie eine Hand, um ihren Bauch zu stützen, während sie sich mit der anderen am Ufer abstützte. Es war so dunkel, dass sie fast nichts erkennen konnte, und mehrmals schlugen ihr Zweige ins Gesicht, die sie nicht gesehen hatte. Schließlich erreichte sie einen abgestorbenen Baum, der zur Flussseite hin einen hohlen Stamm hatte. Sie band Rotes-Blatt von ihrem Rücken los und schob sie in die dunkle Höhle, dann quetschte sie sich dazu. Schutzsuchend kroch Rotes-Blatt auf ihren Schoß und sie legte die Arme um das zitternde Kind. „Hier finden sie uns nicht", wisperte sie immer wieder. „Nicht weinen!"
Und dann ließ sie ihren Tränen freien Lauf. Sie wollte es nicht, aber sie konnte es nicht verhindern. Sie weinte um Heskovetse und all die Menschen, die in dieser Nacht sterben würden. Die Tränen liefen die Wangen hinunter und vermischten sich mit den Tränen von Rotes-Blatt. Moekaé merkte, dass Rotes-Blatt wieder fieberte, und drückte das Kind fest an sich. „Geh nicht, meine Tochter. Geh nicht!" Im Dunkeln tastete sie nach der Hand des kleinen Mädchens und drückte sie ganz fest. „Geh nicht!"
Dann schloss sie müde die Augen und döste eine Weile, während in der Ferne immer wieder Schüsse zu hören waren. „Warum hören sie nicht auf?", fragte sie sich selbst. „Haben sie Freude am Töten?"

Moekaé verbrachte die Nacht in ihrem Versteck und wagte sich auch am Morgen nicht heraus. Sie hatte Durst und lutschte einfach nur den Schnee, weil sie sich nicht bis ans Wasser traute. Rotes-Blatt schien tief und fest zu schlafen und so weckte sie das Kind nicht. Manchmal lauschte sie auf den Atem und tastete nach der Stirn, aber noch schien sich der Zustand nicht zu verschlechtern. Moekaé lauschte auf die Stimmen, die manchmal gefährlich nahe zu kommen schienen, und sie fürchtete, dass jemand ihre Spuren und das Versteck im hohlen Baum fand. Aber anscheinend hatten die Soldaten in der Nacht so viele Spuren hinterlas-

sen, dass in der unmittelbaren Nähe des Camps niemand mehr mit Flüchtigen rechnete. Reitertrupps machten sich auf die Suche in der näheren Umgebung, während Moekaé einfach abwartete. Ihr Arm schmerzte und sie hatte sich einen Fetzen Stoff aus dem Kleid gerissen und damit notdürftig den Streifschuss verbunden. Rotes-Blatt hatte einen Streifschluss am Oberschenkel, der aber nicht stark blutete. Auch hier riss sie einen Streifen aus der Schürze, um die Wunde zu verbinden. Das Kind rührte sich nicht und Moekaé erkannte, dass es ihr doch schlechter ging, als sie angenommen hatte. Mit Schnee kühlte sie die heiße Stirn des Kindes und hörte auf den schweren Atem. „Wie bei Heskovetse", dachte sie bestürzt. „Warum ließ Mahéo dies zu? Was hatten sie getan, um eine solche Strafe zu verdienen?"
In der Nacht weckte Moekaé das Mädchen auf und nahm es wieder auf ihren Rücken. „Wir gehen weiter", erzählte sie leise. „Wir suchen ein Dorf mit Zelten, in denen es warm und gemütlich ist!"
„Ich friere so", wisperte Rotes-Blatt fast unhörbar.
„Ich weiß!", antwortete Moekaé. „Auf meinem Rücken wird dir bald warm."
„Wie eine Entenmutter", meinte Rotes-Blatt leise.
„So ist es. Wir spielen nun Entenmutter. Hast du denn deine Puppe gut festgebunden?"
„Ja, sie ist auf meinem Rücken. Ich bin auch eine Entenmutter."
„Das ist schön! Doch nun sei leise. Bestimmt sind noch Soldaten auf der Suche nach uns. Sie dürfen uns nicht erwischen!"
Das Kind verstummte und mit schweren Schritten machte sich Moekaé auf den Weg nach Norden. Sie hatte keine Ahnung, wohin sie gehen sollte, denn das Dorf von Red Cloud war verlegt worden. Irgendwo nördlich des White-Flusses oder am Wounded Knee Fluss würde sie hoffentlich auf Lakota stoßen. Unbeirrbar stapfte sie durch die Nacht und duckte sich manchmal in den Schatten von Felsen und Bäumen, wenn sie glaubte, etwas zu hören. Einmal kam eine Patrouille nahe an ihr vorbei und sie kniete bewegungslos im Schnee, bis ihre Beine einschliefen und ihre Zehen zu erfrieren drohten. Rotes-Blatt war eingeschlafen und sie fühlte den heißen Atem des Kindes an ihrem Nacken. Nach einer Ewigkeit stapfte sie schließlich weiter, dann suchte sie in

der aufkommenden Morgendämmerung nach einem geeigneten Versteck, in dem sie den Tag verbringen konnte. Ein eisiger Wind pfiff über die Prärie und verriet ihr, dass wieder ein Blizzard bevorstand. Sie brauchte dringend einen geeigneten Windschutz oder sie würden in kürzester Zeit zu Eis erstarrt sein. Sie humpelte mit schlurfenden Schritten auf einige Bäume zu und hoffte, dass sie im Wurzelbereich einen Unterschlupf finden würde. Vielleicht konnte sie auch aus Zweigen einen Windschutz bauen. Schnell erkannte sie, dass die dürren Pinien kaum Schutz boten und sah sich suchend nach anderen Möglichkeiten um. Kurz sank sie auf die Knie und ließ die Mutlosigkeit zu, die nach ihr griff. Vielleicht war jetzt die Zeit, zu Mahéo zu gehen? Ihre Füße waren geschwollene Eisklumpen und in ihren Wimpern hingen Eiskristalle, die ihr kaum noch erlaubten, die Augen offen zu halten.
Der Wind nahm zu und so raffte sie sich wieder auf. Gleich würde der Schneesturm einsetzen und dann wäre es zu spät. Das Ungeborene drückte nach unten und sie stützte es wieder mit ihrer Hand. Warum hatte sie sich kein Band um den Leib gebunden, damit der Bauch besser entlastet wurde? Woher, dachte sie müde. Sie hatte nichts, aus dem man einen Streifen Stoff schneiden konnte. Sie beugte sich gegen den Wind und kämpfte sich auf eine Felswand zu, die sich in der Dämmerung vor ihr auftürmte. Felsen würden den Wind wenigstens etwas bremsen. Die kurze Entfernung raubte ihr alle Kraft, sodass sie schwer atmend zu Boden sank, als sie die Felsen schließlich erreichte. Sie kroch in einen Spalt und stellte fest, dass hier der Wind nicht mehr so schneidend war. Dann setzte der Schneesturm ein und sie rollte sich zusammen, um in der eisigen Luft überhaupt noch atmen zu können. Frierend und voller Angst drängte sie sich wie ein wildes Tier in die Nische und überließ sich den tobenden Naturgewalten. Sie zog Rotes-Blatt von der Schulter und nahm sie auf ihren Schoß. Mehr konnte sie nicht tun. Sie hüllte sich in die Decke und ließ zu, dass der Schnee ihren zusammengekauerten Körper bedeckte. Sie zitterte am ganzen Körper und war zu keinem Gedanken mehr fähig. Die Kälte hatte ihr Gehirn erreicht und eine bleierne Müdigkeit griff nach ihr. Sie wollte nur

schlafen und alles um sich herum vergessen. Vielleicht ahnte sie im Unterbewusstsein, dass sie kurz davor war, aufzugeben, vielleicht war aber auch ihr Überlebenswille stärker als die Schwäche, jedenfalls schreckte sie nach einer Weile hoch und wischte sich den Schnee aus dem Gesicht. Ich erfriere, stellte sie nüchtern fest. Ich muss aufstehen! Allein der Gedanke war so mühsam, dass sie ihn am liebsten verscheucht hätte. Warum konnte sie nicht einfach einschlafen und sich ihrem Schicksal ergeben? Sie legte ihre Hand vorsichtig auf das Herz von Rotes-Blatt und stellte fest, dass das Kind noch lebte. Sie ist zäh, hatte Heskovetse einst gesagt. Wollte sie deshalb nicht aufgeben? Weil sie das Kind nicht im Stich lassen wollte? Auch das Kind in ihrem Leib wollte leben! Ich muss aufstehen, befahl sie sich erneut. Wo Felsen sind, da gibt es irgendwo auch Schutz vor diesem schrecklichen Sturm. Wieder kämpfte sie sich hoch und dieses Mal trug sie Rotes-Blatt wie ein Baby in ihrem Arm. Die Decke auf ihren Schultern war voller Schnee und sie wollte sie nicht herunternehmen, um das Kind wieder auf den Rücken zu binden. Dort würde es erfrieren, so wie schon Kleiner-Biber erfroren war.

Die Schneeflocken tanzten vor ihrem Gesicht und in dem Schneegestöber war fast nichts mehr zu erkennen. Sie drückte sich an den Felsen entlang und folgte instinktiv einem schmalen Pfad, der sie weiter in eine Schlucht hineinführte. Der Wind ließ nach und so schöpfte sie neue Hoffnung. Sie brauchte nur noch einen Felsenüberhang, der ihr ein wenig Schutz vor dem Schnee gab. Vielleicht fand sie auch einige Zweige, mit denen sie ein Feuer entfachen konnte. Sie hatte keine Angst mehr vor den Soldaten, denn bei diesem Wetter hatten sie sich bestimmt in ihre warmen Quartiere zurückgezogen. Methodisch wanderten ihre Augen die Wände der Schlucht ab, ob dort irgendwo ein geeigneter Unterschlupf wäre. Schließlich fand sie ein Erdloch, das eigentlich nur Platz für eine Kojotenfamilie bot, doch in ihrer Verzweiflung quetschte sie sich hinein. Mit ihren bloßen Händen brach sie einige dürre Zweige eines Busches ab und legte sie vor den Eingang. Im Nu verfing sich der Schnee darin und verschloss so die winzige Höhle mit den beiden Menschen darin. Es wurde dunkel, doch Moekaé hatte keine Angst. Sie war nur froh, endlich aus dem

Schneesturm heraus zu sein. In der Höhle war es nicht so kalt und sie wusste, dass sie hier die besten Chancen hatte, das Unwetter zu überleben. Vorsichtig nahm sie die schwere Decke von ihren Schultern und klopfte den Schnee aus. Sie hatte kaum Raum, sich in der Enge zu bewegen, aber irgendwie schaffte sie es, die Decke auszuklopfen, ehe der Schnee durch die Körperwärme schmolz und alles durchnässte. Dann wickelte sie die Decke fest um ihren Leib und nahm Rotes-Blatt auf den Schoß, deren Atem kaum noch zu spüren war. Es war still und der Sturm drang nur noch gedämpft an ihre Ohren.
Seltsam, dachte Moekaé, nun hocken wir in der Behausung der Tiere und ich fühle mich genauso geborgen wie der Kojote sich wohl fühlen muss, wenn er hier mit seinen Jungen hockt. Moekaé döste eine Weile und schreckte schließlich orientierungslos hoch. Ihre Füße brannten und sie drehte sich etwas auf die Seite, um sie zu entlasten. Wieder kontrollierte sie den Atem des Kindes und stellte dabei fest, dass er viel zu schnell kam und das Kind vor Fieber glühte. Bald ist es vorbei, dachte sie ohne Bedauern. Bald ist sie bei Mahéo und dann hat alles Leiden ein Ende. Dort wird sie spielen und lachen und ihre Mutter wiedersehen! Der Gedanke hatte allen Schrecken verloren.

Moekaé blieb den ganzen Tag und auch die Nacht in der Höhle. Ihre Kleidung wurde durch die Körperwärme getrocknet und irgendwann schienen auch die Füße nicht mehr so zu schmerzen. Zweimal war Rotes-Blatt aufgewacht und Moekaé hatte ihr geschmolzenen Schnee eingeflößt und sich dabei gewundert, dass dieses Kind immer noch um sein Leben kämpfte. Sie hatte die Puppe vom Rücken des Kindes losgebunden und Rotes-Blatt in den Arm gelegt. „Sieh nur“, hatte sie gelächelt, „wir geben deinem Baby auch Schnee zu trinken!“
„Babys brauchen doch Milch“, hatte Rotes-Blatt vorwurfsvoll geflüstert und Moekaé hatte daraufhin lachen müssen. „Ja, da hast du recht!“
Doch dann war Rotes-Blatt wieder eingeschlafen und Moekaé hielt sie ganz fest im Schoß, als hätte sie Angst, dass das Kind einfach verschwinden würde.

Am Morgen grub sich Moekaé den Weg ins Freie und sah blinzelnd in das grelle Licht der Sonne. Der Himmel war tiefblau und wolkenlos. Ein lauer Wind wehte über das Land und trieb einzelne Schneekristalle vor sich her. Behutsam nahm Moekaé das fiebernde Kind auf ihren Rücken und wickelte ihre eigene Decke um ihre beiden Körper. Dann stapfte sie weiter nach Norden, immer in der Hoffnung, bald auf ein Dorf der Lakota zu stoßen. Das Land war unendlich groß und die Wahrscheinlichkeit, zufällig einen Lagerplatz zu finden, eher gering, doch Moekaé kannte die Plätze der Lakota und machte sich nun systematisch auf den Weg, diese zu finden. Sie verließ die Felsen und kämpfte sich über die verschneite Prärie. Ihre Füße sanken ein und der Schnee machte das Vorwärtskommen schwierig. Außerdem fraß sich die Kälte durch die Mokassins und Leggins. Mit zusammengebissenen Lippen setzte Moekaé einen Schritt vor den anderen. Immer wieder blieb sie stehen, weil sie kurz verschnaufen musste. Das Ungeborene drückte nach unten und der Bauch krampfte sich in Wellen zusammen. Es ist zu früh, dachte Moekaé traurig. Nicht jetzt! Schweiß bildete sich auf ihrer Stirn und sie wusste, dass es nicht die Anstrengung war, sondern ihr Innerstes, das nun den Tribut forderte. Moekaé schaltete ihr Denken einfach aus. Wenn jetzt das Baby geboren wurde, würde es nicht überleben. Und sie auch nicht.

Sie verdrängte die Schmerzen und die Erschöpfung und stapfte einfach vorwärts. Der wellenartige Schmerz kam in regelmäßigen Abständen und wurde so stark, dass sie jedes Mal in den Schnee sank und verschnaufen musste. O Mahéo, dachte sie dann. Warum schützt du mich nicht?
Gegen Mittag nahm der Wind wieder zu und dunkelgraue Wolkenberge zeigten Moekaé, dass ein weiterer Schneesturm drohte. Zum ersten Mal liefen ihr Tränen der Verzweiflung über das Gesicht, die an ihren Backen festfroren. Warum, dachte sie immer wieder. Warum? Hatte sie nicht genug gebetet? Zu Tode erschöpft ließ sie sich neben einer Pinie nieder und lehnte ihren Kopf gegen den eisigen Stamm. Ihr Atem war schwer und die Last auf ihrem Rücken kaum zu tragen. Noch atmete das Kind, doch Moekaé

hatte sich von dem Wesen bereits getrennt. Fast schien ihr Rotes-Blatt wie ein Fremdkörper, den sie am liebsten herausgeschnitten hätte. Das Kind war seit dem Morgen nicht aufgewacht und Moekaé hatte manchmal Angst, dass sie die ganzen Zeit einen toten Körper mit sich herumschleppte. Würde sie das Kind bald ebenso zurücklassen wie Kleiner-Biber? Sie dachte an das erstarrte Gesicht des kleinen Jungen, der etwa genauso alt wie Rotes-Blatt gewesen war, als er gestorben war. So viel Leid, nur um hier im Schnee zu erfrieren, dachte Moekaé bitter. Manchmal sehnte sie sich an den Fluss zurück und hoffte auf die Kugel, die sie von ihrem Leid erlösen konnte. Warum hatten die Soldaten sie nicht getroffen? Dann wäre es vorbei gewesen.
„Lauf!", hatte ihr Mann geschrien und dieses Wort dröhnte nun in ihren Ohren. Wenn sie hier knien blieb, dann wäre es tatsächlich vorbei. Sie hob den Kopf und blickte in die Ferne. Dort vorne waren einige Hügel zu sehen und sie wusste, dass dort einst der Winterlagerplatz von Crazy-Horse gewesen war. Vielleicht fand sie dort ein Dorf? Zumindest gab es dort Höhlen, in denen sie Schutz suchen konnte. Außerdem standen dort Pinien und sie konnte Feuerholz suchen. Ja, ein Feuer würde helfen. Sie musste sich beeilen, denn der Wind nahm zu und einzelne Schneeflocken tanzten bereits zur Erde.
Moekaé raffte sich auf und stapfte wieder durch den Schnee. Ihre Füße brannten und jeder Schritt tat ihr weh. Die Schmerzen in ihrem Bauch kamen nun regelmäßig und in kürzer werdenden Abständen. Es ist zu früh, dachte Moekaé bestürzt. Nichts konnte die Geburt jetzt noch aufhalten und sie wusste, dass dieses Kind gehen würde. Vielleicht hatte sie eine Chance, die Geburt zu überleben, wenn sie einen Unterschlupf fand. Hier draußen würde sie irgendwann zusammensinken und dann einfach erfrieren, wenn die Wehen ein Vorwärtsgehen nicht mehr erlaubten. Ein Teil ihres Körpers schwitzte in der eisigen Kälte, während andere Bereiche bereits zu erfrieren drohten. Moekaé hatte Angst. Die Wehen waren inzwischen so stark, dass sie ihr die Luft nahmen und sie immer wieder kurz verweilen musste.
‚Bitte, Mahéo', flehte sie immer wieder, ‚lass mich die Hügel erreichen'.

Dann setzte unvermittelt der Schneesturm ein und wie von einer unsichtbaren Hand waren die Hügel in der Ferne weggewischt worden. ‚Wohin', dachte sie voller Panik. Wohin soll ich gehen? Mit letzter Kraft hastete sie in der ungefähren Richtung weiter, obwohl sie wusste, dass sie sich in dem Schneegestöber wahrscheinlich verirren würde. Sie schrie ihre Angst, aber auch ihre Wut heraus: „Mahéo! Hilf mir! Lass mich nicht allein!"
Der Wind riss ihr die Worte von den Lippen und erstickte sie in der weißen Decke, die sich über das Land legte. Menschen hatten in dieser Einöde nichts zu suchen.
Fast blind stolperte Moekaé in die ungefähre Richtung der Hügel. Manchmal glaubte sie die dunkle Silhouette zu erkennen, doch dann erwies es sich immer nur als Sinnestäuschung. Die Verzweiflung war nun so allumfassend, dass es keine anderen Gefühle mehr zu geben schien. Selbst die Schmerzen waren nur noch vage, als hätten sie nichts mehr mit ihrem Körper zu tun. Sie überließ sich den Wehen, wartete ab, raffte sich dann wieder auf und kämpfte sich vorwärts. Irgendwann konnte sie nicht mehr und hilflos knickten ihre Beine ein. Nicht hier, nicht jetzt, dachte sie hilflos vor Trauer. Sie würde hier sterben und nichts konnte das mehr ändern. Plötzlich hoffte sie, dass es schnell gehen würde, damit das Ungeborene einfach mit ihr gehen würde und nicht den Schock der Geburt und der Kälte erleben musste. Lass es schnell gehen, flehte sie, dann legte sie sich auf die Seite und schloss die Augen. Das Kind auf ihrem Rücken hatte sie vollständig vergessen. Wieder nahm ihr eine Wehe die Luft und sie legte die Hände auf ihren Bauch, um das Kind zu bewegen, noch nicht zu kommen. Warte noch, bat sie flehend, bald ist es vorbei! Bald!

„Lauf!", hörte sie eine donnernde Stimme und fast panisch schrak sie zusammen. Es ist nicht Heskovetse, waren ihre Gedanken. Sie blinzelte und sah eine dunkle Gestalt neben sich. Es war Crazy-Horse, der sich neben sie kniete und wieder dieser Wort in ihr Ohr brüllte: „Lauf!"
„Du bist tot", stellte sie fest.
Der Mann nickte lächelnd. „Ja, das ist wahr. Sie haben mich getötet, aber mein Geist ist noch hier. Dort drüben ist der Baum, in

dem sie mich aufgebahrt haben. Siehst du ihn?“
„Nein!“
„Du musst durch den Sturm sehen!“
„Ich kann nicht!“
Wieder lächelte der Mann und fast hatte Moekaé das Gefühl, an der Schulter gerüttelt zu werden. „Du musst. Komm, ich zeige dir den Weg. Ich möchte, dass du lebst und die Erinnerung an uns wach hältst. Dieses Tal ist wakan und du wachst darüber.“
„Warum ich?“, flüsterte Moekaé unwillig.
„Du bist Cheyenne und deine Tapferkeit hat mich berührt. Nun geh!“
„Ich kann nicht mehr!“, wehrte sich Moekaé. Wieder nahm ihr eine Wehe die Luft und sie hasste diesen Mann, der sie so erbarmungslos vorwärts trieb.
„Lauf!“, ertönte die Stimme, aber dieses Mal war es Heskovetse, der an ihrer Seite erschien.
„Du bist auch tot!“, schimpfte Moekaé empört. Konnten die Toten sie nicht einfach in Ruhe lassen?
„Ja! Aber ich bin hier, weil du meinen letzten Wunsch missachtest. Lauf!“
Moekaé kämpfte gegen die Verzweiflung. Warum durfte sie nicht liegen bleiben und sterben? Die anderen waren ja auch tot. Sie wollte ebenfalls dorthin und endlich ihre Lieben wiedersehen. Hier war nichts und es hatte keinen Sinn, sich noch weiter durch den Sturm zu kämpfen.
„Wohin?“, flüsterte sie böse.
Die Stimmen waren verschwunden und Moekaé horchte in sich hinein, ob dort eine Stimme zu hören war. Gut, dachte sie unwillig, bis zu diesen Baum werde ich gehen!

Sie wartete kurz ab und erhob sich dann wieder. Irgendetwas auf ihren Schultern drückte sie nach unten, aber sie konnte sich nicht mehr daran erinnern, was es war. Schwankend kämpfte sie sich vorwärts und nach wenigen Schritten erkannte sie, dass es keinen Sinn hatte. Der Schneesturm kämpfte mit aller Macht gegen die einsame Gestalt, die sich ihm in den Weg stellte. Trotzdem wankte Moekaé weiter. Sie hatte Angst, dass die Toten wiederkehrten und sie ihnen Rede und Antwort stehen musste. Ich gehe, bis ich nicht mehr kann, dachte sie müde. Irgendwann verließ sie das Gespür, ob sie überhaupt noch ging, denn ihre Beine bewegten sich von allein, ohne dass sie noch bewusst Befehle gab. Längst war das Gefühl der Kälte verschwunden, selbst der Hunger und die Schmerzen gehörten nicht mehr zu ihr. Vielleicht war ihr Geist schon in dieser anderen Welt und hatte den geschundenen Körper verlassen.

Vor ihr tauchte plötzlich ein Blitzen auf, ein funkelnder Stern, der in diesem Schneegestöber so unerwartet und unwirklich erschien, dass sie ihn wieder für eine Täuschung hielt. Ein Stoß traf sie mit solcher Wucht an der Schulter, dass sie buchstäblich nach hinten gestoßen und in den Schnee geworfen wurde. Mit einem Schlag waren all die Schmerzen wieder da und sie konnte ein gequältes Stöhnen nicht mehr unterdrücken. Sie merkte, dass sie auf Rotes-Blatt gestürzt war und konnte doch nichts tun. Zwischen ihren Beinen fühlte sie warmes Wasser und sie wusste, dass die Geburt kurz bevorstand. Schweiß lief ihr über die Augen und sie konnte sie nicht mehr öffnen. Alles, was blieb, war der ziehende Schmerz in ihrem Unterleib und der pochende Schmerz in ihrer Schulter. Fremde Stimmen drangen an ihre Ohren und sie verschwendete keinen Gedanken daran, wer diese Menschen waren und was sie wollten. Irgendwo in ihrem Unterbewusstsein merkte sie, dass jemand auf sie geschossen hatte, und sie fühlte eine maßlose Enttäuschung in sich hochsteigen. Ihr wolltet mich schützen, dachte sie traurig. Dann glitt sie in das Dunkel, das nach ihr griff, und sie begab sich bereitwillig in diese Welt, in der es keine Schmerzen und keine Kälte mehr gab.

Biber-Bach

„Pa, ich hab einen von diesen Schweinen erwischt!", schrie Collins mit überschnappender Stimme. Sofort lud er sein Gewehr durch und sicherte aufmerksam die Umgebung. Wo eine Rothaut lauerte, waren wahrscheinlich noch mehr. Seine blauen Augen waren zusammengekniffen, damit er in dem Sturm etwas erkennen konnte. Er war jung, vielleicht gerade zwanzig, und doch spiegelte sein Gesicht eine Strenge wider, die zeigte, dass er gewohnt war, hart zu arbeiten und sein Land zu verteidigen.
„Josh, schau dort drüben nach!", herrschte er seinen jüngeren Bruder an, dann näherte er sich vorsichtig der Gestalt, die dort bewegungslos am Boden lag. Er zielte erneut, um dem Indianer den Rest zu geben, dann zögerte er entsetzt. Seine Backenmuskeln arbeiteten, als er erkannte, dass er eine Frau erwischt hatte.
„Scheiße!", entfuhr es ihm.
„Was ist los?", fragte Josh durch den tobenden Schneesturm hindurch. Man konnte fast die Hand nicht vor den Augen sehen und leichte Panik war in der Stimme des Achtzehnjährigen zu hören. Der jüngere Bruder kämpfte sich durch den Sturm und stellte den Kragen seiner Jacke höher. Unter dem Hut schauten sanfte, braune Augen hervor, die eher erschrocken auf die am Boden liegende Gestalt starrten. „Siehst du noch mehr?"
„Nein", rief Collins beruhigend. „Ist bloß ´ne Squaw."
Vorsichtig näherte sich der dritte Mann der am Boden liegenden Frau. Er war bereits älter und sein Gesicht legte sich in zahlreiche Falten, als er die junge Frau abweisend und voller Hass in Augenschein nahm. Im Schneesturm war nur seine hagere Gestalt zu erkennen, die in einem schweren, langen Mantel steckte. Auch er hatte den Hut tief ins Gesicht gezogen, um sich vor dem Schnee zu schützen. Er hatte die blauen Augen seines Sohnes, nur bei ihm waren sie bereits mit einem leichten Schleier von Grau. Er zeigte keinerlei Mitgefühl mit der Frau, die dort verletzt am Boden lag. Sein Gewehr war entsichert und der Lauf zeigte auf die Brust der Frau. Er war jederzeit bereit, der Indianerin den Rest zu geben, wenn sie auch nur mit den Augen zwinkerte.

Sein Sohn Collins wischte mit der Hand den Schnee aus den Augen und ließ das Gewehr sinken. Er sah die Schusswunde in der Schulter der Frau und bemerkte dann das winzige Gesicht hinter dem Kopf der Frau. „Da ist noch ein Kind!"
„Scheiße!" Dieses Mal war es Josh, der dieses unflätige Wort in den Mund nahm. „Die Soldaten haben aber nichts von irgendwelchen Frauen und Kindern erzählt."
„Das ist mir gleichgültig. Indianer sind Indianer!", wischte der Vater die Bemerkung beiseite. Er spuckte verächtlich in den Schnee und wischte sich dann über das faltige Gesicht. Immer noch zeigte er kein Mitgefühl. „Knallt sie ab!"
Der ältere Sohn zuckte etwas zusammen. „Ich kann doch keine Frau einfach so abknallen! Sie ist ja nicht einmal bewaffnet!" Er hatte sich aufgerichtet und starrte seinen Vater mit diesen fragenden blauen Augen an.
„Sie ist eine Squaw!", korrigierte ihn der Vater. „Wir kriegen nur Ärger!"
„Und das Kind?"
„Mist!" Dieses Mal war es der Vater, der erneut fluchte und in den Schnee spuckte. „Wir gehen ins Haus zurück und lassen sie liegen. Wahrscheinlich sind noch mehr Rothäute in der Gegend, die sie mitnehmen werden."
„In diesem Sturm?", fragte Collins zweifelnd. Mit seiner Hand drückte er den Hut wieder tiefer in die Stirn, als ein Windstoß ihn fast weggerissen hätte. Wachsam blickte er in die Umgebung, obwohl durch das Schneetreiben fast nichts zu erkennen war. Hier war niemand!
„Was ist denn los?", ertönte eine aufgeregte Frauenstimme. Ein Licht näherte sich den drei Männern. Collins seufzte und machte eine leichte Handbewegung in Richtung der Frau. „Oje! Zu spät!"
„Geh zurück!", herrschte der ältere Mann die Frau an. „Hier sind Indianer!"
Verunsichert blieb die Frau stehen, dann näherte sie sich aber doch und blickte auf die Gestalt am Boden. „Mein Gott!", entfuhr es ihr. „Sie ist ja verletzt!" Sie fasste fester nach dem Schal, den sie um die Schultern trug und hielt eine Laterne höher, um besser sehen zu können. Das Licht reflektierte sich in den silbernen Haa-

ren und zeigte, dass die Frau schon älter war. Sie trug ein einfaches Kleid mit einer Schürze, die im Wind um ihre Beine schlug. Auch sie wirkte hager und ihre strengen Falten zeigten, dass sie nicht oft im Leben gelacht hatte. Nur ihre braunen Augen hatten einen warmen Schein, der das tanzende Licht der Laterne reflektierte. Es waren die gleichen Augen wie bei ihrem jüngeren Sohn.
„Ma, ich hab doch nicht sehen können, dass es eine Squaw ist!", verteidigte sich der Sohn. „Die Armee hat uns nur vor den Cheyenne gewarnt." Seine Stimme klang unglücklich.
„Nun bringt sie doch ins Haus. Hier ist es doch viel zu kalt!", schimpfte die Mutter.
„Ich will keine Indianer in meinem Haus!", mischte sich der Vater ein.
„Dann hättet ihr eben nicht auf sie schießen dürfen", meinte die Mutter mit stoischer Ruhe. „Collins, bring sie ins Haus und leg sie in mein Bett."
„Nein, ich will die dreckige Rothaut nicht in unseren Betten!", fauchte der Vater ungehalten.
„Collins, dann leg sie halt neben das Feuer. Wir sind Christen und unsere Pflicht ist es, einem hilflosen Menschen Obdach zu gewähren. Sie ist verletzt und wir müssen uns darum kümmern."
„Das ist eine Rothaut! Weißt du, was sie mit den Menschen in Kansas gemacht haben? Wieso sollten wir Mitleid mit ihnen haben? Sie hatten ja auch kein Mitleid mit den Farmern dort! Hast du die Nachrichten …"
„Collins, bring die Frau ins Haus!", bat die Frau mit ruhiger Stimme und ignorierte dabei die Worte ihres Mannes.
Gehorsam drückte der junge Mann seinem Vater das Gewehr in die Hand und beugte sich dann über die verletzte Frau. Vorsichtig löste er die Decke und knüpfte den Knoten auf, der das Kind auf dem Rücken hielt. „Josh, nimm du das Kind!"
„Ach Gott!", entfuhr es der Mutter ein weiteres Mal.
Vorsichtig versuchte Collins die Frau anzuheben, dann zögerte er plötzlich. „Mutter, hier ist alles voller Blut! Ich glaube, die kriegt ein Baby." Seine Stimme war angespannt und voller Angst. Es war offensichtlich, dass er mit dieser Situation vollkommen überfordert war.

„Um Gottes willen! Jetzt trag sie doch endlich ins Haus!“, herrschte die Mutter ihn an.
„Aber wie denn? Ich weiß ja gar nicht, wie ich sie tragen soll!“
„Nimm sie einfach hoch! Hier draußen wird sie sterben und das Baby auch. Leg sie in mein Bett, damit ich wenigstens sehe, was da los ist. Josh, nimm du das Kind und setz dich mit ihm neben das Feuer!“ Die resolute Stimme der Frau beruhigte die drei Männer und behutsam nahm Collins die schlaffe Gestalt der Frau auf die Arme. Hilflos fiel der Kopf der Frau nach hinten und Collins konnte spüren, wie erschöpft die Frau sein musste. Eigentlich ist es nur ein Mädchen, dachte er bestürzt.
Er hastete gebückt in das Haus zurück und legte seine Last wie geheißen in das Bett seiner Mutter. Zwischen den Beinen der Frau sammelte sich Blut und Wasser und durchnässte das wollene Kleid, das sie trug. Alles, was sie am Leibe hatte, war starr vor Schmutz und hing nur noch in Fetzen herunter. Die Mokassins waren mit Stoffstreifen umwickelt, die so gut wie gar nicht gegen die klirrende Kälte halfen. Dicke Eisklumpen hingen daran und er wunderte sich, wie die Frau überhaupt noch damit gelaufen war. Oberhalb der Brust zeigte ein Einschussloch, wo er sie getroffen hatte. Auch hier sickerte Blut durch den Stoff und färbte das dunkle Blau des Kleides in ein dreckiges Schwarz. Dann blieb sein Blick an dem Gesicht des Mädchens hängen. Dicker Schweiß hatte sich gebildet und doch wirkte alles so fein und sanft, dass es ihm die Luft nahm. Hier draußen gab es nicht viele Frauen, schon gar keine Mädchen, und dieses Geschöpf so hilflos vor sich liegen zu sehen, stach ihm ins Herz. Er hatte geschossen! Einfach aus der Angst heraus oder vielleicht auch aufgeputscht durch die Soldaten, die ihn vor den flüchtigen Cheyenne gewarnt hatten. Er hatte einfach geschossen, ohne sich zu vergewissern, wen er da vor sich hatte. Es hätte ebenso einen Soldaten oder einen Nachbarn treffen können, der vielleicht vor dem Sturm Schutz gesucht hatte. Sie waren erst seit einem Jahr in dieser Gegend, um hier eine Ranch aufzubauen, und noch waren die Schreckensgeschichten der Gräueltaten der Indianer allgegenwärtig. Da nutzte es auch nichts, dass die Indianer nun in ihrer Reservation saßen und die Armee den Frieden sicherte. Man sah ja, wie wenig man

ihnen trauen konnte. Doch diese Frau hier war schutzlos und wirkte überhaupt nicht wie eine dieser Bestien, vor denen man sie gewarnt hatte. Unsicher flackerte sein Blick zu seiner Mutter, die sich bereits über die verletzte Frau beugte und beherzt das Kleid in die Höhe schob. Collins hatte noch nie den Schoß einer Frau gesehen und starrte nun vollkommen überfordert auf das Geschehen. Noch lag die Frau auf der Wolldecke, mit der sie sich gegen die Kälte geschützt hatte, sodass sich das Blut und Wasser dort sammelte. Die Mutter hatte die Beine des Mädchens etwas gespreizt und tastete nun nach der intimsten Stelle zwischen den Beinen. „Ach Gott, es ist gleich so weit", murmelte die Mutter. „Collins, nun steh doch nicht so rum! Setz einen Kessel mit Wasser auf und bring mir ein paar saubere Tücher. Außerdem brauche ich etwas Alkohol und ein Messer, um die Kugel zu entfernen."

„Wir machen gar nichts!", schaltete sich der Vater mit schneidender Stimme ein. „Ich mache mir nicht die Hände an dieser Squaw schmutzig! Ich reite jetzt ins Fort und dann sollen die sich drum kümmern!"

„Und wenn doch noch irgendwelche Indianer da draußen sind? Du solltest lieber das Haus sichern!", schlug seine Frau begütigend vor.

„Was soll das nützen, wenn der Feind schon hier drinnen ist!", fauchte der Mann ungehalten zurück.

„Theodor, nun rede doch keinen Unsinn! Die Frau ist schwer verletzt. Sie stellt wahrlich keine Gefahr dar."

Die Männer zogen ihre Mäntel aus und blieben abwartend im Raum stehen. Beide trugen Hosen aus schwerem Stoff und Stiefel, die an den Sohlen genagelt waren. Es war Kleidung, die zum Arbeiten taugte. Josh hängte seinen Stetson an einen Haken und strich sich die braunen Locken von der Stirn. Sie waren feucht und klebten nun seitlich am Kopf. Der Vater hatte die Tür geschlossen, sodass der Sturm nun draußen um das Haus tobte. Noch immer hielt er das Gewehr in den Händen. Josh trat mit dem Kind im Arm näher an das Feuer und wusste nicht, was er tun sollte. Sein Gesicht war angespannt und hilflos blickte er auf das kleine Mädchen, das regungslos in seinen Armen hing. Er

wusste nicht einmal, ob es noch atmete. Er hatte noch nie ein so kleines Kind im Arm gehabt und schaute hilfesuchend auf seinen Vater. „Was soll ich denn tun?“, fragte er.
Der Vater ignorierte ihn und so setzte Josh sich auf einen Stuhl und wartete ab. Das Kind war so klein und zerbrechlich, dass er Angst hatte, etwas falsch zu machen. Hilflos wackelte der Kopf hin und her und er lehnte ihn gegen seine Schulter, um ihn zu stützen.
Mit ruhiger Stimme wandte sich die Mutter wieder an ihren älteren Sohn: „Collins, ich brauche dich hier!“
Collins riss sich aus seiner Trance und ging entsetzt einige Schritte rückwärts, ohne sich von dem Anblick der Indianerin trennen zu können. „Wozu denn?“, stammelte er mit rauer Stimme.
„Ich versorge die Schussverletzung und warte, bis das Baby kommt. Die Frau wird gleich aus ihrer Ohnmacht erwachen und dann brauche ich dich wieder hier, um sie zu stützen!“
„Sie zu stützen?“, wiederholte Collins.
„Ja, sie wird pressen müssen und dazu brauche ich dich. Sie ist zu schwach, um das alleine durchzustehen. Es schadet nicht, wenn du siehst, was hier passiert. Dein Pa hat mir ja auch helfen müssen!“
„Ja“, brummte eine tiefe Stimme aus dem Hintergrund. „Aber dieser Squaw helfe ich ganz bestimmt nicht!“
„Aha!“, meinte seine Frau erzürnt. „Aber vielleicht kannst du den Kessel mit Wasser aufsetzen?“
Ohne zu antworten, ging der ältere Mann tatsächlich zum Ofen, um einen Kessel aufzusetzen. Dann sicherte er die Fenster und Türen, setzte sich abwartend auf einen Stuhl und wartete offensichtlich darauf, dass gleich wütende Indianer durch die Tür stürmen würden. Nichts passierte, nur das Feuer prasselte im Kamin. Unsicher strich der Vater die grauen Haare nach hinten und spuckte verächtlich auf den Boden. Schließlich stellte er das Gewehr auf die Seite und schaute angespannt in die Runde.
„Es kann doch nicht sein, dass die Squaw ganz allein unterwegs war!“, meinte er ungläubig. „Ich meine, in diesem Schneesturm ...?“ Sein Blick fiel auf Josh, der etwas hilflos mit dem Kind im Arm in der Nähe des Feuers saß. „Was ist es denn? Ich hoffe, dass

es kein verflixter Bengel ist, der uns in der Nacht die Kehle durchschneidet?", fragte er misstrauisch.
„Ich glaube, ein Mädchen. Ziemlich klein. Sie hat hohes Fieber!"
Wortlos drehte sich der ältere Mann um und ging in Richtung der Tür. Dort griff er nach einer Jacke, einem Hut und seinem Gewehr und schickte sich an, das Haus zu verlassen.
„Wo willst du denn hin?", fragte seine Frau irritiert.
„Ins Camp Robinson. Ich sage Bescheid, dass wir zwei Indianer hier haben, damit sie abgeholt werden!"
„Theodor!", wies ihn seine Frau zurecht. „Draußen tobt ein Schneesturm und es wird bald dunkel. Warum wartest du nicht bis zum Morgen?"
„Ich bleibe keine Nacht mit einer Rothaut unter einem Dach!"
„Es ist eine Frau! Und wir haben sie angeschossen. Also trifft uns auch ein bisschen Schuld, dass sie jetzt hier ist. Warte bis morgen. Jetzt kann sie ohnehin nirgends hin. Du kannst eine Frau nicht während einer Geburt auf einen Karren laden."
„Das ist mir gleichgültig!", brummte Theodor ungehalten. „Indianer sind alles Mörder und Heiden. Ich will sie nicht in meinem Haus."
„Theodor, es ist unsere Christenpflicht. Du kannst reiten, wenn der Sturm sich gelegt hat", meinte seine Frau besänftigend.
„Klara, du kannst nicht ständig alles bei dir aufnehmen, was irgendwie Hilfe braucht. Du fütterst jedes Kalb und Fohlen durch, und nun bringst du noch diese Squaw mit ihrem Balg in unser Haus. Siehst du nicht, wohin das führt?"
Die ältere Frau lächelte freundlich und zwinkerte ihrem Mann freundlich zu. „Aber deswegen hast du mich doch geheiratet, nicht wahr? Sonst würdest du jetzt immer noch als Herumtreiber durch die Lande ziehen."
Theodor sog scharf die Luft ein, dann hängte er demonstrativ den Hut an den Nagel. „Na schön, dann reite ich eben morgen!"
Widerstrebend ging er an den Ofen zurück und kontrollierte die Temperatur des Wassers in dem Kessel. „Es kocht fast!", meldete er.
Dann blickte er misstrauisch auf das kleine Mädchen, das dort fiebernd im Schoß seines Sohnes lag. „Sie ist dreckig!", stellte er

fest. „Wahrscheinlich auch unterkühlt. Soll ich mal nach ihr sehen?"
„Mach das!", seufzte seine Frau. „Sieh nach ihren Füßen und flöße ihr etwas Tee ein!"
Vorsichtig wickelte der Mann das kleine Mädchen aus der Decke und schüttelte besorgt den Kopf. „Nur noch Dreck!", schimpfte er vor sich hin. Vorsichtig zog er dem Kind die Mokassins von den Füßen und tastete nach den kleinen Zehen. Wie er es befürchtet hatte, waren sie eiskalt, und weiße Flecken zeigten ihm, dass das Kind bereits Erfrierungen hatte. Er rubbelte die Füße mit seinen Händen und beobachtete aus der Entfernung, wie seine Frau die Indianerin versorgte. Es passte ihm nicht, aber so war Klara eben. Sie hatte ein Herz für alle Menschen und Tiere, sogar für Indianer. Er war ein griesgrämiger alter Mann und selbst als er noch nicht alt gewesen war, war er bestimmt griesgrämig gewesen. Trotzdem war Klara an seiner Seite geblieben und hatte ihm zwei prächtige Kinder geschenkt. Seine Söhne waren etwas, auf das man stolz sein konnte. Groß und stark, zum Leben im Westen geboren und gradlinig. Einzig, dass sein Älterer bisher noch keine Frau gefunden hatte, störte ihn etwas. Aber kein Mädchen hatte bisher vor seinen strengen Augen Gnade gefunden. Theodor wollte eine starke Schwiegertochter, die einmal all die Aufgaben, die auf dieser Ranch zu tun waren, erfüllen konnte. Der Westen war ein raues Land und forderte den Menschen alles ab. Die zwei oder drei Mädchen, die Collins bisher angeschleppt hatte, waren verwöhnte Kinder gewesen, denen er diese Arbeit nicht zutraute, und so hatte er seinem Sohn den weiteren Umgang verboten. Natürlich hatte Collins sich dagegen aufgelehnt, aber noch war Theodor der Herr im Haus, dem sich alle fügen mussten. Warum dies gerade jetzt nicht so war und diese beiden Indianer hier Unterschlupf fanden, ging über seinen Verstand.
Kurz blieb sein Blick an dem zarten Gesicht des Kindes hängen. Die Backen glühten im Fieber und die Lider waren fast durchsichtig, mit feinen, blauen Adern durchzogen. Unter dem Kleid war die schmale Gestalt nur zu erahnen, aber es war deutlich zu sehen, dass dieses Kind kurz vor dem Hungertod stand. Die Finger waren nur noch Knochen und er wunderte sich, dass es

überhaupt noch am Leben war. Die Füße fühlten sich inzwischen warm an und so stand er auf, um einen Tee zuzubereiten. Der Tee würde das Kind auch von innen her wärmen und mit ordentlich viel Zucker darin würde er vielleicht die Lebensgeister wecken. Er brühte den schwarzen Tee auf und schenkte eine Tasse ein. Großzügig kippte er drei Löffel Zucker hinein und rührte ihn mit einem Löffel um. Er nippte mehrmals daran und pustete, damit er nicht zu heiß war.

Aus den Augenwinkeln sah er, wie Klara gerade die Kugel aus der Schulter der „Squaw" entfernte. Seine Frau hatte einfach mit einer Schere das Kleid aufgeschnitten und damit die Brust der Indianerin entblößt. Sie sieht eigentlich aus wie jede andere Frau, dachte Theodor erstaunt. Irritiert wendete er den Blick ab, denn er wollte sich nicht mit so einfachen Wahrheiten konfrontieren. Er ging wieder zu seinem jüngeren Sohn, stellte die Tasse auf den Boden und nahm das Kind in den Arm, um ihm den Tee einzuflößen. Dunkle Augen starrten ihn an, weit aufgerissen und voller Angst. Das Mädchen war erwacht und wurde steif vor Furcht. Die feinen Lippen zitterten vor Grauen und dicke Tränen liefen dem Kind über die Wangen. Es schrie nicht und schluchzte nicht, trotzdem konnte man an jeder Faser ihres Körpers die Verzweiflung spüren.

„Hey, hey", flüsterte Theodor seltsam berührt, „du brauchst doch keine Angst vor mir zu haben." Vorsichtig wiegte er das Kind in seinem Arm hin und her und als die Angst nicht zu verschwinden schien, sang er mit tiefer Stimme ein altes Kinderlied von der alten Miss Hubbard, die für ihren Hund einen Knochen holt. Dann hob er die Tasse hoch und bot sie dem Kind an.

„Mmh", pries er den Tee an, „schmeckt sehr lecker! Möchtest du mal probieren?" Er nippte selbst an dem Tee, fand ihn viel zu süß, aber für das Mädchen wahrscheinlich so am besten, und berührte mit der Tasse ihre Lippen. Die Tränen versiegten und vorsichtig nahm das Kind einige Schlucke. „Na, siehst du, so ist es besser!", lobte Theodor das Kind. „Mhhh!"

„Mhhh!", wisperte das Mädchen. Wieder nahm es einige Schlucke, dann schloss es erschöpft die Augen. Theodor hielt es verunsichert im Schoß und überlegte, was er als Nächstes tun sollte.

„Komm, wir ziehen ihr die dreckigen Sachen aus und legen sie in dein Bett!", meinte er schließlich zu seinem Sohn.
„Ach, jetzt auch noch mein Bett?", wunderte sich Josh über die Großzügigkeit seines Vaters. Seine braunen Augen blitzten vergnügt und er hatte sich sichtlich entspannt. Er war froh, dass er nicht mehr die Verantwortung für die Kleine hatte, und musterte das Kind eher interessiert.
„Ja, du kannst bei Collins schlafen."
Vorsichtig legten sie das Kind in das Bett von Josh, das auf der anderen Seite des Raumes stand. Gleich daneben stand ein Stockbett, auf dessen unterer Pritsche Collins schlief. Das obere Bett war eigentlich für Gäste gedacht, doch nun packte Josh seine Sachen dorthin.
Der Vater entkleidete gerade das Kind und schüttelte missbilligend seinen Kopf. „Sieh dir das nur an! Nur noch Haut und Knochen. Klara, das Kind hat Fieber! Soll ich ihr Wadenwickel machen?"
„Ja!", kam die kurze Antwort von der Frau. „Hat sie etwas getrunken?"
„Ja, aber jetzt schläft sie."
„Das macht nichts. Hauptsache, sie ist warm. Flöße ihr wieder Tee ein, wenn sie aufwacht."
„Mhh", brummte der Mann wenig begeistert. Seine Finger strichen vorsichtig über den Oberschenkel des Mädchens. „Sie hat einen Streifschuss!", erklärte er.
„Eigentlich sieht sie aus wie ein ganz normales Kind", wunderte sich der Sohn. „Vielleicht ein bisschen dürr."
„Ja, sie ist halb verhungert. Die müssen wir erst mal hochpäppeln."
„Das wird schlecht gehen, wenn du sie morgen wieder zum Fort bringst!", grinste der Sohn.
„Stimmt. Es ist auch gar nicht unsere Aufgabe. Für die Indianer ist die Armee zuständig. Hol mir mal ein altes Hemd, das wir ihr als Nachthemd anziehen können. Das Kleid ist nur noch Dreck. Wir verbrennen es am besten!"
„Dann hat sie gar nichts mehr zum Anziehen. Kann man es nicht waschen?"

„Na schön, dann leg es da hinten hin", meinte der Vater unwillig. Er wartete, bis der Sohn ihm ein altes Hemd brachte, und zog es dem Kind vorsichtig an. Dann legte er die indianische Puppe daneben, die das Kind die ganze Zeit an sich gepresst hatte. „Hast du so was schon mal gesehen?", fragte er seinen Sohn. „Puppen! Als wenn Indianer echte Menschen wären."
Trotzdem wickelte er einige feuchte Tücher um die Waden des Kindes, tastete nach der heißen Stirn und deckte das Kind schließlich sorgsam zu. „Sie kann ja schließlich nichts dafür!", murmelte er mehr zu sich selbst. Dann steckte er die Hände in die Hosentaschen und trat näher an das Bett, an dem seine Frau sich um den anderen ungebetenen Gast kümmerte. Sie hatte gerade die Kugel entfernt und wickelte einen Verband um die Schulter.
„Die Kugel steckte zum Glück nicht so tief", meinte seine Frau. „Sie hat noch eine Schussverletzung am Arm, aber die ist bereits verschorft."
„Mhh", murmelte Theodor desinteressiert. Er war etwas fassungslos über all das Blut und Fruchtwasser, das sich in dem Bett ausbreitete. Seine Frau zog der Indianerin gerade das Kleid aus, sodass sie nun vollkommen nackt vor ihm lag. Anstelle der schmutzigen Decke lag nun ein weißes Laken unter dem Schoß der Frau. Blut sammelte sich darin und Theodor wandte sich ab.
„Hol mir das Wasser, damit ich sie waschen kann!", befahl seine Frau.
„Wozu?"
„Wenn Dreck in den Leib gerät, wird sie am Kindbettfieber sterben. Ich möchte sie so sauber wie möglich haben."
„Das geht doch uns nichts an. Wir haben sie ja schließlich nicht so dreckig gemacht. Das zeigt doch nur, wie diese Wilden leben!"
„Aber du weißt nicht, was sie durchgemacht hat. Ich glaube nicht, dass sie gerne so schmutzig ist."
„Ach!", schimpfte Theodor ungehalten. „Indianer sind dreckig. Das weiß man doch."
„Nun, bei mir sind sie es nicht. Jetzt bring mir das Wasser und einige Lumpen, damit ich sie waschen kann. Außerdem brauche ich ein Nachthemd."
„Wozu denn?"

„Na, Josh und Collins haben wahrlich genug gesehen!", meinte Klara mit einem deutlichen Nicken in Richtung ihrer beiden Söhne.
Verlegen wandten sich die beiden ab, doch ihr Vater hatte sehr wohl die begehrlichen Blicke gesehen. Ja, sie waren erwachsen und durchaus an Mädchen interessiert. Ein Grund mehr dafür zu sorgen, dass diese Squaw schnellstens wieder verschwand. Zum Rumhuren waren sie ja geeignet, aber er wollte ganz bestimmt keine Indianerin in seinem Haus.
Er brachte seiner Frau die gewünschten Sachen und blickte stirnrunzelnd auf die schwangere Frau. Auch sie war nur noch Haut und Knochen, nur ihr gewölbter Leib passte da nicht ins Bild. Ihre Füße waren blau und auch die Beine voller Flecken und Beulen. Sie stellte keinerlei Gefahr dar und fast tat es ihm leid, dass Collins sie so schwer getroffen hatte. Zweifel kamen ihm an dem Verhalten der Soldaten. Auf die beiden Indianerinnen war geschossen worden, und nicht nur von Collins, und beide waren in einem verheerenden Zustand, der nicht erst in den letzten drei Tagen herbeigeführt worden war. Die Kleider standen vor Schmutz und die ausgemergelten Körper zeugten davon, dass diese Menschen ausgehungert worden waren. Vielleicht war ihnen gar kein anderer Ausweg geblieben, als die Flucht zu wagen, schoss es ihm durch den Kopf. Wieso setzte eine hochschwangere Frau das Leben ihrer Kinder aufs Spiel? Das alles ergab doch keinen Sinn!
Er sah zu, wie Klara sanft mit dem Lappen über die Haut der Frau strich, und half dabei, die Ohnmächtige aufzurichten, um ihr auch den Rücken zu waschen. Dann zogen sie der Indianerin ein Nachthemd über den Kopf, um ihr weitere Peinlichkeiten zu ersparen. Sie wirkte plötzlich so sauber und unschuldig, dass er nur den Kopf schütteln konnte. „Was ist mit dem Baby?", fragte er.
„Die Wehen haben nachgelassen", berichtete Klara. „Das wird ihr etwas Kraft geben. Hast du noch Tee?"
„Ja, warum?"
„Zucker wird ihr helfen, die Geburt besser durchzustehen."
„Aha! Hoffentlich nutzt sie nicht die wiedergewonnene Kraft, um uns nachts alle zu skalpieren."

„Theodor!“, schimpfte seine Frau zum Schein. „Du redest nur noch Unsinn.

„Ich meine ja nur!“, brummte Theodor, dann ging er zum Herd zurück, um eine weitere Tasse Tee einzuschenken. Bald wären hier drei Indianer in seinem Haus. Drei zu viel.

Draußen heulte der Schneesturm und er wusste ganz genau, dass es wahrscheinlich noch Tage dauern würde, ehe er zum Camp Robinson aufbrechen konnte. Er seufzte und dachte über diese neue Situation nach. Er war kein Indianerhasser, dazu hatte er zu wenige schlechte Erfahrungen gemacht, aber natürlich hörte er die Stimmen der anderen Siedler und las die Berichte in den Zeitungen. Dies hier war nun sein Land und er arbeitete hart, um es der Natur abzutrotzen. Indianer passten da nicht hinein. Sie störten nur den Fortschritt.

„Pa?“, riss ihn die Stimme seines älteren Sohnes aus den Gedanken.

„Ja?“

„Warst du schon einmal bei einer Geburt dabei?“

Der Vater lachte leise. „Ja, damals, als du geboren wurdest. Und dann bei deinem Bruder.“

„Und wie war das?“

„Herrje, wie soll ich das erklären. Es ist ja schon ziemlich lange her. So einundzwanzig Jahre bei dir, oder so!“ Er räusperte sich umständlich. „Damals lebten wir noch in Illinois. Hatten eine kleine Farm, die nicht viel abwarf, und so konnten wir uns keinen Arzt leisten. Na ja, ich hatte ein wenig Erfahrung mit Fohlen und so habe ich deiner Mutter geholfen.“

„Du kannst doch einen Menschen nicht mit einem Pferd vergleichen!“, schimpfte Collins ehrlich entsetzt.

„Na ja, da hast du schon recht, aber damals dachte ich halt so. Erst als deine Mutter nach Stunden immer noch nicht geboren hatte und sich vor Schmerzen hin und her wälzte, hielt ich es auch nicht mehr für so eine gute Idee. Aber da war es zu spät.“

„Und bei Josh?“

„Ach, der wurde ein paar Jahre später geboren. Da hatten wir schon in Minnesota gesiedelt und ich hatte eine Hebamme bestellt.“

„Wir sind viel herumgekommen, nicht wahr?", stellte Collins fest.
„Ja, ich bin nicht so sesshaft, wie sich eure Mutter das gewünscht hätte, aber es war eben immer nur zum Leben zu wenig und zum Sterben zu viel. Hier haben wir endlich gutes Land, aus dem wir etwas machen können!" Seine Stimme klang voller Zufriedenheit und Zuversicht.
Collins kannte seinen Vater und wunderte sich nun über den sanften Ton. Theodor war ein harter Mann, aber auf seine Weise liebte er seine Familie. Zu den Kindern war er oft ungerecht und unnötig hart gewesen, aber immer wenn Collins gedacht hatte, dass er es keinen Tag länger hätte aushalten können, hatte seine Mutter vermittelt und den Frieden wiederhergestellt. „Theodor!", hatte sie dann gesagt, „jetzt ist es genug!"
Gleichgültig. wie sehr sein Vater auch in Rage gewesen sein mochte, diese Worte hatten stets genügt, um ihn zur Vernunft zu bringen und seinen Ton gegenüber den Jungen zu mäßigen. „Hast recht, Klara", hatte er dann gemurmelt, „es sind ja noch Kinder!"
Inzwischen waren sie keine Kinder mehr, sondern junge Männer, und sie arbeiteten als gleichberechtigte Partner neben ihren Vater. Nur wenn es um Mädchen ging, kehrte er noch den unnachsichtigen Despoten zutage und vergraulte jedes heiratsfähige Mädchen im Umkreis von hundert Meilen. Selbst hier, in dieser Einöde, war ihm keine Frau gut genug für seine Söhne.
„Pa, wir können froh sein, wenn überhaupt jemand bereit ist, hier mit uns zu leben!", hatte Collins gemurrt.
„Irgendwann wirst du dankbar sein, dass ich so hartnäckig bin. Eine Ehe ist keine leichte Sache. Du brauchst einen Partner, der dieses Leben hier mit dir teilt, dir kräftige Kinder schenkt und bei der Arbeit zupackt. Liebe ist vergänglich und scheitert meist nach kurzer Zeit, wenn die Grundlage nicht da ist."
„Keine Frau wird je deinen Anforderungen gerecht werden!"
„Vielleicht solltest du dir mal Gedanken machen, was für eine Frau du möchtest!"
„Mir reicht, wenn sie hübsch ist!", hatte Collins geantwortet und sein Bruder hatte respektlos gekichert. Es hatte in einer Rauferei

zwischen den beiden Brüdern geendet, die seltsamerweise den Familienfrieden wiederhergestellt hatte.

Collins ließ seinen Vater am Herd zurück und trat wieder neben das Bett mit der Indianerin. Das Nachthemd war an der Brust bereits durchgeschwitzt und er runzelte besorgt die Stirn. „Was hat sie?", fragte er.
„Die Wehen haben wieder eingesetzt. Sie wird gleich wach werden und dann brauche ich dich hier."
„Was soll ich denn tun?", wunderte sich Collins. Er hatte Angst, vor dem, was da auf ihn zukam.
„Sie muss das Kind aus ihrem Leib pressen. Dazu fehlt ihr wahrscheinlich die Kraft. Du stützt ihren Rücken, damit sie aufrecht sitzen kann. Dadurch geht es vielleicht leichter."
„Ma, so etwas kann ich nicht!", stöhnte Collins. Um nichts in der Welt wollte er sehen, wie ein Kind geboren wurde. Allein der Anblick des Blutes hatte ihn schon bis ins Mark erschüttert.
„Du hast geschossen, also musst du es jetzt ausbaden!", erklärte seine Mutter entschlossen.
„Ma!"
„Keine Widerrede!"
Plötzlich wurde die Aufmerksamkeit der Mutter ganz auf das Geschehen gelenkt, denn die Indianerin warf sich stöhnend hin und her und griff dabei an ihren Bauch. Dann öffneten sich ihre schwarzen Augen und völlige Panik blitzte in ihnen auf. Furchtsam blickte sie sich in dem unbekannten Haus um und dann blieb ihr Blick an Collins' blauen Augen haften. Wie hypnotisiert starrte die Indianerin ihn an, dann zitterten ihre Lippen und ihr Gesicht verzerrte sich vor Schmerzen, als eine weitere Wehe ihr Innerstes zusammenzog. Schweiß tropfte ihr von der Stirn und sie stöhnte unterdrückt.
„Ma!?", rief der Sohn.
„Setz dich hinter sie auf das Bett und halte sie hoch!", befahl die Mutter.
Collins tat wie ihm geheißen und griff der Frau vorsichtig unter die Schultern, um sie hochzuheben. Ihre schwarzen, verwunderten Augen trafen seine, und er hatte keine Ahnung, was er sagen

sollte. „Ich helfe dir nur", murmelte er leise. Er rutschte hinter ihren Oberkörper und spürte, wie sie sich mit aller Kraft gegen ihn drückte. Er wusste, dass sie es nicht wollte, aber auch nicht verhindern konnte. Wieder stöhnte sie unterdrückt, als sie pressen musste und dabei Blut durch den Verband an ihrer Schulter sickerte.

„Die Wunde reißt wieder auf!", stellte seine Mutter fest.

„Und nun?"

„Nichts. Wir müssen warten, bis das Kind da ist! Es ist gleich so weit. Ich kann schon den Kopf sehen. Es geht viel zu schnell. Halt sie fest!"

Collins konnte hören, dass seine Mutter sich Sorgen machte, und hielt den Körper der Indianerin fest. Die Frau zitterte vor Erschöpfung und schien all ihre Energie verloren zu haben. „Du musst pressen!", schimpfte seine Mutter eindringlich, obwohl die Indianerin wahrscheinlich kein Wort verstand. „Hörst du?" Mit ihren Händen drückte sie gegen den geschwollenen Leib und sah auf den Kopf, der sich langsam durch die enge Öffnung zwängte. Die Indianerin schrie nicht. Alles, was zu hören war, war der gepresste Atem und das verhaltene Stöhnen. Dann rutschte der Körper des Kindes auf das Laken und die Indianerin sank mit geschlossenen Augen zusammen. Ihr Atem war flach und viel zu schnell, und Collins glitt aus dem Bett, um sie sacht auf die Kissen zu betten. Das Gesicht war schweißüberströmt, aber plötzlich ganz sanft und friedlich. „Ist sie tot?", fragte er entsetzt.

„Nein, nur ohnmächtig. Wisch ihr den Schweiß ab und massiere ihre Hände, damit das Blut besser fließt."

„Was ist mit dem Baby?"

Die Mutter seufzte traurig. „Es ist zu früh geboren. Es wird die Nacht wahrscheinlich nicht überleben!" Sie durchtrennte mit einem Messer die Nabelschnur, wickelte das winzige Wesen in ein Tuch und hielt es sacht im Arm. Winzige Finger streckten sich unwillig dem Leben entgegen, dann krähte es ganz leise.

„Was ist es denn?", fragte Collins mit belegter Stimme. Er war plötzlich so traurig um dieses Neugeborene, dass er nur mit Mühe die Tränen unterdrücken konnte. War er schuld daran, dass es zu früh geboren wurde?

„Ein kleines Mädchen!", antwortete die Mutter.
„Ach je! Was machen wir denn nun?"
„Nichts. Wir halten sie warm, solange sie atmet. Sie wird einfach sanft einschlafen. Wir müssen uns um die Mutter und um das andere Kind kümmern. Hier, halte sie eine Weile, damit ich mich um die Nachgeburt kümmern kann." Vorsichtig drückte Klara ihrem Ältesten das Neugeborene in die Arme und wandte sich wieder der Indianerin zu. Hier konnte sie helfen, während das Leben des Neugeborenen nun in Gottes Hand lag. Es war zu früh geboren worden und sie glaubte nicht daran, dass es eine Chance hatte. Das kleine Mädchen war winzig und schwach. Sie atmete zwar, aber zum Trinken würde es nicht reichen.
Auch Josh war näher getreten und blickte in das Gesicht des Neugeborenen. „Schade!", meinte er. „Sie sieht so niedlich aus. Nicht so zerknittert wie sonst die Neugeborenen. Seht mal, sie hat sogar schon Haare."
Die Mutter nickte kurz. „Ja, das kommt daher, weil sie zu früh geboren wurde. Sonst werden die Kinder bei der Geburt buchstäblich zusammengequetscht. Nicht alle Kinder haben bei der Geburt Haare, aber bei den Indianern ist das wohl so."
„Sie atmet noch!", stellte Collins fest. „Und sie bewegt ihre Arme!"
„In der Nacht wird sie schwächer werden und dann einfach sterben."
„Und wenn sie es schafft? So schwächlich wirkt sie gar nicht!"
Die Mutter antwortete nicht und so schwiegen die beiden und betrachteten sinnend das kleine Wesen.
„Wenigstens ist es ein Mädchen!", schaltete sich der Vater ein. „Squaws sind nicht so gefährlich. Aus Nissen werden Läuse, hat Chivington immer gesagt!"
„Theodor, was redest du denn da? Wie kannst du so herzlos sein? Diese Frau hat gerade ein Kind geboren und wird es höchstwahrscheinlich verlieren. Glaubst du, dass sie kein Herz hat? Dass sie keine Trauer empfindet?"
Etwas verlegen wand sich der Mann hin und her. „Na ja, ich meine ja nur! Ein Mädchen ist mir auf jeden Fall lieber. In ein paar Tagen sind sie eh alle wieder weg. Und das ist auch gut so!"

Er stellte die Tasse mit dem Tee neben das Bett und verzog sich nach draußen.
„Wo gehst du denn jetzt hin?“, fragte seine Frau empört.
„Ich trage Holz rein, damit es deine Rothäute schön warm haben!“, giftete Theodor zurück.
„Theodor!“
Collins und Josh grinsten breit, dann sahen sie interessiert zu, wie ihre Mutter der Indianerin saubere Tücher zwischen die Beine legte und sie sorgsam zudeckte. Immer noch schien das Mädchen dem Tode näher zu sein als dem Leben.
Anschließend nahm Klara das Neugeborene an sich und trocknete es behutsam ab. „Ich bade sie lieber nicht“, stellte sie fest. Sie glaubte nicht daran, dass dieses Kind leben würde. Trotzdem band sie den Nabel ab und wickelte das Kind in warme Decken. Es schien zu frösteln und so ging sie näher zum Ofen, um es zu wärmen. Dunkle Augen schienen sie unverwandt anzustarren und sie lächelte leicht. „Na du, vielleicht bleibst du ja doch?“
Es war schön, ein Baby im Arm zu halten, und es erinnerte sie an frühere, schöne Zeiten.

Eve

Moekaé fühlte als erstes die Wärme, als sie aus der Ohnmacht erwachte. Leise Stimmen waren zu hören, in einer fremden Sprache, die sie nicht verstand, aber dennoch harmonisch. In ihrer Schulter pochte der Schmerz und das erinnerte sie daran, dass sie angeschossen worden war. Trotzdem hatte sie keine Angst. Diese Menschen hatten sie aufgenommen und sich ihrer angenommen. Sie fühlte sich wie zerschlagen und dennoch hatte ihr der Schlaf Kraft gegeben. Trauer erfüllte sie, als sie daran dachte, dass ihr Baby geboren worden war. Wenn es nur ein wenig gewartet hätte! Sie überlegte, was die Weißen wohl mit dem Körper getan hatten und öffnete mühsam die Augen. Durch ein Fenster strömte Licht und sie erkannte, dass es bereits Tag war. Hatte sie die ganze Nacht geschlafen? Und wo war Rotes-Blatt? Der Schreck durchfuhr sie, denn sie hatte die ganze Zeit nicht mehr an das Kind gedacht. Das Letzte, was sie wusste, war, dass sie rückwärts auf das Kind gestürzt war. Lebte ihre Nichte noch? Sie wollte ihren Kopf heben und fand nicht die Kraft, es zu tun. Doch die leichte Bewegung zog die Aufmerksamkeit der anderen auf sich und eine ältere Frau trat an ihr Bett. Ihre Haare hatten bereits die Farbe des Wolfes und waren geflochten und hochgesteckt worden. Alles wirkte sauber und gepflegt an ihr. Die Frau lächelte freundlich und strich ihr sacht eine Haarsträhne aus dem Gesicht. Die sanfte Berührung verunsicherte Moekaé zutiefst. Bisher hatte sie die Weißen als Bedrohung erlebt, als Landräuber und Mörder. Niemals hatte sie irgendetwas Gutes in ihnen gesehen.

„Wo ist Rotes-Blatt?“, flüsterte sie bittend. Wo war ihre Nichte? Wieder versuchte sie, sich etwas aufzurichten, und hilfsbereit wurde sie dabei von der Frau gestützt. Moekaé sah, dass Rotes-Blatt in einem anderen Bett lag, und ließ sich beruhigt zurücksinken. Ihre Hände zitterten vor Anstrengung und der Schmerz in ihrer Schulter ließ rote Flecken vor ihren Augen tanzen. Wieder wurde ihr Kopf angehoben und eine Tasse an ihre Lippen gesetzt. Es schmeckte nach Tee und sie schlürfte vorsichtig das Getränk. Sie hatte schon früher Tee getrunken, aber noch nie so süß. Es

schien ihr Kraft zu spenden und sie fühlte die angenehme Wärme in ihrem Bauch. Es erinnerte sie an eine andere Leere in ihrem Bauch und plötzlich stiegen Tränen in ihr hoch, als sie an das Ungeborene dachte. Die Frau hatte ihre Reaktion gesehen und erhob sich schnell. Sie redete in dieser unverständlichen Sprache auf sie ein und lächelte freundlich. Dann verschwand sie kurz und kehrte mit einem Bündel im Arm zurück. Mit einem Lächeln legte sie Moekaé das Neugeborene in den Arm. Sie schien sehr erfreut zu sein und öffnete leicht die Decke, damit Moekaé das Gesicht des Babys besser sehen konnte.
Moekaé war fassungslos. Niemals hätte sie damit gerechnet, dass sie eines Tages tatsächlich ihr Baby im Arm halten würde. Tränen liefen ihr vor Erleichterung und Freude über das Gesicht. Es waren leise Tränen, ohne Schluchzen und Weinen, die einfach nur die Freude ausdrückten, die sie empfand. Oder auch die Trauer, dass Heskovetse diesen Augenblick nicht miterleben durfte. Eindringlich betrachtete Moekaé das Gesicht ihres Kindes, dann zog sie die Decken ein wenig auseinander, um das Geschlecht des Kindes zusehen. Sie bemerkte, dass der Nabel fachgerecht versorgt worden war, und tastete weiter nach unten. Fast musste sie lachen, als sie feststellte, dass es keinen Penis hatte. Eine Tochter! Sie drückte ihre Wange an das Gesicht des Babys und schnupperte an dem Duft des Neugeborenen. Es war so winzig, so zerbrechlich und doch so zäh. Es war zu früh geboren, aber dennoch schien es leben zu wollen.
Einer der Männer trat an ihr Bett und wieder blickte Moekaé in diese seltsamen blauen Augen, die so viel Zuversicht und Vertrauen auszustrahlen schienen. Sie hatte diese Augen schon einmal gesehen, vor langer Zeit, und so hatte sie keine Angst mehr. Sie war hier, weil es die Vorsehung so bestimmt hatte. Und ihr Baby würde leben, weil alles andere einfach keinen Sinn ergab. Genauso wie Rotes-Blatt. Hier war nun ihr Platz und hier würden sie in Zukunft leben. Sie musterte den Mann unter halb geschlossenen Wimpern und war zufrieden. Er hatte das strubbelige, maisfarbene Haar eines frechen Ponys und wirkte ansonsten stattlich und ausgeglichen. Er war jung und trotzdem hatte er schon breite Schulten und schwielige Hände, die davon zeug-

ten, dass er es gewohnt war, hart zu arbeiten. Es war der Mann, der auf sie geschossen hatte, und das schlechte Gewissen und die Sorge standen ihm ins Gesicht geschrieben. Sie war nicht böse. Er hatte nichts von seiner und ihrer Bestimmung wissen können. Weiße Menschen hatten vermutlich keine Visionen.
„Meine Tochter?“, fragte sie erneut und machte eine fragende Handbewegung in Richtung ihrer Nichte. Die ältere Frau führte ihren Handrücken gegen die Wange und zeigte ihr so, dass das Kind immer noch Fieber hatte. Moekaés Augen verdunkelten sich leicht, doch dann nickte sie tapfer. Diese Frau würde sich gut um Rotes-Blatt kümmern, das war deutlich zu spüren. Das Baby in ihrem Arm räkelte sich leicht und so schob sie das Hemd etwas auf die Seite und entblößte ihre Brust, um es zu stillen. Sie wusste, dass sich die Milch erst bilden musste, und dazu musste das Baby saugen. Der junge Mann errötete leicht und drehte sich hastig um. Es war lustig, wie er den Blick auf ihre Brüste vermied. Moekaé war zu Tode erschöpft und nach wenigen Augenblicken wurde ihr die Last des Babys zu schwer. Sie spürte das Saugen des Kindes und das erfüllte sie mit Zufriedenheit, doch dann fielen ihre Augen zu und sie gab sich dem Schlaf hin, der wieder nach ihr griff.

Klara nahm ihr behutsam das Baby aus dem Arm und kontrollierte den Atem des Kindes. „Ich hätte nie gedacht, dass es die Nacht überlebt“, meinte sie mit einem dankbaren Seufzen.
„Hat es etwas getrunken?“, erkundigte sich der Sohn. Er hatte immer noch ein schlechtes Gewissen, dass ausgerechnet er die Frau getroffen hatte.
Die Mutter kicherte leicht. „Ich glaube schon“, meinte sie. Vorsichtig wischte sie über den Mund des Babys und nahm die Feuchtigkeit wahr, die das Kind noch nicht ganz hinuntergeschluckt hatte. Anscheinend konnte es doch saugen.
„Glaubt ja nicht, dass die beiden nun hier bleiben dürfen!“, mischte sich der Vater ein. „Sowie das Wetter besser ist, reite ich nach Camp Robinson und sage dort Bescheid.“
„Aber sicher!“, stimmte die Mutter zu. „Sowie das Wetter besser ist.“

Sie legte das Kind in ein provisorisches Bettchen in der Nähe des Herdes und wandte sich dem anderen Kind zu. Prüfend legte sie die Hand an dessen Kopf und runzelte besorgt die Stirn. „Sie hat immer noch Fieber. Ich mache ihr neue Wadenwickel und dann versuchen wir, ihr ein wenig Tee einzuflößen."

„Ich kann ja warten, bis das Fieber gesunken ist, ehe ich aufbreche!", meinte Theodor versöhnlich. „Ich meine, ein oder zwei Tage machen ja kaum einen Unterschied. Dann können wir die Kleine noch ein bisschen hochpäppeln!"

„Das ist eine gute Idee, Theodor!", stimmte Klara freundlich zu. „Im Fort werden sie wahrscheinlich wieder eingesperrt und bekommen nicht genug zu essen. Ich verstehe nur nicht, warum sie Kinder so schlecht behandeln. Sie können doch nichts dafür."

„Wahrscheinlich wollen sie die Eltern zum Aufgeben zwingen!", vermutete ihr Mann.

„Es gibt Dinge, die sollten zivilisierte Menschen nicht tun!", erklärte Klara mit fester Stimme.

Theodor erwiderte nichts, denn im Grunde hatte seine Frau recht. Das kleine Mädchen hatte nichts verbrochen. Das empfand sogar er so.

Misstrauisch beobachtete er, wie seine Frau das Kind auf ihren Schoß nahm und ihm die Tasse an die Lippen setzte. Das Kind schlürfte durstig den Tee und blickte ihn dabei mit den dunklen Augen kurz an. Es war lustig, wie sie den Blick immer wieder zur Seite schweifen ließ und ihm dann wieder in die Augen sah. Dann wurde es von einer schlimmen Hustenattacke geschüttelt. Es kam aus dem tiefsten Inneren und klang besorgniserregend. Erschöpft lag das Kind in den Armen der Frau und schnappte keuchend nach Luft. Klara schüttelte besorgt den Kopf und legte es sacht auf das Bett zurück. „Ich flöße ihr ein wenig Hustensaft ein", murmelte sie mehr zu sich selbst. „Wir bräuchten hier einen Doktor."

Theodor grunzte verächtlich. „Das wäre ja noch schöner. Einen Doktor für die Rothäute! Die können froh sein, dass ich ihnen keine Kugel verpasse. Am besten, ich lade die drei auf einen Karren und bringe sie selbst ins Fort zurück."

„Das wäre für alle drei der Tod!“, stellte Klara nüchtern fest.
„Na und? Besser sie als wir!“
„Theodor, gerade eben hast du noch gesagt, dass du einige Tage warten würdest, und nun drohst du wieder, ihnen eine Kugel zu verpassen. Was willst du eigentlich?“
„Ich sprach von ein oder zwei Tagen, Klara“, wurde sie von ihm korrigiert, „Gerade so lange, bis der Blizzard vorbei ist.“
„Nun, dann bete ich eben, dass der Sturm noch ein paar Tage länger dauert!“, drohte seine Frau wütend.
„Wieso wirst du denn immer gleich wütend? Schließlich sind es doch nur Indianer!“, wunderte sich Theodor.
„Es sind eine Mutter und ihre beiden Kinder! Deshalb!“
„Ach, so ein Quatsch!“, schimpfte Theodor aufgebracht, dann verschwand er mit einem Kopfschütteln nach draußen, um Feuerholz hereinzuholen.

Collins und Josh traten näher zu ihrer Mutter und blickten auf das kleine Mädchen. Es war deutlich zu sehen, dass es ihr schlecht ging. „Wird sie es schaffen?“, erkundigte sich Collins.
Die Mutter zuckte unglücklich die Schultern. „Wenn wir sie warm halten, vielleicht schon. Sie ist so schwach, dass ich um ihr Leben fürchte. Wir müssen Pa überzeugen, dass sie noch etwas hier bleiben darf. Wenn er sie auf dem Karren ins Fort schafft, dann stirbt sie! Ach, was sage ich, dann sterben alle drei!“
„Ich hätte nicht schießen dürfen“, murmelte Collins beschämt. „Aber in dem Sturm war fast nichts zu erkennen und ich dachte wirklich, dass ich einen Indianer vor mir hatte!“
„Mach dir keine Vorwürfe. Du kannst nichts dafür. Wir haben diese Menschen nun bei uns aufgenommen und nun liegt es an uns, ob sie es schaffen oder nicht. Wir können ihnen Wärme und Schutz geben, alles andere liegt in Gottes Hand. Aber wenn wir sie wieder hinaus in den Sturm jagen, dann laden wir Schuld auf uns.“
„Wir reden mit Pa!“, versprach Collins mit einem Nicken. „Er ist nicht so grausam, wie er immer tut. Die Kleine hier kann doch wirklich nichts dafür.“
Wieder schauten alle auf das fiebernde Kind und nagten nach-

denklich an den Lippen. Bisher waren Indianer immer nur grausame Wilde gewesen, niemals kleine, fiebernde Mädchen.
„Schade, dass wir nie eine Schwester hatten", meinte Collins nachdenklich.
Die Augen der Frau füllten sich unvermittelt mit Tränen, die sie tapfer zurückhielt. Sie seufzte tief und machte eine flüchtige Geste mit ihrer Hand. „Ihr hattet eine Schwester, aber sie starb kurz nach der Geburt!"
Die beiden standen wie vom Donner gerührt da und starrten ihre Mutter wortlos an. „Wann?", fragte Collins mit belegter Stimme.
„Ein Jahr nach Joshs Geburt. Es war einfach zu früh für eine weitere Schwangerschaft und so wurde sie schwächlich geboren. Wir nannten sie Eva und begruben sie neben unserer Farm. Kannst du dich noch daran erinnern?"
Collins schüttelte verneinend seinen Kopf. Vielleicht hatte er es verdrängt oder vergessen, oder er war einfach zu klein gewesen, um sich zu erinnern. „Eva?", wiederholte er sinnend. „Ich hätte gern eine Schwester gehabt!"
Die drei schwiegen nachdenklich und blickten wieder auf das fiebernde Kind. „Sie sieht schon sehr niedlich aus!", stellte Josh fest. „Irgendwie gar nicht gefährlich!"
„Nicht wahr?" Die Mutter lächelte freundlich und strich dem das Mädchen über das Haar. „Und wenn das Fieber gesunken ist, dann baden wir sie richtig und waschen ihre wunderschönen, schwarzen Haare!"
„Ein neues Kleid bräuchte sie auch!", schlug Collins vor. Ihm gefiel die gute Laune seiner Mutter. Irgendetwas hatte sich mit der Ankunft der drei Menschen verändert und er fand es schön.
„Oh ja, ich wasche und flicke das Kleidchen, aber ein neues wäre auch schön. Das nächste Mal, wenn wir zum Handelsposten von Bissonette kommen, soll Vater etwas Stoff mitbringen."
„Ich sag's ihm", grinste Collins.

Schwungvoll griff Collins nach der Jacke und verließ das Haus, um seinen Arbeiten nachzugehen. Der Sturm hatte etwas nachgelassen und er wollte die Zeit nutzen, um Zäune auszubessern und das Vieh zu füttern. Josh begleitete ihn und klopfte ihm ka-

meradschaftlich auf die Schulter. „Und, was sagst du dazu?“
„Wozu?“, fragte Collins.
„Na, zu der Indianerin.“
„Wieso?“
„Wäre doch schön, wenn sie bleibt. Sie könnte Mutter bei der Arbeit helfen!“
Collins schüttelte ablehnend den Kopf. „Es sind Indianer! Vater hat recht. Sie werden zu ihrem Volk zurückkehren. Wir warten, bis es ihnen besser geht, und dann sagen wir bei den Soldaten Bescheid.“
„Mhh!“, brummte Josh wenig begeistert.
„Was?“, fragte Collins etwas ungehalten.
„Na ja, so viele Mädchen gibt es hier nicht. Sie sieht doch recht hübsch aus. Ich meine, wenn sie wieder etwas Fleisch auf den Knochen hat.“
„Josh, sie hat zwei Kinder! Willst du dich mit zwei Indianerbälgern belasten?“
Josh senkte bockig den Blick, ehe er antwortete. „Wieso, die Kleine ist doch auch sehr niedlich und so sehr stört mich ein Baby nicht!“
Collins tippte seinem Bruder herausfordernd an die Stirn: „Aufwachen, Bruderherz! Du verliebst dich in eine Squaw! Vater wird toben, wenn er das mitbekommt. Indianer können wir hier nicht brauchen. Außerdem spricht sie nicht einmal unsere Sprache! Wie soll das überhaupt gehen?“
„Na ja, bei mir braucht ein Mädchen nicht viel sagen!“, grinste Josh herausfordernd. „Es reicht, wenn sie hübsch ist!“
Collins lachte laut, als Josh ihn mit seinen eigenen Worten schachmatt setzte.
„Genau“, stimmte er zu. „Es reicht, wenn sie hübsch ist.“ Sein Gesicht wurde plötzlich ernst, als er an die Frau dachte. Sie war verdammt hübsch! Und tatsächlich störten ihn auch die Kinder nicht. Wieso hatte er gegenüber seinem Bruder so abfällig über die drei geredet?

Sie sattelten die Pferde und ritten die Zäune zur Kontrolle ab. Immer wieder kam es vor, dass nach einem Sturm Pfosten umgefal-

len waren und erneuert werden mussten. Am nördlichen Ende des Tales kamen sie an einem kleinen See vorbei und ließen ihre Tiere trinken. Noch war er nicht zugefroren, aber bald würde der Frost hier alles erstarren lassen. Josh deutete auf einige Zweige, die zu einer kuppelförmigen niedrigen Hütte zusammengebogen worden waren. „Sieh mal, hier haben mal Indianer gelebt!“ Dann deutete er auf einige Hügel in der Nähe. „Und dort habe ich eine Grube entdeckt, die die Indianer ausgehoben haben. Außerdem hängen da kleine Bündel in den Zweigen. Ich habe mal eins aufgemacht, um zu sehen, was da drin ist.“
„Und?“, fragte Collins ohne große Neugier.
„Tabak. Hast du eine Ahnung, warum die Indianer kleine Beutel mit Tabak in die Bäume hängen?“
„Nein, und ich will es auch nicht wissen.“ Es klang patzig und er ärgerte sich darüber.
„Na ja, wenn die Frau erst unsere Sprache spricht, dann könnte ich sie ja fragen!“
„Und wozu willst du das wissen?“, erkundigte sich Collins mit einem spöttischen Grinsen.
Josh zuckte nichts sagend die Schultern. „Einfach so!“
„Na, dann kannst du sie auch fragen, wozu diese Grube ist.“
„So ist es!“
„Bruder, niemand interessiert sich dafür“, lachte Collins seinen Bruder aus.
Josh blickte ihm stur in die Augen. „Jetzt vielleicht nicht, aber eines Tages werden sich die Menschen dafür interessieren.“
Kopfschüttelnd ritt sein Bruder davon und Josh blieb nichts anderes übrig, als ihm zu folgen.

Es wurde früh dunkel und blaugraue Wolken verkündeten den nächsten Schneesturm. So kehrten sie schnellstens um, kämpften gegen den stärker werdenden Wind und zerrten schließlich die Pferde in den Stall, der gleich neben dem Wohngebäude stand. Der Stall war wesentlich größer als das Wohnhaus der Familie und verfügte über einen Boden, auf dem das Heu gelagert wurde. Die beiden Männer sattelten die Pferde ab und gingen dann zum Wohnhaus zurück. Sie drückten die Hüte tiefer in das Gesicht und wankten etwas, als eine Böe sie erfasste. „Huh!“, schimpfte Collins aufgebracht. „Geht das wieder los!“ Er deutete mit einem Nicken auf den Holzstapel, der sorgsam aufgeschichtet neben der Hüttenwand lag. „Nimm noch Holz mit, damit wir nachher nicht mehr raus müssen!“

Gehorsam nahm Josh einige Scheite, während Collins sich noch einmal prüfend umsah. Es war schwierig, noch etwas zu erkennen, und er legte schützend die Hand vor die Augen. Alles schien ruhig zu sein und so kehrte sein Blick zu der Hütte zurück. Er stolperte fast über einige lange Bretter, die dort bereits für den geplanten Anbau lagerten, und fluchte laut. Im Moment lebte die ganze Familie in einem einzigen Raum. Im Winter war das sehr gemütlich und warm, doch Privatsphäre gab es hier nicht. Die beiden Jungen drängten darauf, dass es weitere Räume gab, denn keine Braut würde in einer solchen Enge leben wollen. „Im Frühjahr!“, hatte der Vater versprochen. „Oder im Sommer!“

Josh und Collins wussten, dass sie den Anbau wahrscheinlich selbst bauen mussten, sonst würde er bis zum nächsten Winter immer noch nicht stehen.

Collins und Josh traten in die Wärme und Josh warf die Holzscheite in die Kiste neben dem Herd. Dann kehrte er zum Eingang zurück und beide hängten die Waffen und Mäntel an die Haken neben der Tür. Es war zur Gewohnheit geworden, denn hier gab es nicht nur Indianer, sondern auch wilde Tiere. Niemand verließ das Haus, ohne anständig bewaffnet zu sein. Kurz streiften sie die Indianerin mit einem Blick, dann setzten sie sich an den Tisch. „Lebt das Kleine noch?“, fragte Collins.

Die Mutter lächelte und stellte einige Holzteller auf den Tisch. „Ja, es hat sogar wieder getrunken. Ich gebe ihm etwas Tee, bis sich die Milch bei der Mutter bildet.“

Collins räusperte sich verlegen, denn so viele Details wollte er eigentlich gar nicht wissen. Frauengewäsch. Die Mutter stellte einen Topf mit Eintopf auf den Tisch und hungrig griffen die Männer nach dem Schöpflöffel, um sich zu bedienen. Die Mutter ging kurz fort und kehrte mit dem Mädchen auf dem Arm zurück. Das Kind hatte sich ängstlich an sie gedrückt, schien aber in besserer Verfassung zu sein. Ihre bloßen Füße steckten in dicken Socken,

die viel zu groß waren und dem Kind bis zu den Knien reichten. Es sah lustig aus.
„Hat sie noch Fieber?“
„Ja, ein bisschen!“, antwortete die Mutter. Sie füllte einen Teller mit dem Eintopf, nahm einen Löffel und begann das Kind zu füttern. „Mhh“, flüsterte sie immer wieder und freute sich daran, wie das Kind gierig das Essen verschlang.
„Die hat ganz schön Hunger!“, stellte Collins fest.
Der Vater knurrte unwillig. „Ja, die fressen uns die Haare vom Kopf, wenn wir nicht aufpassen!“
Das Kind hatte immer noch die Puppe umklammert und Klara fütterte abwechselnd das Kind und die Puppe. Das Kind lächelte nicht, sondern zeigte nur mit einem leichten Blitzen der Augen, dass es sich darüber freute.
„Lachen Indianer eigentlich nicht?“, fragte Collins verwundert.
„Jetzt lass sie doch!“, schimpfte Klara. „Sie hat vielleicht Angst!“
„Mhh!“, brummte Collins wenig überzeugt. „Ihre Haare sehen schmutzig aus. Vielleicht hat sie ja Läuse!“
Die Mutter funkelte ihn giftig an. „Wenn das Fieber gesunken ist, dann bade ich sie. Und ich wasche auch ihre Haare!“, betonte sie.
„Das wird auch besser sein. Ich mag keine Läuse in meinem Haus!“, mischte sich der Vater ein.
Das Kind hatte aufgehört zu essen und starrte nun die Erwachsenen furchtsam an. Irgendwie spürte es instinktiv, dass es um sie ging. Ihr Kopf drückte sich schutzsuchend an die ältere Frau und ihr Blick huschte durch den Raum, als ob es nach einem Versteck suchte. „Jetzt hört doch auf, ihr macht ihr ja Angst!“, schimpfte die Mutter begütigend.
„Mhh!“, brummte Theodor wenig überzeugt.
Dann mischte sich plötzlich Collins ein. Er beugte sich zu dem Mädchen und griff vorsichtig nach der Puppe. „Darf ich mal?“, fragte er mit einem Lächeln. Verunsichert ließ sich das Kind einfach die Puppe aus der Hand nehmen und kritisch drehte Collins das Spielzeug hin und her. Dann setzte er die Puppe an den Rand seines Tellers und tat so, als würde sie von seinem Essen naschen. „Uah!“, stöhnte er theatralisch. „Die futtert mir ja alles weg!“ Hastig zog er den Teller in seine Richtung, als wollte er sein Essen

retten, dann reichte er dem Kind die Puppe zurück. „Puppe!", sagte er deutlich. „Eine Puppe!" Ein winziges Lächeln in den Augen antwortete ihm, das sofort wieder verschwand, doch Collins hatte es gesehen und war sprachlos. Dieses Kind war einfach nur ein kleines, hilfloses und verängstigtes Mädchen. „Schau mal, dass sie noch ein bisschen was isst", murmelte er betroffen.
Vorsichtig flößte Klara dem Kind wieder einige Löffel von dem Eintopf ein, dann hob sie den Tee an die Lippen des Kindes. „Tee!", sagte sie deutlich. Dann hob sie die Puppe hoch und tat so, als würde die Puppe auch Tee trinken. „Puppe!", erklärte sie.
Wieder erschien dieses kurze Blitzen in den Augen des Kindes und ermutigt setzte Klara ihre Sprachversuche fort. „Puppe!" Dann deutete sie auf sich und meinte: „Oma!" Sie zeigte auf Theodor und sagte: „Opa!"
„Pah!", mischte sich Theodor ungehalten ein. „Das wüsste ich aber!"
Das Kind senkte die Augen und ließ die Füße baumeln. Es sah aus, als wollte sie gleich vom Schoß der älteren Frau flüchten.
Behutsam umarmte Klara das verängstigte Kind und zeigte wieder auf die Puppe. „Sag doch mal ‚Puppe'!"
Das Kind schwieg und streifte die Erwachsenen mit einem flüchtigen Blick.
Unwillig beobachtete Theodor die Lehrversuche seiner Frau. „Wahrscheinlich ist sie dumm. Vielleicht haben Indianer überhaupt keine richtige Sprache. Ich sagte doch, dass sie hier schleunigst weg müssen. Selbst ein Hund stellt sich nicht so dumm an!"
„Sie ist nicht dumm!", verteidigte Klara das Kind.
„Pah, dann frag doch mal, wie sie heißt." Theodor pfiff verächtlich durch die Zähne, sichtlich verärgert über das kleine Mädchen.
Wieder zeigte Klara auf die verschiedenen Personen und sagte dabei die Namen: „Oma, Opa und die Puppe!" Sie lächelte dabei und versuchte den Blick des Kindes auf sich zu lenken. „Ich bin die Oma!", wiederholte sie. Dann legte sie den Finger auf die Stirn des Kindes. „Und du?"
Das Kind senkte schüchtern den Blick und schwieg.
„Siehst du!", meinte Theodor wenig einfühlsam.

„Jetzt lass ihr doch ein wenig Zeit. Es ist doch gar nicht wichtig, wie sie heißt!“, schimpfte Klara.
„Stimmt, denn ich bringe sie sowieso zurück und da brauchen wir ihren Namen nicht zu wissen!“
„Vielleicht hat sie gar nicht verstanden, was ich will“, verteidigte Klara das kleine Mädchen. „Ich würde auch nichts sagen, wenn ich einem solchen Griesgram gegenübersitzen würde.“
„Ach, auf einmal bin ich schuld, wenn das Kind nicht reden will? Pass mal auf, vielleicht sagt sie ja mir, wie sie heißt!“ Ehe es jemand verhindern konnte, trat Theodor an den Stuhl, auf dem seine Frau mit dem Mädchen saß und beugte sich vor. Mit seinem Finger tippte er sich auf die Brust und sagte: „Opa! Hörst du, ich bin der Opa!“
Dann stupste er dem Kind den Finger in den Bauch: „Und du?“
Dunkle Augen starrten ihn kurz an, ganz ohne Furcht und seltsam tief, dann flüsterte das Kind leise seinen Namen. „Ma`evepotaé“
„Ach Gott!“, entfuhr es der älteren Frau. „Hast du das gehört? Sie heißt Meine-Eve!“ Ganz sacht drückte sie das Kind an sich und flüsterte: „Meine Eve! Meine kleine Eve!“
Wieder schwieg das Mädchen, aber sie ließ es zu, dass Klara sie fest an sich drückte.
„Ich bin deine Oma, solange du hier bist, und das ist dein Opa!“, versicherte Klara liebevoll.
„Jetzt gewöhn dich bloß nicht an die Kleine!“, ermahnte Theodor seine Frau. „Die drei gehen wieder zurück zu ihrem Stamm!“
„Selbstverständlich!“, antwortete seine Frau seltsam versöhnlich, sodass ihr Mann sofort wieder misstrauisch wurde. Er setzte sich auf seinen Stuhl und schaufelte das Essen in sich hinein, während die anderen ihn wortlos anstarrten.

Moekaé

Moekaé lag in diesem Gestell mit den weichen Decken und wunderte sich darüber, dass sie immer noch so kraftlos war. Ihre Beine und Arme waren wie zwei Fremdkörper, die sie kaum bewegen konnte. Die Wunde zwischen ihren Beinen brannte und ihre Brüste spannten sich auf seltsame Weise. Manchmal war die Frau gekommen und hatte ihr das Baby an die Brust gelegt. Moekaé hatte gesehen, dass die Frau dem Kind Tee einflößte, und war beruhigt. Vielleicht war sie auch einfach zu müde, um sich wirklich Sorgen zu machen. Sie nippte an der Suppe, die man ihr reichte, schlürfte den süßen Tee und wartete darauf, dass ihre Kräfte zurückkehrten. Ihre Schulter schmerzte und sie wusste, dass sie Fieber hatte. Immer wieder fiel sie in einen tiefen Dämmerschlaf, der nur aus Alpträumen zu bestehen schien. Sie sah das Aufblitzen des Mündungsfeuers im Schneesturm und wie dunkle Schatten in den Schnee fielen und dann fuhr sie schweißgebadet auf. Manchmal wollte sie aufstehen und wegrennen, doch ihr Körper war so geschwächt, dass sie kaum ihren Kopf heben konnte. Zweimal urinierte sie einfach in die Laken und Binden, die die weiße Frau zwischen ihre Beine gestopft hatte, doch sie wusste nicht, wie sie ihr dringendes Bedürfnis verständlich machen sollte. Die fremde Frau wechselte die Binden wortlos aus und wusch die blutdurchtränkte Wäsche in einem Kessel auf der Feuerstelle. Moekaé hörte, dass Rotes-Blatt immer noch von Hustenattacken geschüttelt wurde, doch sie schienen leichter zu werden. Moekaé wusste nicht, wie viel Zeit verging, denn in ihren Fieberträumen hatte sie jedes Zeitgefühl verloren.

Manchmal wachte sie auf und fühlte, dass das Baby an ihrer Brust lag und saugte. Ihre Brüste waren heiß und schwer und manchmal wusste sie nicht, was mehr schmerzte: die Brüste oder die Schusswunde an der Schulter. Dann wurde auch dieser Schmerz besser und sie nahm es hin, dass die weiße Frau ihr das Baby immer wieder an die Brust legte. Noch war sie zu müde, um wirklich über die Situation nachzudenken. Sie lebte. Allein das zählte. Nach drei Tagen ließ endlich das Fieber nach und sie nahm ihre

Situation klarer wahr. Sie war schmutzig und verschwitzt und es war ihr peinlich, einfach in die Decken zu urinieren. Aber noch war nicht daran zu denken, dass sie in die Kälte hinausging, um zu urinieren oder sich zu waschen.
Die fremde Frau wechselte die Binden und auch den Verband um die Schulter. Außerdem tupfte sie den schlimmsten Schmutz mit einem feuchten Tuch ab, doch Moekaé wäre am liebsten in dem eisigen Wasser eines klaren Sees versunken, um allen Dreck von sich abzuschrubben. Nur das Hemd, das sie trug, war halbwegs sauber. Sie seufzte und lauschte auf die fremden Stimmen, die an ihre Ohren drangen. Im Moment war sie diesen Menschen auf Gedeih und Verderb ausgeliefert und zur Untätigkeit verdammt. Sie wurde versorgt und mehr konnte sie unter diesen Umständen nicht verlangen. Sie umhüllte sich mit einer Mauer aus Gleichgültigkeit und schickte ihre Gedanken zu den Kindern. Es war nicht wichtig, was mit ihr geschah, allein das Überleben der Kinder zählte. So Wenige von ihrem Volk waren übrig und sie wollte, dass wenigstens die beiden Kinder überlebten. Ihr Baby war winzig und doch schien es zäh zu sein. So wie Rotes-Blatt, dachte sie versonnen. Beide Kinder waren geboren worden, um zu leben. Sie hörte, dass Rotes-Blatt weniger hustete, und wusste, dass diese Menschen dem Kind helfen würden. Wahrscheinlich reichten schon die Wärme und das regelmäßige Essen, dass sich Rotes-Blatt erholen würde. Das Essen war gut, mit viel Fleisch und Fett, sodass sich ihr Zustand bald bessern würde. Es brauchte so wenig, um ein Kind durch den Winter zu bringen! Wärme und ein bisschen Fleisch.
Moekaé biss traurig die Lippen aufeinander, als sie an Kleiner-Biber dachte. Mit ein bisschen Wärme und Essen hätte auch Kleiner-Biber nicht sterben müssen. Zum ersten Mal dachte sie an die anderen, die den Fluchtversuch gewagt hatten. Sie wusste nicht, wer überlebt hatte, und ihre Lippen formten leise ein Gebet. Sie dachte an Heskovetse, der für sie gestorben war, und dann an ihre Freundinnen Büffelkalb-Frau, Sommer-Regen und Brennendes-Gras. Sie wusste nicht, was aus ihnen geworden war und ob sie noch lebten. Hatten Büffelkalb-Frau und Brennendes-Gras die Lakota erreicht? Wieso hatte niemand die Ehre von Sommer-Re-

gen beschützt? Wieso hatte sie ihre Freundin damals nicht aufgehalten, als sie mit den Soldaten gegangen war? Oder hatte genau das Sommer-Regen das Leben gerettet? Wer war von den Soldaten getötet worden? Sie dachte an Eiserne-Zähne und ihre Kinder und all die anderen, mit denen sie monatelang eingesperrt worden war. Und dann schloss sie die Augen und wischte die Gedanken fort. Es war nicht mehr wichtig. Sie war nun hier und ihre Kinder würden hier aufwachsen. Vielleicht war es besser, nicht zu wissen, wer es geschafft hatte oder nicht. Sie fühlte keine Trauer mehr und überließ sich dem Gefühl der Geborgenheit. Der Geist ihres Mannes würde über sie wachen und sie hatte einen weiteren, mächtigen Verbündeten. Sie schlief lange und traumlos und erholte sich langsam von den Strapazen.

Klara hatte das Kind gefüttert und wieder in das Bett gelegt. Dann setzte sie sich zu den Männern an den Tisch und flickte geduldig das Kleid des Kindes. Ihre Gedanken schweiften ab, als sie die vielen Risse stopfte. Dieses Kleid erzählte von einem unglaublichen Trauerspiel und den vielen Strapazen, die dieses Kind erlebt haben musste. Wie konnten zivilisierte Menschen so etwas tun? Aber ihr Mann war ja genauso hart, wenn es um Indianer ging. Misstrauisch war er in den letzten zwei Tagen immer wieder zu kurzen Patrouillen aufgebrochen, um sein Eigentum vor marodierenden Indianern zu schützen.

Aber hier waren keine Indianer! Wahrscheinlich hatten die Soldaten längst alle getötet. Immerhin hatte Theodor sein Vorhaben aufgeschoben, die drei Menschen den Soldaten auszuliefern. Wir warten, bis sich das Fieber gelegt hat, hatte er der Indianerin zugestanden. Klara hatte kein Wort gesagt, um ihn nicht zu reizen. Sie kümmerte sich um das fiebernde Kind, wickelte das Neugeborene und wusch die schmutzigen Binden der verletzten Frau. Jeder Tag, den die Menschen hier bleiben durften, zählte. Klara wusste, dass das Neugeborene niemals überleben würde, wenn Theodor es ins Fort brachte. Auch das Mädchen würde den Winter nicht überleben. Klara hütete sich, ihren Mann davon zu erzählen, denn dann würde er wahrscheinlich harte Entscheidungen treffen. So blieben die Menschen einfach von einem

Tag auf den anderen da und niemand sprach darüber. Der Hustensaft neigte sich dem Ende zu, doch Klara sagte nichts, denn dann wäre Theodor sicherlich eingefallen, dass Indianer ohnehin nichts in seinem Haus zu suchen hatten.
Klara konzentrierte sich auf ihre Näharbeit und trennte den provisorischen Saum des Kleides auf. Dann steppte sie ihn erneut. Eigentlich war es ein hübsches Kleid und sie freute sich darauf, dass das Mädchen darin durch den Raum hüpfen würde. Der Husten wurde besser und solange das Kind hier im Warmen blieb, würde es genesen. Die Stimmung war seltsam friedlich. Sonst stritten sich ihre Söhne oft mit dem Vater, doch jetzt plätscherte ihre Unterhaltung leise dahin. Sie planten den Anbau des Hauses und sprachen darüber, welche Zäune repariert werden mussten. Fast schien es, als wollte keiner die schlafenden Gäste stören. Klara amüsierte sich darüber. Anscheinend machte es doch etwas aus, wenn eine fremde Frau im Raum war, selbst wenn es sich um eine Squaw handelte. Kurz blickte sie über ihre Lesebrille hinweg zu dem Bett, in dem ihr ungebetener Gast lag.
Da bemerkte sie, dass die Indianerin sich aufrichtete, und erhob sich überrascht. Die Männer stutzten ebenfalls, blieben aber am Tisch sitzen und beobachteten das Geschehen von dort. Die Indianerin saß am Bettrand und schien aufstehen zu wollen. Ihre Hände zitterten vor Anstrengung und doch fand sie von irgendwoher die Kraft, sich in die Höhe zu ziehen. Die Mutter schimpfte leise und versuchte, die Frau wieder zum Hinsetzen zu bewegen, doch die Indianerin setzte einen Fuß vor den anderen und ging langsam auf die Tür zu.
„Wo will sie denn hin?“, fragte Collins verwundert. Draußen war es viel zu kalt und die Frau trug nur ein leichtes Nachthemd und war ansonsten barfuß.
„Wahrscheinlich auf die Toilette!“, vermutete die Mutter. „Sie war ja seit Tagen nicht mehr draußen!“
„Gib ihr doch einen Topf!“
„Ich weiß nicht, ob sie den benutzen würde. Die letzten Male hat sie einfach ins Bett gemacht. Komm lieber her und hilf ihr!“
„Wobei?“
„Du trägst sie zur Toilette und bringst sie wieder her!“

Collins schüttelte vehement seinen Kopf, während Josh vor Schadenfreude kicherte.
„Nee, das mache ich nicht!", wehrte Collins brüsk ab.
„Ich gehe mit, aber du musst sie tragen!", befahl die Mutter resolut.
„Ma, sie ist immer noch voller Blut! Und wenn ich etwas falsch mache?"
„Du bringst sie doch nur rüber, den Rest mache ich!", bat die Mutter fast flehend. Dann kicherte sie laut und schüttelte dabei den Kopf. „Ja, ja, totschießen kannst du hervorragend, aber wenn es ums Helfen geht, dann drückst du dich!"

Collins schnaufte empört und schob zornig den Stuhl zurück, auf dem er saß. Er stellte sich vor seine Mutter und stemmte wütend die Hände in die Hüften. Dann musterte er die Indianerin, die schwankend vor ihm stand und sich kaum auf den Beinen halten konnte. Wie ein Grashalm im Wind, kurz ehe der Sturm ihn knickte, dachte er verwundert. Ihr Blick fraß sich hilfesuchend in seinen Augen fest und er biss entschlossen die Lippen zusammen. Ja, er hatte diese Frau angeschossen, also musste er es jetzt ausbaden. Er trat einen Schritt auf sie zu, nahm sie auf die Arme und ging in Richtung der Tür. Sie hatte keine Angst vor ihm, das konnte er deutlich spüren. „Mach die Tür auf!", knurrte er seinen Bruder an.
Mit einem breiten Grinsen sprang sein Bruder auf, öffnete die Tür und trat vor ihm in die Kälte. Schneeflocken tanzten ihnen entgegen und der Sturm pfiff um ihre Ohren. „Scheißwetter!", knurrte Josh genervt. Er nahm eine Laterne und leuchtete seinem Bruder den Weg zu der winzigen Baracke, die über dem tiefen Erdloch gebaut worden war, das der Familie als Toilette diente. Er öffnete die Tür und ließ seinem Bruder mit einer tiefen Verbeugung den Vortritt.
„Sehr witzig!", meinte Collins ungehalten. Vorsichtig setzte er die Frau auf das Holzbrett, das über dem Loch angebracht war. Dann verließ er fluchtartig den winzigen Raum, froh darum, dass sich nun seine Mutter um alles Weitere kümmern würde. Er stellte sich frierend neben seinen Bruder und wartete darauf, dass er

die Indianerin wieder zurücktragen durfte. Irgendwie freute er sich darauf.
„Indianer hin oder her, sie ist eindeutig eine Frau!“, stellte sein Bruder nüchtern fest.
„Ja!“ Auch das war lediglich eine Feststellung. Beide lachten plötzlich übermütig und schlugen sich frierend die Arme um die Schultern.
Dann kam die Mutter wieder heraus und winkte ihren Älteren heran. „Du kannst sie wieder zurückbringen!“
Weit weniger widerstrebend als zuvor betrat Collins die Baracke und hob die Indianerin in seine Arme. Sie war federleicht und zitterte wie Espenlaub. Er konnte nicht sagen, ob es die Kälte oder Erschöpfung war, oder beides. Mit großen Schritten ging er der Wärme des Blockhauses entgegen und legte die Frau wieder in das Bett. Große Augen blickten ihn an und verunsicherten ihn zutiefst. Fürsorglich deckte er die Frau zu, dann suchte er wieder den Blick aus den schwarzen Augen. „Ich heiße Collins!“, stellte er sich vor. Verlegen strich er sich seine Haare aus dem Gesicht, dann klopfte er sich leicht auf die Brust, um seine Worte zu verdeutlichen. „Collins!“, wiederholte er deutlich. Er hatte keine Ahnung, warum es ihm so wichtig war, dass die Frau seinen Namen kannte. Vielleicht wollte er auch nur einen winzigen Moment länger an ihrem Bett stehen bleiben.
„Moekaé“, flüsterte die Indianerin leise und zeigte dabei mit einer Bewegung ihres Fingers auf sich.
Er stand da wie vom Donner berührt. Ihre Stimme hatte einen Zauber auf ihn, der ihn bis in die Seele traf. Es war wie der Hauch des Windes, der über das Gras der Prärie strich und sanft die verborgenen Blüten streichelte. Ihr Name klang wie Musik in seinen Ohren und war verbunden mit der Schönheit des Landes. Plötzlich sah er die knorrigen Pinien und die scharfen Felsen in einem anderen Licht. Sie gehörten einfach in ihrer Wildheit hierher, genauso wie diese Frau,
„Monika!“, murmelte er versonnen.
Sie antwortete ihm mit einem scheuen Lächeln, das ebenso wie bei ihrer Tochter höchstens einen winzigen Augenblick dauerte und doch so verheißungsvoll war, dass es ihm die Luft nahm.

„Monika!“, wiederholte er mit einem Lächeln.
Sie nickte leicht, dann schloss sie die Augen und schien wieder zu schlafen. Ihr Gesicht war friedlich und entspannt, trotz der Erschöpfung, die immer noch deutlich zu sehen war. Aber Collins wusste, dass sie sich erholen würde, und nickte zufrieden.
Er kehrte zum Tisch zurück und blickte auf seine Familie. „Sie heißt Monika!“, verkündete er stolz.
„So, so!“, knurrte sein Vater. „Lauter christliche Namen, aber die kann man sich wenigstens merken!“
„Vielleicht wurden sie ja schon getauft?“, vermutete Klara. „Dann sind sie gar keine Heiden mehr!“
„Mhh!“, meinte Theodor wenig überzeugt. „Trotzdem bringen wir sie zurück, sowie das Wetter besser ist!“
„Natürlich!“, stimmte seine Frau zu.

Collins sagte nichts, denn er wusste, dass es seinen Vater nur reizen würde, aber er hoffte, dass das Wetter noch eine Weile eine Reise nicht zuließ. In der Kiste bewegte sich das Neugeborene und er beugte sich besorgt darüber: „Na, du? Willst du zu deiner Mama?“
Vorsichtig hob er das Baby aus der Kiste und brachte es der Indianerin. „Hier“, murmelte er.
Monika lag mit geschlossenen Augen da und schien zu schlafen. Vorsichtig legte er das Baby neben sie und ging dann zum Tisch zurück.
„Es wird Zeit, dass wir der Frau ein eigenes Bett machen. Es geht nicht, dass sie dort bleibt“, meinte der Vater.
„Aber Theodor“, schimpfte seine Frau, „Das macht mir wirklich nichts aus!“
„Aber mir! Indianer liegen nicht in Betten, sondern auf der Erde! Morgen schichten wir etwas Stroh auf und dann soll sie mit ihren Bälgern hier beim Feuer liegen.“ Seine Stimme ließ keine Widerrede zu und so schwiegen alle.
Collins nickte zustimmend und versuchte seinen Vater zu besänftigen: „Eine gute Idee, Pa! Wir richten ihr ein einfaches Lager her und wenn es endlich aufklart, bringen wir sie zu ihrem Stamm zurück.“

Wohlwollend klopfte Theodor seinem Ältesten auf die Schulter und zog ihn etwas zur Seite: „Genau! So ist es richtig, mein Sohn! Wir packen die drei warm ein, dann passiert ihnen schon nichts."
Wieder nickte Collins, dann machte er eine abfällige Handbewegung. „Nicht unser Problem! Soll sich die Armee darum kümmern", meinte er. Es klang, als müsste er sich selbst etwas vormachen.

Langsam kehrte Ruhe in dem engen Haus ein. Das Feuer im Kamin brannte herunter und der Vater legte ein letztes Mal Holz nach, damit es in der Nacht nicht auskühlte. Dann kletterte er neben seiner Frau ins Bett. Sonst schliefen sie immer getrennt, doch im Moment lag die Indianerin im Bett der Frau und so mussten sie sich das Lager wieder teilen. Es war seltsam, denn nach dem Tod der Tochter hatten sie keinen Geschlechtsverkehr mehr gehabt. Wenn Theodor ein männliches Bedürfnis spürte, dann suchte er eine der Huren in der Nähe der Forts auf, doch seine Frau hatte sich ihm nach dem Tod der Tochter verweigert. Trotzdem hatte er sie nicht verlassen, denn er liebte Klara. Sie nun so nahe bei sich zu fühlen, weckte alte Erinnerungen in ihm. „Klara", murmelte er liebevoll, „es ist schön!"
„Ja, ja, aber komm nicht auf falsche Gedanken!", wies ihn Klara in die Schranken.
„Nein, nein", beruhigte sie Theodor, „ich denke doch nur!"
„Aha!"
„Weißt du, vielleicht wäre alles anders geworden, wenn Eva nicht gestorben wäre?", sinnierte er traurig.
„Wahrscheinlich. Aber es ist eben geschehen und wir können es nicht mehr ändern."
„Ich hätte gern noch mehr Kinder mit dir gehabt."
„Wirklich?" Verwunderung erklang in der Stimme der Frau.
„Ja", erklärte er einfach. „Es wäre schön gewesen, auch eine Tochter zu haben!"
Klara seufzte betroffen. „Ja!"
„Trotzdem dürfen wir diese Indianer nicht hierbehalten. Hörst du?"
„Nein!"

„Die Kleine ist ja niedlich, aber sie gehört nicht hierher!"
„Nein!"
„Dann ist es ja gut!", seufzte Theodor erleichtert.
„Ja!"

Am Morgen richteten sie neben der Feuerstelle das Lager für die Indianerin und brachten auch Eve dorthin. Es war so, als müsste Theodor allen beweisen, wo der Platz dieser Menschen war. Collins stützte Monika, als er sie zu ihrem neuen Bett brachte. Die Indianerin humpelte mühsam und konnte ihre Beine und Füße kaum belasten. Kraftlos ließ sie sich auf die Strohsäcke und Decken sinken, dann rollte sie sich mit dem Baby zur Seite und schloss müde die Augen. Collins schluckte schwer, denn es war nicht richtig, was sie hier taten, aber er wagte es nicht, sich seinem Vater zu widersetzen. Auch die Mutter schwieg und trug kommentarlos das kleine Mädchen auf das Lager neben der verletzten Frau. Theodor schien zufrieden zu sein und setzte sich gut gelaunt an den Tisch, um sein Frühstück zu essen. „Wo bleiben die Eier?", fragte er auffordernd.
„Ich muss erst einheizen!", erklärte Klara. „Wer holt mir Holz?"
Der Vater schwenkte einen Löffel und deutete auf seinen jüngeren Sohn: „Josh!"
Wortlos verließ Josh die Hütte und kehrte kurz darauf mit einem Arm voll Holz zurück. Er wusste, wann er seinem Vater besser gehorchte.
Von dem Lager der Indianer war keuchender Husten zu hören und besorgt beugte sich Klara über das kleine Mädchen. „Ich gebe ihr wieder etwas Hustensaft!", erklärte sie. Sie holte die Flasche aus dem Regal in der Küche, schüttete etwas Saft auf einen Löffel und hielt es dem Kind vor den Mund. Gehorsam schluckte das Kind den Saft hinunter und schloss dann wieder die Augen.
„Die Flasche ist leer", meinte Klara vorwurfsvoll.
„Nicht unser Problem!", knurrte Theodor.
Josh schüttelte erbost den Kopf und sah seinen Vater herausfordernd an: „Sie kann doch in meinem Bett schlafen!"
„Nein!", wehrte der Vater ab. „Indianer müssen wissen, wohin sie gehören!"

„Dann müsste Ma sich halt nicht so bücken", meinte Collins mit einem Achselzucken. „Es geht ja nur um die Kleine!"
„Mhh!", brummte Theodor wenig überzeugt. Schließlich legte er zweifelnd den Kopf schief. „Na schön!", lenkte er schließlich ein. „Aber nur die Kleine! Die Frau bleibt, wo sie ist."
Fast erleichtert trug Klara das kleine Mädchen wieder in das Bett und legte sie in die weichen Kissen. „Ich mache ihr Wickel um die Brust! Das wird auch helfen", meinte sie besorgt.
Der Vater sagte nichts und klopfte auffordernd mit dem Löffel auf den Tisch. „Eier!", mahnte er nachdrücklich.
Seine Frau erhob sich willig und stellte sich an den Herd, um ihrem Mann die gewünschten Eier zu kochen. Auch sie wusste, wann es besser war, sich seinen Wünschen zu fügen. „Josh", bat sie ihren Jüngeren, „geh doch nachher in den Stall und sieh nach, ob die Hennen wieder Eier gelegt haben!"
„Mach ich!", erklärte Josh bereitwillig.
„Im Norden müssen die Zäune repariert werden!", befahl der Vater.
„Haben wir gestern erledigt!", beeilte sich Collins zu sagen.
„Gut! Und wie sieht es südlich aus? Wahrscheinlich hat der Sturm die Tiere auseinandergetrieben!"
„Da wollten wir uns heute drum kümmern!"
„Gut! Und vergesst nicht, den Stall auszumisten!"
Schweigend beugten sich alle über ihre Teller und vermieden es, den Vater anzusehen.
„Seht euch nach den Rindern um! Vielleicht sind Wölfe in der Nähe!
„Machen wir!", beeilte sich Collins zu sagen.
„Ich reite die Westweide ab und kontrolliere dort die Zäune", erklärte der Vater nun wesentlich versöhnlicher. „Vielleicht kann ich ja einen Hirsch schießen! Was meint ihr? Ein bisschen frisches Fleisch ..."
Josh sah ihn bittend an. „Ich kann dich doch begleiten! Dann ist es nicht so gefährlich. Außerdem könnten wir dann ein Packpferd mitnehmen."
„Nein, ich will, dass du deinen Bruder begleitest. Es wird wieder schneien und wir müssen kontrollieren, ob die Zäune in Ord-

nung sind. Es ist besser, wenn wir uns aufteilen, dann schaffen wir mehr."
„Ja, Pa!", murmelte Josh leise, dann stand er unvermittelt auf und ging zur Tür, um seine Jacke anzuziehen. „Kommst du?", fragte er in Richtung seines Bruders.
„Schon unterwegs!", lächelte Collins und sprang ebenfalls auf.
Stirnrunzelnd blickte Theodor auf seine Frau. „Kann ich dich mit der Indianerin allein lassen?"
Klara runzelte unwillig die Stirn und schüttelte empört ihren Kopf. „Was du schon wieder denkst! Sie stellt doch nun wirklich keine Gefahr dar, Theodor!"
„Man weiß ja nie!", brummte Theodor wenig überzeugt, dann nickte er in Richtung seiner Söhne. „Wenn ich unterwegs auf Soldaten stoße, dann sag ich ihnen Bescheid! Und ihr macht dasselbe!"
„Ja, Pa!"
Die beiden verließen den Raum und auch Theodor schlüpfte in eine warme Jacke und zog sich den Stetson tief ins Gesicht. Dann griff er nach seiner Winchester, die über der Tür hing, und verließ ebenfalls die Blockhütte.

Er sah zu, wie seine Söhne auf ihren Pferden nach Süden verschwanden, und ging dann zum Stall, um ebenfalls sein Pferd zu satteln. Er machte sich keine großen Umstände, sondern warf nur eine Decke und den Sattel auf das Pferd, zog den Gurt fest und legte dem Tier das Zaumzeug an. Das Pferd war struppig und verstaubt, aber er machte sich nicht die Mühe, es zu striegeln. Wenige Augenblicke später verließ er bereits den Stall und wandte sich nach Westen. Der Wind pfiff ihm um die Ohren und er senkte den Kopf, um seine Augen zu schützen. Das Gelände war hügelig und mit Schluchten und Hängen durchzogen, die immer wieder Schutz vor dem Wind boten. Hier hielten sich auch die Rinder auf und er streifte mit seinem Blick über die provisorischen Zäune. Es gab nicht viel Holz und so nutzte die Familie natürliche Hindernisse, um die Tiere auf ihren Weideplätzen zu kontrollieren. Inzwischen gab es Stacheldraht und der Vater wartete darauf, dass er im Frühling geliefert wurde. Dann mussten

sie nur noch Pfosten in den Boden hauen und konnten ansonsten den Draht spannen, um die Weiden einzugrenzen. Ja, das Land wurde zivilisiert, genauso wie die Tiere und Menschen darin. Wer sich dem Fortschritt entgegenstellte, musste verschwinden und hatte hier keinen Platz mehr.
Über sich hörte er den Schrei eines Adlers und hob verwundert den Kopf. ‚Wahrscheinlich hat er dort oben bei den Felsen seinen Horst', dachte er. Dann stieß er einen Fluch aus, als er den eingestürzten Zaun sah, der die westliche Weide begrenzte. Der Zaun sollte eigentlich den Ausgang einer Schlucht und das dahinter liegende Tal versperren, in dem ein Teil ihrer Rinderherde stand.
„Verflucht!"
Theodor ritt näher heran und untersuchte die Abdrücke im Schnee. „Büffel!", dachte er erstaunt. Es sah aus, als wären hier einige Büffel eingebrochen, um in der Schlucht Schutz zu suchen. „Schlaue Biester!", dachte er mit einem Anflug von Bedauern. Auch die Büffel gehörten hier nun nicht mehr her. Diese Weide gehörte ihm, Theodor Bronson, und er würde es nicht zulassen, dass ihm irgendwelche Büffel in die Quere kamen. Er schätzte die Herde auf vielleicht zwanzig bis dreißig Tiere. Sie würden gutes Fleisch liefern. Gleich morgen würde er mit seinen Söhnen den Zaun reparieren und einige der Tiere schießen. Das Fleisch würde sie den ganzen Winter über versorgen und wahrscheinlich konnten sie sogar einen Teil verkaufen. Notdürftig richtete er einige der Pfosten wieder auf und steckte die Querbalken fest. Er wusste, dass der Zaun niemals halten würde, wenn ein Tier tatsächlich durchbrechen wollte, aber er hoffte, dass die Weide genug Nahrung und Schutz bot, dass keines der dämlichen Rindviecher hinauswollte. Und Büffel konnte sowieso niemand einsperren!

Er brauchte einige Zeit, geriet dabei sogar leicht ins Schwitzen, doch dann schwang er sich gut gelaunt wieder auf sein Pferd und machte sich auf den Heimweg. Er verzichtete darauf, nach einem Hirsch Ausschau zu halten und freute sich auf einen warmen Platz am Ofen. Wenn er früh heimkehrte, konnte er noch etwas Holz hacken und nach den Tieren im Stall sehen. Das Leben hier draußen war hart und eigentlich gab es immer etwas zu tun.

Es hatte wieder angefangen zu schneien und er fluchte leise vor sich hin, denn das bedeutete, dass er nicht nach Camp Robinson aufbrechen konnte und er die Indianer noch länger am Hals hätte. Die Anwesenheit der Indianerin beunruhigte ihn. Er wusste, dass sie nicht gefährlich war, aber ihre Hilflosigkeit war geradezu entnervend. Indianer waren nicht hilflos! In seinen Augen waren sie gefährliche Tiere, die man einsperren musste. Und sie hatten keine niedlichen Kinder. Dass eine Indianerin, wie jede andere Frau auch, ihr Baby stillte, ging über seinen Verstand und passte nicht in das Bild, das er sich geschaffen hatte. Für ihn waren Indianerinnen billige Huren, die in den Forts herumlungerten und auf Almosen warteten. Auch er hatte bereits so eine Squaw bestiegen und seine Lust an ihr ausgetobt, doch dann hatte er die Frau beiseite gestoßen und war gegangen. Er hatte keine Erinnerung an ihr Gesicht oder ihren Körper, denn alles, was ihn interessiert hatte, war der Beischlaf gewesen. Er hatte gehört, dass sich Soldaten bei ihren Überfällen auf Indianerdörfer an den Frauen vergingen. Er hatte sich keine Gedanken darüber gemacht, sondern es eher noch gutgeheißen. Es gehörte zum Krieg dazu, so wie das Töten. Außerdem empfand eine Indianerin schließlich nichts dabei, war es wahrscheinlich gewöhnt, dass die Männer über sie „rutschten". Es wurden unflätige Witze über dieses gemeine Geschäft gemacht und plötzlich sah er diese Dinge in einem anderen Licht. In seinem Haus lag nun eine dieser Frauen und sie schien keineswegs so gefühllos zu sein, wie alle immer dachten. Sie empfand Schmerzen und Trauer und war von einer solchen Zartheit, dass er völlig verwirrt wurde. Sie muss weg, überlegte er mit zusammengebissenen Lippen, oder sie verdreht meinen Söhnen den Kopf!

Der Schneefall nahm zu und er beeilte sich zum Blockhaus zurückzukehren. Er stellte das Pferd in den Stall, sattelte es ab und warf ihm etwas Heu vor die Hufe, dann huschte er ins Haus zurück. Er hängte das Gewehr über die Tür und sah aus den Augenwinkeln, dass das Kind in eine Decke gehüllt am Tisch saß und Klara beim Brotbacken zusah. „Oh, schon zurück?", freute sich seine Frau.

„Ja, es schneit schon wieder! Die Jungs werden auch gleich da sein. Hast du etwas Warmes für mich?“
„Tee?“, lächelte seine Frau.
„Auch gut!“ Er schwieg kurz, zog einen Stuhl näher und setzte sich ebenfalls an den Tisch. Das Kind warf ihm einen scheuen Blick zu, dann sah es wieder auf die mehligen Hände seiner Frau.
„Und, hast du was geschossen?“
„Nein, ich habe einen Zaun repariert. Büffel hatten ihn niedergetrampelt“, erzählte er.
„Büffel? Die habe ich schon lange nicht mehr gesehen. Gibt es hier denn noch welche?“
„Anscheinend schon. Morgen nehme ich die Jungs und gehe sie schießen. Sie trampeln die Zäune nieder und stören nur.“
„Das Fleisch können wir auch gut brauchen!“, freute sich Klara.
„Wie geht es der Kleinen?“, erkundigte er sich.
„Besser. Könntest du Wasser hereintragen und erhitzen? Ich wollte sie waschen!“
„Tss!“, brummte er empört. „Ich schleppe doch kein Wasser für irgendein Indianerkind!“
„Du schleppst es für mich!“, wurde er energisch verbessert. „Ich schiebe nur schnell das Brot in den Ofen und dann wollte ich Eve baden. Ihre Haare sind ganz verfilzt!“
„Mein Gott! Das ist doch nicht unser Problem!“, meinte er ungehalten. „Morgen willst du wahrscheinlich auch noch Badewasser für die Frau!“
„Und warum nicht?“, wunderte sich Klara.
„Tss!“, tippte sich Theodor vielsagend an die Stirn. „Du vergisst, dass es Indianer sind!“
Wortlos stellte ihm Klara eine Tasse Tee vor die Nase, dann knetete sie wieder den Teig.
„Siehst du“, erklärte sie dem Kind, „du musst fest kneten, damit die Luftblasen rausgehen, und dann packe ich den Teig in die Form!“
„Klara!“, schimpfte er leise. „Sie versteht doch sowieso nichts.“
„Nein, aber sie kann beobachten. Jetzt schimpf nicht die ganze Zeit, du alter Griesgram, sondern stell einen Kessel mit Wasser auf.“

Theodor trank einige Schlucke, doch dann stand er auf und setzte einen Kessel mit Wasser auf. Er stellte den Badezuber in die Nähe des Feuers und schüttete einen Eimer kalten Wassers hinein, dann verließ er das Haus, um noch mehr Wasser zu holen. In aller Ruhe arbeitete Klara weiter und ignorierte dabei den deutlichen Unmut ihres Mannes. Schließlich schob sie die Brotform mit dem Teig in den Ofen und drehte sich dem Kind zu: „So, jetzt werden wir dich mal waschen." Sie reichte dem Kind die Hand und zog es vom Stuhl herunter. Vorsichtig wickelte sie das Kind aus der Decke und begann die Zöpfe aufzubinden. Sie waren fettig und vollkommen verfilzt, sodass es eine Weile dauerte. Das Kind stand einfach nur still da und wagte es nicht, sich zu bewegen. Immer wieder beugte sich Klara zu ihm hinunter und lächelte beruhigend. „Keine Angst", flüsterte sie stets. „Wir wollen dich doch nur waschen." Zuletzt zog sie dem Kind das Hemd über den Kopf, sodass es nackt vor ihr stand.
Theodor schüttelte mitleidig den Kopf, als er den schlechten Zustand des Kindes sah. „Nur noch Haut und Knochen."
„Hol mir mal das heiße Wasser und kontrolliere die Temperatur!" Klara griff nach einem Stück Seife und hielt sie dem Kind unter die Nase. „Riech mal, Eve! Damit machen wir dich nun sauber!" Vorsichtig hob sie das Kind hoch und stellte es mit den Füßen in den Waschzuber. Es hatte offensichtlich Angst und klammerte sich an Klaras Schürze fest. „Oma!", jammerte es klagend.
„Es passiert dir doch nichts!", lächelte Klara. „Wir waschen dich doch nur, schau!" Sie nahm einen Schwamm und wusch damit den Körper des Kindes ab. „Siehst du, wir waschen die Eve!"
„Eve?", fragte das Kind.
„Ja, wir waschen die Eve! Setz dich doch!", forderte Klara das Mädchen auf.
Tatsächlich setzte sich Eve in das warme Wasser und griff bittend nach dem Schwamm. Klara lächelte, dann ging sie zum Ofen zurück, um einen weiteren Kessel aufzusetzen. „Wenn das Wasser lauwarm ist, dann bringst du es mir, damit ich ihr die Haare spülen kann", bat sie ihren Mann. Dann kehrte sie zu dem Kind zurück, das in dem warmen Wasser planschte und gar keine Angst mehr zu haben schien. Vorsichtig strich sie über die verschorfte

Schussverletzung am Oberschenkel des Kindes. Eve zuckte etwas zusammen und blickte die Frau ängstlich an. All die Schrecken schienen wieder in den Augen des Kindes präsent zu sein. Klara schluckte schwer und strich dem Kind über die Haare. „Alles ist gut. Du musst dich nicht fürchten!" Sie lächelte und stemmte resolut die Hände in die Hüften. „So, jetzt waschen wir deine Haare!"

Sie tauchte mit einem Krug in das Badewasser und feuchtete damit die Haare an, dann schäumte sie sie kräftig ein. Klara hatte das Gefühl, als würden sich Tonnen von Schmutz aus dem Haar lösen, denn der Schaum färbte sich dunkelgrau. „Uh!", schimpfte sie entsetzt. „Das war aber bitter nötig!"

„Lauwarm!", meldete der Mann gehorsam.

„Bring es her und schütte es vorsichtig über ihren Kopf aus!"

Theodor tat wie ihm geheißen und stellte sich hinter den Badezuber mit dem Kind.

Klara drückte Eve einen Lappen in die Hand und zeigte ihr, dass sie sich damit die Augen zuhalten sollte. Das Kind wusste nicht, wozu das gut sein sollte, gehorchte aber. Schwallweise schüttete Theodor das warme Wasser über den Kopf des Kindes, während Klara die Seife aus dem Harr strich. Das Badewasser färbte sich in ein schmutziges Braun und Theodor schüttelte konsterniert seinen Kopf. „So etwas Schmutziges habe ich überhaupt noch nicht gesehen."

Klara lachte erleichtert und zwinkerte ihm gutmütig zu. „Ich auch nicht!"

„Eigentlich ist sie nur ein bisschen braun und gar nicht rot!", stellte Theodor fest.

Klara holte ein großes Tuch und wickelte das Kind darin ein, dann nahm sie ein weiteres Tuch und rubbelte damit die langen Haare trocken. „Sieh nur, was für hübsches Haar sie jetzt hat!"

Sie setzte das Kind auf einen Stuhl, den sie vor den Ofen geschoben hatte, damit die Haare trocknen konnten. „So, jetzt warten wir, dass alles trocken ist, und dann ziehen wir ihr ein sauberes Kleid an."

Mit einer Bürste bewaffnet stellte sie sich hinter das Mädchen und begann die langen Haare zu entwirren. Es dauerte lange, doch dann lag das schwarze Haar in sanften Wellen auf dem Rücken des Mädchens.

„Nia'isch“, flüsterte das Kind mit einem scheuen Lächeln. Es war bezaubernd.

„Ist sie nicht wunderschön?“, freute sich Klara.

Theodor bleckte seine Zähne. „Natürlich! Aber alle Kinder sind niedlich, bis sie sich in reißende Bestien verwandeln und andere Leute skalpieren!“

„Theodor!“

Rahel

Moekaé befand sich in einem Zustand zwischen Wachsein und Träumen. Ihr geschundener Körper erholte sich nur sehr langsam von der Geburt und den Anstrengungen der Flucht. Die Schusswunde nässte leicht und ihre Brüste waren ungewohnt schwer. Das Baby greinte oft, sodass an Schlaf ohnehin nicht zu denken war. In viel zu kurzen Abständen legte sie das Kind an ihre Brüste, um es zu stillen. Es war so winzig, dass es immer nur wenig zu sich nahm und nach kurzer Zeit wieder nach mehr verlangte. Und doch schien es zu gedeihen. Moekaé wunderte sich immer wieder über die Zähigkeit ihrer neugeborenen Tochter. Die Finger waren fast durchsichtig und die Haut noch rötlich, durchzogen von blauen Adern. Auch am Kopf hatte das Kind nur einen leichten schwarzen Flaum. Alles schien unfertig und noch nicht ausgereift. Wenn es weinte, dann klang es wie das ferne Fiepen einer Maus. Moekaé war so erschöpft, dass sie die Pflege des Babys den gütigen Händen der weißen Frau überließ. Immer wieder kehrte die Frau mit dem kleinen Bündel im Arm zurück und überließ es den Armen der Mutter. Moekaé schnupperte dann an den weichen Decken und wunderte sich, wie sauber das Baby darin eingewickelt war. Auch Rotes-Blatt erholte sich zusehends und saß inzwischen oft mit ihrer Puppe an ihrem Lager und spielte still vor sich hin. Dann wieder sprang sie auf und setzte sich an den Tisch, um der weißen Frau beim Arbeiten zuzusehen. Stets hatte sie die Puppe dabei fest an sich gepresst.

Moekaé hörte im Dämmerschlaf auf die Stimmen im Haus. Die Sprache war rau, kurz angebunden, so als fürchteten die Menschen sich davor, zu viele Worte zu machen. Auch fröhliches Lachen vermisste sie. Diese Menschen waren hart zu sich und zu anderen. Trotzdem zeigten sie Mitgefühl. Für Moekaé ergaben die Worte noch keinen Sinn, aber sie lauschte auf den Klang und versuchte die Musik dahinter zu erkennen. Monika, so wurde sie nun genannt, und ihr gefiel der Klang dieses Namens. Monika. Auch Rotes-Blatt hatte einen neuen Namen. Eve. Auch Eve klang schön. Vielleicht fanden diese Menschen auch einen Namen für

ihr Baby? Wer sonst sollte einen Namen wählen. Sie hatte mit Heskovetse nie darüber gesprochen, abgesehen davon, dass Heskovetse eher mit einem Sohn gerechnet hatte.
Moekaé machte sich nicht viele Gedanken über ihre Zukunft. Das Schicksal hatte entschieden, dass sie nun hier war, und so schonte sie ihre Kräfte, um gesund zu werden. Irgendwann würde sie ihren Platz in dieser Familie einnehmen. Collins würde ihr neuer Mann werden, so wie sie es schon vor langer Zeit geträumt hatte. Einst würde sie ein Kind von ihm in ihren Armen halten, das die gleichen blauen Augen hatte wie er.

Rotes-Blatt setzte sich wieder neben sie und zeigte ihr stolz die roten Schleifen in ihren Zöpfen. „Sieh!“, strahlte sie schüchtern.
Moekaé nahm den Zopf vorsichtig in ihre Hand und schnupperte daran. „Hmh, du riechst aber gut“, stellte sie fest.
„Ja, die Frau, die Oma heißt, hat mich gebadet“, erzählte das Kind.
Moekaé seufzte leise. „Ich möchte mich auch waschen!“
„Die weißen Menschen machen das Wasser warm“, erzählte Rotes-Blatt. „Und sie machen etwas, das Brot heißt. Es schmeckt gut!“
„Brot?“
„Ja, sie tun Mehl in ihr eisernes Feuer und wenn es herauskommt, ist es braun und schmeckt gut.“
„Das ist schön!“
„Nahgo! Warum reden die Menschen hier ganz anders?“, wunderte sich Rotes-Blatt.
„Es gibt viele Menschen und viele Sprachen. Unsere Verbündeten, die Lakota, sprechen doch auch eine andere Sprache, oder hast du das vergessen?
„Nein“, erklärte das Kind hastig. „Es klingt nur ganz anders!“
Moekaé kicherte fast lautlos. „Da hast du recht. Die Sprache der Weißen ist mit nichts zu vergleichen. Und sie ist nicht verbunden mit den Geistern.“
„Ist es schlecht, wenn ich sie spreche?“, fragte Rotes-Blatt.
Moekaé dachte darüber nach. „Nein“, meinte sie schließlich, „denn wir werden hier bleiben!“

„Hier?“, fragte Rotes-Blatt.
„Ja! “
Rotes-Blatt zuckte unentschlossen mit den Schultern, dann meinte sie zögernd. „Hier ist es warm und es gibt viel zu essen.“ Mit einem Lächeln erhob sie sich und hüpfte wieder zu der weißen Frau. „Oma!“, sagte sie in der Sprache der Cheyenne. „Ich bleibe hier!“
Die ältere Frau lächelte ebenfalls, dann hob sie das Kind hoch und setzte es auf die Tischkante. Kichernd ließ Rotes-Blatt die Füße mit den Socken baumeln, dann streckte sie ihre Puppe nach vorne und sagte deutlich: „Puppe!“

Klara riss vor Verblüffung die Augen auf, dann wandte sie sich an ihren Mann, der neben dem Feuer saß und ein Zaumzeug flickte: „Stell dir vor, sie hat Puppe gesagt!“
„So?“ Es klang eher desinteressiert.
„Siehst du, sie ist gar nicht dumm!“
„Ich frage mich, wann endlich dieser Schneesturm nachlässt. Ich möchte nach der Herde sehen!“, lenkte Theodor vom Thema ab. „Wo sind die Jungs?“
„Drüben im Stall!“, antwortete Klara. „Sie wollten nach den Hühnern sehen.“
„Das dauert aber reichlich lange!“, beschwerte sich Theodor. „Wollen sich wahrscheinlich vor der Arbeit drücken! Wir brauchen Feuerholz und die Sättel müssen eingefettet werden. Sowie der Sturm sich legt, müssen wir nach den Rindern sehen. Außerdem will ich diese Büffel schießen.“
„Du bist zu streng. Die Jungs sind wirklich fleißig, aber dein ständiges Meckern treibt sie aus dem Haus. Irgendwann wirst du alter Griesgram mal ganz alleine dastehen.“
„Noch bin ich der Herr im Haus!“
„Noch!“, bestätigte Klara ungewohnt frech. Sie band sich eine bunte Schürze über ihr braunes Kleid und strich sich energisch über ihre Haare, die zu einem strengen Knoten zusammengebunden waren. „Holst du mir Wasser rein?“
„Wozu?“, fragte Theodor gereizt.
„Ich will Monika ein Bad bereiten.“

„Jetzt hört sich doch alles auf!“, polterte Theodor los. „Ruf dazu die Jungs! Ich schleppe bestimmt kein Wasser für diese Squaw.“
Er runzelte unwillig die Stirn, als das Kind wie ein flüchtendes Reh vom Tisch hüpfte und sich schutzsuchend an seine Mutter drückte. Mit einem dunklen Knurren griff er nach seiner Jacke und verschwand durch die Tür.
Klara setzte ihm nach, stemmte die Hände in die Hüften und rief: „Dann schicke die Jungs zu mir. Ich brauche Wasser!“
Es kam keine Antwort, stattdessen verschwand ihr Mann im Schneegestöber. Klara drosch die Tür zu und ärgerte sich über den kalten Schwung Luft, der die Wärme in der Hütte um einige Grad hatte abkühlen lassen. Sie lächelte dem Kind beruhigend zu und nahm es tröstend an der Hand. „Komm, jetzt baden wir die Mama!“
Vertrauensvoll folgte Rotes-Blatt der weißen Frau und sah zu, wie sie einen Kessel auf den Ofen stellte. Dann beobachtete sie staunend, wie Klara wieder die Wanne hervorzog und einen Eimer Wasser hineinschüttete.

Moekaé beobachtete die Vorbereitungen und erhob sich bereitwillig, als die weiße Frau mit deutlichen Gesten auf das Bad deutete. Oh, noch nie in ihrem Leben war sie so schmutzig gewesen. Natürlich hatte die weiße Frau sie hin und wieder abgewaschen, aber besonders gründlich war es nicht gewesen. Mit ihrem Verband um die Schulter konnte sie kein richtiges Bad nehmen, aber inzwischen war sie kräftig genug, um sich zu erheben und selbst kleinere Schritte zu wagen. Sie ließ sich zu einem Stuhl führen, der neben der Wanne stand und wartete darauf, was die weiße Frau von ihr wollte. Gehorsam ließ sie sich das Nachthemd über den Kopf ziehen und blickte dann wehmütig an ihrem ausgezehrten Körper herunter. Von der Schwangerschaft war fast nichts mehr zu sehen, stattdessen sah sie kaum verheilte Frostbeulen, blaue Flecken und Schürfwunden. Sie stellte sich mit ihren Füßen in das warme Wasser und ließ es zu, dass die Frau sie mit einem Schwamm sauberschrubbte. Es fühlte sich gut an und die Seife kribbelte auf ihrer Haut. Behutsam vermied es die Frau, ihren Verband zu durchnässen, dann wurde Moekaé der

Schwamm in die Hand gedrückt, damit sie sich auch an ihrem Intimbereich waschen konnte. Blut vermischte sich mit dem Wasser und Moekaé wünschte sich an den klaren Lauf eines Flusses, in dem sie sich hinknien konnte. Selbst jetzt im Winter wäre ihr das kalte Wasser lieber als dieses schmutzige warme Wasser. Ob ein Fluss oder See in der Nähe war, in dem sie in Zukunft baden konnte? Schließlich stieg sie aus der Wanne und wickelte sich in ein raues Tuch. Sie war froh, dass sie ihre Blöße bedecken konnte, selbst wenn nur diese Frau anwesend war. Sie setzte sich auf einen Stuhl und staunte, als sie ihren Kopf nach hinten legen sollte, damit die Frau ihre Haare waschen konnte. Sie wusste, dass ihre Haare verschmutzt und fettig waren, und doch war es ihr ein wenig peinlich, dass sie noch so wenig für sich selbst sorgen konnte. Andererseits freute sie sich darauf, dass ihre Haare genauso frisch dufteten wie die von Rotes-Blatt. Klara benetzte ihre Haare und seifte sie gründlich ein. Moekaé seufzte wohlig, denn sie konnte förmlich fühlen, wie sich der Schmutz von ihrer Kopfhaut löste und der Juckreiz nachließ. Klara lachte erheitert und zum ersten Mal zeigte Moekaé ein offenes, dankbares Lächeln. Gleichgültig, was die Ältesten über diese Menschen gesagt hatten, hier hatte sie Leute gefunden, die ihr halfen und die es gut meinten.
Verblüfft beobachtete sie, wie die Frau schließlich den Sohn hereinrief, damit er einen Eimer unter ihre Haare hielt. Gehorsam beugte sie den Kopf weit über die Stuhllehne nach hinten, damit die Frau die Seife aus den Haaren waschen konnte. Das schmutzige Wasser lief in den Eimer und wurde schließlich von Collins vor die Tür geschüttet. Immer wieder machten die Männer hier Dinge, die eigentlich den Frauen vorbehalten waren. Für Moekaé war das ungewohnt und seltsam. Außerdem wurde sie daran erinnert, dass sie im Moment nur nackt in ein Tuch gewickelt vor dem Mann saß.
Erleichtert beobachtete sie, wie Collins schließlich die Hütte verließ, damit sie sich anziehen konnte. Klara gab ihr ein frisches Nachthemd und dankbar zog Moekaé es an. Es roch nach Seife, genauso wie ihr ganzer Körper und ihre Haare. Wieder drückte ihr die Frau frische Binden in die Hand, die Moekaé zwischen ihre Beine legte. Sie knüpfte einen Streifen Stoff um ihren Bauch,

mit dem sie die Binden befestigte, damit sie nicht nach unten rutschten. Mühsam und vor Erschöpfung schwankend ließ sie sich in die Nähe des Feuers führen und setzte sich auf einen Stuhl. Fast teilnahmslos sah sie zu, wie Klara ihre Füße ebenfalls in diese seltsamen Socken stopfte. Rotes-Blatt stand strahlend neben ihr und wackelte mit ihren Füßen. „Wie meine!", stellte sie fest. „Schön warm!"
Moekaé war zu müde, um zu antworten, und nickte nur. Sie saß geduldig da und ließ es zu, dass Klara ihre Haare kämmte und in Zöpfe legte. Es war fast wie daheim und Moekaé dachte an ihre Mutter, die sich stets so sorgsam um ihre Kinder gekümmert hatte. Tränen unendlichen Leids liefen über ihr Gesicht, die sie nicht zurückhalten konnte. Sie schluchzte und jammerte nicht, und doch liefen die Tränen über ihre Wangen und durchnässten das Hemd. „Kind!", flüsterte die Frau. „Kind! Nun weine doch nicht. Alles wird gut!"
Die Männer traten in den Raum und Moekaé wollte irgendwohin flüchten, damit niemand ihr Leid sah. Sie saß auf dem ungewohnten Stuhl, gekleidet in das Nachthemd und in die wollenen Socken und fand nicht die Kraft, um irgendwohin zu laufen. Vollkommen verwirrt senkte sie den Kopf, fühlte die Schwäche in ihrem Körper, die letztendlich Schuld daran war, dass sie ihre Tränen nicht zurückhalten konnte. Sie wollte keine Schwäche zeigen, weil sie deren Mitleid nicht wollte, und doch tat es gut, um all die Menschen zu weinen, die von ihr gegangen waren. In der Hütte war es still. Die Männer standen einfach nur da und sahen auf die Indianerin, die dort auf dem Stuhl saß und weinte. Klara streichelte sanft über die Wange der jungen Frau und murmelte immer wieder: „Kind, Kind!"

Schließlich war es Theodor, der bemerkte, dass Rotes-Blatt verständnislos in der Nähe stand und ihre Puppe schutzsuchend an sich drückte.
„Komm mal her, Eve! Der Mama geht es gleich wieder besser. Sie ist nur müde! Wo ist denn das Baby, hmh?"
„Baby?", wisperte Rotes-Blatt.
„Genau! Das Baby?", lächelte Theodor.

Rotes-Blatt zog den Mann zu der kleinen Kiste, in der schlafend der Säugling lag. „Baby!", sagte sie.
Behutsam und für seine rauen Hände verhältnismäßig geschickt nahm Theodor das Baby aus der Kiste und drückte es Rotes-Blatt in die Arme. „Hier, du kümmerst dich um das Baby, bis es der Mama wieder besser geht."
Gehorsam ließ Rotes-Blatt sich auf das Lager sinken und schaukelte das Baby hin und her. Manchmal streifte ihr unsicherer Blick die Erwachsenen in dem Raum, doch dann widmete sie sich wieder dem Schwesterchen.
In der Hütte war es still. Bis auf das Prasseln des Feuers und das tiefen Atmen der Indianerin war nichts zu hören. Schließlich führte Klara die Frau wieder zu ihrem Lager zurück und deckte sie behutsam zu.
Moekaé ließ sich das Baby geben und drückte ihr tränennasses Gesicht an den Kopf des Babys. Sie war froh, aus dem Blickfeld der Männer verschwunden zu sein, die diskret am Tisch blieben und sie in Ruhe ließen.

„Ich dachte, Indianer weinen nicht?", meinte Josh.
„Ich auch!", stimmte Collins zu. Alles, was ihm bisher über Indianer erzählt worden war, schien nicht zu stimmen. Noch nie in seinem Leben hatte er so etwas Zartes und Zerbrechliches gesehen. Noch immer nahm ihn der Gedanke an ihre schlanke Gestalt in dem leichten Nachthemd die Luft. Monika war atemberaubend schön. Zierlich, schlank, anmutig, mit wunderschönen, ausdrucksvollen schwarzen Augen und langen Wimpern. Ihre Haare glänzten in einem tiefen Schwarz und ihre braune Haut wirkte in dem weißen Nachthemd wie geöltes Holz. Sie gehörte ebenso hierher wie die Büffel, die Kojoten und die Pinien. Sie war das Land selbst.
Theodor sagte zum ersten Mal nichts. Stattdessen half er seiner Frau, das schmutzige Wasser hinauszutragen und in den Schnee zu schütten. „Was war denn los?", fragte er hilflos.
„Nichts. Ich habe ihr die Haare gekämmt und dann hat sie plötzlich geweint."
„Meinst du, dass sie noch Angst hat?"

„Ach, das glaube ich nicht."

„Na ja, immerhin haben wir auf sie geschossen, und so ..." Theodor zuckte unglücklich mit den Schultern.

„Sie ist nur erschöpft. Mach dir keine Sorgen!", erklärte Klara.

„Sorgen? Ich?" Schon wurde der Ton wieder kratzender, beißender. Brüsk drehte Theodor sich um und ging wieder in die Hütte zurück.

„Wer sollte das Holz hacken?", fragte er unwirsch. „Und wo bleibt das Essen. Vor lauter Indianergetue vergisst hier wohl jeder seine Aufgaben!"

Collins lachte laut und schlug seinem Vater auf die Schultern. „Pa, ich bin schon weg! Vor der Hütte liegt stapelweise Holz. Ich habe es vorhin schon gehackt. Muss es nur noch reinholen!"

„Na, Gott sei Dank", brummte Theodor versöhnt. „Wenigstens einer, der weiß, was er zu tun hat!"

Klara stemmte wieder resolut die Hände in die Hüften. „Du alter Griesgram wolltest doch einen Hirsch schießen. Ich frage mich, was ich überhaupt kochen soll!"

Mit seinem Zeigefinger deutete Theodor auf die geschlossene Tür. „Frag den lieben Gott, wann er endlich mit den Schneestürmen aufhört. Die nehmen dieses Jahr kein Ende."

Alle hörten schweigend auf den Sturm, der sich in kürzester Zeit entwickelt hatte und nun mit aller Kraft um das Haus fegte. Schließlich presste Collins besorgt die Lippen zusammen. „Wir müssen unbedingt nach den Rindern sehen! Diese Stürme schaden uns! Die drei können von Glück reden, dass wir sie überhaupt gefunden haben."

Er deutete vielsagend auf Moekaé und Rotes-Blatt. „Stellt euch vor, sie hätte das Baby in einem Schneesturm da draußen bekommen."

„Ja, da ist es schon besser, dass du sie angeschossen hast!", lästerte Josh.

„Stimmt genau, Bruderherz. Besser angeschossen als tot!"

„Meinst du, dass noch andere hier draußen umherirren?"

„Und wenn, dann finden wir sie erst im Frühjahr!", meinte Collins mit einem Achselzucken. „Diese Stürme überlebt keiner."

Wieder wurde es still.

Schließlich holten die Brüder das Holz herein und warfen es neben die Feuerstelle. Ihre Blicke streiften nur flüchtig die Indianerin, die dort auf ihrem Lager lag und zu schlafen schien. Rotes-Blatt spielte wieder lautlos mit ihrer Puppe und ignorierte die Männer. Collins und Josh setzten sich an den Tisch, während die Mutter sich am Herd zu schaffen machte. Auf Socken schlich das Kind näher und setzte sich auf einen Stuhl in der Nähe, um sie zu beobachten.

„Magst du ein Stück Brot probieren?", lächelte Klara.

Wieder stahl sich das bezaubernde Lächeln in das Gesicht des Kindes und der Schalk blitzte in den Augen, als es die Hand ausstreckte. „Brot", sagte es deutlich.

„Zum Donner!", lachte Theodor gut gelaunt und lachte das Kind vergnügt an. „Dumm scheint sie wirklich nicht zu sein!" Er riss ein Stück Brot aus dem Laib. „Eve will Brot!"

„Eve will Brot", wiederholte das Kind ohne jeden Akzent. Dann zeigte sie auf das Lager, in dem Moekaé schlief. „Mama will Brot!"

„Zum Donner!", staunte Theodor nun endgültig verblüfft. „Die ist ja richtig schlau! Wenn wir so weitermachen, lernt sie noch lesen und schreiben!"

„Und warum nicht?", wunderte sich Klara. „Frauen sind nicht dümmer als Männer."

„Hmh!" Theodor sah zu, wie das Kind nach dem Brot griff und dann zu seiner Mutter lief.

„Vielleicht reite ich runter zu Bissonette und hole Hustensaft, wenn der Sturm sich gelegt hat."

Klara riss vor Überraschung die Augen auf. „Das würdest du tun?"

Theodor zuckte mit den Schultern. „Ja, ich brauche wieder Munition. Mehl und Kaffee sind auch fast aus. Bis zum Handelsposten ist es nicht so weit. Das könnte ich selbst bei Schnee in einem Tag schaffen."

„Das ist schön!", lächelte seine Frau. „Dann könntest du auch ein bisschen Stoff mitbringen."

„Wozu?"

„Na, vielleicht möchte ich ein neues Kleid!"

„Tss, aber nur für dich. Nicht, dass du dieser Squaw ein neues Kleid nähst."

„Nein, aber als gute Christenmenschen könnten wir ihr ein altes Kleid geben. Und ich brauche etwas Stoff, um ihr Kleid zu flicken."

„Hmh!" Es war deutlich zu sehen, dass Theodor seiner Frau nicht glaubte, aber er widersprach auch nicht.

„Also schön. Ich reite zu Bissonette! Ich will nicht, dass es heißt, dass wir das Kind haben verrecken lassen. Die Jungs sollen inzwischen die Weiden kontrollieren."

Schweigen breitete sich aus und alle lauschten auf den Sturm. Dann schüttelte der Vater empört den Kopf. „Ein hartes Land!"

Neben dem Feuer war wieder die zarte Stimme des Neugeborenen zu hören. Alle dachten daran, dass es bei dieser Kälte draußen keine Überlebenschancen hätte. Klara näherte sich der Kiste, in der das Baby schlief, doch Moekaé hatte es längst zu sich genommen und zog bereits das Hemd auseinander.

„Sie ist wirklich eine gute Mutter", stellte Klara fest. „Wenn wir sie nicht in die Kälte hinausjagen, hat das Kind wirklich eine Chance."

„Noch so ein Indianerbalg!", stellte Theodor fest.

„Ein kleines Mädchen!", korrigierte ihn Klara.

„Na schön, ein Indianermädchen! Drei Indianer zu viel in meinem Haus."

„Wir sollten ihr einen Namen geben!"

„Wozu?"

„Wenn sie einen Namen hat, dann zeigt das, dass wir uns wirklich um sie sorgen und nicht nur ein Ding in ihr sehen", erklärte Klara.

„Ideen hast du! Vielleicht rufst du auch noch einen Pfarrer und lässt sie taufen!"

„Das wäre doch nur christlich! Oder willst du sie in die Verdammnis schicken?"

Theodor wand sich sichtlich, dann zuckte er verunsichert die Schultern. „Vor ein paar Tagen hätte ich ihnen allen sicherlich die Verdammnis gewünscht, aber jetzt ..."

Er trat näher und blickte in das winzige Gesicht des Säuglings.

„Sieht eigentlich gar nicht aus wie ein Indianer!", stellte er fest. „Nur ein bisschen brauner als unsere Kinder! Ich habe mal gelesen, dass auch im heiligen Land die Menschen brauner sind als bei uns. Und dort haben sie auch schwarze Haare. Vielleicht sollten wir so einen Namen suchen? Rahel ... oder so?"
„Oh, Rahel ist aber wirklich schön! Wie du nur auf so etwas kommst!", lobte Klara ihn überschwänglich. „Monika, Eve und Rahel! Ich finde, das passt gut!"
Die beiden sahen in die dunklen Augen der Indianerin, die sie verständnislos musterten. Dann lachten die beiden plötzlich und Theodor ging in die Hocke, um dem Baby über die Wange zu streichen. „Rahel", murmelte er. „Monika, Eve und Rahel! Hörst du?"
Die Frau, die nun Monika hieß, nickte verstehend. „Rahel!", sagte sie klar und deutlich. Tränen der Dankbarkeit sammelten sich in ihren Augen und verwirrten Theodor vollkommen. „Schon gut", murmelte er verlegen. „Euch passiert schon nichts!"
Collins kam ebenfalls näher und kreuzte die Arme vor seiner Brust. „So, jetzt hat die Kleine also auch einen Namen?"
„Solange sie in meinem Haus sind, haben sie christliche Namen. Wer weiß, welcher Teufel sich diese heidnischen Namen ausgedacht hat. Wenn sie sterben, will ich wenigstens ein Kreuz mit ihren Namen machen können." Brüsk stand der Vater auf und ging wieder zum Tisch zurück. Er blies die Kerzen aus, sodass die Hütte nur noch von dem Feuer in der Feuerstelle erleuchtet wurde.
Stirnrunzelnd sah er zu, wie Eve sich neben ihre Mutter kuschelte und die Puppe an sich drückte. „Zieh ihr halt ein Hemd für die Nacht an. Es geht doch nicht, dass sie in ihrem Kleid schläft."
Willig zog Klara dem Kind das Kleid aus und holte ein weiteres Hemd aus der Wäschetruhe. „So, gute Nacht, meine Eve!"
Wieder kuschelte sich Eve an ihre Mutter und schloss die Augen. Sie ging nicht mehr in das andere Bett zurück.
Theodor wedelte verächtlich mit der Hand. „Wie ein Rudel Wölfe! Sie rotten sich zusammen."
„Du wolltest doch, dass Monika auf dem Boden schläft!", verteidigte Klara die Indianerin.

„Ach, ist ja auch egal!", brummte Theodor entnervt. „Wie man es macht, ist es falsch! Vielleicht kann Bissonette seinen Sohn nach Camp Robinson schicken, damit er ihnen meldet, dass wir drei Indianer hier haben."

„Das macht er ganz bestimmt nicht. Er würde sie eher verstecken, als den Soldaten ausliefern. Was soll das eigentlich?" Klara war wirklich empört und funkelte ihren Mann wütend an. „Erst erzählst du, dass du ihnen Hustensaft besorgt, und jetzt sprichst du davon, sie ausliefern zu wollen. Was willst du eigentlich?"

„Ich will meine Ruhe", erklärte Theodor gereizt. „Seit dieses Weib hier ist, spielen alle verrückt!"

„Du spielst verrückt!", giftete Klara ihn an. „Sie bleiben doch nur noch ein paar Tage! Aber es wäre verantwortungslos, die drei in diesem schlechten Zustand im Fort abzuliefern. Gib ihnen noch ein bisschen Zeit!"

„Ich sage doch gar nichts!", verteidigte sich Theodor. „Sie sind Gäste in meinem Haus!"

„Na, dann ist das ja klar zwischen uns", bestätigte Klara zufrieden. „Lasst uns ins Bett gehen und hoffen, dass dieser Sturm endlich aufhört."

„Sehr richtig!", stimmte Theodor zu. „Jungs, ab ins Bett!"

Collins und Josh verdrehten ungläubig die Augen, doch sie entschieden, dass es besser war, den Vater nicht weiter zu reizen. Sie schlüpften aus ihren Stiefeln und Hosen und verschwanden in ihren Kojen. Die Betten standen fast nebeneinander, sodass sie noch leise flüstern konnten. „Verstehst du das?", fragte Josh seinen älteren Bruder.

„Nein!", antwortete Collins mit einem Seufzen.

„Ich dachte immer, dass Pa alle Indianer hasst!"

„Ich auch!", stimmte Collins zu.

„Und du?"

Collins schwieg lange und dachte über die Frage nach. „Eigentlich kenne ich sie gar nicht", meinte er schließlich.

„Hast du sie dir so vorgestellt?"

„Wen?"

„Na, die Indianer?"

„Nein!"

„Ich habe nie darüber nachgedacht, dass Indianer auch Frauen, Kinder und Babys haben!"
„Und?", fragte Collins etwas gereizt.
„Na ja, als es hieß, dass die Indianer nach Norden unterwegs sind, habe ich nur gedacht, dass irgendwelche Wilde die Farmen überfallen könnten, aber nicht, dass da auch Frauen und Kinder dabei sind. Überleg mal, was die für einen weiten Weg auf sich genommen haben, nur um dann in Camp Robinson zusammengeschossen zu werden."
„Hmh!", grunzte Collins nachdenklich.
„Meinst du, dass Monika weiß, dass wir sie zurückschicken wollen?"
„Wahrscheinlich!"
„Wohin wollte sie überhaupt gehen? Hier ist doch nichts!"
Collins kicherte leise. „Nichts! Wir sind doch hier!"
„Ja, jetzt!"
„Früher waren hier mal Indianer. Wahrscheinlich hat sie gehofft, sie hier anzutreffen"
Josh schwieg eine Weile, dann flüsterte er durch die Dunkelheit.
„Wir könnten ihr ja helfen, diese anderen Indianer zu finden."
„Und dann?"
„Na ja, dann wäre sie frei."
Collins schnaubte empört. „Ich kenne keine Indianer, die frei wären."
„Und was geschieht mit ihr, wenn wir sie zurückbringen?"
„Keine Ahnung. Wahrscheinlich schickt man sie mit den anderen ins Indianerterritorium zurück."
„Damit sie dort sterben!", vermutete Josh.
„Das kannst du nicht einfach behaupten!"
„Doch!", meinte Josh bestimmt. „Sie sind von dort geflohen, und sicherlich nicht grundlos!"
„Woher willst du das wissen?"
„Würdest du das Leben deiner Frau und Kinder aufs Spiel setzen, wenn es nicht nötig wäre?"
„Nein!", stimmte Collins zu.
Wieder wurde es still und die beiden Brüder hingen ihren Gedanken nach. „Ob ihr Mann noch lebt?", fragte Josh schließlich.

„Wahrscheinlich nicht!“
„Woher willst du das wissen?“, wunderte sich Josh.
„Sie weint!“

Büffel

Moekaé wachte früh am Morgen auf und sah besorgt nach dem Neugeborenen. Das Baby regte sich kaum und schien schwächer zu werden. Sorgsam prüfte Moekaé die Atmung und suchte nach Anzeichen einer Krankheit. Rahels Finger streckten sich leicht, dann drehte das Kind suchend den Kopf. Moekaé tastete prüfend nach ihren Brüsten und drückte eine Brustwarze zusammen. Ein winziger Tropfen Milch löste sich und die Indianerin runzelte traurig die Stirn. Hatte sie nicht genügend Milch für das Baby? Oder war es doch viel zu früh geboren worden? Sie drückte das Kind an sich und bot ihm die Brust an. Das Saugen war schwächlich und Moekaé konnte fühlen, dass das Baby kaum etwas trank. Rotes-Blatt erhob sich ebenfalls und setzte sich mit der Puppe im Arm neben Moekaé.
„Nahgo?", fragte sie verschlafen. Moekaé blickte nachdenklich auf ihre Nichte und antwortete nicht. Sie war nun die Mutter dieses Kindes. Würde ihr eigenes Kind nach all den Strapazen nun doch sterben? Energisch schüttelte sie den Kopf. Sie wollte nicht aufgeben. Sie würde um dieses Leben kämpfen. „Geh zu diesem kleinen Haus und erleichtere dich!", wies sie ihre Ziehtochter an. „Ich komme auch!"
Vorsichtig erhob sie sich in eine sitzende Position und beugte sich nach vorne, um nach ihren Mokassins zu greifen. Auch die anderen Menschen in dem Haus erhoben sich nach und nach und schlüpften bereits in ihre Kleidung. Niemand beachtete sie und so erhob sich Moekaé zum ersten Mal alleine, um zu diesem kleinen Haus zu gehen. Behutsam legte sie Rahel in das warme Bett und deckte sie zu. Das Kind verschwand vollständig unter der Decke und schien zu schlafen. Die wenigen Schlucke hatten es aller Kraft beraubt.
Moekaé ging mit schlurfenden Schritten zur Tür und öffnete den Riegel. Die weißen Menschen standen staunend und ein wenig hilflos daneben, ließen es aber zu, dass sie die Hütte verließ. Moekaé fröstelte in dem kalten Wind, andererseits genoss sie das Gefühl, die Schwäche in ihren Gliedern zu besiegen. Mit gebeug-

tem Haupt lehnte sie sich gegen den Wind und ging die wenigen Schritte zu dem Häuschen. Mit jedem Schritt wurde sie sicherer und die Bewegung ließ die Kräfte zurückkehren. Sie setzte sich auf die seltsamen Holzbalken und erleichterte sich. Die Binden zeigten nur noch einige braun verklebte Stellen trockenen Blutes und das zeigte ihr, dass die Blutungen aufhörten. Sie wechselte die Binden nicht, weil sie auch keine frischen Tücher mitgenommen hatte, und machte sich auf den Rückweg.
Rotes-Blatt hüpfte fröstelnd neben ihr her, dann hustete sie schwer und spuckte gelblichen Schleim in den Schnee. Moekaé nahm ihre Ziehtochter an der Hand und führte sie in die Wärme des Hauses zurück. Dort wartete bereits Klara und hüllte das Kind in eine warme Decke. Sie sagte etwas, was Moekaé nicht verstand, und zog das Kind zu einem Stuhl am Tisch.
Moekaé senkte dankbar die Augen, als die ältere Frau dem Kind einen Teller mit Suppe vor die Nase stellte. Die Wärme und das gute Essen würden den Husten des Kindes bald vertreiben. Mehr Sorgen machte sie sich um das Neugeborene. Erschöpft ließ sich Moekaé wieder auf das Lager nieder und wickelte eine Decke um ihren Leib. Das Kind war eingeschlafen und enttäuscht tastete Moekaé nach ihren Brüsten. Sie waren jetzt prall vor Milch, doch das Kind schien nicht genügend Kraft zu haben, um die Milch zu trinken. Hilflos suchte sie den Blick von Klara und hoffte, dass die ältere Frau ihr vielleicht helfen konnte.

Klara schien ihre Not zu spüren, denn sie kam näher und stemmte wieder in ihrer resoluten Art die Hände in die Hüften. Moekaé öffnete das Hemd und zeigte auf ihre heißen Brüste. Dann deutete sie auf ihr Baby, machte das Zeichen für Essen in der Zeichensprache und schüttelte den Kopf. Mit gerunzelter Stirn hockte sich die Frau neben sie und griff sachte nach dem schlafenden Säugling. Sie schien sofort zu verstehen, dass es ernst um den Säugling stand, und schüttelte betrübt den Kopf.
Moekaé senkte den Blick und blieb mit ihren Gefühlen allein. Sie wollte kein Mitleid. Ihr Herz war schwer, als sie das winzige Kind an sich presste und vorsichtig über die Wangen strich. Sie wollte niemanden mehr sterben sehen. Sie wollte es einfach nicht!

Klara ging wieder zurück zum Tisch und setzte sich zu den Männern. „Das Baby trinkt nicht!“, meldete sie ernst.
„Nicht unser Problem!“, meinte Theodor wenig zartfühlend. Seine dichten Augenbrauen zogen sich unwillig zusammen, als er einen nachlässigen Blick auf die unwillkommenen Gäste in seinem Haus warf.
„Doch!“, protestierte Klara. „Wenn wir sie nicht angeschossen hätten, wäre es nicht zu früh geboren worden.“
„Wenn sie nicht geflohen wären, hätten wir nicht auf sie geschossen!“, verteidigte sich Theodor.
„Das ist doch gleichgültig!“, meinte Collins gereizt. „Jetzt ist sie hier und wir sind verantwortlich. Gibt es nichts, was wir tun könnten?“ Mit einer Hand fuhr er sich durch die strubbeligen blonden Haare und strich sie aus der Stirn. Es war klar, dass er sich verantwortlich fühlte.
Klara zuckte unglücklich mit den Schultern. „Die Indianerin hat anscheinend genügend Milch. Das Kind will einfach nicht saugen.“
„Ist das normal?“
Klara blickte ihren Sohn indigniert an. „Natürlich nicht. Aber normalerweise sind die Babys auch größer und stärker, wenn sie auf die Welt kommen!“ Dann stutzte sie plötzlich und runzelte verblüfft die Stirn. „Weiß du“, meinte sie sinnend, „es ist nicht ungewöhnlich, dass Kinder in den ersten Tagen nach der Geburt etwas an Gewicht verlieren. Vielleicht müssen wir das kleine Ding nur zum Trinken zwingen.“
„Wie willst du denn das erreichen?“, wunderte sich Collins.
Klara zwinkerte vergnügt. „Na, mit einem bisschen Überredungskunst!“ Sichtlich besser gelaunt wendete sie sich an ihren Ehemann. „Theodor, bring mir doch ein wenig Honig mit!“
„Honig? Weißt du, was das kostet?“, schimpfte Theodor ungehalten.
„Ja, aber ich brauche ihn!“, forderte Klara mit fester Stimme.
„Wenn du meinst“, lenkte Theodor ein. „Ich weiß zwar nicht, was das soll, aber in Weiberkram misch ich mich lieber nicht ein.“
Er trank einen großen Schluck Kaffee und stand mit einem Ruck auf. „Josh, sattle mein Pferd!“, befahl er im scharfen Ton.

Während er nach seinen Sachen griff, wandte er sich an seine Söhne: „Ihr kontrolliert die Weiden und schießt die verflixten Büffel. Das Fleisch können wir gut brauchen! Passt auf die verfluchten Indianer auf und schießt auf jeden, der sich nicht in verständlicher Sprache bei euch melden kann!"
Collins und Josh räusperten sich verlegen und zeigten wenig beeindruckt auf die Indianerin. „Auch wenn es wieder nur eine Squaw ist?"
„Auf alles!", herrschte der alte Griesgram sie an. „Auf alles! Das ist nun unser Land und ich habe keine Lust noch mehr Herumtreiber bei mir aufzunehmen!"
„Jawohl, Sir!", beeilten sich die beiden zu sagen. Sie grinsten, denn es war klar, dass es ihr Vater nicht so ernst meinte. „Pass auf dich auf, Pa! Du hast den längeren Weg vor dir!"
„Mach ich!", grunzte Theodor versöhnlich. Während er noch Proviant in eine Tasche stopfte, machte sich Josh auf den Weg zum Stall, um das Pferd zu satteln. Dann stellte er es vor das Haus und ging zurück, um zwei weitere Pferde aufzusatteln. Er freute sich darauf, mit seinem Bruder die Weiden abzureiten und der Enge des Hauses zu entfliehen. Gerne hätte er seinen Vater zum Händler begleitet, aber er wusste, dass es keinen Zweck hatte, überhaupt zu fragen. Es gab wichtigere Dinge zu erledigen. Im Grunde wunderte er sich ohnehin, dass sein Vater den Weg auf sich nahm, um den Hustensaft für das Kind zu holen. Um nichts in der Welt wollte er seinen Vater auf den Gedanken bringen, dass er sich eines Besseren besann und doch zu Hause blieb. Die Stimmung hatte sich seit der Ankunft der Indianerin verändert. Vielleicht lag es auch an dem kleinen Mädchen, das in seiner schüchternen, scheuen und doch so lieblichen Art die Herzen der Bewohner für sich einnahm. Das Kind war kein Feind. Das musste sogar sein sonst so harter Vater einsehen. Kopfschüttelnd sah Josh zu, wie sein Vater über den Hügel nach Westen verschwand. Dann zuckte er zusammen, als sein Bruder ihm heftig auf die Schulter klopfte. „Los, kleiner Bruder, lass uns ein paar Büffel jagen!"
Josh antwortete Collins mit einem breiten Grinsen und setzte den Fuß in den Steigbügel. Während er sich in den Sattel zog, lief das

Pferd bereits ungeduldig los, sodass er wenig elegant in den Sattel plumpste. „Hey“, schimpfte er lachend, dann ließ er das Pferd den Hügel hochgaloppieren. Sein Bruder folgte ihm und der Schnee stob auf, als die beiden den schmalen Pfad entlangpreschten. Aufmerksam behielten die beiden die Umgebung im Auge, aber es geschah mehr aus Gewohnheit als in Erwartung irgendeiner Gefahr.

Der Tag war schön und die Schneekristalle glitzerten in der Sonne, sodass die beiden Männer die Augen zusammenkniffen, weil sie vom Licht geblendet wurden. Die Sicht war klar und die Umrisse der Hügelkette erschienen zum Greifen nah. Collins ließ sein Pferd über den Grat des Hügels laufen und führte es dann wieder ins Tal hinab. Dort wand sich der Bach nordwärts und er folgte ihm im langsamen Trab. Der Schnee knirschte unter den Hufen der Pferde, sonst war es still. Kleine Atemwolken formten sich vor den Nasen und Nüstern der Menschen und Pferde, die sich schnell verflüchtigten. Es war kalt. Eisigkalt. Collins schob sein Halstuch höher, um so einen Teil seines Gesichts besser zu schützen. Dann schob er es bis über seine Nase. „Scheißkalt!“, fluchte er. Josh lachte übermütig und zog den Hut über seine Ohren nach unten. „Meine Ohren frieren ab!“, jammerte er.
„Meine auch!“, stimmte Collins zu. „Blöde Idee, heute nach den Viechern zu sehen.“
„Wenigstens schneit es nicht.“
Die klare Luft trug ihre Stimmen durch das Tal und warf sie als trügerisches Echo wieder zurück. Fast schien es, als würde sich eine Kompanie Soldaten gerade unterhalten.
Collins verließ den Pfad am Bach und folgte einer Grasnarbe nach Osten. Der Schnee lag hier tiefer und die Pferde kämpften sich nur mühsam voran.
Dann hatten sie das Tal verlassen und drangen in einen lichten Pinienwald vor, in dem der Schnee nur spärlich lag. Manchmal fiel Schnee von den Bäumen, wenn sie zu dicht an einem Ast vorbeikamen. Unternehmungslustig streckten die Pferde die Hälse vor und prusteten hin und wieder. In der Stille schallte es wie ein Kanonenschlag.

Collins zügelte plötzlich sein Pferd und nickte mit dem Kopf in Richtung eines Baumes. Gleichzeitig fuhr seine Hand an das Holster, um seine Waffe zu ziehen. „Da!", zischte er warnend. Dann hielt er in der Bewegung inne und warf seinem Bruder einen entsetzten Blick zu. „Scheiße!", entfuhr es ihm.
„Was ist los?", fragte Josh. Er drängte sein Pferd an seinem Bruder vorbei und blickte auf die reglose Gestalt, die eingehüllt in eine Decke an einem Baum lehnte. Vorsichtig glitten die beiden von ihren Pferden und näherten sich der Person. Sie ließen ihre Revolver stecken, denn sie hatten längst erkannt, dass hier keine Gefahr mehr drohte. Zögernd blieben sie stehen und nahmen den Anblick in sich auf, der sich ihnen bot. Eine ältere Frau, abgemagert bis auf die Knochen, mit pergamentartiger Haut, nur umhüllt mit einer leichten Decke, war hier zusammengesunken und erfroren. Ihre Haare waren zu dünnen Zöpfen geflochten, aus denen sich einzelne Strähnen gelöst hatten. Ihre Hände hatten sich in die Decke gekrampft, in dem letzten Versuch etwas Wärme zu finden. Ihr Gesicht war friedlich und entspannt, als hätte sie endlich einen schönen Platz gefunden, an dem sie Ruhe und Frieden finden konnte. Collins senkte den Kopf und blickte auf seine Stiefelspitzen. Er dachte an Monika und das kleine Mädchen, denen es wahrscheinlich ähnlich ergangen wäre, wenn sie nicht zufällig auf die Ranch gestoßen wären.
„Zu fliehen, nur um hier zu verrecken!", meinte sein Bruder.
„Sonst wäre sie im Camp verreckt", stellte Collins fest. „Sieh nur, wie abgemagert sie ist."
„Hmh!"
Collins riss sich von dem Anblick los und trat näher an die Leiche. Zögernd griff er an ihre Schulter und schubste sie um, sodass sie nun seitwärts im Schnee lag.
„Was machst du?", fragte Josh erstaunt.
Auffordernd nickte Collins in Richtung einiger Felsen. „Wir begraben sie. Hol ein paar Steine."
Widerspruchslos ging Josh in die angewiesene Richtung und begann kleine Felsbrocken zu sammeln. Collins folgte ihm und gemeinsam legten sie die Steine auf die zusammengekrümmte Gestalt, bis ein kleiner Grabhügel entstanden war. Sie brauchten den

ganzen Vormittag dazu und standen schließlich schweigend vor dem Grab. „Sollen wir ein Gebet sprechen?", fragte Josh schließlich.
„Nein, wir wissen nicht, an was die Frau geglaubt hat."
Kurz nahmen die beiden ihre Hüte ab, dann setzten sie sie wieder auf und gingen zu ihren Pferden zurück. „Ob noch mehr Indianer hier sind?", fragte Josh.
Collins zuckte die Schultern. „Vielleicht! Aber wenn sich hier welche verstecken, sind sie entweder tot oder stellen keinerlei Gefahr dar!"
Josh senkte verbittert den Kopf. „Nein, wirklich nicht! Das nächste Mal, wenn ich diese Soldaten sehe, habe ich ein paar unbequeme Fragen!"

Schweigend ritten die beiden weiter durch den Pinienwald. Die Begegnung hatte sie aufgewühlt und ihnen gezeigt, wie hart die Natur hier gegen Menschen sein konnte. Die Frau hätte nicht sterben müssen, aber irgendjemand hatte sie in die Kälte hinaus und damit in den Tod gehetzt. Collins zog wieder fröstelnd das Tuch vor das Gesicht und dachte an die Menschen, die er gerettet hatte. Warum waren Frauen und Kinder bei diesen Witterungsbedingungen geflohen? Sie mussten doch gewusst haben, dass ihnen der Tod drohte. Was war im Camp Robinson geschehen, dass sie keine andere Möglichkeit mehr gesehen hatten? Er dachte an den schlechten körperlichen Zustand der Frauen und Kinder und schüttelte den Kopf über die Politik der Regierung. Gleichgültig, was die Indianer getan hatten, es war nicht richtig, Frauen und Kinder auszuhungern.

„Was ist los?", fragte Josh.
„Nichts!", wich Collins aus.
„Hast du an Monika gedacht?"
„Ja!", gab Collins freimütig zu.
„Glaubst du, dass Pa sie hierbleiben lässt?"
„Nein!" Collins schüttelte vehement seinen Kopf. „Dazu ist er zu stur. Was sollte sie auch bei uns? Sie gehört nicht zu unserem Volk!"

„Nein!“, stimmte Josh zu. „Was sollten wir auch mit einer Squaw!“
„Eben!“
Kurz breitete sich Stille aus, dann grinste Josh plötzlich unverschämt. „Ich habe mal gehört, dass Squaws auch mit mehreren Männern …! Ich meinte, wir könnten sie uns ja teilen. Was meinst du? So viele Mädchen gibt es hier draußen nicht. Und für Pa ist ohnehin keine gut genug!“
Collins funkelte seinen Bruder böse an. „Egal, was du über Indianer zu glauben weißt, bei Monika stimmt das ganz bestimmt nicht. Ich habe das Gefühl, dass ohnehin nur Unsinn über Indianer erzählt wird.“
„Ich meinte ja nur …“, meinte Josh kleinlaut. „Vielleicht könnte sie bleiben, wenn einer von uns sie heiratet.“
„Das würde Pa niemals erlauben!“, wehrte Collins kategorisch ab. „Und was meinst du, was die anderen sagen würden?“, fuhr er im sarkastischen Ton fort. „ Willst du ein Squawmann sein?“
„Tss!“, tippte sich Josh vielsagend an die Stirn. „Ich wollte nur mal wissen, wie es ist mit einem Mädchen!“
„Aber nicht bei einer Squaw!“, meinte Collins energisch.
„Schon gut! War ja nur so eine Idee …, wo sie schon mal im Haus ist! Hast du schon mal …? Ich meine, mit einem Mädchen?“
„Nein!“, gab Collins widerstrebend zu. Dann lachte er spitzbübisch. „Hier gibt es ja keine! Außerdem friert mein bestes Stück bei der Kälte gerade ein!“
Die beiden Brüder kicherten übermütig und trieben ihre Pferde wieder zu einem Galopp an. Sie umrundeten einen Hügel und kontrollierten einen Zaun, dann ritten sie durch eine Schlucht, die sich zu einem weiten Tal öffnete, das von einigen schroffen Hügeln umsäumt wurde. Zwischen einigen Bäumen standen die Bisons, von denen Theodor gesprochen hatte. Sie blickten auf, als sie die Reiter sahen, und ein mächtiger Bulle stellte sich ihnen in den Weg. Seine braunen Augen fixierten die Reiter, sahen aber keine große Gefahr für seine Herde. Die anderen drängten sich näher zusammen und senkten ihre Köpfe wieder in das Gras, das sie mit ihren Hufen freigekratzt hatten. Sie hatten eine Stelle in der Nähe des Sees gewählt, an der das Gras noch hoch stand und

einige Bäume verhindert hatten, dass zu viel Schnee es verdeckt hatte.
„Schlaue Biester!", meinte Collins bewundernd. „Sieh nur, was die für Wolle haben!"
„Wir könnten daraus warme Decken machen", schlug Josh vor.
„Hmh!" Collins zog sein Gewehr aus dem Holster, dann zögerte er plötzlich.
„Was ist los?", fragte sein Bruder.
„Vielleicht sollten wir noch warten. Hier stören sie eigentlich nicht. Es sieht nicht so aus, als würden sie den Zaun nochmals niedertrampeln. Hier haben sie schließlich genügend Futter, um den Winter abzuwarten. Und dort oben ist auch noch Gras." Er zeigte auf die bewaldeten Hügel, an deren Kuppen sich die schroffen Felsen erhoben.
„Was willst du mit Büffeln?", fragte Josh erstaunt.
„Nichts!", wehrte Collins mit einer ungeduldigen Handbewegung ab. „Aber wenn wir Fleisch brauchen, dann kommen wir einfach hierher."
„Hmh!" Noch klang es eher skeptisch. „Pa meinte, dass wir sie abknallen sollen!"
„Pa will immer alles abknallen. Indianer, Wölfe, Kojoten und Büffel! Aber all diese Wesen gehören nun mal hierher!", meinte Collins bitter.
„Seit wann hast du Mitleid mit irgendwelchen Indianern, Wölfen und Büffeln? Spinnst du?", fragte Josh verblüfft.
„Na ja, überleg doch mal. Findest du es richtig, dass sie alle Büffel abknallen? Früher gab es Millionen von ihnen."
„Sicher. Wir brauchen Platz für unsere Rinder!"
Collins stützte sich in seinem Sattel auf und beobachtete die Büffel, die friedlich in der Nähe grasten. Er machte eine flüchtige Handbewegung in ihre Richtung und schnalzte bewundernd mit der Zunge. „Sie machen überhaupt keine Arbeit! Unsere Viecher sind dumm und verrecken bei jeder Gelegenheit. Die Büffel sind für dieses Land einfach gemacht worden."
„Pa wird wütend, wenn wir sie nicht schießen!", stellte Josh fest.
„Ich weiß! Wir schießen einen auf dem Rückweg und nehmen das Fleisch mit", lenkte Collins ein.

„Endlich wirst du vernünftig!", seufzte Josh. „Lass uns nach unseren Rindern sehen. Ich möchte vor Einbruch der Nacht zurück sein!"
„Hast recht!"
Die beiden trieben ihre Pferde im langsamen Schritt an den Büffeln vorbei und folgten einem Bach tiefer in das Tal. Dann galoppierten sie einen Hang hoch und überwanden den Grat in ein weiteres Tal. Entsetzt zügelten sie ihre Pferde, denn der Anblick, der sich ihnen bot, ließ ihr Herz stehen bleiben. Überall lagen erfrorene Rinder am Boden, ihre Beine steif und ihre Mäuler und Augen offen. „Scheiße!", entfuhr es Collins zum zweiten Mal an diesem Tag.
Josh schob seinen Stetson nach hinten und strich sich sorgenvoll über die Stirn. „So eine Scheiße! Wie viele werden das sein?"
„Bestimmt zehn!", meinte Collins mit zusammengebissenen Zähnen. Er wusste, dass dies einen ungeheuren Verlust bedeutete.
„Die Viecher halten einfach nichts aus!", stellte Josh ärgerlich fest.
„Und dämlich sind sie auch!", brummte Collins wütend. „Anstatt unter die Bäume zu gehen, bleiben sie einfach stehen und erfrieren. Lass uns die blöden Viecher unter die Bäume treiben, damit uns nicht noch mehr verrecken."

Die beiden Männer nahmen ihre Lassos und begannen die übrigen Rinder in Richtung der Bäume zu treiben, die im hinteren Bereich des Tales standen. Dort wuchs ebenfalls Gras und Collins wunderte sich, warum die Tiere nicht selbst den Weg dorthin gefunden hatten. „Im Frühjahr müssen wir Heu machen und einen Schuppen bauen!"
Josh schnaubte entrüstet, als er an die viele Arbeit dachte, die dann auf ihn warten würde. „Ich glaube, mir gefällt die Idee mit den Büffeln besser!", gab er zu.
Collins lachte herzhaft und drehte sich zu seinem Bruder um. „Faulheit kann ein sehr vernünftiger Ratgeber sein!"
Josh grinste ebenfalls, dann wurde sein Blick wieder ernst. „Was sagen wir Pa?"
„Dass die Viecher verreckt sind", meinte Collins mit einem Schul-

terzucken. „Lass uns sehen, ob wir das Fleisch noch verwerten können."
„Sie sehen nicht so aus, als ob sie hier schon lange liegen", meinte Josh fachmännisch. „Wenn wir sie ausnehmen, kann man das Fleisch in den nächsten Tagen noch holen."
„Wenn es sich nicht die Wölfe holen!"
„Hmh!"
„Wir könnten den Wagen holen und das Fleisch bergen", schlug Collins vor.
„Das schaffen wir nicht vor der Dunkelheit!"
„Nein, aber wir könnten wenigstens etwas bergen und verlieren nicht das ganze Fleisch. Reite zurück und spann den Wagen an! Mutter kann auch kommen und helfen."
Josh nickte gehorsam, dann schwang er sich auf sein Pferd und setzte sich in Bewegung.
„Beeil dich!", schrie Collins ihm nach.
Josh hob grüßend seinen Hut und galoppierte dann in einer Schneewolke davon. Seine braunen Locken wehten im Wind, als er mit dem Stetson auf die Kruppe des Pferdes einschlug.

Collins kehrte zu den Kadavern zurück und stellte sich neben ein erfrorenes Rind. „So ein Mist!", murmelte er wütend. Er zog sein Messer und rammte es dem ersten Rind in den Bauch, um es auszunehmen. Es war bereits zum Teil gefroren und so dauerte es, bis er den Kadaver öffnen konnte. Das Innere war noch nicht gefroren und er ruinierte seine Handschuhe, als er die Gedärme und Innereien aus dem Bauchraum zog. Er fand zwei weitere Rinder, deren Kadaver noch teilweise warm waren, und entfernte die Innereien. Die anderen Tiere waren so steifgefroren, dass sie bereits vor zwei oder mehr Tagen verendet sein mussten. Aasfresser hatten sich bereits über sie hergemacht, sodass das Fleisch wertlos war. Er schüttelte frustriert den Kopf. Jammerschade! Er begann das erste Rind zu enthäuten, als er hörte, dass der Wagen heranrumpelte. Josh und die Mutter saßen auf dem Kutschbock, beide warm in Decken eingehüllt. Die Sonne neigte sich bereits dem Horizont zu und Collins wusste, dass sie höchstens noch für ein oder zwei Stunden Licht hatten. Sie würden im Dunkeln zurückfahren müssen und das passte ihm nicht. So gut kannten sie die Gegend noch nicht und im Dunkeln lauerten Risiken im Gelände, die er normalerweise nicht einging. Hier gab es noch keine befestigten Straßen und Wege. „Beeilen wir uns, damit wir das Fleisch retten können!", knurrte er.

Klara schlug erschrocken die Hand vor den Mund, als sie die vielen verendeten Rinder sah. „Himmel!", flüsterte sie.

„Es muss der letzte Sturm gewesen sein!", meinte Collins. „Einige waren noch warm."

„Was machen wir nun?", fragte Klara.

Collins zuckte die Schultern. „Keine Ahnung. Wir müssen sehen, dass wir den Rest durch den Winter bringen. Sie sind einfach nicht zäh genug und reichlich dumm. Im nächsten Winter brauchen wir mehr Heu. Jetzt kommt! Wir müssen uns beeilen. In der Nacht kommen bestimmt weitere Aasfresser und dann bleibt uns nichts mehr!"

Schweigend machten sich die drei daran, das wertvolle Fleisch zu bergen. Sie schnitten Schultern und Filetstücke aus den Körpern, brachen Rippen auseinander und luden das Fleisch auf die Ladefläche des Wagens. Collins machte sich bereits daran, das zweite Rind zu enthäuten, als die Mutter ungeduldig den Kopf schüttelte. „Wir brauchen die Haut nicht. Hol das Fleisch! Das ist wichtiger!" In Höchstgeschwindigkeit hackten sie das Fleisch aus den Leibern, während Collins nur von einem Rind die Haut rettete und zusammenrollte, um es auf den Wagen zu werfen. Es wurde dunkel und Klara entzündete eine Petroleumlampe, in deren dämmerigem Licht sie weiterarbeiteten. „Passt auf eure Hände auf, damit ihr euch nicht verletzt!", warnte Klara ihre Söhne. Sie trug die Lampe näher und leuchtete auf die arbeitenden Söhne, damit sie besser sahen, was sie herausschnitten. Schließlich packte Collins die letzten Fleischberge auf den Wagen und wischte die Handschuhe im Schnee ab. „Lasst uns zurückkehren!", meinte er mit einem tiefen Seufzen.

Josh und Klara kletterten auf den Kutschbock, während Collins sein Pferd heranzog und am Wagen festband. Dann ging er mit der Lampe zu den Kutschpferden, nahm ihre Zügel und führte sie in Richtung der Ranch. Innerhalb weniger Minuten wurde es stockfinster und er war froh, dass er wenigstens die Lampe dabeihatte. „Habt ihr noch Petroleum?“, fragte er besorgt, als das Licht zu flackern anfing.

„Eine Kanne!“, antwortete Klara. „Sie steht hinten!“

Es wurde ein langer Rückweg, denn in der Dunkelheit kamen sie nur langsam voran. Gegen Mitternacht, zu einer Zeit, zu der sie sonst längst im Bett lagen, erreichten sie schließlich die Gebäude der Ranch. Der Vater trat ihnen kopfschüttelnd entgegen. „Ich dachte, ich wäre spät!“, murmelte er. „Wo seid ihr denn gewesen?“

„Auf der Ostweide hat es ein paar Rinder erwischt. Wir haben versucht, wenigstens das Fleisch zu bergen.“

„Scheiße!“, schimpfte Theodor. „Wie viele?“

„Ungefähr zehn!“

Der Vater runzelte ungläubig die Stirn, dann wurden seine Lippen schmal vor Sorge. „So ein Mist!“

„Eine tote Indianerin haben wir auch gefunden!“, meldete Josh. „Sie saß erfroren im Schnee. Wir haben sie mit Steinen bedeckt.“

Der Vater senkte den Blick und sagte zum ersten Mal nichts. Es schien ihm leid zu tun.

„Ach je!“, sagte Klara. „So viel Tod und Sterben an einem Tag. Was machen wir nun?“

Collins zuckte mit den Schultern. „Die Indianerin hätte nicht sterben müssen, aber die Rinder sind einfach nicht zäh genug. Vielleicht sollten wir im nächsten Sommer Heu einfahren?“

„Mit wem?“, schoss der Vater zurück. „Meinst du, dass wir das zu dritt schaffen?“

„Und wenn wir ein paar Leute finden, die uns helfen?“

„Hier gibt es nur Gesindel und Herumtreiber, keine anständigen Arbeiter!“, murrte Theodor gereizt.

Collins deutete wortlos auf die Ladefläche des Wagens und Theodor setzte sich in Bewegung, um beim Abladen zu helfen. Gemeinsam hoben sie die Fleischbrocken herunter und legten sie auf den Holzstoß vor dem Haus. „Es wird gefrieren und dann können wir es in Ruhe verarbeiten“, meinte Klara.

„Ich frage mich, was wir mit so viel Fleisch anstellen sollen?“, schimpfte Theodor gereizt.

„Nun, ich werde es kochen, räuchern, grillen, braten und selchen", lächelte Klara beschwichtigend und da musste selbst Theodor schmunzeln, obwohl ihm keineswegs nach Lachen zumute war. Aber Klara hatte eine so praktische Art, dass man manchmal die Sorgen einfach vergaß. Der Verlust der Rinder war ein Rückschlag, aber keine Katastrophe.
Irgendwann saßen sie alle erschöpft und müde um den Tisch und Klara erhitzte die Suppe, die sie bereits vorher vorbereitet hatte. Das kleine Mädchen setzte sich ebenfalls an den Tisch und sah mit hungrigen Augen auf die gefüllten Teller. „Möchtest du auch einen Teller mit Suppe?", fragte Klara.
Das Mädchen nickte heftig und deutete dann auf seine Mutter. „Mama auch!"
„Schau an!", knurrte Theodor zufrieden. „Das Kind lernt sprechen!"
„Natürlich tut sie das!", lächelte Klara. „Wir üben den ganzen Tag!"
„Ich dachte, du kochst den ganzen Tag?" Theodor blickte misstrauisch von seinem Tellerrand hoch.
„Ja, ich koche den ganzen Tag!", betonte Klara. „Und meine Eve hilft mir dabei!"
„So, so!", meinte Theodor wenig überzeugt.
Mit seinem Löffel deutete er auf die Indianerin, die immer noch auf ihrem Lager saß und die Familie nur manchmal mit einem flüchtigen Blick streifte. „Sie soll dir gefälligst helfen. Wer essen will, muss arbeiten!"
„Selbstverständlich!", beeilte sich Klara ihren Mann zu versöhnen. „Sowie es ihr besser geht, wird sie mir im Haushalt helfen!"
„Genau, so lange, bis ich sie den Soldaten übergebe!"
„Hast du den Hustensaft und den Honig?", lenkte Klara ihren Mann von seinem Lieblingsthema ab.
„Ja, habe ich! Den Honig hat mir der Sohn von Bissonette geschenkt. Stellt euch vor, die sind inzwischen nach Norden gezogen, zur Indianeragentur. Im Moment sind nur noch die beiden Jungs da, die den Handelsposten führen. Aber die beiden ziehen auch zur Agentur. Wenn die Indianer keine Pelze mehr bringen, macht ja auch dieser Handelsposten keinen Gewinn mehr. Und

weiße Siedler kaufen nicht bei Mischlingen ein. Die gehen lieber in die Siedlungen und kaufen bei weißen Händlern. Irgendwie seltsam, dass dann alles verfällt. Vom alten Handelsposten von Bordeaux ist fast nichts mehr übrig! Da haben irgendwelche Siedler sich sogar die Steine vom Kamin genommen. Weiter westlich entsteht nun eine Siedlung, auch mit Geschäften, in denen wir einkaufen können, und bei Camp Robinson auch."

„Gibt es sonst irgendwelche Neuigkeiten?", fragte Klara.

Theodor deutete mit dem Löffel auf die Indianerin. „Ich sagte den beiden Jungs, dass ich ein paar Dinge für sie brauche, und da haben sie mir die Sachen einfach geschenkt."

„Wirklich?", freute sich Klara.

„Na ja, sie sind ja selber halbe Indianer! Aber es muss wohl ziemlich schlimm gewesen sein", erzählte Theodor weiter. „Die haben wohl siebzig bis achtzig Indianer abgeknallt und nun stürzt sich die Presse auf uns Hinterwäldler. Waren zu viele tote Frauen und Kinder darunter! Die beiden Jungs waren ziemlich sauer. Sie sagten, dass man die Indianer ausrotten wollte. Ihr Vater arbeitet jetzt bei der Agentur als Dolmetscher und Hilfsagent. Ist auch besser so. Mit seiner indianischen Ehefrau und den vielen Kindern. Indianer sollen besser unter Indianern bleiben."

„Hast du ihm von Monika erzählt?", fragte Klara vorsichtig.

„Ja, er meinte, dass es wohl Grasmädchen bedeutet. Hübsch, nicht wahr? Sie sieht ja wirklich aus wie ein Grashalm!"

„Und was hast du noch erzählt?"

„Nichts!", wich Theodor aus. „John Bissonette meinte, dass einige Cheyenne es bis ins Reservat nördlich von uns geschafft haben. Dort dürfen sie vielleicht bleiben. Ich habe mir überlegt, dass wir Monika dorthin bringen. Im Frühling, wenn es ihr etwas besser geht. Will ja nicht, dass ihr etwas passiert."

Klara seufzte vor Erleichterung. „Theodor, das ist ein guter Gedanke! Bis zum Frühling bekommen wir das Baby vielleicht durch. Wo ist denn der Honig? Ich möchte etwas versuchen."

„Was hast du mit dem Honig eigentlich vor?", fragte Theodor neugierig.

„Ich schmiere ihre Brustwarzen damit ein, damit das Baby ein wenig überzeugt wird, daran zu saugen."

Die drei Männer verschluckten sich fast und husteten verlegen ihre Überraschung weg. Staunend sahen sie zu, wie ihre Mutter den Honig nahm und zu dem Lager der Indianerin ging.
„Brustwarzen!“, schimpfte der Vater scheinbar aufgebracht. „Ich will keine weiteren unschicklichen Worte mehr hören!“

Monika

Moekaé war nur selten aufgestanden und hatte den Tag in einem Dämmerschlaf verbracht. Sie hatte leichtes Fieber und wusste, dass sie sich immer noch schonen musste. Ihre Wunden heilten gut und doch litt der Körper immer noch unter den Entbehrungen der letzten Wochen und der plötzlichen Geburt. Den ganzen Tag waren die Männer unterwegs gewesen und Moekaé hatte die Ruhe genossen. Rotes-Blatt hatte viel geschlafen und nur noch selten gehustet. Manchmal hatte sie sich an den Tisch gesetzt und der weißen Frau beim Arbeiten zugesehen. Immer wieder kam sie mit lustigen Informationen an Moekaés Lager gehüpft und erzählte ihr von den seltsamen Dingen, die die Weißen verwendeten. „Nahgo", erzählte sie dann mit leuchtenden Augen, „Oma hat ein Ding, das tick, tick macht!" Sie schnalzte dabei leicht mit ihrer Zunge, um das Geräusch nachzuahmen.

„Und was macht es?", fragte Moekaé.

„Ich weiß nicht! Es ist rund und ein gelber Pfeil bewegt sich darin."

Moekaé schwieg, denn sie wusste auch nicht, wozu diese Dinge sein sollten.

„Oma hat ganz viele Töpfe und Pfannen!", erzählte das Kind weiter. „Und viele Krüge, in denen das Essen drin ist. Und sie hat kleine Hölzchen, mit denen sie ganz leicht Feuer entzünden kann." Ihre Stimme plätscherte dahin und Moekaé freute sich an dem Eifer des Kindes. „Weißt du, worin sie das Wasser aufbewahren?", fragte Rotes-Blatt weiter.

„Nein!"

„Oma nennt es Glas!" Sie spuckte das neue Wort, als sie die Zunge zwischen die Zähne nahm, um es richtig auszusprechen. „Ich kann hindurchsehen, als wäre es Luft!"

„So wie die Löcher in der Wand in Camp Robinson?", fragte Moekaé verblüfft.

„Ja, aber hier sind sie rund und man kann Wasser hineintun."

Rotes-Blatt spielte wieder mit ihrer Puppe und Moekaé blickte sinnend auf ihr Baby. Immer wieder legte sie das schwächliche

Neugeborene an ihre Brust, um es zum Trinken zu bewegen. Es war seltsam apathisch und kraftlos, als ob es sich überlegen würde, ob es bleiben oder gehen sollte.

Irgendwann war der junge Mann, der Josh hieß, hereingestürmt und hatte beunruhigende Nachrichten gebracht. Innerhalb kurzer Zeit waren die beiden aufgebrochen und zum ersten Mal war Moekaé mit ihren Töchtern allein in dem Haus der weißen Familie. Es fühlte sich seltsam an. Die Ruhe und Stille breiteten sich fast bedrohlich in dem kleinen Haus aus. Sie wunderte sich nicht, wohin alle gegangen waren, sondern fühlte nur die seltsame Leere in ihrem Herzen. Noch nie in ihrem Leben war sie so allein und einsam gewesen. Der Verlust all der Menschen, die sie zurückgelassen hatte, traf sie nun mit voller Wucht. Hier lag sie nun und die Einzigen, die ihr von ihrer Familie geblieben waren, waren Rotes-Blatt und Rahel. Rotes-Blatt war die einzige Überlebende der Familie ihrer Schwester und Rahel war die einzige Überlebende der Familie ihres Mannes. Wenn sie überhaupt überlebte! Der Gedanke war so schrecklich, dass es ihr den Atem nahm. So wenige! So wenige!

Vorsichtig drückte sie das zarte Wesen an sich und versuchte wieder, es zum Trinken zu bewegen. „Nur ein bisschen!“, flüsterte sie drängend. „Du brauchst dich doch nur ein wenig anzustrengen!“

Es brauchte so wenig, um ein Baby durchzubringen. Nur ein wenig Wärme, Sauberkeit und Milch, aber dieses Kind war vor der Zeit in die Welt geboren worden. Wollte es nun zu den Geistern zurück?

Es wurde Nacht und als Erstes kehrte der alte Mann zurück. Er schien sich zu wundern, wo die anderen waren, aber noch konnte sich Moekaé nicht verständlich machen, und sie wusste auch nicht, wohin die anderen gegangen waren. Der Mann hatte Taschen dabei, die er auf den Tisch ausleerte. Dann kam er mit einem Löffel und dem kleinen Medizinfläschchen an ihr Bett.

„Eve!“, rief er freundlich.

Gehorsam kam das Kind näher und sperrte den Mund auf, um die Medizin zu schlucken.

Der Mann verzog erfreut die Mundwinkel und strich dem Kind gut gelaunt über die Haare. „Komm!", sagte er mit einem Lächeln. Vertrauensvoll streckte ihm Eve die Hand entgegen und ließ sich von ihm zu dem Tisch ziehen.
„Sieh mal!", sagte der Mann und streckte dem Kind ein neues Kleid entgegen. Es war ein Kinderkleid aus blauem Stoff mit einem bunten Blütenmuster und schönen Rüschen am Saum. Eve strahlte ihn mit funkelnden Augen an und nahm schüchtern das Kleid entgegen. So etwas Schönes hatte sie schon lange nicht mehr gesehen.
„Du musst danke sagen!", mahnte der Mann. „Dan-ke!"
„Danke", wiederholte Rotes-Blatt gehorsam.
Wieder lächelte der Mann und grunzte zufrieden. Er sagte etwas Unverständliches, doch das Kind verstand, dass es zu seiner Mutter laufen durfte, um ihr das Kleid zu zeigen.
„Sieh nur, was Oh-pa mir geschenkt hat", lächelte Rotes-Blatt aufgeregt. Noch dehnte sie das ungewohnte Wort.
„Das ist schön", freute sich Moekaé. „Diese Menschen sind sehr großzügig." Sie sah zu, wie der Mann den Raum verließ, um Feuerholz hereinzutragen. Das Feuer war fast heruntergebrannt und er blies in die Glut, um es wieder zu entfachen. Moekaé legte sich auf ihr Lager und schloss die Augen. Morgen würde sie aufstehen und auch einige Arbeiten übernehmen. Sie wollte nicht als faul und unnütz gelten.

Mitten in der Nacht kehrten die anderen zurück und Moekaé fuhr aus ihrem Schlaf hoch. Die Stimmen klangen beunruhigt und gereizt. Sie konnte fühlen, dass die Familie besorgt war. Umso erstaunter war sie, als Klara sich zu ihr setzte und ihr einen kleinen Topf zeigte. Sie fuhr mit dem Finger in die klebrige Flüssigkeit und schleckte daran, um ihr zu zeigen, dass es süß war. Moekaé senkte die Augen und verbarg, dass sie längst wusste, dass es sich um Honig handelte. Dann blickte sie erstaunt auf Klaras Hand, die ungeniert ihr Hemd öffnete und die Brust entblößte. Mit Zeichen machte ihr die weiße Frau verständlich, dass sie ihre Brust mit dem Honig einschmieren sollte. Moekaé gehorchte verblüfft und ließ sich widerstandslos ihr Baby anlegen. Der Mund schloss

sich zaghaft um die Brustwarze, doch dann begann das Kind kräftiger zu saugen. Ein erleichtertes Kichern war zu hören, als Klara bemerkte, dass ihre Taktik aufging. Auch Moekaé lächelte erleichtert. Das Kind saugte tatsächlich! Seltsame Ideen hatten diese Menschen! „Nia'isch", murmelte sie dankbar.
Moekaé spürte das Ziehen in ihrer Brust und war zufrieden. Wenn Rahel durch Honig überzeugt werden musste, auf dieser Welt zu bleiben, dann war es eben so. Die Finger des Kindes hatten sich vor Anstrengung zu Fäusten geballt und doch schien es wieder Kraft zu schöpfen. Rahel. Moekaé wollte dem Kind keinen anderen Namen geben, denn sie wusste, dass die alten Namen ihre Bedeutung verloren hatten. Mit geschlossenen Augen döste sie vor sich hin und hörte auf das leise Murmeln der Stimmen im Hintergrund. Ihr war aufgefallen, dass die Stimmlage der Menschen sich verändert hatte. Alle sprachen ruhiger miteinander, leiser, als würden sie auf das Neugeborene Rücksicht nehmen, das dort in der Nähe des Feuers um sein winziges Leben kämpfte. Moekaé fand das schön. Es zeigte ihr, dass die Menschen respektvoll waren. Es gab nicht nur schlechte Menschen bei den Weißen, sondern auch gute.

Holz kratzte auf Holz, als die Menschen von den Stühlen aufstanden und durch den Raum zu ihren Betten schritten. Auch Rotes-Blatt zog das Kleid aus, legte sich auf das Lager und kuschelte sich an ihre Ziehmutter heran. Moekaé wunderte sich über viele Dinge, die diese Menschen taten. Warum zogen sie sich zur Nachtzeit ein anderes Gewand an? Und warum saßen sie auf Stühlen um einen Tisch herum, anstatt sich gemütlich auf Felle ans Feuer zu setzen? Warum schliefen sie in einem wackeligen Gestell, anstatt dichte Felle am Boden auszubreiten, und warum verrichteten die Männer Frauenarbeiten? Wenn sie hier bleiben wollte, dann musste sie viele Dinge lernen. Rotes-Blatt war noch klein und nahm die Dinge so, wie sie kamen. Sie dachte nicht darüber nach, warum die Menschen hier alles anders machten, sondern machte es ihnen nach. Sie plapperte die fremde Sprache und schien Freude daran zu haben, mehr und mehr verstehen zu können. Zum ersten Mal seit langem durfte sie wieder ein kleines

Kind sein und mit staunenden Augen in die Welt sehen, fast wie ein Neugeborenes. Moekaé blinzelte überrascht und blickte auf das schlafende Kind an ihrer Seite. Ja, auch Rotes-Blatt war wiedergeboren worden. Ohne diese Menschen hätte sie den Winter nicht überlebt. Wahrscheinlich hätte sie keinen einzigen Tag mehr in der Kälte da draußen überlebt. Nun durfte sie an der Seite der älteren Frau sitzen und ihr beim Kochen zusehen, so wie sie es auch bei ihrer wahren Großmutter getan hätte. Rotes-Blatt durfte spielen und lachen. Sie bekam genug zu essen und die Menschen waren geduldig und liebevoll. Selbst der alte Mann schien das Mädchen zu mögen und mäßigte sich in seinem Tonfall, um es nicht zu erschrecken. Zufrieden ließ sich Moekaé in den Schlaf hinübergleiten. Sie war heimgekehrt.

Zweimal wurde sie in der Nacht von Rahel geweckt, die mit ihrer feinen Stimme nach Milch verlangte. Jedes Mal wandte Moekaé den Trick mit dem Honig an und sie hatte das Gefühl, dass das Trinken des Babys kräftiger wurde. Die Wunde an der Schulter begann zu jucken, doch Moekaé wusste, dass dies ein gutes Zeichen war. Vorsichtig strich sie über die Wundränder, ohne sie jedoch aufzukratzen. Der Verband saß so locker, dass sie ihn ein wenig beiseiteschieben konnte, um nach der Wunde zu tasten. Schorf hatte sich gebildet und sie massierte die Gegend um die Wundränder, um den Juckreiz etwas zu lindern. Das Saugen ihrer Tochter war in der Dunkelheit deutlich zu hören und quer durch den Raum war ein unterdrücktes Kichern zu hören. Moekaé lächelte still in sich hinein. Sie wusste, dass Collins dort drüben in seinem Bett lag und Anteil nahm. Mit dem Baby an ihrer Brust schlief sie einfach ein.

Der Morgen begann mit der üblichen Hektik. Alle Menschen standen gleichzeitig auf und polterten lärmend durch die enge Hütte. Die Mutter klapperte mit dem Geschirr, schlug die eiserne Tür des Ofens lärmend auf und zu, Eisen klirrte auf Eisen, als sie die Pfanne auf den Herd stellte, um Eier darin zu braten. Die Männer lachten, als sie um die winzige Wasserschüssel standen, um sich zu rasieren und einen Blick in den einzigen Spiegel zu

erhaschen. Leder knarzte, als Collins die schweren Stiefel anzog, und sein Bruder fing in letzter Sekunde eine Petroleumlampe auf, die er in seiner ungeschickten Art vom Regal gestoßen hatte, als er mit ausholenden Bewegungen sein Hemd überzog.
„Josh!", mahnte die Mutter vorwurfsvoll.
„Nichts passiert", meinte Josh hastig.
„Du führst dich auf wie ein dreijähriges Kind! Setz dich endlich hin, ehe du noch mehr Schaden anrichtest!"
„Ja, M'am!" Gehorsam setzte sich Josh auf seinen Platz und grinste wie ein freches Pony.
„Die Haare könntest du dir auch mal kämmen!"
„Mach ich später, wenn mein großer Bruder den Spiegel herausrückt." Mit seinem Löffel wedelte er in Richtung seines älteren Bruders und grinste anzüglich. „Wahrscheinlich heiratet er mal sein Spiegelbild!"
Collins legte den Kamm auf die Seite und kam durch den Raum auf seinen Bruder zu. Er nahm ihn in den Schwitzkasten und fuhr dann spielerisch durch die lockigen Haare seines Bruders, die anschließend nach allen Seiten abstanden. „Du brauchst keinen Spiegel! Hier draußen sieht dich nur der Wind!"
„Da hast du allerdings recht", stimmte sein Bruder zu. „Also brauche ich mir auch nicht die Haare zu kämmen."
„Untersteht euch!", schimpfte Klara amüsiert. „Der liebe Gott sieht euch überall."
„Ich glaube nicht, dass es Gott interessiert, ob wir uns die Haare kämmen oder nicht!", kicherte Collins respektlos. Er ließ sich auf seinen Stuhl plumpsen und wartete darauf, dass ihm die Mutter die Eier mit Speck brachte.
„Aber sicher!", entgegnete Klara entrüstet. „Wir führen ein gottesfürchtiges Leben. Wir beten, wir danken Gott für seine Gaben, wir pflegen uns auf zivilisierte Weise und benehmen uns wie die Bibel es uns gelehrt hat. Nur weil wir in der Wildnis leben, heißt das nicht, dass wir uns wie Wilde aufführen müssen!"
Die Brüder wechselten überraschte Blicke und schwiegen dann vorsichtshalber. Ihre Mutter hatte die Hände resolut in die Hüften gestemmt und sah aus, als würde sie gleich die Bibel holen und einige Verse vorlesen wollen.

„Natürlich, Ma!“, beeilte sich Josh zu sagen. Mit einem Ruck schob er den Stuhl nach hinten, stand auf und ging zur Nische mit der Waschschüssel, um sich die Haare zu kämmen. Dann setzte er sich wieder an den Tisch, nahm die Gabel und stocherte hungrig in die Rühreier. „Holen wir heute noch mehr Fleisch?“, fragte er.
Der Blick des Vaters verdüsterte sich merklich. „Ja, wir retten, was zu retten ist. Was ist mit diesen Büffeln?“
„Wir hatten keine Zeit, sie zu schießen, weil wir das Fleisch bergen mussten.“
„Habt ihr sonst noch Spuren von Indianern gesehen? John Bissonette meinte, dass die Soldaten noch nicht alle Indianer erwischt haben. Wir müssen also vorsichtig sein! Aber wahrscheinlich müssen wir nicht gleich schießen. Habe keine Lust, noch mehr verwundete Frauen und Kinder bei mir aufzunehmen.“
„Ich glaube nicht, dass sich hier noch jemand herumtreibt. Höchstens Geister. So lange kann doch keiner bei der Kälte da draußen überleben. Wahrscheinlich sind sie längst irgendwo untergekommen.“
„Die Jungs von Bissonette meinen, dass ein Teil der Indianer sich in den Sand Hills versteckt.“
„Das ist aber weit von hier entfernt“, gab Collins zu bedenken.
„Ja!“
„Was sollen wir tun, wenn wir doch noch einen Indianer erwischen? Ich meine, es könnte ja sein.“
Theodor antwortete mit einem tiefen Seufzen und zuckte dann mit den Schultern. „Keine Ahnung. Kommt darauf an, was der Indianer dann tut!“
Collins grinste belustigt. „Okay, dann warten wir halt ab, was er dann tut!“
„So ist es!“, bestätigte Theodor gereizt. „Zumindest kann es nicht schaden, sich zu vergewissern, ob es sich um einen Mann oder eine Frau handelt, ehe ihr losballert.“
„Oder ein hübsches Mädchen!“, meinte Josh frech.
Der Vater fand diese Bemerkung weniger lustig. Mit seinem Messer deutete er in Richtung von Moekaé und meinte: „Lasst euch nicht täuschen. Das ist kein Mädchen mehr, sondern eine Frau

mit zwei Kindern. Indianer verheiraten ihre Mädchen schon mit jungen Jahren. Es sind halt Wilde."

Die beiden jungen Männer senkten die Köpfe und schwiegen. Sie schaufelten das Essen in sich hinein und standen dann auf, um sich auf den Weg zu machen. Sie griffen nach ihren Hüten und Jacken, packten ihre Gewehre und öffneten die Tür. Ein warmer Wind schlug ihnen entgegen und in der Ferne war Donnergrollen zu hören. „Hey, es wird wärmer!", freute sich Collins.

„Ja, ich habe den Schnee langsam satt!", meinte Josh zufrieden.

„Holen wir das Fleisch und was sonst zu retten ist! Spann die Pferde ein. Wir nehmen den Karren", befahl Collins mit ruhiger Stimme. Auch der Vater trat an die Tür und blickte mit zusammengekniffenen Augen in den Himmel. Hohe Wolkenberge türmten sich auf, doch dazwischen stahl sich die Sonne hindurch und tauchte den Himmel in ein buntes Farbenspiel aus Zartrosa bis in ein dunkles Violett. Wieder war das Donnern zu hören und der Wind trieb einige vertrocknete Blätter vor sich her. „Es wird tatsächlich wärmer!", stellte Theodor fest. „Wir müssen uns mit dem Fleisch beeilen, sonst verdirbt es. Ich bleibe hier und schneide es in Stücke. Wir können es über dem Feuer räuchern, dann haben wir wenigsten für einige Zeit einen guten Schinken. Bringt die Häute mit, daraus lässt sich vielleicht auch etwas machen."

„Und die Büffel?", fragte Collins.

„Ach, lasst die Viecher in Ruhe. Wir haben im Moment andere Sorgen!"

Die beiden jungen Männer verschwanden, um die Pferde einzuspannen und sich auf den Weg zu machen. Kurze Zeit später verschwand der Wagen rumpelnd und holpernd über den Kamm eines Hügels. Schneeflocken tanzten wieder in der Luft, doch alle wussten, dass es das letzte Aufbäumen des Winters war.

Auch Moekaé lauschte auf das ferne Grollen des Donners und lächelte entspannt in sich hinein. Ja, es wurde Zeit, dass der Donner des Südens seine Macht nach Norden ausstreckte und die Erde wieder wärmte. Der erbarmungslose Wintermann hatte lange genug seine Opfer gefordert. Es war gut, dass nach all der schlimmen Zeit wieder die guten Kräfte zurückkehrten. Manch-

mal glaubte Moekaé nicht mehr an die überirdischen Kräfte, die ihr Schicksal leiteten. Sie wusste von der Prophezeiung, dass die Büffel verschwinden würden, wenn die Büffelhaube beschädigt wurde oder die heiligen Pfeile nicht sorgsam gehütet wurden. Beide Mysterien waren entehrt worden und die Cheyenne mussten nun mit den Konsequenzen leben. Würde ihr Volk vernichtet werden? Manchmal schien es Moekaé, als würde nichts mehr ihren Untergang verhindern können, doch dann sah sie in die Augen der beiden Mädchen und hoffte, dass es wenigstens für die Kinder einen Weg gab. Die Donnerwesen kehrten zurück. Sie waren ein Teil des Mysteriums und vielleicht ein Zeichen, dass auch die Cheyenne sich erneuern konnten. Einst, da hatte das Donnerwesen dem Propheten Sweet Medicine gezeigt, wie man Feuer machen konnte, um sich gegen die Kräfte des Mannes im Norden zu wehren. Der Mann im Norden gehorchte der Frau des Nordens, die die Erde mit Kälte überzog, während der Donner des Südens den Regen brachte und das Gras wachsen lässt. Zweimal im Jahr tragen die beiden ihren Konflikt aus, dann sagt der Donner mit seiner tiefen Stimme: „Geh fort, geh fort, denn ich möchte die Erde wärmen. Geh zurück in den Norden, wohin du gehörst!“ Die beiden streiten eine Weile, doch irgendwann gewinnt stets der Donner und vertreibt die Kälte. Moekaé hörte auf das ferne Gewitter und seufzte tief. Vielleicht würde der Donner ihr einen Rat geben, wie sie in dieser neuen Welt überleben konnte. Einst hatte er Sweet Medicine geholfen, vielleicht hatte der Donner erneut Mitleid mit den Cheyenne?
Moekaé erhob sich und schlüpfte ebenfalls aus der geöffneten Tür, um den Donner zu begrüßen. Sie spürte die Wärme in den Windböen und schloss einen kurzen Augenblick die Augen, um die Sonne und den Wind mit einem Gebet zu begrüßen. „Bruder Donner, vertreibe die Kälte und lass das Gras wieder wachsen. Beschütze die Büffel, auf dass sie einst wieder über die Erde ziehen, und beschütze auch das Volk der Cheyenne!“ Sie zögerte kurz und schloss dann die Menschen, die in diesem Haus wohnten, in ihr Gebet ein. „Sieh auch diese Menschen hier und gewähre ihnen dein Wohlwollen. Sie haben ein gutes Herz!“
Sie öffnete die Augen und kehrte in das Haus zurück, um ihr

Kleid zu holen. In eine Decke gehüllt ging sie zu der Hütte, um sich zu erleichtern und anzukleiden. Sie tat dies nicht gern in der Anwesenheit der Männer, sondern suchte sich Orte, an denen sie vor den Blicken geschützt war. Anschließend half sie Rotes-Blatt in ein sauberes Kleid und bürstete sorgsam ihr Haar. Klara brachte ihr rote Bänder und mit einem Lächeln flocht Moekaé dem Kind die Bänder ins Haar. Belustigt sah sie zu, wie Rotes-Blatt vor den Spiegel hüpfte und sich darin bewunderte. „Sieh nur!", lachte das Kind.
„Ja, als hätte dein Haar die Strahlen der Morgensonne eingefangen."
„Oma hat schöne Sachen", stellte Rotes-Blatt fest. Es war nicht neidisch, sondern nur voller Bewunderung für all die Dinge, die es hier gab.
„Ja", lächelte Moekaé zurück. Sie kämmte sich ebenfalls die Haare und setzte sich dann an den Tisch. Noch immer war es unbequem und seltsam, auf einem Stuhl zu sitzen, aber sie passte sich diesen Menschen und ihren Gewohnheiten an. Auch sie bekam einen Teller mit Rühreiern und Speck und sie fand dieses Essen durchaus nahrhaft und schmackhaft. Auch Rotes-Blatt aß mit großem Appetit und fragte dann schüchtern nach Brot. Klara lachte herzhaft und brachte dem Kind ein Stück Brot, das sie dick mit Honig einstrich. „Hier, du kleine Naschkatze!"
Rotes-Blatt strahlte glücklich und biss ein großes Stück von dem Brot ab. Der Honig lief ihr über das Kinn und sie wischte mit dem Finger darüber, um ihn ebenfalls abzulecken. „Hmh, das schmeckt gut!", meinte sie anerkennend. „Nia'isch, Oma!"
„Danke!", wurde sie von Klara korrigiert.
„Danke", wiederholte Rotes-Blatt gehorsam.
Moekaé kicherte hinter vorgehaltener Hand und freute sich über diese weißen Menschen. Kinder und Honig! So einfach war das!

Nach dem Frühstück sah Moekaé sich nach einer Möglichkeit um, sich ebenfalls nützlich zu machen. Der alte Mann hatte das Haus verlassen und sie folgte ihm, um Holz hereinzutragen. Ihre Schulter schmerzte noch, aber sie wusste, dass ein wenig Bewegung ihr nicht schaden würde.

Der alte Mann stach mit seinem Messer Löcher in eine Haut der gefleckten Büffel und spannte dann das Fell zum Gerben an ein Gerüst. Moekaé wunderte sich erst, warum der Mann das Fell nicht am Boden spannte, aber dann half sie ihm, das Fell an den Rahmen zu binden. Mehrmals wollte der Mann sie ins Haus schicken, doch Moekaé senkte nur scheu den Blick und arbeitete weiter. Sie wollte nicht unnütz oder faul sein. Als Theodor schließlich sein Messer zog, um das Fell sauber zu schaben, nahm Moekaé es ihm einfach aus der Hand und machte sich an die Arbeit. Dies war eindeutig Frauenarbeit!

Theodor stand etwas ratlos neben ihr, dann zuckte er die Schultern und ging ins Haus zurück, um sich bei seiner Frau über das Indianermädchen zu beschweren: „Stell dir vor. Sie hat mir einfach das Messer aus der Hand genommen und gerbt nun das Fell."

„Na ja, sie will sich bestimmt nützlich machen!"

„Und ihre Schulter?"

„Das wird schon wieder! Ich denke, dass sie selbst weiß, wie viel sie sich zumuten darf."

„Hmh!", brummte Theodor wenig überzeugt.

„Du hast doch selbst gesagt, dass sie mithelfen soll."

„Ja, aber doch nicht so! Ich dachte an ein wenig Hausarbeit oder so."

„Na ja, wahrscheinlich kennt sie diese Arbeit zu wenig. Aber Häute gerben hat sie vermutlich schon oft gemacht."

„Stimmt! Sie ist ja eine Squaw."

„Hör auf herumzunörgeln und trag mir lieber Holz rein! Anschließend kannst du den Jungs nachreiten und ihnen helfen. Ich komme hier wunderbar ohne dich zurecht."

„Hast recht. Will mir den Schaden selbst ansehen. Brauchst du Hilfe, um das Fleisch zu räuchern?"

„Nein, da kann mir Monika bestimmt auch helfen", lächelte Klara verschmitzt.

„Pass aber auf. Sie ist jetzt bewaffnet!"

„Theodor!", schimpfte Klara aufgebracht. „Du redest den ganzen Tag nur Unsinn!"

Vor sich hin grummelnd setzte Theodor seinen Hut auf, griff

ebenfalls nach einem Gewehr und stapfte aus der Hütte. Sein missbilligender Blick streifte die Indianerin, die sorgsam die Fleischreste von der Kuhhaut abschabte und dabei sehr geschickt zu sein schien. Er konnte sehen, dass sie die verletzte Schulter schonte, und senkte unwillig die Augen. Er traute Indianern nicht und sie nun in seinem Haus zu wissen, brachte seine Welt in Unordnung. Nur noch ein paar Tage, dachte er aufgebracht. Er sattelte sein Pferd und führte es aus dem Stall. Das kleine Mädchen stand mit einem scheuen Lächeln vor ihm und reichte ihm einen Beutel. „Brot!", sagte es deutlich. Er knurrte wie ein Hund, doch dann griff er nach dem dargereichten Beutel und band ihn am Sattel fest. Schließlich nickte er dem Kind auffordernd zu und brummte: „Geh wieder zur Oma. Will ja nicht, dass du wieder hustest."

Gehorsam drehte sich das Mädchen um und hüpfte in Richtung des Hauses zurück. Ihre Zöpfe mit den roten Bändern flatterten hinter ihr her und sie sah aus wie jedes andere Kind auch. „Scheiße!", fluchte er unflätig und spuckte dann auf den Boden. „Wieso haben die nur so niedliche Kinder?"

Er schwang sich in den Sattel und galoppierte den Wagenspuren hinterher, die sich deutlich in den Schlamm eingegraben hatten. Es taute und überall bildeten sich Pfützen. Manchmal spritzte der Schlamm bis zum Bauch des Pferdes hoch.

Nach einer guten Stunde hatte Theodor die Weide erreicht und führte sein Pferd an den Karren heran, an dem seine beiden Söhne arbeiteten. Still blieb Theodor im Sattel sitzen und blickte auf die Bescherung. Die beiden hatten aufgehört zu arbeiten und blickten abwartend auf ihren Vater. Sie hatten die Hüte in den Nacken geschoben und strichen sich die Haare aus der Stirn.

„Blöde Rindviecher", murmelte Theodor wütend.

„Wir holen das Fleisch von den Biestern, die wir gestern noch ausgenommen haben", erklärte Collins mit einer vagen Handbewegung in Richtung der Kadaver. „Es ist zu warm, daher wird das Fleisch der anderen schon verdorben sein."

„Wahrscheinlich", knurrte Theodor ungehalten. „Der Rest ist wohl für die Wölfe! Trotzdem sollten wir die Kadaver wegschaffen."

„Wozu? Die Aasfresser werden nichts als bleiche Knochen übrig lassen."
Theodor biss sich auf die Lippen und nickte schließlich. „Gut, aber wir treiben die anderen rüber zum See!"
„Okay!", stimmte Collins zu. Alle drei machten sich schweigend an die Arbeit. Geschickt häuteten sie die Kühe, lösten das Fleisch von den Knochen und stapelten es auf dem Karren. Es war nicht gefroren und sie wussten, dass sie sich beeilen mussten, wenn sie wenigstens das Fleisch retten wollten.

Nach Stunden hatten sie das Fleisch verladen und blickten auf die übrigen Tiere, die sie nicht mehr verwerten konnten. Der Vater nickte seinen Söhnen wohlwollend zu. „Es war gut, dass ihr wenigstens einige retten konntet. Der Schaden ist immer noch beträchtlich."
„Dieses Land ist hart!", meinte Collins. „Vielleicht für die Rinderzucht nicht geeignet."
„Ich gebe nicht auf!", meinte Theodor mürrisch. „Wir haben schon so oft von vorne angefangen, jetzt bleiben wir hier!"
Collins schob seinen Hut in die Stirn und blickte schweigend auf seine Stiefel. Sein Vater war ein harter Mann. Hart zu sich und hart zu seiner Familie. Aber durfte er dem Willen Gottes trotzen? Waren die verendeten Rinder vielleicht nur eine Warnung, dass sie hier nicht hergehörten? Er schubste einen Stein zur Seite, der vor ihm am Boden lag, und seufzte tief.
Sein Vater schlug ihm aufmunternd auf die Schulter. „Warte nur, im Frühling werden die Kälber geboren. Das wird unseren Verlust auffangen. Dieses Land ist zu steinig für Ackerbau, also bleibt nur die Viehzucht! Im nächsten Winter werden wir Heu und Ställe haben. Ihr werdet sehen!"
„Ja, Pa!", lächelte Collins zurück. „Bringen wir das Fleisch heim. Ich habe keine Ahnung, wie wir diese Mengen verarbeiten sollen."
Alle drei blickten sorgenvoll in Richtung des Karrens. „Vielleicht können wir was zum Handelsposten bringen?"
„Fahren wir erst mal zurück!", ordnete der Vater an. „Will nicht, dass Klara zu lange mit dieser Squaw allein ist."

Die beiden Brüder grinsten nur und warfen sich einen vielsagenden Blick zu. Josh schwang sich auf den Kutschbock und griff nach den Zügeln, während Collins und Theodor sich in die Sättel der Pferde zogen. Am Himmel schwebten bereits die ersten Aasfresser, bereit sich auf das Festmahl zu stürzen.
Collins sah ihnen zu und zischte dann leise durch die Zähne. „Morgen treiben wir die anderen Rinder zur Nordweide!“

Fleisch

Moekaé ließ das Messer sinken und kehrte in das Haus zurück. Sie hatte die Haut von den gröbsten Fleischresten saubergeschabt und brauchte nun dringend ein wenig Ruhe. Sie spürte das Ziehen in ihren Brüsten und wusste, dass Rahel wieder ihre Milch brauchte. Ihre Schulter schmerzte und sie tastete vorsichtig nach dem Verband. Die Heilung würde noch Zeit brauchen, aber es fühlte sich gut an, wieder etwas getan zu haben. Sie überlegte, wie lange sie schon kein Fell mehr gegerbt hatte, und konnte sich nicht mehr daran erinnern. Seit sie aus der Darlington Agentur geflohen waren!

Klara blickte ihr mit einem Lächeln entgegen, dann vertiefte sie sich wieder in die Arbeit. Die Frau hatte den ganzen Tisch voller Fleisch und schnitt es in handliche Teile. In der Feuerstelle brannte ein niedriges Feuer und darüber hingen ebenfalls große Teile. Blut tropfte manchmal zischend in die Glut.

Moekaé ging zu ihrer Lagerstatt und beugte sich über ihr Baby. Rahel war wach und bewegte ruckartig die Arme. Sie schien kräftiger zu sein und behutsam nahm Moekaé das Baby in ihre Arme. Suchend drehte sich der Kopf in Richtung ihrer Brüste und Moekaé öffnete das Kleid, um das Baby zu stillen. Rotes-Blatt näherte sich neugierig und erzählte ihr, was sie den Vormittag über gemacht hatte. „Wir machen Fleisch!"

„Hmh", murmelte Moekaé lächelnd.

„Diese Menschen haben ganz viel Fleisch!", berichtete Rotes-Blatt weiter. „Sie hängen es über das Feuer und Oma wälzt es vorher in weißen Körnern!"

„Wenn Rahel getrunken hat, dann werde ich euch helfen", meinte Moekaé.

Das Baby schlief nach der Mahlzeit und Moekaé legte es in das Bettchen zurück. Dann trat sie an den Tisch und blickte ratlos auf die Fleischberge, die Klara dort verarbeitete. So viel Fleisch! Bestimmt genug, um ein ganzes Volk zu ernähren. Wo hatten diese Menschen so viel Fleisch her? Und warum schlachteten sie viel mehr, als sie eigentlich verwerten konnten? In der Feuerstelle

war bereits kein Platz mehr für weiteres Fleisch und die Berge schienen kein Ende zu nehmen. Wortlos machte sich Moekaé an die Arbeit, das Fleisch in Streifen zu schneiden. Draußen hatte sie Stricke gesehen, auf die man die Streifen zum Trocknen hängen konnte. Sie erkannte, dass Klara versuchte, das Fleisch irgendwie haltbar zu machen, und wollte ihr dabei helfen. Seit ewigen Zeiten nutzten die Cheyenne den Wind, um das Fleisch zu dörren. Nun würde sie der Familie eben auf genau diese Weise helfen. Etwas erstaunt beobachtete Klara, wie die Indianerin das Fleisch in Streifen schnitt, und schüttelte dann leicht den Kopf. Aber hier lag so viel Fleisch, dass es ohnehin keinen Unterschied machte. Doch als Moekaé mit den Streifen vor die Hütte trat und das Fleisch in ordentlichen Reihen auf die Wäscheleine hängte, stemmte sie doch die Hände in die Hüften. „Was wird denn das?", fragte sie missbilligend.
Moekaé zögerte verunsichert und fuhr dann in ihrer Arbeit fort. Bis zum Abend würde der Wind das Fleisch getrocknet haben und es wäre für lange Zeit haltbar. An einigen Stellen zeigte der Wind bereits seine Wirkung und sie tastete mit dem Finger danach. „Siehst du ...", erklärte sie in ihrer Sprache, „der Wind trocknet das Fleisch!"
Klara trat näher und tastete ebenfalls nach den dünnen Fleischstreifen, die bereits fast durchsichtig schienen und sich an der Oberfläche härteten. „Na, sieh mal an!", murmelte sie überrascht. „Weißt du was", wandte sie sich an die Indianerin, „ich hole noch mehr Leine und wir hängen das Fleisch auf, was meinst du?"
Klara eilte in das Haus zurück und kehrte mit einer Rolle Leine zurück. Sie spannte das Seil zwischen einige Pinien und wickelte es in mehreren Reihen um die Bäume, sodass sie das Fleisch in mehreren Etagen trocknen konnten. Schweigend arbeiteten die beiden Frauen nebeneinander her. Klara schnitt das Fleisch in handliche dünne Streifen und Moekaé hängte es auf die Leine.

Dann kehrten am Nachmittag die Männer zurück und entsetzt blickte Moekaé auf die Ladefläche, die mit weiterem Fleisch beladen war. An den sorgenvollen Mienen der Männer konnte sie erkennen, dass selbst sie nicht wussten, wie sie all das Fleisch verarbeiten sollten. Es handelte sich nicht um guten Jagderfolg, sondern etwas Schreckliches war geschehen. Sie wusste, dass die weißen Menschen Rinder nicht jagten, sondern züchteten. So viele Rinder zu verlieren, war bestimmt ein herber Verlust für diese Menschen. Abwartend blieb sie stehen und wartete darauf, was die Menschen zu tun gedachten. Ihre Stimmen hallten durch das Tal und sie beobachtete, wie der ältere Mann unwillig in Richtung der Leine mit dem trocknenden Fleisch gestikulierte. Klara redete beschwichtigend auf ihn ein und schließlich biss sich Theodor trotzig auf die Lippen und stemmte die Hände in die Hüften. Collins und Josh machten sich indessen daran, den Wagen zu entladen, und hievten sich die Fleischstücke auf die Schultern, um sie ins Haus zu tragen.

Moekaé wollte ihnen helfen, doch Klara schüttelte den Kopf und tastete vorsichtig nach der verletzten Schulter. Moekaé zögerte und folgte den Männern schließlich ins Haus. Sie war immer noch verletzt und musste sich schonen. Sie konnte der Familie auf andere Weise helfen.

Wieder standen die beiden Frauen am Tisch und schnitten das Fleisch in Streifen, während die Männer draußen ein Feuer entfachten und begannen, über einem Gestell das Fleisch zu räuchern. Klara spannte eine weitere Leine zwischen die Bäume und bald baumelte auch hier das Fleisch im Wind. Die Sonne neigte sich bereits dem Horizont zu und noch machte niemand Anstalten, ins Haus zu gehen. Abwechselnd stand jemand am Feuer und sorgte dafür, dass es leicht qualmte, damit das Fleisch darüber langsam geräuchert wurde. Die anderen brachten Holz, hängten Fleisch auf die Wäscheleine oder schnitten es in Streifen. Rotes-Blatt war müde geworden und hatte sich ins Haus zurückgezogen, um nach dem Baby zu sehen. Sie schlief bereits tief und fest, als Moekaé zu ihr trat und nach dem Baby sah. Sie setzte sich zum Stillen neben das schlafende Kind und entblößte ihre Brust. Im Haus war es still und sie lauschte auf die Atemzüge des Babys. Dann trat Klara herein und machte sich am Herd zu schaffen, um das Abendessen für die Familie zu kochen. Auch sie war still und arbeitete geschäftig vor sich hin. Moekaé hätte gern gefragt, was passiert war, aber noch konnten sie sich nicht verständigen.

Kurz blickte sie auf, als Collins hereintrat und sie mit seinen blauen Augen musterte. Sie ignorierte seinen Blick und konzentrierte sich wieder ganz auf das Baby. Immer noch geriet sie außer Fassung, wenn diese Menschen sie so unverhohlen anstarrten. Es war eine Eigenart, die neu und ungewohnt war. Sie hatte längst erkannt, dass es nicht unfreundlich oder unhöflich gemeint war, und doch wusste sie nicht, wie sie damit umgehen sollte. Sie versuchte es zu ignorieren, aber dies schien wiederum in den Augen der weißen Menschen unhöflich zu sein. Ihr war aufgefallen, dass es hier üblich war, sich tief in die Augen zu blicken. Sehr seltsam! Sie versorgte das Baby und setzte sich dann schweigend an den Tisch. Klara stellte ihr einen Teller vor die Nase, der mit Eiern und Fleisch gefüllt war. Collins setzte sich dazu und griff nach einer Gabel, um ebenfalls zu essen. Er zwinkerte ihr vergnügt zu und nickte, um sie zum Essen aufzufordern. Wieder senkte Moekaé die Augen und ließ dann die Hände tatenlos in ihrem Schoß ruhen. Hier war alles verkehrt.

Collins kicherte vergnügt und stocherte dann mit der Gabel in das Essen. „Ich beeile mich lieber", murmelte er mit vollem Mund. „Ich muss Josh am Feuer ablösen."
„Wie geht es voran?", fragte seine Mutter.
„Morgen fahren wir zum Handelsposten und verkaufen etwas von dem Fleisch. Da kommen immer wieder Wagen durch, die Vorräte brauchen."
„So früh im Jahr?", fragte Klara verwundert.
„Die kommen jetzt immer. Der Westen wird gezähmt, Ma!"
„Vielleicht könntet ihr dann Monika mitnehmen. Von dort ist es ja nicht mehr weit bis zum Camp!"
„Hmh!" Collins schien nicht besonders begeistert zu sein. Er warf einen unsicheren Blick auf die Indianerin und runzelte die Stirn, als er bemerkte, dass sie nichts aß. „Nimm die Gabel!", befahl er mit einem Stirnrunzeln. „Hier, siehst du! Du stichst in das Fleisch und isst!" Er drückte Moekaé die Gabel in die Hand und nickte erneut, damit sie endlich aß. Die Indianerin nahm die Gabel in die Hand und blickte hilfesuchend auf Klara. Es war offensichtlich, dass sie sich nicht wohl fühlte.

„Jetzt lass sie doch", murmelte Klara.
„Warum isst sie denn nichts?", wunderte sich Collins.
„Wahrscheinlich, weil du sie drängst!", meinte Klara ungewohnt vorwurfsvoll. „Lass sie einfach in Ruhe. Indianer sind halt anders als wir."
„Hmh!", grunzte Collins nicht ganz überzeugt und schob sich eine Gabel voll Fleisch in den Mund.
„Ich würde gern mitfahren, wenn ihr zum Handelsposten fahrt", wechselte Klara das Thema. „Ich brauche ein paar Kleinigkeiten."
„Die können wir dir auch mitbringen!", meinte Collins verwundert. „Es ist bestimmt nicht ratsam, das Haus im Moment allein zu lassen."
„Josh könnte ja hierbleiben!", schlug die Mutter vor. „Er kann ohnehin besser mit einer Waffe umgehen. Ich möchte mir selbst ein paar Dinge aussuchen. Außerdem kann ich dann dafür sorgen, dass Monika gut behandelt wird, wenn wir sie tatsächlich zum Camp bringen."
„Na schön!", stimmte Collins zu. Er warf einen unsicheren Blick auf die Indianerin, die schweigend neben ihm saß und nichts von der Unterhaltung verstand.
„Vielleicht erfahren wir etwas mehr von ihrer Geschichte. Die Jungs von Bissonette sind doch halbe Indianer und können übersetzen, oder nicht?"
„Es sind halbe Indianer, das stimmt schon, aber von einem anderen Stamm!", erklärte Collins.
„Ach, ist das nicht dasselbe?", wunderte sich Klara.
„Nein, die sprechen wohl unterschiedliche Sprachen."
Klara ließ sich nicht beirren. „Na ja, vielleicht sprechen sie ja auch Cheyenne."
„Kann schon sein!", lächelte Collins. „Die beiden Jungs sind ohnehin mehr Indianer als Weiße. Aber ich glaube nicht, dass Monika ihnen viel erzählen wird."
„Warum nicht?"
Collins zuckte die Schultern. „Keine Ahnung, ich glaube nur nicht, dass Monika überhaupt jemandem etwas erzählen würde. Sie ist immer so still."

„Du redest solchen Unsinn!“, wies Klara ihren Sohn zurecht. „Mit dem Kind spricht sie schon!“
„Na, das ist aber ganz etwas anderes. Es ist ja wohl selbstverständlich, dass eine Mutter mit ihrem Kind spricht.“
Klara seufzte tief und schwieg. Ihre Söhne hatten einfach kein Einfühlungsvermögen, wenn es um Frauen ging.
Collins schlang das Essen herunter, schob dann mit einem Ruck den Stuhl nach hinten, stand auf und verließ die Hütte. Auch Monika erhob sich und kehrte zu ihrer Lagerstatt zurück, um zu schlafen. Kurze Zeit später setzten sich Theodor und Josh an den Tisch, um zu essen. Dann legten sich alle zur Ruhe, nur Collins kümmerte sich weiter um die schwelenden Feuer. In der Nacht wurde er von seinem Bruder abgelöst, ansonsten blieb es still.
Am Morgen spannte Theodor die Pferde ein und nickte seiner Frau zu, dass sie ihn begleiten durfte. Seine Söhne halfen ihm, die Ladefläche mit Fleisch zu beladen, und alle warteten darauf, dass auch Monika sich zur Abreise bereit machte. Nichts geschah. Stattdessen winkte Theodor die Indianerin zu sich her und zeigte auf die schwelenden Feuer und das Fleisch, das darüber hing. „Kümmere dich darum!“, befahl er.
Monika senkte die Augen und deutete ein Nicken an. Sie hatte eine Decke um ihre Schultern geschlungen und sah zu, wie Theodor und Klara sich zur Abreise bereitmachten. Die beiden Brüder wechselten überraschte Blicke, sagten aber nichts.
Nur Klara wunderte sich etwas. „Nimmst du die Indianerin nicht mit?“
„Später irgendwann“, murmelte Theodor. „Im Moment kann sie dir ja noch helfen!“
„Wo kommt denn diese Einsicht plötzlich her?“
„Na ja, sie ist recht geschickt. Da stört sie nicht. Ich will sie nicht ins Camp bringen. Da ist sie ohne jeden Schutz und landet wahrscheinlich bei den Huren. Nein, erst warte ich ab, was mit den anderen Indianern passiert, und dann bringe ich sie vielleicht dorthin. Ich habe gehört, dass nördlich von hier eine Reservation eingerichtet wird, wo die leben können. Macht doch mehr Sinn, Monika dann auch dorthin zu bringen, oder nicht?“
„Ach, du hast wirklich ein gutes Herz, Theodor! Dann ist auch

das Baby kräftiger und wir lassen die drei nicht so ins Ungewisse ziehen."
„Hmh!", knurrte Theodor mit einem tiefen Seufzen des Zweifels. Er schien über seine eigene Großzügigkeit schon wieder verärgert zu sein. „Hoffentlich fällt den Jungs kein Unsinn ein, wenn wir sie mit der Squaw allein lassen."
„Theodor, was du schon wieder denkst! Sie hat doch gerade erst geboren!"
„Keine Ahnung, was du damit sagen willst! Kaninchen können auch gleich wieder schwanger werden!"
„Ja, aber zum Glück ist sie ja kein Kaninchen, sondern ein Mensch!", zischte Klara erbost.
„Wenn du meinst!"
Theodor schnalzte mit der Zunge und rumpelnd setzte sich der Karren in Bewegung.

Moekaé blickte dem Wagen hinterher und stellte sich dann neben die Leine, an der das Fleisch im Wind trocknete. Sie fühlte die Blicke der beiden jungen Männer auf sich und versuchte, sie so gut es ging zu ignorieren. Zum ersten Mal war sie alleine mit den beiden und sie fühlte sich unbehaglich. Klara hatte ihr bisher immer das Gefühl von Geborgenheit und Schutz gegeben. Nun war sie allein mit diesen beiden Weißen und ihr wurde bewusst, dass sie nichts über dieses Volk wusste. Rotes-Blatt hüpfte näher und sie suchte die Nähe des Kindes, um einen unsichtbaren Schutzwall um sich aufzurichten. Es schickte sich nicht, dass sie nun mit den beiden Männern allein war. „Bring mir noch mehr Holz!", bat sie freundlich. Dann trat sie näher an die schwelende Glut, über der ein saftiger Schinken räucherte. Collins trat mit einem Lächeln näher und redete freundlich auf sie ein. Moekaé verstand kein Wort, doch Rotes-Blatt schien einige Worte aufgeschnappt zu haben. „Geh doch ins Haus und kümmere dich um Rahel!", übersetzte sie eifrig.
„Hat er das gesagt?", fragte Moekaé überrascht.
„Ich glaube schon", bestätigte Rotes-Blatt.
Ohne Collins anzusehen, drehte Moekaé sich um und flüchtete aus der Nähe des Mannes. Ja, es war besser, im Haus zu ver-

schwinden und sich um andere Dinge zu kümmern. Sie nahm einen Besen und kehrte den Staub zur Tür hinaus, so wie sie es schon so oft bei Klara gesehen hatte. Dann schüttelte sie die Bettdecken und faltete sie ordentlich zusammen. Rotes-Blatt half ihr wie selbstverständlich und setzte sich dann auf das Bett, um wieder mit ihrer Puppe zu spielen. Moekaé nahm ein großes Stück Fleisch und begann es in kleine Stücke zu schneiden. Sie wollte eine Suppe kochen, wie es bei den Cheyenne üblich war. Klara hatte eine kleine Kammer, in der sie ihre Speisen aufbewahrte und Moekaé hatte dort Zwiebeln und anderes Gemüse gesehen. Eine Frucht sah aus wie Prärierüben, nur etwas größer, und sie überlegte, ob sie die wohl ebenfalls kochen konnte. Sie nahm einen großen Topf, füllte ihn mit Wasser und hängte ihn über die Feuerstelle. Dann warf sie das Fleisch mit den Zwiebeln hinein. Außerdem fand sie einen Kürbis, den sie aushöhlte und in Stücke schnitt und ebenfalls dazugab. Die Weißen würzten ihre Speisen gerne mit Salz und so nahm sie einen Löffel und schüttete das weiße Pulver vorsichtig dazu.
Sie hörte das Kratzen der schweren Stiefel und sah auf, als Collins den Raum betrat. Sie lächelte, winkte ihn herbei und zeigte auf die seltsamen Früchte, die sie ebenfalls kochen wollte. Collins warf seine Haare nach hinten und lachte gut gelaunt. Dann redete er auf sie ein, nahm dabei ein Messer und begann die Früchte zu schälen. Mit Schwung warf er die erste Frucht in das siedende Wasser und griff bereits nach der zweiten. „Kartoffeln“, sagte er deutlich.
„Toffeln“, wiederholte Moekaé.
„Kaar-toffeln“, wurde sie von Rotes-Blatt korrigiert.
Collins lachte wiehernd und setzte das Kind schwungvoll neben sich auf den Tisch. „Genau“, rief er enthusiastisch, „Kaar-toffeln!“
Er schälte noch weitere Kartoffeln und warf sie zielsicher in den Kessel. Dann schüttelte er den Kopf. „Das reicht“, brummte er.
Er stellte sich neben die Kochstelle und schnupperte an dem Eintopf, der bereits vor sich hin siedete. „Oh, das riecht aber lecker!“
Er winkte das Kind herbei, drückte ihm einen riesigen Kochlöffel in die Hand und zeigte ihm, wie man den Eintopf immer wieder

umrührte. „Damit nichts anbrennt!“, erklärte er. Rotes-Blatt lächelte ihn an, dann konzentrierte sie sich auf ihre neue Aufgabe. Collins verließ das Haus und rief nach seinem Bruder: „Josh, wo steckst du?“

„Hier!“, schallte es dumpf aus der Umgebung des Stalles zurück.

„Was machst du da?“

„Eins von den Hühnern hat sich verheddert!“

Mit einem Grinsen schritt Collins in Richtung des Stalles und sah sich nach seinem Bruder um. Josh befand sich im hinteren Teil, in dem die Hühner untergebracht waren, und versuchte nach einem Huhn zu greifen, das gackernd und flügelschlagend zu entkommen suchte. Es hatte sich mit seinen Füßen in einigen Stricken verheddert und stürzte immer wieder mit dem Kopf zu Boden.

„Pack es an den Flügeln!“, riet Collins seinen Bruder. „Dann kann ich die Stricke entfernen.“

„Das ist leichter gesagt als getan!“, schimpfte Josh aufgebracht. „Was meinst du eigentlich, was ich hier die ganze Zeit tue?“

„Nichts!“, grinste Collins frech.

„Sehr witzig! Das verflixte Vieh hackt nach mir!“

Gemeinsam näherten sich die Brüder dem Federvieh, dann stürzte sich Josh erneut auf das panische Huhn, packte es an den Flügeln und klemmte es sich unter den Arm. „Ihm den Hals umzudrehen wäre weitaus leichter“, knurrte er.

„Halte es fest!“, befahl Collins. „Ma wäre gar nicht begeistert, wenn wir ihre beste Legehenne umbringen.“ Er griff nach den Stricken und entwirrte sie vorsichtig. Schließlich war das Huhn frei und Josh setzte es zu den anderen zurück. Gackernd und schimpfend flüchtete es sich auf eine Stange, dann pickte es nach seinen Füßen und schien beruhigt zu sein.

„Dummes Vieh!“, schimpfte Josh gereizt. Er leckte an seiner Hand, wo eine blutige Stelle davon zeugte, wo das Huhn nach ihm gepickt hatte. „Das nächste Mal landet es im Suppentopf.“

„Geh zu Monika und lass dich verbinden“, schlug Collins augenzwinkernd vor.

„Das mach ich auch! Tut nämlich verflixt weh!“ Grummelnd verschwand Josh aus der Scheune, dann blieb er wie angewurzelt stehen und hob die Hände. „Scheiße!“, hauchte er.

„Was ist los?“, wunderte sich Collins, dann wich er schreckensbleich einige Schritte zurück.
Mehrere Indianer drängten sich an seinem Bruder vorbei in die Scheune, während drei andere mit angeschlagenen Gewehren drohend in Stellung gingen und seinem Bruder unmissverständlich zu verstehen gaben, dass er sich besser nicht bewegte. Sie waren nur noch in Lumpen gekleidet und machten einen verzweifelten Eindruck. Ihre Augen lagen tief in den Höhlen und der Hunger stand ihnen ins Gesicht geschrieben.
„Mein Gewehr!“, dachte Collins voller Schrecken. Er hatte es im Haus gelassen und nun stand er wehrlos vor kriegerischen Wilden, die ihn mit dunklen Augen musterten. Vorsichtig hob er ebenfalls die Hände, um zu signalisieren, dass er nicht bewaffnet war, obwohl ihm das bei Indianern wahrscheinlich nicht viel nützte. Er dachte an Monika und die Kinder, die ahnungslos im Haus waren. Ob es ihnen half, dass sie Indianerinnen waren?
Ein älterer Krieger, mit Narben im Gesicht und fiebrigen Augen, winkte mit seinem Gewehr und befahl ihm, aus der Scheune zu kommen. Collins trat mit steifen Beinen zu seinem Bruder und ging dann langsam mit erhobenen Händen auf das Haus zu. Im Haus war es still, obwohl bereits zwei Männer durch die geöffnete Tür im Inneren verschwanden. In einiger Entfernung sah Collins einige zerlumpt aussehende Gestalten, die in Decken gehüllt darauf warteten, was hier geschah. Wahrscheinlich die Frauen und Kinder, dachte Collins. Ihm war klar, dass es sich um die flüchtigen Cheyenne handeln musste. Zumindest wären diese Menschen für Monika und die Kinder keine Gefahr. ‚Warum töten sie uns nicht einfach?‘, wunderte er sich.

Er trat ins Haus und erblickte Rotes-Blatt, die immer noch mit dem riesigen Kochlöffel in der Hand neben der Feuerstelle stand. Sie hatte Angst.
Monika redete mit der flüsternden Sprache auf die Cheyenne ein, die mit ausdruckslosem Gesicht zuhörten und immer wieder die Köpfe schüttelten. Es schien ihnen nicht zu gefallen, was Monika ihnen sagte. Schließlich wedelte der Ältere ungeduldig mit seiner Hand und mehrere Krieger packten die beiden Weißen, war-

fen sie zu Boden und fesselten ihnen die Hände auf den Rücken. Rotes-Blatt weinte plötzlich vor Angst und Moekaé lief zu ihr, um sie in den Arm zu nehmen. „O bitte", flüsterte Collins heiser vor Angst, „tut ihnen nichts!"
Verwundert drehte sich der Indianer zu ihm um und musterte ihn. Mit seinen Lippen deutete Collins auf Monika und Rotes-Blatt. Warum hatte er nur diese Sprache nicht ein wenig gelernt? Der Blick des Indianers wurde fast ein wenig spöttisch, aber er schüttelte unmissverständlich den Kopf und zeigte mit einer Geste zu seiner Kehle, dass er die beiden weißen Männer töten würde, aber nicht Monika und die Kinder. „Cheyenne!", meinte er deutlich. Er würde niemanden seines Volkes töten. Collins schloss erleichtert die Augen und wartete ab, was die Indianer nun tun würden.
„Was haben sie mit Ma und Pa gemacht?", flüsterte Josh ängstlich.
Collins biss die Lippen fest aufeinander. „Hoffentlich nichts!"
Dann atmete er tief ein und versuchte die Angst zu kontrollieren, die in ihm aufstieg. „Was wollen die bloß?", fragte er.
Der Indianer wandte sich ihm zu und zeigte mit der hohlen Hand auf seinen Mund. Sie wollten Nahrung! Dann nahm er eine Decke in die Hand und deutete an, dass er auch Decken für seine Leute brauchte. Schließlich zeigte er auf Monika und machte mit Gesten unmissverständlich klar, dass sie mitgehen sollte.

Collins schloss kurz die Augen und nickte dann traurig. „Sie ist nicht unsere Gefangene. Sie ist frei und kann gehen, wohin sie will."
Der Indianer murmelte etwas und ging dann zu Monika, um mit ihr zu reden. Die beiden unterhielten sich kurz und immer wieder schüttelte Moekaé vehement ihren Kopf. Sie deutete bittend mit der Hand auf die beiden Weißen, bis der Häuptling schließlich mit einem unmerklichen Ruck seines Kopfes den Befehl gab, die beiden loszubinden. Ohne Widerspruch beugten sich zwei jüngere Männer vor und schnitten die Fesseln wieder durch.
Vollkommen überrascht standen Collins und Josh auf. Rotes-Blatt lief zu ihnen und Collins nahm das verstörte Kind auf seinen

Arm, um es zu beruhigen. Er ließ dabei den Indianer nicht aus den Augen und sah das verstohlene Schmunzeln, das sich hinter der Fassade aus Gelassenheit aufbaute. Collins wusste plötzlich, wen er da vor sich hatte: Es war Little-Wolf, der gefürchtete Häuptling der Cheyenne. Little-Wolf, der es geschafft hatte, sich und die seinen den ganzen Winter vor den Weißen zu verstecken. Die Menschen waren verdreckt, ausgehungert und am Ende ihrer Kräfte, dennoch zeigte dieser Mann einen Stolz und eine Würde, die Collins die Luft nahm. Dieser Mann war weder gebeugt, noch stand er im Begriff aufzugeben. Er würde in seine Heimat zurückkehren und niemand würde ihn daran hindern.
Collins warf seinem Bruder einen warnenden Blick zu, übergab ihm das Kind und ging dann vorsichtig zu der Truhe, in der seine Mutter ihre Kleidung aufbewahrte. „Darf ich?", fragte er schwitzend. Er öffnete die Truhe und sortierte einige alte Kleider, Hemden und Hosen heraus, die sie entbehren konnten. Er zeigte das Bündel dem Häuptling und meinte: „Für euch!"
Little-Wolf verzog keine Miene, doch dann gab er mit einem kurzen Nicken sein Einverständnis, dass die Krieger die Sachen nehmen sollten.
Collins wagte ein Lächeln, dann deutete er nach draußen und sagte: „Wir mussten das Fleisch von einigen erfrorenen Rindern bergen. Nehmt, was ihr braucht! Ich suche noch Decken für euch und was ihr sonst noch brauchen könnt!"
Little-Wolf verstand nicht, was Collins sagte, doch er wusste die Gesten zu deuten. Er gab den Männern einige Anweisungen und sofort verließen die Indianer das Haus, um sich das versprochene Fleisch zu holen. Auch die Frauen und Kinder waren nun näher gekommen und hatten sich an die schwelenden Feuer gesetzt, über denen das Fleisch räucherte. Mit Messern schnitten die Krieger große Portionen aus den Fleischbergen und verteilten sie an die hungrigen Menschen. Collins und Josh standen daneben und waren sichtlich geschockt über den Anblick der zerlumpten Menschen. Die Not war schier unerträglich. „Such ein paar Decken zusammen", bat Collins seinen Bruder.
Josh nickte nur und verschwand dann wieder im Haus. Collins stemmte die Hände in die Hüften und sah wortlos zu, wie Mo-

nika mit dem Baby im Arm zu den Feuern ging. Tief in seinem Herzen spürte er einen Stich. Würde sie mit diesen Menschen gehen? Noch war es kalt und er gab dem Baby keine große Überlebenschance, wenn Monika entschied, mit ihrem Volk in die Heimat zurückzukehren. Er drehte sich um und trat ebenfalls in das Haus. Vielleicht fand er noch andere Dinge, die er den Menschen geben konnte. Rotes-Blatt stand wieder am Feuer und rührte den Eintopf um. Er ging zu ihr und kniete sich behutsam neben sie.
„Alles wieder gut?“, fragte er.
Das Kind lächelte ihn an und nickte bestätigend. „Alles gut! Ich koche!“
„Ja, du kochst!“, lächelte Collins und dann drückte er sie spontan an sich. „Meine kleine Eve, ich wünschte, du würdest bleiben“, murmelte er voller Sehnsucht. Dieses kleine Mädchen war ihm bereits so ans Herz gewachsen, dass der Gedanke schmerzte, sie ziehen zu lassen. Josh grunzte aus dem Hintergrund. „Pa hat ja gesagt, dass wir uns nicht so sehr an sie gewöhnen sollen.“
„Trotzdem ist es schwer!“
„Ja!“
Josh kam näher und zeigte auf die Decken, die er im Arm hielt. „Meinst du, das reicht?“, fragte er.
„Bestimmt!“
„Werden sie uns töten?“ Joshs Gesicht hatte den Ausdruck eines kleinen Welpen, der die Schuhe seines Besitzers angenagt hatte. „Ich meine, es ist doch ihr Land, auf dem wir jetzt siedeln.“
„Nein, sie werden uns nicht töten!“, beruhigte Collins seinen Bruder. „Eher unser Vater, wenn er merkt, dass wir den Indianern Lebensmittel überlassen.“
„Na ja, dann sagen wir eben, dass wir überfallen wurden!“
„Nein!“
Josh wunderte sich über den scharfen Tonfall seines Bruders. „Nein?“, fragte er verunsichert.
„Nein!“, antwortete Collins mit fester Stimme. „Wenn wir sagen, dass wir überfallen wurden, dann werden sie die Indianer zu Tode hetzen. Wir sagen gar nichts! Niemand war hier und wir haben auch niemanden gesehen.“

Little-Wolf

Moekaé blickte voller Dankbarkeit auf Little-Wolf. Sie hatte nie um ihr eigenes Leben gefürchtet, doch sie wollte nicht, dass diesen Menschen, die ihr Obdach gewährt hatten, etwas geschah. Schwarzer-Kojote schnitt die Fesseln der beiden Männer durch und Moekaé wagte sich zum ersten Mal näher. Little-Wolf nickte ihr zu, dann strich er kurz über ihre Wange. „Wir werden später Zeit haben, uns zu unterhalten. Aber mich freut, dich hier wohlbehalten zu sehen."
Auch Schwarzer-Kojote nickte ihr zu, dann wies er mit einem Rucken seines Kopfes nach draußen. „Büffelkalb-Frau ist dort!"
Moekaé hatte Tränen in den Augen und senkte den Kopf, um ihre Freude und Erleichterung zu verbergen. So viele Menschen waren gegangen und so wenige waren geblieben! Eine tiefe Freude griff nach ihr, dass wenigstens einige Menschen ihres Volkes überlebt hatten. Little-Wolf und Schwarzer-Kojote zu sehen, weckte Erinnerungen an vergangene Tage in ihr. Andererseits fürchtete sich davor, zu erfahren, wer noch alles gestorben war. Sie hüllte sich in eine Decke, nahm ihr Baby auf den Arm und Rotes-Blatt an der Hand und huschte nach draußen, um die Frauen und Kinder zu begrüßen. Sie erkannte Büffelkalb-Frau sofort und konnte die Freudentränen nicht länger unterdrücken, als sie zu ihr lief. Ihre Freundin lebte! Dort stand sie bei den anderen Frauen und es kam Moekaé wie eine Ewigkeit vor, als sie sich das letzte Mal gesehen hatten.
Büffelkalb-Frau hatte sich erhoben und schaute ihr mit großen Augen entgegen. „Sie sagten, dass niemand von euch überlebt hat", hauchte sie mit zitternder Stimme.
Moekaé schluckte schwer und nickte. „Ja, ich weiß nicht, wer sonst noch überlebt hat. Mein Mann starb, als er meine Flucht gedeckt hat. Aber Rotes-Blatt lebt und das Kind in meinem Bauch wurde lebend geboren. In ihnen lebt die Erinnerung an all die Menschen, die gegangen sind."
Tränen des Leids liefen über ihr Gesicht, als all die Schrecken wieder lebendig wurden. All die Menschen, die gestorben waren, ihr

Mann, Kleiner-Biber, ihre Eltern ... Ihr Herz wurde eng vor Trauer.

Büffelkalb-Frau schob ein wenig die Decke beiseite, um einen Blick auf das Neugeborene zu erhaschen.

„Heskovetse wollte einen Sohn, aber es ist ein Mädchen", erzählte Moekaé. Ihre Stimme brach, als sie an ihren Mann dachte.

„Für Mädchen ist es leichter, die neuen Zeiten zu ertragen", meinte Büffelkalb-Frau. „Lebst du nun hier?"

„Ja", erklärte Moekaé einfach.

Büffelkalb-Frau senkte den Blick und verbarg ihre Gefühle. Moekaé wusste, dass ihre Freundin etwas auf dem Herzen hatte, aber sie war höflich genug, nicht danach zu fragen. Irgendwann wäre die Zeit gekommen und ihre Freundin würde es erzählen. Oder die Zeit kam nie.

„Der Winter war schlimm", begann Büffelkalb-Frau. „Wir versteckten uns in Höhlen und hatten fast nichts zu essen. Manchmal kamen die Krieger mit Pferdefleisch, das wir roh aßen. Wir haben nichts mehr und doch treibt uns die Hoffnung an, dass wir es bis zum Heiligen Berg schaffen."

Moekaé senkte die Augen. „Auch wir mussten leiden. Die Weißen wollten uns zwingen, wieder nach Süden zu gehen. Sie ließen uns hungern und gaben uns auch kein Wasser. Wir froren und die Kinder starben. So entschieden wir uns für den Kampf. Ich weiß nicht, wer es bis zu den Lakota geschafft hat. Die Soldaten haben auf alles geschossen, was sich bewegt hat. Mein Mann starb."

„Und diese Menschen haben dich aufgenommen?"

„Ja, sie fanden mich mitten im Schneesturm. Die Wehen hatten eingesetzt und ich hätte die Nacht nicht überlebt."

Büffelkalb-Frau hatte die Hand vor den Mund geschlagen, doch auch andere Frauen zeigten deutlich ihr Mitgefühl. Sie waren alle Überlebende, gezeichnet von den Strapazen eines ungleichen Überlebenskampfes. „Hattest du Angst?"

Moekaé nickte. „Ja, sie haben auf mich geschossen. Ich dachte, dass sie mich und Rotes-Blatt töten würden, aber dann sah ich die Augen des jungen Mannes. Ich hatte sie schon einmal, vor langer Zeit in einem Traum gesehen, und da wusste ich, dass mir nichts mehr geschehen würde."

Büffelkalb-Frau schlug erstaunt die Hand vor den Mund. „Du wirst hierbleiben?“, vermutete sie.
Moekaé senkte den Blick. „Ich werde bleiben. Denn so habe ich es gesehen.“
„Sie haben viel Fleisch!“, meinte Büffelkalb-Frau. Natürlich dachte sie daran, dass Moekaé hier gut versorgt sein würde.
Moekaé biss die Lippen aufeinander. „Anscheinend sind einige Rinder erfroren und die Weißen haben das Fleisch geborgen. Ich denke nicht, dass sie es geplant haben.“
Büffelkalb-Frau lachte hart. „Oder sie wussten, dass sie bald viele Gäste haben würden.“
Moekaé kicherte ebenfalls. „Es sind gute Menschen. Hart, aber gut. Sie hätten mich auch sterben lassen können. Die Soldaten hatten nur eine Kugel für mich, doch diese Menschen gaben mir Essen und eine Unterkunft.“
Büffelkalb-Frau schwieg, dann deutete sie auf eine Gestalt, die am Boden lag. „Er wird sterben. Er hatte Hunger und kam in die Nähe eines Farmers, der nur eine Kugel für ihn übrig hatte. So ist das eben. Schwarzer-Kojote hat viele von den Vehoe getötet, aber eines Tages wird es auch ihn treffen. “ Ihre Stimme war hart und ohne Trauer. Sterben hatte den Schrecken verloren.
Moekaé ließ sich von Büffelkalb-Frau zu der Gestalt führen und erblickte einen vielleicht zwölfjährigen Jungen, der in seine schmutzige Decke eingewickelt am Boden lag. Sein Gesicht war fleckig und sein Blick hatte bereits diesen abwesenden Ausdruck des nahenden Todes.
Auch Little-Wolf kam näher und machte eine hilflose Handbewegung. „Ein Bauchschuss! Wir können ihm nicht mehr helfen. Können wir ihn hier lassen? Jede Bewegung schmerzt nur unnötig. Hier kann er in Frieden sterben.“
Moekaé war unfähig etwas zu sagen. Dieser Junge würde sterben. Hier. Sie wollte niemanden mehr sterben sehen. Hilflos nickte sie mit dem Kopf und gab ihr Einverständnis. Sie fragte nicht nach seiner Familie, denn es war klar, dass sie bereits bei Mahéo auf ihn wartete. Sie setzte sich neben das sterbende Kind und griff nach der kalten Hand. „Möchtest du einen heißen Tee?“
Der Junge nickte und zum ersten Mal zeigte sich eine kleine

Reaktion in seinen Zügen. „Das wäre schön", murmelte er. „Mir ist so kalt."
„Sollen wir dich ins Haus tragen? Da ist es warm."
Der Junge schüttelte den Kopf. „Nein, dann tut es wieder weh."
Moekaé stand auf und nahm Rotes-Blatt an der Hand. „Komm wir machen ihm einen Tee."
Sie ging ins Haus zurück und legte Rahel in ihr Bettchen, dann setzte sie den Kessel mit Wasser auf. Rotes-Blatt stellte sich wieder an die Feuerstelle und rührte die Suppe um. „Ich glaube, sie ist fertig", meldete sie eifrig.
Moekaé blickte auf Josh und Collins, die Decken und Kleidung verteilten. Sie bewegten sich vorsichtig, wohl wissend, dass die Indianer jede ihrer Bewegungen beobachteten. Die Gewehre hingen noch griffbereit über der Tür, aber niemand hatte die Waffen an sich genommen.
Moekaé gab einen Löffel Teeblätter in die Kanne, schüttete das heiße Wasser hinzu und wartete kurz, bis sich das Aroma ausbreitete. Sie gab Collins mit einem Winken zu verstehen, dass er die Suppe verteilen sollte.
Widerspruchslos nahm Collins den Kessel vom Haken, griff sich einige Löffel und verließ das Haus. Er verteilte die Suppe an die Kinder, die schon lange keine warme Mahlzeit mehr erhalten hatten. Mit hungrigen Augen löffelten sie die Suppe in sich hinein, dankbar für die Wärme und das Gefühl von Heimat. Moekaé stand in der Tür und sah ihnen zu. Auch Rotes-Blatt hatte so ausgesehen. Krank, viel zu dürr, mit fiebrigen Augen und verschlissenen Kleidern. Keinem Kind sollte solches Leid widerfahren. Sie dachte an den Jungen, der dort im Sterben lag und dessen letzter Wunsch eine heiße Tasse Tee war. Sie riss sich von dem Anblick los, kehrte zum Herd zurück und schenkte eine Tasse Tee ein. Sie gab reichlich Zucker dazu und kehrte zu dem Jungen zurück. Büffelkalb-Frau hatte sich einige Schritte entfernt und beobachtete sie teilnahmslos.
Der Junge schien gelöster zu sein, war fast nicht mehr da und bereitete sich auf die letzte Reise vor. „Hier, trink den Tee!", meinte Moekaé freundlich. Schluckweise gab sie dem Kind zu trinken, stützte dabei den Kopf, als hätte sie ein Baby vor sich. Little-Wolf

gesellte sich zu ihr und strich dem Jungen vorsichtig über die Haare. „Du bist tapfer!", meinte er mit einem Lächeln.
Der Junge antwortete nicht. Er hatte vor Erschöpfung die Augen geschlossen und schien zu schlafen.
„Er hat es so weit geschafft", klagte Moekaé.
„Ja", antwortete Little-Wolf.
Beide schwiegen kurz und warteten darauf, dass der Junge die Augen wieder öffnete.
„Ich danke dir, dass ihr die beiden Weißen nicht getötet habt", flüsterte Moekaé nach einer Weile.
„Wir haben dich und Rotes-Blatt erkannt! Sonst hätten wir vielleicht getötet."
Moekaé nickte nur. Sie wusste, wie dringend die Cheyenne Nahrungsmittel brauchten. So dringend, dass sie dafür auch töten würden.
„Kommst du mit uns?", fragte Little-Wolf.
Moekaé senkte den Kopf und überlegte sich ihre Worte. Sie konnte wieder mit ihren Leuten gehen, aber sie hatte nun eine andere Verpflichtung.
„Ich muss bleiben", erklärte sie.
„Du musst?", wunderte sich Little-Wolf.
„Ja!" Moekaé zeigte mit ihrer Hand über das Tal. „Als ich hier durch den Schneesturm irrte, erschien Crazy-Horse und führte mich hierher."
„Crazy-Horse ist tot!", stellte Little-Wolf fest.
Moekaé nickte. „Aber sein Geist ist hier und wacht über mich. Er bat mich hierzubleiben und über dieses Tal zu wachen. Auch mein Mann erschien und ich weiß, dass die Geister der Toten mich immer beschützen werden."
„Aber ist es gut, wenn du bei diesen Weißen lebst?"
Moekaé lächelte kurz. „Ich sah diesen weißen Mann bereits vor langer Zeit in meinen Träumen und werde bei ihm bleiben. Es sind gute Menschen."
Little-Wolf senkte nachdenklich den Blick und machte eine feine Bewegung mit der Hand. „Vergiss nicht, dass die Träume der Weißen nicht wie die unseren sind. Sie werden dich benutzen und dann wegwerfen. Sie haben das schon oft getan."

Moekaé schüttelte vehement ihren Kopf. „Ich habe es geträumt! Col-liens wird mein Mann." Kurz blickte sie in die Ferne, als müsste sie über ihre eigenen Worte nachdenken. Collins war so ganz anders als Heskovetse. Heskovetse war wild gewesen, unnahbar, manchmal brutal und ungeduldig. Ein Krieger, der sein Land verteidigt hatte. Collins wusste nichts über die Lebensweise der Cheyenne, aber er zeigte Mitgefühl. Er würde lernen und ihren Kindern ein guter Vater sein. Er war geduldig und respektvoll, so wie ein Mann sein sollte.
„Aber weiß er das auch?", fragte Little-Wolf mit einem Schmunzeln. „Ich meine, dass er nun dein Mann ist?"
Sie schüttelte verlegen den Kopf. „Ich spreche seine Worte nicht."
Little-Wolf legte ein wenig den Kopf schief. „Nun, dann werde ich ihm sagen, dass du nun seine Frau bist." Noch war er der Häuptling seines Volkes und er würde dafür Sorge tragen, dass Moekaé gut versorgt war.
Moekaé nickte dankbar. „Ja, vielleicht ist es gut, wenn du für mich sprichst."
„Bleib bei dem Jungen! Es dauert nicht mehr lange."

Little-Wolf stand auf und entfernte sich, während Moekaé sanft über die Lippen des Jungen strich. Er war noch ein Kind und viel zu jung, um zu sterben. Er hatte die Reise in den Norden überstanden, unzählige Kämpfe und den Winter überlebt, doch nun starb er durch die Kugel eines Farmers, der nicht erkannt hatte, dass er nur ein hungriges Kind vor sich hatte. Der Junge öffnete die Augen und nippte wieder an dem Tee. „Der Tee ist süß", freute er sich. Dann verdunkelten sich seine Augen. „Die anderen werden ohne mich gehen."
„Ja, deine Reise ist hier zu Ende", bestätigte Moekaé. „Aber ich werde bei dir bleiben."
„Das ist schön. Ich will nicht alleine sterben."
Moekaé schluckte schwer. Der Junge wusste also ganz genau, wie es um ihn stand.
„Wie heißt du?", fragte sie leise.
„Wolfspfote!"
Moekaé nickte. „Ich werde für dich beten und deine Seele zu den

Sternen schicken, damit du deine Angehörigen wiederfindest."
„Das ist gut", murmelte der Junge, dann döste er vor sich hin. Nur an dem Beben seiner Nasenflügel konnte man überhaupt erkennen, dass er noch lebte.

Es war Nachmittag und langsam machten sich die Menschen bereit aufzubrechen. Frauen und Kinder standen bereits zusammen und packten sich die Nahrungsmittel auf den Rücken. Gut die Hälfte aller Lebensmittel war mit einem Mal verschwunden. Josh und Collins standen tatenlos daneben und ließen es geschehen. Ihre Blicke ruhten auf der Schar von Menschen und deutlich war die Anspannung, aber auch das Mitleid in ihren Augen zu sehen. Bisher kannten sie Indianer nur aus Erzählungen oder den Mitteilungen der Presse. Bereits Moekaé hatte ihnen gezeigt, dass sie im Grunde nichts wussten, aber nun dem berühmten Kriegshäuptling gegenüberzustehen, hatte sie erschüttert. Trotz aller Entbehrungen und all dem Leid waren hier Menschen, die nicht aufgegeben hatten und die für ihre Freiheit kämpften. Collins und Josh erkannten sehr wohl, dass hier die wahren Eigentümer des Landes standen.
Schließlich kam Little-Wolf näher und führte dabei Moekaé an der Hand. Mit einer kleinen Geste legte er Moekaés Hand in Collins' Hand und machte das Zeichen für einen geschlossenen Vertrag. „Wir danken dir für die Lebensmittel und die Geschenke. Im Tausch geben wir dir nun Moekaé zur Ehefrau. Sie wird dir eine gute Frau sein und viele Kinder schenken."
Collins hatte kein Wort verstanden und doch war die Geste eindeutig. Der Häuptling hatte das Zeichen für „Tauschen" gemacht, das selbst Collins verstand. Erschrocken zog er die Hand zurück, während sein Bruder vor Schadenfreude grinste. Gönnerhaft schlug er ihm auf die Schulter. „Das hast du nun von deiner Großzügigkeit!"
„Aber das geht doch nicht", beschwerte sich Collins. „Ihr könnt mir doch nicht einfach die Frau geben."
Little-Wolf lächelte, dann zeigte er in Zeichensprache: Sie-sehen-dich-in Traum. Sie-bleiben-hier.
Collins verstand keine Zeichensprache, aber es war klar, dass

Monika nun bleiben würde. Sie stellte sich wie selbstverständlich an seine Seite, als Zeichen, dass sie nun ihm gehörte. Collins wollte empört abwehren, aber die durchdringenden Augen von Little-Wolf belehrten ihn eines Besseren. Der Häuptling sah nicht so aus, als würde er ein Nein akzeptieren. Dieses Geschenk oder diesen Tausch abzulehnen wäre eine Beleidigung. Also entschied er wohl oder übel, das Geschenk lieber dankend anzunehmen. „Nia'isch!", murmelte er leise.

Mit langsamen Schritten entfernten sich die Menschen: Zerlumpte Gestalten, zum Schutz gegen die Kälte in Decken gehüllt, nur das Nötigste zum Überleben dabei. Collins wusste, dass sie längst besiegt waren. Es war nur noch eine Frage der Zeit, bis auch sie in die Reservation mussten. Doch die Menschen klammerten sich an die Hoffnung, dass sie ihre Heimat und die Heiligen Schwarzen Berge wiedersehen würden. Vielleicht hatten sie einen letzten Sommer in Freiheit, in dem sie ihre heiligen Zeremonien durchführen konnten.
Die Sonne schien und dennoch war es bitterkalt. Trotzdem fühlte sich die Sonne angenehm an und versprach bereits die Wärme des kommenden Frühlings. Es würde leichter für die Cheyenne werden, auch weil sie nun Lebensmittel hatten.
Collins sah ihnen nach und fragte sich, warum sie nicht wenigstens eine Nacht geblieben wären. Aber er verstand die Vorsicht dieser Menschen. Wahrscheinlich würde es nicht lange dauern und dann käme hier ein Trupp Soldaten vorbei. Unsicher schielte er auf die Frau an seiner Seite, die ihm so plötzlich anvertraut worden war. War sie nun seine Frau? Er hatte keine Ahnung, welche Sitten die Indianer in Bezug auf eine Eheschließung hatten, aber es war deutlich geworden, dass Monika nun bei ihm bleiben sollte.
Sein Vater würde dies keineswegs gutheißen. Fast musste er bei diesem Gedanken lachen. Collins heiratete eine Squaw. In den Siedlungen und Forts der Umgebung würde das sicherlich auch für Gesprächsstoff sorgen. Wollte er überhaupt eine Squaw? Konnte er sie wieder loswerden? Wie ernst war dieser seltsame Tausch mit den Cheyenne? Wahrscheinlich wäre es kein Problem,

Monika einfach den Soldaten mitzugeben, aber würde das irgendwelche Nachteile oder Rachehandlungen mit sich bringen? Wollte er sie überhaupt loswerden? Collins strich sich nachdenklich die Haare zur Seite und musterte das Mädchen neben sich. Sie war wunderschön! Dann grinste er plötzlich. Und zwei Töchter hatte er auch schon. Es wurde Zeit für einen Sohn! Vorsichtig und scheu nahm er ihre Hand. „Monika!", flüsterte er.

„Col-liens!", hauchte sie zurück.

Jetzt musste er nur noch seinem Vater die Tatsache erklären, dass er eine Indianerin heiraten wollte.

Josh pfiff herausfordernd durch die Lippen und schwieg dann lieber, als er den warnenden Blick seines Bruders sah. „Ich meine ja nur", verteidigte sich Josh. „Ich frage mich, was wir Pa sagen sollen, wenn er zurückkommt."

„Lass das meine Sorge sein!"

„Tss!"

Die beiden blickten schweigend den Indianern hinterher, die nun nach und nach in einer Senke verschwanden.

Erst jetzt fiel den Männern auf, dass ein Mensch zurückgelassen worden war. Ein weiterer ungebetener Gast? Ihr Vater würde das auf keinen Fall mehr dulden! Mit großen Schritten näherte sich Collins der Gestalt, die am Boden lag und stemmte die Fäuste in die Hüften. „Was soll denn das?", fragte er ungehalten und winkte Moekaé herbei.

Moekaé kniete sich wieder neben den Jungen und hob die Tasse an seine Lippen. Der Junge nippte, dann schloss er wieder die Augen. Krämpfe zuckten durch seinen Körper und er stöhnte unterdrückt.

„Was ist denn mit ihm?", fragte Collins immer noch reichlich unfreundlich. Ohne abzuwarten zog er die Decke beiseite, um einen besseren Blick auf den Jungen zu erhaschen. Sofort sah er das blutdurchtränkte Hemd und ahnte, was hier geschah. „So ein Mist!", entfuhr es ihm. Vorsichtig zog er das Hemd nach oben und untersuchte den provisorischen Verband. Moekaés Hand stoppte ihn und sie schüttelte verneinend den Kopf.

„Zum Donner, was soll ...!", polterte er los, doch dann schwieg er, als er ihre traurigen Augen sah.

„Was ist denn los?“, fragte Josh und beugte sich ebenfalls über den verletzten Jungen.
Dann schwiegen beide, als sie erkannten, dass hier jede Hilfe zu spät kam. „Er hat Schmerzen“, meinte Josh mitfühlend.
„Ja!“, knirschte Collins durch die Zähne.
Josh schubste ihn etwas zur Seite. „Nicht du hast Schmerzen, sondern er!“
„Das sehe ich!“
„Können wir nichts tun?“, hoffte Josh.
„Nein, aber bald wird er nichts mehr spüren.“
„So ein Mist! Es ist doch nur ein Kind! Wer schießt denn auf Kinder?“
Collins zuckte mit den Schultern. „Jeder, wenn es sich um Indianer handelt. Wir haben ja auch geschossen!“
Josh sagte nichts mehr, denn sein Bruder hatte recht. Jeder schoss auf Indianer. Zumindest hier draußen.

Der Todeskampf des Kindes dauerte bis zum frühen Abend, erst dann schloss es für immer die Augen. Moekaé weinte um dieses Kind und sang mit gellender Stimme die Klagelieder für ihn. Hilflos standen Collins und Josh daneben und blickten auf die klagende Frau. Sie wussten weder, was sie tun, noch wie sie helfen konnten. „Wir müssen ihn doch begraben“, überlegte Josh.
Collins winkte ab. „Sie wird schon wissen, was sie tut. Indianer machen das sicherlich anders als wir. Wenn es so weit ist, dann begraben wir ihn.“ Beide fühlten sich schlecht, einfach so tatenlos dazustehen.
Schließlich ging Collins ins Haus zurück und nahm Rotes-Blatt auf den Schoß, um wenigstens sie zu trösten. Die dunklen Augen des Mädchens blickten ihn hilflos an und wieder fühlte sich Collins schlecht. „Niemand wird dir etwas tun!“, versprach Collins mit fester Stimme. „Niemand!“
Er war richtig froh, als das Baby leise zu greinen anfing und er etwas zu tun bekam. „Ich glaube, Rahel hat Hunger!“, sagte er laut. Er ließ Rotes-Blatt von seinen Knien rutschen und wandte sich dem Baby zu. Behutsam schaukelte er es auf dem Arm und sah in genauso dunkle Augen, die ihn unverwandt und vorwurfsvoll

anstarrten, als wäre er schuld an allem Übel, das den Cheyenne angetan worden war. Collins brachte das Baby zu Moekaé und drückte es in ihr in die Arme. „Sie hat Hunger!“, erklärte er mit Nachdruck. Er sah, dass die Indianerin den toten Jungen in die Decke gehüllt hatte, und war erleichtert, nicht mehr das eingefallene Gesicht sehen zu müssen. Behutsam legte er die Hand auf den Körper und suchte Moekaés Blick. „Was nun?“, fragte er.
Die Indianerin schloss kurz die Augen, um ihre Trauer zu verbergen, dann stand sie unvermittelt auf und bedeutete ihm mit einem Nicken, dass er ihr folgen sollte.
Collins nahm den schlaffen Körper hoch und wunderte sich, wie leicht er war. Viel zu leicht! Er folgte Moekaé, die in Richtung des Sees ging.
„Wohin gehst du?“, rief Josh hinter ihm her.
„Keine Ahnung!“, antwortete Collins.
Wortlos folgte Josh den beiden und nahm dabei Rotes-Blatt an die Hand, die ihnen ebenfalls folgte. Das Mädchen hatte sich in einen Schal gehüllt und sah nun viel zu erwachsen aus.
Collins trug den Jungen im Arm und merkte, wie er trotz des geringen Gewichts mit jedem Schritt schwerer wurde. Nach einer halben Meile bildeten sich Schweißtropfen auf seiner Stirn und die Arme schmerzten. Schließlich erreichte Moekaé einen Baum mit seltsam gebogenen Ästen und deutete mit ihrer Hand auf eine Astgabel. Ratlos schaute Collins die Indianerin an und runzelte verständnislos die Stirn. Er hatte keine Ahnung, was sie wollte. Wieder deutete Moekaé auf die Astgabel, dann auf den Jungen, und Collins verstand, dass er den Jungen dort im Baum bestatten sollte. Ein heidnischer Brauch, mit dem sein Vater niemals einverstanden sein würde!
„Sie will den Jungen im Baum bestatten. Das geht doch nicht!“, wandte er sich hilfesuchend an seinen Bruder.
„Lass sie doch!“, meinte Josh.
„Was meinst du, was Pa sagen wird!“
Josh zuckte mit den Schultern und erwiderte nichts. Er hatte keine Ahnung, wie er einer Indianerin verständlich machen sollte, dass es bei ihnen andere Sitten gab. „Vielleicht begraben Indianer ihre Toten nicht?“

„Offensichtlich nicht! Aber das hilft uns hier auch nicht weiter!", schimpfte Collins ungehalten.
Wieder deutete Moekaé auf die Astgabel, scheu, aber dennoch unmissverständlich. Mit einem Seufzen hob Collins die schwere Last in die Astgabel und stützte den Körper mit seiner Hand.
„Wir brauchen ein Seil!", meinte er.
„Okay!", antwortete Josh und machte sich auf den Weg zurück zur Farm. Collins balancierte den Körper aus und stellte sich stirnrunzelnd vor den Baum, um sein Werk zu begutachten. Mehrere Äste des Baumes wuchsen fast waagerecht zum Stamm und er erkannte, dass dieser Baum wohl öfter zum Aufbahren der Leichname benutzt worden war. Ein Gespensterbaum, dachte er mit Unbehagen und ein Schauer lief ihm den Rücken hinunter.

Moekaé hatte sich unter den Baum gehockt und entblößte ihre Brust, um das Baby zu stillen. Deutlich waren ihre nackte Haut und die weiblichen Rundungen zu sehen und es lenkte ihm von den düsteren Gedanken ab.
Josh kam mit einem Seil angerannt und gemeinsam sicherten sie den Körper an den Ästen des Baumes. Schließlich standen sie gedankenverloren vor dem Leichnam und begutachteten ihr Werk.
„Und jetzt?", fragte Josh.
Collins zuckte mit den Achseln. „Nichts!", antwortete Collins. „Pa wird denken, dass die Indianer den Jungen hier bestattet haben."
„Stimmt! Und ich sage ihm bestimmt nichts anderes!"
„Bring das Kind ins Haus zurück! Es wird bereits dunkel und es ist viel zu kalt für sie. Ich will nicht, dass sie wieder hustet. Ma und Pa müssten bald zurückkommen und wir haben nichts zu essen auf dem Herd. Wir haben ohnehin viel zu erklären, da will ich mir nicht noch anhören, dass wir unsere Arbeit nicht gemacht haben!"
„Komm, Eve", forderte Josh das Kind auf und gehorsam nahm Rotes-Blatt die dargebotene Hand und ging mit dem Mann zum Haus zurück.
Collins blieb bei Moekaé und wartete darauf, dass das Baby gestillt war. Das Saugen war deutlich zu hören und er freute sich,

dass das Kind an Gewicht zulegte. Immer noch waren die Finger spindeldürr, doch die Backen hatten sich gerundet und mit jedem Tag wurde das kleine Wesen kräftiger und gedieh.
Schließlich hörte er in der Ferne näherkommendes Hufgetrappel und das Rattern der Kutsche, die sich ihnen anscheinend in Höchstgeschwindigkeit näherte. „Geh ins Haus!", herrschte er Moekaé an, dann rannte er voller böser Ahnungen der Kutsche entgegen.
Das Herz rutschte ihm vor Erleichterung in die Hose, als er auf dem Kutschbock seine Eltern erkannte. Sie waren unverletzt. Auch Theodor zügelte das Gespann durch, als er seinen Sohn erkannte. Sein Gesicht zeigte Angst, aber auch Erleichterung. „Indianer!", schrie er mit überschnappender Stimme. „Sichert das Haus!"
Collins schnappte nach Luft, dann kletterte er neben seine Eltern auf den Kutschbock. Er konnte sich ein Grinsen nicht verkneifen, als er mit einer lässigen Handbewegung Entwarnung gab. „Sie waren längst da!", meinte er großspurig.
„Wer? Die Indianer?"
„Die Cheyenne!", wurde er von Collins korrigiert.
„Herrgott!", schimpfte der Vater aufgebracht. „Sie haben zwei Farmen überfallen und dort Pferde und Lebensmittel mitgenommen. Wir haben schon das Schlimmste befürchtet. Was ist denn geschehen?"
„Nichts!", beruhigte Collins seinen Vater.
„Und die Ranch?"
Endlich schaltete sich Klara ein. „Nun lass ihn doch erzählen. Du unterbrichst ihn ja ständig. Was ist mit den Kindern?"
„Was gehen mich die Rothäute an?", herrschte Theodor sie an. „Ich will wissen, welcher Schaden entstanden ist!"
„Nun, wir alle leben noch, obwohl mehrere Dutzend blutrünstige Rothäute über uns hergefallen sind!", meinte Collins bissig.
„Collins!", schimpfte nun Klara aufgebracht. „Wir sind gestorben vor Sorge und du machst dich lustig über uns!"
„Ma, nichts ist geschehen! Die Cheyenne waren völlig ausgehungert und trugen nur noch Lumpen. Sie haben Monika bei uns gesehen und haben sich friedlich verhalten. Wir gaben ihnen

Decken, Kleidung und Lebensmittel und dann sind sie weitergezogen. Einen Jungen haben sie zurückgelassen, der einen Bauchschuss hatte und dem wir auch nicht mehr helfen konnten. Er ist gestorben. Ma, ich habe noch nie so viel Elend gesehen! Es war schrecklich!"
„Mein Gott!", entfuhr es Klara. „Und Monika? Sie ist doch wohl nicht mit ihnen gezogen?"
„Nein, sie ist noch da. Little-Wolf hat sie mir zur Frau gegeben, oder so etwas Ähnliches." Collins kicherte verlegen. „Keine Ahnung, was das nun heißt, aber die drei sind noch hier."
„Das kommt überhaupt nicht in Frage!", polterte Theodor los. „Eine Squaw als Schwiegertochter wäre ja wohl noch schöner!"
„Na ja, es wäre schon ganz praktisch!", überlegte Collins. „Abgesehen davon, dass sie sehr hübsch ist."
Der Wagen rollte vor das Haus und Josh trat ihnen entgegen. Auch er schien erleichtert zu sein, seine Eltern wohlbehalten wiederzusehen. „Gott sei Dank seid ihr den Cheyenne nicht in die Hände gefallen!"
„Wir haben niemanden gesehen, aber in der Siedlung war ganz schön was los. Lauter aufgebrachte Rancher, die um ihr Leben fürchten. Der Handelsposten von Bissonette war ebenfalls wie ausgeplündert. Die Leute haben zwar in Panik gekauft, aber den beiden ziemlich deutlich gemacht, dass Indianer hier unerwünscht sind. Ist ja auch kein Wunder bei der Stimmung, die hier gegen Indianer herrscht. Die Leute unterscheiden halt nicht mehr, ob einer ein guter oder schlechter Indianer ist oder ein Halbblut. Na ja, in den nächsten Tagen wird bestimmt die Armee hier auftauchen und den Cheyenne hinterhersetzen."
„Bis dahin sind die über alle Berge!" Josh schüttelte bewundernd den Kopf. „Ich habe noch nie so zähe Menschen gesehen!"
Theodor winkte ungeduldig ab. „Indianer! Die fressen eher ihre Kinder, ehe sie sich ergeben! Helft mir lieber den Wagen abzuladen!"
Mürrisch blickte er auf Moekaé, die scheu im Hintergrund stand und die Augen gesenkt hielt. „Und du? Warum bist du nicht mit deinen Leuten mitgegangen? Glaub ja nicht, dass du meinen Jungen kriegst! Wir brauchen keine Squaw im Haus!"

Collins war wütend, doch dann drehte er sich einfach um und verließ das Haus. Noch war es zu früh, um sich mit seinem Vater anzulegen. Er packte einige Bündel, die auf der Ladefläche lagen, trug sie ins Haus und stellte sie neben den Herd. Wortlos half ihm sein Bruder beim Abladen, während Klara ihren Schal über den Haken hing. Es war ungemütlich still. „Soll ich uns etwas zum Essen kochen?“, fragte Klara leise.
„Ja, mach das! Mich wundert, dass diese Rothäute überhaupt etwas übrig gelassen haben“, grummelte der Vater.

Moekaé war auf ihrem Lager verschwunden und hatte offensichtlich verstanden, dass es um sie ging. Sie saß da, das Baby im Arm und Rotes-Blatt neben sich, und die Trauer stand ihr ins Gesicht geschrieben. Schließlich legte sie sich hin und schloss die Augen.
Klara stand am Herd und briet ein paar Stücke Fleisch in der Pfanne. Ihre Hände zitterten und nur langsam wurde ihr klar, welchem Schicksal sie alle entgangen waren. Die Cheyenne hätten alle töten können! Sie hörte auf die Unterhaltung der Männer, bei der sich alles um den Schaden drehte, dabei mussten sie wirklich dankbar sein, dass sie noch lebten. „Was ist mit den Pferden?“, fragte sie gereizt.
Collins schaute zu ihr hinüber und zuckte die Schultern. „Nichts! Sie haben sie stehen lassen!“
„Und die Hühner?“
„Nichts!“
„Was meckert ihr dann? Die Cheyenne hätten uns alles nehmen und uns alle töten können, aber sie haben es nicht getan. Das bisschen Fleisch können wir doch entbehren.“
„Das dachte ich auch!“, stimmte Collins ihr zu.
„Und warum haben sie diese Frau nicht mitgenommen?“, wollte der Vater wissen.
„Diese Frau …“, betonte Collins, „wollte nicht mitgehen, sondern bei uns bleiben.“
Der Vater lachte unangenehm. „So ein Unsinn!“
„Pa, sie hätte jede Möglichkeit gehabt, mit ihnen zu gehen. Wir waren ihre Gefangenen und hätten es nicht verhindern können.

Doch stattdessen legte mir Little-Wolf ihre Hand in die meine. Ich meine … das ist doch ziemlich deutlich, oder nicht?“ Collins blickte seinen Vater fragend an. „Pa, Monika ist einfach nur eine Frau! Eine hübsche, junge Frau.“
„Es war also Little-Wolf, der dir Monika gegeben hat? Ich meine, einfach so …? “
„So ist es!“
Theodor schüttelte den Kopf. „Und was sagst du dazu?“, fragte er seinen ältesten Sohn.
„Nun, ich dachte, dass es doch sehr schön sei, wenn sie bei mir bleibt. Außerdem mag ich die Kinder.“
„Collins, sie ist eine Squaw!“, versuchte Theodor ihn zur Vernunft zu bringen.
„Sie ist eine Frau!“, korrigierte Collins ihn trotzig.
„So geht das auf keinen Fall!“ Theodor schüttelte entrüstet den Kopf. „Ich meine, sie ist ja recht geschickt und wir haben auch eine gewisse Verantwortung ihr gegenüber, aber dennoch …“ Theodor blickte hilfesuchend auf seine Frau. „Klara, sag doch auch mal etwas!“
„Was soll ich schon sagen? Es ist doch allein die Entscheidung von Collins und Monika!“
„Na, ich finde, dass wir hier noch ein Wörtchen mitzureden haben!“, meinte Theodor konsterniert. „Schließlich ist es unser Haus und unsere Ranch.“
„Pa, weißt du, wie viele weiße Mädchen es hier gibt? Du hast uns hier rausgebracht und nun müssen wir sehen, wie wir damit klarkommen. Du hast immerhin Ma, aber wir hocken hier bis an unser Lebensende als Junggesellen!“
„Das ist noch lange kein Grund, sich ein Indianermädchen ins Haus zu holen!“, brummte Theodor.
„Wir holen sie nicht, sondern sie ist schon da! Was ist denn so anders an ihr, dass du sie wieder loswerden möchtest? Sie ist fleißig und sittsam, kümmert sich liebevoll um die Kinder und bald wird sie unsere Sprache sprechen. Sie hat schwarze Haare und braune Haut, na und?“
„Sie ist ein Heide!“
„Nicht, wenn sie sich taufen lässt!“

„Das sollte dann aber bald geschehen!", schimpfte der Vater.
„Sowie wir ins Fort kommen!", giftete Collins zurück.
„Kommt jetzt zum Essen!", rief die Mutter die Kampfhähne an den Tisch. „Und bringt auch die Mädchen. Sie müssen doch nach dem langen Tag Hunger haben!"
„Ich glaube, Monika schläft schon!", murmelte Collins, „Aber ich hole die Kleine." Er ging zum Lager der drei Indianerinnen und winkte Rotes-Blatt zu sich heran. „Komm, wir essen!", meinte er mit einem Lächeln.
Rotes-Blatt stand verunsichert auf. Ihr war anzusehen, wie sehr dieser Tag sie belastet hatte. Schüchtern nahm sie Collins' Hand und ließ sich von ihm zum Tisch führen. „Nahgo?", fragte sie leise.
„Die Mama schläft", antwortete Collins.
Behutsam setzte er das Kind auf den Stuhl neben sich und wartete dann hungrig auf das Essen. Stille breitete sich aus, als die Menschen aßen.

Inhaftierung

Auch am Morgen besserte sich die Stimmung zwischen Collins und seinem Vater nicht. Die Luft schien zum Schneiden und so verließ Moekaé eilig das Haus. Sie verrichtete ihre Notdurft, ging zum See, um sich zu waschen, und setzte sich dann zum Stillen unter den Baum mit dem aufgebahrten Knaben. Hier war es ruhig, nur der Wind pfiff durch die Zweige und spielte mit einer Haarsträhne. Die Sonne schien bereits und ließ mit ihren wärmenden Strahlen den Frühling erahnen. Krähen kreisten am Himmel und im See schwamm bereits das erste Paar Enten. In den Zweigen glitzerte das Tauwasser und manchmal fielen Tropfen auf den Boden. An den schattigen Plätzen lag noch Schnee, doch an vielen Stellen war bereits das verdorrte Gras zu sehen. Moekaé zog die Decke fester um sich und blickte auf ihre Tochter, die kräftig saugte. Ihr feines Gesicht hatte sich vor Anstrengung zusammengezogen wie eine schrumpelige Pflaume. Vom Boden her war es kalt und Moekaé stand auf, um einige Lieder für den toten Jungen zu singen. Dann legte sie Nahrung für seinen Geist bereit und kehrte zum Haus zurück.

Rotes-Blatt saß bereits am Tisch und ließ sich von der älteren Frau füttern. Klara bemühte sich, die Stimmung aufzuheitern, doch die Männer saßen mit verbissenen Gesichtern am Tisch und schwiegen sich an. „Monika, setz dich doch her!", lud Klara die Indianerin ein.

Moekaé setzte sich auf die Kante eines Stuhles und senkte den Blick. Immer noch war diese Sitzgelegenheit ungewohnt und unbequem für sie. Sie aß ein Brot mit Honig und erfreute sich an dem süßen Geschmack.

Nach dem Essen verschwanden die Männer, um draußen ihre Arbeiten zu verrichten. Josh hackte Holz, während Collins sich wieder um das Fleisch kümmerte. Der Vater reinigte die Waffen und lud die Kammern mit Kugeln. Er wollte offensichtlich in Zukunft auf ungebetenen Besuch vorbereitet sein. Klara hatte einen großen Kessel mit Wasser aufgesetzt und schüttete schließlich das Wasser in einen Bottich, der vor der Tür stand. Mit Seife schrubbte sie mehrere Kleidungsstücke ein und rubbelte sie über einem Waschbrett. Monika legte Rahel in ihr Bettchen und bot Klara ihre Hilfe an. Es war lustig zuzusehen, wie die Weißen ihre Wäsche wuschen. Schließlich trugen sie die Wäsche zum Bach und spülten die Hemden und Tücher in dem eisigen Wasser aus. Die Hände wurden dabei rot und mehrfach musste Moekaé sie warmhauchen. Zum Schluss wrangen sie jedes Teil aus und hängten es über eine Leine zum Trocknen. Es waren viele kleine Tücher darunter, die Moekaé als Windeln für Rahel benutzte. Moekaé war froh, dass sie für das Baby saubere Kleidung hatte. Auch Rotes-Blatt und sie selbst waren nun stets sauber und ordentlich gekleidet. Ihre Haare lagen gekämmt in langen Zöpfen und Moekaé liebte den Duft von Seife an ihrem Haar. Kurz nahm sie ein Hemd in die Hand und roch daran. Auch die gewaschene Kleidung duftete leicht nach Seife.

Die beiden Frauen kehrten ins Haus zurück und lächelten, als sie Rotes-Blatt am Tisch sitzen sahen. Sie hatte eine Tafel vor sich und malte mit Kreide Menschen und Tipis. „Ach, wo hast du denn das her?", fragte Klara.

„Opa!", antwortete Rotes-Blatt ohne aufzusehen.

Theodor knurrte wie üblich vor sich hin. „Geht doch nicht, dass das Kind nichts zum Spielen hat!"

„Natürlich nicht. Eine gute Idee!"

„Kannst ihr ja auch ein paar Buchstaben beibringen!", murrte Theodor weiter. „Wird Zeit, dass die Rothäute zivilisiert werden!"

Klara lächelte begütigend und meinte dann mit einem Augenzwinkern: „Na ja, wenn sie mal sechs ist, dann kann ich ihr ja Lesen und Schreiben beibringen. Im Moment reicht es wohl, wenn sie malt, oder nicht?"

„Ach, ist sie noch nicht sechs?", fragte Theodor etwas verblüfft.

„Höchstens drei oder vier!", erklärte Klara.

„So klein?", wunderte sich Theodor.

Dann winkte er ungeduldig ab. „Habe wohl vergessen, wie groß oder klein Kinder sind. Ist ja auch schon eine Weile her, seit unsere so klein waren."

Klara seufzte. „Ja, eine ziemliche Weile!"

„Gut, dass sie nun groß sind und wirkliche Männerarbeit verrichten können. Hat lange genug gedauert."
„Du alter Griesgram!", schimpfte seine Frau aufgebracht. „Es ist doch schön, wieder ein Kind im Haus zu haben!"
„Na ja, schön ist es schon! Habe ihr ja auch was zum Malen gegeben ..."

Gegen Mittag saß die Familie wieder um den Tisch, um ein leichtes Mahl einzunehmen. Klara hatte einen Eintopf gezaubert und alle löffelten hungrig das Essen in sich hinein.
Moekaés Augen blitzten ein wenig, als sie daran dachte, wie wichtig diesen Menschen gewisse Rituale waren. Stets gab es Essen zur Morgen-, Mittags- und Abendzeit. Außerdem nahmen die Menschen die Mahlzeiten meist gemeinsam ein und sie sprachen ein Gebet, ehe sie das Essen verzehrten. Ihr war auch aufgefallen, dass alle sich die Hände wuschen, ehe sie sich an den Tisch setzten. Sie hatte diese Sitte übernommen und roch manchmal an ihren Händen, die nun nach Seife dufteten und nicht nach getrocknetem Blut oder rohem Fleisch. Die schwarzen Ränder unter ihren Fingernägeln waren verschwunden und sie war stolz auf ihr gepflegtes Äußeres. Immer hatte sie gedacht, dass weiße Menschen unordentlich waren und stanken, aber hier hatte sie etwas anderes erlebt. Vielleicht waren es nur die Soldaten, die sich schlecht benahmen und sich nicht pflegten.
Nach dem Essen bereitete Klara ein Bad für das Baby vor. Behutsam tauchte Moekaé ihre Tochter in das warme Wasser, die sich sichtlich entspannte und vergnügt mit den Ärmchen schlug. Dann wickelte Moekaé das Baby wieder in saubere Windeln und hüllte es in eine warme Decke. Sie bedauerte, dass sie keine Babytrage hatte, mit der sie das Kind auf dem Rücken tragen konnte. Aber hier galten eben andere Sitten und so legte sie das Baby wieder in sein Bettchen.

Gegen Mittag näherte sich eine Schwadron Soldaten dem Haus. Das Hufgetrappel erfüllte das Tal und der plötzliche Lärm ließ alle anderen Stimmen verstummen. Moekaé hatte Angst und drückte sich in den hintersten Winkel des Hauses. Rotes-Blatt

klammerte sich an ihr fest und zitterte am ganzen Körper. Abwartend stellte sich die Familie vor das Haus, um die Soldaten zu begrüßen. Ein junger Lieutenant salutierte schneidig und ließ sich schwungvoll aus dem Sattel gleiten. „Lieutenant Chase!“, stellte er sich vor. „Wir sind auf der Suche nach den flüchtigen Cheyenne!“
„Einen Tag zu spät!“, meinte Theodor vorwurfsvoll. „Sie kamen gestern hier durch und haben Vorräte mitgenommen.“
„Oh, ist sonst noch etwas geschehen? Kampfhandlungen, Verletzte oder so?“
„Zum Glück nicht! Sie nahmen sich Decken und Fleisch und sind dann in nördlicher Richtung verschwunden.“
„Da haben Sie Glück gehabt. Bei anderen Farmen haben sie Gewehre und Pferde mitgehen lassen.“
Der Lieutenant zog seine Handschuhe aus und schob den Hut in den Nacken. „Haben Sie einen Kaffee?“, fragte er höflich. „Vielleicht haben Sie ja noch ein paar Hinweise für mich?“
Ehe jemand etwas sagen konnte, hatte er bereits das Haus betreten und blickte etwas verblüfft auf die Indianerin, die im Hintergrund auf ihrem Lager hockte. „Wer ist das?“, fragte er.
„Monika!“, antworte Klara schnell. „Wir haben sie bei uns aufgenommen.“
„Aufgenommen?“, wunderte sich der Lieutenant.
„Ja, wir fanden sie und das Kind im Schneesturm.“
„Sie gehört also zu den flüchtigen Cheyenne“, stellte der Lieutenant scharfsinnig fest.
„Wahrscheinlich“, wich Theodor aus. „Wir sprechen ja ihre Sprache nicht und konnten sie nicht fragen.“
„Sie ist somit eine Kriegsgefangene und gehört in die Obhut der Armee“, forderte der Soldat.
Ohne abzuwarten ging er zu Moekaé, packte sie am Arm und zog sie von ihrem Lager hoch.
Widerstandslos stand Moekaé auf, doch Rotes-Blatt fing an zu weinen und lief schutzsuchend zu Klara. „Oma!“, rief sie klagend.
„Das ist unser Haus und sie ist unser Gast. Verlassen Sie bitte unser Haus!“, forderte Klara den Soldaten unmissverständlich auf.

„Leisten Sie gegen eine Maßnahme der Regierung Widerstand?", fragte der Soldat verärgert.
„Nein, ich möchte diese Unterhaltung draußen fortsetzen, wo wir dem Kind keine Angst machen."
„Auch das Kind ist eine Kriegsgefangene."
„Es ist ein kleines Mädchen und ihre Befehle interessieren mich nicht!", meinte Klara bissig.
Wortlos drehte der Soldat sich um und verließ das Haus, dicht gefolgt von Theodor und Klara. Collins und Josh stellten sich neben ihre Eltern und stemmten die Hände in die Hüften. „Was ist denn los?", fragte Collins leise.
„Er sagt, dass Monika eine Kriegsgefangene sei!"
„So ein Unsinn!", entfuhr es Collins. „Sie stellt doch in keiner Weise eine Gefahr dar."
„Das stimmt!", bestätigte der Soldat. „Doch solange einige Cheyenne noch die Gegend unsicher machen, bleiben die anderen interniert, bis die Regierung entschieden hat, was mit ihnen geschieht. Wir glauben, dass einige Cheyenne sich bei den Sioux verstecken. Die anderen sind wohl unterwegs in die Black Hills. Beim Ausbruch im Fort haben wir einige gefangen nehmen können. Wir nehmen diese Frau mit und führen sie mit den anderen zusammen. Die Armeeführung wird entscheiden, was mit ihnen geschieht. Hier kann sie jedenfalls nicht bleiben."
„Ihr wollt sie wieder ins Gefängnis werfen?", wütete Klara. „Wissen Sie, in welchem Zustand sie hier ankam? Die Frau und das Kind waren sterbenskrank. So viel zu eurem Gefängnis!"
„Nun, inzwischen kümmert sich ein Arzt um die Gefangenen, und die Cheyenne werden unter der Aufsicht der Armee gut behandelt. Es hat seither keinen Aufstand mehr gegeben. Wir haben die Presse im Fort, die jeden unserer Schritte beobachtet, glauben Sie mir!" Er klang fast unwillig, als wäre ihm die Aufmerksamkeit, die diesen Indianern zukam, zuwider. „Ich möchte, dass Sie mir die Frau ausliefern, und ich werde sie ins Fort Robinson schicken lassen."
„Mit wem?", fragte Theodor spöttisch.
„Nun, mit zwei meiner Soldaten!", erklärte der Soldat kurz angebunden.

„Ich lasse die Frau ganz bestimmt nicht mit zwei von Ihren Halunken allein!“, empörte sich Theodor. „Wie wollen Sie die Frau überhaupt transportieren? Zu Fuß?“
„Auf einem Pferd!“, erklärte der Soldat bissig.
„Wie? Mit einem Kind und einem Säugling?“
„Wir wissen, wie wir uns gegenüber Gefangenen zu benehmen haben!“, wies Chase den Rancher zurecht.
„Ganz bestimmt!“, meinte Theodor zynisch. „So gut, dass dort hinten nun ein zwölfjähriger Junge bestattet ist.“
„Nun, wenn die Indianer solche Aktionen notwendig machen, dann trifft nicht uns die Schuld, wenn auch Unschuldige sterben. Das haben die Indianer sich selbst zuzuschreiben.“
„So ein Unsinn!“ Zum ersten Mal schaltete sich Collins ein und spuckte dabei vor Empörung auf den Boden. „Ihr schlachtet Frauen und Kinder ab und schiebt dann die Verantwortung auf die Indianer! Ich habe gesehen, in welch schlechtem Zustand die Frau und das Kind hier ankamen. Mir brauchen Sie nichts zu erzählen! Ihr habt die Menschen mit Absicht aushungern lassen! Frauen und Kinder!“
„Nun, wenn die Indianer …“, wiederholte der Soldat seinen Spruch, doch Theodor unterbrach ihn ungeduldig. „Schluss mit diesem Unsinn. Wir lassen die Indianerin nicht mit Ihren Halunken allein! Mehr ist dazu nicht zu sagen.“
„Das ist Widerstand gegen die Regierung!“, meinte der Soldat ernst.
Theodor biss sich auf die Lippen und stemmte sich auf gewohnte Weise die Hände in die Hüften. Im Grunde tat der Soldat nur seine Pflicht und vor nicht allzu langer Zeit wäre er froh um die Anwesenheit der Soldaten gewesen. Sie waren hier, um die Siedlungen zu schützen. Ihm passte lediglich der Gedanke nicht, die Indianerin mit den Soldaten allein zu lassen. So wie es Schauergeschichten über die Indianer gab, gab es auch übles Gerede über die Soldaten. „Nun, ich würde mich bereit erklären, sie mit dem Wagen ins Fort zu fahren, und ihre Soldaten begleiten mich“, schlug Theodor zögernd vor. Collins warf seinem Vater einen erstaunten Blick zu, sagte aber nichts.
„Ach so?“

„Ja, wir wollten sie ohnehin zurückbringen, aber das Wetter und der schlechte Gesundheitszustand der Kinder ließen dies nicht zu."

„Ja, das Baby wurde zu früh geboren und war so schwach, dass wir nicht daran glaubten, dass es überhaupt die erste Nacht überlebt", erklärte Collins.

Der Soldat zuckte mit den Schultern und wusste nicht so recht, was er sagen sollte. Bisher waren die Cheyenne in erster Linie flüchtige Feinde, die er einfangen sollte, und keine Frauen mit neugeborenen Babys. Die Idee schien ihm zu gefallen, denn er schlug einen versöhnlichen Tonfall an: „Das wäre sehr entgegenkommend von Ihnen. Ich würde Ihnen einen Schein ausstellen, damit Ihre Kosten gedeckt werden. Das ist wirklich ein sehr guter Vorschlag!"

Theodor nickte freundlich. „Nicht wahr? Ich werde die Indianerin los und muss mir keine Gedanken machen, dass Ihre Leute sie unterwegs schlecht behandeln. Im Fort ist das nicht mehr meine Verantwortung."

„Nein, da wird die Regierung für sie sorgen und sie ist bei ihren Leuten."

„Wissen Sie schon, was mit den Cheyenne passieren wird?", fragte Collins interessiert.

Der Soldat zuckte mit den Schultern. „Die Presse ist sehr auf Seiten der Indianer und spricht von ihren gerechtfertigten Ansprüchen, und so. Ursprünglich sollten sie ins Indianer-Territorium zurückgeschickt werden, aber dies lässt sich vermutlich nicht mehr durchsetzen. Vielleicht bekommen sie eine Reservation im Norden, oder sie dürfen bei den Sioux bleiben. Sind ja nicht mehr viele übrig."

„Und warum darf Monika nicht einfach bei uns bleiben?", fragte Collins.

Der Soldat lächelte. „Als was? Als Sklavin oder Hausangestellte? Sie gehört zu ihrem Volk, glauben Sie mir das."

Theodor legte Collins begütigend die Hand auf die Schulter. „Der Lieutenant hat recht. Sie gehört nicht hierher. Wir haben getan, was möglich war, und nun sorgen wir dafür, dass sie wohlbehalten zu ihrem Volk kommt. Das wird das Beste sein."

„Dann hätte sie auch mit den anderen mitgehen können! In Freiheit“, wandte Collins ein.
„Die Cheyenne werden von uns eingeholt und zurückgeführt werden!“, erklärte der Soldat. „Vielleicht wird es wieder zu Kampfhandlungen kommen. Glauben Sie mir, es ist gut, dass sie nicht mit den anderen gezogen ist. Sie wäre nur umgekommen.“
„Das klingt, als würden Sie gern auf Frauen und Kinder schießen!“, meinte Theodor voller Verachtung.
„Nur wenn es sein muss“, verteidigte sich Chase.
„Es sind doch nur ein paar halbverhungerte Frauen und Kinder und einige schlecht bewaffnete Krieger. Das lohnt doch kaum den Aufwand. Ich würde sie ziehen lassen, bis sie sich von allein ergeben. Es bleibt ihnen ja keine Wahl. Noch einen Winter überleben sie nicht.“
„Wahrscheinlich nicht, aber bis dahin ist hier niemand sicher, wie Sie ja selber feststellen mussten. Sie werden weitere Farmen überfallen und für Unruhe sorgen. Meine Aufgabe ist es, genau dies zu verhindern. Ich möchte nun, dass Sie alles für die Abreise der Gefangenen vorbereiten, damit ich zwei Mann mit Ihnen ins Camp zurückschicken kann. Wir haben schon genug Zeit verloren und wollen den Cheyenne hinterher, solange die Spuren noch frisch sind.“
Theodor nickte mit dem Kopf und wandte sich an Klara: „Geh ein paar Dinge packen und bring Monika dann raus. Ich spanne die Pferde ein.“
Collins biss sich auf die Lippen und ließ unglücklich den Kopf hängen. „Pa!“, meinte er bittend.
„Es wird ihr schon nichts passieren. Aber hier gehört sie einfach nicht her!“
Collins schüttelte trotzig den Kopf, schwieg aber. Er wusste, dass jetzt nicht der richtige Zeitpunkt war, um mit seinem Vater zu reden. Er war froh, dass sein Vater Monika wenigstens begleiten würde und sie nicht einfach ihrem Schicksal überließ. „Soll ich dich begleiten?“, fragte er.
„Nein, hier ist genug Arbeit zu tun!“, wehrte Theodor brüsk ab. „Außerdem will ich Ma und deinen Bruder nicht allein lassen, solange hier marodierende Indianer unterwegs sind. Sie haben

uns bisher in Ruhe gelassen, aber das heißt nicht, dass sie es das nächste Mal auch tun!"
„Dann ist ja auch Monika nicht mehr hier, die uns schützen könnte!", meinte Collins bissig.
„Das ist auch kein Grund, sie hierzubehalten."
Es entstand ein unangenehmes Schweigen, während alle darauf warteten, dass die Indianerin ihr Bündel packte.

Klara war im Haus verschwunden und suchte für Moekaé einige Kleinigkeiten zusammen. Mit Handzeichen gab sie zu verstehen, dass Moekaé packen sollte. Die Indianerin ließ hilflos die Hände ruhen und fiel sichtlich in sich zusammen. Auch das Kind stand einfach nur da, während ihm die Tränen über die Wangen liefen. Klara packte Rotes-Blatt die Tafel mit der Kreide ein und schenkte sie ihr. „Sieh nur, das ist für dich!", meinte sie mit einem Lächeln. Rotes-Blatt nahm die Sachen und blieb dann einfach stehen. Ihre Hilflosigkeit war so anrührend, dass Klara ebenfalls die Tränen herunterliefen. „Ach Gott, ich will das wirklich nicht!", meinte sie ebenso hilflos.
Moekaé wusste, dass sie gehen musste und rollte ihre Kleidung in eine Decke. Dankbar nahm sie weitere Tücher, die sie als Windeln verwenden konnte, und nahm einen weiteren Beutel mit Lebensmitteln an sich. Sie hatte Angst. Sie wollte nicht mit diesen Soldaten gehen. Würde sie wieder in diesen Behausungen aus Holz ausharren müssen? Würde man sie nun doch in den Süden schicken? War all ihr Leiden und waren all die Toten umsonst gewesen? Widerwillig trat sie vor die Tür, die Augen auf ihre Mokassins gerichtet. Dann kam Theodor mit der Kutsche und zeigte ihr mit Handzeichen, dass sie sich neben ihm auf den Kutschbock setzen sollte.
„Ich bringe dich ins Fort!", meinte er freundlich. „Eve, komm her und setz dich neben den Opa!"
Rotes-Blatt drückte ihr Gesicht an Klaras Schürze und verabschiedete sich mit einer Umarmung, dann hob Collins das Kind auf den Kutschbock. Vertrauensvoll setzte sich Rotes-Blatt neben Theodor und musterte dann misstrauisch die beiden Soldaten, die abwartend neben dem Wagen in Stellung gingen. Moekaé

hob ihre Bündel auf die Ladefläche des Wagens und kletterte dann ebenfalls auf den Kutschbock. Collins hielt solange Rahel im Arm und reichte ihr dann das Baby nach oben. „Mach's gut", flüsterte er.
Theodor wandte sich auffordernd an seine Frau: „Bring mir noch eine Decke für Eve! Könnte kalt werden hier oben."
Klara eilte zurück ins Haus und kam mit einer schweren Decke zurück, die Theodor fürsorglich um das Kind wickelte. „Siehst du, so ist es schön warm!"
Mit einem Schnalzen trieb er die Pferde an und mit einem Ruck setzte sich die Kutsche in Bewegung.
Holpernd und ruckelnd rollte der Wagen durch das Tal und entfernte sich immer weiter von dem Haus.

Sie passierten den Baum mit dem Leichnam des Jungen und Moekaé sang ein letztes Lied für ihn. Gleichzeitig war es ein Trauerlied für die Geister des Tales und ein Ausdruck ihres eigenen Leides. Alles würde von vorne beginnen und am Ende stand das Dahinsiechen in dem Land im Süden. Ihr klagender Singsang hallte durch das Tal und prallte als schauerliches Echo von den Felswänden der Späherposten zurück. Die Soldaten warfen einen unsicheren Blick auf die hohe Felswand, als könnten dort jeden Moment Crazy-Horse und seine Krieger auftauchen. Doch diese Zeiten waren vorbei. Crazy-Horse war tot und sein alter Lagerplatz war nun im Besitz einer weißen Farmerfamilie.
Der Wagen verließ das Tal und rollte auf einen bewaldeten Hügel zu. Ein Bison verschwand im Schutz des dunklen Grüns, als die Gruppe sich näherte. Ein Soldat griff nach seinem Gewehr und wollte dem Bison nachsetzen. „Ich dachte schon, die Biester gibt es nicht mehr!", grinste er in Vorfreude auf die Jagd.
Theodor richtete sein Gewehr auf ihn und warnte ihn böse: „Noch einen Schritt weiter und ich schieße!"
„Was? Das ist doch nur ein dämlicher Büffel!", wunderte sich der Soldat.
„Stimmt, es ist nur ein dämlicher Büffel, aber er befindet sich auf meinem Land, also ist es mein Büffel! Außerdem haben wir einen anderen Auftrag!"

„Ich dachte ja nur …!", meinte der Soldat mit einem Schulterzucken und steckte das Gewehr wieder weg. „Nichts für ungut!"

Der Wagen rollte am Rande des Hügels entlang und ließ das Tal des Biberbachs endgültig hinter sich. Moekaé schlug die Decke fester um sich und das Baby und versank in ihren Gedanken. Sie ahnte, dass es zum Fort zurückging, in dem sie so lange festgehalten worden war. Heskovetse war dort gestorben und nun kehrte sie dorthin zurück. Ihre ganze Flucht und auch sein Tod waren vollkommen unnütz gewesen. Ihr Leben drehte sich im Kreis. Wieso gaben ihr die Geister erst die Hoffnung auf ein Leben in Freiheit und verrieten sie nun? Warum war sie nicht mit Little-Wolf weitergezogen? Im Fort wäre sie den Soldaten schutzlos ausgeliefert. Sie hatte keinen Ehemann mehr, der über ihre Tugend wachte, und sie wusste nicht, wer den Ausbruch überlebt hatte und ebenfalls im Fort gefangengehalten wurde. Ihr grauste vor dem Dreck und der Enge, die dort auf sie warteten, und der Untätigkeit, zu der sie verdammt wäre. Warum durfte sie nicht bei der weißen Familie bleiben? Hatte sie die Worte missverstanden? Aber warum sonst hatte Crazy-Horse zu ihr gesagt, dass sie das Tal hüten sollte?
Am Abend ließ Theodor den Wagen an einem Bach halten und schirrte die Pferde aus. Moekaé setzte sich etwas abseits und stillte ihr Baby. Theodor sorgte dafür, dass die Soldaten nicht in ihre Nähe gingen und beschäftigte sie mit Holzsammeln. „Kommt ja nicht der Indianerin zu nahe, sonst bekommt ihr es mit mir zu tun!", warnte er unmissverständlich.

Die beiden entfernten sich und sammelten Feuerholz. Der eine Soldat schüttelte grinsend seinen Kopf und meinte dann anzüglich zu dem anderen. „Keine Sorge, spätestens im Fort kriegen wir sie ohnehin. Ein bisschen Alkohol und Fleisch und die heben alle ihre Röcke!"
„Die wäre schon was für uns!", meinte der andere. „Wenn wir den Alten ausschalten, können wir 'ne Menge Spaß haben."
„Ja, und auch eine Menge Ärger. Lohnt sich nicht! Wir warten, bis der Alte weg ist. Im Fort gibt genug Möglichkeiten."

„Ich meinte ja nur. Sie ist jung und hübsch. Nicht so versaut wie die anderen."
Sie brachten das Holz zum Wagen zurück und entfachten in der Nähe ein Feuer. Missbilligend sahen sie zu, wie Theodor auf der Ladefläche ein Lager für die Indianerin und das Kind herrichtete. Doch dann legten sie sich ebenfalls schlafen. Am nächsten Tag würden sie Camp Robinson erreichen und da war es besser, wenn es keine Zwischenfälle zu berichten gab. Die Zeiten hatten sich geändert und es gab Leute, die sich für die Rechte von Indianern einsetzten.

Am Morgen war die Indianerin mit den Kindern weg. Fluchend sahen sich die beiden Soldaten in der Umgebung um, doch es wurde schnell klar, dass Moekaé mitten in der Nacht das Weite gesucht hatte. Betreten sahen sich die Soldaten an, wussten genau, dass sie ihre Pflichten verletzt hatten. Zumindest einer hätte Wache schieben müssen, damit die Gefangene nicht die Flucht wagte. „So ein Mist!", schimpften sie vor sich hin.
„Mein Gott, wo will sie denn mit den zwei Kindern hin?", überlegte Theodor mit schlechtem Gewissen.
„Wahrscheinlich will sie sich den Flüchtigen anschließen und versucht sie einzuholen. So ein Mist! Was sollen wir jetzt im Fort melden?"
Theodor zuckte mit den Schultern. „Das ist nicht mein Problem! Ich werde umkehren. Vielleicht läuft sie mir ja über den Weg, dann liefere ich sie bei euch ab."
Die beiden senkten betreten die Köpfe und überlegten sich, was sie als Nächstes tun sollten. „Wir versuchen sie einzuholen. Nichts ist peinlicher, als wenn uns eine Squaw davonläuft. So viele Möglichkeiten gibt es ja nicht. Außerdem halten die Kinder sie auf."
Theodor grinste unverschämt und wünschte ihnen viel Glück. Er wusste, dass niemand die Indianerin finden würde, wenn sie es nicht wollte. Eigentlich fand er, dass sie ganz schön Mut hatte. Sich mitten in der Nacht an drei ausgewachsenen Männern vorbeizuschleichen, erforderte Geschick und Mut. Vor sich hin pfeifend spannte er die Pferde an und lenkte sie in Richtung seiner

Ranch zurück. Die beiden Soldaten entfernten sich im Galopp und ritten auf direktem Weg in Richtung der Berge. Theodor konnte nur hoffen, dass Moekaé ihnen nicht in die Hände fiel.

Ranchleben

Gegen Mittag, noch eine gute Strecke von der Ranch entfernt, aber doch schon viele Meilen von ihrem Lagerplatz entfernt, sah Theodor Moekaé plötzlich neben einigen Felsen stehen. Sie wartete offensichtlich auf ihn und so parierte er die Pferde durch. Sie stand scheu neben ihrem Gepäck, ein wenig erschöpft und müde, aber mit ihrem eigentümlichen Stolz. Rotes-Blatt lächelte ihn erleichtert an und versteckte dann plötzlich ihr Gesicht in der Decke von Moekaé, als wüsste sie nicht, ob sie willkommen wäre. Theodor schüttelte bewundernd den Kopf und sah sich dann vorsichtig um, ob irgendwo die Soldaten in Sichtweite wären. Nichts rührte sich und es war klar, dass Moekaé sehr genau wusste, ob diese Soldaten in der Nähe waren oder nicht. „Also schön!", knurrte Theodor schließlich. „Wir handeln uns mit dir eine Menge Ärger ein. Ich sehe schon!" Er beugte sich vom Kutschbock und streckte Rotes-Blatt die Hand entgegen. „Na, dann komm mal her, kleine Eve!"

Gehorsam kletterte Rotes-Blatt neben ihn auf den Sitz und strahlte ihn auf ihre scheue Art an. „Schon gut!", brummte Theodor. „Kannst ja nichts dafür, dass du Cheyenne bist!"

Dann streckte er Moekaé die Arme entgegen, damit sie ihm das Baby reichen konnte. Geduldig wartete er darauf, dass die Indianerin ihre Bündel verstaute und dann zu ihm auf den Kutschbock kletterte. „Ab nach Hause!", knurrte Theodor gut gelaunt und schnalzte laut mit der Zunge, damit die Pferde sich in Bewegung setzten. Er redete den Rest des Weges kein Wort, sondern überlegte, wie lange es wohl dauern würde, bis die Armee wieder bei ihm auftauchte. Gewisse Dinge mussten bis dahin geklärt sein. Vielleicht war die Gefangene aber auch nicht wichtig genug und niemand würde Nachforschungen anstellen.

Aus den Augenwinkeln heraus beobachtete er die Frau neben sich, die ungerührt die Landschaft an sich vorbeigleiten ließ. Doch dann sah er das vergnügte Blitzen in ihren Augen und kicherte meckernd in sich hinein. Diese Frau hatte den Soldaten einen gehörigen Streich gespielt. Er beugte sich zu dem Baby hinüber und erfreute sich an dem kleinen braunen Gesicht. „Na du?“, meinte er gönnerhaft. „Bleibst du noch ein bisschen bei uns, was?“

Am Nachmittag erreichte er sein Tal und pfiff vergnügt durch die Zähne. „Hallo, wir sind wieder da!“, brüllte er lauthals.
Erstaunt liefen Josh und Collins aus dem Stall, während Klara mit mehligen Händen aus der Haustür trat. „Ach herrje!“, rief sie erfreut. „Was ist denn nun los?“
Theodor grinste wie ein Schuljunge und zeigte auf Moekaé. „Sie hat uns ausgetrickst und ist in der Nacht geflohen. Die Soldaten suchen sie wohl immer noch, doch ich habe sie unterwegs aufgelesen und mir gedacht, dass sie hier wohl am sichersten ist.“
„Ja, was ist denn plötzlich in dich gefahren?“, wunderte sich Klara.
„Nichts!“, wehrte Theodor ab. „Sie hat sich doch als sehr nützlich erwiesen. Wir behalten sie einfach hier und geben ihr Arbeit. Ich erkundige mich, was es da für Möglichkeiten gibt. Zuerst bauen wir mal dieses Zimmer für sie.“
Collins grinste breit. „Gute Idee!“, stellte er fest.
„Komm ja nicht auf seltsame Gedanken!“, bremste Theodor die Vorfreude seines Sohnes. „Noch ist gar nichts entschieden.“
„Nein, nein!“, beschwichtigte Collins seinen Vater. „Aber wir wollten doch schon lange den Anbau machen, warum also nicht jetzt?“
„So ist es, dann bekommt ihr faules Pack endlich was zu tun! Jetzt helft mir beim Abladen und spannt die Pferde aus. Ich habe einen Mordshunger!“
Josh und Collins beeilten sich, der Aufforderung nachzukommen, während Klara bereits sacht das Baby in ihren Armen schaukelte. „Ach, ist es schön, dass die drei wieder da sind!“, seufzte sie. „Komm, meine Eve, wir kochen jetzt das Essen!“
Rotes-Blatt hüpfte neben sie und nahm vertrauensvoll die Hand der älteren Frau. „Oma kochen!“, erklärte sie eifrig.
„Bring dem Mädchen endlich unsere Sprache bei!“, meinte Theodor wieder in seiner unwirschen Art.
Erstaunt drehte sich Klara zu ihm um. „Aber sie macht doch

wirklich gute Fortschritte!", verteidigte sie das Kind.
„Ich rede ja nicht von der Kleinen, sondern von ihr ...!" Er zeigte unmissverständlich auf Moekaé. „Es wird leichter, wenn sie was sagen kann. Dann kann man sie nicht mehr so hin und her schubsen."
„Vor allen Dingen kannst du sie dann nicht mehr schlecht behandeln!", betonte Klara.
„Ich!?", wunderte sich Theodor. „Ich behandle sie nicht schlecht! Ich habe sie gerade wieder mitgebracht. Das zeigt doch, was ich für ein großes Herz habe."
„Ein sehr großes Herz!", bestätigte Klara. „Ich hatte fast vergessen, dass du überhaupt eins hast. Doch jetzt kommt erst einmal ins Haus. Wir müssen Monikas Lager wieder herrichten."
„Sie schläft in Joshs Bett und Josh schläft bei Collins", befahl Theodor energisch. „Zumindest so lange, bis das Zimmer fertig ist. Ich will nicht, dass ein Gast auf dem Boden schläft."
Niemand sagte etwas, doch alle wechselten verblüffte Blicke, die in einem heiteren Grinsen endeten. Ihr Vater war wirklich ein Griesgram, aber er hatte das Herz am rechten Fleck.

Moekaé legte ihre Bündel ordentlich neben das Bett, das ihr nun zugewiesen wurde, und ließ sich auf die Bettkante sinken. Sie schlief nicht gern in diesem erhöhten Gestell, aber diese Geste zeigte ihr, dass sie wertgeschätzt wurde und dass sie willkommen war. Sie hatte lange gehadert, ob sie sich dem weißen Mann zeigen durfte und ob sie ihm vertrauen konnte. Crazy-Horse und Heskovetse wollten, dass sie hier in diesem Tal blieb, und dazu hatte sie zurückkehren müssen. Mit zwei kleinen Kindern konnte sie sich nicht versteckt halten, so war sie darauf angewiesen, dass sie Unterschlupf bei dieser Familie fand. Ihr Fluchtversuch war leicht gewesen, denn die Soldaten hatten in ihr keine Gefahr gesehen und sie daher nicht bewacht, aber wie der alte Mann reagieren würde, war ein Risiko gewesen. Sie hatte ihn richtig eingeschätzt. Hinter seiner bissigen Art verbarg sich ein Mann mit einem guten Herzen. Und er liebte Rotes-Blatt. Das Kind hatte das Herz dieses Mannes berührt und über das Kind war es möglich, überhaupt mit ihm zu reden. Die Cheyenne hielten sich an

das Schwiegervatertabu und so war es Moekaé nicht erlaubt, mit Theodor zu reden. Abgesehen von der Sprache war es für sie also schwierig, eine Beziehung zu ihm aufzubauen. Aber sie hatte ihm ihren Mut bewiesen.
Sie wickelte Rahel aus den warmen Decken und öffnete ihr Kleid, um sie zu stillen. Mit Verwunderung beobachtete sie, wie Theodor eine Leine vor ihrem Bett spannte und eine Decke daran befestigte, sodass sie vor den Blicken im Raum abgeschirmt war. Es war schön. Rotes-Blatt stand schon wieder neben Klara und hatte ihre Hände in das Mehl getaucht, um ihr beim Brotbacken zu helfen. Ihr feines Kichern drang durch den Raum und verbreitete einen wohltuenden Zauber. In den Kindern steckte die Zukunft. Diese Menschen hatten zu lange auf das Lachen von Kindern verzichten müssen und genossen es nun umso mehr. Nachdem das Baby satt war, legte es Moekaé wieder in die Kiste und ging dann mit einigen Streifen Dörrfleisch zu der Begräbnisstätte des Jungen. Sie betete für ihn und legte das Fleisch neben den Baum, damit der Geist die Nahrung fand. Mit wachsamen Augen prüfte sie die Umgebung, aber anscheinend rechneten die Soldaten nicht damit, dass sie hierher zurückkehren würde. Sie kniete im Gras und überlegte, wie ihre Zukunft wohl aussehen würde. Es hatte sie erschreckt, wie schnell diese Menschen bereit gewesen waren, sie gehen zu lassen. Noch war ihre Position nicht gefestigt. Das musste sich ändern!

Sie horchte auf, als sie die schweren Schritte der weißen Männer hörte. Sie wollte mit ihren Gedanken allein sein, wusste aber nicht, wie sie dies deutlich machen sollte. Sie erhob sich und legte die Decke über ihren Kopf, sodass von ihrem Gesicht nur die Augen zu sehen waren. Die Männer unterhielten sich mit ihren lauten Stimmen und stellten sich dann gestikulierend unter den Baum. Sie knüpften bereits den Strick auf, mit dem der Junge gehalten wurde, und machten Anstalten, den Körper herunterzuheben.
Moekaé schüttelte bittend den Kopf und hob abwehrend die Hände. Die vier Tage Trauerzeit waren noch nicht um und so wäre es nicht richtig, das Kind bereits auf die Reise zu schicken.

Sie wusste, dass der Geist des Kindes noch umherwanderte und die Orte seines Lebens bereiste. Erst am vierten Tag würde er zurückkehren und sich dann auf den Weg zu den Sternen machen. Unbeeindruckt lösten die Männer die Stricke und hoben den Körper herunter. Wieder stellte sich Moekaé schimpfend und flehend dazu, doch Theodor stemmte die Hände in die Hüften und redete auf schroffe Weise auf sie ein. Hilflos sah Moekaé auf Collins und Josh, doch die beiden hatten die Augen gesenkt und schüttelten ebenfalls die Köpfe. Sie redeten in dieser unverständlichen Sprache auf sie ein und deuteten mit Gesten an, dass der Baum nicht die geeignete Art wäre, den Jungen zu bestatten. Stattdessen brachten sie den Körper etwas abseits zu einigen Felsen, legten ihn behutsam ins Gras und begannen, ihn mit kleinen Steinen und Felsen zu bedecken. Moekaé stand daneben und überlegte, ob der Geist diesen Körper wohl wiederfinden würde. Vielleicht sollte sie eine Spur aus Tabak und Dörrfleisch legen, damit der Geist den Weg fand? Sie machte den weißen Menschen keinen Vorwurf, denn sie wussten nichts von ihren Ritualen und Zeremonien.
Geduldig stand sie neben der Grabstätte und wartete, bis der Körper völlig mit Steinen bedeckt war, dann kehrte sie ins Haus zurück, um Dörrfleisch und Tabak zu holen. Sie hatte gesehen, dass der alte Mann manchmal eine Pfeife stopfte und versuchte nun Klara verständlich zu machen, dass sie Tabak wollte. Rotes-Blatt versuchte zu übersetzen, aber das Wort für Tabak wusste sie auch nicht. Moekaé nahm die Pfeife in die Hand und tat so, als würde sie geraucht werden. Dann rieb sie ihre Finger aneinander und tat so, als würde sie die Pfeife stopfen. Klara schien etwas schockiert zu sein, denn sie glaubte tatsächlich, dass Moekaé die Pfeife rauchen wollte.
„Herrjemine“, meinte sie kopfschüttelnd, suchte aber den Tabakbeutel heraus und gab ihn Moekaé.
Moekaé nahm einige Prisen und riss dann kleine Stofffetzen aus dem Saum ihres alten Kleides. Sie wickelte etwas Tabak in den Stoff und machte kleine Tabakbündel, die sie mit etwas Sehne zuschnürte. Sie sah den verwunderten Blick von Klara und nahm sich vor, schnell diese Sprache zu lernen. Es gab so viel, was sie

diesen Menschen erklären wollte. Sie nahm die Tabakbündel, suchte einige Streifen Dörrfleisch und verließ schnellen Schrittes das Haus. Klara folgte ihr, weil sie wissen wollte, was die Indianerin nun vorhatte. Moekaé ließ sich nicht beirren und eilte zur Begräbnisstätte zurück. Sie band die Tabakbündel an einen Ast, den sie zwischen die Steine steckte, dann legte sie eine Spur aus Dörrfleisch, die von dem Baum bis zur Begräbnisstätte führte.
„Jetzt hört sich doch alles auf!", schimpfte Theodor lauthals, doch Klara hielt beschwichtigend sein Handgelenk. „Nun lass sie doch! Es schadet doch nichts, wenn sie ihrem Glauben folgt."
„Das ist heidnisches Zeug und Aberglauben. So etwas dulde ich nicht!" Es war, als müsste er sich selbst beweisen, dass er kein gutes Herz hatte und keinerlei heidnischen Unsinn dulden würde. Nachdem er die Frau gerade eben erst zurückgebracht hatte und erlaubte, dass sie blieb, erschien seine Reaktion nun geradezu despotisch. Vielleicht fiel ihm aber erst jetzt auf, dass er einer Cheyenne-Indianerin erlaubt hatte, in seinem Haus zu bleiben. Die Konsequenz wollte er jedenfalls nicht.
„Aber du kannst nicht erwarten, dass sie das von heute auf morgen versteht. Gib ihr Zeit!"
„Aber warum streut sie Fleisch auf den Boden? Das ist doch Unsinn!"
Klara lächelte herausfordernd. „Na ja, wir streuen Blumen auf das Grab. Das hält sie vermutlich ebenfalls für Unsinn!"
Theodor wurde puterrot und verschwand im Haus. „Jetzt reicht es aber!", schimpfte er aufgebracht.

Moekaé hörte die Auseinandersetzung und verstand zumindest, dass Theodor ihre Handlungen nicht gut fand. Verunsichert blickte sie ihm nach, wie er wütend im Haus verschwand. Dann näherte sich die nächste Auseinandersetzung, als Theodor kurze Zeit später mit einer Axt in der Hand wiederkehrte. Mit Schwung hieb er die Axt in den Baum, riss sie heraus und setzte zum nächsten Hieb an. Moekaé stieß einen gellenden, nicht enden wollenden Schrei aus. Mit fliegenden Händen stellte sie sich an den Baum, sodass der Hieb fast ihre Hände abgehackt hätte. Sie umklammerte den Baum und schützte ihn mit ihrem Körper vor weiterem Schaden. Niemals durfte sie das zulassen. Hier war Crazy-Horse aufgebahrt worden. Hier lag die Erinnerung an so viele Menschen und Geschichten. Wie sollte sie dieses Tal beschützen, wenn ihr dies nicht einmal bei diesem Baum gelang? Wie sollte sie Menschen ihre Lebensweise erklären, wenn ihnen jeglicher Respekt vor den Überlieferungen ihres Volkes fehlte? Die Weißen zerstörten alles, was den Cheyenne heilig und wichtig war.

Theodor schimpfte fluchend vor sich hin und versuchte, die störrische Indianerin von dem Baum wegzuziehen. Collins und Josh hoben die Hände und baten ihren Vater um Nachsicht. „Pa, gib ihr Zeit! Du musst doch nicht alles an einem Tag kaputtmachen!"

„Ich mache nichts kaputt, ich fälle lediglich einen Baum!", schnauzte Theodor seine Söhne an.

Wieder war es Klara, die begütigend ihre Stimme erhob. „Theodor, sie hat zugelassen, dass wir den Jungen anständig beerdigen, nun gib doch endlich Ruhe. Du kannst sie doch nicht innerhalb eines Tages bekehren."

„Ich will, dass dieser Unsinn hier aufhört. Wer weiß, wen sie hier noch aufbahren möchte!"

„Niemanden!", versprach Klara mit fester Stimme. „Aber warte doch, bis sie uns wenigstens erklären kann, warum sie manche Dinge tut."

„Wozu?", wetterte Theodor. „Ich will keinen heidnischen Aberglauben hören."

„Solange sie unsere Sprache nicht kann, können wir ja gar nicht beurteilen, ob es Aberglaube ist. Vielleicht hat es einen ganz einfachen Grund, warum sie nicht möchte, dass wir diesen Baum fällen."

„Zum Beispiel?"

„Na ja, wahrscheinlich spendet er schönen Schatten, wenn wir im Sommer hier sitzen. So viele Laubbäume gibt es hier nicht."

Theodor knurrte empört, doch schließlich ließ er die Axt sinken. „Hast recht! Hier gibt es wirklich kaum Laubbäume. Manchmal frage ich mich, ob hier überhaupt etwas Anständiges wächst."

Grummelnd verschwand er in Richtung Haus und Moekaé blickte ihm mit weit aufgerissenen Augen hinterher. Manchmal ergab nichts, was diese Menschen taten, einen Sinn. Es würde ihre Aufgabe sein, all die Legenden und Geschichten, die Lieder und Rituale ihren Kindern weiterzugeben, damit sie nicht in Vergessenheit gerieten. Plötzlich fürchtete sie sich vor dieser Verantwortung. So viele ihrer Alten waren gestorben! Würde sie das Wissen auf die richtige Weise weitergeben? Wäre es überhaupt möglich, wenn die Weißen sich so sehr gegen alles wehrten, was von den Cheyenne kam? Wie sollte sie ihre Kinder erziehen, wenn der Einfluss der Weißen so groß war? Mit plötzlicher Klarheit wurde ihr bewusst, dass ihre Kinder in beiden Welten aufwachsen würden. Rotes-Blatt und Rahel würden in der Welt der Weißen aufwachsen und Moekaé musste alles tun, damit auch die Welt der Cheyenne in ihnen weiterlebte. Heute hatte sie einen Sieg errungen und sie war stolz. Sie hatte gekämpft wie ein Krieger und die Erinnerung an ihr Volk bewahrt. Stolz und aufrecht ließ sie sich von Klara zum Haus zurückführen, während Josh und Collins ihnen höflich folgten. Ja, in ihr lebten die Geschichten und Legenden und es war ihre Aufgabe, sie an ihre Kinder und Kindeskinder weiterzugeben.

Sie ging ins Haus zurück und setzte sich müde auf ihr Bett. Sie war körperlich und seelisch erschöpft. Rotes-Blatt setzte sich neben sie und griff tröstend nach ihrer Hand. „Nahgo“, sagte sie leise. „Es ist schön, wieder hier zu sein, aber die weißen Menschen sind ganz anders als wir. Warum wollte Opa diesen Baum fällen?“

„Ich weiß es nicht“, antwortete Moekaé. „Ich muss diese Sprache lernen, damit wir ihnen erklären können, warum diese Dinge wichtig für uns sind.“

Rotes-Blatt nickte wichtig. „Ich weiß schon viel von ihren Worten.“

„Das ist gut. Und dann lehrst du mich diese Worte.“

Rotes-Blatt schob die Decke ein wenig beiseite, um zu beobachten, was in dem Raum geschah. Keifend hatte Klara nach einem Besen gegriffen und versuchte nun, eine Ratte zu verscheuchen, die durch den Raum huschte.

Rotes-Blatt kicherte, denn es war zu lustig, wie Klara wild um sich schlug und dabei in Gefahr geriet, ihre gesamte Einrichtung zu zertrümmern. Collins nahm schließlich seiner Mutter den Besen weg und versuchte selbst sein Glück, die Ratte zu erwischen. Auch Josh beteiligte sich an der wilden Jagd, während die beiden Indianerinnen auf dem Bett saßen und sich vor Lachen die Hände vor den Mund schlugen. Klara flüchtete schließlich auf einen Stuhl und beobachtete von dort aus die wilde Verfolgungsjagd. Immer wieder entwischte das Biest seinen Häschern und versteckte sich unter Betten und Truhen. Rotes-Blatt liefen vor Lachen die Tränen herunter und sie kicherte mit ihrer hohen Kinderstimme. Schließlich gelang es den beiden Männern, die Ratte aus dem Haus zu treiben, und Collins nahm einfach seinen Revolver und erschoss das hässliche Nagetier. Sichtlich zufrieden kehrte er ins Haus zurück und half seiner Mutter vom Stuhl herunter.

Alle lachten gut gelaunt, obwohl klar war, dass wahrscheinlich noch mehr Ratten in der Nähe waren. Klara kontrollierte sofort ihre Speisekammer und sah in jeden Napf und Sack, um sicherzustellen, dass sich keine weiteren ungebetenen Mitesser dort eingenistet hatten. Dann stellte sie sich an den Herd, um das Essen zuzubereiten. Ihr Gesicht war immer noch gerötet und einige Strähnen hatten sich aus ihrem festen Haarknoten gelöst.

Alles war wieder friedlich und Moekaé setzte sich in ihre Ecke, um etwas zu nähen. Ihr fiel eine alte Geschichte ein und mit einem feinen Lächeln zog sie ihre Ziehtochter auf die Decke neben sich und begann zu erzählen:

„Weißt du, einst, da lebte ein wunderschönes Mädchen in einem Dorf der Cheyenne. Alle Männer bewunderten das Mädchen und viele hofften darauf, dass sie es heiraten konnten. Sie war geschickt und fleißig, aber kein Mann des Dorfes fand vor ihren Augen Gnade. Sie wartete immer darauf, dass ein ganz besonderer Mann um ihre Hand anhielt."

„Ist das nicht sehr hochmütig?", fragte Rotes-Blatt.

„Sehr!", bestätigte Moekaé.

„Eines Tages lag ein eigentümlicher Geruch in der Luft und das Mädchen trat aus seinem Zelt, um zu prüfen, wo die Ursache lag.

Sie erblickte einen wunderschönen Mann und wunderte sich, woher er wohl käme, denn sie hatte ihn noch nie zuvor gesehen. Der junge Mann kam auf sie zu und sprach mit wohltuender Stimme zu ihr. Er sagte, dass er einen weiten Weg hinter sich hätte und dass er nun endlich sein Ziel erreicht habe. Das Mädchen lächelte und fragte, was er denn gesucht habe. Das schönste Mädchen, antwortete der junge Mann. Und so kam es, dass das Mädchen sich in diesen jungen Mann verliebte und beschloss mit ihm zu gehen. Wie wirst du genannt, fragte sie ihn. Und der Mann antworte, dass die anderen ihn bei den Festen seines Volkes Rotes-Auge riefen. Der junge Mann führte das Mädchen weit nach Osten, dort wo das Dorf seines Volkes war. Ich werde dich in das Haus meines Vaters führen und dann wirst du meine Frau, sagte der junge Mann zu dem Mädchen. Das Mädchen freute sich und ging immer weiter nach Osten, bis sie einen Ort mit vielen Bäumen erreichten. Schließlich führte der junge Mann das Mädchen in das Haus seines Vaters und rief: Seht, ich habe das Mädchen gefunden und möchte es nun zu meinem Weib nehmen. Alle versammelten sich um den jungen Mann und das Mädchen, doch das Mädchen wunderte sich etwas über dieses Volk. Zum ersten Mal fiel ihr auf, dass alle so seltsam spitze Nasen und merkwürdig rote Augen hatten. Sie hatte Angst, doch nun war es zu spät. Sie legte sich auf ein Lager aus Zweigen und fiel in einen tiefen Schlaf.

Im Dorf des Mädchens aber war inzwischen große Unruhe ausgebrochen. Alle wunderten sich, wer das Mädchen wohl geraubt hatte, und der Vater war verzweifelt. Er rief, dass der Mann, der seine Tochter fand und zurückbrachte, das Mädchen zur Frau erhalten würde. Einige Männer schüttelten den Kopf, denn das Mädchen hatte sie zu oft abgewiesen, doch ein junger Mann brach auf. Als er in die Nähe der Baumgruppe kam, krabbelte das Mädchen aus seinem Lager und rief: Die Ratten haben mich gestohlen! Der junge Mann brachte das Mädchen zum Dorf zurück und heiratete es. Das Mädchen war froh, dass es nun nicht sein Leben mit den Ratten verbringen musste. Aber seit dieser Zeit kommen die Ratten zu den Menschen und stehlen ihnen die Dinge, die sie brauchen können."

Ihr leiser Singsang brach ab und plötzlich war es seltsam still in dem Haus. Alle blickten schweigend auf Moekaé, die vielleicht zum ersten Mal ihrer Tochter eine Geschichte erzählt hatte. Natürlich hatten die Weißen kein Wort verstanden, aber der Tonfall hatte sie in ihren Bann gezogen.
„Ich wünschte, ich könnte verstehen, was sie da gerade erzählt hat", seufzte Collins.
„Ich wusste gar nicht, dass Indianer ihren Kindern Geschichten erzählen", stellte Josh erstaunt fest.
Collins grinste kopfschüttelnd. „Wir wissen wirklich gar nichts von diesen Menschen!"
Klara stellte einen Topf auf den Tisch und rief zum Essen. „Wo steckt denn Pa?", fragte sie.
„Ich hole ihn", bot Josh hilfsbereit an. Er verließ das Haus und ging in Richtung Stall. Wahrscheinlich fütterte Theodor gerade die Pferde und würde seine Söhne ermahnen, warum sie ihm nicht halfen.
Theodor aber stand einfach vor dem Haus und betrachtete den Sonnenuntergang. Es war überwältigend, wie die Sonne hinter den Hügeln verschwand und das Tal in lange Schatten tauchte.
„Stimmt was nicht?", fragte Josh und stellte sich neben seinen Vater.
Schweigend deutete Theodor auf den Sonnenuntergang.
„Schön!", murmelte Josh ehrfürchtig.
„Gott hat uns dieses Land gegeben!", sagte Theodor mit Nachdruck.
„Und wir arbeiten hart, um es zu bewirtschaften", meinte Josh.
„Ja!"
Wieder entstand dieses lange Schweigen. Unsicher blickte Josh auf seinem Vater. Er kämpfte offensichtlich mit seinen Gedanken und so wartete Josh einfach ab.
„Ich frage mich, warum Gott uns ausgerechnet diese Indianerin schickt?"
„Meinst du, dass Gott sie uns geschickt hat?"
„Selbstverständlich!", knurrte Theodor. „Ich verstehe nur nicht, warum."
„Vielleicht sind die Indianer gar nicht so anders."

„Das ist ja gerade das, was mich so stört!“, erklärte Theodor gereizt. „Verstehst du? Da kommt so eine Frau, kaum mehr als ein Mädchen, mit zwei unschuldigen Kindern, und alles, was die Armee mir erzählen will, ist, dass es sich um feindliche Indianer handelt. Sie war in meinem Haus! Sie war verletzt und hat geboren. Sie fühlt genauso Schmerzen wie unsere Frauen und sie weint und lacht wie alle anderen Frauen. Sie ist überhaupt nicht anders! Manchmal verstehe ich halt ihre Sitten nicht, aber umgekehrt ist das wahrscheinlich genauso. Von mir aus soll Collins sie heiraten! Und wenn das nächste Mal hier ein Soldat seine Nase hereinsteckt, dann brenne ich ihm eins über!“

Josh blickte grinsend auf seine Stiefel und verbiss sich ein lautes Lachen. Sein Vater hatte gerade der Armee den Kampf angesagt und er kannte seinen Vater gut genug, um zu wissen, dass er es ernst meinte.

„Ma sagt, dass das Essen fertig ist“, lenkte er vorsichtig ein.

„Richtig!“, ließ sich Theodor aus seinen Gedanken reißen. Dann blickte er ein letztes Mal über das Land und meinte: „Die Indianer waren zuerst hier. Aber nun sind wir hier!“

Josh wagte es nicht, seinem Vater zu widersprechen. Aber schließlich sagte er leise: „Ja, aber das heißt ja nicht, dass wir alles kaputtmachen müssen!“

Theodor starrte nachdenklich auf seinen Jüngsten und nickte. „Nein, das heißt es nicht. Trotzdem werde ich keinen heidnischen Aberglauben dulden.“

„Schon klar!“, bestätigte Josh.

Theodor ging mit schweren Schritten ins Haus und setzte sich an den Tisch. Mit einer einladenden Geste rief er seine Familie zu Tisch. Dann winkte er nach den Cheyenne. „Monika, Eve, kommt zu Tisch!“

Er sprach ein langes Gebet und verteilte dann das Essen auf die Teller. Zufrieden beobachtete er, wie Moekaé und Rotes-Blatt bescheiden darauf warteten, was er ihnen zuteilte. Es war diese Bescheidenheit, die ihn rührte. Außerdem waren die beiden Cheyenne-Mädchen wunderschön. Ihre Gesichter wiesen zwar diese dunklere Hautfarbe auf und ihre Haare waren schwarz, und doch waren die Gesichtszüge edel und voller Zartheit. Ihm

gefiel die scheue Art und wie die beiden ihre Körper bedeckten. Sie waren nicht schamlos, sondern ganz im Gegenteil sehr zurückhaltend und bescheiden in allem, was sie taten. Nach seinem Geschmack war das Kind sogar zu ruhig. „Was haltet ihr davon, wenn wir Eve eine Schaukel bauen?“, fragte er gutgelaunt.
„Eine Schaukel?“, wunderte sich Klara. „Das ist aber eine nette Idee!“
„Nicht wahr? Das ist ja auch nicht viel Arbeit! Wir nehmen ein Brett und zwei Seile und suchen uns einen starken Ast.“
„Hmh, am Haus steht aber kein Baum, dessen Äste stark genug wären“, stellte Josh fest.
„Noch nicht!“, bestätigte Theodor. „Wir sollten welche pflanzen, damit wir irgendwann mal Schatten haben. Außerdem will ich ein Gemüsebeet.“
„Das wäre schön!“, freute sich Klara. „Und ein paar Blumen.“
„Blumen sind überflüssig!“, wehrte Theodor ab.
„Mir gefallen sie aber!“, meinte Klara trotzig. „Blumen sind zivilisiert.“
„Also schön, dann bekommst du auch ein paar Blumen.“
„Und wo hängen wir die Schaukel auf?“, fragte Collins.
„Wir könnten ein Gestell bauen“, schlug Josh vor.
„Nein, das Holz brauchen wir für das Zimmer“, lehnte Theodor ab. „Aber wir könnten sie in der Scheune aufhängen.“
Collins hatte eine bessere Idee: „Die zwei Pinien hinter dem Haus haben zwar keine starken Äste, aber die Stämme sind kräftig genug. Wenn wir einen Balken zwischen die beiden Bäume legen, dann können wir die Schaukel daran befestigen.“
„Gute Idee!“, stimmte Theodor zu. „Und die unteren Äste hacken wir weg, wenn sie stören. Das machen wir gleich morgen früh und dann machen wir uns an die Arbeit mit dem Anbau. Das Mädchen kann schon mal Moos suchen, das wir in die Ritzen stopfen. Und ihr holt ein paar Pinien aus dem Wald und schält die Stämme.“
„Machen wir!“, stimmten Collins und Josh zu.
„Und wozu ist das Holz, das wir im Herbst geholt haben?“, wunderte sich Collins.
„Für die Wände! Die Stämme brauche ich als Dachbalken. Und

wenn wir das nächste Mal ins Camp fahren, dann nehmen wir ein Fenster mit."
„Und woher wissen wir die Maße für das Fenster?", wollte Josh wissen.
„Gar nicht. Wir lassen nur eine kleine Öffnung, durch die wir hinein und hinaus können, und passen den Ausschnitt dann an, wenn das Fenster da ist. Im Sommer wird es kaum stören, wenn kein Fenster da ist, und vor dem nächsten Winter haben wir es längst eingebaut. Wir bauen den Anbau und machen dann einen Durchgang zum Haupthaus, dann können wir es auch von uns aus heizen."
„Im Winter wird das kaum reichen!", stellte Collins fest. Selbst wenn der Ofen die ganze Nacht beheizt wurde, waren die Wände meist gefroren und Eiskristalle funkelten ihnen entgegen. Manchmal war es so kalt, dass man in der Nähe der Wand nicht sitzen konnte, und selbst die Betten boten kaum Schutz, wenn man nicht eine dichte Decke oder ein Fell gegen die Kälte an die Wand daneben hängte.
„Na ja, wir können noch einen kleinen Ofen mitnehmen, wenn es zu kalt wird. Morgen früh macht ihr euch ans Bäume fällen und ich schaufle dann inzwischen den Boden glatt."
Collins und Josh nickten ihr Einverständnis, dann verzogen sie sich in ihre Nischen, um sich bettfertig zu machen. Auch Moekaé verschwand hinter ihrem Vorhang und kurz darauf hörte man das deutliche Saugen des Babys.
„Klingt schön!", stellte Josh fest.
„Komm nur nicht auf seltsame Gedanken", warnte Collins seinen Bruder „Such dir gefälligst selbst ein Mädchen!"
„Mach ich!"

Fort Robinson

Am nächsten Tag bauten die Männer als Erstes die Schaukel für Eve. Sie steckten einen Querbalken in die Astgabeln der zwei Pinien und schnürten ihn mit Stricken fest. Dann hackten sie die unteren Zweige ab, sodass tatsächlich ein Schaukelgestell entstand. Mit einem Handbohrer bohrten sie vier Löcher in ein breites Brett und zogen dann die Seile durch. Collins und Josh waren sichtlich stolz auf ihr Werk und riefen Eve herbei, damit sie die Schaukel testete. Verständnislos stand das Kind vor der Schaukel, drückte die indianische Puppe an sich und wunderte sich über das seltsame Ding. „Setz dich her!“, forderte Collins das Kind auf.
Rotes-Blatt wollte nicht ungehorsam sein, aber sie verstand auch nicht, warum sie sich auf das wackelige Ding setzen sollte.
„Wahrscheinlich hat sie noch nie eine Schaukel gesehen“, mutmaßte Josh.
„Zeig es ihr halt!“, forderte Collins seinen Bruder auf.
Josh setzte sich auf das Brett, nahm ein wenig Schwung und schaukelte sacht hin und her. „Siehst du, Eve, das ist eine Schaukel.“
Inzwischen stand die ganze Familie vor dem Ding und auch Moekaé hatte sich dazugesellt. Sie verstand, dass es ein Spielzeug war, und lächelte freundlich. „Die weißen Menschen haben lustige Dinge!“, meinte sie. „Versuch es doch!“
Rotes-Blatt ließ sich auf die Schaukel heben und klammerte sich an den Seilen fest, dann schubste Josh sie vorsichtig an. Ein eigenartiges Kribbeln entstand im Bauch und Rotes-Blatt kicherte fröhlich. Schnell hatte sie verstanden, wie sie Schwung holen konnte ,und schaukelte glücklich hin und her. Ihre Zöpfe flogen und ihr helles Lachen belohnte die Menschen für dieses Geschenk. Selbst Theodor lachte gelöst und erfreute sich an dem schaukelnden Kind. Schließlich wurde Rotes-Blatt die Aufmerksamkeit zu groß und sie bremste die Schaukel mit ihren Mokassins ab. Verlegen huschte sie hinter ihre Mutter und versteckte ihr Gesicht. Nur ihre blitzenden Augen waren zu sehen, als sie scheu zu den Menschen blinzelte.

„Genug!“, rief Theodor mit lauter Stimme. „Wir haben zu tun!“
Die Männer verschwanden schnellstens, während die Frauen wieder ins Haus gingen, um sich dort ihren Aufgaben zu widmen.

In den nächsten Tagen bauten die Männer den Anbau. Sie verwendeten dazu die vorbereiteten Balken und Bretter. Im Nu stand ein Gerüst aus Balken, auf die die Bretter genagelt wurden. Für die Dachsparren holten die Männer schlanke Pinien aus dem Wald, hobelten sie glatt und legten sie in Abständen auf die Querbalken. Das Dach war leicht schräg und fiel nur auf einer Seite ab. Die Schräge entstand, weil die Hauswand auf einer Seite höher war als die andere. Auf diese Weise brauchten sie keinen komplizierten Dachstuhl mit abgeschrägten Balken, wie sie es bei der Scheune gemacht hatten. Theodor war sehr stolz auf die Scheune, denn sie war bereits nach seinen Vorstellungen gebaut worden. Das Wohnhaus war noch primitiv. Doch eines Tages wollte er ein richtiges Haus bauen, das zwei Stockwerke und eine Veranda hatte. Den Platz dafür hatte er bereits auserkoren. Dann würde dieses Gebäude für Angestellte dienen, oder Josh und Collins gründeten ihre eigenen Familien. Eifrig zimmerten die Männer an dem Anbau und sägten, hämmerten und hobelten.
Moekaé staunte, wie viel Werkzeug diese Menschen hatten. Sie bat um einige Dinge und fertigte sich ein indianisches Wiegenbrett, sodass sie Rahel nun auf dem Rücken tragen konnte. Es war das schlichteste und einfachste Wiegenbrett, das je eine Cheyenne-Mutter für ihr Baby gefertigt hatte, aber Moekaé war stolz auf ihr Werk. Sie hatte zwei schmale Bretter genommen und sie als Rahmen benutzt. Daran hatte sie eine Art Sack aus festem Leder befestigt, den sie schnüren konnte, um das Baby darin zu stützen. Der Kopf des Kindes wurde ebenfalls durch festes Leder, das zusätzlich durch Rohhaut verstärkt war, geschützt. Das Wiegebrett war nicht verziert oder bestickt, wie es sonst bei ihrem Volk üblich war, aber es erfüllte seinen Zweck. Sie hatte einige verzinkte Nägel gefunden und damit das Gestell aus Holz mit einem kleinen Muster versehen. Innen hatte sie die Wiege mit einer kleingeschnitten Wolldecke ausgestopft, sodass Rahel

nun gemütlich in ihrem neuen Bett lag. Tagsüber schaukelte sie fortan auf dem Rücken ihrer Mutter oder lehnte gegen die Wand, wo sie das Zimmer überblicken konnte. Manchmal hing sie auch neben der Schaukel im Schatten der Pinie und Rotes-Blatt kümmerte sich um die kleine Schwester. Sie wuste nicht mehr, dass es eigentlich ihre Cousine war.

Der Anbau nahm inzwischen Formen an. Das Holz reichte gerade für drei Wände und das Dach und so beschlossen die Männer ,demnächst ins Camp Robinson zu fahren, um die letzten Bretter und wenn möglich ein Fenster zu holen. Das Camp hatte inzwischen offiziell den Status eines Forts und war ausgebaut worden, doch für die Bronsons war es immer noch das „Camp".
Mit ihren Spaten stachen sie Grassoden aus und legten sie zur Wärmedämmung auf das Dach. Die Bretter darunter waren so angeordnet, dass der Regen ablaufen würde, aber das Gras würde im Sommer kühlen und im Winter die Kälte abhalten. An der Stelle, wo die Männer die Grassoden stachen, sollte der Gemüsegarten entstehen, und Klara hatte damit begonnen, aus angespitzten Stöcken und Zweigen einen Zaun zu bauen. Moekaé half ihr bei der Arbeit und bohrte die Äste in den Boden, damit später die Hühner nicht an die Saat gingen. In der Nähe floss der Bach vorbei, aus dem Klara auch das Wasser zum Waschen und Kochen schöpfte. Im Sommer wäre es also möglich, auch das Beet zu bewässern, denn alle wussten, wie heiß der Sommer auf den Prärien werden konnte.
Collins sah prüfend auf das Werk und machte eine schlängelnde Bewegung mit der Hand. „Wenn gepflanzt ist, dann können wir einen kleinen Bewässerungsgraben ziehen."
„Das wäre schön", freute sich Klara. „Und ihr könntet mir eine Wasserleitung zum Haus führen."
„Dazu müssten wir Baumstämme aushöhlen", meinte Collins zweifelnd. „Die Pinien geben nicht viel her und die anderen Bäume tragen eventuell Obst. Wäre schade, sie abzuholzen."
„Aber wir könnten Bretter zusammennageln", schlug Klara vor. „Es geht zwar Wasser verloren, aber den Rest könnten wir in einem großen Bottich sammeln. Und was dort überläuft, leiten wir

in das Beet. Für mich wäre es eine Erleichterung, wenn ich nicht mehr die schweren Kübel schleppen müsste."

Collins legte sinnend den Kopf schief und stemmte dann unternehmungslustig die Hände in die Hüften. „Wir brauchen ein leichtes Gefälle, aber wenn wir den Bach dort oben ein wenig stauen, müsste es gehen. Ich rede mit Pa darüber!"

Mit großen Schritten schätzte er die Entfernung ab und rechnete aus, wie viele Bretter er für dieses Unterfangen wohl brauchte. Holz war teuer und er runzelte die Stirn, weil er Zweifel hatte, ob sein Vater Geld für diese Bequemlichkeit ausgeben würde.

Er hatte recht mit seinen Befürchtungen. „So ein Unsinn!", lehnte Theodor den Vorschlag kategorisch ab. „Ich verschwende doch keine Bretter für so einen Blödsinn."

Collins sah, wie sich der Blick seiner Mutter trübte, und wagte einen vorsichtigen Versuch, seinen Vater zu überzeugen. „Überleg doch mal, um wie viel einfacher das Leben für Ma wäre. Sie bräuchte kein Wasser mehr schleppen und im Sommer hätten wir Wasser für das Beet. Wir könnten doch ein paar dieser Büffel schießen und dann das Fleisch für die Bretter eintauschen. Das kostet dann nichts."

Der Vater lachte plötzlich gut gelaunt. „Stimmt, dann wären diese Biester wenigstens zu etwas zu gebrauchen. Wir liefern das Fleisch ins Camp und die Felle nehmen wir für die Wände oder den Boden im Haus. Sehr gute Idee!"

Er beobachtete, wie sich Moekaé entfernte und unter den Bäumen am Ufer des Sees nach weiteren Ästen für den Zaun suchte. Rotes-Blatt lief eifrig mit und kehrte bereits mit einigen langen Ästen zurück. „Sie ist fleißig", stellte er fest.

Collins nickte. „Ja, ein nettes Kind!"

„Ich meinte die Indianerin", brummte Theodor. „Trotzdem müssen wir gewisse Dinge regeln. Wenn wir ins Camp fahren, nehmen wir sie mit."

„Wie meinst du das?", fragte Collins verblüfft.

„Ich will, dass sie und die Kinder getauft werden, und dann melden wir sie der Armee. Wir werden Ärger kriegen, wenn sie hier erwischt wird. Aber vielleicht können wir sie ja wieder mitnehmen und sie arbeitet dann hier."

„Gute Idee!“, stimmte Collins zu.
„Willst du das wirklich?“, wunderte sich Theodor über seinen Sohn.
„Ja!“, bestätigte Collins ohne Umschweife.
„Nun schön. Dieses Land ist hart und es erfordert harte Menschen. Sie weiß, wie man hier lebt. Vielleicht ist die Entscheidung gar nicht so dumm.“
„Bestimmt nicht!“, grinste Collins.
„Aber erst lässt sie sich taufen“, bestimmte Theodor störrisch. „Und die Kinder auch. Ich will keine Heiden unter meinem Dach. Und ans Heiraten wird auch noch nicht gedacht!“
Collins wollte etwas erwidern, biss aber die Lippen zusammen.

Er kehrte zum Anbau zurück, kletterte mit einer Leiter auf das Dach und ließ sich von Josh die Grassoden geben, die er reihenweise auf das Dach legte. In seinen Gedanken lebte er bereits mit Monika in dem kleinen Zimmer darunter. Dann lächelte er breit, als ihm einfiel, dass die Hochzeitsnacht sicherlich anders als erwartet sein würde. Wahrscheinlich gab es da zwei kleine Gäste, die ebenfalls in dem Bett liegen würden. Aber noch war es viel zu früh, solche Gedanken zu hegen, denn sein Vater würde hierzu sein Einverständnis nicht geben.
Die Sonne hatte an Kraft gewonnen und er schwitzte plötzlich. Der Frühling kam hier genauso unerwartet, wie manchmal im September schon der erste Schneesturm tobte. Die Wärme war angenehm und er ruhte kurz und genoss die Sonnenstrahlen. Eine Grassode traf ihn mitten ins Gesicht und kurz verlor er das Gleichgewicht. Er rutschte ein Stück und stemmte sich dann mit den Füßen wieder ab.
„Hey!“, rief er aufgebracht.
Unten stand grinsend sein Bruder und hatte bereits die nächste Grassode wurfbereit in der Hand. „Aufwachen!“, brüllte er vorwurfsvoll.
„Komm du doch hier rauf und lass dich von der Sonne braten!“, entgegnete Collins.
„Komm du doch hier runter und steche selbst diese verdammten Grassoden aus!“

Collins sprang tatsächlich vom Dach und nahm seinen jüngeren Bruder spielerisch in die Mangel. „Frechheiten werden hier nicht geduldet!"
Josh wehrte sich nach Kräften und schließlich gelang es ihm, sich aus der Umklammerung zu befreien. Prügelnd und balgend rollten die beiden über den Boden, bis schließlich Klara ein Machtwort sprach. „Schluss, ihr beiden! Was sollen denn Monika und Eve von euch halten?"
Etwas verdutzt setzten die beiden sich auf und sahen auf die beiden Indianerinnen, die ratlos in der Nähe standen. Es war deutlich zu sehen, dass Rotes-Blatt nicht einordnen konnte, ob es nun Spiel oder Ernst war. Mit einem Lächeln stand Collins auf und strich dem Kind über den Kopf. „Alles ist wieder gut, Eve! Wir spielen nur."
„Spielen?", vergewisserte sich das Mädchen.
„Ja, spielen, schau her, so!" Mit Schwung nahm er das Kind in die Arme und wirbelte sie um sich herum. Rotes-Blatt gluckste vor Vergnügen, dann taumelte sie etwas, als Collins sie unvermittelt wieder zu Boden stellte. „So, und nun geh noch ein paar Stöcke suchen!", befahl Collins energisch.
Gehorsam drehte Rotes-Blatt sich um und machte sich auf die Suche. Moekaé folgte ihr, froh, diesen ungestümen jungen Männern zu entgehen. Das Baby auf ihrem Rücken blickte mit wachen braunen Augen in die Welt und Collins zwinkerte ihm zu. Beide Kinder würden nun hier aufwachsen, wenn die Armee damit einverstanden war. Ihm gefiel der Gedanke. Diese drei Menschen gehörten hierher, ebenso wie die Büffel, der Gespensterbaum und all die anderen Dinge, die an die Indianer erinnerten, die hier ursprünglich gelebt hatten.

In den nächsten Tagen brachte Theodor der Indianerin ein einfaches Tischgebet bei. Moekaé prägte sich die Worte schnell ein, denn die Weißen wiederholten sie dreimal am Tag. Dem alten Mann schien dies wichtig zu sein und so wiederholte sie gehorsam die Worte, die er ihr vorsprach. Auch Rotes-Blatt lernte die Worte schnell und Theodor war sichtlich erleichtert, dass er nun keine Heiden mehr am Tisch hatte. „Ich lehre sie noch das Vater-

unser und dann fahren wir zum Camp Robinson", meinte er zufrieden. Er schickte Collins und Josh zur Jagd auf die Büffel und ritt selbst die Weiden ab und zählte seine Rinder. Es hatte keine weiteren Verluste gegeben und das stimmte ihn zuversichtlich. Das erste Gras wuchs und die Rinder setzten wieder Fett an. Für den Winter mussten sie unbedingt Heu einfahren, damit sie die Rinder füttern konnten. Vielleicht brauchten sie auch eine weitere Scheune. Fast ärgerte er sich über die dämlichen Rinder, die so viel Pflege brauchten. Büffel brauchen nichts, dachte er seltsam nachdenklich. Vielleicht hatte es Sinn, nicht alle von diesen Biestern zu schießen, sondern einige zu züchten? Ihr Fell war schön warm und eigentlich schmeckte das Fleisch ganz gut. Es war meist zarter als das Fleisch der Kühe. Solange ihm die Büffel nicht die Zäune niedertrampelten, konnte man es ja versuchen. Wenn er Indianern Unterschlupf gewährte, dann schadeten vielleicht auch ein paar Büffel nicht?
Mehrere Gewehrschüsse hallten durch das Tal und brachen sich als Echo an den hohen Felswänden. Ja, Josh und Collins würden erfolgreich sein und heute Abend Fleisch bringen.

In den nächsten Tagen beobachtete er mit heimlicher Bewunderung, wie Moekaé die Felle am Boden spannte und geschickt bearbeitete. Jeder Handgriff saß und zeigte ihm, dass diese junge Frau schon in jungen Jahren gelernt hatte, was sie zu tun hatte. Eve hockte ebenfalls neben ihr und schabte mit einem kleinen Messer über das Fell. Kleine Indianermädchen waren wirklich niedlich! Er konnte sich endlos mit den beiden Kindern beschäftigen. Manchmal schnappte er sich dieses winzige Ding in der indianischen Wiege und schaukelte es auf seinen Knien. Das feine Lachen war so ansteckend, dass er Rahel immer nur ungern wieder hergab. „Ich glaube, ich kaufe mir einen Schaukelstuhl!", verkündete er gut gelaunt. „Dann baue ich mir eine Veranda, setze mich in den Schaukelstuhl und schaukle nur noch diese Kinder!"
Alle mussten bei dieser Idee lachen, selbst Moekaé lächelte, obwohl sie nicht verstanden hatte, was er sagte, aber sie freute sich stets, wenn Theodor mit den Kindern spielte. Es erinnerte sie an ihr Leben im Dorf der Cheyenne.

Einige Tage später fuhren sie los. Josh blieb zum Schutz der Ranch zurück. Es war einfach zu gefährlich, die Ranch sich selbst zu überlassen. Außerdem mussten die Tiere versorgt werden. Klara, Moekaé und die Kinder nahmen auf der Ladefläche Platz, während Collins und Theodor auf dem Kutschbock saßen. Überall lagen die Bündel mit frischem Bisonfleisch, das kräftig mit Pökelsalz eingerieben war, damit es nicht verdarb.

Moekaé verstand nicht, warum sie wieder die Ranch verlassen sollte, fügte sich aber. Klara hatte einige weiche Kissen auf die Ladefläche gelegt, auf denen sie nun saßen und die sie vor den Stößen schützten. Die Sonne schien und es war ein schöner Tag für die Reise. Moekaé erkannte, dass sie fast den gleichen Weg nahmen wie vor einiger Zeit die beiden Soldaten, und zog sich verunsichert in sich zurück. Wurde sie zu den Soldaten zurückgebracht?

Am Spätnachmittag erreichten sie den Handelsplatz von Bissonette und schlugen in der Nähe ihr Nachtlager auf. Moekaé kannte den Platz und freute sich auf das Wiedersehen mit dem Händler. Er sprach Lakota und so konnte sie sich vielleicht mit ihm unterhalten. Die Familie nahm sie mit zu dem Haus und mit ihrer ureigenen Scheu trat sie ins Innere.

Ein langer Tresen trennte das Zimmer in zwei Hälften, dahinter lagen einige Waren in den Regalen. Auf dem Tresen lagen verschiedene Dinge, aber längst nicht so viele, wie Monika es aus früheren Zeiten kannte. Seitlich grenzte ein weiterer Raum an den Verkaufsraum, in dem die Familie von Joseph Bissonette gelebt hatte. Nun lebten hier seine Söhne John und Herbert. Moekaé blieb im Türrahmen stehen, drehte sich um und ließ ihren Blick durch das Tal schweifen. Ein leichtes Grün schimmerte an dem Grau der Bäume und verriet ihr, dass der Frühling nun kommen musste. Fliegen summten in der Luft und Vögel zwitscherten munter ihr Lied. Um das Haus herum waren Koppeln, in denen einige Pferde und Kühe standen, und weiter unten im Tal schlängelte sich ein schmaler Bach zwischen den Bäumen hindurch. Ein junger Mann kam einen Trampelpfad entlang, der von einer Art Keller, der in den Hang gegraben war, zum Haus führte. Auch hier lagerten Fässer und Waren und der junge Mann trug

ein solches Fass zum Haus und drängte sich an Moekaé vorbei. Moekaé ließ ihn vorbei und trat dann vollends in das Halbdunkel der Hütte.
Der ältere Bruder blickte etwas verwundert auf die Indianerin und die beiden Kinder und runzelte fragend die Stirn.
Theodor fühlte sich zu einer kurzen Erklärung genötigt. „Das ist das Mädchen!“, stellte er Moekaé vor. „Du weißt schon ...!“, wedelte er ungeduldig mit der Hand.
„Ah, die Cheyenne und das Kind mit dem Husten!“, schloss John Bissonette scharfsinnig. „Wie geht es ihr denn?“
„Gut, gut!“, winkte Theodor ab. „Wir sind nun auf dem Weg ins Camp. Ich möchte die drei taufen lassen und dann wieder mitnehmen. Sie kann bei mir arbeiten.“ Es klang eine Spur zu großzügig.
Der junge Mann lachte auf und zwinkerte vergnügt mit den Augen. „Ist sie denn einverstanden?“
„Ich glaube schon. Sie hätte fliehen können, kam aber zu uns zurück. Vielleicht kannst du ihr erklären, was wir vorhaben?“
„Mach ich!“, versprach Bissonette. „Ich komme später bei euch vorbei und dann setzen wir uns in Ruhe zusammen. Braucht ihr sonst noch was?“
„Nein, vielleicht nehmen wir auf der Rückfahrt was mit.“
„Geht klar!“
Theodor verließ das Haus und ging mit langen Schritten zu seiner Kutsche zurück, während seine Familie ihm folgte. Monika hatte sich unter ihrer Decke versteckt und folgte in einigem Abstand. Sie hatte gehofft, mit dem alten Händler zu sprechen, und war enttäuscht, dass er nicht anwesend war.
Dann kniete sie sich neben die Kutsche und half Klara dabei, ein Feuer zu entfachen. Kurze Zeit später kochte bereits eine warme Suppe über dem Feuer und die Familie setzte sich zusammen, um zu essen. Später kam John Bissonette dazu und setzte sich ebenfalls an das Feuer. Sein Bruder Herbert blieb inzwischen im Handelsposten. Die Zeiten waren immer noch unsicher und so musste das Hab und Gut beschützt werden. Theodor musterte den jungen Mann zweifelnd und überlegte, ob wohl alle Mischlingskinder so indianisch aussahen wie ausgerechnet dieser

hier. Die Zeiten änderten sich und inzwischen wurde die Nase gerümpft, wenn ein Weißer eine Indianerin heiratete und mit ihr Kinder zeugte. Bissonette hatte sogar zwei indianische Frauen geheiratet und unzählige Kinder mit ihnen gezeugt. Die beiden Jungs trugen zwar die Kleidung der Weißen, aber ihre Gesichtszüge und Augen wirkten auf Theodor sehr indianisch. Misstrauisch hörte er auf die seltsamen indianischen Laute, die John mit Monika wechselte, und atmete auf, als John schließlich Monikas Geschichte im fließenden Englisch übersetzte. Zum ersten Mal erfuhren die Weißen die ganze Tragödie ihrer langen Flucht und senkten betroffen die Köpfe. Schließlich machte Moekaé eine hilflose Geste und fragte: „Ich weiß nicht, warum sie mich nun wieder zu den Soldaten bringen."
Theodor schüttelte unwillig den Kopf. „Sag ihr, dass wir sie nicht zurückschicken! Sie soll getauft werden und dann kann sie mit uns kommen und bei uns wohnen. Ich meine, wenn sie das will."
Etwas verlegen brach Theodor ab. Vielleicht fiel ihm zum ersten Mal auf, dass Moekaé überhaupt noch nicht gefragt worden war.
John Bissonette übersetzte in seiner ruhigen Art und Moekaé nickte erleichtert. „Ich werde gerne kommen, denn das habe ich schon vor langem in meinem Traum gesehen. Aber ich weiß nicht, was eine Taufe ist."
Bissonette übersetze ihre Worte und Collins riss überrascht seine Augen auf. „Wieso hat sie das geträumt?", fragte er.
Bissonette lächelte. „Indianer glauben an ihre Träume."
„Ich würde gern wissen, ob sie auch von mir geträumt hat", meinte Collins mit einem Lächeln.
Moekaé senkte die Augen und zuckte leicht mit den Achseln. Dann meinte sie: „Ich sah nicht dich, sondern meinen Sohn. Er hat die gleichen Augen wie du. Deshalb hatte ich keine Angst, als ich dich sah!"
Collins lauschte auf die Übersetzung und riss vollkommen überrascht die Augen auf. „Deinen Sohn? Aber du hast doch zwei Mädchen!"
Moekaé lächelte nur und schüttelte dann ihren Kopf. „Ja, aber eines Tages werde ich einen Sohn haben. Mit deinen Augen. In der Farbe des Sees."

Collins grinste breit, aber Theodor machte eine abwehrende Handbewegung. „Schluss mit diesem Unsinn. Ich bin einverstanden, dass sie bleibt, aber über eine Hochzeit reden wir erst, wenn sie gelernt hat, wie wir zu sprechen." Eigentlich war dies für Theodor eine sehr überraschende Aussage, denn es zeigte, dass er die Verbindung nicht mehr generell ablehnte.
Klara seufzte bei diesen Worten und nahm Moekaés Hand in die ihre. „Kind, Kind!", flüsterte sie. „Du sollst es doch gut bei uns haben."
Auch Collins schluckte schwer und wandte sich schließlich an Bissonette. „Bitte, erkläre ihr, was eine Taufe ist. Wir wollen doch wirklich nichts Böses!"
„Schon gut!", meinte John Bissonette mit einem Lächeln. „Die Cheyenne glauben an Mahéo. Für sie ist Gott nur ein anderer Name und überhaupt kein Widerspruch zu ihrem Glauben. Auch die Cheyenne glauben an einen Schöpfer und an eine Art Himmelreich nach dem Tod. Nur eine Hölle gibt es für sie nicht, aber wenn ihr mich fragt, dann haben sie die ohnehin schon auf Erden erlebt."
„Sie wird sich also taufen lassen?", fragte Theodor.
Bissonette gab Moekaé einige kurze Erklärungen und diese nickte schließlich. Sie schien erleichtert zu sein. „Sie sagt, dass sie gern die Zeremonien der Weißen macht", erklärte Bissonette.
„So einfach?", wunderte sich Theodor.
Bissonette lachte leise. „Ja, bei den Cheyenne haben sich schon viele bekehren lassen. Auch die Cheyenne glauben an einen Propheten, der so etwas wie die Gebote an einem Berg empfangen hat. Sie nennen es zwar anders, sehen aber kaum einen Unterschied. Für die Cheyenne hat der alte Glauben an Kraft verloren. Sie suchen nun verzweifelt nach neuen Wegen. Moekaé wird sich und die Kinder taufen lassen und hofft, dass sie dann besser beschützt werden."
Theodor lächelte zufrieden. So gefiel ihm die indianische Frau schon viel besser. „Danke!", meinte er herzlich zu dem jungen Mann.
Dieser nickte. „Kommt auf dem Rückweg vorbei, dann gebe ich Moekaé ein paar schöne Perlen mit."

„Wozu?", argwöhnte Theodor.
„Sie macht bestimmt schöne Messerscheiden", erklärte Bissonette geduldig. „Die sehen schön aus, wenn man sie am Gürtel trägt. Wir lösen unseren Bestand auf und da kann ich sie euch günstig geben. Den Rest nehmen wir zur Agentur mit."
„So ein indianisches Zeug will ich nicht!", erklärte Theodor bestimmt.
„Ich schon!", meinte Collins.
„Außerdem kann man sie bestimmt gut verkaufen. Es gibt bereits Leute, die solche Sachen sammeln", erklärte Bissonette. „Meine Mutter stickt viel und mein Vater verkauft es dann."
„Hmh!", wunderte sich Theodor nicht ganz überzeugt. „Schaden kann es ja nicht, wenn sie ein bisschen was stickt", meinte er schließlich. „Aber mir wäre es lieber, wenn sie lernt, Socken zu stricken."
John Bissonette lachte herzhaft. „Ich wette, dass ihr spätestens in einem Jahr alle Mokassins tragen werdet."
„So ein Unsinn!", wehrte Theodor ab. „Warum sollten wir das tun?"
„Na, weil sie wunderbar bequem sind!"

Der Abend war schön. Die Familie Bronson erfuhr viel Neues über die Cheyenne und sah plötzlich Moekaé in einem ganz neuen Licht. Sie war kein unerfahrenes Mädchen, sondern eine Frau, die viele Schicksalsschläge hinter sich hatte. Klara weinte, als sie vom Tod von Kleiner-Biber erfuhr, und alle schauten voller Mitleid auf Rotes-Blatt, die als Einzige der Familie überlebt hatte. „Mein Gott!", entfuhr es Klara. „Eve ist gar nicht ihre Tochter, sondern ihre Nichte. Nie hätte ich das geahnt. Monika kümmert sich wirklich rührend um das Kind."
„Im Grunde ist Rotes-Blatt nun tatsächlich Moekaés Tochter", erklärte Bissonette. „Die Verwandtschaftsbeziehungen bei den Indianern sind kompliziert, aber so bleibt kein Kind allein, wenn mit den Eltern etwas geschieht. So etwas wie Waisenhäuser gibt es bei ihnen nicht." Er seufzte, als er an das Schicksal der Cheyenne dachte. „Dieser Ausbruch war der reinste Selbstmord! Und die Soldaten haben sich einen Spaß daraus gemacht, wehrlose

Frauen und Kinder abzuschießen. Die Überlebenden wurden zu den Lakota nach Norden zu Red Cloud gebracht, aber einige Familien wurden auch nach Fort Leavenworth überführt. Sie werden dort vor Gericht gestellt und sollen sich für die Überfälle in Kansas verantworten."

„Und Dull-Knife?"

Bissonette zuckte die Schultern. „Eine Frau und zwei Töchter sind gefallen, aber er selbst wurde bisher nicht gefunden. Wahrscheinlich versteckt er sich bei Red Cloud. Little-Wolf hat sich inzwischen bei Fort Keogh ergeben. Wahrscheinlich darf er dort bleiben."

Moekaé nickte. „Vor einiger Zeit kam er bei uns vorbei. Meine Freundin Büffelkalb-Frau ist bei ihm."

Bissonette presste die Lippen zusammen und schüttelte bedauernd seinen Kopf. „Dann wird dir nicht gefallen, was ich dir nun erzähle. Schwarzer-Kojote wurde von Little-Wolf verbannt, weil er Schwarzer-Kranich erschossen hat. Er hat einige Weiße umgebracht und soll nun gehängt werden. Er ist in Miles City inhaftiert. Keine Ahnung, was mit seiner Frau ist."

Moekaé senkte den Blick und ihre Lippen wurden schmal. Sie wusste, dass manche der jungen Männer Untaten vollbracht hatten. Nun würden sie dafür büßen. Sie überlegte, ob auch die weißen Soldaten irgendwann für ihre Untaten würden büßen müssen. Sie betete still für Büffelkalb-Frau und hoffte, dass sie bei ihren Verwandten Unterschlupf gefunden hatte.

Es war schon spät, als John Bissonette und sein Bruder sich verabschiedeten und sich alle zur Ruhe betteten.

Am nächsten Tag ging es im gleichmäßigen Tempo in Richtung Camp Robinson. Der Weg war nun nicht mehr so beschwerlich, denn sie fuhren in tiefen Wagenspuren, die so etwas wie einen Weg in die Grasnarbe gefressen hatten. Am Nachmittag erreichten sie Camp Robinson und schlugen etwas abseits von dem Gewimmel ihr Lager auf. Überall waren Soldaten zu sehen, die geschäftig hin und her eilten. Fahrzeuge rollten über die staubigen Wege, Kinder rannten schreiend umher und mitten auf dem Hauptplatz hatten sich zwei Hunde ineinander verbissen.

Moekaé blickte schweigend auf die Baracke, in der sie so lange eingesperrt gewesen war. All das Leid stieg wieder in ihr hoch, als sie an ihre Flucht und Heskovetses Tod dachte. Die Soldaten nahmen keine Notiz von der Siedlerfamilie, doch einige Frauen blieben stehen und warfen ihnen erstaunte Blicke zu.
Moekaé half Klara beim Abladen des Gepäcks, dann setzte sich der Wagen wieder in Bewegung nahm Kurs auf die Hauptgebäude. Theodor wollte möglichst schnell das Fleisch loswerden und Collins begleitete seinen Vater. Klara nahm Moekaé an der Hand und zog sie auf die Decke neben sich. „Setz dich! Die Männer sind bestimmt gleich zurück."

Tatsächlich dauerte das Abladen der Fleischberge nicht lange. Alle im Camp waren froh, dass es frisches Fleisch gab, und so wurde Theodor schnell handelseinig und bekam einen Bezugsschein für Bretter, die er sich in der Säge besorgen konnte. Das Fenster konnte erst im Herbst geliefert werden, aber Theodor hatte nichts anderes erwartet und versprach, mit weiteren Fleischlieferungen wiederzukommen. Dann fuhren die beiden Männer zum Hauptgebäude des Camps und meldeten sich beim Kommandanten. Sie mussten warten, bis der Adjutant sie hereinbat und ihnen zwei Stühle zuwies. Freundlich blickte der Soldat sie an und faltete die Hände ineinander. „Nun, was kann ich für Sie tun?"
Theodor räusperte sich verlegen. „Nun, wir wollten eine Cheyenne-Frau bei Ihnen melden. Anscheinend gehört sie zu den Cheyenne, die von hier geflüchtet sind und fand Unterschlupf bei uns."
Der Adjutant wandte sich zu dem Kommandanten um, der aber bereits der Unterhaltung zugehört hatte. Er zog überrascht, aber auch unwillig die Augenbrauen hoch. „Ah, ich erhielt Meldung, dass eine Gefangene hierher unterwegs war und in der Nacht geflohen ist. Handelt es sich um die gleiche Person?"
„Ja, sie kehrte wieder zu uns zurück", bestätigte Theodor.
„Und nun bringen Sie die Gefangene wieder?", wunderte sich der Kommandant.
„Ja."

„Wo ist sie jetzt?"
„Bei meiner Frau!", erklärte Theodor.
„Woher wollen Sie wissen, dass sie nicht schon längst wieder geflohen ist?", fragte der Kommandant etwas verärgert.
„Nun, wir hofften, dass wir die Sache klären können und dass sie wieder mit zu uns kann."
„Zu Ihnen?", wunderte sich der Kommandant. „Das wird schlecht gehen. Es handelt sich hierbei um Kriegsgefangene, um die die Armee sich kümmert. Bringen Sie mich zu dieser Frau!" Er stand abrupt auf und wandte sich an den Adjutanten. „Holen Sie den Dolmetscher und folgen Sie mir!"
Gemeinsam verließen alle das Haus und Theodor sah sich verständnislos zu seinem Sohn um. Anscheinend wurde es doch schwieriger, als sie gedacht hatten.
„Was wird denn nun aus ihr?", fragte Collins besorgt.
„Wir inhaftieren sie mit den anderen Gefangenen und warten ab, was die Regierung nun endgültig beschließt."
„Sind denn überhaupt noch welche am Leben?", fragte Collins mit beißendem Unterton.
„Nun, einige haben sehr wohl überlebt. Sie befinden sich im Lazarett und werden gut behandelt. Die meisten haben wir inzwischen zur Red Cloud Agentur überführt. Sie werden dort zusammen mit den Sioux leben."
Der Adjutant kam mit einem dunkelhäutigen Mann in indianischer Kleidung zurück, der zackig salutierte und dann hinter der Gruppe her schritt. Kurze Zeit später erreichten sie den Wagen der Familie und blickten auf Moekaé, die sich hastig erhoben und in ihre Decke gehüllt hatte. Sie umklammerte mit ihren Händen das Wiegenbrett mit Rahel und gab Rotes-Blatt flüsternd die Anweisung, still zu sein. Der Kommandant erlaubte sich ein Lächeln, dann winkte er nach dem Übersetzer. „Frag sie, ob es stimmt, dass sie zu den flüchtigen Cheyenne gehört!", befahl er ohne Umschweife.
Der Mann übersetzte die Worte in den schnellen Singsang der Cheyenne-Sprache und Moekaé nickte bestätigend. „Ich war bei Dull-Knife", erklärte sie leise.
„Frag sie, warum sie die Flucht gewagt hat."

Wieder berichtete Moekaé, wie sehr sie gehungert und gedurstet hatten, sodass sie keinen anderen Ausweg mehr gesehen haben. Dem Kommandanten gefielen die Worte offensichtlich weniger und so wechselte er schnell das Thema. „Du lebst seitdem bei dieser weißen Familie?"
Moekaé nickte und deutete dann auf Collins. „Er wird der Vater meiner Kinder sein. Und deshalb lebe ich nun dort."
Der Dolmetscher sprach zwar sehr gut Cheyenne, aber weniger gut Englisch und übersetzte fälschlicherweise, dass Collins der Vater ihrer Kinder sei.
Der Kommandant war vollkommen überrascht und schüttelte verärgert den Kopf, ohne auch nur nachzudenken, ob dies überhaupt möglich war. „Also das ist doch ...!", schimpfte er los und stemmte dabei die Hände in die Hüften, als wollte er Collins eine Tracht Prügel androhen.
Collins stieß seinem Vater den Ellbogen in die Rippen und stellte sich dann schützend an Moekaés Seite. „Genau, ich bin der Vater dieser Kinder und wollte die Sache nun in Ordnung bringen. Wir wollen heiraten!"
Theodor schnappte nach Luft, doch auch Klara stand plötzlich an Moekaé Seite und nahm die Hand von Rotes-Blatt. „Wir kamen hierher, um Eve und Rahel taufen zu lassen. Und natürlich Monika auch!"
„Was zum ...!", fluchte der Kommandant.
„Und ich möchte Monika heiraten. Gibt es da ein Problem?", fragte Collins frech.
„Collins!", schimpfte nun auch Theodor. „Du kannst doch nicht ..."
„Vater!", wurde er von Collins unterbrochen. „Ich weiß, dass es ungewöhnlich ist, aber meinst du nicht, dass es langsam Zeit wird? Denk doch an die Kinder!" Wieder rammte Collins seinem Vater den Ellbogen in die Rippen und blickte ihn flehend an.
„Hast du dir das auch überlegt?", fragte Theodor verunsichert.
„Aber sicher!", versicherte Collins. „Schon lange!"
Der Kommandant stand immer noch da und blickte von einem zum anderen. Schließlich legte er den Kopf schief und kniff die Augen zusammen. „Unter diesen Umständen ...", meinte er

langsam. „Ich meine, zwei kleine Kinder, …das ist ja wirklich reichlich verantwortungslos. Da muss ich natürlich meine Zustimmung geben. Allerdings sind Sie dann für die Indianerin zuständig. Das ist dann nicht mehr meine Verantwortung."
„Selbstverständlich!", bestätigte Collins mit fester Stimme.
„Nun ja, es gibt ja mehr Männer, die mit Indianerinnen verheiratet sind. Nicht, dass ich das gut heiße, aber es gibt auch kein Gesetz, das dies verbietet. Ich werde dies in den Akten vermerken."
„Gut, dann werde ich Moekaé also heiraten!", stellte Collins fest.
„Junge!", warnte Theodor seinen Sohn, doch Collins schüttelte stur seinen Kopf. „Ist schon gut, Pa!"
Der Kommandant wandte sich wieder an den Übersetzer: „Fragen sie die Frau, ob sie überhaupt die Frau dieses Mannes werden will!"
Moekaé nickte scheu und so schien diese Frage ebenfalls geklärt zu sein. „Nun gut, dann rede ich mit dem Pfarrer, dass er morgen die Trauung durchführt. Sie werden vermutlich schnell zu Ihrer Farm zurückkehren wollen."
„Ja, wir wollten ein paar Vorräte besorgen und uns dann auf den Rückweg machen. Unser jüngerer Sohn kümmert sich allein um die Ranch und wir wollen ihn nicht so lange allein lassen."
„Sehr schön. Dann findet morgen die Hochzeit statt und ich überlasse die Frau dann Ihnen." Der Kommandant war sichtlich zufrieden, ein Problem weniger zu haben.
„Ich überlasse die Angelegenheit den Offiziersfrauen. Die werden sich sicherlich gern darum kümmern. Ich wünsche eine angenehme Nacht." Er drehte sich abrupt um und ging mit seinem Adjutanten in Richtung der Gebäude zurück.
Der Dolmetscher wartete noch einen Augenblick, dann nickte er Moekaé freundlich zu. „Es ist gut, wenn du bei diesen Menschen bleibst. Die Zeiten sind schwer und wir müssen lernen, wie die Weißen zu leben!"
Moekaé nickte, doch dann fragte sie leise: „Was weißt du von den anderen?"
„Dull-Knife versteckt sich bei den Sioux. Viele sind tot und die anderen sollen sich vor dem Gericht der Weißen verantworten. Eiserne-Zähne und ihre Töchter leben, doch ihr Sohn wurde ge-

tötet. Little-Finger-Nail schaffte es bis zum Hat Creek und wurde dort von Captain Wessels und fast 150 Soldaten getötet. Mit ihm starben 18 Männer und Knaben und einige Frauen und Kinder. Ich war hier, als sie die Überlebenden brachten. Alle waren verwundet. Die Menschen sprechen von einem Massaker und machen sich lustig über die Soldaten."

Moekaé schloss traurig die Augen, dann senkte sie ihre Stimme. „Ich sah Little-Wolf und die anderen. Sie waren auf dem Weg nach Norden. Der weiße Händler sagte, dass er sich ergeben hat."

Der Dolmetscher grinste belustigt. „Ja, er hat sich ergeben, aber durch seine Tapferkeit haben sie nun die Chance, dass sie bleiben dürfen."

„Wie kann das sein?", wunderte sich Moekaé.

„Nun, sie zeigen ihre Tapferkeit und wie ernst es ihnen ist. Es gibt auch Menschen unter den Weißen, die das bewundern und die sich für unsere Belange einsetzen. Sie werden im Norden bleiben dürfen."

„Dann ist es gut!", seufzte Moekaé. „Der Süden brachte nur Unheil und Krankheiten über uns."

„Und du? Warum bist du nicht mit Little-Wolf gegangen?"

„Ich sah die Geister meines Mannes und Crazy-Horse'. Sie sagten mir, dass ich bleiben soll. Ich wache über das Tal des Biberbachs."

Der Dolmetscher riss überrascht die Augen auf, dann legte er staunend den Kopf zur Seite. „Eine gute Entscheidung. Aber ist es nicht schwer, bei Menschen zu leben, die nichts von uns wissen?"

„Sie werden von uns wissen. Über die Geschichten, die ich ihnen erzählen werde. Und ich werde die Geschichten meinen Kindern und Kindeskindern erzählen, damit sie nicht vergessen werden."

„Das ist gut!" Bewunderung klang in der Stimme des jungen Mannes. „Du gehst einen guten Weg!" Der Dolmetscher drehte sich um und verschwand in der aufkommenden Dunkelheit.

Moekaé sah ihm nach, dann setzte sie sich auf ihre Decke, um Rahel zu stillen. Sie würde die Frau von Collins sein, so wie sie es immer geträumt hatte und das war gut. Sie lauschte auf die Unterhaltung der Menschen, deren Worte sie noch nicht verstand, aber bald würde sie diese Worte sprechen.

Missverständnis

Theodor saß grummelnd am Lagerfeuer und schüttelte empört den Kopf. „Das geht doch nicht!“, schimpfte er vor sich hin.
„Du hast doch selbst gefragt, warum Gott sie uns geschickt hat“, versuchte Collins seinen Vater zu beruhigen.
„Aber doch nicht als Schwiegertochter oder Frau!“
„Als was denn sonst!“, forderte Collins ihn heraus. „Als Sklavin oder Hure? Was hast du dagegen einzuwenden, sie als Schwiegertochter in deinem Haus aufzunehmen?“
„Sie ist Indianerin!“, antwortete Theodor gereizt.
„Na und?“
„Weißt du nicht, was das bedeutet? Sie werden mit Fingern auf dich zeigen und dich Squawmann nennen.“
„Na und, dann prügle ich so lange auf sie ein, bis sie es lassen!“
Theodor lachte kurz auf, dann warf er einen Zweig ins Feuer. „Du kannst die Menschen nicht ändern. Schon gar nicht mit Fäusten. Wir hätten uns das besser überlegen müssen.“
„Pa, es stand schon fest, als ich diese Frau angeschossen habe. Es stand schon fest, als ich das erste Mal ihre Augen gesehen habe. Mir sind die Bedenken der anderen gleichgültig, solange ich meine Familie habe. Pa, bitte sei auf meiner Seite. Es wird schwer genug werden.“
Theodor wich dem drängenden Blick seines Sohnes kurz aus und blickte in die Dunkelheit. Wie hatte es so weit kommen können? Wieso hatten sie die junge Frau nicht sofort ins Fort gebracht? Aber dann sah er sie wieder vor sich: blutverschmiert, am Ende ihrer Kräfte und kurz vor der Geburt. Nein, sie hatten sich nichts vorzuwerfen. Sie hatten richtig gehandelt. Die Hochzeit war die richtige Entscheidung seines Sohnes. Monika würde ihm eine gute Ehefrau sein.
„Nun gut, aber dann soll es eine anständige Hochzeit sein. Wir werden Monika ein neues Kleid kaufen und dem Kind auch! Morgen spreche ich mit dem Pfarrer und nach der Hochzeit geht es zurück.“
„Eine gute Idee. Und wir können noch ein paar andere Dinge

mitnehmen, die wir dringend brauchen. Zum Beispiel Sensen, um das Gras zu schneiden."

Am Morgen fuhren sie alle zu der kleinen Kapelle und sprachen mit dem Pfarrer über ihr Anliegen. Der Pfarrer war bereits über den Kommandanten informiert worden und freute sich, seiner Gemeinde drei neue Schäfchen zuführen zu können. Er stimmte sofort zu, bereits am Mittag eine Taufe und Hochzeit stattfinden zu lassen, und klingelte eifrig mit seiner Glocke, um die Menschen im Fort darüber zu informieren. Viel Zeit blieb der Familie also nicht, um die Braut noch ein wenig herauszuputzen, vor allem, weil der einzige Laden zwar Stoffe, aber keine fertigen Kleider hatte. So tauschte die Familie einige dringende Dinge gegen das Büffelfleisch, aber ein neues Kleid konnten sie Monika nicht geben. Zum Glück sprach es sich wie ein Lauffeuer herum, dass es eine Hochzeit geben würde, und so organisierten die Offiziersfrauen alles Nötige.

Die Familie war etwas überrascht, als ihnen die Vorbereitungen für die Hochzeit einfach so aus den Händen genommen wurden, aber die Offiziersfrauen waren froh über die Abwechslung, die sich ihnen bot. Noch gab es nicht viele Frauen im Fort, wenn man von den Waschweibern und Huren einmal absah, mit denen die Offiziersfrauen aber keinen Kontakt pflegten. Gesellschaftliche Anlässe waren selten und so stürzten sich die Frauen auf diese günstige Gelegenheit. Großzügig übersahen sie dabei, dass es sich bei der Braut um eine Indianerin handelte, auch, weil der Kommandant diesbezüglich klare Anweisungen gegeben hatte.
Die Frauen lebten mit ihren Männern in einigen Häusern aus Adobeziegeln, die etwas abseits der Mannschaftsquartiere standen, und waren sehr vom Wohlwollen der Armee abhängig. Im Todesfall des Mannes würde ihnen nicht viel Zeit bleiben, ihre Sachen zu packen und den Armeestützpunkt zu verlassen. Sie würden dann als Witwen zu ihrer Familie zurückkehren und von einer spärlichen Pension leben. Die Frauen trugen dieses Risiko aus Liebe zur ihren Männern, und so fügten sie sich den Anweisungen der Armee und machten das Beste aus ihrem kar-

gen Leben. Die Frauen waren sichtlich enttäuscht, dass sie nicht wirklich Zeit hatten, das Fest entsprechend auszurichten, aber sie wetteiferten darin, in der kurzen Zeit die Braut auszustaffieren. Moekaé wurde mit den Kindern und Klara in ein Haus gezerrt und im Nu trug sie ein schönes Kleid mit einem Muster aus Rosen. Ihr Haar wurde zu einem Zopf geflochten und mit einer riesigen Schleife geschmückt und eine Frau brachte einen kleinen Schleier aus Spitze. Moekaé ließ den Trubel über sich ergehen und schielte manchmal verzweifelt zu Klara, die ihr aufmunternd zunickte. Rotes-Blatt klammerte sich an der Oma fest und versteckte sich vor einigen neugierigen Kindern, die sie zum Spielen auffordern wollten. Vor der Kirche wurden Decken ausgebreitet, auf denen anschließend ein Picknick stattfinden sollte. Jede Frau brachte hierzu einen Korb, in dem jede das stiftete, was sie gerade fertig gekocht hatte. Natürlich wurde heimlich getuschelt, weil die Braut ein Cheyenne-Mädchen war, aber nachdem bereits zwei kleine Kinder da waren, wollten selbst die Offiziersfrauen, dass hier geordnete Verhältnisse hergestellt wurden. Collins sollte sich schämen, so lange gewartet zu haben, wurde nicht unbedingt leise geflüstert.
Collins verkniff sich ein Grinsen und sagte lieber nichts. Sollten die Frauen nur glauben, dass Rahel und Eve seine Kinder wären. Da würden es die Mädchen später leichter haben.
Die Kirche platzte aus allen Nähten, als der Pfarrer schließlich feierlich die drei Cheyenne taufte und ihnen die Namen Monika, Eve und Rahel gab. Beifälliges Gemurmel war zu hören, als die Menschen diese gottesfürchtigen Namen hörten. Nach dem Massaker im Winter schlug den Cheyenne nun die Sympathie der Menschen entgegen. Fast hatte man ein schlechtes Gewissen, was man diesem Volk angetan hatte, und so versuchten die Menschen, es wenigstens im Kleinen wiedergutzumachen. Diese junge Indianerin mit ihren Kindern stellte keinerlei Gefahr dar und so konnte man hier großzügig sein.
Kurz danach wurde Moekaé von ihrem Schwiegervater vor den Pfarrer geführt. Die Offiziersfrauen hatten dem Mädchen einen winzigen Strauß aus den ersten Butterblumen gebunden, den Moekaé nun scheu in den Händen hielt. Sie verstand kein Wort,

aber der Dolmetscher hatte ihr erklärt, dass die Weißen auf diese Weise heirateten. Durch diese Zeremonie wäre sie auch in den Augen der Weißen mit Collins verheiratet. Sie hatte bei diesen Worten gekichert, denn ihr war diese Tatsache längst bewusst. Auf immer und ewig, bis der Tod euch scheidet, so hatte der Dolmetscher es gesagt. Moekaé fand diese Worte schön. Sie hatte schon einen Mann verloren und hoffte nun, mit Collins alt werden zu können. Sie hörte auf die Worte des Mannes in Schwarz und als er fragend seine Augen auf sie richtete, nickte sie mit ihrem Kopf. „Ja, ich will!“, sagte der Pfarrer deutlich und sie wiederholte die Worte gehorsam.
Dann drückte ihr Collins einen flüchtigen Kuss auf den Mund und Moekaé starrte ihn seltsam berührt an. Alle lachten gutmütig und so nahm Moekaé es als weitere Zeremonie. Anschließend lief sie mit Collins durch ein Spalier, das die Frauen mit ihren Händen gebildet hatten, und kicherte, als sie mit Reis beworfen wurde. Seltsame Sitten hatten die Weißen.
Aber als alle auf den Decken saßen und das Essen verzehrten, wurde sie wieder an ihr Volk erinnert. Auch dort hatte es stets ein Festmahl gegeben, wenn etwas gefeiert wurde.

Collins saß wie ein verliebter Junge neben ihr und strahlte seine Braut an. „Monika!“, flüsterte er immer wieder. „Du bist nun meine Frau!“
Es gab keinen Tanz, keine weiteren Festlichkeiten oder Verzögerungen. Es wurde Zeit aufzubrechen, damit sie es noch vor der Nacht bis zum Handelsposten von Bissonette schafften. Josh war allein auf der Farm und das konnte gefährlich sein. Theodor fürchtete nicht so sehr die Indianer, aber es gab genug Halunken, die es auf abgelegene Farmen abgesehen hatten. Jeder Tag, den sie länger unterwegs waren, bedeutete für Josh ein hohes Risiko.
Sie luden ihre Sachen auf den Karren, der nun hoch bepackt mit gesägten Bretten und anderen Geräten war. Die beiden Frauen saßen am hinteren Rand des Wagens und ließen ihre Beine baumeln, während Eve zwischen den Männern auf dem Kutschbock Platz nahm. Sie fuhren bis in die Nacht hinein und mussten dann doch am Wegesrand lagern, weil es zu gefährlich war, in der

Dunkelheit weiterzufahren. Sie verzichteten auf ein Feuer, weil dies Wegelagerer auf ihre Spur gebracht hätte. Alle waren müde und verzehrten einige Stücke Brot, die die Frauen ihnen mit auf den Weg gegeben hatten. Die Nacht verlief ruhig und bei der ersten Morgendämmerung brachen sie wieder auf.

Nach zwei Stunden erreichten sie endlich den Handelsposten und legten eine längere Rast ein, um dort ihre Einkäufe zu tätigen. Theodor hatte all sein Geld ausgegeben und fragte, ob er gegen die Lieferung von Fleisch bei John anschreiben durfte.
„Selbstverständlich!", brummte der junge Händler. „Du hast bei mir Kredit! Bring mir in den nächsten Tagen Fleisch vorbei und wir sind quitt. Bis zum Herbst sind wir hier weg und dann können wir das Fleisch trocknen und mitnehmen!"
Theodor brummte auf seine kantige Art ein Dankeschön, obwohl es ihm sichtlich peinlich war, dass er für die Waren nicht bezahlen konnte. Sie kauften nur das Nötigste und verzichteten auf den Stoff für ein neues Kleid, da Theodor es für überflüssig hielt.
„Stoff kaufen wir erst, wenn wir uns das leisten können. Und für das Kind können wir auch ein altes Kleid umnähen."
Bissonette lachte gut gelaunt und suchte schließlich einige Perlenschnüre heraus, die er Moekaé schenkte. „Für die Braut!", lächelte er, als er von der nicht ganz planmäßigen Hochzeit erfuhr.
„Diesen Firlefanz brauchen wir doch nicht!", schimpfte Theodor.
„Es ist kein Schmuck, sondern es sind Perlen, mit denen Monika sticken kann", erklärte Bissonette. „Für eine Messerscheide kann sie ein Kleid eintauschen oder einige Ellen Stoff."
Theodor runzelte die Stirn und ließ es dann zu, dass Moekaé die Perlenschnüre nahm. „So so", murmelte er. „Dann kann sie sich das Kleid also selbst verdienen?"
„So ist es! Der Agent lässt die Frauen auch Taschen und so etwas herstellen. Meine Mutter kommt kaum nach, das Zeug zu sticken. In einigen Jahren soll hier die Eisenbahn gebaut werden, dann kommen noch mehr Menschen und zahlen Höchstpreise dafür."
Theodor legte verwundert die Stirn in Falten. Die Eisenbahn! Das versprach guten Profit! Dann konnte er seine Rinder bis in den Osten verkaufen, wo er bessere Preise erzielen würde. Seine

Laune besserte sich zusehends, als er erkannte, dass er mit seiner Ranch vermutlich auf einer Goldgrube saß. „Na, wenn das so ist", murmelte er freundlich. „Dann gib ihr doch noch ein paar Perlen mehr mit und setze mir das Zeug ebenfalls auf die Rechnung." Er machte eine großzügige Geste. „Sie soll sich ruhig was aussuchen. Ist ja jetzt meine Schwiegertochter."
Der Händler grinste bis über beide Ohren und wusste genau, warum Theodor plötzlich so großzügig war. Das magische Wort war natürlich die Eisenbahn. Eisenbahn bedeutete Fortschritt, schnellere Verbindungen, bessere Absatzmärkte und brachte die Zivilisation auch in abgelegene Gebiete. In einigen Jahren wäre Theodor ein großer Rancher, der diese Möglichkeiten nutzen würde.

Freundlich rief Bissonette nach Monika und zeigte auf seine Waren. „Dein Schwiegervater sagt, dass du dir ein paar Sachen aussuchen sollst."
Moekaé näherte sich verwundert und schaute mit großen Augen auf die vielen Dinge, die es hier gab. Sie war mit der Auswahl vollkommen überfordert. Ihr gefielen die gelben und weißen Perlen, denn es sah schön freundlich und sauber aus. Außerdem erinnerte es sie an die Sonne, die ihr die Wärme schickte. Aber auch die Stoffe fühlten sich warm und weich an. Unsicher warf sie ihrem Mann einen Blick zu, der freundlich mit der Hand wedelte. „Nimm nur!", bestätigte Collins.
Moekaé hielt bereits Perlen in Blau und Rosa in den Händen und entschied sich nun für weiße und gelbe Perlenschnüre. Dann verlangte sie nach einem festen Stoff in Hellblau, aus dem sie ein Kleid für Rotes-Blatt nähen wollte. Schüchtern schüttelte sie den Kopf, als Bissonette ihr noch mehr Sachen anbieten wollte. Theodor freute sich über ihre Bescheidenheit und griff noch nach einer Haube, die verlockend auf einem dekorativen Ast steckte. „Eine Haube brauchen wir noch für sie. Damit sie wie eine anständige verheiratete Frau aussieht."
Klara lachte voller Freude und setze Moekaé die Haube auf. Sie war aus hellem Stoff mit kleinen rosa Blumen und sah in dem schwarzen Haar entzückend aus. Auch Moekaé lächelte und blickte etwas ungläubig in den Spiegel, den Bissonette ihr vor das

Gesicht hielt. Wie eine weiße Frau, dachte sie seltsam berührt. War sie noch Cheyenne? Oder wurde sie durch diese Menschen und die andere Kleidung zu einer der ihren?
Ihr Schwiegervater war sichtlich zufrieden und musterte seine Schwiegertochter mit einem Ausdruck aus Stolz und gönnerhafter Großzügigkeit. Ja, die Zivilisation fand hier ihren Anfang. Die Indianer mussten nur zivilisiert werden, dann wären sie anständige Bürger, wie alle anderen auch. Prüfend blickte er auf den Sohn des Händlers, der ja auch einen anständigen Beruf ausübte, obwohl er halber Indianer war. Was er wohl bei der Agentur machen würde?
„Wenn ihr bei der Agentur lebt …", fing er umständlich an. „Was arbeitet ihr dann?"
John lächelte breit. „Ach, bei unseren Leuten fühlen wir uns wohler. Dort werden wir gebraucht. Mein Vater arbeitet als Dolmetscher und wir sollen helfen, den Leuten die Landwirtschaft zu zeigen. Wir werden dafür nicht schlecht bezahlt."
Theodor senkte den Blick und dachte darüber nach. Ja, für Mischlinge würden die Zeiten schwer werden. Wie es wohl den Kindern von Collins und Monika ergehen wird?
Nachdenklich beluden sie ihre Kutsche mit den Gütern und setzte ihre Reise fort. Rotes-Blatt saß wieder auf dem Kutschbock und lutschte an einer Zuckerstange, die Bissonette ihr gegeben hatte. „Hmh!", seufzte sie bewundernd.
Theodor lachte lauthals und legte seinen Arm um die Schultern des Kindes. „Ja, meine kleine Eve, du bist nun ein weißes Mädchen. Das nächste Mal bringe ich dir eine richtige Puppe mit!" Stirnrunzelnd blickte er auf die Füße, die in bestickten Mokassins steckten und lustig hin und her baumelten. „Und Schuhe kriegst du auch!"
Collins schüttelte seinen Kopf, sagte aber nichts. Er fand die Mokassins sehr niedlich. Eve bewegte sich mit ihnen so tänzelnd und grazil durch die Gegend, dass er immer an einen Schmetterling erinnert wurde, der über die Wiese flatterte. Er sah keine Notwendigkeit, dies zu ändern.
Am Abend erreichten sie endlich die Ranch und freuten sich, als Josh ihnen entgegenlief. Collins konnte es sich nicht verkneifen,

ihm Monika als neue Ehefrau vorzustellen.
„So schnell?“, wunderte sich Josh.
„Ja, im Fort glauben sie nun, dass Eve und Rahel meine Kinder sind, und da haben natürlich alle nach einer Hochzeit geschrien“, erzählte Collins.
„Ach so?“ Joshs Blick ging fragend von einem zum anderen, als er Eve die Arme entgegenstreckte, um ihr herunter zu helfen. „Und wie kommen sie auf diesen Unsinn?“
„Der Dolmetscher hatte irgendwie etwas missverstanden und schon war ich verheiratet!“, berichtete Collins nicht ohne Genugtuung.
„Und Pa?“, wollte Josh wissen.
Theodor zuckte mit den Schultern und verkniff sich eine Antwort.
„Pa war auch einverstanden!“, erklärte Collins.
„Na schön, dann kann ich mir ja auch ein Indianermädchen suchen!“, hoffte Josh.
Sofort verdüsterte sich das Gesicht seines Vaters. „Untersteh dich! Eine indianische Schwiegertochter reicht mir. Demnächst wird es hier von weißen Mädchen wimmeln und dann tut es vielleicht auch Collins leid, dass er nicht gewartet hat.“
„Bestimmt nicht!“, meinte Collins überzeugt.
Josh dagegen legte interessiert den Kopf schief und fragte: „Woher weißt du, dass es hier von Mädchen wimmeln wird?“
„Bissonette hat erzählt, dass die Eisenbahn gebaut wird!“
„Wirklich? Hierher?“
„Anscheinend. Sie soll die Black Hills erschließen. Und dann muss sie hier irgendwo vorbei. Für unsere Ranch kann das nur gut sein!“
„Oder auch nicht. Meist kommt mit der Eisenbahn erst mal nur Gesindel“, stellte Klara fest.
Die Männer spannten die Pferde aus und luden die wichtigsten Dinge vom Wagen, während die Frauen bereits im Haus verschwanden. Unsicher blieb Moekaé stehen und wartete ab, was von ihr als Ehefrau nun erwartet wurde. Auch Klara wusste nicht so recht, wie sie sich nun verhalten sollte. Der Anbau war noch nicht fertig und das Haus für eine Hochzeitsnacht viel zu klein.

Außerdem waren da noch die Kinder. Am besten wäre es, alles beim Alten zu belassen und zu warten, bis der Anbau fertiggestellt war. Sie nahm Monika resolut an der Hand und zog sie zum Tisch. „Komm, wir bereiten das Essen zu."
Die Männer traten ins Haus und stellten die Bündel in eine Ecke des Raumes. Nebenbei erkundigte sich Theodor, wie die Tage auf der Ranch verlaufen waren.
„Nichts Besonderes", erzählte Josh. „Keine Indianer oder sonst was. Die Büffel sind weitergewandert, aber immer noch auf unserem Grund, und die braune Stute lahmt."
„Wieso?", fragte Theodor.
„Keine Ahnung? Vielleicht hat sie nach einem anderen Pferd getreten."
„Die Tiere gehören auf die Weide raus. Sie müssen sich bewegen, sonst haben sie nur Flausen im Kopf."
„Ich kontrolliere morgen die Zäune!", bot Josh sich an. „Die südliche Koppel müsste eigentlich trocken genug sein."
Es entstand ein kurzes Schweigen, dann grinste Josh plötzlich. „Wo schläft Monika jetzt eigentlich?"
Theodor hustete übertrieben und schlug mit der Faust auf den Tisch. „Sie bleibt, wo sie ist, zum Donnerwetter! Was denkt ihr euch eigentlich? Und wenn der Anbau fertig ist, dann bleibt sie dort und die anderen bleiben hier. Zumindest so lange, bis ich entscheide, dass es anders sein soll."
Josh hob unschuldig die Schultern und machte ein harmloses Gesicht. „Ich frage doch nur, wann ich wieder in meinem Bett schlafen kann. Ich meine, jetzt, da Collins und Monika verheiratet sind."
„Du bleibst, wo du bist. Und Collins auch."
Collins hüstelte etwas überrascht und blickte fragend von einem zum anderen. „Und wie lange?", wagte er zu fragen.
Josh kicherte und bekam von Collins einen unsanften Stoß in die Rippen.
Theodor runzelte die Stirn, dann stemmte er die Hände in die Hüften und blickte seine Söhne streng an. „Diese Hochzeit hat nichts zu sagen. Das ist reine Formsache. Erst mal lernt dieses Mädchen, sich wie eine weiße Frau zu benehmen. Außerdem hat

sie gerade erst ein Kind geboren und muss sich erholen. Also hört mit diesem Unsinn auf."

„Ja, Sir!", antworteten die beiden wie aus einem Mund. Trotzdem konnte sich Collins ein breites Grinsen nicht verkneifen.

„Hast du irgendwelche Hintergedanken?", fragte der Vater bissig.

„Nein, Pa, du hast vollkommen recht. Ist ja auch wirklich eine ungewöhnliche Situation", beeilte sich Collins zu versichern. Er hatte tatsächlich keine Hintergedanken, außer, dass er selbst nicht wusste, was in dieser Situation angemessen wäre. Eine Hochzeitsnacht mit einem weißen Mädchen wäre schon schwierig genug, aber er hatte keine Ahnung, was eine Indianerin von ihm erwarten würde.

Moekaé war wieder hinter ihrem Vorhang verschwunden, um Rahel zu stillen. Misstrauisch blickte Theodor zu dem Bett, um sicherzustellen, dass der Vorhang auch wirklich alles verbarg. Das indianische Wiegenbrett lehnte an der Wand und er schüttelte unwillig den Kopf. Er würde eine richtige Wiege für das Baby bauen, so wie es sich gehörte. Er schmunzelte, als er daran dachte, wie sehr die Kinder bereits das Leben hier bereichert hatten. Kinder waren Kinder, gleichgültig welche Hautfarbe sie hatten.

Die nächsten Tage nutzten sie das schöne Wetter, um den Anbau fertigzustellen. Die Frauen holten Schlamm vom See, mischten ihn mit Stroh und Moos und stopften ihn in die Ritzen zwischen den Brettern, während die Männer die Bretter an die letzte Wand nagelten. Staunend bezog Moekaé das kleine Zimmer, das nun ihr gehören sollte. Die Männer hatten in eine Wand einen Durchgang gesägt, durch den das Zimmer mit dem übrigen Haus verbunden wurde. Vor das kleine Fensterloch hängten sie einfach eine Decke. Bis zum nächsten Winter konnten sie hoffentlich das versprochene Fenster einbauen, doch im Sommer wäre es in dem Zimmer angenehm kühl. Unsicher warf Moekaé einen Blick auf Collins, ob er wohl auch seine Sachen zu ihr trug. Noch waren ihr die Bräuche der Weißen nicht klar und so wunderte sie sich nicht sonderlich, als Collins weiterhin in seinem Bett schlief. Die Männer zimmerten zwar ein breites Bett, in dem sie nun schlief, und ein kleineres für Rotes-Blatt, doch ihr neuer Mann kam nicht an ihre Seite. Vermutlich musste er sich noch an Rituale halten, von denen sie nichts wusste.

Die nächsten Tage arbeiteten die Frauen an dem Beet und Moekaé musste an Heskovetse denken, der sich so sehr dagegen gewehrt hatte, sesshaft zu werden und Felder anzulegen. Ob er wohl wusste, dass sie nun genau dies tat? Rotes-Blatt sammelte weiterhin Äste für den Zaun, der dringend fertiggestellt werden musste, um die Saat vor den Hühnern zu schützen, die emsig in der weichen Erde pickten. Moekaé wusste nicht, welche Samen Klara in die Erde legte, aber sie freute sich auf die Früchte, die dort bald wachsen würden. Kichernd scheuchte sie einige Hühner fort, die ihr zwischen die Beine liefen. Dann schaute sie prüfend in den Himmel, wo bereits die Krähen ihre Kreise drehten und darauf warteten, dass die Menschen verschwanden. Auch Klara hatte die Vögel gesehen und schüttelte warnend ihre Hand. Dann brachte sie ein altes Hemd, eine zerrissene Hose und zog die Sachen über zwei Stöcke, die sie zusammenband und in die Erde steckte. Zum Schluss setzte sie dem Gestell noch einen Hut auf, sodass es aus der Ferne wie ein Mensch aussah. Rotes-Blatt lachte hell, als sie den seltsamen Mann in dem Beet sah, doch er zeigte bereits Wirkung, denn die Krähen verzogen sich zu einigen weit entfernten Pinien. Moekaé half Klara, die Stöcke des Zaunes mit Seilen zu verbinden, sodass sie nun stabiler standen und auch die frechen Hühner abhielten. Stöhnend fasste sich Klara an den Rücken und dehnte ihn nach hinten. Die Arbeit war hart und das ewige Bücken war anstrengend. Moekaé wunderte sich ohnehin, warum die Weißen diesen Aufwand betrieben, denn in wenigen Monden würden genügend Früchte und Gemüse wachsen, das man dann nur noch sammeln musste. Moekaé kannte diese Gegend und wusste, wo man wilde Zwiebeln, Kürbisse, Prärierüben und Pilze fand. Bald wären die ersten Beeren reif und kurz darauf konnte man bereits die Kirschen ernten. Vielleicht wussten die Weißen nichts davon?

Wieder half sie Klara dabei, die Wäsche zum Bach zu tragen und auszuspülen. Gemeinsam wrangen sie die Tücher und Laken aus und hängten sie anschließend auf die Leinen. Die Weißen hatten eigentlich immer etwas zu tun. Manchmal vermisste Moekaé das Lachen und Geschichtenerzählen, wie es in einem Dorf der Cheyenne üblich wäre. Andererseits bewunderte sie den Einfallsreichtum dieser Menschen. Staunend stand sie vor der Bewässerungsanlage, die die Männer aus den Brettern gezimmert hatten. Sie führte vom Oberlauf des Baches bis zum Haus und leitete das Wasser in einen Trog. Über einen Überlauf wurde das Wasser weiter zum Beet geführt. Mit ihren Spaten zogen die Männer mehrere schmale Gräben durch das Bett und führten dann das Wasser in Richtung des Baches zurück. Im Sommer würde das Wasser wahrscheinlich kaum noch bis zum Feld führen, aber im Frühjahr konnte es schon passieren, dass das Beet überschwemmt wurde. Am Oberlauf bauten die Männer eine kleine Schleuse aus Brettern, die sie zur Not schließen konnten, wenn das Wasser alles zu überfluten drohte. Munter plätscherte das Wasser in der Rinne aus Brettern dahin und füllte langsam das große Fass, das vor dem Haus stand. Unzählige Tropfen gingen unterwegs verloren, da die Bretter alles andere als dicht waren, und doch reichte es, das Fass zu füllen. Klara war natürlich begeistert, denn das Wasserschleppen war anstrengend. Sie hatte nun stets Wasch- und Putzwasser und freute sich über diese Annehmlichkeit. Theodor hatte bereits große Pläne und überlegte, ob er nicht mit der nächsten Lieferung Bretter eine Leitung zum Pferdestall legen sollte. „Ein Brunnen wäre auch nicht schlecht!“, brummte er gut gelaunt.

In der Ferne kamen die Büffel zum See und schweigend blickten die Menschen auf die Kolosse, die bereits einer vergangenen Zeit angehörten.

„Wir müssen aufpassen, dass die hier nicht alles niedertrampeln“, befürchtete Klara.

Theodor nickte und wandte sich an seine Söhne: „Treibt sie rüber zur Nordweide. Da gibt es auch Wasser und sie sind nicht so nah am Haus.“

Collins und Josh sprangen sofort auf die Pferde, froh um die kleine Ablenkung, die die Büffel ihnen boten. Mit zwei Decken, die sie vor sich her schwangen, trieben sie die Büffel langsam durch das Tal. Ihr Anblick war wunderschön, obwohl die beiden wuss-

ten, dass die Tiere schnell gefährlich werden konnten. Langsam und ohne Eile trotteten die Büffel durch das Tal und verschwanden schließlich nach Norden.
Rotes-Blatt hatte sich an ihre Mutter geklammert und freute sich über die Büffel. Moekaé fiel eine alte Legende ein und mit einem Lächeln zog sie ihre Tochter neben sich ins Gras. „Weißt du, wo die Büffel herkommen?“, fragte sie das Kind.
„Erzähl es mir!“, forderte Rotes-Blatt mit glänzenden Augen.
„Also, vor sehr langer Zeit, da lebte ein Mann in einem Zelt. Er war ganz alleine und lebte dort ohne Ehefrau und Familie. Aber überall hing Fleisch zum Trocknen in den Bäumen und der Mann hatte viele schöne Felle und Roben. Eines Tages kam Wihio, dieser Nimmersatt, vorbei und sagte: „Ich habe dich schon eine lange Zeit und bereits überall gesucht. Schließlich habe ich herausgefunden, wo du zu finden bist, und so bin ich auf dem direkten Weg zu dir gekommen.“
Rotes-Blatt kicherte erheitert und meinte: „Wihio lügt immer!“
„Stimmt!“, bestätigte Moekaé mit einem Lächeln. „Nun, der Mann kochte für Wihio ein Essen und währenddessen sah Wihio sich in dem Zelt um. An einer Tipistange hing ein riesiger Sack und natürlich wollte Wihio wissen, was darin wäre. Schließlich fragte Wihio den Mann, ob er die Nacht in dem Zelt verbringen dürfte. Der Mann erlaubte es, aber er hatte Wihios Blick gesehen und stellte eine Schale mit Wasser vor den Sack. In der Nacht erhob sich Wihio, nahm den Sack und rannte aus dem Zelt. Plötzlich kam er zum Ufer eines Sees und er rannte an ihm entlang, bis er sicher sein konnte, dass der Mann ihn nicht einholen konnte. Der See schien endlos zu sein und so legte Wihio sich hin, um ein wenig zu schlafen. Am Morgen aber erwachte Wihio und lag immer noch in dem Zelt. Der Mann sah in erstaunt an und fragte, was er denn mit seinem Sack machte. „Ich wollte ihn doch nur für dich tragen“, antwortete Wihio. Der Mann nahm den Sack und band ihn wieder an der Tipistange fest. Nachdem sie gegessen hatten, fragte Wihio den Mann, vor was er denn Angst hätte. „Ich fürchte nur die Gänse!“, antwortete der Mann. „Das kann ich gut verstehen!“, bestätigte Wihio. „Eine Gans ist ein sehr gefährlicher Vogel.“ Wihio verabschiedete sich von dem Mann und zog seiner

Wege, doch in der Nacht verkleidete er sich als Gans und kehrte zum Zelt des Mannes zurück. Er schrie wie eine Gans und tatsächlich flüchtete der Mann aus seinem Zelt. Aber er hatte den Sack auf seinem Rücken. Wihio freute sich und kehrte zu seiner Familie zurück, um sie zu dem Zelt zu führen. Dort war es warm und es gab genug zu essen. Wihio aber hatte noch nicht genug. Er folgte den Spuren des Mannes und schrie noch zwei Mal wie eine Gans. Jedes Mal nahm der Mann seinen Sack auf den Rücken und flüchtete, doch beim vierten Mal hörte Wihio, wie der Mann sagte: „Ich darf den Sack ja nur vier Mal öffnen, also lass ich ihn lieber hier!“ Der Mann ließ den Sack tatsächlich liegen und Wihio hatte endlich, was er wollte. Er brachte den Sack nach Hause und öffnete ihn vorsichtig. Sofort sprang eine Büffelkuh heraus und Wihio sah weitere Büffelkühe, die nur darauf warteten herauszuspringen. Schnell band Wihio den Sack zu und wusste nun, was er zu tun hatte. Er tötete die Büffelkuh und sie hatten genug zu essen. Als sie wieder Fleisch brauchten, öffnete Wihio den Sack erneut, und nach einer Weile öffnete er ihn wieder. Aber Wihio konnte sich nicht mehr erinnern, wie viele Büffelkühe er getötet hatte und so öffnete er den Sack ein fünftes Mal. Sofort stürmten die Büffel heraus und trampelten ihn und seine Familie nieder. Niemand konnte entkommen. Die Büffel aber stürmten nach Norden, Süden, Osten und Westen und verteilten sich überall auf der Erde. So kamen die Büffel auf die Erde und dies war das Ende von Wihio.“

Rotes-Blatt blickte ihre Mutter fragend an. „Die Büffel werden immer weniger“, stellte sie fest.

„Ja!“, meinte Moekaé traurig. „Sie werden immer weniger.“

Rotes-Blatt aber legte nachdenklich den Kopf schief und zeigte in die Richtung, in der die Büffel verschwunden waren. „Vielleicht kehren sie nur in den Sack zurück?“

Moekaé kicherte über den Gedanken des Kindes. „Das wäre schön! Und wer soll dann den Sack wieder öffnen?“

„Opa hat einen großen Sack!“, stellte Rotes-Blatt fest. „Eines Tages lässt er die Büffel alle wieder raus.“

Monika und Collins

Es wurde warm und die Familie arbeitete die meiste Zeit vor dem Haus. Moekaé wunderte sich, was weiße Menschen so alles taten, und versuchte, die Dinge zu verstehen. Sie half Klara beim Unkrautjäten im Beet, obwohl sie nicht verstand, warum man die eine Pflanze zupfte und die andere stehen ließ. Auch Rotes-Blatt konnte ihr nicht helfen, denn die Erklärung von Klara ergab für das Kind keinen Sinn. Moekaé staunte, wie schnell Rotes-Blatt die neue Sprache lernte. Unbefangen plapperte sie die Worte einfach nach und konnte bereits wesentlich mehr in dieser Sprache sagen als Moekaé. Nur für manche Dinge gab es einfach keine Worte in der Sprache der Cheyenne. Unkraut war ein Ausdruck, der nicht der Vorstellungswelt der Cheyenne entsprach. „Oma sagt, dass manche Pflanzen die guten Pflanzen ersticken. Deshalb ziehen wir sie raus“, versuchte sie zu erklären.
„Aber alle Pflanzen wachsen doch gut“, wunderte sich Moekaé.
„Ja, aber manche Pflanzen sollen hier nicht wachsen.“
„Wieso wollen die Weißen, dass manche Pflanzen wachsen und andere nicht?“
Rotes-Blatt zuckte die Schultern und zupfte weiter an dem Unkraut, das ihr von Klara gezeigt wurde. Eifrig trug sie es zu einem Haufen aus Abfällen und Unkraut, der am Rande des Beets aufgeschüttet wurde. „Die Weißen sammeln hier ihren Müll“, berichtete sie.
„Was ist Müll?“, fragte Moekaé.
„Na, Dinge, die sie nicht mehr brauchen. Alles wird hierher geworfen.“
Moekaé dachte darüber nach. Die Weißen zogen nicht von einem Ort zum anderen, daher war es besser, den Platz sauberzuhalten. Aber warum schüttete man alles auf einen Haufen, der höher und höher wurde? Irgendwann würde hier alles stinken und der Haufen so hoch wie das Haus sein. Warum warfen sie es nicht in den Bach, wo es davongespült werden würde?
„Was machen sie, wenn der Müll immer mehr und mehr wird?“
Rotes-Blatt wandte sich an Klara und hörte auf die Erklärung der

älteren Frau. Schließlich zuckte sie die Schultern und übersetzte die Worte. „Oma sagt, dass im Herbst alles auf das Beet geschüttet wird."
„Wieso sollte man Müll auf dem Beet verteilen?"
Wieder horchte das Kind auf die Erklärung und übersetzte dann. „Oma sagt, dass die Pflanzen dann gut wachsen. Im Winter tun sie auch den Mist von den Pferden auf das Beet." Sie zeigte auf den Misthaufen, der sich neben dem Pferdestall befand.
„Im Winter wachsen doch keine Pflanzen!", wunderte sich Moekaé. Rotes-Blatt warf ihrer Mutter einen seltsamen Blick zu.
„Das hat Oma gesagt!", verteidigte sie ihre Worte.
Moekaé lächelte freundlich. „Ich weiß! Dennoch ergeben für mich viele Dinge keinen Sinn. Ich werde beobachten und lernen. Vielleicht ergeben sie dann einen Sinn."
Es gab viele Dinge, die in ihren Augen fremd waren. Die Weißen hatten zwei Kühe, die Kälber geboren hatten, in den Stall gestellt, und Klara ging nun jeden Morgen in den Stall, um Milch zu melken. Moekaé hatte so etwas noch nie gesehen und beobachtete verblüfft die weiße Frau bei dieser merkwürdigen Arbeit. Sie rümpfte die Nase, als Klara ihr einen Schluck anbot, und schüttelte den Kopf. Sie würde doch keinem Kalb die Milch wegtrinken!

Es wurde wärmer und überall schoss das Gras in die Höhe. Moekaé sammelte die ersten Beeren und freute sich bereits auf die Kirschen. Ihr Baby lag nun meist in einer Wiege der Weißen, die lustig hin und her schaukelte. Rahel war schwer geworden und so genoss Moekaé das seltsame Ding. Während sie arbeitete, schaukelte Rahel hin und her und spielte mit ihren Fingern mit einigen Tieren aus Holz, die über der Wiege befestigt waren. Inzwischen hatte das Baby dicke Backen und strampelte munter mit seinen kurzen Beinen. In den Abendstunden saß die Familie meist zusammen am Tisch und jeder arbeitete noch an einigen Kleinigkeiten. Klara strickte an neuen Socken für ihren Mann und Moekaé sah fasziniert auf die langen Nadeln, mit denen aus einem langen Faden neue Kleidung gemacht wurde. Rotes-Blatt saß daneben und versuchte sich bereits in dieser neuen Technik. Sie strickte an einem langen, bunten Seil, das sich aus einer klei-

nen hölzernen Puppe drehte. Moekaé stickte an einer Messerscheide für Theodor und erntete interessierte Blicke.
„Sieh nur, wie sorgfältig sie arbeitet!", freute sich Klara.
„Möchte wissen, was das werden soll", knurrte Theodor in seiner mürrischen Art.
„Frag sie doch!", forderte Klara ihn auf.
„Wozu? Mit mir spricht sie ja nicht!", beschwerte sich Theodor.
Klara ließ das Strickzeug sinken und wandte sich an ihre Schwiegertochter. „Monika, was wird das?"
„Für ein Messer!", erzählte Moekaé. „Für Opa!", fügte sie hinzu.
„Oh, ist das nicht schön?", freute sich Klara überschwänglich. „Sie macht dir eine Messerscheide."
„Hmh!", knurrte Theodor nicht mehr ganz so unfreundlich. „Kann ich vielleicht brauchen!"
„Könnte ich auch brauchen!", hoffte Collins mit einem neidischen Blick.
„Du auch!", bestätigte Moekaé. „Erst Vater, dann du, und Josh auch."
„Scheint ein Ritual zu sein", vermutete Collins. „Erst kriegt der Schwiegervater ein Geschenk und dann der Ehemann."

Moekaé senkte den Blick und lächelte erheitert. Ja, es war ein Ritual. Es war ein Zeichen des Respekts, erst den Schwiegereltern zu zeigen, dass man eine fleißige Schwiegertochter war. Sie hatte auch schon begonnen, für Klara ein kleines Täschchen zu besticken. Sie arbeitete heimlich daran, wenn Klara es nicht sehen konnte. Moekaé liebte diese Abendstunden, denn dann saßen alle beisammen, und oft wurden leise, harmonische Gespräche geführt. Moekaé verstand noch nicht alles, was gesagt wurde, aber sie genoss das leise Murmeln, das den Raum erfüllte. Irgendwann würde sie all diese Worte verstehen und vielleicht auch etwas zu erzählen haben.

In den nächsten Tagen sah Moekaé erstaunt, wie die Männer ihre langen Messer nahmen, die sie Sensen nannten, und begannen das hohe Gras zu schneiden. Für Moekaé ergab das überhaupt keinen Sinn. Wozu sollte man Gras schneiden? Sowohl die Kühe

als auch die Pferde waren doch durchaus in der Lage, das Gras selbst zu rupfen. Staunend hob sie die Hand vor die Augen und beobachtete, wie die drei Männer mit schwingenden Bewegungen durch das hohe Gras schritten und es systematisch mähten. Wieder wandte sie sich an Rotes-Blatt. „Warum machen sie das?"
„Das ist für die Kühe und Pferde!", erzählte Rotes-Blatt.
Moekaé sagte nichts mehr. Warum schwitzten die Männer und mühten sich ab, wenn die Tiere das Gras alleine fressen konnten?
„Es ist für den Winter!", fügte Rotes-Blatt hinzu.
„Aber im Winter steht es doch auch noch da und die Tiere müssen den Schnee nur wegkratzen und das Gras dann fressen."
Rotes-Blatt legte nachdenklich den Kopf schief und dachte darüber nach. „Ich frage Oma!", meinte sie. Schnell lief sie mit fliegenden Zöpfen davon und verschwand im Haus. Dann kam sie wieder herausgehüpft und machte ein wichtiges Gesicht. „Oma sagt, dass sie das Gras in das große Haus tun und im Winter den Kühen geben. Die Kühe der Weißen können den Schnee nicht wegkratzen."
Moekaé hob verwundert die Augenbrauen. Wieso züchteten die weißen Menschen Kühe, die so minderwertig waren, dass sie im Winter nicht für sich selbst sorgen konnten?
Am Nachmittag nahm sie eine riesige Gabel aus Holz und half dabei, das geschnittene Gras zu wenden. Sie erkannte, dass es so schneller trocknete, und langsam ergab das Tun der Weißen einen Sinn. Sie legten Trockenvorräte für ihre Tiere an. Sie sah nur keinen wirklichen Vorteil darin. Sie dachte an die genügsamen Ponys der Cheyenne und an die endlosen Herden der Büffel, die noch bis vor kurzem über die Prärie gezogen waren. Ihre Krieger lebten von der Jagd und plagten sich nicht den ganzen Tag mit Arbeiten herum, die in ihren Augen überflüssig waren.

Am nächsten Tag waren alle damit beschäftigt, weiteres Gras zu schneiden. Die Männer nahmen dazu die Sensen, während die Frauen damit begannen, das Heu zusammenzurechen. Moekaé arbeitete vor sich hin und schwitzte unter der heißen Sonne. Weit hinten im Tal sah sie die Männer, die anscheinend das ganze Tal abmähen wollten. Seufzend nahm sie das neuartige Werkzeug

und rechte das trockene Gras zu kleinen Haufen zusammen. Später kam Theodor mit dem Karren und die Männer nahmen die Heugabeln und warfen mit Schwung das Heu auf den Wagen. Moekaé ging zum Haus zurück, denn ihre Brüste spannten und sie wusste, dass Rahel Hunger haben würde. Rotes-Blatt hockte neben der Wiege und versuchte das Baby zu beschäftigen. Moekaé lächelte, als Rahel hektisch mit den Ärmchen ruderte, als sie die Mutter sah. „Na, hast du Hunger?“ Sie öffnete ihr Kleid und legte das Kind an die Brust, das gierig zu saugen begann. Moekaé war froh um die kurze Pause und blieb in der angenehmen Kühle des Hauses. Später wollte sie ein Bad im See nehmen, um sich den Schweiß von der Haut zu waschen. Während des Stillens schlief Rahel wieder ein und so legte Moekaé sie vorsichtig in die Wiege zurück. „Bleib bei ihr!“, forderte sie Rotes-Blatt auf. „Wir haben noch viel zu tun!“
Das Kind nickte gehorsam und griff nach seiner Tafel und Kreide. „Ich male!“
„Die Weißen tun seltsame Dinge, aber nun leben wir hier und müssen sie lernen!“, lächelte Moekaé.
Das Kind nickte scheu und vertiefte sich dann in sein Bild. Es malte ein Haus und daneben ein Tipi mit einem Pony.

Moekaé kehrte an die Arbeit zurück und half Klara beim Wenden weiterer Grasberge, während die Männer den Wagen beluden. Irgendwann war er so beladen, dass Theodor und Josh in Richtung Scheune fuhren, um das Heu abzuladen, während Collins bei den Frauen blieb, um ihnen beim Wenden zu helfen. Theodor lenkte den Wagen zur hinteren Seite der Scheune und das Gespann den leichten Hang hinauf. Die Scheune war an die Seite eines kleinen Hügels gebaut worden, sodass eine kleine Rampe entstanden war, mit dessen Hilfe das Heu in den oberen Teil der Scheune gefahren werden konnte. Die Scheune war der ganze Stolz des Vaters. Eines Tages wollte er auch ein Wohnhaus mit zwei Stockwerken haben.

Auf der Wiese arbeiteten die anderen schweigend vor sich hin. Ihre Rücken schmerzten bereits und die Kleidung war durchgeschwitzt. Schließlich machte Klara stöhnend eine Pause und wischte sich über die Stirn. „Ich sollte mich wohl besser um das Essen kümmern!"

„Mach das, Ma. Du hast wahrlich genug geschuftet. Geh ins Haus und ruh dich etwas aus. Ich komme hier schon klar!", meinte Collins zuvorkommend.

„Ja, ich bereite eine schöne Suppe zu und kümmere mich um die Kinder!", seufzte Klara erleichtert. „Die nächsten Tage bleibt hier noch genug zu tun."

„Ja, aber sieh nur, wie hoch das Gras hier steht. Es wird leicht für den Winter reichen!"

Klara stemmte die Hände in die Hüften und blickte sinnend über das Tal. Es stimmte. Das Gras wuchs hier fast hüfthoch und würde sich wunderbar als Heu eignen. Hier war fruchtbarer Boden!

„Ich rufe nach Monika, wenn Rahel unruhig wird", lächelte sie, dann lief sie zum Haus zurück.

Collins und Moekaé arbeiteten weiter nebeneinander her und schichteten das Gras zum Trocknen auf. Der Schweiß lief ihnen in Bächen über die Stirn und irgendwann warf Collins den Rechen einfach zur Seite und wischte sich über das Gesicht. Sein Blick fiel auf seine Frau, deren Kleid am Körper klebte und kaum noch ihre Rundungen verbarg. Deutlich waren die Brüste unter dem Stoff zu sehen und wenn sie sich nach vorne bückte, dann klebte das Kleid an ihrem runden Hintern und zeigte eine verräterische Spalte. Mit einem Mal empfand er eine solche Lust, dass er schier zu explodieren drohte. Abschätzend fiel sein Blick in Richtung des Hauses, dann wieder auf seine Frau, die dort vor ihm arbeitete. Theodor und Josh wären noch eine Weile mit dem Abladen beschäftigt und seine Mutter war gerade eben erst im Haus verschwunden und würde so schnell nicht wieder auftauchen. Energisch ging er zu Moekaé, nahm ihr den Rechen aus der Hand und warf ihn ein Stück zur Seite. Dann griff er von oben in ihr Kleid und umfasste mit seiner Hand fordernd ihre Brust. Sie war warm und verschwitzt, trotzdem wurde seine Hand vor Erregung kalt. Er fühlte die Brustwarze und zog daran, dann rückte er mit seinem ganzen Körper näher an sie heran. Ihre dunklen Augen wurden für einen Augenblick groß. Sie versuchte zurückzuweichen, doch er verhinderte die Bewegung, indem er ihr mit dem anderen Arm den Fluchtweg abschnitt. Er umfasste ihre Hüfte und kam ihr nun so nah, dass er ihren Schweiß riechen konnte. Immer noch hatte er mit der Hand ihre Brust umfasst und drückte die Frau nun fordernd zu Boden. Er hatte keine Ahnung, was er eigentlich tun wollte, sondern folgte lediglich einem seit langem aufgestauten Instinkt. Sein Atem ging nun viel zu schnell und er fühlte, wie sein Mund vor Lust trocken wurde.

Moekaé stöhnte leicht, als sie dem Druck folgte, und blickte sich entsetzt um. Wollte er sie nun hier und jetzt? Sie sah das Verlangen in Collins Augen und wusste, dass es nichts gab, was ihn nun von seinem Tun ablenken würde. Sie stürzte fast in das geschnittene Gras und hob ihre Hände, um ihn zu besänftigen. Alles war viel zu schnell und ungestüm. Er schubste ihre Hände beiseite und öffnete ihr Kleid, sodass ihre Brüste nun ungeschützt vor ihm lagen. Zitternd beugte er sich vor und begann heftig an ihnen zu saugen. Milch schoss ein und lief über ihren Körper. „Nicht!", flüsterte sie. Er zögerte kurz und blickte voller Verlangen in ihre Augen. Sie war seine Ehefrau! Noch hatte er kein Wort gesagt, aber sein Blick zeigte ihr, dass es kein Zurück mehr gab.
Wieder saugte er heftig, dann schob er mit einem kräftigen Ruck ihr Kleid hoch. „Wir haben nicht viel Zeit!", hauchte er heiser vor Erregung.
Moekaé wusste nicht, was sie tun sollte. Sie war nun seine Ehefrau und es war sein Recht, aber Zeitpunkt und Ort waren nicht richtig. Warum führte er sie nicht ins Haus, sondern tat es hier heimlich, als gäbe es etwas zu verbergen? Sie war verschwitzt und schmutzig. Warum reinigten sie sich nicht und bereiteten sich auf diesen besonderen Augenblick vor? Sie spürte seinen schnellen Atem an ihrem Ohr und ergab sich ihrem Schicksal. Sie wusste, dass man einen Mann nicht aufhalten konnte, wenn er einen gewissen Punkt der Erregung erreicht hatte. Sie horchte auf die Umgebung und hoffte, dass niemand ihr Tun hier bemerkte. Der Mann drückte ihre Beine auseinander und sie öffnete sich ihm. Vielleicht waren die Sitten bei den Weißen anders als bei den Cheyenne? Kurz ließen die fordernden Hände von ihr ab, weil er

seine Hose öffnen musste, und sie nutzte den Augenblick, um ihn sanftzustimmen: „Collins!", flüsterte sie bittend.
„Nicht jetzt!", flüsterte er liebevoll. „Ich will, dass du meine Frau bist!"
Sie sagte nichts mehr, denn sein Geschlecht presste sich an ihre intimste Stelle und suchte sich seinen Weg in ihr Innerstes. Er war ungeschickt, drängend, viel zu heftig und schnell, und sie erkannte, dass er zum ersten Mal bei einer Frau lag. Es tat weh und sie verkrampfte sich vor seiner ungestümen Art. „Bitte!", hauchte sie. Fast erschrocken zuckte er ein wenig zurück und nahm sich nun mehr Zeit. Rhythmisch und langsam tauchte er immer wieder in sie ein, bis sein Geschlecht fast bis zum Anschlag in der dunklen Höhle steckte. Wieder suchten seine Hände ihre Brüste und er knetete sie gierig.
Moekaé stöhnte unterdrückt und schob dann ihre Hände gegen seine Brust, um ihn abzuwehren. Er keuchte plötzlich und viel zu schnell ergab er sich den Krämpfen, die auf angenehme Weise durch seinen Körper zuckten. Vollkommen gelöst und sichtlich überrascht sackte er über ihr zusammen und nahm sie zärtlich in den Arm. „Oh, Monika!", flüsterte er, „Endlich bist du mein!"
Sie sagte nichts, sondern horchte nur auf die Gefühle, die in ihr tobten. Ja, sie war nun seine Frau, auch wenn es auf sehr ungewöhnliche Weise stattgefunden hatte. Noch nie hatte ein Mann ihre Brüste auf diese Weise berührt. Und es war seltsam, dass er ihre Milch genommen hatte. War dies bei den Weißen üblich? Bei den Cheyenne hätte kein Mann sie angerührt, solange sie ein Kind stillte.

Collins erhob sich verlegen und strich seine maisblonden Haare nach hinten. Dann zog er Moekaé auf die Füße und sah sie mit einem seltsamen Blick an. Moekaé senkte scheu die Augen und wartete, was ihr Mann nun tun würde. Sittsam knöpfte sie das Kleid wieder zu und überlegte, ob sie wohl zum See gehen könnte, um sich zu waschen.
Collins schien ihre Gedanken zu erraten und wedelte mit seiner Hand in Richtung des Sees. „Wollen wir baden?"
Moekaé nickte erleichtert, obwohl sie sich über das „wir" wun-

derte. Wollte er zusammen mit ihr im See baden? Collins nahm seine Frau an der Hand und zog sie gut gelaunt zum See. Baden erschien ihm als harmlos und so konnte er seine Verlegenheit ein wenig überspielen. Er schlüpfte mit einem Lachen aus seiner Kleidung und glitt in das kühle Wasser. Es stach auf der Haut und wusch im Nu den Schweiß weg. Auch Moekaé schlüpfte aus dem Kleid und watete vorsichtig ins Wasser. Collins spritzte sie wie ein kleiner Junge nass und sie kicherte wie ein kleines Mädchen. Sie wusch sich zwischen den Beinen und er drehte sich weg, um ihr die Intimsphäre zu lassen. Mit einigen kräftigen Zügen schwamm er in den See und planschte dann abwartend, um auf sie zu warten. „Komm!", rief er fordernd.
Moekaé schwamm neben ihn und geschmeidig glitten ihre Leiber nebeneinander her. Dann schwammen sie zum Ufer zurück, denn das Wasser war noch kalt. Fröstelnd kletterten sie ans Ufer und schlüpften wieder in ihre Kleidung. Dann kehrten sie an ihre Arbeit zurück.
Niemand hatte den Vorfall bemerkt und Collins kicherte amüsiert, als er den Rechen nahm, als wäre nichts gewesen. Auch Moekaé kicherte plötzlich und fühlte sich wie ein Mädchen, das seinen Eltern einen Streich gespielt hatte.

Kurze Zeit später kehrte rumpelnd der Wagen zurück und die Männer warfen erneut das Heu auf die Ladefläche. „Ich schlafe heute bei Monika!", meinte Collins nebenbei.
Josh spitzte überrascht die Lippen und warf einen vorsichtigen Blick auf seinen Vater. Theodor tat so, als hätte er nichts gehört, aber als am Abend Collins seine Sachen packte und in Monikas Zimmer brachte, sagte er nichts. Niemand sagte etwas und so begannen Monika und Collins ihr Eheleben, wie es seine Richtigkeit hatte. Sie lagen gemeinsam in dem großen Bett, die Kinder zwischen sich, während das kleine Bett, das sie für Eve gebaut hatten, verwaist blieb. Wahrscheinlich hatte Collins sich das nicht ganz so vorgestellt, aber er sagte nichts, sondern erfreute sich an den tiefen Atemzügen seiner schlafenden Familie. Hier im Haus war an Beischlaf ohnehin nicht zu denken und so übte er sich in Geduld. Irgendwann würde er sein eigenes Haus haben und so

lange musste er mit duftenden Heuhaufen, weichen Grasböden und uneinsehbaren Verstecken vorlieb nehmen.
Collins genoss seine Familie und kümmerte sich liebevoll um die Kinder. Er freute sich, als Monika jeden Tag mehr verstand und sie erste Unterhaltungen führen konnten. Noch waren es einfach Worte, die er benutzte. Er plante mit seiner Frau die Arbeit für den nächsten Tag, plauderte mit ihr über die Kinder oder erzählte ihr von seinem Leben. Collins hatte den Eindruck, dass seine Frau inzwischen weit mehr verstand, als sie zugeben wollte. Es lag an ihrer ruhigen, bescheidenen Art, dass man ihr Wissen unterschätzte. Spätestens wenn ihre Augen bei einem Witz blitzten, wusste er, dass auch sie die Worte verstanden hatte.

Die nächsten Tage war die Familie mit Heumachen und dem Beet beschäftigt. Es wurde heiß und das Beet musste bewässert werden. Die Wasserleitung half dabei und doch mussten die beiden Frauen dafür sorgen, dass wirklich alle Pflänzchen Wasser erhielten. Die Arbeit war anstrengend und in der Mittagshitze musste sich Klara oft ins Haus zurückziehen, weil sie von hämmernden Kopfschmerzen beeinträchtigt war. Moekaé beobachtete ihre Schwiegermutter und versuchte ihr mit kühlen Umschlägen zu helfen. „Lass nur, Kind“, meinte Klara mit geschlossenen Augen. „Die Kopfschmerzen habe ich schon lang. Ich vertrage die Hitze nicht.“
Moekaé verstand nicht alle Worte, aber sie verstand, dass Klara häufiger von Schmerzen geplagt wurde. Sie tippte sich auf die Brust und meinte: „Ich helfe dir!“ Mit eiligen Schritten lief Moekaé aus dem Haus und machte sich auf den Weg zu den bewaldeten Hügeln. Dort wuchs ein Strauch, dessen Rinde als Tabak für heilige Zeremonien verwendet wurde. Sie wusste aber auch, dass unter der Rinde weiche Fasern lagen, die als Medizin gegen Schmerzen halfen. Sie suchte nach einem geraden Zweig, betete leise und legte eine Prise Tabak als Geschenk auf den Boden, dann schnitt sie den Zweig vorsichtig ab. Sie lächelte, denn ihr Schwiegervater würde sicherlich nicht an die Heilkraft dieser Medizin glauben. Eine leichte Erschütterung des Bodens ließ sie aufhorchen und sie drehte sich um, um nachzusehen, wer sich

ihr näherte. Es war ein Indianer auf seinem struppigen Pferd, der in einiger Entfernung sein Tier parierte. Moekaés Hand zitterte leicht, doch dann ging sie mutig vorwärts, um den Indianer zu begrüßen. Sie erkannte schnell, dass es sich nicht um einen Mann, sondern um einen Jugendlichen von vielleicht dreizehn oder vierzehn Wintern handelte. Er trug die Kleidung der Weißen, hatte aber lange Haare, die strähnig im Wind flatterten. Sein Gesicht war kantig und vom Hunger gezeichnet. Er machte eine feine Geste der Freundschaft und zeigte dann auf seinen Mund, als er um etwas Essen bat. „Lowatschin“, murmelte er.
„Ni Lakota he?“, fragte Moekaé erleichtert.
„Han!“, antwortete der Junge erstaunt. „Ich bin Lakota. Ich habe Hunger.“
„Dann komm mit zu dem Haus der Weißen. Wir haben genug, um auch dir etwas zu geben.“
Der Junge schüttelte widerstrebend seinen Kopf. „Hiya! Dort leben weiße Menschen!“
„Ja, aber es sind gute Menschen. Sie haben schon mir und meinen Kindern geholfen. Ich bin nun die Ehefrau eines Mannes dort. Du musst dich nicht fürchten.“
Der Junge lächelte spöttisch. „Ich fürchte mich nicht. Ich bin nur vorsichtig. Ich lebe in dem Reservat im Norden von hier, aber das Leben dort ist nicht gut. Wir hungern und obwohl die Weißen uns nicht das versprochene Fleisch bringen, dürfen wir nicht zur Jagd ziehen. Aber mich halten sie nicht!“ Unverhohlener Stolz klang aus seiner Stimme.
Moekaé kicherte leicht und hielt sich dabei die Hand vor den Mund. „Aha! Dann kannst du mich ja auch furchtlos zu diesem Haus begleiten.“
Der Junge zögerte widerstrebend und nickte schließlich. „Ja, das kann ich!“
„Nennst du mir deinen Namen?“
„Tatanka-ohitika!“
Wieder kicherte Moekaé. „So, Mutiger-Büffel. Ist dieser Name bereits für einen Mann?“
„Ja“, bestätigte der Junge. „Ich habe bereits getötet.“
Moekaé schluckte schwer, denn die Stimme des Jungen klang

plötzlich alt und schwer. Er war nicht stolz auf seine Taten, sondern sah nur die Notwendigkeit seines Handelns. Vorsichtig schielte Moekaé auf die Ausrüstung des Reiters, ob sie verborgene Waffen entdeckte.

„Ich tue dir nichts!“, versicherte Tatanka-ohitika, als er ihren Blick bemerkte. „Die Weißen haben uns alle Waffen weggenommen. Wir haben nicht einmal mehr Bögen. Aber ich werde mir wieder einen schnitzen und damit zur Jagd gehen. Meine kleine Schwester hat Hunger.“

„Lebst du allein?“, fragte Moekaé.

„Nein, ich sorge für meine Schwester und meine Großmutter.“

Moekaé führte Tatanka-ohitika zum Haus und lächelte, als Rotes-Blatt zögernd in der Tür stehen blieb und den Jungen misstrauisch musterte. „Meine Tochter!“, stellte sie Rotes-Blatt vor.

Der Junge bequemte sich zu einem freundlichen Lächeln und nickte. „Hau, kleine Cousine!“

Klara stellte sich neben das Kind und starrte erschrocken auf den Neuankömmling. „Um Gottes willen!“, entfuhr es ihr. Ehe sie nach der Waffe über der Tür greifen konnte, trat Moekaé neben sie und legte ihr beruhigend die Hand auf den Arm. „Er ist Freund. Er ist hungrig.“

„Ein Freund?“, wunderte sich Klara. „Aber wir können doch nicht jeden dahergelaufenen Indianer durchfüttern.“

Moekaé sah sie verständnislos an und senkte dann den Blick. Weiße Menschen waren wirklich unhöflich!

„Na schön“, stimmte Klara schließlich zu. „Er sieht wirklich halbverhungert aus. Er soll sich an den Tisch setzen!“

Eve nahm Tatanka-ohitika an der Hand und zog ihn ins Haus hinein. Grasend entfernte sich das Pony einige Schritte vom Haus und rupfte dann die grünen Halme, die besonders am Zaun des Beetes wucherten. „Pass auf, dass das Pferd nicht ins Beet geht“, schimpfte Klara. Dann drehte sie sich um, ging zum Herd und schöpfte einen Teller Eintopf für den ungebetenen Gast.

Der Junge hatte sich staunend im Haus umgesehen und stand nun verblüfft vor dem Ofen der Familie. Auf dem Herd brodelte ein Kessel mit Wasser und er schaute interessiert, wo denn die Feuerquelle war. Überrascht zog er seine Hand weg, als er merkte, dass der ganze Herd glühend heiß war. Rotes-Blatt kicherte und erklärte dem Jungen in der Sprache der Lakota die Funktionsweise des Herdes. „Dort tust du Holz rein! Und durch das runde Ding geht der Rauch raus."

Der Junge tat so, als hätte er die Erklärungen nicht gehört, doch Rotes-Blatt fuhr unbeeindruckt fort: „Oma bäckt Brot darin. Das dauert sehr lange und ich passe immer auf, dass das Feuer gut brennt."

„Du sprichst unsere Sprache gut", stellte der Junge unbeeindruckt fest.

Rotes-Blatt nickte gewichtig. „Ich hatte eine Großmutter bei den Lakota. Sie hieß Tate-ihumni."

„Wirklich?", grinste der Junge.

„Wirklich!", bestätigte das Kind. „Sie hat mir immer Geschichten erzählt."

Tatanka-ohitika setzte sich auf den Stuhl und rutschte unbehaglich hin und her. Er hatte noch nie auf einen Stuhl gesessen, das war deutlich zu sehen. Langsam löffelte er die Suppe in sich hinein, die Klara ihm vor die Nase gestellt hatte. Er blendete die Anwesenheit der Frauen und des Kindes einfach aus und konzentrierte sich nur auf die Mahlzeit. Als er fertig war, legte er den Löffel auf den leeren Teller und bedankte sich. „Ich reite nun", erklärte er mit ruhiger Stimme.

Moekaé holte aus der Kammer ein Bündel mit Trockenfleisch und drückte es ihm in die Hand. „Für deine Schwester und die Großmutter."

„Pilámaya!", murmelte der Junge, dann verschwand er durch die Tür.

„Ach herrje", meinte Klara. „Nun wird er morgen bestimmt wiederkommen!"

Moekaé sah sie verwundert an und zuckte dann die Schultern. „Warum nicht?"

„Na, dann werden immer mehr Indianer kommen!", erwiderte Klara empört.

Moekaé senkte den Blick und sah auf die Spitzen ihrer Mokassins. Diese Weißen verstanden wirklich nicht viel von dem Land und den Menschen, die hier früher gelebt hatten. „Ja, es werden

viele kommen!", bestätigte sie Klaras Befürchtungen. „Im Sommer!"
„Im Sommer?", fragte Klara erstaunt.
„Ja!", antwortete Moekaé. Mehr sagte sie nicht.
„Ach, herrje!" wiederholte Klara ihr Lieblingswort. Dann legte sie sich wieder auf das Bett und fasste sich an den Kopf. „Das ist einfach die Aufregung", murmelte sie undeutlich.

Moekaé setzte sich an den Tisch, nahm ihr Messer und schälte vorsichtig die rote Rinde von dem Stab. Dann entfernte sie die weißen Fäden, die darunter lagen, und breitete sie vor dem Haus auf einem Stück Holz zum Trocknen aus. Sie ging in Richtung des Sees und pflückte den grauen Salbei, der dort wuchs, um auch ihn zu trocknen. Schon lange hatte sie diese Dinge nicht mehr getan und es tat gut, sich daran zu erinnern, wer sie eigentlich war. Sie war Cheyenne und das Wissen ihrer Ahnen war immer noch da. Sie würde dieser weißen Frau helfen, so wie diese Frau ihr in ihrer schwersten Stunde geholfen hatte. Sie band den Salbei in kleinen Bündeln zusammen und hängte es an einen Balken des Hauses. Es würde schnell trocknen und dann konnte sie Klara helfen.
Sie setzte sich mit Rahel in die Sonne und stillte sie. Rotes-Blatt saß mit der Puppe neben ihr und fütterte sie mit kleinen Kernen und Krümeln. „Hat dein Baby auch Hunger?", fragte Moekaé.
„Das ist nicht mein Baby, sondern mein Bruder!", erklärte Rotes-Blatt.
Die Worte des Kindes stachen Moekaé ins Herz. „Kannst du dich noch an ihn erinnern?", fragte sie beklommen.
Rotes-Blatt schüttelte den Kopf. „Nicht wirklich. Ich weiß nur, dass er immer da war, und ich vermisse ihn."
„Ich vermisse ihn auch!", murmelte Moekaé. „Ich vermisse alle, die mit uns waren und nun nicht mehr sind!"
„Hier wird uns nichts geschehen, nicht wahr?"
„Nein, hier nicht. Hier sind wir sicher."
Das Kind lachte glücklich. „Rahel und ich werden bald wie diese weiße Menschen sein! Dann können die Soldaten uns hier nicht mehr wegholen."

„Oh, Rotes-Blatt!", stammelte Moekaé erschrocken. „Du wirst immer Cheyenne sein! Und Rahel auch! Wir sind hier, um die Erinnerung zu bewahren. Das darfst du nie vergessen."
Mit großen Augen starrte das Kind auf seine Ziehmutter, die plötzlich energisch und voller Kraft gesprochen hatte. „Wir tragen die Erinnerung in uns und diese müssen wir weitergeben. Ich werde dir all die Geschichten unseres Volkes erzählen und du erzählst sie dann deinen Kindern und Kindeskindern. Eines Tages werden die Menschen erfahren, was mit uns geschehen ist."
„Aber darf ich denn die Geschichten, die Klara mir erzählt, nicht hören?", fragte das Kind verunsichert.
Moekaé lächelte besänftigend. „Aber natürlich! Hör sie dir nur an. Du wirst in beiden Welten leben und deine Kinder auch."
„Hmh", brummte Rotes-Blatt nicht so ganz überzeugt. „Die weißen Menschen erzählen aber ganz andere Geschichten."
„Und, gefallen sie dir?"
Rotes-Blatt kicherte. „Ja, sie sind lustig und spannend. Stell dir vor, da gibt es immer einen bösen Wolf, der die Menschen narrt und immer gierig ist."
„So wie Wihio?"
„Ja!"
„Wieso ist der Wolf in den Geschichten der Weißen böse?", wunderte sich Moekaé.
„Ich weiß nicht." Das Kind zuckte mit den Schultern. „Es ist einfach so."
Die beiden kicherten und sahen dann auf, als die Männer langsam mit den geschulterten Sensen auf das Haus zukamen. Es war bereits spät am Nachmittag und bald würde es wohl Essen geben. „Weiße Menschen arbeiten immer!", stellte Rotes-Blatt fest.
„Ja!", stimmte Moekaé zu. „Aber manchmal macht es gar keinen Sinn!"
„So wie bei Wihio", stimmte Rotes-Blatt zu. „Sie sind zu gierig."
Moekaé kicherte unter vorgehaltener Hand. „Ich erzähle dir eine Geschichte! Setz dich her!"
Das Kind setzte sich gespannt neben die Mutter und mit leiser Stimme begann Moekaé, eine der alten Geschichten der Che yenne zu erzählen:

„Eines Tages ging Wihio an einem Fluss spazieren und trug dabei einen Beutel auf seinem Rücken. Er kam an einem Bau der Präriehunde vorbei und die riefen laut, was er denn in seinem Beutel habe. Meine Lieder, antwortete Wihio und ging einfach weiter. Aber die Präriehunde stellten sich ihm in den Weg und baten, dass er ihnen doch etwas vorsingen sollte. Nein, nein, meinte Wihio, denn er habe noch einen weiten Weg vor sich. Aber schließlich willigte er ein und bat die Präriehunde, sich in einem großen Kreis aufzustellen, damit sie für ihn tanzen konnten. Dann suchte er die fettesten Präriehunde aus und stellte sie als Pärchen zum Tanzen auf. Schließt eure Augen, befahl er dann und begann zu singen. Die Präriehunde gehorchten und tanzten mit geschlossenen Augen zu dem Gesang Wihios. Wihio aber öffnete seinen Beutel, nahm einen Knüppel heraus und erschlug nacheinander die Präriehunde. Nur einer öffnete die Augen, als er keine Tanzschritte von den anderen vernahm, und entdeckte, was Wihio da tat. Lauft weg, schrie er in höchster Not, Wihio tötet uns alle. Die übrigen Präriehunde versteckten sich in ihren Löchern, doch Wihio nahm die Erschlagenen, machte ein großes Feuer und briet seine Beute. Es war ein großes Fest!"

Rotes-Blatt schüttelte ihren Kopf und meinte empört: „Das war sehr gierig von Wihio!"

Mockaé nickte und fuhr mit der Geschichte fort: „Einige Tage später stieß Wihio auf einige Enten und auch diese fragten ihn, was er denn in seinem Beutel habe. Wihio antwortete wieder, dass er seine Lieder darin trage. Natürlich baten auch die Enten ihn darum, dass er ihnen die Lieder vortragen sollte. Wihio befahl den Enten, ihre Augen zu schließen. Er erzählte ihnen, dass sie rot werden würden, denn ein geheimer Zauber läge auf seinen Liedern, der jeden treffen würde, der die Augen während des Gesangs öffnete. Die Enten gehorchten und Wihio begann zu singen. Doch dann nahm er seinen Knüppel aus dem Beutel und erschlug eine Ente nach der anderen. Nur die jüngste wurde misstrauisch und blinzelte vorsichtig, ob denn wirklich ein Zauber auf den Liedern lag. Als die Ente sah, was Wihio wirklich tat, versuchte sie die anderen zu retten und warnte sie mit lautem Geschrei. Die Überlebenden flogen schnell davon, doch Wihio nahm die ge-

töteten Enten und begann sie über einem Feuer zu rösten. Eine Ente stopfte er mit leckerem Fleisch und legte sie in die Asche, um sie auf ganz besondere Weise zu rösten. Plötzlich kam ein Kojote vorbei und Wihio flüchtete auf einem Baum, weil er nun doch fürchtete, selbst gefressen zu werden. Natürlich stürzte sich der Kojote auf das leckere Mahl und fraß alles, was Wihio für sich gedacht hatte, dann verschwand er zwischen den Hügeln. Nach einer Weile folgte ihm Wihio, denn er wollte sich rächen. Er fand den Kojoten schlafend unter einem Baum und überlegte laut, wie er ihn denn töten könnte. Er wollte auch den Kojoten fressen und so überlegte er sehr genau. Wenn ich seine Rippen breche, dann verderbe ich das Fleisch, sagte er laut. Wenn ich ihm auf den Kopf schlage, dann verderbe ich das leckere Gehirn. Und wenn ich ihn zu Tode erschrecke, dann wird das Fleisch auch nicht besser. Der Kojote aber war längst erwacht und suchte das Weite."
Rotes-Blatt kicherte und schaute mit vergnügten Augen auf ihre Mutter. „Wihio ist aber umständlich!"
„Nicht wahr? In der Zeit sind alle Tiere längst weggelaufen", lächelte Moekaé. „Aber Wihio gab nicht auf", erzählte sie weiter. „Er folgte der Spur des Kojoten und fand ihn schließlich wieder unter einem Stoß Holz. Wihio überlegte wieder, wie er den Kojoten töten konnte ohne das Fleisch zu verderben. Ich könnte ihn ja im Fluss ertränken, dachte er. Aber dann sah Wihio das Holz und entschied, dass es doch viel besser wäre, den Kojoten gleich zu verbrennen. Das würde das Fleisch am wenigsten verderben. Das Feuer würde den Kojoten töten und gleichzeitig das Fleisch rösten. Doch während Wihio trockenes Holz sammelte, um das Feuer zu entzünden, war der Kojote längst aufgewacht und verschwunden. Und so hatte Wihio nichts."
Das Kind lachte fröhlich und schlug sich dann die Hand vor den Mund. „Die Weißen machen auch so viele unnütze Dinge. Dabei liegt das Essen doch vor ihnen! Vielleicht sind sie mit Wihio verwandt?"
Moekaé kicherte ebenfalls und nickte heftig. „Sie sind ganz bestimmt mit Wihio verwandt! Ganz bestimmt!"
Das Baby in Moekaés Armen räkelte sich leicht und erinnerte seine Mutter daran, dass es Zeit wurde, ins Haus zu gehen. Moekaé

stillte ihr Baby lieber in der Abgeschiedenheit ihres neuen Zimmers, wo niemand sie beobachtete. Die Weißen gingen seltsam mit Nacktheit und Blöße um, sodass sie es vermied, das Kind unter ihren Augen zu stillen. Sie setzte sich bequem auf das Bett und sah auf ihre kleine Tochter, die kräftig an ihren Brüsten saugte. Sie war kräftig und gesund, krähte bereits vor Freude, wenn man mit ihr spielte. Ja, dachte Moekaé zufrieden, hier sind wir in Sicherheit.

Tatanka-ohitika

Am Tisch erzählte Klara von ihrer Begegnung mit dem jungen Indianer und die Männer wechselten besorgte Blicke. „Wo einer ist, da kommen mehr!“, meinte Theodor.
„Sie werden zum Betteln kommen“, ärgerte sich Collins. „Er hat einmal etwas bekommen und da wird er es wieder versuchen.“
„Wir können doch nicht alle Rothäute durchfüttern, die hier vorbeikommen. Wo soll denn das hinführen!“, schimpfte Theodor.
„Jetzt regt euch doch nicht so auf“, bat Klara händeringend. „Er hat einen Teller Suppe gegessen und ist dann wieder verschwunden. Das ist doch wirklich nicht schlimm. Er war sehr höflich und angenehm. Ich weiß gar nicht, warum ihr immer meckern müsst!“
„Angenehm und höflich?“, wunderte sich Theodor. „Meinst du nicht, dass du nun etwas übertreibst?“
„Nein, ich übertreibe nicht“, sagte Klara mit resoluter Stimme. „Er war sehr bescheiden und höflich.“
„Ha, wir werden ja sehen, ob ich recht habe!“, grummelte Theodor wenig überzeugt.
„Mit was?“
„Na, ob er wieder zum Betteln kommt!“
Klara sagte nichts mehr und machte sich an den Abwasch, während die Männer die Arbeit für den nächsten Tag planten. Alle gingen früh zu Bett, denn die Arbeit war anstrengend. Außerdem freute sich Collins darauf, Monika ein wenig im Arm zu halten.

Am Morgen stand Tatanka-ohitika bereits vor der Tür, als die Männer heraustraten, um nach den Pferden zu sehen.
„Da hol mich doch …“, brummte Theodor mit verhaltener Stimme, während Josh und Collins sprachlos auf den Indianerjungen starrten.
„Klara!“, rief Theodor aufgebracht. „Dieser Bengel ist wieder da! Hol mal Monika her!“
„Wirklich?“, wunderte sich Klara.
„Wirklich!“, antwortete Theodor zynisch.

Tatanka-ohitika wich einen kleinen Schritt zurück, als ob er die Flucht ergreifen wollte. Dann entspannte er sich, als Moekaé zwischen den Männern erschien.
„Hau!", grüßte er höflich.
Moekaé nickte zögernd und machte eine einladende Handbewegung. „Was machst du hier?", fragte sie auf Lakota.
„Ich möchte etwas zu essen. Die Weißen geben Essen, wenn man für sie arbeitet", erklärte der Junge.
„Oh!" Moekaé lächelte fast unmerklich, dann übersetzte sie die Worte des Jungen: „Er will arbeiten."
„Zum Donner!", wütete Theodor. „Wir können doch hier nicht jeden Herumtreiber beschäftigen. Was will er überhaupt tun?"
Vorsichtig fasste Klara nach dem Arm ihres Mannes. „Nun lass ihn doch mal. So viele Herumtreiber gibt es hier nun auch nicht. Wir könnten ein bisschen Hilfe wahrlich brauchen."
Theodor drehte sich zu seiner Frau um und starrte sie fassungslos an. „Du meinst doch wohl nicht, dass wir hier Indianer beschäftigen sollen?" Mit einer geringschätzigen Bewegung zeigte er auf den schmalen Jungen. „Was will der schon arbeiten. Der knickt doch um wie ein Grashalm!"
„Wenn er mehr isst, kann er auch mehr arbeiten", verteidigte Klara den Jungen. „Er könnte doch Holz hacken, solange ihr mit dem Heu beschäftigt seid."
„Ich drücke doch einem Indianer keine Axt in die Hand. Wundert mich eh, warum er keinen Totschläger dabei hat!"
„Theodor!", mahnte Klara begütigend.
„Na schön, frag ihn halt, ob er für uns Holz hackt. Dann hat er vermutlich genug von der anstrengenden Arbeit und kommt morgen nicht wieder. Aber Essen gibt es erst, wenn er fertig ist!"
Moekaé senkte den Blick und zeigte mit keiner Miene, was sie von der Unterhaltung hielt. Sie übersetzte die Worte und wartete geduldig auf die Antwort.
Der Junge zögerte sichtlich, senkte dann den Blick und murmelte einige Worte, die von einer ablehnenden Geste begleitet wurden.
„Was hat er gesagt?", forschte Theodor ungeduldig.
Moekaé unterdrückte ein Kichern, dann meinte sie unschuldig: „Er sagt, Holzhacken ist für Frauen. Er will Arbeit für Mann."

Josh und Collins unterdrückten ebenfalls ihr Kichern, während Theodor endgültig der Kragen platzte. Er ging einen Schritt auf den Jungen zu, tippte ihm an den Rand des Hutes und zischte erbost: „Hör mal, du kleine Laus. Bei uns ist das Männerarbeit, verstehst du, Männerarbeit! Du bekommst Essen dafür und wenn wir zufrieden sind, kannst du wiederkommen und für uns arbeiten. Und wenn wir sehr zufrieden sind, dann kannst du auch was anderes machen."

Moekaé übersetzte und der Junge blickte unentschlossen auf seine Zehenspitzen. Dann drehte er sich um, nahm sein Pony und führte es einige Meter in Richtung einer Koppel.

Theodor war vollkommen überrascht und stemmte die Hände in die Hüften. „Zum Donner …!", wütete er. Dann verstummte er, als der Junge sein Pferd zur Koppel brachte und zurückkehrte. Unbeeindruckt stellte sich Tatanka-ohitika vor den Weißen und machte eine Geste, als würde er einen Vertrag abschließen. „Ich arbeite für den weißen Mann", übersetzte Moekaé seine Worte.

„Na schön", brummte Theodor überrascht. „Dann hole ich eine Axt! Hoffentlich richtet er damit keinen Schaden an."

Er drängte sich an Tatanka-ohitika vorbei und ging zur Scheune, um eine Axt zu holen. Josh und Collins wechselten vielsagende Blicke und grinsten dann verstohlen. „Hol mal die Pferde!", meinte Collins zu seinem Bruder. „Wir haben zu tun."

Theodor kehrte mit der Axt zurück und drückte sie dem Jungen in die Hand. „Hier, das ist Werkzeug und keine Waffe, verstehst du?"

Moekaé konnte diese Worte nicht übersetzen, aber sie machte dem Jungen klar, dass diese Waffe nicht zum Kämpfen gedacht war. Tatanka-ohitika wog die Axt in seiner Hand und nickte zufrieden. „Waschté", murmelte er. „Ich werde nicht kämpfen!"

„Das ist gut", meinte Moekaé dankbar.

Theodor zeigte auf einige Baumstämme, die neben dem Haus lagen. „Er soll die Stämme in Stücke sägen und dann in vier Teile hacken. Ich hoffe, ihr könnt ihm das irgendwie klarmachen. Die Säge liegt im Haus."

Klara schob ihren Mann in Richtung der Scheune, in der Josh und Collins die Pferde sattelten. „Lass uns mal machen. Wir schaffen

das schon", meinte sie zuversichtlich. „Wenn er Menschen den Schädel spalten kann, dann schafft er das ganz bestimmt auch beim Holz."
Theodor runzelte überrascht die Stirn und schaute seine Frau sprachlos an. „Sag mal, hast du überhaupt keine Angst?"
„Nein, überhaupt keine. Schlimmer als du kann er gar nicht sein."
„Tss!" Theodor stampfte grummelnd davon, verschwand in der Scheune und kam kurz darauf in Begleitung seiner Söhne heraus. Alle schwangen sich in den Sattel und ohne sich noch einmal umzudrehen verschwanden sie über den nächsten Hügel.

Alles war still und so blieben die Frauen und der Junge einfach stehen und warteten darauf, dass der Staub sich wieder legte. Leise drängte sich Rotes-Blatt zwischen die Frauen und zupfte ihrer Mutter am Kleid, um auf sich aufmerksam zu machen. Tatanka-ohitika ging in die Hocke und lächelte freundlich. „Hau, kleine Cousine", grüßte er.
„Hallo", flüsterte Rotes-Blatt und lächelte dann scheu. Sie mochte den Jungen, das war deutlich zu sehen.
„Jetzt geben wir ihm erst einmal was zu essen. Danach geht das Arbeiten viel besser", meinte Klara. Mit einer einladenden Geste bat sie Tatanka-ohitika hereinzukommen. Der Junge setzte sich wie selbstverständlich an den Tisch und schaufelte das Essen in sich hinein. Dann machte er sich geschickt an die Arbeit, die dünnen Stämme in handliche Stücke zu sägen und anschließend zu spalten. Er wunderte sich über diese Dinge, fragte aber nicht. Moekaé ließ ihn allein, denn sie wollte Klara helfen, die Wäsche am See zu waschen. Die Körbe mit der nassen Wäsche waren schwer und so keuchten die Frauen, als sie gegen Mittag zum Haus zurückkehrten. Rotes-Blatt trat ihnen mit Rahel im Arm entgegen. „Meine Schwester hat Hunger!", erklärte sie.
Auch Tatanka-ohitika hatte die Arbeit eingestellt und sich vor der Mittagshitze einen Platz im Schatten gesucht. Er schnitzte an einem Stück Holz und blickte auf, als die Frauen näher kamen. Er sah zu, wie die Frauen die Wäsche aufhängten, und blieb sitzen. Es war Frauenarbeit. Holzsammeln war auch Frauenarbeit. Aber

mit einer Säge und Axt zu arbeiten war anstrengend. Vielleicht war das wirklich keine Frauenarbeit. Seine Muskeln schmerzten bereits und er überlegte, ob er am nächsten Tag wiederkommen sollte.
Klara winkte ihn herein und stellte ihm eine weitere Schüssel Essen vor die Nase. Auch die Männer kehrten zurück und setzten sich schweigend dazu.
Es dauerte eine Weile, ehe Theodor seine Stimme erhob. „Und, hat er was geschafft?"
„Ja, ich glaube schon", meinte Klara.
„So, so, du glaubst", brummte Theodor.
Klara warf ihm einen scharfen Blick zu. „Wir haben alle gearbeitet!"
„Aha! Ist wahrscheinlich das erste Mal, dass dieser Bengel anständige Arbeit macht."
„Wahrscheinlich!", stimmte Klara zu.
Moekaé trat mit Rahel im Arm an den Tisch heran und setzte sich auf einen Stuhl. Auch Rotes-Blatt setzte sich an den Tisch und ließ die Füße baumeln. Sofort wurde die Stimmung harmonischer und alle schauten auf das Baby, das kleine Jauchzer von sich gab.
„Niedlich sind die ja schon", meinte Theodor versöhnlich.
Josh und Collins wechselten kurze Blicke, schüttelten ihre Köpfe und vertieften sich in ihr Essen. Es dauerte eine Weile, ehe Collins sich an seinen Vater wandte. „Mähen wir heute noch die Wiese am See?"
Theodor runzelte kurz die Stirn, dann nickte er. „Sieht nach Regen aus. Holen wir rein, was geht!"
„Dann kommen wir in die Nähe des alten Lagerplatzes", meinte Josh.
„Und?", wunderte sich der Vater.
Josh zuckte die Schultern. „Ich meine ja nur!"
„Da steht das Gras fast hüfthoch und Schatten haben wir auch ein bisschen zwischen den Bäumen."
Collins und Josh schwiegen. Es gab nichts mehr dazu zu sagen. Es war jetzt ihr Land.
Theodor verließ das Haus und warf einen prüfenden Blick auf den Holzstoß, den Tatanka-ohitika bereits aufgeschichtet hatte.

Er sagte nichts, weil er offensichtlich der Meinung war, dass keine Worte bereits Lob genug waren.
Er schulterte die Sense und machte sich auf den Weg zum hinteren Ende des Sees.
Tatanka-ohitika schaute ihm verblüfft hinterher und warf einen fragenden Blick auf Moekaé. „Wozu nehmen die Weißen die langen Messer?"
„Sie schneiden damit das Gras", erklärte Moekaé.
„Wozu?", wunderte sich der Junge.
„Sie füttern damit ihre Tiere im Winter."
„Warum?"
Moekaé verzog amüsiert die Lippen und wunderte sich insgeheim darüber, dass der Junge seine Neugier so offen zeigte. Aber andere Zeiten verlangten vielleicht auch andere Sitten.
„Die Weißen haben Bisons, die nicht gewohnt sind, ihr Futter im Winter zu suchen."
„Lila withko!", meinte Tatanka-ohitika und machte dazu eine kreisende Bewegung seiner Hand an der Stirn. „Das ist völlig verrückt."
„Ich habe gesehen, dass im Winter viele von diesen Bisons verendet sind. Die Weißen wollen dies verhindern. Daher schneiden sie das Gras."
„Ist das auch Männerarbeit?"
„Ja. Und die Frauen sammeln das geschnittene Gras ein."
„Werden wir dorthin gehen und ihnen helfen?"
„Ja, sonst kommt der Regen und vernichtet das Gras. Es muss trocken sein."
Kopfschüttelnd entfernte sich der Junge zu seiner Arbeit hinter dem Haus. Die Schläge seiner Axt hallten durch das Tal, sonst war nichts zu hören.
Moekaé schnürte Rahel auf das Wiegebrett und nahm sie auf den Rücken. Dann ging sie mit den Kindern in Richtung des Sees und suchte nach den Kirschbäumen, die hier wuchsen. Wie sie es vermutet hatte, waren die ersten Kirschen bereits reif. Sie hob Rotes-Blatt auf einen Ast und eifrig machte sich das Kind ans Pflücken, während Moekaé die unteren Zweige aberntete. Kichernd stopften sie sich die Früchte in den Mund und erfreuten sich an

dem süß-sauren Geschmack. Sie spuckten die Kerne ins Gras und wischten sich mit dem Handrücken über den Mund. Dann sammelten sie die Kirschen in einer hölzernen Schüssel und trugen sie ins Haus zurück.

Klara hatte sich hingelegt, denn sie wurde wieder von den dröhnenden Kopfschmerzen heimgesucht. Moekaé stellte die Kirschen auf den Tisch und kümmerte sich um die ältere Frau.

„Oh, Kind", flüsterte Klara mit geschlossenen Augen. „Mein Kopf tut so weh. Am Abend wird es bestimmt wieder besser!"

Moekaé nickte verständnisvoll, doch dann nahm sie den zusammengedrehten Salbei und steckte etwas von der getrockneten Medizinrinde dazwischen. „Mutter", bat sie respektvoll, „setz dich!"

„Oh, Kind", stöhnte Klara abwehrend. „Ich kann nicht sitzen!"

„Doch!", widersprach Moekaé. „Ich habe Medizin für dich."

„Oh, was denn für Medizin?"

„Von einem Baum", erklärte Moekaé mit einfachen Worten.

„Aha, und das soll helfen?"

„Ja, es ist alt, wie von meinem Opa."

Anscheinend waren die Kopfschmerzen wieder so schlimm, dass Klara lieber das Risiko eines heidnischen Rituals einging, als weiter gefoltert zu werden. Mühsam richtete sie sich im Bett in eine sitzende Position auf und presste die Hände an die Schläfen. „Herrjemine", stöhnte sie.

Moekaé zündete mit den seltsamen Hölzchen der Weißen das Bündel Salbei an und hielt es Klara vor die Nase. „Atme!"

Klara atmete den etwas bitter riechenden Rauch ein und hoffte auf ein Wunder. Sie konnte sich nicht vorstellen, dass es half, aber bisher hatte ihr noch niemand helfen können und so konnte es zumindest nicht schaden, etwas Neues zu versuchen. Moekaé hatte das Feuer ausgeblasen, sodass der Salbei einen starken Rauch entwickelte. Mit dem Rauch stieg auch der Wirkstoff der Rinde in Klaras Nase. Nach einer Weile legte Moekaé das Bündel zu Seite und drückte Klara in eine liegende Position. „Warte!", befahl sie sanft.

Moekaé kehrte zum Tisch zurück und suchte nach einer steinernen Schüssel und einem Mörser, den Klara benutzte, um Kräuter

oder Kerne zu zerstampfen. Sie stopfte die kleinen Kirschen hinein und begann, sie samt den Kernen zu zermahlen. Nach kurzer Zeit trat bereits Klara mit erstaunten Augen zu ihr und fasste sich ungläubig an den Kopf. „Die Kopfschmerzen sind weg", verkündete sie.
Moekaé nickte mit blitzenden Augen und wandte sich wieder ihrer Arbeit zu. „Siehst, mein Opa und meine Oma helfen uns!"
„Es ist fast wie ein Wunder", sagte Klara voller Dankbarkeit. Dann blickte sie auf den Mus, den Moekaé aus dem Mörser in eine Schüssel tropfen ließ. „Was machst du da?", fragte sie neugierig.
Moekaé kannte die richtigen Worte nicht und schüttelte den Kopf. Noch fehlten ihr viele Worte in der neuen Sprache. „Schmeckt gut!", erklärte sie.
„Bestimmt!", antwortete Klara. „Ich habe gar nicht gesehen, dass es hier Kirschbäume gibt."
Moekaés Augen wurden rund vor Staunen. Die weiße Frau wusste nicht, dass es hier solche Früchte gab? „Hier gibt es viel!", erklärte sie mit Nachdruck. „Ich zeige dir!"
„Noch mehr Kirschen?"
„Ja, Kirschen und vieles andere zum Essen. Hier ist ein guter Platz."
Klara kicherte wie ein junges Mädchen. „Dann hätten wir den Gemüsegarten wohl gar nicht anlegen müssen, wenn hier alles wächst?"
„Nein!", bestätigte Moekaé. „Überall wächst nun viel. Ich zeige dir."
„Was machen wir nun mit dem Mus?", fragte Klara interessiert.
„Wir kochen und warten dann. Wir gehen zu den Männern und helfen das Gras zu holen. Morgen wird es regnen."
„Ach ja, das ist eine gute Idee. Und diesen Jungen nehmen wir mit, dann kann er uns dort auch helfen."
Klara erhitzte das Mus kurz, dann stellte sie es in die kühle Speisekammer.
Gemeinsam machten sie sich auf den Weg zum Ende des Sees, wo die Männer schon einen Großteil des hohen Grases abgemäht hatten. Es lag dort und trocknete bereits. Es war drückend heiß

und dunkle Wolken am Himmel warnten die Menschen vor einem Gewitter.
Die Männer stützten sich auf die Rechen, mit denen sie das Gras gewendet hatten, und schauten den dreien entgegen. Ihre Sensen lehnten an einem Baum.
„Ihr habt viel geschafft", lobte Klara ihre Söhne.
Theodor blickte abschätzend auf den Lakota-Jungen und runzelte die Stirn. „Na schön, er kann uns beim Aufladen helfen. Ist vielleicht keine schlechte Idee. Dort vorne ist das Heu schon trocken und kann zusammengerecht werden. Ich hole den Wagen." Er zeigte auf die Wolkenberge, die sich unheilvoll zusammenschoben und nur noch hin und wieder die Sonnenstrahlen durchließen. „Wir müssen schauen, dass wir möglichst viel in die Scheune bringen."
Klara übernahm seinen Rechen und zeigte auf einen weiteren Rechen, der an einem Baum lehnte. „Junge, nimm den Rechen und folge mir."
Moekaé übersetzte die Worte und erklärte Tatanka-ohitika kurz, was er damit tun sollte. In seinen Hosen und dem Hemd sah er aus wie jeder andere Farmerjunge. Nur die langen Zöpfe, die unter dem Hut hervorlugten, störten das Bild. Tatanka-ohitika folgte kopfschüttelnd der weißen Frau, dann beobachtete er kurz, was die Weißen da taten, und ahmte es ihnen nach. Geschickt zog er das geschnittene Gras zu größeren Haufen zusammen, während er manchmal einen verstohlenen Blick auf die Männer warf. Für ihn war das Frauenarbeit, das war deutlich zu sehen.
Moekaé nutzte die Zeit bis zur Rückkehr des Wagens, um Rahel zu stillen. Dann lehnte sie das Wiegenbrett an einen Baumstamm, sodass Rahel mit ihren wachen Augen etwas sehen konnte. Rotes-Blatt setzte sich neben das Baby, um es zu hüten.
Der Wagen näherte sich mit dem üblichen lauten Geklapper und alle machten sich an die Arbeit, das Heu mit Gabeln und Rechen auf die Ladefläche zu heben. Sie waren nun zu sechst und so ging die Arbeit zügig voran. Wind war aufgekommen und alle wussten, dass ihnen nicht viel Zeit blieb, ehe der Regen einsetzen würde. Im Westen neigte sich die Sonne in einem tobenden Feuerwerk aus roten und lila Wolken dem Horizont zu. Staub

wirbelte durch die Luft und Rahel begann leise zu greinen, als ihr die Staubkörner ins Auge flogen. Das Baby wackelte mit dem Kopf hin und her und fühlte sich sichtlich unwohl. Klara fasste Monika am Arm und zeigte mit dem Kinn in Richtung der Kinder. „Geh zum Haus zurück. Wir schaffen das schon. Du kannst schon mal kochen. Wir werden alle hungrig sein, wenn wir hier fertig sind.“
Moekaé nickte und ging mit den Kindern zum Haus zurück. Der Regen würde noch ein wenig auf sich warten lassen, aber der Wind war bereits unangenehm. Es war nichts Ungewöhnliches. Hier wehte immer ein starker Wind.

Moekaé legte Rahel in ihr Bettchen und feuerte den Ofen an, um einen Eintopf zu machen. Sie lächelte, als sie daran dachte, dass sie in den nächsten Tagen nach wilden Zwiebeln und Prärierüben suchen würde. Sie wusste, wo sie suchen musste, um welche zu finden. Und an den Büschen würden Beeren reifen, die sie pflücken konnte. Kurz dachte sie an das Beet und sie überlegte, welche Pflanzen dort wohl wuchsen. Zweimal hörte sie, wie der Wagen vorfuhr und die Männer das Heu in die Scheune brachten, dann wurde es auch im Haus dunkel und sie zündete die Petroleumlampe an. Die Weißen hatten viele Dinge, die sehr praktisch waren. Die Lampe spendete viel mehr Licht, als es das Feuer in einem Tipi vermochte. Selbst abends konnte man unter dem Licht der Lampe noch gut nähen und sticken, während in einem Tipi durch die Anstrengung schnell die Augen tränten. Moekaé stellte die Teller auf den Tisch und setzte sich dann mit den Händen im Schoß einfach hin. Die Suppe war gekocht und Rotes-Blatt war zur Scheune gelaufen, um den Männern beim Arbeiten zuzusehen. Moekaé liebte diese Momente der Stille.
Dann stand sie auf, um die hölzernen Fensterklappen zu schließen. Sie sicherte die Klappen mit einem Balken, der rechts und links neben dem Fenster an der Wand befestigt war. Der Sturm heulte nun ums Haus und pfiff durch jede Ritze.
Moekaé hatte Mühe, die Tür zu schließen, und wandte ihre ganze Kraft auf, um sie ins Schloss zu drücken. Auch die Tür konnte mit einem Balken gesichert werden, aber noch wartete sie, bis alle

Menschen im Haus waren. Hustend und spuckend trat schließlich einer nach dem anderen ein und wischte sich den Staub aus den Augen. „So ein Wetter!“, schimpfte der Vater. Mit dem Kinn wies er auf Tatanka-ohitika. „Wir haben sein Pony in den Stall gestellt. Er bleibt heute Nacht hier.“
Moekaé senkte erfreut den Blick. Ihr Schwiegervater war sehr wohl ein guter Mensch.
„Morgen kann er uns beim Aufräumen helfen. Wer weiß, was dieser verflixte Sturm für Schäden anrichtet!“
Collins gab seiner Frau einen flüchtigen Kuss auf die Wange und schaute dann hungrig in den Kochtopf. „Hm, was gibt es denn?“
„Suppe!“, antwortete Moekaé.
„Ah, gestern Suppe, heute Suppe, morgen Suppe!“, stellte Collins fest.
Moekaé kicherte hinter ihrer Hand und schüttelte dann den Kopf. „Und Mus!“
„Mus?“, wunderte sich ihr Mann. „Was denn für Mus?“
„Monika hat heute Kirschen gesammelt und daraus einen Mus gekocht“, erzählte Klara. „Und sie hat mir eine Medizin gegen Kopfschmerzen gegeben.“
„Medizin?“
„Ja, etwas zum Einatmen.“
„So, hilft denn so etwas?“, fragte ihr Mann misstrauisch.
„Ganz wunderbar!“, bestätigte Klara.
„Ich hoffe, es ist kein heidnisches Zeugs, was sie dir da gibt.“
„Nein, hier wachsen wohl Blätter, die heilende Wirkung haben. Ganz wie bei uns zu Hause. Man muss sie nur kennen.“
„Aha! Na, wenn es dir hilft, wird es schon kein Teufelszeug sein.“
„So ist es!“, stellte Klara fest. „Wenn du aufhörst zu meckern, werde ich morgen Kuchen und Plätzchen backen. Ich habe endlich genug Butter!“
„Klingt gut!“, meinte Theodor versöhnt.

Die Familie setzte sich an den Tisch und holte für Tatanka-ohitika einen Baumstumpf als Sitzgelegenheit, weil nicht mehr genügend Stühle vorhanden waren. Um das Haus tobte das Gewitter und die Menschen lauschten auf die Donnerschläge und

das Prasseln des Regens. In der Tür bildete sich eine Pfütze, die sich schnell in das Innere des Hauses ausbreitete, und vereinzelt tropfte es aus dem Gebälk.
„Wird ein paar Tage dauern, ehe das Gras wieder so trocken ist, dass wir Heu machen können", meinte der Vater.
Die Männer schwiegen und löffelten weiter ihren Eintopf. Es gab genug andere Arbeiten, die sie tun konnten. Josh räumte seine Sachen in die obere Koje des Stockbetts, um sein Bett für Tatanka-ohitika freizumachen. Für den Jungen war es ungewohnt in einem erhöhten Bett zu schlafen, aber er war froh, dass er bei dem Unwetter nicht nach Hause reiten musste.

Am Morgen schlüpfte er als Erstes aus dem Haus, atmete tief die frische Luft ein und ging zum See, um dort zu beten und sich zu waschen. Der Regen hatte den Staub aus der Luft gewaschen und alles schien wie neugeboren und rein. Erste Sonnenstrahlen glitzerten in den Regentropfen, die noch überall an den Zweigen hingen. Tatanka-ohitika hob die Arme der Sonne entgegen und sang ein Lied für die Schöpfung, dann blickte er sich prüfend um. Zwischen den Felsen hatte der Blitz in einen Baum eingeschlagen, doch sonst schien in diesem Tal nicht viel Schaden angerichtet worden zu sein. Die Hütte stand unbeschädigt und der Holzstoß, den er am Tag zuvor aufgeschichtet hatte, war auch nicht verändert. Tatanka-ohitika ging zur Scheune und streichelte sein Pony, das ihn mit einem Schnauben begrüßte. Auch die anderen Pferde hoben neugierig die Köpfe und schienen ansonsten von der letzten Nacht unbeeindruckt zu sein. Einige Hühner gackerten und pickten bereits in dem weichen Boden nach Würmern.
Die kleinen Pflänzchen aber, die im Beet wuchsen, waren allesamt niedergedrückt. Tatanka-ohitika schüttelte verwundert den Kopf. Die Weißen taten wirklich seltsame Dinge. Seit die Lakota so weit in den Westen vorgestoßen waren, hatten sie keine Felder mehr angelegt. Die Witterung war hier einfach zu unberechenbar. Sie sammelten, was die Natur ihnen gab, und verzichteten darauf, es ihr abzutrotzen.
Er blickte auf, als Moekaé aus dem Haus kam und ebenfalls zum See ging, um ihr Morgengeschäft zu erledigen. Im Haus rumorte

es und einer nach dem anderen ging zu dem winzigen Anbau, um dort seine Notdurft zu verrichten. Tatanka-ohitika rümpfte die Nase und schüttelte sich. Moekaé hatte ihm erklärt, wozu dieses Häuschen diente, aber um nichts in der Welt wollte er dieses stinkende Ding betreten.
Er ging wieder ins Haus und setzte sich an den Tisch. Er staunte, wie viel diese Menschen zu essen hatten, und hoffte auf ein reichliches Mahl am Morgen. Er war unterernährt und freute sich, dass er endlich genug bekam. Klara stellte ihm einen Teller mit Brot vor die Nase und Tatanka-ohitika griff hungrig danach. Vielleicht durfte er auch seiner Schwester und der Großmutter etwas bringen?

Nach dem Essen machten sich die Männer in Begleitung von Tatanka-ohitika auf den Weg zu den Weiden, um nach den Rindern zu sehen. Wie Theodor es befürchtet hatte, waren sie in alle Richtungen versprengt und hatten zudem im Norden einen Zaun niedergetrampelt. Sie waren den ganzen Tag damit beschäftigt, die Rinder wieder zu sammeln und den Zaun zu reparieren. Tatanka-ohitika war eine wertvolle Hilfe und sehr geschickt darin, die Rinder zu treiben. Außerdem war es für ihn selbstverständlich, Spuren zu sehen, und so führte er die Männer zu einigen Rindern, die sich in eine Schlucht geflüchtet hatten. Die Verständigung war etwas schwierig, da Tatanka-ohitika einfach tat, was er für richtig hielt, und Anweisungen nicht verstand. Theodor fluchte mehrfach über die Sturheit des Indianers, erkannte dann aber doch, dass sie ohne dessen Hilfe nicht alle Rinder gefunden hätten.
Am Spätnachmittag kehrten sie zur Ranch zurück und Theodor bat seine Frau darum, dem Indianer ein paar Lebensmittel mitzugeben.
„Hat nicht schlecht gearbeitet!“, knurrte er. „Hätte nie gedacht, dass mein erster Arbeiter hier draußen ausgerechnet eine Rothaut ist.“

Wambli-canté

Die nächsten drei Tage blieb Tatanka-ohitika verschwunden, doch dann stand er wieder vor der Tür und wartete höflich, ob man ihn ansprechen würde.
Theodor knurrte unwillig und verlangte zu wissen, wo der Junge die letzten Tage geblieben wäre. „So geht das nicht!", schimpfte er. „Entweder du arbeitest hier und kommst regelmäßig, oder du bleibst zu Hause."
Tatanka-ohitika zuckte verständnislos die Schultern. „Ich hatte genug zu essen", erklärte er.
Theodor schnaubte vor Empörung, als Monika die Worte übersetzte, während seine Söhne sich ein Grinsen nicht mehr verkneifen konnten.
„Du kommst also nur, wenn du Hunger hast, verstehe ich das richtig?", forschte Theodor.
Moekaé übersetzte seine Worte und wunderte sich ebenfalls über diese Frage. Natürlich kam Tatanka-ohitika nur, wenn er das Essen brauchte. Warum sollte er sonst arbeiten?
„Ja!", antwortete der Junge einsilbig.
„Ja?", wiederholte Theodor empört. Er stemmte die Fäuste in die Hüften und starrte den Jungen herausfordernd an.
Tatanka-ohitika zuckte mit keiner Wimper. Er verstand nicht, warum der weiße Mann so wütend war. „Ja!", wiederholte er ebenfalls.
Ehe Theodor einen Tobsuchtsanfall bekommen konnte, mischte sich Klara in die Auseinandersetzung ein. „Nun lass ihn doch erst einmal etwas essen. Streiten könnt ihr später auch noch."
Theodors Zorn richtete sich sofort auf seine Ehefrau. „Klara! Unterstützt du dieses Verhalten auch noch? So wird aus dem Bengel nie ein anständiger Arbeiter."
„Wenn du ihn anbrüllst, sicherlich auch nicht. Indianer wissen vermutlich gar nicht, was du dir unter anständiger Arbeit vorstellst. Er kommt her, weil er Hunger hat. So einfach ist das. Dass wir andere Regeln haben, muss er doch erst einmal lernen. Er ist doch noch ein Kind."

„Schön, dann füttern wir halt noch einen Hungerleider durch. Wirst schon sehen, was du davon hast."
„Nun, er wäre eine Hilfe, wenn er tatsächlich kommt und du ihn mit deinem Gemecker nicht verschreckst. Setz dich hin, du alter Griesgram, iss dein Frühstück und überleg dir, was ihr heute arbeiten könnt."
Grummelnd setzte sich Theodor auf seinem Platz, während seine Söhne sich ebenfalls mit einem breiten Grinsen im Gesicht niederließen.
„Was grinst ihr so?", fauchte Theodor sie an.
„Nichts, nichts!", beeilte sich Collins zu versichern.
„Nichts, nichts!", wiederholte Josh.
Auch Tatanka-ohitika setzte sich und biss mit Appetit in das Brot, das Klara ihm reichte. Etwas später winkte er Rotes-Blatt zu sich und drückte ihr einen kleinen Haaranhänger aus Perlen in die Hand. „Für dich!", erklärte er mit einem Lächeln.
Rotes-Blatt strahlte ihn an und rannte zu ihrer Mutter, damit sie ihr den Anhänger im Haar befestigte.
Draußen schien die Sonne und die Frauen begaben sich zum Gemüsebeet, um die Pflanzen aufzurichten, die es nach dem Sturm niedergedrückt hatte. Einige begannen bereits zu verdorren, während andere sich langsam wieder erholten. Moekaé erkannte inzwischen, dass Klara offensichtlich Kürbis, Zwiebeln und Bohnen gepflanzt hatte. Aber diese Dinge fand man auch wild wachsend an anderen Stellen. Außerdem wuchsen hier einige Pflanzen, die Moekaé nicht kannte.
Die Männer holten ihre Pferde und machten sich auf den Weg zur Nordweide, um weiter den Zaun zu reparieren. Sie würden den ganzen Tag unterwegs sein und erst am Abend wieder heimkehren. Klara hatte ihnen Brot und getrocknetes Fleisch mitgegeben, damit sie unterwegs etwas zu essen hatten.
Die Frauen arbeiteten indessen schweigend vor sich hin, bis die Mittagshitze sie zwang, eine Pause zu machen. Moekaé stillte das Baby und döste dann eine Weile in ihrem Zimmer. Sie genoss die Ruhe und lauschte auf den Wind, der um das Haus strich. Eine leichte Brise wehte durch das Fenster und kühlte auf angenehme Weise das Innere des Hauses.

Am Nachmittag ging Moekaé mit Rotes-Blatt wieder zum Beerensammeln. Die Sträucher am See waren inzwischen voller roter und schwarzer Früchte, außerdem kannte sie eine Stelle, an der wilde Zwiebeln wuchsen.
Klara war im Haus geblieben, um Kleider zu flicken und endlich die versprochenen Kekse zu backen.
Moekaé trug Rahel in der Wiege auf dem Rücken und streifte mit ihren Fingern die Beeren von den Zweigen. Sie benutzte einen geflochtenen Korb, um die Beeren zu sammeln, und freute sich darüber, dass die weißen Menschen so praktische Dinge hatten.
Die Luft flimmerte in der Hitze und Insekten tanzten über den Grashalmen und Büschen.

Rotes-Blatt klammerte sich an ihrem Kleid fest und starrte auf den Kamm des Hügels, auf dem plötzlich ein Reiter auftauchte. Der Mann starrte auf Moekaé und das Kind, winkte dann mit der Hand und trieb sein Pferd den Abhang hinunter. Moekaé wich einige Schritte zurück, erkannte aber, dass eine Flucht sinnlos war, denn immer mehr Indianer drängten über den Kamm und ritten auf sie zu. Moekaés Herz schlug bis zum Hals, doch sie unterdrückte den Impuls, einfach wegzurennen. Hinter den Männern tauchten inzwischen auch Frauen und Kinder auf, die allesamt zu Fuß gingen und den Männern nun folgten. Moekaé konnte nicht erkennen, um welchen Stamm es sich handelte, denn die Menschen waren in die Kleidung der Weißen gekleidet. Viele trugen höchstens Lumpen am Leib und sie wirkten abgemagert und hungrig.
Der erste Reiter erreichte sie und redete sie in der Sprache der Lakota an. „Lebst du hier?"
Moekaé nickte nur, noch hinderte ein Kloß im Hals sie am Sprechen. Rotes-Blatt hatte das Gesicht in ihr Kleid gedrückt und schielte mit großen Augen auf den fremden Mann. Er war ungefähr dreißig Jahre alt und sein Körper war hager. Hunger und Hass standen ihm ins Gesicht geschrieben, sodass Moekaé unwillkürlich zurückwich. Dieser Mann war gewohnt zu kämpfen und auch zu töten. Der Mann sah ihre Reaktion und verzog spöttisch seine Lippen.

„Lakota?", forschte er.

Moekaé schüttelte den Kopf. „Cheyenne!"

Der Blick des Mannes wurde etwas freundlicher und er machte eine beruhigende Bewegung mit der Hand. „Hab keine Angst!", versicherte er. „Wir kommen in Frieden."

Moekaé nickte erleichtert und wartete, ob der Mann seine Anwesenheit erklären würde.

„Du lebst bei diesen Weißen?", fragte der Mann stattdessen.

„Ja!"

Das Gesicht des Mannes zeigte keine Reaktion, sondern er nahm ihre Antwort einfach nur zur Kenntnis. Mit seinen Lippen deutete er zum Ende des Tales. „Wir werden dort eine Inipi-Zeremonie machen, um Crazy-Horse und all die anderen zu ehren. Wir werden einige Tage bleiben und dann wieder fortziehen. Der weißen Familie wird nichts geschehen."

„Habt ihr die Reservation verlassen?", fragte Moekaé.

Der Mann nickte stolz. „Ja! Wir sind gegangen. Sie wollen, dass wir an dem Ort bleiben, den wir Wazi-Paha nennen. Dort, wo die Hügel voller Pinien sind. Sie wollen uns unsere Lebensweise verbieten, doch die heiligen Zeremonien sind wichtig für uns. Viele sind geblieben, um die Weißen zu täuschen, doch einige wollen hier für unser Volk beten."

„Die Weißen hier werden vielleicht nicht einverstanden sein. Sie betrachten es nun als ihr Land."

Der Mann senkte traurig den Blick und biss sich auf die Lippen. „Wir wollen nicht töten!", erklärte er leise. „Kannst du für uns sprechen?"

Moekaé nickte. „Ich werde es versuchen, aber sie werden es nicht verstehen. Sie haben Angst, dass ihr immer wiederkehren könntet und ..."

„Wir stehlen nichts!", erklärte der Mann mit scharfer Stimme. „Wir haben, was wir brauchen."

Moekaé senkte den Blick und wartete, was der Mann noch sagen würde.

Ein kurzes, unangenehmes Schweigen entstand. Die Menschen hatten sich in einem Halbkreis um sie gestellt und schwiegen ebenfalls. Es waren vielleicht fünfzig Personen und davon an die

zwanzig Männer, die aber bis auf einige primitive Bögen keine Waffen trugen.
„Sind diese Kinder von dem weißen Mann?“, wollte der Mann wissen.
Moekaé schüttelte den Kopf. „Nein, dieses Mädchen ist die Tochter meiner Schwester, und das Baby ist von meinem Mann Heskovetse. Er starb, als er mich verteidigt hat.“
Die Augen des Mannes verdunkelten sich in Trauer. „Heskovetse war ein guter Mann. Ich kannte ihn. Es ist schön, dass sein Kind überlebt hat.“
Moekaé schaute ihn trotzig an. „Ich lebe nun hier. Die Weißen haben uns im Winter gerettet. Ohne sie hätten wir nicht überlebt. Einer von ihnen ist nun mein Ehemann.“
Der Mann lächelte plötzlich freundlich und machte eine begütigende Bewegung mit seiner Hand. „Ich wollte dich nicht kränken. Bald wirst du auch ein Kind von ihm haben und dann vereinen sich in deinen Kindern die Ahnen von drei Familien. Das ist wakan! Wir kämpfen alle um unser Überleben und dein Weg ist der Weg der Frauen.“
„Ich werde meinen Kindern die Geschichten unseres Volkes erzählen, damit sie nicht vergessen werden. Eines Tages werden ihnen viele Menschen zuhören.“
Der Mann nickte anerkennend. „Das ist gut. Bewahre die Erinnerung in deinem Herzen und gib sie deinen Kindern weiter.“
„Ich gehe nun zurück und erkläre den Weißen, warum ihr hier seid.“ Moekaé drehte leicht ihren Körper, um zu zeigen, dass sie nun gehen wollte.
Der Mann nickte und schob auffordernd die Lippen vor, um ihr zu zeigen, dass er sie nicht aufhalten würde. „Wie heißt du?“, fragte er.
„Moekaé!“, antwortete sie leise. „Die Weißen nennen mich nun Monika.“
„Man nennt mich Wambli-canté“, stellte der Mann sich vor. „Wir werden uns wiedersehen.“
Monika nahm Rotes-Blatt an der Hand, klemmte sich den Korb unter den Arm und verschwand in Richtung des Hauses. Sie konnte erkennen, dass Klara in der Haustür stand und bereits

auf sie wartete. Die ältere Frau hatte die Hand schützend vor die Augen gelegt, um auch gegen die Sonne zu erkennen, ob Monika wohl Hilfe bräuchte. In der anderen Hand hielt sie das Gewehr. Moekaé ging zum Haus zurück und lächelte, als sie die Erleichterung im Gesicht ihrer Schwiegermutter erkannte.

„Um Gottes willen!“, entsetzte sich Klara. „Was wollen denn die Indianer hier?“

„Sie beten“, erklärte Moekaé.

„Beten?“

„Ja, hier ist heiliger Ort und sie wollen beten. Dann werden sie fortgehen.“

„Das wird Theodor niemals zulassen! Außerdem wird die Armee hier auftauchen und alle niederschießen. Die Indianer dürfen die Reservate nicht mehr verlassen.“

Moekaé zuckte unglücklich mit den Schultern. „Die Armee nicht finden. Du redest mit Theodor! Sie wollen beten.“

Klara schüttelte ratlos den Kopf. „Um Gottes willen, wie soll das nur enden?“

Bittend legte Moekaé ihre Hand auf Klaras Arm. „Du musst es versuchen.“

Klara legte zweifelnd den Kopf schief und stellte das Gewehr gegen die Wand. Dann strich sie mit ihren Händen die Schürze glatt, wie sie es immer tat, wenn sie ratlos war. Sie steckte einige Haarsträhnen wieder in dem strengen Knoten fest und kehrte ins Haus zurück. Rotes-Blatt drängte sich an ihr vorbei, trat an den Herd und stellte sich auf ihre Zehenspitzen, um in den Topf zu schauen.

„Wenn du Hunger hast, kannst du schon mal den Tisch decken“, schlug Klara vor.

Rotes-Blatt holte die hölzernen Teller und legte das Besteck dazu, während Moekaé in ihr Zimmer ging, um Rahel zu stillen. Die Männer würden bald heimkehren und dann wäre die kurze Ruhe sicherlich vorbei.

In der Dämmerung kehrten die Männer zurück und an den aufgeregten Stimmen konnte Moekaé erkennen, dass sie die Anwesenheit der Indianer bereits bemerkt hatten. Sie ließ Rahel in ihrem Bettchen und stürzte aus dem Haus, um das Schlimmste zu verhindern. Theodor hatte bereits sein Gewehr aus dem Holster gezogen und wollte sich auf den Weg machen, die unliebsamen Gäste zu verscheuchen. „Da hol mich doch …“, fluchte er aufgebracht.

Tatanka-ohitika saß bewegungslos auf seinem Pony und blickte hilflos von einem zum andern. Auch er hatte die Feuer in der Ferne bemerkt und zuckte nun ratlos die Schultern.

„Wer lagert dort?“ fragte er Monika.

„Lakota!“, antwortete Moekaé kurz angebunden, dann hielt sie Theodors Pferd am Zügel fest, damit er nicht losgaloppieren konnte.

Collins und Josh drängten ihre Pferde näher und zogen ebenfalls die Gewehre aus dem Holster.

„Monika sagt, dass die Indianer zum Beten gekommen sind“, versuchte Klara ihre Familie zu beruhigen.

„Zum Beten?“, fauchte Theodor ungehalten. „Ich will hier keinen heidnischen Zauber. Sie sollen gefälligst verschwinden.“ Wütend herrschte er seine Schwiegertochter an: „Lass gefälligst das Pferd los. Hörst du?“ Er hieb seinem Pferd die Hacken in die Seiten und versuchte, sich an Moekaé vorbeizudrängen. Moekaé wurde von dem Schwung mitgerissen und stürzte schwer. Blitzschnell richtete sie sich wieder auf und griff nach den Zügeln eines weiteren Pferdes. „Nein!“, schrie sie bittend. Dieses Mal erwischte sie das Pferd ihres Mannes, das schnaubend zurückwich und kurz bockte.

„Lass los!“, schimpfte Collins.

Moekaé stellte sich vor ihn und sah aus den Augenwinkeln, dass auch ihr Schwiegervater noch wartete. „Nicht!“, bat sie flehend. „Die Lakota beten.“

„Nicht auf meinem Grund und Boden!“, fluchte Theodor.

„Das ist Lakota-Land!“, erklärte Moekaé mit trotziger Stimme.

„Was? Du unverschämtes Ding! Geh aus dem Weg!“

„Das ist Lakota-Land!“, wiederholte Moekaé. „Hier ist heiliger Platz! Hier hat Crazy-Horse gebetet. Hier tanzen Lakota ihren Sonnentanz. Bitte!“ Ihre Stimme brach ab vor Verzweiflung und auch, weil ihr so viele Worte in der neuen Sprache fehlten.

Collins hatte sich inzwischen losgerissen und trieb nun sein Pferd neben das Pferd seines Vaters. Auch Josh gesellte sich dazu und blickte verstört von einem zum andern. „Wir können doch mal hören, was sie wollen“, versuchte er einzulenken. „Wenn sie nur ein paar Tage bleiben, dann macht das doch nichts.“
„Hah, und wenn die Armee hier aufmarschiert? Du glaubst doch wohl nicht, dass es unbemerkt bleibt, wenn so viele Indianer verschwinden.“
„Das heißt noch lange nicht, dass sie hier suchen werden!“
„Sie werden mit Sicherheit hier suchen, denn wir gelten inzwischen als Indianerfreunde. Wir haben ja jetzt einen Squawmann im Haus.“
„Na und?“
„Ich habe keine Lust auf Blutvergießen. Ich will hier keinen Ärger! Die Indianer sollen verschwinden und damit ist genug!“
Josh grinste leicht und zuckte mit den Schultern. „Und wenn sie so stur sind wie du, werden sie nicht freiwillig gehen. Und was machst du dann? Richtest du dann dein Gewehr auf ein paar zerlumpte Gestalten und verscheuchst sie? Das ist doch Unsinn! Lass sie die paar Tage bleiben und wenn die Armee hier anrückt, dann können wir immer noch entscheiden, was wir tun. So wie ich die Armee kenne, werden sie hier erst auftauchen, wenn die Indianer längst weg sind.“
Theodor blickte sprachlos auf seinen jüngsten Sohn und suchte dann Unterstützung bei Collins. „Kannst du ihn bitte zur Vernunft bringen?“
Collins zuckte grinsend seine Schultern. „Klingt doch ganz vernünftig, was er da sagt. Wir sollten da hinüberreiten und guten Abend sagen. Wenn es so ist, wie Monika sagt, dann werden sie uns freundlich empfangen. Klingt doch sehr interessant!“
„Interessant?“, fauchte Theodor.
Collins nickte. Mit seiner Hand deutete er auf seinen Bruder. „Er wollte eh mehr über die Indianer erfahren. Da kann er ja mal fragen, was das alles soll. Vielleicht erfährt er jetzt, wozu sie Tabakbeutel in die Büsche hängen.“
Theodor tippte sich empört an die Stirn. „Sagt mal, geht es euch gut? Ich will doch nicht wissen, warum Indianer Tabakbeutel

in die Büsche hängen. Ich will gar nichts wissen! Ich will, dass sie hier verschwinden. Hier laufen mir inzwischen viel zu viele Indianer herum. Und dieser Bengel braucht auch nicht mehr zu kommen. Wir sind anständige Leute!" Er wedelte mit seiner Hand in Richtung von Tatanka-ohitika, als wollte er ihn ebenfalls verscheuchen.
„Aha, und Monika und die Kinder sollten am besten auch gleich verschwinden?", fragte Collins gefährlich leise.
Theodor stutzte etwas und lehnte sich dann im Sattel leicht nach vorne. „Ja, am besten! War sowieso eine Schnapsidee, eine Indianerin zu heiraten! Siehst ja, wohin das führt!"
Klara stemmte energisch die Fäuste in die Hüften und beendete die Diskussion. „Schluss jetzt! Wir gehen jetzt alle da rüber und begrüßen unsere Nachbarn. Vielleicht brauchen sie etwas und wir können ihnen helfen."
Theodor verdrehte die Augen vor Entsetzen. „Klara, du kannst doch nicht allen Indianern helfen!"
Klara funkelte ihn wütend an. „Und warum nicht?"
„Na ... einfach so! Das geht doch nicht."
Klara drehte sich zu ihren Söhnen und wedelte energisch mit der Hand. „Spannt die Pferde ein! Wir fahren rüber und bringen ein paar Lebensmittel. Wahrscheinlich sind sie genauso verhungert wie Monika, als sie hier ankam."
„Klara!", schimpfte Theodor entgeistert, während Collins und Josh bereits mit einem breiten Grinsen abstiegen und ihre Pferde in den Stall führten.
Klara ging ins Haus zurück und griff nach dem Topf mit der Suppe, während Monika in der Speisekammer verschwand und nach Trockenfleisch suchte.
Theodor folgte seiner Frau ins Haus und bekam den Topf in die Hand gedrückt. „Stell ihn auf die Ladefläche. Wenn es nicht so rüttelt, wird es schon gehen."
„Klara ...!", versuchte Theodor sich durchzusetzen.
„Nimm die Kinder mit!", wies Klara ihn an.
Moekaé erschien mit einem Beutel und drängte sich an Theodor vorbei aus dem Haus.
„Ja, aber ...!", schimpfte Theodor.

Draußen erklang bereits das Rumpeln der Kutsche und er seufzte ergeben. „Das kann ja was werden", murmelte er vor sich hin.
Collins saß auf dem Kutschbock und seine Mutter setzte sich neben ihn. Rotes-Blatt kletterte ebenfalls nach oben und strahlte die Großmutter schüchtern an. Moekaé legte die Lebensmittel auf die Ladefläche, dann holte sie das Baby und kletterte ebenfalls auf die Ladefläche.
Josh und Theodor dagegen stiegen wieder auf die Pferde und folgten langsam dem Wagen, der sich in Richtung des Lagerplatzes der Indianer in Bewegung setzte. Sie hatten die Gewehre wieder in die Holster gesteckt, doch ihre Mienen verrieten, dass sie sich nicht ganz wohl dabei fühlten.
Der Wagen rumpelte durch das Tal, das von der Abendsonne in ein warmes Licht getaucht wurde. Auf der anderen Seite wurden die Menschen unruhig. Sie erhoben sich, als sie den Wagen und die Reiter bemerkten, und stellten sich ihnen abwartend entgegen. Niemand hob die Waffen gegen die Ankömmlinge und doch lag eine gewisse Spannung in der Luft.
Es war Wambli-canté, der ihnen entgegentrat und grüßend die Hand hob. Collins hob ebenfalls die Hand, dann drehte er sich zu seiner Frau um. „Sag ihnen, dass wir ein paar Lebensmittel bringen."
Moekaé kletterte mit dem Topf vom Wagen und reichte ihn dem verdutzten Krieger. „Wir kommen in Freundschaft und bringen ein paar Lebensmittel", erklärte sie auf Lakota.
Wambli-canté konnte sich einen Ausdruck der Überraschung nicht verkneifen. „Aho", wunderte er sich.
Er drehte sich um und winkte eine Frau heran. „Nehmt das Essen und verteilt es an die Kinder."
Die Frau nickte erfreut und griff nach dem Topf. Dann verschwand sie zwischen den Menschen, die sich hinter Wambli-canté versammelt hatten. Moekaé kehrte zum Wagen zurück und griff nach dem Beutel mit Lebensmitteln. Auch diesen drückte sie Wambli-canté in die Hand.
Collins hockte immer noch neben Klara auf dem Kutschbock und wartete in Ruhe ab. Nur Rotes-Blatt rutschte ungeduldig hin und her, denn sie hatte einige Kinder entdeckt, mit denen sie spielen

wollte. Wambli-canté machte eine einladende Handbewegung in Richtung der Feuer und meinte: „Seid unsere Gäste. Heute wollen wir unsere Ankunft hier feiern. Die weiße Familie sei uns willkommen."

Rotes-Blatt lachte glücklich und kletterte hurtig vom Kutschbock herunter. Schüchtern stellte sie sich neben ihre Mutter und suchte mit ihren Augen nach einem Mädchen in ihrem Alter, mit dem sie nun vielleicht spielen konnte.

Auch Collins kletterte bereits vom Kutschbock und half seiner Mutter.

Theodor trieb sein Pferd näher und schüttelte den Kopf. „Was soll denn das?"

„Ich glaube, wir sind eingeladen", antwortete Collins.

„Eingeladen?"

„Ja, lasst uns doch ein bisschen bleiben!", schlug Collins vor.

Josh stieg sofort von seinem Pferd und stellte sich ebenfalls neben Collins und Monika. Theodor blieb nichts anderes übrig und stieg mit einem Knurren vom Pferd.

Die Familie wurde von den Lakota zu einem der Feuer geführt, wo sie auf einigen Decken Platz nahmen. Prüfend wanderte Theodors Blick über die Menschen, die sich hier versammelt hatten. Sie sahen wahrlich nicht gefährlich aus, sondern halbverhungert und ärmlich.

Niemand sagte etwas und so entstand ein abwartendes Schweigen, in welchem sich die Menschen verstohlen musterten. Das Fleisch wurde herumgereicht und die Indianer aßen es dankbar. Kurz blickten sie auf, als Tatanka-ohitika angeritten kam und sich ebenfalls dazusetzte.

„Frag doch mal, warum er heute nicht mehr nach Hause reitet", bat Theodor und wandte sich dabei an seine Schwiegertochter.

Moekaé flüsterte leise mit dem Knaben und übersetzte dann seine Worte. „Er schläft hier. Er wird beten!"

„Aha, dann wird er wohl die nächsten Tage nicht arbeiten?", bemerkte Theodor scharfsinnig. „Das kann ja was werden."

Moekaé überhörte die Schärfe in der Stimme und schüttelte den Kopf. „Nein, er nicht arbeiten. Er wird flehen."

„Und was ist das?" fragte Collins.

Moekaé deutete mit den Lippen auf die fernen Hügel. „Er wird dorthin gehen und flehen."
„Und was bedeutet es, wenn einer fleht?", wollte Josh wissen.
„Er isst nichts und geht fort, um zu träumen. Er sucht Antworten auf seine Fragen."
„Und warum fragt er nicht jemand anderen?"
Moekaé lächelte leicht. „Wir fragen Mahéo und die Lakota fragen Wakan-tanka."
„Wir beten zu Gott!", meinte Theodor.
„Mahéo ist Gott!"
„So, so!", murrte Theodor nicht so ganz überzeugt.

Langsam ging die Sonne unter und es wurde Zeit heimzukehren. Rotes-Blatt hatte kurz mit einem Mädchen gespielt, das ihr schließlich eine Puppe schenkte. Klara schüttelte den Kopf über diese großzügige Geste. „Nun sieh dir das mal an!", meinte sie zu ihrem Mann. „Die haben selber nichts und sind dennoch so großzügig."
„Na ja, wir können ihnen ja morgen wieder etwas bringen. Sie könnten auch einen von diesen Büffeln schießen. Die fressen uns eh nur das Gras weg."
Moekaé übersetzte seine Worte und die Augen der Männer bekamen einen glasigen Ausdruck. „Hier leben Büffel?", fragten sie ungläubig.
„Ja, dort, wo die Bäume die Schlucht verbergen. Sie haben sich im Winter hierher verirrt."
„Es gibt nicht mehr viele Büffel", erklärte Wambli-canté traurig. „Es ist gut, dass sie hier Zuflucht gefunden haben. Wir werden einen schießen, doch die anderen sollen leben und sich vermehren. Eines Tages werden sie vielleicht wieder über das Land ziehen wie einst."
Moekaé nickte bestätigend. „Auch die Weißen sehen darin ein Zeichen. Im Winter sind ihnen viele der gefleckten Kühe eingegangen, doch die Büffel sind zäh und halten auch der Kälte des Winters stand. Diese Menschen lernen und das ist gut so."
„Komm zu uns, wenn wir beten!", bot Wambli-canté an.
„Ich werde kommen!", versprach Moekaé mit einem Lächeln.

„Und bringe deine Kinder mit. Deine Tochter spielt wohl gern mit Wirbelwind-Mädchen?“ Er deutete auf ein ungefähr sechsjähriges Mädchen, das sich nun wieder hinter seiner Mutter versteckt hatte.
„Ja!“, stimmte Moekaé zu. „Wir leben hier allein und es ist schön, wenn Rotes-Blatt mit einem Kind spielen kann.“
„Die Weißen leben sehr seltsam“, wunderte sich Wambli-canté. „Warum suchen sie nicht die Nähe zu ihresgleichen?“
„Ich weiß nicht“, antwortete Moekaé. „Es ist einfach so.“

Die Familie kehrte schweigend zu ihrem Haus zurück. Die Männer versorgten die Pferde, während Klara eine weitere Mahlzeit auf den Tisch zauberte. Hungrig setzten sich alle zusammen und aßen. Von fern schallte leises Trommeln und Singen zu ihnen hinüber. „Klingt entsetzlich!“, stellte Theodor fest. „Hoffentlich geht das nicht die ganze Nacht.“
Klara kicherte vergnügt und lästerte dann: „Dein Schnarchen klingt auch nicht besser.“
„Ich schnarche nicht!“, empörte sich Theodor.
„Doch, das tust du!“
Alle lachten und das löste die Anspannung. Es war seltsam, dass nun Indianer friedlich in der Nähe lagerten, und an diesen Gedanken mussten sie sich erst noch gewöhnen. Theodor nahm Rotes-Blatt zu sich auf den Schoß und lächelte sie wohlwollend an. „Morgen reiten wir wieder zu deiner neuen Freundin und bringen ihr auch ein Geschenk, was meinst du?“
Rotes-Blatt zeigte ihrem Großvater die neue Puppe und nickte. „Sieh nur, nun habe ich zwei Puppen. Ich sehe nach, was ich Wirbelwind-Mädchen schenken kann.“ Sie sauste davon und kehrte mit der Tafel und der Kreide zurück. „Was meinst du?“, fragte sie Theodor.
Der Großvater zuckte sichtlich zusammen. „Aber du malst doch so gerne.“
„Ja, und das wird Wirbelwind-Mädchen auch gefallen, meinst du nicht?“
„Ja, schon …!“
„Was für ein wundervolles Geschenk!“, lobte Klara das Kind.

„Und so schön praktisch. Es nimmt nicht viel Platz weg und deine Freundin kann immer wieder neue Bilder malen."
„Nicht wahr!", freute sich Rotes-Blatt. Mit glühenden Backen verschwand sie in ihrem Zimmer, um ins Bett zu gehen. Sie freute sich bereits auf den nächsten Tag, an dem sie wieder spielen konnte.

Inipi

Moekaé war bereits am Morgen mit ihren Kindern in Richtung des Sees verschwunden. Rotes-Blatt hüpfte voller Freude neben ihr her und freute sich auf ihre kleine Freundin. Sie sprach Lakota, sodass sie sich gut verständlich machen konnte. Moekaé trug einen Korb mit sich, in dem sie Beeren und Zwiebeln sammeln wollte. Sie wollte den anderen Frauen einige Plätze zeigen, an denen sie Früchte und Gemüse sammeln konnte. Im Lager waren nur noch einige Frauen und Kinder zu sehen. Die Männer waren bereits aufgebrochen, um den versprochenen Büffel zu schießen. Andere hatten sich zu einem bewaldeten Hügel begeben, um zu fasten und zu beten. Einige Frauen knieten im hohen Gras und sammelten Salbei, den die Männer für ihre Zeremonien brauchen würden. Eine Frau brachte Moekaé den Kessel zurück. Er war gereinigt worden, sodass Moekaé ihn nun ebenfalls zum Beerensammeln verwenden konnte. Die Frauen lächelten und ließen sich von Moekaé bereitwillig zu einigen Felsen führen, zwischen denen sie Büsche mit Beeren fanden. Außerdem wuchsen dort Kräuter, Prärierüben und wilde Zwiebeln. Die Kinder halfen ihnen eifrig, doch dann setzten sich die Mädchen mit ihren Puppen in den Schatten und spielten. Auch Moekaé setzte sich dazu und stillte Rahel, die durstig in ihre Brust biss. Ein winziger Zahnabdruck zeigte sich auf der braunen Haut und Moekaé schob den Kopf des Kindes zur Seite, um ihm zu zeigen, dass so ein Verhalten nicht erwünscht war. „Nein!", schimpfte sie energisch. Große dunkle Augen schauten sie verdutzt an, dann sammelte sich das Wasser in ihnen. „Nicht beißen!", erklärte Moekaé streng. Natürlich verstand das Baby diese Worte noch nicht, aber es merkte sehr wohl, dass die Mutter ihr so die Brust verweigerte.

Die Mutter von Wirbelwind-Mädchen setzte sich neben Moekaé und blickte wohlwollend auf die junge Mutter. „Sie trinkt gut!", stellte sie fest.

„Ja, sie wurde zu früh geboren, aber nun ist sie kräftig und stark."

„Du bist mit Dull-Knife geflohen?", fragte die Frau.

Moekaé nickte. „Mein Mann wurde niedergeschossen. Doch ich

konnte entkommen. Die Weißen hier haben mich gefunden. Die Wehen hatten eingesetzt und ich hätte nicht überlebt, wenn sie mir nicht geholfen hätten."
„So viele von uns wurden getötet", bemerkte die Frau traurig.
Moekaé senkte die Augen und schwieg. Dazu gab es nichts zu sagen.
„Der weiße Mann sagt, dass wir die Reservation nicht verlassen dürfen. Sie werden auf uns schießen, wenn sie uns hier finden. Aber wir wollen nicht unsere Art zu leben aufgeben. Es ist wichtig, dass wir uns an die Ahnen erinnern und unsere Häuptlinge ehren. Wir beten für Crazy-Horse und für die fünf Männer, die hier den Sonnentanz getanzt haben. Drei von ihnen leben nicht mehr."
Moekaé nickte. „Ich habe die fünf Steine gesehen, die dort im Gras liegen."
„Ja, sie wurden hierher gerollt, um an die fünf Flehenden zu erinnern."
Die Frau zögerte kurz, dann wischte sie sich gedankenverloren über die Stirn. „Die Weißen wollen, dass wir nun zu ihrem Schöpfer beten. Sie zwingen uns, indem sie uns kein Essen geben, wenn wir es nicht tun. Sie geben uns auch kein Essen, wenn sie Waffen bei uns finden. Sie wollen, dass wir unsere Kinder in ihre Schulen schicken. Aber wer soll sich dann noch an unsere Häuptlinge erinnern? Wer soll unsere Lieder singen und unsere Gebete sprechen?"
Moekaé schaute in die Ferne und dachte an die Worte, die Crazy-Horse gesprochen hatte. „Es ist nun die Aufgabe der Frauen, diese Dinge zu bewahren. So wie eh und je. Die Zeit des Kämpfens ist vorbei. Eines Tages wird es Menschen geben, die unsere Worte hören wollen. Solange müssen wir sie an unsere Kinder weitergeben."
„Ja, das sind gute Worte."
Die beiden Frauen schwiegen, dann lächelte die Frau plötzlich und stellte sich vor: „Ich heiße Krähenfrau. Es ist schön, wenn unsere Kinder miteinander spielen."
Moekaé lächelte ebenfalls. „Ja, es ist schön!"
Rahel war an ihrer Brust eingeschlafen und Moekaé band sie wie-

der auf dem Wiegenbrett fest. Moekaé hängte sie in den Schatten eines Baumes und folgte den anderen Frauen wieder zwischen die Felsen, um nach Zwiebeln zu graben. Es war anstrengend und doch erinnerte es sie an längst vergangene Zeiten.
Ein wenig später kehrten die Männer zurück und zeigten stolz das viele Fleisch, das sie erlegt hatten. Sie hatten den Bison bereits zerlegt und holten nun die Frauen, damit sie die Bündel ins Lager zurücktrugen. Moekaé verabschiedete sich und kehrte zum Haus zurück. Ihr Korb war voll und auch der Topf quoll bereits über. Das Tal hatte schon immer die Menschen, die hier lebten, ernährt.

Klara lächelte erfreut und stellte die Lebensmittel in die Kammer. Auch die Männer kehrten müde und verschwitzt zurück und balgten sich im Wasser des Sees. Sie nahmen keine Notiz von den Indianern, die an ihren Feuern saßen und das Fleisch in sich hineinstopften. Frohes Gelächter hallte über den See und Theodor schüttelte missbilligend seinen Kopf. Indianer lachten doch nicht!
Josh war neugierig und näherte sich dem Lager ein wenig. Er konnte sehen, dass die Männer die seltsame Hütte aus Ästen und Zweigen mit Decken abgedeckt hatten und nun nackt darin verschwanden. Steine wurden mit gegabelten Stöcken ins Innere gereicht und Josh ging zum Haus zurück, um Moekaé danach zu fragen.
„Die Männer ziehen sich aus und gehen dann in eine kleine Hütte. Warum machen sie das?“
„Sie beten!“, erklärte Moekaé.
„In dieser Hütte?“, wunderte sich Josh.
„Ja, dort ist es sehr heiß. Der Körper wird gereinigt. Sie beten und sprechen zu den Geistern.“
Josh grinste anzüglich. „Und Frauen gehen da auch hinein?“
Moekaé schüttelte empört ihren Kopf. „Aber nein. Frauen gehen nicht hinein!“
„Und wie beten dann Frauen?“
Erstaunt schaute Moekaé ihren Schwager an. Weiße Männer stellten wirklich seltsame Fragen! „Wir beten immer“, erklärte sie.
„Immer?“, wunderte sich Josh.

„Ja, wir beten immer! Frauen sind immer mit dem Schöpfer verbunden."
„Und Männer sind das nicht?"
„Nein, Männer sind das nicht. Deshalb machen sie Inipi." Sie benutzte das Lakotawort für die Schwitzhütte.

Als am Abend alle um den Tisch saßen, erzählte Josh von seinen neu gewonnenen Erkenntnissen. Theodor und Collins staunten nicht schlecht, während Klara leise in sich hineinkicherte.
„Was ist denn daran so lustig?", wunderte sich der alte Griesgram.
„Na, Monika hat doch so recht!", verteidigte sich Klara. „Wir Frauen stehen nahe bei Gott. Wir führen ja auch nicht andauernd irgendwelche Kriege. Ich finde, dass die Indianer sehr weise sind. Vielleicht solltet ihr auch einmal in so eine Schwitzhütte gehen. Schaden tut das bestimmt nicht."
Josh grinste herausfordernd. „Ich würde das schon ganz gerne mal versuchen."
„Untersteh dich!", warnte sein Vater. „So einen heidnischen Unsinn lasse ich ganz bestimmt nicht zu."
„Wieso?", wunderte sich Klara. „In Europa ist das doch auch eine alte Tradition."
„Was?"
„Na, eine Schwitzhütte. Ich weiß von meinen Eltern, dass die alten Germanen und Römer das auch gemacht haben. Und im Norden tun die Völker das noch heute."
„So ein Unsinn!"
„Das ist kein Unsinn. Ich finde es interessant, dass es Rituale gibt, die überall auf der Welt seine Berechtigung haben."
„Genau, Hexerei und anderer Unsinn."
„Ach, Theodor! Sei doch nicht immer so ein alter Griesgram! Das hat doch nichts mit Hexerei zu tun."
„Jedenfalls bin ich froh, wenn die Indianer endlich weg sind und wir wieder unsere Ruhe haben. Es wird Zeit, dass wir mal wieder ins Camp Robinson fahren und in die Kirche gehen. Lasst uns beten und den Herrn um Vergebung für unsere sündigen Gedanken bitten."

Theodor faltete seine Hände und begann ein langes Gebet zu sprechen. Aus der Ferne erklang wieder das rhythmische Trommeln und der hohe, kreischende Gesang der Indianer. Es war gespenstisch und passte überhaupt nicht hierher. Es war, als müsste sich das Christentum gegen die wahre Natur des Seins behaupten.

In der Nacht schlief Collins wieder mit seiner Frau. Es war seltsam, denn beide Kinder lagen neben ihnen und schliefen tief und fest. Collins war leise, nur sein heftiges Atmen war zu hören, und er hoffte, dass es nicht bis ins Haus zu hören war. Aber er hielt es einfach nicht mehr aus. Tagtäglich neben einer Frau zu liegen und zu sehen, wie sie sich entblößte, um das Kind zu stillen, raubte ihm den Verstand. Das entfernte Trommeln hatte etwas Animalisches in ihm geweckt, ein Begehren, das er einfach nicht mehr kontrollieren konnte. Er verzichtete darauf, ihr Kleid auszuziehen, sondern zog es nur in die Höhe, um in sie einzudringen. Er war fordernd, fast rücksichtslos, und so drückte er ohne großes Vorspiel ihre Beine auseinander. Mit zitternden Fingern öffnete er die Bänder des Nachthemdes, um ihre Brüste zu entblößen und zerrte das Nachthemd mit einem Ruck nach unten, sodass ihre Brüste nun von dem Stoff nach oben geschoben wurden und fest und prall vor ihm lagen. Milch floss über ihre braune Haut, die er gierig trank. Sie versuchte, ihn wegzuschieben, weil es so ungehörig war, was er dort tat. Andererseits erregte es sie, sodass sie wenig Kraft in ihre Abwehr legte. Er lachte unterdrückt und zog zur Strafe das Nachthemd so weit nach unten, dass ihre Hände nun an den Körper gefesselt waren. Sie schlängelte etwas hin und her, aber es war spielerisch und nicht wirklich erfolgreich. Ihr schneller Atem kitzelte ihn am Ohr und er stöhnte lustvoll. Sein Gewicht hielt sie nach unten gedrückt und er nahm sich, was er wollte. Von fern war der Doppelschlag der Trommel zu hören und er ritt sie im Takt, bis er zuckend über ihrem Körper zusammensank.
Rotes-Blatt bewegte sich im Schlaf und mit einem Grinsen zog er die Decke über sich und seine Frau, um zu verbergen, was er gerade getan hatte. Das Kind aber drehte sich lediglich auf die

Seite und schlief weiter, sodass Collins ein letztes Mal an Monikas festen Brüsten saugte. Für das Baby würde schon noch genug bleiben.
„Collins!", flüsterte Moekaé bittend.
„Schon gut!", meinte Collins wehmütig. „Ich weiß schon!"
Er zog das Nachthemd wieder nach oben und gab so ihre Arme wieder frei. „Ich bin schon wieder brav."
Sie kicherte wie ein junges Mädchen. „Was ist brav?"
„Na, wenn ein Mann das tut, was die Frau von ihm verlangt."
„Dann war ich auch brav?", fragte Moekaé.
„Wieso?"
„Weil ich tue, was mein Mann sagt?"
„Sehr brav!", stimmte Collins zu. „Sehr brav!"

Der nächste Tag versprach bereits am Morgen heiß zu werden. Der Himmel war blau und kein Lüftchen regte sich, was eher ungewöhnlich war. Klara hatte bereits am Morgen fürchterliche Kopfschmerzen und Moekaé ließ sie den heiligen Rauch einatmen. Es roch ein wenig bitter und Theodor rümpfte angewidert die Nase. „Ist das dieses heidnische Zeug?", fragte er.
Klara nickte nur und schloss erschöpft die Augen. „Wenn es hilft …", murmelte sie.
„Wenn es hilft!", wiederholte Theodor zynisch. „Du würdest wohl auch deine Seele verkaufen …!"
„Ja, das würde ich!", bestätigte Klara. „Sei still! Du hast keine Ahnung, wie schlimm diese Schmerzen sind!"
„Das nächste Mal bringe ich dir ein Schmerzmittel aus Camp Robinson mit. Es gibt da etwas Neues, was wirklich helfen soll. Es heißt Opium."
„Mach das! Aber solange ich das Opium nicht habe, werde ich es mit diesem Rauch versuchen."
Theodor knurrte eine Antwort, die keiner verstand, und verließ stampfend das Haus. Schweigend folgten ihm seine Söhne und es wurde still im Haus. Moekaé lächelte leicht und fächelte ihrer Schwiegermutter weiter den Rauch unter die Nase. In kurzer Zeit würde es Klara wieder gutgehen und dann konnten sie sich ebenfalls an ihre täglichen Arbeiten machen. Rotes-Blatt stand

abwartend neben ihr und wartete darauf, dass sie wieder zu ihrer Freundin konnte. Noch war sie zu klein, um sich allein auf den Weg zu machen und so hoffte sie, dass ihre Mutter bald mit ihr zu dem Lager gehen würde. Moekaé spürte ihr Verlangen und wandte sich mit einem Lächeln an ihre Tochter. „Später gehen wir zu Wirbelwind-Mädchen. Ich möchte wieder Kirschen pflücken."
Rotes-Blatt nickte eifrig und rannte in das Schlafzimmer zurück, um ihre Puppe auf das Wiegebrett zu binden.

Etwas später machte sich Moekaé mit ihrer Tochter auf den Weg zum Lagerplatz der Lakota. Rahel schlief festgebunden auf dem Wiegenbrett und schaukelte auf dem Rücken der Mutter bei jedem Schritt hin und her. Klara wollte den Tag lieber im Schatten des Hauses verbringen. Ihre Kopfschmerzen waren wie weggeblasen und sie stand bereits am Tisch und knetete den Teig für einen Laib Brot. Ihre mehligen Hände fuhren geschickt durch die feste Masse und hin und wieder warf sie den Teig auf den Tisch, um die Blasen hinauszutreiben. Ehe sie den Teig in die Form brachte, trennte sie ein Stück ab, um bereits den Sauerteig für das nächste Brot anzusetzen. Sie mischte Mehl mit Wasser und fügte den Rest des Teiges hinzu, um das Gären zu gewährleisten. Dann stellte sie die abgedeckte Schüssel in die Speisekammer, damit der Teig gären konnte. Moekaé ekelte sich immer vor dem sauren Geruch des Teigs, aber wenn das Brot schön braun gebacken aus dem Ofen kam, dann liebte sie den Geschmack.

Moekaé schritt durch das Tal und sah, wie in der Ferne einige Reiter zwischen den Hügeln verschwanden. Die Männer wollten vermutlich jagen oder anderen Beschäftigungen nachkommen. Die Frauen hatten ebenfalls zum Großteil bereits das Lager verlassen und waren auf dem Weg zu den Felsen, um dort nach Beeren und essbaren Wurzeln zu suchen. Alles, was sie hier fanden, würde ihnen später auf der Reservation das Überleben sichern. Moekaé schloss sich Krähenfrau und Wirbelwind-Mädchen an und folgte ihr zwischen den Schatten der hohen Felsen. Die Kinder setzten sich sogleich ins Gras, um mit ihren Puppen

zu spielen, während die Mütter die reifen Beeren von den Zweigen streiften und sich langsam von Busch zu Busch bewegten. Manchmal naschten sie auch, denn der Saft war wunderbar sauer und löschte ein wenig den Durst.
Die Sonne stieg höher und brannte mit aller Kraft vom Himmel. Insekten summten in der flimmernden Luft und einige Moskitos suchten sich ihre Opfer. Moekaé hängte die Wiege an den Ast eines Baumes und wischte sich den Schweiß von der Stirn. Ein Bad wäre jetzt schön, aber noch war der Korb nicht voll.
Von den Mädchen war nichts zu hören und zu sehen. Sie saßen irgendwo im Schatten und hatten die Welt um sich herum vergessen.

Am Nachmittag gingen alle zum See und planschten in dem warmen Wasser, dann setzten sie sich zum Trocknen in die Sonne. Moekaé genoss die warmen Strahlen auf ihrer Haut und kicherte, als Rotes-Blatt einige Tropfen Wasser über ihren Rücken laufen ließ. „Das ist kalt!", schimpfte sie zum Schein. Rotes-Blatt kicherte mit hoher Stimme und setze sich dann nackt wie sie war mit Wirbelwind-Mädchen ans Ufer und ließ Steine ins Wasser fallen. Moekaé nahm Rahel aus der Wiege, um sie zu stillen. Es war schön, hier zu sitzen.
Am Abend blieben die Männer aus, denn sie hatten sich in die Einsamkeit zurückgezogen, um zu beten. Die Frauen aber kehrten ins Lager zurück und entzündeten die Feuer. Sie sangen leise, um die Männer in ihren Gebeten zu unterstützen.
Moekaé genoss die Gesellschaft, doch dann nahm sie den Eimer und kehrte ebenfalls zu ihrer Familie zurück. Sie freute sich bereits auf den nächsten Tag.
Collins lächelte freundlich, als sie das Haus betrat, und zwinkerte ihr schelmisch zu. Errötend senkte sie den Blick und übergab den vollen Eimer ihrer Schwiegermutter. Wortlos setzte sie sich an den gedeckten Tisch und wartete darauf, was Klara ihr geben würde.
Die Stimmen schwirrten durch den Raum, als die Unterhaltung der Weißen dahinplätscherte, und zum wiederholten Male wunderte sich Moekaé darüber, dass bei den Weißen immer alle

gleichzeitig redeten. Klara fragte Rotes-Blatt, wie ihr das Spiel mit Wirbelwind-Mädchen gefallen hätte; Theodor schimpfte gerade darüber, dass Collins und Josh mal wieder zu langsam gearbeitet hätten; während Collins das Wort an Moekaé richtete und sie irgendetwas fragte. Es war schwierig, überhaupt zu erfassen, wer mit wem redete.

„Was?“, fragte Moekaé verwirrt.

„Gehst du morgen wieder in das Lager?“, wiederholte Collins seine Frage und plötzlich wurden alle still und wandten ihr die Blicke zu.

„Ja!“, antwortete Moekaé einsilbig.

„Ich glaube nicht, dass dort noch eine einzige Kirsche am Baum hängt!“, brummte Theodor.

Moekaé senkte den Blick und wunderte sich über den leicht gereizten Tonfall ihres Schwiegervaters.

„Ich will wilde Zwiebeln suchen ...“ Ihre Stimme klang unsicher. Ob ihr Schwiegervater vielleicht wollte, dass sie etwas anderes tat?

Theodor blinzelte kurz, dann nickte er freundlich. „Schon gut! Gute Idee! Geh nur! Dann kann Eve noch ein bisschen mit ihrer Freundin spielen. Aber ich bin trotzdem froh, wenn die Indianer irgendwann weg sind. Die bringen uns nur Scherereien.“

„Wenn die vier Tage um sind, gehen sie von ganz alleine!“, beruhigte Collins seinen Vater.

„Hoffentlich! Und hoffentlich kehren sie nicht zurück!“

„Nun, anscheinend ist dieses Tal heilig für sie. Ich denke, dass sie jedes Jahr kommen werden.“

„Das kommt überhaupt nicht in Frage!“, schimpfte Theodor los. „Wenn sie weg sind, dann machen wir diesen Lagerplatz und alles, was sie hinterlassen haben, platt. Ob heilig oder nicht, ist mir gleichgültig. Ich will nicht, dass sie wiederkommen.“

Moekaé schenkte ihrem Schwiegervater einen langen Blick, dann senkte sie traurig die Augen. Immer wieder kam dieser Zorn in diesem Mann hoch und sie wusste nicht, wie sie sich davor schützen sollte. Dieses Tal war heilig! Der Geist von Crazy-Horse lebte hier und sie hatte die Stimme ihres Mannes hier gehört. Warum wollte der alte Mann immer alles zerstören? Wie sollten die Geis-

ter jemanden schützen, der nichts von ihnen wissen wollte?
Collins sah ihre Not und versuchte, seinen Vater zu beruhigen.
„Meine Güte, so ein Lager richtet doch keinen Schaden an. Immerhin waren sie zuerst hier! Was ist schon schlimm daran, wenn sie ein paar Beeren sammeln oder einen Büffel schießen? Dich stören die Büffel doch sowieso."
„Stimmt! Sie stören mich! Aber sie stehen auf meinem Land und deshalb gehören sie mir. Und damit kann ich entscheiden, was ich mit ihnen zu tun gedenke. Ich denke, dass wir das Fleisch in Zukunft ganz gut verkaufen können, und damit sind sie nützlich für uns. Sie brauchen nicht viel Pflege und stellen einen gewissen Wert dar. Die Indianer da drüben sind gänzlich unnütz. Sie stören uns und lenken uns von unseren Aufgaben ab. Also sollen sie wieder verschwinden und nicht wiederkommen. So ist das!"
Für Theodor war dies eine lange Rede und es war klar, dass er keine Widerworte wünschte. Collins wechselte einen Blick mit seinem Bruder und stocherte dann lustlos in seinem Eintopf herum. Er konnte fühlen, wie seine Frau unter den Worten des alten Mannes litt.
„Nun", begann er zögernd. „Tatanka-ohitika ist doch kein schlechter Arbeiter ..."
„Und?"
„Na ja, in Zukunft ist es doch nicht schlecht, wenn wir billige Arbeitskräfte aus dem Reservat bekommen könnten."
Theodor kniff die Augen zusammen und wartete auf die weiteren Worte seines Sohnes.
„Ich meine, was ist schon dabei, wenn wir sie ein bisschen Beeren sammeln lassen? Wir könnten auf diese Weise auch schauen, ob der eine oder andere für uns arbeiten möchte."
„Hmh!", brummte Theodor nicht ganz unfreundlich.
„Das Tal ist doch nun wirklich groß genug, sodass uns die Lagerstelle da drüben nicht stört."
Theodor dachte über die Worte nach und zu aller Verwunderung nickte er großzügig. Mit seinem Löffel zeigte er auf seine indianische Schwiegertochter und meinte: „Na ja, dann hat sie auch ein bisschen Gesellschaft. Immerhin haben wir ja jetzt so eine Rothaut in unserer Familie."

Moekaé lächelte still und nickte nur. Die Weißen wussten nichts von den Geistern, aber es war schön, dass Theodor nicht mehr davon sprach, die Büffel abzuschießen oder das Lager zu vernichten. Er würde lernen, dem Land gegenüber respektvoll zu sein. Und eines Tages würde er auch lernen, respektvoll gegenüber den Menschen zu sein.

Red Cloud Agentur

Am nächsten Morgen verschwand Moekaé bereits früh mit ihren Kindern in Richtung des Lagers. Der Himmel war klar und so würde es wieder heiß werden. Sie wollte die Kühle des Morgens nutzen, um nach Wurzeln und Zwiebeln zu graben. Rotes-Blatt hüpfte neben ihr und freute sich bereits auf Wirbelwind-Mädchen. Später, wenn es heiß war, würden alle wieder zum Baden gehen und im warmen Wasser spielen. Fast war es wie damals, als sie noch in ihrem Dorf lebten und die Weißen noch nicht das Land in ihren Besitz genommen hatten. Moekaé drehte sich kurz um, als sie hinter sich entfernten Hufschlag vernahm. Die Männer wollten heute weit im Süden die Zäune reparieren und würden erst am Abend zurückkehren. Sie hatte also Zeit, sich um ihre Dinge zu kümmern. Sie sah, wie einer der Männer grüßend die Hand hob, und winkte ebenfalls zurück. Dann ging sie mit langen Schritten durch das Gras und machte sich auf den Weg zum hinteren Ende des Tales.

Wirbelwind-Mädchen wartete scheu hinter ihrer Mutter versteckt, bis diese sie mit einer leichten Handbewegung aufforderte, zu ihrer Freundin zu laufen. Moekaé grüßte freundlich und nickte auch den anderen Frauen zu. Alle freuten sich auf den Tag und hielten bereits Körbe und Eimer bereit, um ihre Vorräte zu ergänzen. Schwatzend machten sie sich auf den Weg, um zwischen den Büschen und Felsen nach Beeren und Wurzeln zu suchen. Einige Kinder blieben beim Lager zurück und machten sich an die Arbeit, die Kirschen zu pflücken. Kleinere Kinder saßen einfach auf ihren Decken, um zu spielen, während die älteren Geschwister auf sie achteten.
Moekaé hatte Rahel auf dem Rücken in der Wiege, denn sie musste das Baby zwischendurch stillen. Während der Arbeit konnte sie die Wiege auch an einen Ast hängen, da würde sie das Baby nicht bei der Arbeit stören. Die Frauen verstreuten sich zwischen den Felsen und machten sich an die anstrengende Arbeit, Wurzeln und Zwiebeln auszugraben.

Jetzt verstand Moekaé auch den Nutzen des Gartens, den Klara angelegt hatte. Aus der weichen Erde ließen sich die Früchte viel leichter ernten. Moekaé hatte nur einen Ast, mit dem sie die Zwiebeln ausgrub und sie wünschte sich das Werkzeug ihres Mannes herbei, mit dem sie viel leichter graben könnte. Aber sie wollte vor den anderen Frauen nicht mit Dingen prahlen, die sie nicht hatten, und so biss sie die Zähne zusammen und grub auf die alte Weise nach den Zwiebeln. Sie freute sich auf die Fleischsuppe, die sie damit würzen konnte.
Sie unterhielt sich mit Krähenfrau und beide Frauen setzten sich manchmal ins Gras, um auszuruhen. Moekaé erfuhr, dass Wirbelwind-Mädchen bereits das dritte Kind von Krähenfrau war.
Der ältere Sohn war im Lager zurückgeblieben und hütete das Feuer, und eine ältere Tochter war bereits verheiratet. Das Leben hatte Spuren im Gesicht der älteren Freundin hinterlassen. Die Sonne hatte das Gesicht faltig werden lassen und die Hände waren knochig. Sie lebte bereits länger im Reservat und hatte die letzten Kämpfe nicht erleiden müssen. Ihr Mann war schon früh gestorben und hatte die Geburt des letzten Kindes nicht mehr miterlebt. „Mein Mann starb an dem Husten, der uns im Winter plagt“, erzählte sie. „Viele sterben an diesem Husten. Das Essen ist schlecht. Deshalb kommen wir hierher. Die Weißen nehmen uns alles! Ich weiß nicht, wie ich noch leben soll.“
„Mit wem lebst du nun?“, fragte Moekaé voller Mitgefühl.
„Ich lebe bei meinem Bruder. Er ist ein guter Mensch, aber er trinkt zu viel von dem Geheimniswasser der Weißen. Es macht unsere Männer und Frauen schwach.“
Moekaé senkte den Blick, denn sie wusste, wie sehr die Menschen die Tugenden vergaßen, wenn die das fremde Wasser der Weißen tranken.
„Hat er dich mitgenommen?“
„Ja, er weiß, dass er sich mit den Geistern versöhnen muss, und betet nun.“
„Das ist gut!“
Moekaé seufzte erleichtert und lächelte Krähenfrau an. Dann erhoben sich die Frauen wieder, um mit ihrer Arbeit fortzufahren.
Rahel schlief in ihrer Wiege und Moekaé hängte sie in den Schat-

ten eines Baumes. Ihr Eimer war fast voll und bald würde sie an den See zurückkehren und ein Bad nehmen.
Ohne Vorwarnung, aus heiterem Himmel brach das Unglück über sie herein. Schüsse peitschten durch das Tal, Angstschreie hallten von den Felswänden wider und überall war lautes Brüllen und das Donnern galoppierender Pferde zu hören. Moekaé wusste nicht, wohin sie laufen sollte und woher die Gefahr drohte. In der Nähe hörte sie, wie Krähenfrau kreischte, aber sie konnte nicht sehen, was dort passierte. Moekaé ließ den Eimer stehen und hastete zurück zu ihrer Tochter. Ein Schuss peitschte neben ihr die Erde auf und sie machte einen Satz zur Seite. Stolpernd versuchte sie, aus der Gefahrenzone zu hechten, doch das Pferd kam immer näher und holte sie schließlich ein. Sie konnte erkennen, dass es ein Soldat war, der mit erhobenem Revolver erneut auf sie zielte. Ein weiterer Soldat folgte ihm grölend. Auch er hatte die Waffe erhoben. Moekaé hob flehend die Hände, dann wurde sie durch einen Tritt mit vollem Schwung ins hohe Gras geworfen. Eine Kugel peitschte neben ihren Kopf ins Gras und sie rollte sich schützend zur Seite und blieb keuchend auf ihrem Rücken liegen. Benommen versuchte sie sich aufzurichten, doch ein weiterer Tritt traf sie in die Brust und ließ sie nach Luft schnappen. Der zweite Reiter näherte sich und richtete drohend den Revolver auf sie. Moekaé erstarrte vor Angst. Rotes-Blatt, schloss es ihr durch den Kopf! Was taten die Soldaten mit den Kindern? Sie hörte von fern das Weinen und Kreischen der Frauen und ihr Herz krampfte sich zusammen. Wieder versuchte sie, sich aufzurichten und hielt dabei flehend die Hände nach oben. „Bitte!“, rief sie verzweifelt.
Einer der Soldaten hatte inzwischen das Baby in der Wiege entdeckt und zielte mit dem Colt darauf. „Nein!“, schrie Moekaé in völliger Panik. „Nein, habt Mitleid!“
Der Mann sonnte sich in der Verzweiflung der jungen Mutter und schoss auf das hilflose Bündel. Die Kugel schlug in das Holz des Rahmens und versetzte die Wiege in eine heftige Bewegung. Ein erschrockenes Weinen erklang, doch das schien den Mann nur noch mehr zu reizen. Wieder legte er an und nahm das Ziel ins Visier.

„Schauen wir doch mal, ob ich diesen Bastard jetzt erwische!", fluchte er laut.
Moekaé war besinnungslos vor Angst um ihr Kind. Mit aller Kraft umklammerte sie den Arm des Mannes und lenkte den nächsten Schuss ein wenig ab. Die Kugel schlug in ihren rechten Oberschenkel ein und sie sackte stöhnend zusammen. Immer noch hielt sie das Handgelenk des Mannes umklammert, um einen weiteren Schuss auf ihr Baby zu verhindern. Der Mann riss sich los und hieb mit dem Colt gegen die verzweifelte Indianerin. Moekaé wurde an der Schläfe getroffen und Sterne tanzten plötzlich vor ihren Augen. „Bitte!" rief sie in höchster Not.
Benommen fiel sie ins Gras. Ihr Kopf dröhnte und ihr rechtes Bein pulsierte. Bitte, betete sie still, hilf mir! Hilf mir doch. Dann flüsterte sie flehend: „Bitte nicht! Bitte nicht!"
Zum ersten Mal fiel dem Soldaten auf, dass die Frau zumindest einige Worte Englisch konnte und er hielt inne. Er packte Moekaé am Kinn und zwang sie, ihm in die Augen zu blicken. „Du liebst Weiße, was?"
Er erwartete keine Antwort, sondern drehte sich nur anzüglich zu dem zweiten Mann um. „Die Schlampe hier liebt weiße Männer. Wollen wir ein bisschen Spaß haben?"
Der andere Mann zögerte und schüttelte schließlich den Kopf. „Hör auf!", meinte er. „Wir bekommen nur Ärger."
„Sieht doch keiner!", maulte der erste. Er beugte sich über die verletzte Frau und schob ihr Kleid in die Höhe. „Scheiße!", murmelte er, als er die Schusswunde sah. „Die blutet ja."
„Hättest ja nicht schießen müssen!", meinte sein Kamerad mit einer gewissen Schadenfreude in der Stimme. „Wir bringen die Squaw lieber zu den anderen", schlug er vor.

Moekaé lag benommen im Gras und wehrte sich gegen die Ohnmacht. Rahel hatte aufgehört zu weinen und so hatte das Kind vielleicht eine Überlebenschance. Die Männer hatten davon gesprochen, sie zu den anderen zu bringen. Sie hoffte darauf, dass sie nicht den Befehl hatten, Frauen und Kinder zu töten. Sie fühlte, wie ihr Mund trocken wurde, und atmete tief ein. Das Blut lief über ihren Oberschenkel und sickerte ins Gras. Der Schlag gegen ihren Kopf war so heftig gewesen, dass ihr Schädel dröhnte. Die Soldaten hatten mit solch einer Selbstverständlichkeit und Rücksichtslosigkeit gehandelt, dass klar war, dass sie mit keinerlei Bestrafung rechneten. Indianerfrauen waren Freiwild. Moekaé schloss die Augen, um den Schwindel zu vertreiben. Was würden die Männer nun tun? Immer noch hatte sie Todesangst um ihr Kind.

Stimmen drangen an ihre Ohren, doch sie hatte keine Kraft mehr, die Augen zu öffnen. Ihre Atmung war schwer und unregelmäßig und Schweiß bildete sich auf ihrer Stirn. Wie schön wäre es, den Schmerzen zu entgehen und sich weiter in die Dunkelheit treiben zu lassen. Nur die Sorge um ihr Baby ließ sie weiter tief atmen und die Schmerzen aushalten. Warum waren ihre Augen nur so schwer?

Die Stimmen wurden lauter und sie runzelte unwillig die Stirn. Eine Hand fasste unter ihren Kopf und sie schmeckte Wasser auf ihren Lippen. Dann lief das Wasser über ihr Gesicht und sie riss die Augen auf. Ein weiterer Soldat hatte sich zu ihr hinuntergebeugt und wusch ihr vorsichtig das Blut aus dem Gesicht. Er hatte zwei Streifen als Rangabzeichen am Ärmel, ansonsten unterschied er sich nicht von den anderen.

„Steh auf und geh zu den anderen! Wir bringen euch zur Agentur zurück!" Es war ein Befehl.

Moekaé nickte und versuchte sich zu erheben. Der Schmerz stach furchtbar. Trotzdem belastete sie das Bein und humpelte zu dem Baum, an dem ihre Tochter in der Wiege hing. Sie tastete nach dem kleinen Körper und entdeckte die Kugel in dem Holz über dem Kopf. So knapp, so knapp! Sie weinte vor Angst und Erleichterung und nahm ihr Kind in die Arme. Rahel!

Ungeduldig packte der Soldat sie am Arm und zog sie vorwärts. „Los jetzt!", drängte er.

Mit wackeligen Knien ließ Moekaé sich vorwärtsdrängen. Die Schmerzen waren kaum zu ertragen, aber sie wollte den Soldaten keinen Grund geben, sie einfach abzuknallen.

Die Soldaten waren aufgesessen und trieben nun ihr Opfer zwischen sich her. Moekaé kämpfte sich hinkend den Weg zurück zu dem Lagerplatz. Sie hoffte, dass Rotes-Blatt nichts passiert war, und blickte sich ängstlich um, ob sie das Kind irgendwo sah. An die zwanzig Soldaten hatten das kleine Lager umstellt und die Gefangenen im Gras sitzen lassen. Ihre Gewehre hielten sie im Anschlag, bereit bei der geringsten Gegenwehr zu schießen. Moekaé wurde unsanft in die Mitte geschubst und musste sich ebenfalls setzen. Sofort krabbelte Rotes-Blatt zu ihr und klammerte sich schutzsuchend an sie. „Rotes-Blatt!", flüsterte Moekaé. „Meine Tochter!"

Sie umklammerte ihre beiden Kinder und hoffte inbrünstig, dass die Soldaten nun nicht schießen würden. Voller Angst beobachtete sie die Männer und lauschte auf die Befehle, die nun kommen würden. Ihr Blick huschte umher, weil sie wissen wollte, wer hier das Kommando hatte. Welchen Auftrag hatten die Soldaten?

Der Soldat mit den zwei Streifen als Rangabzeichen brüllte schließlich einen Befehl und mit Tritten und Schlägen wurden die Frauen und Kinder zum Aufstehen gezwungen. Den Soldaten machte es offensichtlich Spaß, sich an den Wehrlosen zu vergreifen. Die Kinder weinten und klammerten sich an ihren Müttern fest. Dann wurden alle in Richtung des nördlichen Ausgangs des Tales getrieben.

Moekaé verstand nur, dass sie wohl zu einer „Agentur" gebracht werden sollten.

Krähenfrau trat an Moekaés Seite und wollte wissen, wohin die Soldaten sie brächten. Moekaé war froh, dass ihre neue Freundin noch lebte. Wirbelwind-Mädchen schluchzte zum Herzerweichen, aber ihre Mutter zog das Kind nur apathisch neben sich her. Jetzt war keine Zeit zum Trösten.

„Sie bringen uns zu der Agentur", murmelte Moekaé.

„Wo sind unsere Männer?", fragte Krähenfrau.

Moekaé zuckte mit den Schultern. Sie waren nicht dagewesen, um sie zu schützen, aber dann wären sie jetzt vielleicht tot. So war es besser. Die Männer würden sehen, was passiert war und den Spuren folgen. Wahrscheinlich waren sie ohnehin auf dem Rückweg, weil sie die Gewehrschüsse gehört hatten. „Sie werden uns folgen", meinte sie tonlos.

„Die Weißen werden uns einsperren!", vermutete Krähenfrau. „Das haben sie schon einmal gemacht."

Ihre Unterhaltung brach ab, denn die Soldaten trieben die Frauen zur Eile an. Mit gesenkten Köpfen liefen die Frauen nach Norden, folgten einem Pfad durch die Hügel, immer weiter fort von dem Tal, in dem all die Vorräte zurückblieben. Die Menschen hatten ohnehin nicht viel, aber durch den überstürzten Aufbruch hatten sie auch das Letzte zurücklassen müssen. Nur Rotes-Blatt umklammerte nach wie vor ihre Puppe und trippelte mit kleinen Schritten neben ihrer Mutter her.
Erst jetzt konnte Moekaé das Geschehene begreifen. Immer wieder drückte sie Rahel an ihre Brust und strich über das zersplitterte Holz. Um ein Haar hätte die Kugel den Kopf getroffen. Tränen liefen ihr über das Gesicht. Die Geringschätzung, Verachtung und Brutalität, mit der die Soldaten dabei vorgegangen waren, erschütterte sie. Auch im Fort hatte man auf sie geschossen, aber damals war es dunkel gewesen. Und die Indianer waren bewaffnet gewesen und hatten gekämpft. Sie waren geflüchtet und die Soldaten hatten sie als Feinde betrachtet. Auch damals war sie über die Grausamkeit der Vehoe entsetzt gewesen, denn die Soldaten hatten gewusst, dass auch Frauen und Kinder unter den Flüchtenden waren. Vielleicht hatten sie in der Dunkelheit den einen oder anderen verwechselt.

Aber hier hatten die Soldaten Spaß an ihrem Tun gehabt. Sie hatten ganz bewusst auf eine unbewaffnete Frau und einen hilflosen Säugling geschossen. Wenn sie den Schuss nicht abgelenkt hätte, hätte der Soldat vermutlich Rahels Kopf getroffen. Sie verstand diese Grausamkeit nicht. Sie hatte den Soldaten keinen Grund gegeben, so zu handeln. Sie war unbewaffnet. Es war hell. Und Rahel war ein hilfloses Baby, das in der Wiege hing. Trotzdem hatten die Soldaten das Kind als Zielscheibe verwendet. Moekaés Hinken wurde nun stärker und ihr Oberschenkel brannte. Sie wusste, dass sie blutete, doch die Soldaten trieben sie unbarmherzig vorwärts und ließen die Frauen keine Pause machen. Moekaé fühlte, wie das Blut an ihren Beinen hinablief und das Rauschen in ihren Ohren sich wieder verstärkte. Sie merkte nicht mehr, wie ihr Körper zusammensackte und sie unsanft auf dem Boden aufschlug. Das Baby in der Wiege weinte erschrocken, während Rotes-Blatt die Hand ihrer Mutter nahm und daran zog. „Steh auf“, flüsterte sie bittend.

Krähenfrau hielt inne und setzte sich neben Moekaé, um nach ihr zu sehen, und der Zug aus Frauen und Kindern geriet ins Stocken. Ein Soldat näherte sich sofort zu Pferde und rief mit harscher Stimme: „Was ist hier los?“

Unwillig schaute er auf die ohnmächtige Frau und winkte schließlich den Vorgesetzten herbei. „Die hier ist zusammengebrochen, Korporal“, meldete er ohne großes Mitgefühl.

Der Angesprochene musterte die Frau und zuckte schließlich mit den Schultern. „Legt sie auf einen Muli! Im Moment können wir ohnehin nichts für sie tun. Wenn wir den Wagen erreichen, legen wir sie auf den Boden und bringen sie zur Agentur. Da kann Mr McGillycuddy nach ihr sehen. Er ist ja auch Arzt.“

„Jawohl!“, salutierte der Soldat. „War der nicht auch der Arzt im Camp Robinson? Damals, als sie Crazy Horse erwischt haben?“, fragte er verwundert.

Der Korporal nickte bestätigend. „Ja, er ist der neue Agent für die Indianer. Ich finde es nicht gut, dass sie dafür den Arzt einsetzen! Den brauchen wir eigentlich selbst!“

„Da haben Sie allerdings recht!“, schimpfte der Soldat. „Stell man sich das mal vor! Einen Arzt als Agenten für die Injuns ...“

Der Soldat wendete sein Pferd und kam kurze Zeit später mit einem Maultier am Führstrick zurück. Die Frauen hatten inzwischen die Wiege mit dem Baby genommen und das Kind beruhigt. Auch Rotes-Blatt hatte aufgehört zu weinen. Mit großen Augen stand sie neben ihrer Mutter und blickte auf den Soldaten, der nun die Mutter wie einen schweren Sack über den Sattel des Maultiers legte.

Der Soldat bemerkte das Blut, das der Indianerin an den Beinen hinunterlief und schüttelte den Kopf. „So eine Scheiße!“, murmelte er.

Wieder wurden die Frauen angetrieben und im schnellen Tempo vorwärts gezwungen. Krähenfrau hatte Rahel auf den Rücken genommen und lief neben dem Maultier her. Auch sie sah das Blut, das Moekaé hinunterlief, und nahm schließlich einen Fetzen Stoff und band die Blutung ab.

Die Soldaten überquerten einen Hügelkamm und machten sich an den Abstieg ins nächste Tal, wo bereits zwei Kameraden mit einem Karren warteten. Etwas freundlicher erlaubten nun die Soldaten, dass die Kinder sich auf den Karren setzten und Moekaé wurde zwischen die Füße der Kinder auf den Boden gelegt.
Die kleine Kolonne kam nun schneller voran, weil die Frauen nicht durch die müden Kinder aufgehalten wurden. Der Tonfall der Soldaten änderte sich, weil sie nun ebenfalls einem Ende ihrer Expedition entgegensehen konnten. Ohne weitere Pause schafften sie den Weg durch die bewaldeten Hügel, nutzten dabei einen Bach, der sich hier hindurchschlängelte und sich so einen natürlichen Weg gebahnt hatte. Selbst der Karren kam an dem Ufer ganz gut vorwärts.
Die Menschen waren still und so hörte man das Gezwitscher der Vögel. Manchmal drehte sich eine der Frauen um und hoffte, dass die Männer ihnen bereits folgten.
Rotes-Blatt saß neben ihrer Mutter auf dem Karren und hielt die Schwester auf ihrem Schoß. Das Baby krähte leise und Rotes-Blatt erkannte, dass ihre Schwester Durst hatte. Manchmal kam ein Soldat vorbei und vergewisserte sich, dass die Mutter noch am Leben war. Sie winkte ihn näher und machte eine bittende Bewegung mit der Hand. „Meine Schwester hat Durst", flüsterte sie im besten Englisch. Der Soldat hob verblüfft die Augen und reichte ihr schließlich seine Feldflasche. „Wir sind bald bei der Agentur und dann kümmert sich ein Arzt um deine Mama."
Rotes-Blatt griff nach der Flasche und flößte ihrer Schwester einige Schlucke Wasser ein. Das Baby warf unwillig den Kopf hin und her, doch dann überwog der Durst und es schluckte das unbekannte Wasser. Artig reichte Rotes-Blatt die Feldflasche zurück und hielt dann ihre Schwester fest an sich gedrückt. Der Soldat musterte das Kind mit einem seltsamen Ausdruck, dann setzte er sich wieder an die Spitze der Kolonne.
Gegen Abend erreichten sie schließlich die Agentur. Mehrere Gebäude bildeten einen Komplex, der aus mehreren Wohnhäusern, einem Stall, mehreren Büros, einem großen Lagerhaus und Koppeln bestand. In den Koppeln standen zum Teil Pferde, zum Teil einige abgemagerte Kühe.

Als die Frauen auf den Platz vor der Agentur getrieben wurden, sammelten sich Neugierige, die mit stoischen Gesichtern dem Treiben zuschauten.
Vor dem Büro stand ein weißer Mann, der seine Daumen in die Hosenträger gesteckt hatte und mit ernstem Gesicht die Ankömmlinge musterte. Er war noch relativ jung für so eine verantwortungsvolle Aufgabe. Er nickte dem älteren Mann an seiner Seite zu, der ebenfalls einige Worte sagte: „Ihr habt dem weißen Mann nicht gehorcht und deshalb sollt ihr bestraft werden. Ihr kommt für heute Nacht in das Gefängnis und bleibt dort, bis auch eure Männer wieder hier sind. Danach werden wir weitersehen."
Der Mann kniff die Lippen zusammen und schüttelte traurig den Kopf. Er war weiß, aber jeder sah, dass er nicht zufrieden mit der Situation war. Er flüsterte auf den weißen Agenten ein, der jedoch stur den Kopf schüttelte.
Ein Raunen ging durch die Menge, aber niemand wurde laut oder sagte etwas. Hier galten nun neue Regeln.
Die Soldaten schoben die Frauen und Kinder mit ihren Gewehren zu einem niedrigen Gebäude, trieben sie mit Flüchen hinein und schlossen dann die Tür. Selbst dem Agenten war der Tonfall zu harsch und er schüttelte den Kopf. „ Jetzt reicht es aber! Es gibt keinen Grund, die Frauen zu misshandeln! Ihr könnt wegtreten."
Der Korporal salutierte und nickte dem Agenten höflich zu. „Sir, wir werden uns morgen an die Verfolgung der Männer machen, wenn sie bis dahin nicht aufgetaucht sind!"
Der Agent nickte bestätigend und stemmte die Hände in die Hüften. „Die Männer tauchen schon auf! Keine Sorge. Wenn sie hier sind, können Sie wieder ins Fort zurückkehren. Vielen Dank."
Es klang nicht besonders freundlich und es war deutlich zu sehen, dass der Agent keine gute Meinung von den Soldaten hatte.
Der Soldat deutete auf den Wagen, auf dem immer noch Moekaé in ihrem Blut lag. „Die Frau ist verletzt. Vielleicht sehen Sie mal nach ihr. Sie blutet stark und wurde ohnmächtig. Das sind ihre Kinder, deshalb haben wir sie bei ihr gelassen."
Der Agent wurde sofort aufmerksam und trat näher zu dem Karren. Er hob vorsichtig das Kleid an und schüttelte entsetzt den Kopf. „Bringt sie sofort in das Behandlungszimmer! Die Kinder

könnt ihr zu den anderen stecken. Die Frauen werden sich gewiss um sie kümmern!“ Dann musterte er das kleine Mädchen, das das Baby auf dem Schoß hielt und sachte hin und her schaukelte. Sie war offensichtlich noch zu klein, um die schwere Wiege zu tragen. Vorsichtig nahm er dem Kind das Baby aus den Armen und schaute in das winzige braune Gesicht. Das Baby nuckelte am Daumen und schien Hunger zu haben. „Na du“, murmelte der Agent. „Du scheinst aber Hunger zu haben!“
Zum ersten Mal machte sich das kleine Mädchen bemerkbar: „Ja, meine Schwester hat Hunger, aber Mama wacht nicht auf.“ Dicke Tränen liefen dem Kind dabei über die Wangen.
„Oh“, wunderte sich der Agent über das gute Englisch des Kindes. Er änderte seine Entscheidung und lächelte dem Kind zu.
„Komm mal mit! Ich werde dafür sorgen, dass deine Schwester etwas zu essen bekommt! Was meinst du?“, forderte er das Kind auf. „Ich heiße McGillycuddy und bin hier der Häuptling.“
Rotes-Blatt nickte erleichtert und hüpfte neben den Agenten, um ihn zu begleiten. „Ich habe auch Hunger!“
Mr. McGillycuddy lachte laut und bückte sich zu dem Kind hinunter. „Sag mal, du kannst unsere Sprache aber gut. Wo hast du denn das gelernt?“
„Von Oma und Opa!“, erklärte Rotes-Blatt.
„So, so, von Oma und Opa!“, wunderte sich der Agent. „Wo sind denn dieser Opa und diese Oma?“
Das Mädchen winkte mit ihrer Hand in die Richtung, aus der es gekommen war. „Na dort! Bei dem See!“
Irritiert schaute der Agent in die angegebene Richtung, konnte sich jedoch keinen Reim darauf machen. „So, so“, murmelte er.
Dann betrat er einen Raum, der als kleines Behandlungszimmer eingerichtet war. Der Korporal hatte Moekaé bereits auf den Tisch gelegt und stand nun verlegen herum.
„Nehmen Sie bitte das Kind und das Baby und melden Sie sich bei Louise in der Küche. Sie ist unsere schwarze Hausangestellte, also nicht zu verfehlen. Sorgen Sie dafür, dass die beiden etwas zu essen bekommen.“
„Und das Baby?“, fragte der Soldat völlig überfordert.
Unwillig runzelte der Agent die Stirn. „Meine Güte! Etwas Was-

ser und Brei werden Sie dem Kind wohl einflößen können, oder nicht? Ich bin hier der einzige Arzt und kann schließlich nicht alles gleichzeitig machen. Wenn die beiden satt sind, bringen Sie sie wieder her. Lassen Sie sich von Louise helfen. Vielleicht hilft ihnen auch meine Frau!"
Der Korporal salutierte und griff unbeholfen nach dem Wiegenbrett. Auch Rahel musterte misstrauisch das neue Gesicht und entschied sich aber doch für ein feines Lächeln, das dem Soldaten etwas die Scheu nahm. „Na gut, du kleines Etwas, schauen wir mal, ob wir etwas für dich finden." Dann streckte er Rotes-Blatt die Hand zu. „Kommst du mit?", fragte er freundlich.
Rotes-Blatt warf Mr. McGillycuddy einen unsicheren Blick zu und entschloss sich dann aber, der Anweisung des weißen Häuptlings zu gehorchen. Sie nahm die dargebotene Hand und folgte dem Soldaten, während der Arzt bereits stirnrunzelnd das Kleid der Indianerin hochschob und den provisorischen Verband entfernte. „So eine Sauerei!", murmelte er zu sich selbst.

Er krempelte die Ärmel seines Hemdes hoch, wusch sich seine Hände und tastete in die blutige Wunde. Vorsichtig versuchte er, mit seinen Fingern den Schaden abzuschätzen, der entstanden war. Es war zum Glück ein glatter Durchschuss, der Muskeln und Sehnen verletzt hatte, aber keinen Knochen. Schließlich reinigte er die Wunde und legte einen sauberen Verband an. Stirnrunzelnd betrachtete er das blutige Kleid und zog es der Frau schließlich aus. Achtlos warf er es in eine Ecke und suchte stattdessen ein Hemd hervor, das er der Frau überzog. Zum Schluss hob er Moekaé hoch und legte sie in ein sauberes Bett, das an der Wand des Zimmers stand. Behutsam deckte er die Frau zu und schüttelte dann den Kopf. Er wusste, dass die Soldaten auf Frauen und Kinder schossen, aber das musste endlich ein Ende haben!
„Herein!", rief er, als ein zaghaftes Klopfen an der Tür zu hören war.
Der Korporal trat mit den beiden Kindern ein und blieb abwartend stehen. Aus der Wiege war leises Krähen zu hören.
„Aha", meinte der Agent altklug, „Sie haben also etwas Essbares für die beiden gefunden!"

Der Mann grinste verschmitzt. „Befehl ausgeführt, Sir! Beide sind satt!“
Der Agent lächelte, dann wurde er ernst. „Leider ist auf die Frau geschossen worden. So etwas kann ich auf keinen Fall dulden! Ich will wissen, wer die Verantwortlichen sind, und dann werden sie betraft!“
„Sir!“, beschwerte sich der Soldat. „Sie ist nur eine Indianerin. Wahrscheinlich hat sie sich gewehrt.“
„Das glauben Sie doch selbst nicht!“ Die Stimme des Arztes ließ keine Diskussion zu. „Wir wollen die Indianer zivilisieren! Wie soll das gehen, wenn Ihre Soldaten sich nicht zusammenreißen? Ich lasse hier Häuser bauen, stecke die Kinder in die Schule, sorge für ärztliche Versorgung und Ihre Männer machen das durch ihre Ballerei kaputt! Da muss ich mich nicht wundern, wenn die Indianer sich nach Kanada zu Sitting Bull absetzen. Ich will, dass die Soldaten zur Verantwortung gezogen werden.“
„Jawohl, Sir!“, beeilte sich der Soldat zu sagen. „Aber dann müssen vermutlich alle bestraft werden! Wir hatten den Auftrag, die Flüchtigen einzufangen, und das haben wir getan. Wenn dabei geschossen wird, ist das nicht unser Problem.“
Mr. McGillycuddy gefiel diese Antwort nicht. „Aha, und Sie selbst schießen wohl auch gern auf unbewaffnete Frauen und Kinder?“
„Ich nicht, Sir! Ich habe versucht, das Schlimmste zu verhindern. Aber die Situation kann schnell eskalieren.“
Der Arzt blickte wieder auf die verletzte Frau und nickte betreten.
„Sie hat einen Durchschuss und ein schweres Schädeltrauma. Wissen Sie, wer das war?“
Der Korporal nickte bestätigend. „Ja, weiß ich.“
„Gut, dann sorgen Sie dafür, dass ich die Verantwortlichen sprechen kann. Ich will wissen, wie sie dazu kommen, eine Indianerin so zu misshandeln.“
Der Mann zuckte mit den Schultern. „Da wird nicht viel herauskommen. Sie werden sagen, dass die Frau sich verteidigt hat.“
„Trotzdem. Ich will sie sprechen“, beharrte der Agent.
„Ich werde sie rufen lassen!“ Der Soldat zögerte kurz und runzel-

te fragend die Stirn. „Brauchen Sie mich noch?"
„Nein, nein! Gehen Sie ruhig. Ich werde sehen, ob ich die Frau aufwecken kann. Sie hat viel Blut verloren und braucht Flüssigkeit."
„Und die Kinder?"
„Lassen Sie mal! Ich kümmere mich darum. Louise oder meine Frau werden sich um die drei kümmern."
Der Soldat war sichtlich erleichtert und verließ mit einem zackigen Gruß den Raum.
Der Arzt blickte auf Rotes-Blatt und hob sie neben ihrer Mutter auf das Bett. Dann legte er ihr die Wiege in die Arme. „Pass doch ein bisschen auf deine Schwester auf. Ich komme gleich wieder und bringe dann Louise mit, die sich um euch kümmert."
Rotes-Blatt nickte gehorsam und der Arzt zwinkerte ihr freundlich zu. „Braves Mädchen!"

Er verließ den Raum und kam einige Zeit später mit seiner farbigen Hausangestellten zurück. „Siehst du, das ist Louise! Sie wird sich um euch kümmern."
„Kommt denn mein Papa auch bald?", hoffte Rotes-Blatt.
Der Agent dachte natürlich, dass das Kind einen indianischen Vater hatte, und lachte ohne Humor. „Keine Sorge, dein Vater taucht bestimmt hier auf!"
Louise lächelte und redete in gebrochenem Englisch auf das Kind ein. Unsicher senkte Rotes-Blatt den Kopf, denn diese Art des Englischen verstand sie nun doch nicht. Louise benutzte ein seltsames Kauderwelsch aus schlechtem Englisch, wie es früher die schwarzen Sklaven im Süden gesprochen hatten.
„Verstehst du mich nicht?", wunderte sich Louise überrascht.
Rotes-Blatt schüttelte leicht den Kopf und versuchte sich zu verteidigen. „Ich verstehe nicht, wenn du so schnell sprichst."
„Von welchem Volk bist du?"
Rotes-Blatt senkte ratlos den Kopf. Sie wusste nicht mehr so genau, wer sie eigentlich war. War sie inzwischen eine Weiße oder immer noch Cheyenne? Dann erinnerte sie sich an die Worte ihrer Mutter, die zu ihr gesagt hatte, dass sie immer eine Cheyenne sein würde. „Ich bin Cheyenne!", meinte sie stolz.

Louise wunderte sich und erzählte dem Agenten von ihrer Entdeckung. Auch der Agent wurde misstrauisch und kam auf das Kind zu. „Wieso bist du Cheyenne?“, fragte er mit gerunzelter Stirn. „Ich dachte, dass ihr mit dieser Gruppe gekommen seid?“
Rotes-Blatt schüttelte den Kopf. „Nein, wir sind Cheyenne und leben dort. Ich habe mit meiner Freundin gespielt.“
Verwundert stemmte der Agent die Fäuste in die Hüfte. „Aha? Und wie seid ihr da hingekommen?“
Rotes-Blatt zuckte mit den Schultern. Sie wollte nicht wieder die Schrecken der Flucht heraufbeschwören. „Im Winter“, erklärte sie ausweichend.
„Ihr seid im Winter dort hingekommen?“, bohrte der Agent weiter.
Rotes-Blatt nickte nur. Sie spürte mit kindlicher Intuition, dass etwas nicht in Ordnung war und die Stimmung des weißen Mannes sich veränderte.
„Seid ihr aus dem Fort geflohen?“, fragte der Agent weiter.
Die Augen des Kindes wurden groß vor Furcht und es presste die Lippen aufeinander.
Der Agent schaute verblüfft von einem zum anderen und schüttelte erstaunt den Kopf. „Na, da haben wir ja einen besonderen Fang gemacht!“
Er trat an das Bett der Indianerin und überprüfte ihre Atmung. Sie musste Flüssigkeit zu sich nehmen und so hielt er ihr ein Fläschchen mit Lavendelöl unter die Nase. Außerdem interessierte ihn, wie die Frau sich so lange versteckt gehalten hatte. Vielleicht wusste sie, ob noch mehr Cheyenne in der Nähe waren? Noch hatten sie Dull-Knife nicht gefunden!
Er stellte die Flasche auf den Nachttisch und tätschelte der ohnmächtigen Frau sanft die Wange. „Hey, du, aufwachen!“
Nur mühsam öffnete Moekaé die Augen und ihr Blick verriet deutlich, dass sie nicht wusste, wo sie war. Der weiße Mann flößte ihr etwas Wasser ein, das die Frau durstig trank. Es half etwas, den Schwindel zu vertreiben. Ihr Kopf dröhnte und langsam erinnerte sie sich, was vorgefallen war. Dann erreichte der Schmerz in ihrem Oberschenkel das Gehirn und sie stöhnte. Sie versuchte sich aufzurichten, doch der weiße Mann ließ dies nicht zu.

„Langsam, langsam!", mahnte er. „Du wurdest verletzt!"
Moekaé blieb gehorsam in den Kissen liegen und schloss müde die Augen. Sie wartete, bis der Schmerz etwas abebbte und öffnete wieder die Augen, um nach ihren Kindern zu sehen.
„Hallo? Verstehst du mich?", forschte der weiße Mann ungeduldig. Er war nun nicht mehr der besorgte Arzt, sondern handelte als strenger Befehlshaber.
Moekaé nickte immer noch benommen und tastete nach der Hand ihrer Tochter. Sie umklammerte die Hand von Rotes-Blatt, als hätte sie Angst, dass jemand ihr das Kind wegnehmen könnte. Dann suchte sie mit ihren Blicken nach der Wiege mit dem Baby. Rahel! Sicherlich musste sie längst gestillt werden! Ihre Brüste fühlten sich an wie schwere Klumpen, weil sich längst Milch gebildet hatte.
„Du bist Cheyenne?", fragte der Agent ohne Umschweife.
Moekaé starrte ihn mit großen Augen an und wusste nicht, wie sie antworten sollte.
„Hast du meine Frage verstanden?", wollte der Agent wissen. „Ich bin hier der zuständige Agent und du musst mir antworten!"
Moekaé nickte und murmelte schließlich: „Ja, ich bin Cheyenne."
„Ihr seid aus Fort Robinson ausgebrochen und habt euch seitdem versteckt?", forschte der Agent weiter.
Wieder nickte Moekaé, denn im Grunde hatte der Weiße recht. „Ich lebe in dem Tal des Biberbachs", erklärte sie. „Mein Mann ist ein weißer Mann."
„Aha, und wie kommt es dann, dass du mit den flüchtigen Lakota erwischt wurdest?"
„Ich sammelte Beeren und Zwiebeln."
Der Agent glaubte ihr kein Wort. „Und wie heißt dein Mann?"
„Co-liens."
„Hmh!", brummte der Agent wenig überzeugt. „Für heute Nacht lasse ich dich hier. Du wurdest verletzt und ich will mir die Wunde morgen noch mal ansehen. Dann kommst du zu den anderen Frauen und Kindern, bis dein Mann auftaucht."
Der Agent winkte nach Louise und zeigte auf Moekaé und die Kinder. „Ich überlasse sie deinen Händen! Sorge dafür, dass die

Frau etwas trinkt und morgen noch da ist!“ Es klang freundlich. Louise nickte und setzte sich dann auf einen Stuhl, um die Gefangene im Auge zu behalten. Der Arzt lächelte freundlich und wedelte ungeduldig mit der Hand. „Nein, nein! Bring ihr erst einmal etwas zu essen und kümmere dich um das Baby. Wahrscheinlich braucht es frische Windeln. Morgen sehen wir weiter!“
Louise erhob sich geschwind und eilte aus dem Zimmer, um die gewünschten Dinge zu bringen. Sie kehrte mit einer Schüssel voller Suppe und einer Armvoll Tücher zurück. Sie gab Moekaé die Schüssel und half ihr vorsichtig auf, damit sie essen konnte. Louise nahm unterdessen Rahel aus der Wiege und wickelte die nasse Windel auf. Sie wusch das Baby, hüllte es in frische Tücher und legte es dann neben der Mutter ins Bett.
Rotes-Blatt war todmüde und legte sich ebenfalls neben ihre Mutter ins Bett. Der Tag war viel zu anstrengend für das kleine Mädchen gewesen und forderte nun seinen Tribut. Ihre Augen fielen zu und mit einer Geschwindigkeit, wie sie nur Kindern zu eigen ist, war sie eingeschlafen.
Moekaé aß hungrig die Suppe und legte dann Rahel an ihre Brust, um sie zu stillen. Sie unterdrückte ein Stöhnen, als der Druck ihrer Brüste etwas nachließ. Es war ihr peinlich, dass die Milch einfach das Hemd durchnässte, aber zum Glück hatte der Agent den Raum verlassen. Sie fühlte den Schmerz im Oberschenkel und tastete nach dem Verband. Sie würde beten und die Geister um Hilfe bitten, damit die Wunde schnell heilte. Sie hasste die Männer nicht, die ihr das angetan hatten, denn sie waren ohne Respekt und Ehre. Eines Tages würde ihnen selbst widerfahren, was sie getan hatten. Nichts blieb ungesühnt. Ihr leiser Gesang erfüllte den Raum und schläferte die Kinder ein. Sie lebten, allein das war wichtig.

Collins

Am Morgen betrat als Erste Louise den Raum und brachte einen Teller mit Brot und Speck. Rotes-Blatt stürzte sich hungrig auf das Frühstück, während Moekaé erst noch das Baby stillte.
Es war still.
Später kam Mr. McGillycuddy und blickte stirnrunzelnd auf die Frau. „Wie geht es dir?", fragte er.
Moekaé warf ihm einen ausdruckslosen Blick zu und zog es vor, nicht zu antworten. Der Agent wartete, bis Rahel genug getrunken hatte, und wandte sich dann erneut an die Cheyenne-Frau. „Bitte, lass mich die Wunde sehen. Ich möchte kontrollieren, ob sie gut heilt."
Moekaé schüttelte den Kopf. „Sie heilt gut", beteuerte sie.
„Nun, ich bin Arzt und kann das besser beurteilen. Also leg dich hin und zeig mir die Wunde."
Moekaé rührte sich nicht vom Fleck und wiederholte ihre Aussage: „Sie heilt gut." Sie fühlte sich unwohl in der unmittelbaren Nähe des Agenten. „Ich möchte zu den Lakota!", bat sie mit leiser Stimme. Es schickte sich nicht, allein mit einem Mann zu sein, und sie fühlte sich unwohl. Die Wunde pochte und sie konnte fühlen, dass sie leicht fieberte, aber sie misstraute diesem weißen Arzt. Die anderen Frauen würden sich um sie kümmern und für sie beten. Hier erwartete sie keine wirkliche Hilfe. Wo blieb ihr Mann? Sie brauchte Schutz und Ruhe.
Mr. McGillycuddy runzelte die Stirn. „Das geht nicht. Du wurdest angeschossen und solltest lieber hier bleiben. Wenn dein Mann kommt, dann kann er dich mitnehmen."
„Es geht mir gut", murmelte Moekaé mit fester Stimme. „Ich will nicht hierbleiben!"
„Na schön!", meinte der Agent unwillig. Dann gehst du jetzt zu den anderen Frauen und Kindern, bis dein Mann hier auftaucht."
Moekaé erhob sich gehorsam und ließ sich von Louise das Kleid geben. Louise brachte ihr ein einfaches, frisches Kleid und ließ das schmutzige in einem Eimer verschwinden. Der Arzt sagte nichts dazu und sah es wohl als kleine Wiedergutmachung an.

Er verließ den Raum, damit die Indianerin sich anziehen konnte und wartete vor dem Gebäude, bis sie mit den Kindern endlich herauskam. Dann führte er sie über den Platz zu dem Gebäude, in dem die anderen eingesperrt waren. Moekaé konnte nur langsam und unter Schmerzen gehen, doch sie lehnte die Hilfe des Mannes ab, der sie stützen wollte.

Ein Soldat öffnete die Tür und stieß Moekaé unsanft in das Dunkle. Rotes-Blatt schlüpfte an ihm vorbei, sodass er sie nicht ins Innere stoßen konnte. Der Soldat fluchte unflätig, was ihm einen bösen Blick des Agenten einhandelte.

„Das hier sind keine aufständischen Indianer. Also reißen Sie sich gefälligst zusammen. Wir können hier keinen Krieg mehr brauchen!"

„Jawohl, Sir!", brummte der Soldat wenig überzeugt. „Ich bin erst zufrieden, wenn die Böcke von denen da sind. Wer weiß, welches Unheil sie gerade wieder anrichten."

Der Agent ließ die Tür zusperren und ging wieder in sein Büro zurück. Er ärgerte sich darüber, dass die Cheyenne-Frau nun eingesperrt war, obwohl sie eine Schussverletzung hatte, aber gegen die Sturheit dieser Frauen konnte man einfach nichts machen. Er hatte genug Arbeit zu tun und so schob er den Gedanken an sie einfach von sich. Später konnte er sich nochmals nach ihrem Befinden erkundigen. Solange sie kein Fieber hatte, wäre es wohl in Ordnung, sie bei ihren Leuten zu lassen. Er setzte sich an den Tisch und brütete über den Unterlagen. Die Lebensmittellieferungen der Regierung hatten sich schon wieder verspätet und es wurde schwierig, die Indianer ruhigzuhalten. Jeden Tag standen ihre Häuptlinge vor der Agentur und forderten die versprochenen Lebensmittel. Hungrige Frauen und Kinder warteten in Decken gehüllt am Rande des Platzes und hofften ebenfalls auf die Nahrung. So hatte sich der Agent den Frieden nicht vorgestellt. Die Indianer wurden zu Bettlern und Hungerleidern, die den ganzen Tag nichts zu tun hatten. Im Grunde konnte er es der Gruppe nicht einmal übelnehmen, dass sie die Reservation verlassen hatte. Sie taten zumindest etwas gegen den Hunger! Aber er durfte solchen Ungehorsam nicht tolerieren, sonst würde hier jeder tun, was er wollte. Noch gab es aufständische Indianer, denen sich allzu leicht weitere Indianer aus den Reservationen anschließen konnten.

Schließlich wurde er durch ein lautes Klopfen aus seinen Gedanken gerissen und er schaute auf. „Herein!", rief er laut.
Es war der Korporal, der mit zwei einfachen Soldaten eintrat. „Sir? Sie wollten die beiden sprechen? Das sind die Soldaten Schurtz und Hill. Die beiden haben die Indianerin in Gewahrsam genommen."
„So nennt man das jetzt?", meinte der Agent zynisch. Er musterte die beiden Delinquenten und runzelte die Stirn. Es waren primitive Menschen, die kaum in der Lage waren, ihre Ausrüstung sauberzuhalten. Sie standen betreten vor ihm und drehten ihre Hüte in den Händen. Ihre Haare waren fettig, wie eigentlich alles an ihnen.
„Und?", forschte der Agent.
Die Soldaten zuckten die Schultern und schließlich ergriff der Soldat namens Hill das Wort. „Nichts, Sir, wir hatten den Auftrag, die Indianer einzufangen, und fanden diese Squaw, die sich in den Hügeln versteckt hielt. Sie ging auf uns los und dabei löste sich ein Schuss."
„War die Frau bewaffnet?"
Die Soldaten drucksten herum und schüttelten ihre Köpfe. „Wir wollten sie lediglich zu den anderen zurückbringen und dann ging sie auf uns los. Wir wollten sie nicht treffen, Sir."
„Und welchen Grund gab es, dass die Frau auf euch losging?"
Die Soldaten zuckten die Schultern. „Keine Ahnung, Sir. Sie hatte sich versteckt."
Der Agent runzelte die Stirn und dachte darüber nach. „Vielleicht lag es daran, dass ihr eine von den flüchtigen Cheyenne erwischt habt."
Die Soldaten wechselten erstaunte Blicke und schwiegen.
„Na schön, ich werde das später klären. Ich will, dass solche Vorfälle in Zukunft vermieden werden. Es geht nicht, dass auf Frauen und Kinder geschossen wird. Habt ihr das verstanden?"
„Selbstverständlich, Sir!"
„Wir wollen, dass die Indianer zivilisiert werden. Die Armee hat

die Aufgabe, mich darin zu unterstützen. Ist das ebenfalls klar?"
„Selbstverständlich, Sir."
„Gut, dann können Sie jetzt wegtreten!"
Die beiden Delinquenten waren mehr als froh, so glimpflich davonzukommen, und verschwanden eilig durch die Tür. Der Korporal salutierte förmlich und wandte sich ebenfalls zum Gehen.
„Brauchen Sie mich noch?"
„Nein, nein!", versicherte der Agent. „Falls die Indianer bis heute Abend nicht auftauchen, werden wir nach ihnen suchen. Lassen Sie Ihre Leute wissen, dass es eventuell morgen wieder weitergeht."
„Ja, Sir!"
Der Korporal verließ das Zimmer und der Agent beugte sich wieder über seine Bücher. Er hoffte, dass die Indianer friedlich zurückkehrten, denn die Soldaten würden die Situation sicherlich nicht ohne Blutvergießen klären. Er hatte nicht den Eindruck, dass Schurtz und Hill wirklich etwas dazugelernt hatten.
Gegen Mittag machte er eine kurze Pause und erkundigte sich nach den Gefangenen. Er sorgte dafür, dass genügend Essen und Wasser verteilt wurde, und erkundigte sich nach der verletzten Cheyenne-Frau. Er ließ sich nicht abweisen und so trat er neben die Decke, auf der sie ruhte. Er sah mit einem Blick, dass sie fieberte. Das Kind saß mit bangen Augen neben der Mutter und hielt wieder das Schwesterchen auf dem Schoß. „So ein Mist!", murmelte McGillycuddy verärgert. „Ihr hättet einfach bei mir bleiben sollen! Hier kann ich mich nicht richtig um euch kümmern."
Moekaé öffnete die Augen und musterte den weißen Mann. Sie wedelte mit der Hand, als könnte sie so dessen Anwesenheit einfach ausblenden. Die Frauen kümmerten sich um sie und sie brauchte und wollte seine Hilfe nicht. Krähenfrau saß neben ihr und sang mit leisem Singsang Gebete. Das würde helfen.
Der Agent schüttelte den Kopf und stemmte die Hände in die Hüften. „Wenn das Fieber steigt, hole ich sie hier raus!"
Noch wollte er eine Eskalation vermeiden und er blickte auf die Wand aus dunklen Gesichtern, die sich um das Lager der verletzten Frau versammelten. „Sag ihnen, dass ich doch nur helfen

will!", bat er das kleine Mädchen. Missmutig kehrte er in seine Agentur zurück.

Gegen Nachmittag näherten sich tatsächlich einige Reiter der Agentur. Der Agent trat vor die Tür und blickte ihnen zufrieden entgegen. Aus den Augenwinkeln bemerkte er, wie die Soldaten nach ihren Gewehren griffen und in Aufstellung gingen. Er schüttelte warnend seinen Kopf und nickte dem Korporal zu, dass er abwarten sollte. Zumindest hatte die Standpauke bewirkt, dass die Soldaten nun vorsichtiger waren und die Gewehre locker im Arm hielten, um eine Eskalation zu vermeiden.
Der Agent konzentrierte sich auf die Ankömmlinge, die langsam auf die Agentur zuritten. Zu seiner Überraschung befand sich auch ein Karren dabei, auf dem ebenfalls einige Personen saßen. Es waren Weiße!
Die kleine Kolonne hielt direkt vor ihm und ein junger Weißer kam mit finsteren Augen auf ihn zu.
„Wo ist meine Frau?", fragte er ohne Umschweife, aber auch mit deutlicher Sorge in der Stimme. „Wo sind meine Töchter?"
Der Agent räusperte sich überrascht und hob beruhigend die Hände. „Bitte, das ist offensichtlich alles ein Missverständnis! Wir wussten ja nicht … ist ihre Frau die Cheyenne-Indianerin?"
„Allerdings! Ich will sofort zu ihr!", unterbrach Collins ihn unhöflich.
„Selbstverständlich!", beeilte sich der Agent zu sagen. „Ich bin Mr. McGillycuddy, der zuständige Agent. Ich denke, dass Ihre Frau bei den anderen Frauen ist, die wir gestern aufgegriffen haben."
Zum ersten Mal äußerte sich der ältere Mann, der die Gruppe begleitete. Er spuckte im hohen Boden auf den Boden vor Empörung und konnte nur mit Mühe seine Stimme mäßigen. „Das ist eine bodenlose Unverschämtheit! Monika befand sich auf unserem Grund und Boden und diese Soldaten hatten kein Recht, sie dort aufzugreifen!"
Der Agent wand sich verlegen. „Ich hatte keine Ahnung! Und es tut mir sehr leid. Die Frau befand sich inmitten der gesuchten Flüchtigen und die Soldaten konnten sie nicht von den anderen

unterscheiden. Wie kommt es überhaupt, dass Ihre Frau eine Cheyenne-Indianerin ist?"

„Das geht Sie überhaupt nichts an!", schimpfte der ältere Mann ungehalten. „Mein Sohn hat das Mädchen in Camp Robinson geheiratet und wir haben Papiere, die das bestätigen. Die Soldaten haben nichts auf unserem Grund und Boden zu suchen und ich möchte, dass Sie dies in Zukunft respektieren. Sperren Sie endlich diese Tür auf!"

Der Agent gab dem wachhabenden Soldaten mit einem Nicken zu verstehen, dass er die Tür aufsperren sollte, und ließ Collins in den Raum treten.

„Monika!", rief Collins mit lauter Stimme. Ein dunkler Schatten löste sich von der hinteren Wand und fiel ihm mit einem Jauchzen um den Hals. Es war Rotes-Blatt, die ihr Gesicht an den Vater drückte. „Die Soldaten kamen ...", erklärte sie stockend.

Collins drückte das Kind erleichtert an sich und schaute sich nach seiner Frau um. „Wo ist Mama?", fragte er.

Dann sah er, wie Moekaé langsam auf ihn zu humpelte, und die Erleichterung erhellte sein Gesicht. „Um Gottes willen, Monika! Wir haben uns solche Sorgen gemacht! Ist alles in Ordnung?"

Das Baby krähte fröhlich, als es den Vater erkannte, und ohne eine Antwort abzuwarten, nahm Collins es in die Arme. „Meine Kleine!", flüsterte er liebevoll.

Dann sah er die Tränen in Moekaés Gesicht und erschrocken nahm er seine Frau in die Arme. „Alles ist gut! Ich bin ja da!", versuchte er sie zu trösten.

Moekaé versteckte ihren Kopf an seiner Brust und ließ ihren Tränen freien Lauf. „Sie haben auf Rahel geschossen!", erklärte sie. „Und ein Schuss hat mich getroffen."

„Um Gottes willen!" Collins wurde blass vor Entsetzen. „Ja, aber warum denn? Wer schießt denn auf ein Baby?"

Moekaés Knie wurden weich und nur in letzter Sekunde konnte Collins sie stützen. „Was ist denn?", fragte er erschrocken. Er reichte das Baby seinem Vater, der ebenso erschrocken auf seine Schwiegertochter starrte. „Ist sie verletzt?"

Der Agent räusperte sich und deutete mit der Hand in Richtung seines Hauses. „Vielleicht bringen Sie die Frau lieber wieder in mein Behandlungszimmer. Sie wurde leider verletzt und hat viel Blut verloren."

„Wie ist denn das passiert?", forschte Collins entsetzt.

Wieder räusperte sich der Agent und versuchte, seine Verlegenheit zu überspielen. Auch, weil er sich im Nachhinein schämte, die Frau so schnell wieder zu den anderen geschickt zu haben. „Sie erhielt einen Schlag auf den Kopf und sie hat einen Durchschuss am Bein. Sie hat sich geweigert, dass ich den Verband wechsle und verlangt, dass ich sie zu den anderen bringe. Sonst wäre sie ja noch in meinem Behandlungszimmer ..." Der Agent machte eine hilflose Handbewegung. „Bitte, bringen Sie doch Ihre Frau in mein Behandlungszimmer, dann sehe ich noch mal nach ihr."

„Sie heißt Monika", meinte Collins tonlos. „Monika."

„Oh", beeilte sich der Agent zu sagen. „Bitte, dann bringen Sie doch Monika in mein Quartier."

„Haben Sie die Übeltäter zur Rechenschaft gezogen?" Mit großen Schritten trug Collins seine Frau über den Platz und betrat das zugewiesene Zimmer. Vorsichtig legte er seine Frau in das Bett und sah mit großen Augen in ihr geschwollenes Gesicht. Seine Frau war geschlagen worden. Eine bodenlose Wut stieg in ihm hoch. „Haben Sie die Übeltäter erwischt?", wiederholte er gefährlich leise.

Der Agent zuckte hilflos mit den Schultern. „Das ist nicht so einfach", meinte er leise. „Ihre Frau befand sich inmitten von flüchtigen Indianern ..."

„Und?", forschte Collins ungeduldig.

„Nun, wenn Sie Anzeige erstatten, kommen die Schuldigen natürlich vor ein Militärgericht, wenn Sie das wollen, aber im Grunde ist ja nicht viel passiert."

Collins biss vor Wut die Zähne zusammen. „Meine Frau ist angeschossen und misshandelt worden und ich werde die Schuldigen sicherlich nicht laufen lassen. Außerdem sagt sie, dass die Soldaten auf das Baby geschossen haben. Ich will wissen, wer diese Dreckschweine sind, und ich will, dass sie für ihre Tat büßen."

„Das ist natürlich Ihr Recht!", beeilte sich der Agent zu versichern. „Ich bin schon lange dafür, die Soldaten aus diesem Aufga-

benbereich abzuziehen. Sie richten nur Schaden an. Ich habe bereits eine Polizei aus Indianern aufgebaut, die hier für Ordnung sorgt, aber seit immer mehr Indianer die Reservation verlassen, um sich Sitting Bull in Kanada anzuschließen, ist hier der Teufel los! Hinzu kommt, dass die Cheyenne jetzt auch noch hier sind. Wir sitzen auf einem Pulverfass, dass jederzeit hochgehen kann."
Collins wurde durch diese Worte kaum beeindruckt. Er sah verbittert auf seine Frau, die dort schwach und verletzt vor ihm lag. Er hatte eine solche Wut, dass er am liebsten die Schuldigen abgeknallt hätte. Auch sein Vater hatte inzwischen den Raum betreten und wandte sich mit schneidender Stimme an den Agenten. „Ich will Genugtuung. Meine Schwiegertochter befand sich mit den Kindern auf meinem Grund und Boden. Die Soldaten haben den Frieden meines Tales gestört und meine Schwiegertochter entführt und verletzt. Ich werde dafür sorgen, dass dies Konsequenzen hat!"
Der Agent hob beschwichtigend die Hände. „Das will ich doch auch! Wie soll ich denn für Recht und Ordnung sorgen, wenn die Soldaten machen, was sie wollen? Ich versichere Ihnen, dass die Schuldigen bestraft werden. Dazu müssten Sie aber nach Fort Robinson kommen und eine Aussage machen."
„Und was wird dann geschehen?"
„Nun, die Schuldigen werden vermutlich bestraft, und Sie werden eine Entschädigung bekommen. Captain Wessels ist sehr streng, wenn es um Regelverstöße geht."
Kurzes Schweigen entstand, während die Männer betreten im Raum standen, dann seufzte der Agent tief. „Es tut mir wirklich leid. Aber nun würde ich gern nach Monika sehen." Er blickte Collins bittend an. „Würden Sie wohl hierbleiben? Vorhin wollte sie sich nicht untersuchen lassen."
Collins nickte und wandte sich an seine Frau: „Monika, du bist verletzt und ich möchte, dass der Arzt nach dir sieht."
Moekaé drehte den Kopf zur Wand und machte eine hilflose Bewegung mit der Hand. Sie wollte nicht, dass dieser weiße Mann nach ihr sah. Weiße Menschen brachten nur Unheil. „Ich will nicht, dass er ...", flüsterte sie mit erstickter Stimme.
„Monika, ich will nur, dass es dir wieder gutgeht. Der Mann ist

Arzt und wird dafür sorgen, dass die Wunde gut heilt. Das verspreche ich dir!" Er schluckte schwer, als er sah, wie die Tränen über Monikas Gesicht liefen. Sie wirkte wieder so zart und zerbrechlich, dass sein Herz brach, sie so geschunden und verletzt zu sehen. Ihre rechte Gesichtshälfte war geschwollen und an ihrer Schläfe war eine hässliche Platzwunde, die gerade erst verschorfte. Wie konnte jemand nur so grausam sein?
Der Arzt hatte inzwischen das Kleid hochgeschoben und entfernte den blutigen Verband von dem Oberschenkel. Collins stockte der Atem, als er die schwere Wunde sah.
„Und Sie haben meine Frau aufstehen lassen und zu den anderen geschickt?", flüsterte er geschockt.
„Sie wollte sich nicht behandeln lassen", verteidigte sich der Arzt. „Und sie sagte, dass sie lieber bei den anderen Frauen ist. Sie haben ja keine Ahnung, wie stur Indianerinnen sein können!"
„Doch!", erklärte Collins.
Fachmännisch untersuchte der Arzt die Wunde und legte schließlich wieder einen sauberen Verband an. „Sieht gut aus. Sie ist einfach nur geschwächt durch den Blutverlust und wahrscheinlich hat sie eine Gehirnerschütterung. Sie sollten bis morgen warten, ehe Sie zurückfahren. Ich stelle Ihnen gern ein Quartier zur Verfügung."
Collins nickte nur und setzte sich zu seiner Frau an die Bettkante. „Mein Mädchen", flüsterte er liebevoll. „Morgen werden wir dich wieder nach Hause bringen. Ich hätte besser auf dich aufpassen müssen."
Moekaé schüttelte müde den Kopf. „Du kannst nicht immer bei mir sein", meinte sie leise.
In Collins' Augen sammelten sich die Tränen. „Oh Gott, du hättest tot sein können! Du darfst dich nicht mehr so weit vom Haus entfernen!"
Moekaé biss die Lippen zusammen. „Aber ich war nicht allein!"
Collins nickte. „Das stimmt. Aber es wird immer wieder Gesindel geben, das durch die Gegend streift. Wir müssen besser aufpassen! In Zukunft bleibt immer ein Mann in der Nähe des Hauses." Seine Stimme ließ keinen Widerspruch zu.
Moekaé schloss müde die Augen. Ihr Kopf dröhnte und sie fühlte

die Schwäche in ihrem Körper. Die Zeiten waren schwer, besonders für Frauen. Sie lebte und ihre Kinder lebten. Allein das zählte.

Der Agent verließ mit den beiden Männern das Behandlungszimmer und sah sich auf dem Platz um. Die Frauen und Kinder der Lakota hatten inzwischen das Gefängnis verlassen und standen nun neben ihren Männern, die immer noch auf ihren Pferden saßen und ausdruckslos auf ihre Bestrafung warteten. Einige Soldaten standen mit angeschlagenen Gewehren um die Lakota herum, jederzeit bereit, ein Blutbad zu verüben. Der Korporal salutierte zackig und erstattete Meldung: „Alle Flüchtigen haben sich wieder eingefunden."

Der Agent winkte ungeduldig ab. „Ja, ja, ganz wunderbar. Lassen Sie wegtreten und lassen Sie die beiden, die die Indianerin misshandelt haben, in Ketten legen."

„Sir?", wunderte sich der Korporal.

„Sie haben mich richtig verstanden!", schnauzte ihn der Agent an. „In Ketten legen, und zwar sofort. Es handelt sich hierbei um die Ehefrau eines Ranchers. Die Frau hat ausgesagt, dass die Soldaten zuerst auf das Baby geschossen hätten. Das ändert natürlich alles. Die Soldaten werden nach Fort Robinson zurückgeführt und kommen vor das Militärgericht."

Der Korporal war sichtlich entsetzt und ließ schließlich die zwei Soldaten vortreten. Überrascht und sich offensichtlich keiner Schuld bewusst, traten die beiden Übeltäter vor. „Aber Sir, es war doch nur 'ne Squaw ... Sie hat uns angegriffen, als wir sie zu den anderen bringen wollten."

Ehe er ausreden konnte, war Collins bereits vorgestürmt und hieb seine Faust in das Gesicht des völlig überraschten Soldaten. „Du Bastard, du Schwein!", schrie er heiser vor Zorn. „Du hast auf Rahel geschossen! Ein kleines Baby!" Collins' Gesicht war rot vor Wut und sein Gesicht war hassverzerrt. Unruhe breitete sich aus, als einige Soldaten näherstürzten, um ihrem Kameraden zu helfen. Auch einige Indianer näherten sich interessiert und standen abwartend im Halbkreis.

Der Soldat stürzte zu Boden und Collins setzte sich auf seine Brust und drosch weiter wie ein Besessener in dessen Gesicht.

Unruhe breitete sich aus, während die Soldaten hilflos zu ihrem Korporal sahen, was sie nun tun sollten. Blut spritzte, ehe es zwei Männern gelang, den wütenden Ehemann wegzuziehen.
Schwankend erhob sich der Soldat und wischte sich das Blut von der Lippe. „Hey, wir haben ihr doch nur Angst gemacht …", versuchte er sich zu verteidigen.
Ehe Collins sich noch weiter aufregen konnte, wurden die beiden Soldaten in Ketten gelegt und in eine Zelle geworfen. Ihre Flüche drangen bis nach draußen, doch der Agent zog Collins und seinen Vater außer Hörweite. „Kommen Sie, ich lade Sie zum Essen ein und dann besprechen wir alles Weitere."
Collins war nur mit Mühe zu bändigen und so redeten die Männer beruhigend auf ihn ein. Schließlich war es die Anwesenheit des Vaters, die Collins wieder zur Räson brachte. „Collins, beruhige dich. Wenn der Agent hier Selbstjustiz zulässt, wird hier niemals Recht und Ordnung einkehren. Wir werden vor Gericht gehen und in Zukunft besser aufpassen. Und wir geben Monika eine Waffe mit, wenn sie das Haus verlässt."
Collins nickte erleichtert und fand den Vorschlag gut. „Ja, wir besorgen ihr einen Revolver! Dann kann sie sich wenigstens wehren."

Collins und Theodor folgten dem Agenten bis zu einem Gebäude, das von einem kleinen Garten umgeben war.
Der Agent bat sie einzutreten. „Hier, das ist mein Privathaus. Setzen Sie sich doch und schenken Sie sich einen Whiskey ein. Er steht dort drüben auf dem Tisch. Ich sage Louise nur schnell, dass sie uns was zum Essen bringen soll. Und meine Frau möchte Sie bestimmt auch gern kennenlernen."
Collins und Theodor ließen sich in die Sessel plumpsen und ignorierten das Angebot, einen Whiskey zu trinken. Collins schnaufte schwer und versuchte immer noch, seinen Atem zu kontrollieren. „Diese Schweine!", fluchte er. „Diese gottverdammten Schweine!"
Sein Vater schüttelte nachdenklich den Kopf. „Sie haben auf Rahel und Monika geschossen, weil sie Indianer sind", wunderte er sich. „Als wären sie keine Menschen."

„Aber Monika ist ein Mensch! Und Rahel auch. Wer schießt denn auf Babys?“, fauchte Collins.
Theodor senkte betreten den Kopf. „Ja“, meinte er leise. „Sie ist ein Mensch. Und Rahel auch.“
Collins stutzte etwas und beruhigte sich langsam. Dann machte er eine verächtliche Bewegung mit der Hand. „Du hast doch anfangs genauso gedacht.“
Theodor nickte bedächtig. „Ja!“, gab er zu. „Ich wollte damals auch schießen, aber ich habe es nicht getan.“
Collins lehnte sich zurück und entspannte sich. „Nein“, gab er zu, „das hast du nicht.“
Theodor seufzte tief. „Jetzt bringen wir sie erst einmal nach Hause. Es wird einige Zeit brauchen, bis die Wunde geheilt ist.“
„Sie ist stark! Sie wird sich schnell erholen.“
Die beiden schwiegen, bis Theodor schließlich aufstand und zur Tür ging. Als Collins sich ebenfalls erheben wollte, winkte er ab. „Bleib hier! Ich sage Mr. McGillycuddy nur, dass er den Indianern die Vorräte zurückgeben soll, die bei uns auf dem Wagen liegen.“
Collins nickte wie abwesend. „Ja, mach das. Ich schaue noch mal nach Monika und den Kindern.“ Auch er erhob sich, um das Haus zu verlassen.
Prüfend sah Theodor seinem Sohn nach, wie er in Richtung des Krankenzimmers verschwand. Dann ging er zum Platz, auf dem immer noch schweigend die Indianer standen. Der Agent hielt gerade eine Ansprache, die von einem Dolmetscher übersetzt wurde. Abwartend stellte sich Theodor daneben und wartete auf das Ende der Rede. Der Agent ergoss sich in blumigen Worten über die Errungenschaften, die die Indianer hier hatten, und entließ sie ohne irgendwelche Strafen. „Ihr müsst einen Passierschein anfordern, wenn ihr das Reservat verlassen wollt. Versteht ihr das? Ihr müsst mich fragen und dann gebe ich euch das sprechende Papier. Dann folgen euch keine Soldaten!“
Zum ersten Mal zeigte sich Überraschung in den Gesichtern der Indianer. Vorsichtig trat Wambli-canté näher. „Du strafst uns nicht?“, fragte er.
Der Agent hob die Hände. „Nein, nein! Es ist genug geschehen. Ihr geht nach Hause, friedlich, und ihr werdet fragen, wenn ihr

die Reservation in Zukunft verlassen wollt."
Wambli-canté nickte vorsichtig. „Ich habe verstanden."
Er gab den anderen ein Zeichen, damit sie nun gehen konnten, doch Theodor hielt sie kurz auf und zeigte auf seinen Wagen. „Vergesst eure Vorräte nicht."
Wambli-canté lächelte kaum merklich. „Pilámaya, wir danken dir!"
Theodor zuckte verlegen mit den Schultern. „Ist schon in Ordnung!"
Unvermittelt drehte er sich um und ging mit großen Schritten zum Haus des Agenten zurück. Es war ihm sichtlich peinlich, dass er den Indianern einen Gefallen getan hatte.
Er betrat das Zimmer und lächelte, als Collins mit Rotes-Blatt an der Hand in der Tür erschien. „Na, kleine Krabbe, hast du Hunger?"
Rotes-Blatt nickte eifrig. „Mama schläft. Aber ich habe Hunger. Opa, die Soldaten waren sehr böse und ich hatte große Angst."
Vorsichtig nahm Theodor das zierliche Mädchen auf seinen Schoß und strich ihr über das schwarze Haar. „Ich hatte auch Angst. In Zukunft wird der Opa viel besser auf dich aufpassen!", versicherte er.
„Und auf Mama auch?", wollte Rotes-Blatt wissen.
„Auf Mama auch!"
„Und auf Rahel auch?"
„Auf Rahel ganz besonders!"
Zufrieden kuschelte sich das Mädchen in seinen Schoß und lächelte, als der Agent das Zimmer betrat. „Siehst du, das ist mein Opa!", erklärte sie.
„So, so, der Opa vom See!", stellte der Agent mit einem Grinsen fest.
„Ja, mein Opa vom See."
Der Agent wandte sich verlegen an den Rancher. „Die Kleine hat mir bereits von Ihnen erzählt, aber ich konnte mir keinen Reim darauf machen. Ein Cheyenne-Mädchen, das bei einer weißen Familie lebt, ist ja etwas ungewöhnlich."
Theodor nickte. „Ja, wir fanden die beiden im Winter. Kurz vor dem Erfrieren. Sie gehörten zu den flüchtigen Cheyenne aus Fort

Robinson. Es herrschte ein solcher Schneesturm, dass wir sie nicht gleich zurückbringen konnten, und dann blieben sie einfach."

„Und das Baby?"

„Das wurde in der Nacht geboren, als wir sie fanden."

„Aha!" der Agent blickte etwas verblüfft auf Collins. „Die Kinder sind also nicht von Ihnen?"

„Nein!", gab Collins zu. „Sie sind adoptiert."

Der Agent sagte nichts mehr. Er wollte den Indianern durchaus helfen und sah in dieser Familie Menschen, die es geschafft hatten, Vorurteile zu überwinden. Er sah hier sofort die Möglichkeit einer guten Zusammenarbeit.

„Wo ist denn ihre Ranch genau?", wollte er wissen.

„Nördlich von dem Ort, wo Bissonette seinen Handelsposten hat. Die Indianer nennen es wohl Biberbach."

„Ah, das ist ein ehemaliger Lagerplatz von Crazy-Horse! Haben Sie schon die Grube entdeckt, in der die Indianer früher Adlerfedern geraubt haben?"

Collins nickte. „Mein Bruder hat sie entdeckt. Von vorn ist es zu steil zum Klettern, aber von hinten kann man bequem hinauflaufen."

„Gehört Ihnen nun das ganze Tal?"

Theodor nickte voller Stolz. „Ja, wir wollen Rinder züchten. Zum Ackerbau ist es wohl nicht so geeignet. Zu viel Wind. Weiter oben sind ein paar Wiesen, die sich vielleicht eignen, das muss ich mir aber erst anschauen. Wir haben in diesem Frühjahr zum ersten Mal Heu eingefahren, dann wird der nächste Winter nicht so schwer. Im Winter sind uns nämlich einige Rinder verreckt. Wir mussten das Fleisch einpökeln, sonst wäre es verdorben. Wir haben auch ein paar Bisons, die sich zu uns verirrt haben. Die scheinen wesentlich widerstandsfähiger zu sein."

„Kling sehr interessant. Vielleicht könnten wir ein Geschäft machen?", schlug der Agent vorsichtig vor.

Theodor war sofort interessiert. „Zum Beispiel?"

Der Agent seufzte. „Na ja, die Lebensmittellieferungen kommen nur sehr unzuverlässig. Die mageren Viecher kann man kaum an die Indianer verteilen. Ich möchte versuchen, dass ich das Fleisch von Ranchern aus der Umgebung kaufen kann. Das ist günstiger und die Qualität ist besser. Büffelfleisch wäre natürlich eine schöne Sache! Es gibt ja kaum noch welche."

„Das käme uns sehr gelegen!", versicherte Theodor. „Wir hätten keine weiten Transportwege. Brauchen Sie auch Gemüse?"

„Das wäre schön!", freute sich der Agent. „Ich möchte den Indianern hier gern Ackerbau beibringen. Aber dazu müssten sie natürlich erst einmal das Gemüse kennenlernen. Was bauen Sie denn an?"

„Na ja, Kohl, Kürbisse, Bohnen, Zwiebeln, Kartoffeln und Rüben. Den Salat hat leider der Regen vernichtet."

„Haben Sie auch Milchkühe?"

„Nur zwei, für unseren Gebrauch. Meine Frau macht daraus Butter und Käse. Wir haben auch ein paar Hühner, aber da kann ich Ihnen nur ein paar Eier abgeben."

„Ich habe Hühner für meine Indianer beantragt. Außerdem Saatgut und Ackerwerkzeug. Wird nicht leicht, die Indianer zu zivilisieren. Mein Hilfsagent ist Joseph Bissonette. Er hilft mir wirklich sehr, auch weil er das Vertrauen der Indianer hat. Seine Söhne und Töchter werden auch hier arbeiten. Na ja, falls sie alt genug dafür sind ...einige sind ja noch zu klein. Der Mann hat mehr Kinder als andere Leute Flöhe ..." Der Agent lachte fröhlich. „Ich möchte eine Schule bauen, aber mir fehlt noch die Lehrerin. Die Kirchen sind interessiert. Sie wollen natürlich missionieren und das geht am schnellsten mit den Kindern."

„Ja, es wird Zeit, dass diese Heiden bekehrt werden", stimmte Theodor zu.

Im Nebenraum klapperte es und der Agent horchte auf. „Das ist Louise mit dem Essen. Setzen wir uns doch zu Tisch. Meine Frau freut sich bestimmt über etwas Gesellschaft."

Er führte seine Gäste ins Nebenzimmer, in dem lediglich ein langer Tisch mit Stühlen stand. An den Wänden hingen einige gerahmte Fotografien. Die Küche war durch eine Tür getrennt, in der Louise mit Töpfen und Pfannen werkelte. Der Tisch war bereits gedeckt und so setzten sich alle auf die zugewiesenen Stühle. Rotes-Blatt konnte kaum über die Tischplatte schauen und der Agent holte ihr ein Kissen, damit sie höher sitzen konnte. „Siehst

du, nun ist es besser!“, freute er sich, als er das Kind auf die erhöhte Sitzposition setzte. „Kannst du denn schon mit Messer und Gabel essen?“
Das Kind antwortete nicht, sondern schaute nur hilfesuchend zu seinem Großvater.
„Sie ist doch erst vier oder fünf!“, brummte Theodor. „Da reicht es wohl, wenn sie mit dem Löffel isst!“
„Ach so? So klein?“, staunte der Agent. „Da hat sie aber schnell unsere Sprache gelernt.“
„Ja! Sie ist ziemlich klug!“, lobte Theodor das Kind. „Aber das muss ja nicht für alle Indianer gelten.“
„Hmh, in Pennsylvania soll es jetzt eine Schule für Indianerkinder geben. Sie lernen dort Lesen und Schreiben und werden in einfachen Berufen ausgebildet. Meist handwerkliche Dinge. Es soll ein Internat sein, damit die Kinder nicht dem schädlichen Einfluss ihres Elternhauses unterliegen. Aus Indianern werden immer nur wieder Indianer, aber wenn man sie von Weißen erziehen lässt, werden vielleicht nützliche Menschen daraus. Ich verhandle gerade mit den Häuptlingen, damit sie Kinder auswählen, die im Herbst dort zur Schule gehen.“
„Eine gute Idee!“, stellte Theodor fest. Mit seinem Löffel zeigte er auf Rotes-Blatt. „Sie lernt ja auch Brot backen und solche Dinge. Wie jedes andere Kind auch.“
„Ja, es ist sehr vielversprechend. Wir haben nun die Aufgabe, den Menschen die Zivilisation zu bringen“, erklärte Mr. McGillycuddy. „Im Moment werde ich allerdings sehr in meiner Arbeit aufgehalten. Sie haben mir die Cheyenne aus Fort Robinson anvertraut, die im Grunde nur Unruhe stiften. Sie trauern natürlich um ihre Verwandten, das kann ich ja verstehen, aber hilfreich sind sie wahrlich nicht. Ich versuche Kontakt mit Lieutenant Clark aus Fort Keogh aufzunehmen, damit die verbliebenen Cheyenne mit den Cheyenne von Little-Wolf zusammengeführt werden können. Aus der Darlington Agentur im Indianer-Territorium sollen auch noch Cheyenne zu uns stoßen und dann wird die Situation hier unhaltbar.“
„Wieso?“, wunderte sich Collins.
„Na ja“, der Agent wand sich etwas vor Verlegenheit. „Im Grun-

de habe ich nichts gegen die Cheyenne, aber solange Dull-Knife sich nicht ergibt, haben wir hier einen Unruheherd. Ich befürchte, dass die Lakota aufgehetzt werden. Und immer wieder verschwinden kleine Gruppen, um sich nach Kanada zu Sitting Bull abzusetzen. Je schneller wir hier für Ordnung sorgen, desto schneller kann ich mit meiner eigentlichen Arbeit anfangen. Nämlich, den Indianern Ackerbau und Viehwirtschaft zu zeigen." Er seufzte tief. „Aber zurück zu den Lieferungen ...", wechselte er das Thema. „ich kläre mit Washington die Möglichkeiten ab und setze mich dann mit Ihnen in Verbindung. Ich wäre besonders an den Rindern und eventuell an dem gepökelten Fleisch interessiert. Die Lieferungen haben sich verzögert und die Menschen werden ungeduldig. Bis wann könnten Sie wieder hier sein?"

Theodor legte den Kopf schief. „Das kommt darauf an, wie viele Rinder sie wollen. Wir müssen sie zusammentreiben und dann brauchen wir etwas Zeit, um sie herzutreiben. Also drei bis vier Tage schätze ich."

„Das ist ganz wunderbar!", freute sich der Agent. „Ich kläre das und schicke einfach einen Meldereiter zu ihnen."

Theodor zog die Augenbrauen zusammen. „Ja, aber achten Sie darauf, dass er sich zu benehmen weiß."

Der Agent zuckte schuldbewusst zusammen. „Keine Sorge, ich setze indianische Meldereiter ein."

Theodor und Collins wechselten lange Blicke, schwiegen dann aber.

Fast erleichtert erhoben sie sich, als die Ehefrau von McGillycuddy das Zimmer betrat. Eine junge weiße Frau in dieser Gegend zu sehen, war eine Seltenheit.

„Darf ich Ihnen meine Frau Fanny vorstellen?", meinte Mr. McGillycuddy mit einem Lächeln. Höflich verbeugten sich die Männer vor der weißen Dame, während Rotes-Blatt scheu auf ihrem Stuhl hin und her rutschte.

„Meine Güte, du bist aber ein hübsches Mädchen!", lächelte Fanny das Kind an.

Rotes-Blatt sagte nichts, sondern senkte nur scheu den Kopf.

„Das sind sozusagen unsere Nachbarn!", erklärte Mr. McGilly-

cuddy. „Sie werden uns in Zukunft mit Lebensmitteln beliefern."
„Oh, das ist aber schön! Vielleicht kommen Sie dann bei uns auf einen Tee vorbei. Hier ist es recht einsam."
Theodor und Collins wechselten verblüffte Blicke, denn hier lebten wahrlich genug Menschen. Aber vielleicht zählte die Dame Indianer nicht zum geeigneten Umgang.
„Ich kann ja die Sprache noch nicht", erklärte Fanny entschuldigend.
Die Männer senkten erschrocken die Köpfe, als hätte die Dame ihre Gedanken erraten. Eine peinliche Pause entstand, während das schwarze Dienstmädchen ein weiteres Mal die Teller füllte.
Der Agent führte die Männer nach dem Essen zum Krankenzimmer zurück und wies ihnen zwei Betten im angrenzenden Raum zu. „Sie können hier die Nacht verbringen. Morgen früh sehe ich nochmals nach meiner Patientin und dann hoffe ich, dass Sie eine gute Heimreise haben! Es tut mir wirklich leid, was mit Ihrer Frau geschehen ist!"
Niemand antwortete ihm darauf, denn dazu gab es wirklich nichts zu sagen. Collins trat kurz an Monikas Bett und betrachtete ihr geschwollenes Gesicht. Er würde nach Fort Robinson reiten und gegen die Soldaten aussagen! Sie durften nicht mehr frei herumlaufen und auf indianische Frauen und Kinder schießen. Sie durften überhaupt keiner Frau mehr wehtun.
Er beugte sich hinab und gab Monika einen sanften Kuss auf die Wange, dann ging er in sein Zimmer zurück und legte sich auf das Bett.
Sein Vater lag mit geschlossenen Augen in dem Bett, aber Collins konnte an der Atmung erkennen, dass sein Vater noch wach war. Die beiden Männer lagen nebeneinander und starrten im Dunklen an die Decke. Ihre Gedanken arbeiteten, aber sie sagten nichts. Für das Schreckliche, was geschehen war, gab es keine Worte.
„Dieses Land ist nichts für Frauen!", bemerkte sein Vater schließlich.
„Nein!", stimmte Collins zu. „Es wird immer wieder Gesindel geben, das können wir nicht verhindern. Aber es wird Zeit, dass wir mehr Personal für die Ranch haben und die Frauen nicht mehr allein sind."

„Das können wir uns im Moment noch nicht leisten", bedauerte Theodor.
„Doch, die Indianer! Tatanka-ohitika kostet fast nichts. Er ist froh, wenn er was zu essen bekommt. Wir brauchen einfach noch mehr solche Leute. Das nächste Mal erwischen sie sonst vielleicht Ma oder sie knallen Monika wirklich ab. Viel hätte nicht gefehlt. Wir können nicht immer danebenstehen und aufpassen, damit nichts passiert."
„Nein, aber wir können stark sein! Als Nächstes bauen wir ein größeres Haus, dann können wir die kleine Hütte für Cowboys hernehmen."
„Hmh, das mit dem großen Haus finde ich eine gute Idee, aber das kleinere wollte ich eigentlich für mich haben."
„Mal sehen, wie es mit Holz und Fenstern aussieht, dann bauen wir halt noch eine Gemeinschaftsunterkunft dazu."
„Und eine Gemeinschaftsküche", fügte Collins hinzu.
Der Vater lachte dunkel. „Du hast ganz schön große Pläne!"
„Na ja, mit mehr Leuten haben wir auch mehr Personen, die uns helfen die Häuser zu bauen", stellte Collins nicht ganz ohne Logik fest. „Indianer hätten den Vorteil, dass wir sie vermutlich nicht das ganze Jahr beschäftigen müssten."
„Hmh!", grunzte Theodor noch nicht so ganz überzeugt. „Auf jeden Fall brauchen sie anständige Namen. Das kann sich ja kein Mensch merken."
Collins kicherte in sich hinein. „Nein, Tatanka-ohitika ist wirklich unaussprechlich."
„Jetzt sehen wir erst einmal zu, dass wir deine Frau heil nach Hause bringen."
„Ja, und ich zerre diese Schweine vor Gericht!", schwor Collins voller Wut.
„Ich hoffe, sie erholt sich bald", meinte Theodor leise. Seine Stimme klang besorgt und zeigte ein Mitgefühl, das so gar nicht zu ihm passte.
Collins schwieg. Er dachte an Monikas zartes Gesicht, das nun so entstellt war, und den Schrecken und die Todesangst, die sie erlitten hatte.

Dull-Knife

Am nächsten Morgen kam Louise und kümmerte sich als Erstes um das Baby. Sie hatte frische Tücher dabei und wickelte damit geschickt das lebhaft strampelnde Baby. Rahel gluckste und krähte, während Louise mit ihr spielte. Dann legte die Mulattin das Baby an Moekaés Brust, drehte sich um und forderte Rotes-Blatt auf, sich zu ihr zu setzen, damit sie ihr die Haare kämmen konnte. Gehorsam setzte sich das Kind auf einen Stuhl und wartete geduldig ab, bis Louise die langen Haare entwirrt und zwei Zöpfe geflochten hatte. Es lachte fröhlich, als die Farbige zum Schluss noch zwei rote Bänder um die Enden wickelte. „Sieh!", rief sie strahlend und stellte sich vor die Mutter. „Wie hübsch ich bin."

„Ja, sehr hübsch!", lächelte Moekaé zurück. Sie war froh, dass das Kind die Schrecken schon wieder vergessen hatte.

Als Rahel satt war, setzte sich auch Moekaé auf den Stuhl und ließ sich von Louise die Haare kämmen. Louise flocht auch Moekaés Haare, aber sie wählte einen einzelnen Zopf, der lang über den Rücken fiel. Einige Strähnen ließ sie seitlich neben der Stirn fallen, damit sie ein wenig die blauen Flecken verbargen. Die Schwellung war etwas zurückgegangen, aber dennoch leuchtete Moekaés Gesicht in allen Farben.

Die Männer waren ebenfalls erwacht und standen abwartend im Türrahmen und schauten zu. Rotes-Blatt hüpfte zu ihrem Vater und zeigte ihm die roten Schleifen. „Schau, das ist schön!"

„Sehr schön!", lächelte Collins geistesabwesend. Er konnte kaum den Blick von dem Gesicht seiner Frau abwenden. Die Wut brodelte wieder in ihm hoch, auch, als er sah, dass Monika kaum den Blick hob, um ihn zu begrüßen. Es würde lange dauern, bis Monika diesen Tag vergaß. Wahrscheinlich nie. Der Gedanke war bitter und zum wiederholten Male versank Collins in Selbstvorwürfen. Er hätte seine Frau nicht alleine lassen dürfen!

Er nahm Rahel hoch und ließ sie schwungvoll in seinen Armen hüpfen, bis sie vor Vergnügen krähte. Dann beugte er sich zu seiner Frau hinunter und gab ihr einen sanften Kuss auf die Wange.

„Wir fahren heim!", flüsterte er heiser.
Moekaé schloss die Augen und nickte nur. Ja, sie wollte nach Hause und dort beten. Sie brauchte dringend den Schutz und den Beistand der Geister.

Sie verließen die Krankenstation und folgten Louise über den Platz, um sich von Mr. Mcgillycuddy zu verabschieden. Der Agent lud sie noch zum Frühstück ein, doch die Bronsons lehnten dankend ab. Sie wollten sich auf den Weg machen und nicht noch mehr Zeit verlieren. Louise gab ihnen Brot und einige Stücke Käse und Trockenfleisch mit auf den Weg, damit sie unterwegs Proviant hatten. Mr. McGillycuddy schenkte Moekaé einige Kissen, damit sie es auf dem Karren etwas bequemer hatte.
Moekaé vermied den Augenkontakt und ließ sich mit dem Baby auf die Ladefläche des Karrens heben. Dann setzte sie sich auf die Kissen und wartete darauf, dass ihr Mann sie heimbrachte.
Die Männer verabschiedeten sich noch mit einigen Worten und spannten dann mit ruhigen Bewegungen die Pferde an. Sie kletterten auf den Kutschbock, mit Eve zwischen ihnen, und trieben mit einem Schnalzen die Pferde an.
Der Agent sah ihnen nach, schüttelte dann mit einem Seufzen den Kopf und verschwand in seinem Büro. Er musste dafür sorgen, dass die Soldaten nach Fort Robinson gebracht wurden.

Theodor und Collins suchten sich den Weg durch die Hügel, als kurze Zeit später mehrere berittene Indianer auftauchten. Wambli-canté führte sie an und Theodor zog die Zügel an, damit die Pferde stehen blieben.
„Hau!", grüßte Wambli-canté höflich.
„Hmh", grunzte Theodor zurück.
In der melodischen Sprache der Lakota redete Wambli-canté auf sie ein und hilfesuchend drehte sich Collins zu seiner Frau um. „Was will er?"
„Wir sollen ihm folgen!", erklärte Moekaé.
„Wozu?", wunderte sich Theodor unwillig. „Wir haben keine Zeit für so was!"
Ohne eine Antwort abzuwarten, wendete Wambli-canté sein

Pferd und gab den Weißen mit einer Handbewegung zu verstehen, dass sie ihm folgen sollten. Er drehte nach Südosten ab und die beiden Männer wechselten ratlose Blicke. „Sollen wir ihm folgen?“, fragte Collins.
„Natürlich nicht!“, wehrte Theodor in seiner brüsken Art ab. „Fahr einfach weiter!“
Wieder winkte der Indianer mit seiner Hand. Es war nicht unfreundlich, aber eindeutig. Die anderen Indianer saßen mit ausdruckslosen Gesichtern auf ihren Pferden und versperrten den Weg nach Süden. Collins konnte nicht einschätzen, ob sie beiseite gehen würden, wenn er einfach weiterfuhr. Auch Theodor schien sich nicht sicher zu sein, wie die Indianer reagieren würden, wenn er der Einladung nicht folgte. „So ein Mist!“, schimpfte er. „Wir werden unnötig Zeit verlieren.“
Collins ließ die Pferde wenden und folgte Wambli-canté. „Vielleicht wollen sie uns was zeigen. Warten wir doch erst einmal ab.“
„Ich will aber gar nichts sehen!“, murrte Theodor.
Collins musste unwillkürlich kichern. „Sag mal, wie hält Mutter das eigentlich mit dir aus?“, wunderte er sich.
„Wieso?“ In Theodors Stimme klang blankes Unverständnis.
„Na ja, kannst du mal nicht nur knurren wie ein bissiger Hund?“
Theodor kniff beleidigt die Lippen zusammen und drückte seinen Hut tiefer in die Stirn. Was maßte sich sein Sohn eigentlich an?
Es war Rotes-Blatt, die ihren Opa sofort in Schutz nahm. „Opa ist kein bissiger Hund!“, wies sie ihren Vater zurecht.
„Nicht?“, wunderte sich Collins zum Schein. „Aber hör doch mal, wie er immer knurren muss. Grr, grr, grr, den ganzen Tag.“
„Er ist alt!“, meinte Rotes-Blatt.
„Aha, und das ist eine Entschuldigung?“, wollte Collins wissen.
„Ja!“, bestätigte das Kind. Es sagte nichts mehr und die beiden Männer schwiegen verblüfft.
Dann grinste Theodor. „So, so, weil ich alt bin, darf ich knurrig sein wie ein bissiger Hund. Langsam gefallen mir die Indianer!“
Seine Stimmung hatte sich schlagartig gebessert und Collins staunte über die Veränderung. Es lag an dem Kind, stellte er fest.

Die Kleine konnte einfach alles sagen, ohne dass sein Vater wütend wurde.
Der Karren rumpelte über den unebenen Boden und allmählich wurde es heiß. Staub lag in der Luft und langsam wurde selbst Collins ungeduldig, wohin die Indianer sie entführten. Sie würden einen weiteren Tag verlieren!

Gegen Mittag erreichten sie schließlich ein Tal, durch das sich ein schmaler Bach schlängelte. Zwischen einigen Pappeln standen drei Tipis und in der Nähe grasten einige Pferde. Es waren nicht viele, denn die Soldaten hatten den Indianern nur die nötigsten Pferde gelassen. Einige Menschen traten ihnen entgegen. Sie waren abgemagert und trugen die zerlumpten Kleider der Weißen. Wambli-canté hob grüßend die Hand und führte dann die Weißen zu einem etwas abseits gelegenen Zelt. Es war aus dem Kanvasstoff der Weißen und trug keine Bemalungen. Wambli-canté ließ sich vom Pferd gleiten und drückte die Zügel einem kleinen Jungen in die Hand, der mit dem Pferd zur Weide verschwand.
Collins ließ die Pferde vor dem Zelt halten und wartete ab. Unsicher wandte er sich an seine Frau. „Und nun?" Er half ihr fürsorglich von der Ladefläche herunter.
Moekaé war froh, dass die anstrengende Reise eine Pause hatte. Sie trug Rahel im Arm und nahm Rotes-Blatt an die Hand. Dann wartete sie höflich ab, ob Wambli-canté sie einladen würde, das Zelt zu betreten. Sie wusste nicht, was sie dort erwarten würde. Sie wurde von Collins gestützt, der seine Frau fest im Arm hielt.
Theodor war ebenfalls vom Kutschbock geklettert und wartete ab. Er hatte keine Ahnung, warum die Indianer sie hierher geführt hatten. Aber er hatte inzwischen gelernt, dass es keinen Sinn hatte, bei Indianern ungeduldig zu werden.

Wambli-canté hob die Eingangsklappe und ließ die Familie eintreten. Dann schlüpfte er ebenfalls in das Zelt und ließ die Klappe hinter sich wieder zufallen.
Moekaé hatte sich nicht weiterbewegt und so drängten sich nun die Männer an ihr vorbei. Sie setzten sich auf die ihnen zugewiesenen Plätze, während Moekaé und Rotes-Blatt wie angewurzelt

im Eingangsbereich des Zeltes standen. Ihnen gegenüber saß Dull-Knife. Sein Gesicht war eingefallen und verhärmt. Deutlich hatten sich die erlittenen Entbehrungen, aber auch die ungeheuren Verluste in sein Gesicht gebrannt. Der Anführer der Cheyenne hatte zu viele seines Volkes sterben sehen. Die Augen lagen tief in den Höhlen vor Leid und selbst die Ankunft von Moekaé und Rotes-Blatt riss ihn kaum aus seiner Lethargie. Er machte eine müde Geste und hieß die beiden willkommen. Sein Blick zeigte keine Freude, sondern nur die Dankbarkeit, dass eine Tochter seines Volkes und ihre Kinder überlebt hatten.

In Moekaé brachen die Tränen hervor. Sie knickte in die Knie und ließ ihren Tränen freien Lauf. Ihren starken Häuptling so zu sehen, brach ihr das Herz. Andererseits dankte sie den Geistern, dass Dull-Knife überlebt hatte. So wenige waren nur noch übrig! Einst, da waren sie stark gewesen und ihr Kriegsruf hatte über die Prärie geschallt. Ihre Pferdeherden waren so groß gewesen, dass sie die Täler gefüllt und ihre Feinde voller Neid auf ihren Reichtum geblickt hatten. Ihre Zelte waren mit Vorräten und Fellen gefüllt gewesen und ihre Kinder hatten dicke Bäuche gehabt. Nichts war mehr davon übrig. Dull-Knife hatte Zuflucht bei den Lakota gefunden, aber von seinem Ruf und seinem Stolz war nichts mehr zu sehen. Dull-Knife trug die Kleidung der Weißen und wirkte wie ein Bettler in einem fremden Land. Das Schweigen in diesem Tipi lastete schwer, aber niemand sagte etwas. Alle blickten hilflos auf Moekaé, die dort kniete und weinte. Rotes-Blatt verstand nicht, warum ihre Mutter so traurig war, und hockte sich verstört daneben.
Dull-Knife richtete seine Worte an das verschreckte Kind. In der Sprache der Cheyenne flüsterte er beruhigende Worte und winkte das Kind zu sich heran. Vertrauensvoll kuschelte sich Rotes-Blatt auf seinen Schoß und wagte ein feines Lächeln. Der Häuptling nickte erfreut und wischte mit der Hand alle Ängste des Kindes fort. Zum ersten Mal hatten seine Augen wieder einen lebhaften Ausdruck. Dann wartete er ab, bis Moekaé sich beruhigt hatte. Es dauerte lange, denn die Tränen wollten nicht versiegen.

„Lass mich dein Baby sehen", bat der Häuptling schließlich. Gehorsam zeigte Moekaé Dull-Knife die Wiege mit dem Baby. Rahel nuckelte am Daumen und lächelte dem Mann vertrauensvoll entgegen. Auch der Häuptling lächelte sanft und wiegte das Baby hin und her. „Von Heskovetse?", fragte er.
Moekaé nickte unter Tränen.
„Das ist gut!", freute sich Dull-Knife. „Es ist gut, dass ihr lebt!"
Moekaé nickte und meinte leise: „Ich fand Unterschlupf bei dieser weißen Familie. Es sind gute Menschen. Einer von ihnen ist nun mein Mann. Im Frühjahr sah ich Little-Wolf. Er war auf dem Weg nach Norden. Er wollte zum Heiligen Berg und dann in unsere alten Jagdgründe nach Westen."
„Das ist gut", murmelte Dull-Knife. „Warum weinst du?"
„Die Soldaten kamen", erzählte Moekaé mit erstickter Stimme. „Sie wussten nicht, dass ich nun mit dieser weißen Familie lebe und sie haben geschossen ..." Ihre Stimme brach ab.
„Weiße Soldaten haben keine Ehre!", betonte Dull-Knife. Seine Stimme war nun voller Hass. „Du musst beten. Und wir werden nach der Wunde sehen."
Moekaé nickte gehorsam und senkte den Kopf. „Ich werde beten."
„Es ist gut, dass dein weißer Mann dich hierher begleitet. Das spricht für sein gutes Herz."
„Ja!"
„Ist er gut zu deinen Kindern?"
„Ja."
„Deine Kinder werden leben. Allein das ist wichtig."
Moekaé schwieg und blickte weiter auf ihre Hände, die den Saum des Kleides kneteten.
„Wer ist der alte Mann?", fragte Dull-Knife und zeigte mit vorgeschobenen Lippen auf die beiden weißen Männer.
Zum ersten Mal musste Moekaé kichern. „Mein Schwiegervater!", erklärte sie.
„So?", wunderte sich Dull-Knife.
„Er wollte mich nicht. Er sah nicht die Bestimmung, die mich zu diesen Menschen gebracht hat. Aber er liebt Eve und Rahel."
„Eve und Rahel?"

„So heißen meine Kinder nun."
„Es sind Namen der Weißen!"
„Ja", meinte Moekaé selbstsicher.
„Ist das gut?"
„Ja, die Namen schützen sie gut."
„Hast du auch einen neuen Namen?"
„Ja."
„Hat er dich auch beschützt?"
Moekaé zuckte zusammen und dachte darüber nach. Nein, der Name hatte sie nicht beschützt! Oder vielleicht doch? Hätte die Kugel sie sonst getötet? Oder wäre Rahel sonst getötet worden? Sie musste darüber nachdenken. Wieder liefen ihr die Tränen über das Gesicht und sie senkte verwirrt den Kopf.
Ihr Mann rückte näher und legte ihr beschützend den Arm um die Schulter. „Monika", flüsterte er tröstend.
Rotes-Blatt erhob sich ebenfalls und stellte sich neben ihre Mutter. Collins erkannte, dass sie hier überflüssig waren, und nickte seinem Vater zu, damit auch er das Zelt verließ.
Sie stolperten fast in einen weiteren Ankömmling, der gerade das Zelt betreten wollte. Wambli-canté hob begütigend die Hand und schien den Fremden beruhigen zu wollen. Im Hintergrund saßen einige bewaffnete Indianer auf Pferden und blickten misstrauisch auf das Zelt. Alle trugen die Jacken und Hosen der Weißen und hatten Hüte auf den Köpfen. An der Brust glänzten silberne Sterne in der Sonne.
„Was ist los?", wunderte sich Collins.
Wambli-canté sagte nichts, doch der Indianer trat näher und stellte sich vor: „Ich bin Sword, der Anführer der Stammespolizei."
„Aha, und was willst du hier?"
„Ich will Dull-Knife verhaften."
Collins konnte nur noch den Kopf schütteln vor Wut. „Sonst habt ihr nichts zu tun, oder? Ist nicht schon genug geschehen? Warum lasst ihr die Menschen nicht einfach in Ruhe?"
Sword schien etwas überrascht über den Ausbruch des Weißen zu sein. Begütigend hob er die Hände. „Niemand tut etwas Böses. Wir bringen Dull-Knife zu den anderen. Der Agent wird entscheiden, was zu tun ist."

„Aha, und was passiert, wenn er nicht mitkommen will?"
Sword lächelte amüsiert. „Er wird mitkommen."
„So, wieso bist du dir da so sicher?"
„Weil du ihn begleiten wirst. Und deine Frau auch." Sword lächelte immer noch freundlich und schien sehr zufrieden zu sein.
Collins blieb die Spucke weg, stattdessen meldete sich der Vater zu Wort. „Wir fahren keineswegs zur Agentur zurück! Da verlieren wir ja noch einen Tag! Meine Schwiegertochter hat eine Schusswunde und braucht dringend Ruhe."
„Es ist nötig!", wiederholte Sword leise. „Ihr seid nun hier und ihr werdet helfen. Ich will kein Blutvergießen."
Theodor stemmte die Hände in die Hüften und musterte den Indianer herausfordernd. Sword hielt seinem Blick mühelos stand und zuckte mit keiner Wimper. Im Hintergrund rutschten die Lakota unruhig auf ihren Pferden hin und her. Einige hatten ihre Hände gefährlich nahe in Reichweite der Revolver. Collins legte seinem Vater beruhigend die Hand auf den Arm und hielt ihn so von einer unüberlegten Reaktion ab. „Wir müssen ohnehin hier übernachten", bat er leise. „Monika braucht Ruhe und Zeit."
„Für was?"
„Zum Beten", erklärte Collins einfach. „Die Menschen hier werden ihr helfen." Er zögerte kurz. „Besser als wir es können", fügte er hinzu.
Theodor sammelte sich und nickte beschämt. „Du hast recht. Sie braucht Ruhe und Frieden. Wahrscheinlich können ihr ihre Leute besser helfen. Und es ist ohnehin gleichgültig, ob wir hier noch einen Tag länger verweilen oder nicht. Ich habe es gründlich satt, wie hier mit den Menschen umgesprungen wird. Also begleiten wir morgen Dull-Knife zu Mr. McGillycuddy und sorgen dafür, dass er ordentlich behandelt wird. Monika gehört jetzt zu unserer Familie und da geht uns das jetzt etwas an, wie mit diesen Menschen umgegangen wird."
Collins hatte vor Überraschung die Augen aufgerissen und schaute seinen Vater entgeistert an. Für diesen wortkargen Menschen war dies nicht nur eine ungewohnt lange Rede, sondern der Inhalt seiner Worte überraschte Collins völlig. Er steckte seine Hände in den Gürtel und grinste breit. „Selbstverständlich",

brummte er, „das sind ja jetzt unsere Verwandten!"
Sword lächelte ebenfalls und nickte seinen Leuten zu, dass alles in Ordnung war. Er gab einige Anweisungen in der Sprache der Lakota und sah zu, wie seine Leute abstiegen und ihre Bündel am Boden ausbreiteten. Zwei Frauen der Cheyenne traten näher und brachten den Männern etwas zu essen.
Sword trat nun endlich in das Zelt und setzte sich gegenüber von Dull-Knife. Er ignorierte die weinende Frau und wartete in Ruhe ab, bis das Wort an ihn gerichtet werden würde. Die beiden Frauen betraten das Zelt und setzten sich neben Moekaé, um ihr zu helfen. Sie hatten Verbandsmaterial dabei, das sie ordentlich am Boden ausbreiteten. Dull-Knife zog ebenfalls einen Beutel hervor und gab ihn den beiden Frauen. Die beiden Frauen hörten zu, was Dull-Knife ihnen zu sagen hatten, und wandten sich dann Moekaé zu. Ihre leisen Stimmen füllten wohltuend das Zelt und wirkten besänftigend auf die Männer.
Mit einem Seufzen verabschiedete sich Dull-Knife von Moekaé, dann erhob er sich und nickte Sword zu, damit er mit ihm das Zelt verließ und die Frauen in Ruhe ließ.
Sword folgte ihm und streifte Moekaé mit einem flüchtigen Blick. Die Frauen der Cheyenne hatten genug erlitten!

Dull-Knife ging einige Schritte und setzte sich dann auf einen umgestürzten Baumstamm. Sword, Collins und Theodor setzten sich dazu und warteten schweigend ab, was Dull-Knife zu sagen hätte. Eine weitere Frau kam hinzu und reichte den Männern ebenfalls eine Schale mit Essen. „Das ist meine Schwiegertochter", meinte Dull-Knife in der Sprache der Lakota. „Sie ist Lakota und deshalb bin ich hier. Ich habe Zuflucht bei meinen Freunden gesucht. Mein Sohn Buffalo-Hump hat mich hier versteckt."
Sword übersetzte die Worte, sodass auch Collins und sein Vater verstanden, was Dull-Knife sagte.
Dull-Knife senkte den Blick und scharrte mit seinem Fuß die Erde beiseite. „Wir wurden fast ausgelöscht. So wie der Wind die Erde wegweht, so wurden wir aus unserem Land gejagt. Es sind nicht mehr viele übrig. Und die, die leben, weinen. Auch ich bin in Trauer. Ich habe fünf meiner Kinder und zwei Ehefrauen

verloren. Geblieben ist mir nur Pawnee-Frau. Ich sehe, was mit meinem Volk geschehen ist, und dann wünschte ich, dass die Kugeln mich getroffen hätten. Doch es war mein Schicksal, dass ich entkommen konnte und nun hier bin. Ich werde mit dir gehen und mich dem weißen Agenten ergeben. Aber ich werde niemals wieder in den Süden gehen. Ich gehöre hierher."
Sword nickte bestätigend und machte eine abschließende Bewegung mit der Hand. „Alle reden nun freundlich über die Cheyenne. Auch Red Cloud hat für euch gesprochen. Sie werden dich nicht nach Süden schicken. Ihr könnt hier bleiben. Auch Buffalo Hump und alle, die bleiben wollen. Die anderen können zu Little-Wolf ziehen, der nun bei Fort Keogh lebt. Ich hörte, dass die Weißen planen, dass auch die Cheyenne eine Reservation im Norden bekommen sollen."
Dull-Knife nickte erleichtert. „Das ist gut. Dann war unser Kampf gut, denn die Überlebenden werden in ihren alten Jagdgründen leben. Im Süden sind wir gestorben wie die Fliegen und unser Volk hatte keine Zukunft. Nun haben wir eine Zukunft."
Ein kurzes Schweigen entstand und alle sahen zu, wie die untergehende Sonne die Wipfel der Bäume streifte. „Ich sah den Untergang meines Volkes", fuhr Dull-Knife mit müder Stimme fort, „und nun kann ich nur jenen Trost spenden, die überlebt haben. Im Zelt sitzt eine junge Frau, die meiner Hilfe bedarf. Die Zeiten sind schwer, besonders für die Frauen und Kinder. Ich werde nun beten."
Dull-Knife erhob sich und ging mit langsamen Schritten davon. Niemand hielt ihn auf, denn er hatte sein Wort gegeben. Unsicher blieben Collins und Theodor zurück. Sie wussten nicht, was sie nun tun sollten.
Sword zeigte mit der Hand zu den Feuern, an denen seine Stammespolizei es sich gemütlich gemacht hatte. „Ihr könnt dort schlafen!", meinte er freundlich.
„Und Monika?", fragte Collins.
„Sie ist in guten Händen bei den Frauen. Sie werden sich um sie kümmern."
Misstrauisch musterte Collins den Anführer der Polizei, aber er schien besonnen zu sein. Er wollte kein Blutvergießen und würde

in Ruhe abwarten, bis Dull-Knife bereit war, mit ihm zu gehen. Auch Wambli-canté verhielt sich ruhig und wählte bereits einen Platz am Feuer, um mit seinen Männern zu übernachten. Sie unterhielten sich freundlich mit der Stammespolizei und kicherten über irgendwelche Witze, die Collins nicht verstand.

Collins zuckte seufzend mit den Schultern. Die Situation war merkwürdig genug.

Aus dem Tipi erklang das hohe Klagen der Frauen und Collins lief ein Schauer über den Rücken. Manchmal war ihm seine Frau so fremd, dass er sich fragte, ob sie jemals wie Mann und Frau zusammenleben würden. Er konnte es verstehen, wenn sie weinte, aber dieses hohe, jammernde Klagen war nur schwer zu ertragen. Abrupt stand er auf und ging in Richtung des Zeltes. „Ich hole die Kinder da raus!“, erklärte er entschlossen. Niemand hielt ihn auf und so bückte er sich in das Tipi und starrte in die Dunkelheit. Eve lief ihm entgegen und legte ihm verstört die Arme um den Hals. „Wir gehen jetzt zu Opa und schlafen dort“, erklärte er sanft. „Und Rahel nehmen wir auch mit!“ Er kroch näher zu seiner Frau, die klagend hin und her schaukelte und keinen Blick für ihn übrig hatte. Vorsichtig löste er ihre Hände von der Babytrage und blickte unsicher auf die drei Frauen. Sie ignorierten sein Tun und ließen es zu, dass er die Kinder aus dem Zelt führte. Fast flüchtete er nach draußen, so froh war er, den Ort des Klagens verlassen zu können. Er konnte sich nicht vorstellen, dass es Monika nützen würde, aber er wusste auch nicht, wie er es unterbinden sollte. Mit den Kindern ging er an das Feuer zurück und setzte sich. Rahel hatte den Daumen in den Mund geschoben und musterte ihn schläfrig. Sie war müde und nur das ständige Klagen ihrer Mutter hatte sie vom Einschlafen abgehalten. Collins wusste, dass das Baby vermutlich die Nacht über schlafen würde, und schaukelte es sacht hin und her.

„Schlaf nur, meine Kleine. Ich passe auf dich auf“, murmelte er liebevoll. Rahel antwortete ihm mit einem Lächeln und schloss dann die Augen, um zu schlafen. Auch Eve kuschelte sich in eine Decke und rollte sich zusammen.

Sword lächelte und nickte Collins wohlwollend zu. „Sind das deine Kinder?“, fragte er.

„Jetzt schon!“, erklärte Collins mit fester Stimme.
„Du hast das Cheyenne-Mädchen also mit diesen Kindern geheiratet?“, wunderte sich Sword.
Collins nickte nur und blieb dem Polizisten eine Antwort schuldig.
Sword grinste und tippte Collins mit dem Finger gegen die Brust. „Du hast ein gutes Herz“, stellte er fest.
„Tja“, murmelte Collins, „das stimmt!“
„Sie wird dir bald einen Sohn schenken!“, versicherte ihm Sword mit einem noch breiteren Grinsen.
„Woher willst du das wissen?“
„Frauen, die bereits geboren haben, tun sich leichter mit der Empfängnis. Bald wird sie dir einen Sohn schenken.“
„Und woher willst du wissen, dass es ein Sohn sein wird?“
Sword zuckte mit den Schultern. „Na, sie hat schon zwei Mädchen. Das reicht doch.“
„Aha!“ Collins legte sich ebenfalls an das Feuer und starrte in den Sternenhimmel. Aus dem Tipi war das Jammern zu hören und er hoffte, dass seine Frau sich bald erholte. Zum ersten Mal wurde ihm bewusst, was Monika alles widerfahren war. Sie hatte ihren Mann und ihre ganze Familie verloren und dies konnte man nicht in einer Nacht des Klagens ungeschehen machen. Traurig presste Collins die Lippen zusammen und er fragte sich, wie ihre Ehe wohl aussehen würde. Monika war kein junges Mädchen mehr, das bisher keine schlechten Erfahrungen gemacht hatte und ihren Ehemann anhimmelte, sondern eine erwachsene Frau, die ein unglaubliches Martyrium erlitten hatte. Würde sie je darüber hinwegkommen?
Sein Vater lag mit offenen Augen neben ihn und blickte ebenfalls in den Sternenhimmel. „Indianer sind schon seltsam“, meinte er leise.
Collins brummte nur. Dazu gab es wirklich nichts zu sagen.
„Und morgen?“, fragte Theodor.
„Morgen begleiten wir Dull-Knife zur Agentur. Wir sorgen dafür, dass nichts passiert, und fahren dann nach Hause.“
„Gute Idee. Wir haben Arbeit.“
Collins kicherte leise. „Ja, wir können uns nicht um jeden daher-

gelaufenen Indianer kümmern, nicht wahr?"
Sein Vater kicherte ebenfalls. „Nein, obwohl Klara unser Tun bestimmt gutheißen würde."
„Ganz bestimmt!", stimmte Collins ihm zu.
„Ich hoffe, dass uns dies keine Unannehmlichkeiten bringt."
„Ach, sicher nicht. Wir haben heute viele Freundschaften geschlossen."
„Ja, aber mit lauter Indianern", schränkte Theodor ein.
„Na ja, wer weiß, ob das nicht für die Zukunft ganz gut ist."
Theodor drehte sich empört auf die Seite und beendete das Gespräch. „Oje", meinte er abschließend.

Am Morgen wurden sie von Wambli-canté geweckt, der ihnen zwei Tassen mit dampfendem Kaffee unter die Nase hielt.
Theodor war sichtlich erfreut und schlürfte vorsichtig das heiße Getränk. Die Stimmen im Tipi waren verstummt und keiner der Männer hätte sagen können, wann die Frauen mit dem Klagen aufgehört hatten. In der Wiege quengelte Rahel und Collins nahm sie hoch, um sie zu ihrer Mutter zu bringen. „Kann ich in das Zelt gehen?", fragte er Wambli-canté und machte eine fragende Geste in Richtung des Zeltes.
Der Indianer nickte nur und so kletterte Collins nach einem fragenden Hüsteln, das sein Kommen ankündigen sollte, in das Zelt.
Moekaé blickte ihm mit wachen Augen entgegen und lächelte freundlich, als sie Rahel erblickte. Sie streckte Collins die Hände entgegen und ließ sich das Baby reichen. Sie wirkte ausgeglichen und ruhig. Collins seufzte tief und setzte sich neben seine Frau.
„Geht es dir besser?", fragte er.
„Ja, mir geht es besser!", meinte Moekaé leise. Es schloss nicht nur die Schusswunde ein.
Collins lächelte erleichtert und musterte seine Frau misstrauisch. Ob es ihr wirklich besser ging? Er konnte es nicht sagen.
Die Frau von Dull-Knife lächelte ebenfalls und verließ mit einem freundlichen Nicken das Zelt. Collins war froh, dass er seine Frau einen Moment für sich alleine hatte. Er sah zu, wie sie Rahel an die Brust legte und stillte. Dann kletterte Rotes-Blatt in das Zelt

und der Moment der Ruhe war vorbei. Collins kicherte erheitert und ließ Eve auf seinem Schoß Platz nehmen. „Na, du kleine Krabbe, hast du gut geschlafen?"
„Was ist eine Krabbe?", wollte das Kind wissen.
„Uh, so ein kleiner Fisch im Fluss mit Scheren. Sie zwicken dich in die Zehen, wenn du nicht aufpasst."
„Aber ich bin doch keine Krabbe!", beschwerte sich Rotes-Blatt.
„Nein? Was denn sonst?"
„Ich bin ein Mädchen!", erklärte Rotes-Blatt selbstbewusst.
„Na, Mädchen haben aber auch Scheren, mit denen sie stechen können."
Das Kind lachte hell. „Aber Mädchen stechen doch nicht."
„Wirklich nicht?", wunderte sich Collins zum Schein.
„Nein!", bestätigte Rotes-Blatt.

Collins wartete, bis Moekaé fertig war und ebenfalls aufstand, um das Tipi zu verlassen. Er hielt die Eingangsklappe hoch, damit seine Frau hinausklettern konnte, und trat dann ebenfalls in das Sonnenlicht. Er stützte seine Frau, die in Richtung des Wagens humpelte.
Die Indianerpolizei hatte bereits das Lager abgebaut und saß abwartend auf den Pferden. Sword stand bei Dull-Knife und dessen Sohn und redete eindringlich auf ihn ein, während Wambli-canté mit einigen anderen Indianern etwas abseits stand und die Szene beobachtete.
Schließlich nickte Dull-Knife und machte eine einladende Handbewegung zu Collins. Sword kam auf die weißen Männer zu und erklärte: „Dull-Knife möchte mit euch zu der Agentur fahren. Seid ihr damit einverstanden?"
Theodor nickte bestätigend. „Das ist schon in Ordnung. Er kann auf unserem Karren mitfahren. Ich möchte sichergehen, dass nichts passiert."
„Dann ist es gut!", stimmte Sword zu. „Wir begleiten euch."
Theodor zuckte mit den Schultern. „Von mir aus!", brummte er.
Er ging zu dem Karren und führte die Pferde herbei, um sie anzuschirren. Sein Sohn packte inzwischen ihre Habseligkeiten auf den Karren. Dann wurden die beiden von Wambli-canté aufge-

halten, der sich verabschieden wollte. Er überreichte den überraschten Ranchern einige Bündel und ließ über Sword ausrichten, dass es Geschenke wären.
Beschämt und ein wenig hilflos blickte der ältere Mann auf die Bündel. Er wusste nicht, was er sagen sollte. „Wieso denn?", fragte er unbeholfen.
Wambli-canté zeigte auf das Herz des Mannes und ließ seine Worte von Sword übersetzten. „Dein Herz ist gut. Wir danken dir!"
Theodor war peinlich berührt und blickte auf das Bündel in seinen Armen. „Das ist doch nicht nötig ...", murmelte er. „Ich habe doch gar nichts getan."
Wambli-canté machte eine abschließende Bewegung mit der Hand und meinte: „Ake wacinyankinktelo! Wir werden uns wiedersehen!"
„Uh, ich hoffe nicht!", wehrte Theodor den freundlichen Gruß ab. Aber er lachte dabei und alle konnten sehen, dass er es nicht ernst meinte.
„Ake wacinyankinktelo!", wiederholte er fast fehlerfrei.
Wambli-canté antwortete mit einem herzhaften, tiefen Lachen und brachte Theodor zum Staunen. Zum ersten Mal hörte der weiße Mann das Lachen eines Indianers. Es war weich und kam aus tiefstem Herzen. Es klang menschlich und freundschaftlich und schuf Vertrauen. Und es war so ansteckend, dass auch Theodor lachen musste. „Da hol mich doch ...", grinste er. „Indianer können ja doch lachen!"
Collins klopfte ihm gönnerhaft auf die Schulter. „Ja, Pa, da kannst du noch was lernen!"
Grüßend hoben sie die Hände, als Wambli-canté einfach verschwand.
Collins half seiner Frau und Rotes-Blatt, auf der Ladefläche der Kutsche Platz zu nehmen, und reichte ihr dann das Wiegenbrett mit dem Baby. Auch die Frau von Dull-Knife und die Schwiegertochter nahmen dort Platz, während Buffalo-Hump es vorzog, auf seinem Pony zu reiten. Collins überließ Dull-Knife den Platz neben seinem Vater auf dem Kutschbock und setzte sich auch auf die Ladefläche des Karrens.

Theodor grinste mit einem Kopfschütteln und schnalzte mit der Zunge, um die Pferde anzutreiben. Auf seinem Wagen befanden sich eindeutig zu viele Indianer. Er hatte keine Ahnung, wo das noch hinführen sollte.

Kapitulation

Schweigen breitete sich als, als der Wagen langsam in Richtung der Agentur holperte. Collins musterte seine Frau und versuchte herauszufinden, wie es ihr ging. Sie verriet mit keinem Blick, dass sie seine sorgenvollen Gedanken erriet. Sie hatte sich in eine Decke gehüllt und schaukelte Rahel auf ihren Knien hin und her. Das Baby strampelte munter und griff mit seinen pummeligen Händen in das Gesicht seiner Mutter. Rahel stieß kleine spitze Schreie der Freude aus und gluckste vor Vergnügen. Die Frauen in dem Wagen lächelten erfreut und schienen nur das Baby zu bemerken. Selbst Rotes-Blatt kicherte und schäkerte mit ihrer Schwester und schien die vergangenen Tage bereits vergessen zu haben.

Die Stammespolizei flankierte den Wagen, ohne wirklich aufdringlich zu sein. Zwei Männer unterhielten sich in der Sprache der Lakota mit Buffalo-Hump, während Sword auf Höhe der Kutsche blieb und manchmal mit Dull-Knife redete. Der alte Rancher verstand nichts, schien sich aber auch nicht daran zu stören. Er hielt die Zügel locker in seinen schwieligen Händen und folgte den kargen Anweisungen, die Sword ihm gab.

Gegen Mittag erreichten sie die Agentur und verblüfft trat Mr. McGillycuddy vor die Tür seines Büros. Auch andere hatten die Ankömmlinge bemerkt und sofort bildete sich eine Traube um die Menschen. Es herrschte eine angespannte Ruhe, denn die Indianer erkannten Dull-Knife und warteten nun ab, was der Agent tun würde.

Theodor ließ die Pferde halten und grinste den Agenten an. „Howdy!", murmelte er. „Wir sind wieder da. Wir wurden aufgehalten."

„Ach so?", wunderte sich der Agent.

„Ja, wegen dem da." Theodor zeigte mit dem Daumen auf den Mann neben sich. „Das ist Dull-Knife. Er hat uns gebeten, ihn hierher zu begleiten."

Collins war von der Ladefläche heruntergeklettert und stand nun neben dem Wagen. Misstrauisch beobachtete er, was der Agent

nun tun würde. „Wir wollten Schlimmeres vermeiden!“, erklärte er nachdrücklich.
„Aber natürlich!“, lenkte der Agent ein. „Wollen wir nicht alle ins Haus gehen und in Ruhe über alles sprechen?“
Theodor nickte zustimmend. „Eine gute Idee. Ich könnte einen Kaffee vertragen.“
Er ließ die Zügel zu Boden gleiten und kletterte mit steifen Beinen von dem Kutschbock herunter. Noch saß Dull-Knife dort oben und wartete ab. Seine Leute bewegten sich ebenfalls nicht und auch Moekaé saß immer noch auf der Ladefläche des Wagens.
Sword war abgestiegen und wartete ebenfalls höflich ab, was der Häuptling nun tun würde. Niemand drängte und niemand schrie Befehle.
Der Agent machte eine einladende Bewegung in Richtung seines Hauses. „Bitte!“, ließ er übersetzen. „Seid meine Gäste.“

Erst jetzt gab der Häuptling mit einem kurzen Nicken zu verstehen, dass seine Leute der Einladung folgen durften. Er kletterte von dem Kutschbock und trat dann in Begleitung seiner Familie in das Innere des Gebäudes. Erst dann folgten Theodor, der Agent und Sword. Collins half Monika von der Ladefläche des Karrens und trug sie ebenfalls in das Haus.
Die Frauen setzten sich in einer Ecke des Raumes auf den Boden und ignorierten die angebotenen Stühle. Die Männer setzten sich an den großen Tisch. Louise trat ein und reichte den Indianern Blechtassen mit stark gezuckertem Kaffee. Dann schenkte sie dem Agenten und den beiden weißen Ranchern ebenfalls Kaffee in Porzellantassen ein. Sie verließ den Raum und kehrte kurz danach mit einem Teller Plätzchen zurück, den sie den Frauen und Kindern anbot. Rotes-Blatt strahlte sie an und griff hungrig nach einem Plätzchen. Moekaé rührte sich nicht und auch die beiden anderen Frauen warteten erst ab, wie das Gespräch verlaufen würde.
Sword übersetzte die Worte von Mr. McGillycuddy, der sich ausgesprochen erfreut über die Anwesenheit von Dull-Knife zeigte.
„Es ist gut, dass du nun hierhergekommen bist. Wir wollen keinen Krieg mehr! Auch Little-Wolf hat sich ergeben und nun kön-

nen wir an einer guten Lösung für die Cheyenne arbeiten."
Dull-Knife nickte gnädig. Er überspielte die Tatsache, dass auch Little-Wolf sich ergeben hatte. „Wo ist Little-Wolf nun?", fragte er.
„Er ist bei Fort Keogh!", erzählte Mr. McGillycuddy. „Die Armee hat entschieden, dass die Cheyenne dort bleiben dürfen. Auch die Cheyenne, die im Moment hier bei Red Cloud Zuflucht gefunden haben, dürfen dorthin gehen."
Über Dull-Knifes Gesicht lief ein Anflug der Erleichterung. „Dann ist es gut. Im Süden sind wir gestorben. Das Land ist nicht gut für uns. Hier ist unsere Heimat. Wir wollten lieber sterben, als unsere Heimat ein zweites Mal zu verlassen."
„Wir wollen kein Blutvergießen mehr", versicherte der Agent. „Die Männer, die Blut vergossen haben, werden bestraft werden. So sind unsere Gesetze. Aber die anderen dürfen bleiben."
Dull-Knife machte eine abfällige Handbewegung. „Und was geschieht mit den Weißen, die unsere Frauen und Kinder getötet haben?"
Mr. McGillycuddy schnaubte empört und schüttelte den Kopf. „Wir können die Soldaten dafür nicht zur Rechenschaft ziehen. Ihr habt gekämpft und dabei wurden auch Unschuldige getötet. Ihr habt euch den Befehlen widersetzt. Und ihr habt weiße Farmer getötet. Die Regierung hat entschieden, dass ihr im Norden bleiben dürft. Mehr habe ich nicht zu sagen."
Dull-Knife wusste, dass dies ein großzügiges Angebot war. Er machte eine abschließende Handbewegung und fragte: „Und was ist mit mir?"
Der Agent lächelte freundlich. „Nichts! Du kannst mit den anderen zu Little-Wolf gehen."
Dull-Knife kniff verwundert die Augen zusammen und legte den Kopf schief. „Du bestrafst mich nicht?"
Der Agent schüttelte den Kopf. „Nein, wir wissen, dass du keine Weißen getötet hast. Du hast deine Leute in den Norden geführt, aber wir wissen inzwischen auch, warum du das getan hast. Du wolltest nur das Beste für dein Volk. Du bist frei, zu entscheiden, wo du bleiben möchtest."
Dull-Knife senkte den Kopf und verdaute diese Information. Schließlich lächelte er. „Dann werde ich hier bleiben. Meine Fa-

milie lebt nun hier und ich habe Verwandte bei den Lakota. Ich werde bei meinem Sohn Buffalo-Hump und meiner Schwiegertochter leben."

Mr. McGillycuddy nahm diese Antwort gelassen auf, obwohl sie ihm nicht wirklich gefiel. Er war froh, wenn er die Verantwortung für die Cheyenne endlich abgeben konnte. Mit Dull-Knife hatte er einen ständigen Unruheherd vor Ort, der beobachtet werden musste. Er machte gute Miene zu dem Spiel. „Eine gute Entscheidung. Ich werde das in meinen Büchern vermerken."

Eine kurze Pause entstand, dann nickte der Agent dem Stammespolizisten zu, mit den Gästen das Haus zu verlassen. „Gib dem Häuptling einen Karren und ein Pferd. Außerdem gibst du ihm die Rationen für seine Familie. Dann kann er in Frieden fahren. Er soll am White Clay Bach bleiben, damit ich ihn erreichen kann, wenn ich seine Hilfe brauche."

Sword nickte und führte die Familie von Dull-Knife nach draußen. Kurz blieb Dull-Knife stehen und nickte Theodor freundlich zu. Er sagte nichts, dann drehte er sich um und ging davon.

Verwundert blieben Theodor und Collins zurück. Fragend warfen sie dem Agenten einen Blick zu, doch der winkte ab. „Es ist längst entschieden, dass alle eine friedliche Lösung anstreben. Dull-Knife und Little-Wolf sind nicht unser Problem. Schlimmer sind die jungen Krieger, die schwer zu zügeln sind. Einige haben den Kampf fortgesetzt und selbst nach der Kapitulation von Little-Wolf noch Soldaten und Siedler getötet. Wir haben hier andere Sorgen als ein paar verstreute Indianer. Noch sind wir kein Bundesstaat und so ist es schwer, hier für Recht und Ordnung zu sorgen."

„Und die Indianer sind da kein Problem?", wunderte sich Collins.

„Nein. Erst letztens ist wieder die Kutsche von Deadwood überfallen worden. Und nicht von Indianern! Dort oben herrschen Sodom und Gomorrha, seitdem die Homestake Mine dort so viel Gold fördert. Die Goldgräberstädte schießen aus dem Boden wie Pilze. Und mit ihnen kommt der letzte Abschaum. Ich muss aufpassen, dass nicht Banden von Menschenhändlern hier die jungen Mädchen für die Bordelle rauben."

„Haben sie in Deadwood nicht Bill Hickok erschossen?", fragte Collins neugierig.
Der Agent winkte ab. „Ja, schon vor drei Jahren! Dort herrschen Mord und Totschlag und sonst gar nichts. Und ich schlage mich hier mit den gleichen Problemen herum. Alkoholschmuggel, Prostitution und Raubüberfälle. Erklären Sie mir, wie ich den Indianern die Zivilisation bringen soll, wenn hier nur Abschaum unterwegs ist?"
Theodor und Collins hielten die Kaffeetassen in den Händen und senkten die Blicke. Ihr Blick streifte Monika, die mit den Kindern immer noch am Boden saß und Kekse aß. Mit einem Rucken seines Kopfes zeigte Theodor auf die junge Indianerin. „Sie ist ein gutes Mädchen!", meinte er nachdenklich. „Das hätte nicht passieren müssen."
Der Agent schüttelte den Kopf. Er wusste, was Theodor damit sagen wollte. „Nein, das hätte nicht passieren dürfen. Wir können nur alle daran arbeiten, dass es in Zukunft für die Frauen und Kinder ein guter Platz zum Leben wird."
Theodor nickte zustimmend. „Ja, daran können wir arbeiten."
„Deshalb sind Sie ja auch hier, nicht wahr?"
Theodor grinste. „Allerdings. Und wir helfen ihnen gerne!"
Mr. McGillycuddy stand auf und verabschiedete sich. „Sie wollen sicherlich aufbrechen, damit Sie endlich nach Hause kommen, nicht wahr?"
„Sehr aufmerksam!", stimmte Theodor zu. „Wir haben ohnehin schon viel zu viel Zeit verloren. Und bei dem Gesindel, das sich hier herumtreibt, ist es nicht klug, die Ranch zu lange allein zu lassen. Wir haben zwar meinen jüngeren Sohn und meine Frau dort gelassen, aber man weiß ja nie, wer gerade vorbeikommt."
Der Agent lächelte freundlich. „Nein, es wird wohl noch eine Weile dauern, bis es hier zivilisiert zugeht. Im Moment bereiten sich die Häuptlinge darauf vor, den Sonnentanz zu tanzen. Ich habe ihnen die Zeremonie dieses Mal noch erlaubt, aber irgendwann wollen wir die Indianer bekehren und ihnen die Segnungen der Zivilisation bringen. Es hat ja keinen Sinn, wenn sie sich in kleinen Gruppen davonstehlen und dann für aufständisches Gesindel gehalten werden."

Theodor blickte den Agenten durchdringend an. „Ich meinte mit Gesindel eigentlich nicht die Indianer."
„Oh!", wunderte sich der Agent, dann verabschiedete er sich hastig. Vor seinem Wohnhaus stand bereits seine Frau, gekleidet in ein weißes Kleid mit sauberer Schürze, und wartete auf ihn. Sie passte nicht hierher, genauso wenig wie das Mulattenmädchen.

Collins nahm seine Frau vorsichtig auf den Arm und verließ ebenfalls das Haus. Sein Vater trug die indianische Babywiege mit Rahel. Draußen hatte sich die Menschenmenge aufgelöst, sodass die Familie fast unbemerkt die Agentur verlassen konnte. Die beiden Männer saßen auf dem Kutschbock, während Moekaé und Rotes-Blatt wieder hinten auf den Kissen Platz genommen hatten. Staub wirbelte auf, als die Kutsche durch das Tal rollte. Sie folgten dem Bach, der sich durch die Hügel schlängelte, und hielten manchmal, um die Pferde zu tränken und selbst ein paar Schlucke zu nehmen. Theodor dachte über die Worte des Agenten nach. Die Indianer hatten die Agentur nur verlassen, um eine Zeremonie zu machen. Es war schrecklich, mit welcher Gewalt und mit welcher Übermacht diese wenigen Menschen wieder eingefangen worden waren. Es stand in keinem Verhältnis zu dem, was sie eigentlich hatten tun wollen. Anstatt Mörder zu jagen, Überfälle zu verhindern und für Recht und Ordnung zu sorgen, jagte die Armee lieber ein paar zerlumpte Gestalten und fiel über friedliche Siedler her. Diese Welt war in seinen Augen völlig verdreht.
„Hoffentlich kommt Hank wieder", murmelte er.
„Hank?", wunderte sich sein Sohn.
„Na, dieser Tatanka und sonst noch wie. Ich nenne ihn Hank. Das kann ich mir wenigstens merken."
„Ach, der kommt schon wieder", meinte Collins mit einem Lächeln.
Theodor nickte. „Ein guter Junge. Zum Glück ist ihm nichts passiert."
Collins setzte sich neben seine Frau ins Gras und strich ihr sanft über das Gesicht, das immer noch in allen Farben schimmerte. „Geht es dir gut?", fragte er.

Moekaé nickte und legte das Baby neben sich ins Gras. Sie zeigte auf das klare Wasser des Baches und meinte: „Ich möchte mich waschen."
Collins lächelte und hob seine Frau vorsichtig auf die Arme, um ihr Bein zu schonen. Er setzte sie ans Ufer und sah zu, wie sie sich das Wasser ins Gesicht spritzte.
Rotes-Blatt kam am Ufer entlanggehüpft und entkleidete sich, als sie ihre Mutter am Wasser sah. Sie ließ die Füße ins Wasser baumeln und quietschte leicht. „Uh, das ist aber kalt."
Moekaé lachte freundlich und spritzte das Kind mutwillig nass. Kreischend watete Rotes-Blatt einige Schritte weiter, drehte sich dann um und kam planschend und stampfend auf ihre Mutter zu, sodass Moekaé mit Wasser überschüttet wurde. Moekaé lachte leicht und erfreute sich an dem Kind, das vergnügt in dem Wasser planschte. Selbst der alte Griesgram lachte und nahm das Baby hoch, das im Gras lag und zu quengeln anfing. „Hey, wir müssen weiter!", rief er freundlich.
Rahel packte seine Nase und Theodor kicherte vor Vergnügen. „Noch so eine kleine Krabbe."

Dann wandte er sich interessiert den Bündeln zu, die Wamblicanté ihnen gegeben hatte. „Möchte mal wissen, was da drin ist", murmelte er.
Collins hatte seine Frau hochgehoben und brachte sie zum Karren zurück. „Schau doch nach!", schlug er vor.
„Meinst du?"
Collins nickte lächelnd. „Klar!" Er wechselte einen fragenden Blick mit seiner Frau. „Meinst du nicht?", fragte er.
Moekaé lächelte kurz und nahm das Baby in Empfang. „Ja, es ist ein Geschenk! Seht nach!"
Auch Rotes-Blatt hüpfte neugierig näher und wartete darauf, was sich in den Bündeln verbarg.
Theodor schlug die Decke auseinander und hob die Dinge hoch, die sich ihm offenbarten. Er war sprachlos. Zum ersten Mal hielt er die wunderschönen Stickereien der Indianer in den Händen. Er entdeckte ein wunderschön besticktes Kinderkleid samt Mokassins und Leggins und hielt es Rotes-Blatt vor den Körper.

„Schau mal, das ist bestimmt für dich!“, freute er sich.
Rotes-Blatt stellte sich auf den Karren und ließ sich das Kleidchen anpassen. „Schön!“, strahlte sie glücklich.
„Ich wusste gar nicht, dass Indianer so schöne Sachen für ihre Kinder machen“, wunderte sich Theodor.
„Eve sieht bestimmt wunderschön darin aus“, überlegte Collins staunend.
Der Vater kramte weiter in den Bündeln und zog eine bemalte Büffeldecke hervor. „Sieh mal!“
Moekaé nahm die Decke in die Hand und lächelte. „Diese Decke ist für ein Mädchen. Wenn sie zur Frau wird.“
„Aha“, bemerkte der Vater. „Woher weißt du das?“
Vorsichtig fuhr Moekaé über die roten Linien und Muster, die auf die Decke gestickt waren. „Die roten Linien zeigen den guten Weg im Leben einer Frau.“
„Hmh!“, grunzte Theodor. „Sehr schön!“
Dann zog er eine bestickte Messerscheide hervor und drehte sie bewundernd in seiner Hand. „Tolle Arbeit.“
In dem anderen Bündel fanden sie ein schön besticktes Frauenkleid und ebenfalls bestickte Mokassins und Leggins. Außerdem zogen sie eine bestickte Weste und mehrere Messerscheiden hervor. Theodor schüttelte den Kopf über die Großzügigkeit dieser Menschen. „Was machen wir denn damit?“, überlegte er.
Collins kicherte vor Begeisterung. „Wir fahren ins Fort Robinson und lassen Monika und Eve in der Kleidung fotografieren. Als Erinnerung, wie sie zu uns kamen.“
Der Vater lachte zynisch. „Na, da haben sie aber anders ausgesehen.“
„Ja, weil die Soldaten ihnen alles genommen hatten. Stell dir doch einmal vor, wie es gewesen wäre, wenn wir sie in ihrem Dorf gefunden hätten. Da wären es keine Bettler gewesen.“
„Stimmt!“, bemerkte Theodor kleinlaut. „Eine gute Idee. Wir machen Fotos von uns allen. Da haben wir unseren Enkelkindern etwas zu erzählen.“
Er reichte Moekaé das schöne Kleid und lächelte freundlich. „Es sind schöne Sachen. Sie zeigen, wer du bist.“
Moekaé starrte ihn sprachlos an und wunderte sich über ihren

Schwiegervater. Er freute sich tatsächlich über diese Sachen.
„Wir hängen die Dinge an die Wand. Das sieht bestimmt sehr hübsch aus, was meint ihr?", schlug er vor.
Moekaé kicherte fröhlich. „Wie in einem Tipi."
„Genau! Wie in einem Tipi!", bestätigte Theodor gut gelaunt. „So, alle festhalten! Wir fahren heim. Es wird Zeit, dass Monika Ruhe bekommt."
Schwungvoll kletterte er auf den Kutschbock und reichte Rotes-Blatt die Hand, damit sie neben ihn klettern konnte. „Komm, du Krabbe. Du kannst bei mir sitzen."
Rotes-Blatt kicherte mit ihrer hohen Stimme und meinte empört. „Ich bin doch keine Krabbe!"
„Nein? Woher willst du wissen, was das ist?"
Rotes-Blatt deutete mit ihren vorgeschobenen Lippen auf ihren Ziehvater. „Er hat es mir gesagt."
„Was hat dir dieser Schuft gesagt?"
„Eine Krabbe ist ein Fisch mit Scheren. Er sticht die Menschen."
„So, so ...", murmelte Theodor erheitert. „Ein Fisch mit Scheren."
„Ja, aber ich bin ein Mädchen", bemerkte Rotes-Blatt altklug.
„Stimmt. Du bist wahrhaftig ein Mädchen." Der alte Mann lachte so laut, dass Rotes-Blatt ihn ein wenig erschrocken musterte. Weiße Menschen waren sehr seltsam.
Der Wagen ruckelte wieder den Bach entlang und Collins saß neben seiner Frau auf der Ladefläche und hielt das Wiegebrett in seinen Armen. Moekaé lag zwischen den Kissen und biss die Zähne zusammen, wenn die Wunde zu sehr schmerzte. Das Rütteln war nicht gut für die Verletzung. Sie hoffte auf das Ende der Reise und auf ein Ende des Schaukelns. Sie war müde und erschöpft.

Gegen Abend erreichten sie den See und Josh kam ihnen im Galopp entgegen. Erschrocken blickte er auf seine Schwägerin, die matt auf den Kissen lag. „Wo wart ihr denn so lange?", wunderte er sich.„Ist alles in Ordnung?"
Rotes-Blatt winkte ihm zu und er ritt näher, um das Kind zu sich in den Sattel zu heben. „Komm her, meine Kleine!", grinste er. „Was ist denn passiert?"

„Die Soldaten haben uns mitgenommen und auf Mama geschossen!“, erzählte Rotes-Blatt mit wichtiger Stimme.
Josh war entsetzt. „Ja, aber warum denn?“
Collins winkte ab und bat seinen Bruder, noch etwas zu warten. „Lass uns erst einmal heimkommen. Monika muss ins Bett und Rahel braucht frische Windeln. Dann können wir dir alles in Ruhe erzählen.“
Der Karren fuhr vor das Haus, aus dem Klara gelaufen kam. „Meine Güte! Was ist denn passiert? Sind alle wohlauf?“ Ihre Stimme überschlug sich fast vor Sorge und Aufregung. Rotes-Blatt ließ sich auf den Boden stellen und umarmte die Großmutter. Klara bückte sich und nahm das kleine Mädchen in die Arme. „Meine Eve“, flüsterte sie. „Gott sei Dank ist dir nichts passiert.“ Dann huschte sie um den Wagen, um Monika und das Baby zu begrüßen. Sie wurde weiß vor Entsetzen, als sie Monikas Gesicht sah. „Ja, um Himmels willen, was ist denn geschehen?“
Collins rutschte von der Ladefläche und hob Monika in seine Arme, um sie ins Haus zu tragen. „Soldaten!“, erklärte er.
Mit wehenden Händen folgte ihm die Mutter ins Haus und sah zu, wie Collins seine Frau in das hintere Zimmer brachte und ins Bett legte. Sein Vater kam hinterher und trug Rahel im Arm. Er drückte das Baby seiner Frau in die Arme. „Hier, sie braucht frische Windeln. Monika ist verletzt und wir müssen den Verband wechseln.“
Klara schaute entsetzt von einem zum anderen und auch Josh stand unglücklich in der Tür und wartete auf mehr Informationen. „Was ist denn passiert?“
„Die Soldaten haben auf Monika geschossen und sie zur Agentur gebracht“, erzählte Collins.
„Aber wieso denn?“, fragte Josh ein zweites Mal.
„Die schießen einfach ohne zu fragen“, erklärte Collins bitter. „Fast hätten sie Monika und Rahel getötet. Wir müssen in Zukunft besser aufpassen.“
Josh kniff nachdenklich die Lippen zusammen und schaute auf seine Stiefel. „Weil sie Indianer sind“, stellte er fest.
„So ist es.“
Klara drückte Josh die Wiege in die Arme und setzte sich zu Mo-

nika ans Bett. „Kind, Kind!“, flüsterte sie sanft und strich Monika über das geschundene Gesicht.
Moekaé nahm Klaras Hand und drückte ihr Gesicht daran. Sie weinte plötzlich und hier im Haus und in der gewohnten Umgebung machte es ihr nichts aus. Sie war einfach nur froh, wieder zuhause zu sein. Ihr Bein schmerzte unerträglich und sie fühlte eine Schwäche, die sie seit der Geburt nicht mehr gespürt hatte.
Klara weinte ebenfalls und strich Monika immer wieder über das zarte Gesicht. „Kind, ruhe dich nur aus. Wir kümmern uns doch um dich!“
Theodor legte ihr beruhigend die Hand auf die Schulter. „Sie ist nur müde. Morgen wird es ihr besser gehen.“
Klara erhob sich mit einem Seufzen und wischte sich die Tränen aus den Augen. Sofort übernahm sie wieder die Initiative und wedelte mit ihrer Hand, um die Männer aus dem Zimmer zu scheuchen. „Jetzt geht mal alle, damit Monika ihre Ruhe hat. Ich werde mich um die Verletzung kümmern und ihr etwas gegen die Schmerzen geben. Ihr könnt inzwischen Feuer machen und das Essen warm machen. Es steht bereits auf dem Herd.“

Gehorsam verzogen sich die Männer in den anderen Raum und nahmen auch die Kinder mit. Collins wickelte Rahel aus dem Wiegebrett und ließ sie ein wenig in seinen Armen hüpfen. Ihre winzigen Finger und Zehen streckten sich wohlig und ihr rundes Gesicht legte sich in lustige Falten vor Lachen.
Der neue Vater fühlte die verräterische Nässe zwischen ihren Beinen und legte sie schwungvoll auf den Esstisch, um ihr die Windel zu wechseln. Etwas ungeschickt legte er ihr ein sauberes Tuch zwischen die Beine und betrachtete dann stolz sein Werk. „Sieh nur!“, meinte er lobheischend zu Eve. „Ich kann das auch.“
„Aber das macht doch nur Nahgo!“, erklärte Rotes-Blatt kichernd.
„Mama?“, fragte Collins.
Rotes-Blatt legte den Kopf schief und lächelte ihn an. „Ja, Mama!“
„Ja, aber wenn es der Mama schlecht geht, dann machen es auch Papas.“
Rotes-Blatt dachte darüber nach. „Bist du denn unser Papa?“

Collins starrte verblüfft auf das kleine Mädchen. Dann strich er sich verwundert die blonden Strähnen nach hinten und dachte darüber nach. „Ja, weißt du", erklärte er. „Jetzt, wo ich eure Mutter geheiratet habe, bin ich euer Vater. Möchtest du denn das?"
Rotes-Blatt strahlte ihn glücklich an. „Ja!", meinte sie.
„Ja?", wunderte sich Collins über die kurze Antwort des Kindes.
„Ja!", antwortete sie. „Dann habe ich wieder eine Mama, einen Papa, eine Oma und einen Opa!" Sie legte den Kopf und überlegte. „Was ist dann Josh?", wollte sie wissen.
„Na, dein Onkel!" Collins grinste von einem Ohr zum anderen, als er seinem Bruder vertraulich zuzwinkerte.
Josh grinste zurück. „Genau! Ich bin dein Onkel!", erklärte er großzügig.
Rotes-Blatt lief zu ihrer Mutter zurück und erklärte ihr die vielen neuen Familienbeziehungen, die sie gerade gelernt hatte. Die Männer lachten gutmütig und kümmerten sich wieder um Rahel, die kreischend versuchte, nach ihren Nasen zu greifen.

Etwas später trat Klara ins Zimmer und alle setzten sich an den Tisch, um zu essen. Die Männer hatten entgegen ihrer Gewohnheit aufgedeckt und den Kessel mit der Suppe auf den Tisch gestellt.
„Monika schläft jetzt. Die Wunde scheint nicht entzündet zu sein. Das ist ein gutes Zeichen! Aber es wird bestimmt zwei Wochen dauern, bis sie wieder richtig laufen kann. Wir sollten ihr eine Krücke schnitzen, damit sie sich stützen kann."
„Zwei Wochen!", schimpfte ihr Mann ungehalten. „Das werden uns diese Schufte bezahlen! Wir brauchen hier jede Arbeitskraft! Wie soll Klara denn allein Wäsche waschen und sich um den Garten kümmern?"
Collins kicherte respektlos und schüttelte dabei den Kopf.
„Was ist so lustig?", wollte sein Vater wissen.
„Na ja, dafür, dass du sie noch vor ein paar Monaten los sein wolltest, siehst du jetzt aber schon, wie wertvoll sie ist."
„Inzwischen ist sie ja auch meine Schwiegertochter! Das ist etwas ganz anderes! Ich mag es nicht, wenn man auf meine Familie schießt."

„Ach so!", grinste Collins erheitert. Dann wurde er wieder ernst. „Hoffentlich heilt die Wunde gut."
Klara lächelte ihrem Sohn beruhigend zu. „Mach dir keine Sorgen. Es sieht nicht so schlimm aus. Sie muss das Bein nur ruhig halten, damit es gut heilen kann."
Collins nickte dankbar. „Ich weiß, dass sie bei dir in guten Händen ist. Und in Zukunft passt jemand auf sie auf, wenn sie Beeren sammeln geht. Ich will nicht, dass jemand ohne Begleitung das Haus verlässt!"
Theodor zeigte mit dem Löffel auf Klara. „Und du auch nicht! Hier treibt sich zu viel Gesindel rum."
„Ja, aber wie soll ich denn dann Wäsche waschen? Da muss ich doch zum Bach!"
„Wir stauen den Bach so, dass genügend Wasser in das Fass läuft, damit du die Wäsche hier auch spülen kannst", bestimmte Theodor.
„Oh! Das ist aber schön!", freute sich Klara.
„Und wir stellen Leute ein, die hier arbeiten. Dann wird es sicherer für euch."
„Ja, aber können wir uns das denn leisten?", wunderte sich seine Frau.
Theodor machte eine großspurige Bewegung mit der Hand, die zeigen sollte, dass sie sich in Zukunft keine Sorgen mehr machen sollte. „Wir beliefern die Agentur. Mr. McGillycuddy ist der neue Agent und er will mit uns zusammenarbeiten. Wahrscheinlich könnten wir auch die Städte beliefern, die hier überall aus dem Boden schießen. Wir müssen nur dafür sorgen, dass diese Mistviecher im Winter nicht wieder krepieren."
„Und wen willst du so schnell einstellen?", wunderte sich seine Frau. „Die kommen doch alle nur, um Gold zu schürfen. Da ist wahrscheinlich niemand dabei, der auf anständige Weise sein Geld verdient."
Theodor legte den Kopf schief und gab seiner Frau insgeheim recht. Es würde schwierig werden, aber nicht unmöglich. Er hoffte darauf, dass dieser Indianer-Junge wieder auftauchte. Das wäre immerhin ein Anfang.

Zivilisation

Monika blieb die nächsten Tage im Haus. Das Bein schmerzte und so bewegte sie es so wenig wie möglich. Stattdessen dachte sie immer wieder über ihre Zukunft nach. Sie hieß nun Monika und der Klang des Namens gefiel ihr. Auch Eve hatte sich an den neuen Namen gewöhnt. Selbst Monika nannte sie nun so. Ihre Cheyenne-Namen wurden nur noch in ihren Gebeten ausgesprochen. Klara hatte aus hellem Stoff ein Hemd zugeschnitten, das Monika nun nähte. Nach dem Besuch der Cheyenne war nicht mehr genügend Kleidung da, sodass Klara die Notwendigkeit sah, neue zu kaufen oder zu nähen. Klara beobachtete staunend ihre Schwiegertochter, wie diese geschickt und ordentlich die Nähte säumte. „Hat deine Mutter dich das gelehrt?“, fragte sie freundlich.

Monika sah von der Näharbeit auf und ließ die Hände ruhen. „Ja!“, antwortete sie einsilbig.

„Das ist schön!“, bewunderte Klara die Kunstfertigkeit der Indianerin. „Vielleicht zeige ich dir bald, wie man schöne Muster stickt.“

„Ich sticke mit Perlen“, lächelte Monika.

Klara lachte hell. „Natürlich. Aber man kann auch mit bunten Fäden sticken. Soll ich dir das mal zeigen?“

Monika nickte scheu. Sie freute sich, wenn ihre neue Schwiegermutter so zuvorkommend war.

Klara ging zu einer Truhe und zog einige Tischdecken hervor. Sie waren mit schönen Blütenmustern bestickt. Staunend fuhr Monika mit der Hand über die feine Stickerei. „Das ist schön!“

„Nicht wahr? Ich zeige dir, wie man es macht.“

Monika nickte gehorsam. Sie würde all diese Dinge lernen, die eine weiße Frau machte. Prüfend hob sie das Hemd gegen das Licht und betrachtete ihre Näharbeit. Sie hatte schon oft die Kleidung der Weißen ausgebessert, aber noch niemals angefertigt. Sie war zufrieden mit ihrem Werk. Sie legte es auf die Seite, nahm eine Krücke zu Hilfe, die der Schwiegervater ihr angefertigt hatte, und hüpfte zum Ofen, um nach dem Essen zu sehen. Viele

Arbeiten konnte sie aufgrund der Verletzung nicht erledigen, so half sie wenigstens im Haus.
Die Männer waren sehr rücksichtsvoll und brachten ihr Holz und Wasser. Sie hatten angefangen, weiter oben in den Hügeln ein Wasserreservoir auszuheben. Der Bach kam im Tal nur noch als Rinnsal an und der Trog vor dem Haus wurde nicht mehr mit Wasser gefüllt. Für die Pflanzen im Garten wurde es kritisch. Die Männer wollten daher den Bach am Oberlauf noch mehr stauen und gruben dazu einen künstlichen See aus. In der Hitze des Sommers war die Arbeit eine Plackerei, aber die Männer versprachen sich davon eine wesentliche Verbesserung. Sie hofften, dass wieder mehr Wasser in den Trog floss und es anschließend noch reichte, um das Beet zu bewässern.
Monika staunte, wenn die Männer abends müde und verschwitzt zurückkehrten. Sie war harte Arbeit gewöhnt, aber diese Weißen leisteten eine körperliche Arbeit, die weit über das hinausging, was Indianer bereit waren zu tun. Warum verlegten sie das Haus nicht einfach an den Oberlauf des Baches, wenn sie das Wasser wollten?
„Wasser ist wichtig", erklärte Collins. „Wir brauchen es auch für die Pferde. Und für euch Frauen ist es leichter, wenn ihr das Wasser nicht in Eimern schleppen müsst. Wenn erst das Wasser wieder fließt, müsst ihr auch die Wäsche nicht mehr zum Bach tragen."
Monika verstand trotzdem nicht, warum es gut sein sollte, den natürlichen Lauf des Wassers zu verändern.
Über das Wehr gelang es den Männern tatsächlich, das Wasser zu stauen, sodass der Trog sich wieder mit klarem Wasser füllte. Auch die Bewässerungsgräben füllten sich mit Wasser und man konnte zusehen, wie die Pflanzen sich trotz der Hitze aufrichteten. Klara klatschte begeistert in die Hände und lobte ihre Männer für die gute Arbeit. „Seht nur, bald kann ich das erste Gemüse ernten!"
„Sehr gut!", brummte Theodor. „Vielleicht können wir etwas davon verkaufen. Ich wundere mich ohnehin, warum Mr. Mcgillycuddy keinen Reiter schickt. Na ja, wahrscheinlich dauert es ewig, bis die Regierung eine Entscheidung trifft."

Schließlich tauchte eines Mittags Tatanka-ohitika wieder auf. Er hockte auf seinem Pony, seine Schwester und Großmutter im Schlepptau, die mit ihren Bündeln bepackt still hinter dem Jungen standen und darauf warteten, dass sie angesprochen wurden. Das Pony zog ein Travois, das ebenfalls mit Bündeln beladen war. Es war ein langer Weg für die drei zu Fuß gewesen und es sah aus, als ob sie für immer auf der Ranch bleiben wollten.
„Was soll denn das?", fragte Theodor unwillig. „Du kannst ja bleiben, aber was soll ich denn mit denen da?" Er rief nach Monika, die für ihn übersetzen sollte.
Monika senkte den Blick und wartete auf die Erklärung von Tatanka-ohitika.
„Ich soll in die Schule der Weißen!", erzählte der Junge. „Und meine Schwester auch. Aber wir wollen nicht gehen. Ich will hier arbeiten und meine Großmutter kann auch helfen."
Monika übersetzte die Worte, obwohl sie manche noch nicht kannte. Es war schwer, den Weißen zu erklären, dass Tatanka-ohitika und seine Schwester fortgehen sollten.
„Wohin denn?", fragte Theodor.
„In das Haus der Weißen. Sie schicken dort die Kinder hin."
„Meine Güte. Es ist doch nichts Schlechtes, wenn die Kinder Lesen und Schreiben lernen!", schimpfte Theodor. „Sag ihm, dass er wieder zurückgehen soll."
Monika schüttelte stur den Kopf und weigerte sich.
„Was ist denn los?", fragte Theodor gereizt.
„Die Kinder sterben dort!", erklärte Monika bestimmt.
„So ein Unsinn. In den Schulen sterben doch keine Kinder!", versuchte Theodor seine Schwiegertochter zu beruhigen.
„Doch!", beharrte Monika. „Viele Kinder sterben dort. Auch unsere Kinder sind dort gestorben."
Theodor war sprachlos und stemmte die Hände in die Hüften. „Und jetzt? Wir können doch nicht noch drei Indianer durchfüttern."
Collins hob belustigt die Augenbrauen und legte seinem Vater beruhigend die Hand auf die Schulter. „Du wolltest Hank doch ohnehin beschäftigen. Er kann uns oben beim Bach helfen. Und die Großmutter kann Monika im Haus helfen, solange sie verletzt

ist. Und das Mädchen ist auch alt genug, um Monika zu helfen. Dann können wir immer noch weitersehen, ob wir sie brauchen können."

Stirnrunzelnd nahm Theodor die Frauen in Augenschein. Ja, das Mädchen war alt genug, um zu helfen. Zu alt! Misstrauisch streifte er Josh mit seinem Blick, dem das Mädchen offensichtlich gefiel. Sie war groß und schlank, bereits mit dem Ansatz von Brüsten unter ihrem Baumwollkleid und großen, schwarzen Augen, die das Mädchen sittsam gesenkt hatte. Noch so eine mögliche Schwiegertochter. Er versuchte abzuschätzen, wie alt sie schon war, aber er wusste auch, dass er sich bei Eve schon verschätzt hatte. Vielleicht zwölf oder dreizehn? Er würde ein Auge auf Josh haben müssen.

„Und wo sollen sie schlafen?", fauchte er empört.

„Im Stall!" antwortete Collins. „So lange, bis wir das neue Haus gebaut haben."

Theodor nagte an seinen Lippen. Hank wäre eine wertvolle Hilfe und die beiden Frauen im Grunde auch. Zumindest bis es Monika wieder besser ging. Noch war er der Herr im Haus, der gewisse Dinge regelte. „Na schön, solange sie nicht im Haus schlafen, soll es mir recht sein!"

Collins grinste frech und zuckte die Schultern. „Sicher." Auch er schien die Hintergedanken seines Vaters erraten zu haben. Er warf Josh einen warnenden Blick zu, der unschuldig die Hände hob. „Zu jung!", stellte er fest.

„Hah!", schimpfte Theodor aufgebracht. „Zu jung sind diese Mädchen nie."

Die beiden Frauen standen still vor ihnen und ahnten vielleicht, worum es ging, aber zeigten es nicht. Auch Monika hatte den Blick gesenkt und schaute betreten auf ihre Mokassins. Ja, dieses Mädchen war noch zu jung. Sie hatte noch nicht geblutet und ihre Pubertätsriten gehabt. Weiße Männer hatten wirklich schlechte Gedanken!

Theodor wedelte ungeduldig mit der Hand und scheuchte alle davon. „Na schön! Sucht euch einen Platz im Stall und dann ab an die Arbeit. Wir stehen hier schon zu lange herum."

„Arbeit?", fragte Tatanka-ohitika mit leuchtenden Augen.

„Ja, Arbeit! Und du heißt jetzt Hank, verstehst du?"
„Hank?", wunderte sich der Junge.
„Ja. Hank, das ist ein guter Name. Und deine Großmutter nennen wir Mary." Er machte sich nicht einmal die Mühe, nach dem wahren Namen der Frau zu fragen. Mit seinem Finger zeigte er auf das Mädchen. „Und sie heißt Anna. Sie soll auch etwas arbeiten. Sie kann ja Klara im Garten helfen oder im Haushalt. Und, verflixt noch mal, lernt gefälligst Englisch!"
Hank nickte eifrig und führte dann das Pony in Richtung des Sees.
„Hey!", brüllte Theodor, „Wo geht ihr denn hin?"
Überrascht drehte der Junge sich um und ließ seine Worte von Monika übersetzen. „Zum See. Wir bauen das Tipi auf."
Theodor knurrte etwa Unverständliches, drehte sich um und ging in das Haus zurück. Ein Tipi! Irgendwann würde hier ein ganzes Indianerdorf stehen! „Ich brauche euch nur im Sommer!", schrie er ihnen hinterher. „Dann müsst ihr wieder gehen."
Misstrauisch beobachtete er, wie der Junge kurz darauf auf dem Pony das Tal verließ. „Wohin reitet er denn?"
Monika lächelte. „Er holt Stangen für das Tipi."
„Ach so. Er richtet sich erst einmal häuslich ein, ehe er zur Arbeit geht. Das kann ja was werden."
Collins zog seinen Vater am Hemdärmel. „Lass uns reiten. Wir haben noch genug Arbeit. Es reicht doch, wenn er uns morgen hilft."
„Stimmt!", brummte Theodor. „Außerdem will ich runter zum Fort. Ich habe immer noch ein Hühnchen mit diesen Soldaten zu rupfen."
„Vielleicht können wir Holz mitnehmen", hoffte Collins.
„Und vielleicht ist das Fenster da!", mischte sich Josh ein. Er strich seine dunklen Locken nach hinten und grinste. Er hatte eindeutig Hintergedanken. Vielleicht dachte er daran, dass auch er eines Tages ein Zimmer mit einem Fenster brauchte.
Collins stieß ihm warnend den Ellbogen in die Rippen, damit der Vater nicht wieder misstrauisch wurde. „Nehmen wir dann auch Monika und die Kinder mit?", lenkte er ab.
„Nein, sie braucht noch Ruhe. Da warten wir lieber bis zum

Herbst“, meinte Theodor mit einem Kopfschütteln. Er hatte zum Glück den Stoß mit dem Ellbogen nicht gesehen und richtete seine Aufmerksamkeit wieder auf die bevorstehende Arbeit.

Die drei Männer setzten ihre Hüte auf und bestiegen ihre Ponys, um zu ihrer Arbeit in den Hügeln zurückzukehren. Unterwegs sahen sie, wie Tatanka-ohitika etwas Tabak vor einen schlanken Baum legte und schließlich seine Axt nahm, um ihn zu fällen.
„Habt ihr gesehen, was er da macht?“, wunderte sich Theodor.
Collins und Josh nickten kurz. Ja, auch Monika hatte schon Tabak an die Grabstätte des Jungen gelegt. „Ich frage Monika, warum der Junge das macht. Sie wird es wissen. Sie hat es ja auch schon gemacht.“
Theodor kehrte seine alte Sturheit zu Tage. „Interessiert mich nicht!“, wehrte er brüsk ab. „Der Junge soll arbeiten und seine Zeit nicht mit Unsinn verplempern.“
Collins und Josh verdrehten die Augen und stießen einen unhörbaren Seufzer aus. Wie hatten sie es nur so lange mit diesem Kerl ausgehalten?

Am nächsten Morgen standen Hank, Mary und Anna abwartend vor dem Haus. Die Großmutter war jünger als Klara und würde sicherlich eine wertvolle Hilfe sein. Sie war rüstig und gewohnt, schwere Arbeit zu verrichten. Ihre Haare waren noch schwarz und zu zwei strengen Zöpfen geflochten. Die Frau trug ein Baumwollkleid wie die weißen Frauen. Nur ihre Füße steckten in indianischen Mokassins. Ihre Enkelin war ebenso gekleidet. Die Großmutter folgte Hank in das Haus und wartete ab, was sie tun sollte.
Monika begrüßte die drei mit einem Lächeln und winkte sie in ihr Zimmer. Sie war froh, dass Eve nun Gesellschaft hatte. In der Sprache der Lakota flüsterte sie mit den Indianern und reichte das Baby dem Mädchen, damit es auf Rahel aufpasste. Anna strahlte glücklich und schaukelte Rahel hin und her. „Ich passe auf sie auf!“, versicherte sie.
Eve trat neben sie und lächelte ebenfalls. „Ich auch! Ich bin schon groß!“

Anna nickte großzügig mit dem Kopf. „Wir passen beide auf das Baby auf!" Sie nahm Eve wie eine große Schwester an der Hand und ging mit den Kindern in die Küche.
Theodor nickte Hank auffordernd zu und verließ mit ihm und seinen Söhnen das Haus. Die Männer wollten das Wehr verstärken und einige Bäume für einen weiteren Zaun fällen. Bei ihrem nächsten Ausflug nach Fort Robinson hofften sie endlich den versprochenen Stacheldraht zu bekommen, mit dem sie weitere Koppeln einzäunen konnten.

Monika führte Mary zu ihrer Schwiegermutter und übersetzte, was Klara tun wollte. „Du kannst meiner Schwiegermutter helfen, die Wäsche im Bach zu spülen. Ich kann noch nicht gehen, weil ich eine Schusswunde habe. Ich werde inzwischen das Essen kochen."
Mary nickte und schaute prüfend auf das Cheyenne-Mädchen. „Du wurdest verletzt?"
„Ja, als die Soldaten kamen, um Wambli-canté zu verhaften. Sie dachten, ich sei eine Lakota."
„Ma!" Die Großmutter schlug entsetzt die Hand vor den Mund und Monika lächelte bei dieser bekannten Geste. Ja, es war gut, dass diese Menschen nun hier lebten.
Sie sah zu, wie Mary der Schwiegermutter half, die schweren Körbe zum Bach zu schleppen und dort auszuladen. Später würden die weißen Laken auf der Leine trocknen. Es sah immer lustig aus, wenn die Wäsche im Wind flatterte.
Sie humpelte in die Küche und blickte das junge Mädchen an. „Wie heißt du?", fragte sie freundlich.
„Anna!", antwortete das Mädchen gehorsam.
Monika kicherte erheitert. „Nein, dein richtiger Name?"
„Lowan-najin-win", Steht-singend-da, stellte Anna sich vor. „Und du?"
„Moekaé, aber die Weißen nennen mich Monika. Meine Kinder heißen Eve und Rahel."
„Das sind Namen der Weißen", stellte das Mädchen fest.
„Ja. Ich lebe nun hier und für die Weißen ist das einfacher. Unsere Sprache ist schwierig für ihre Ohren."

Das Mädchen kicherte und hielt sich dabei die Hand vor den Mund. „Sie sind sehr seltsam!“, bestätigte sie. „Und doch hast du einen von ihnen geheiratet?“
Monika nickte. „Ja, er ist ein guter Mann.“
„Mein Bruder sagt das auch. Er sagt, dass ich den jungen Bruder heiraten soll.“
Monika riss überrascht die Augen auf. „So? Bist du denn schon alt genug?“
Das Mädchen schüttelte den Kopf. „Nein, aber ich werde bald meine ersten Riten haben.“ Sie klang selbstbewusst.
Monika blickte ihr ernst in die Augen. „Du weißt nicht, ob es deine Bestimmung ist, hier bei dieser Familie zu bleiben.“
Lowan-najin-win lächelte. „Nein, aber mein Bruder hat gesagt, dass er einen guten Mann für mich findet. Ich habe die Augen von diesem Mann gesehen und weiß, dass er gut zu mir sein wird.“
Monika lächelte. „Ja, Josh ist ein guter Mensch. Er ist lustig. Aber wird er warten, bis du alt genug bist, um ihn zu heiraten?“
„Ich werde bald alt genug sein! Ich gehe nicht in die Schule der Weißen, sondern suche mir einen Mann.“
Monika seufzte und senkte den Blick. Ja, es waren die Frauen, die einen neuen Weg suchen mussten. Sie musterte das Mädchen, das so selbstverständlich von einer Heirat sprach. Indianerfrauen heirateten früh, aber dieses Mädchen war noch ein Kind. Es handelte aus der Not heraus. Mitfühlend nahm sie Lowan-najin-wins Hand. „Ich werde dich lehren, was eine Frau wissen muss.“
Das Kind biss die Lippen aufeinander und wirkte nun hilflos und verloren. Ihre Augen füllten sich mit Tränen. „Unsere Mutter wurde getötet und unser Vater starb schon vor langer Zeit. Unsere Großmutter kümmert sich um uns. Ich werde lernen, wie die Weißen zu leben, denn unser Volk ist dem Untergang geweiht.“ Ihre Stimme war dumpf vor Trauer.
Monika schüttelte den Kopf. „Nein, das darfst du nicht sagen. In uns leben unsere Geschichten weiter. Wir müssen sie unseren Kindern weitergeben. Dann werden sie sich an uns erinnern.“
Lowan-najin-win drückte Rahel liebevoll an sich und blickte in ihre schwarzen Augen. „Sprichst du denn Cheyenne mit ihnen?“, fragte sie.

„Natürlich!“
„Und was sagen die Weißen, wenn du in der fremden Sprache mit deinen Kindern sprichst?“
„Nichts!“
„Werden sie auch nichts sagen, wenn du ihnen einen weißen Sohn geboren hast?“
Monika lachte erheitert. „Mein Sohn wird niemals weiß sein. Ich habe ihn gesehen. Vor langer Zeit in einem Traum. Er hatte blaue Augen, aber die dunkle Haut seiner Ahnen. Auch er wird Cheyenne sprechen.“
Lowan-najin-win nickte entschlossen. „Dann werden meine Kinder Lakota sprechen.“
Monika lächelte. „Das ist gut. Der Ort hier ist wakan. Crazy-Horse wacht über dieses Tal.
„Warum leben dann diese Weißen hier?“
Monika zuckte mit den Schultern. Sie wusste es nicht. Auch sie hatte sich diese Frage schon oft gestellt. „Die Wege der Geister sind unerklärlich. Es ist einfach so.“

Eve saß mit baumelnden Beinen auf einem Stuhl und wartete darauf, dass sie mithelfen konnte. Als sie merkte, dass ihre Mutter in das Gespräch vertieft war, ließ sie sich zu Boden gleiten und lief aus dem Haus. Mit fliegenden Zöpfen rannte sie zum Bach, an dem Oma und die neue Frau die Wäsche spülten. „Oma!“, rief sie eifrig. „Ich will auch helfen.“
Klara richtete sich überrascht auf und streckte ihren schmerzenden Rücken. „Ja, hilfst du denn nicht der Mama?“
„Nein, nein“, winkte Eve ungeduldig ab. „Lowan-najin-win hilft meiner Mama. Sie reden.“
„So, so!“, lächelte Klara. „Über was reden sie denn?“
Eve beugte sich vor und flüsterte fast. „Sie sagen, dass Lowan-najin-win lernen muss, wie eine weiße Frau zu leben.“
„Wir nennen sie jetzt Anna. Lowan-najin-win kann sich ja kein Mensch merken. Was bedeutet das denn?“
„Frau, die singend steht.“
„Oh, das ist aber ein hübscher Name. Sprichst du denn auch Lakota?“

„Ein bisschen!“, winkte Eve ab. „Wir haben dort einen Winter gelebt. Der Winter, als mein Bruder starb.“
Klaras Lippen wurden schmal. Sie hatte die Geschichte fast vergessen. Immer wieder wurde sie mit schrecklichen Dingen aus der Vergangenheit ihrer Schwiegertochter und ihrer neuen Enkelin konfrontiert.
Klara schüttelte den Kopf und beugte sich über die Hemden und Tücher, die über einige Steine hingen. Sie tauchte sie immer wieder in die leichte Strömung und wrang sie dann mit Marys Hilfe aus. Interessiert wandte sie sich wieder dem Kind zu. „Frag doch mal, wie Marys richtiger Name ist.“
„Untschi!“, antwortete Eve sofort.
„Woher weißt du das?“, fragte Klara misstrauisch.
„Na, sie ist doch eine Oma. Untschi heißt Oma.“
„Na, dann nennen wir sie doch Untschi, nicht wahr?“, lächelte Klara vergnügt.
Eve kicherte glücklich. „Dann habe ich wieder zwei Omas!“
Sie hüpfte zum Haus zurück und überbrachte diese Information ihrer Mutter. „Ich habe zwei Omas“, erklärte sie. „Untschi und Oma.“
Sanft drückte Monika ihre Tochter an sich und lächelte. „Ja, du hast nun wieder zwei Omas. Nun komm und hilf mir das Essen zu kochen. Dein Papa, Opa und Onkel kommen bestimmt bald wieder und haben Hunger.“ Sie lachte, als hätte sie einen guten Scherz gemacht. Dann setzte sie sich auf einen Stuhl und streckte das verletzte Bein aus. Sie musste aufpassen, dass sie es nicht zu schnell belastete.
Auch Lowan-najin-win kicherte und half Monika dabei, das Fleisch in kleine Würfel zu schneiden. Eve verschwand nach draußen und holte Brennholz herein. Dann stellte sie sich neben die Wiege und summte ein Cheyenne-Lied, um Rahel in den Schlaf zu wiegen. Die Augen des Babys waren bereits schläfrig und so dauerte es nicht lange, bis Rahel in ihrem Bettchen schlief.

Der Tag verlief ruhig. Die beiden Lakota-Frauen waren ebenso wie Monika gewohnt, schwere Arbeit zu verrichten, und passten sich mühelos dem neuen Haushalt an. Die beiden älteren Frauen nutzten den ganzen Tag, um Wäsche zu waschen, sodass am Abend die Wäsche um das Haus flatterte. Monika und Lowan-najin-win hatten gekocht und anschließend Hemden genäht und Hosen ausgebessert. Das Mädchen war bereits sehr geschickt im Nähen und brauchte keine Anleitung mehr. Zwischendurch hatte Lowan-najin-win Eve auf der Schaukel angeschubst und sich um das Baby gekümmert, das Unterhaltung wollte. Monika war froh über die Hilfe. Aber noch mehr schätzte sie die Gesellschaft. Lowan-najin-win war ein ruhiges, geschicktes Mädchen, das trotzdem etwas Lustiges an sich hatte. Sie lachte gern und lernte wissbegierig all die neuen Dinge, die es in dem Haus der Weißen zu entdecken gab.

Collins spürte die Veränderung zuerst, als er am Abend zurückkehrte. Monika hatte gelacht und Klara war trotz der vielen Arbeit fröhlich. Die Stimmung war ausgeglichen und entspannt, als sie am Abend am Tisch saßen. Hank und die beiden Frauen waren in ihrem Tipi verschwunden und Theodor hatte ihnen mit schiefem Blick hinterhergesehen. Das Mädchen Anna hatte sittsam die Augen niedergeschlagen und war dann aus den Augen seines unverheirateten Sohnes verschwunden, und das hatte Theodor mit der Situation versöhnt.
„Und, taugen die beiden was?“, fragt er.
„Ach, Theodor, du hättest hier sein sollen!“, schwärmte seine Frau. „Wir haben die ganze Wäsche gewaschen und Untschi war mir eine großartige Hilfe.“
„Und wer ist Untschi?“, fragte Theodor in seiner griesgrämigen Art.
„Na, die ältere Frau. Es bedeutet Großmutter.“
„Ach so. Hauptsache, sie arbeitet gut!“ Er schlang einen Bissen herunter und forschte nach dem Mädchen. „Und Anna?“
„Anna heißt eigentlich Lowan-najin-win. Das bedeutet ‚Frau, die singend steht‘. Ist das nicht hübsch?“
Theodor lachte polternd. „Sagte ich doch! Anna! Klingt wie die Kurzform von diesem Lowan-sonst-noch-was. Ich hoffe, dass sie hier nicht nur den ganzen Tag herumgelungert hat!“
„Nein, hat sie nicht!“, verteidigte Klara das Mädchen. „Sie hat

den ganzen Tag gekocht, Hemden geflickt und die Kinder gehütet."
„So, nähen kann sie also auch?"
„Ja, nähen kann sie auch."
„Hmh!"
Alle mussten lachen und die Stimmung war gelöst und entspannt.
„Na ja, wenn die beiden eine solche Hilfe sind, dann können sie bis zum Herbst bleiben. Hank war auch ziemlich fleißig. Ich meine, für so einen Indianer-Bengel. Wir haben einige Bäume gefällt und zur Ostweide geschleppt. Jetzt brauche ich nur noch den Draht. Ich fahre morgen zum Camp und nehme Collins mit. Ich will mit diesem Kommandanten reden und Dinge besorgen, die wir brauchen. Josh bleibt indessen hier und passt auf euch auf."
Klara nickte ihr Einverständnis und lächelte. „Jetzt sind wir nicht mehr so alleine!"
„Na ja, ich weiß nicht, ob ein Knabe, ein Mädchen und eine Großmutter wirklich Verstärkung sind, wenn hier irgendwelches Gesindel vorbeikommt."
„Wenigstens siehst du in den dreien kein Gesindel", lachte Klara.
„Auf jeden Fall will ich, dass Monika einen Revolver hat. Und wir sorgen dafür, dass auch Hank zur Not schießen kann."
Collins schaute seinen Vater überrascht an. „Du willst dem Bengel ein Gewehr anvertrauen?"
„Nein, ich will, dass er zur Not schießen kann. Das ist ein Unterschied."
„Wir brauchen aber unsere Gewehre, wenn wir zum Camp fahren", wandte Collins ein.
Theodor schaute ihn über den Rand seines Tellers durchdringend an. „Ich bin sicher, dass der Junge irgendetwas dabei hat, mit dem er schießen kann."
Alle lachten plötzlich und sahen Monika fragend an. Die junge Frau senkte den Blick und kicherte. „Ich weiß nicht!", meinte sie leise.
Theodor wandte sich an Eve: „Und was sagst du?"
„Er hat einen Bogen!", antwortete Eve ehrlich. „Er schießt Kaninchen."

„Kaninchen?“, fragte Theodor zum Schein. „Keine Menschen?“
„Opa! Tatanka-ohitika schießt doch keine Menschen!“, schimpfte Eve empört.
„So, so, da bin ich aber erleichtert.“

Militärgericht

Die beiden Männer machten sich bereits am frühen Morgen auf den Weg. Sie hatten den Wagen angespannt und einige Vorräte aufgeladen, die sie verkaufen wollten. Rumpelnd holperte der Wagen durch das Tal und Monika stand mit ihren Kindern in der Tür und blickte ihm nach. In ihrem Gürtel steckte der Revolver, den Collins ihr gegeben hatte. Sie hatte lächelnd abgewinkt, als Collins ihr zeigen wollte, wie man ihn benutzt. „Ich kann kämpfen", hatte sie gesagt. Zum ersten Mal hatte Collins sie mit diesem verblüfften Blick angesehen, der ihr gezeigt hatte, dass er immer noch nicht wusste, wen er geheiratet hatte. Ja, sie wusste, wie man kämpft. Sie wusste auch, wie man starb. Sie hatte ihren alten Conchogürtel umgelegt, obwohl ihr das einen missbilligenden Blick des Schwiegervaters eingehandelt hatte, und nun steckte sie den Revolver am Rücken in den Gürtel, als wäre er eine Messerscheide.

Hank trug einen einfachen Bogen über der Schulter und folgte Josh auf seinem Pony, als dieser wieder zur Ostweide unterwegs war. Es gab allen das Gefühl von Sicherheit. Klara fand es gut, dass ihr jüngster Sohn nicht alleine reiten musste. Es war nicht nur Gesindel unterwegs, sondern zwischen den Felsen lebten Pumas und Wölfe.

Die Frauen blieben am Haus zurück und kümmerten sich um die täglichen Dinge. Die zwei Milchkühe mussten gemolken werden und Klara verschwand mit dem Milcheimer im Stall. Monika bat Untschi, etwas Holz hereinzutragen, damit sie den Herd einheizen konnte. Sie musste Windeln auswaschen und setzte einen Kessel mit Wasser auf. Dann setzte sie sich erschöpft und rieb ihr schmerzendes Bein. Rahel quietschte in ihrer Wiege und Monika nahm sie hoch, um sie zu schaukeln. Es gab immer so viel zu tun und durch die Verletzung war ihre Beweglichkeit stark eingeschränkt. Es war gut, dass Untschi und Anna nun da waren.

Klara kehrte mit der Milch zurück und stellte sie in die Speisekammer. Dann winkte sie nach Untschi und ging mit ihr vor das

Haus. Mit ihrer Hand zeigte sie auf die Wäsche. Sie war trocken und musste nun zusammengefaltet werden. Klara hatte zwei eiserne Bügeleisen, die auf dem Herd erhitzt wurden und mit denen sie abwechselnd die Hemden und Laken bügelte. Eines stand zum Erhitzen auf dem Herd, während sie mit dem anderen die Wäsche bügelte. Die indianischen Frauen verstanden nicht, warum die weiße Frau das tat, aber sie fragten auch nicht.
Monikas Bein juckte unangenehm und so kühlte sie es mit kalten Umschlägen. Es war ein gutes, wenn auch unangenehmes Zeichen.
Sie suchte sich eine Stickarbeit und setzte sich vor das Haus in den Schatten, um zu arbeiten. Endlich konnte sie die Messerscheide für ihren Schwiegervater fertigmachen. Rahel lag auf einer Decke neben und ihr und lutschte an einer Figur, die Theodor aus Holz geschnitzt hatte. Eve hatte wieder die kleine Holzpuppe, die die langen Fäden drehte, und strickte an einer langen Kordel. Monika bestärkte sie in dieser Arbeit, denn die langen Kordel waren gut geeignet, um Hemden oder Nachthemden zu binden.
Klara war inzwischen mit Untschi im Gemüsebeet und jätete das Unkraut. Außerdem schoben sie mit einer Hacke die Bewässerungskanäle frei, damit das Wasser alle Pflanzen erreichte und häufelte die Erde bei einigen größeren Pflanzen an.
Monika lächelte, denn wenn sie wieder gehen konnte, dann würde sie Prärierüben und anderes Gemüse suchen. Und bald wären die Pflaumen reif, die am Ende des Tales wuchsen. Sie freute sich schon auf den Geschmack.
Tagsüber war es heiß, sodass die Menschen im Schatten blieben.
Klara hatte in den letzten zwei Tagen Milchrahm gewonnen und zeigte nun Anna, wie sie das Butterfass bedienen musste, um Butter zu schlagen. Das Kind hatte so etwas noch nie gesehen und war fasziniert von dem Apparat.
„Was macht man damit?“, fragte sie Eve.
„Waschi!“, antwortete Eve in der Sprache der Lakota. „Fett.“
„Wozu machen die Weißen Fett?“, wunderte sich Anna. „Es schwimmt doch in der Suppe.“
„Ja, aber bei den Weißen ist das Fett gelb und sie schmieren es mit Honig auf das Brot.“

Die Kinder lachten über diesen Unsinn und ihr helles Kichern erfüllte das Haus mit Leben. Schließlich nahm Klara den Fettklumpen heraus und legte ihn auf den Tisch, um die Butter zu kneten und in Form zu bringen. Die gewonnene Buttermilch ließ sie in einen Krug fließen und schenkte den Kindern etwas davon in zwei Tassen, damit sie es kosten konnten. Eve und Anna verzogen entsetzt das Gesicht, als ihnen der säuerliche Geruch in die Nase stieg. Uh, so etwas hatten sie noch nie versucht!
Klara lachte hell und knetete die Butter zu einem Laib, den sie in handliche Scheiben schnitt. Sie wickelte die Butter in Tücher und brachte sie in den dunkelsten Winkel ihrer Speisekammer. Sie hatte dort ein Loch im Boden, das mit Steinen ausgekleidet war und auch im Sommer eine kühlte Temperatur hielt. Lange hielt die Butter nicht, aber die Männer halfen ohnehin mit ihrem Appetit, dass sie nie lange aufbewahrt werden musste.

Die Männer hatten inzwischen das Tal längst hinter sich gelassen und fuhren an den dicht bewaldeten Hügeln vorbei. In der Ferne grasten friedlich die Büffel und Theodor zeigte mit der langen Peitsche auf die ungebetenen Gäste. „Schlau, diese Biester. Sie suchen sich Schatten."
Collins lachte tief. „Ja, und wir haben das Fleisch kostenlos. Scheint auch so ein Geschenk Gottes zu sein."
Theodor legte zweifelnd den Kopf schief und grinste. „Na ja, wenn du das so siehst ...!"
Die beiden schwiegen, als die Sonne höher stieg und der Staub sich auf ihre Kleidung legte. Die Luft flimmerte in der Hitze und verwischte die Landschaft vor ihren Augen. Es war ein Land der Extreme: Unerbittliche Kälte im Winter und unerträgliche Hitze im Sommer.
Am Nachmittag erreichten sie die neu entstandene Siedlung, westlich des alten Handelspostens. Ein Kaufmann hatte bereits sein Geschäft eröffnet und bot alles an, was durchziehende Siedler so brauchen konnten. Sein Haus bestand aus zwei Stockwerken. Unten befand sich der Laden und oben die Wohnung des Mannes. Seitlich hatte er eine Koppel gebaut, in der die Pferde seiner Kunden eine Ruhepause einlegen konnten. Schwitzend

stiegen die beiden Männer von dem Kutschbock. Die Pferde drängten ungeduldig zum Wasser und Collins beeilte sich die beiden abzuschirren.
Sein Vater begrüßte inzwischen den Kaufmann mit einem kräftigen Händedruck und übersah das Chaos der Siedler, Trapper, Indianer und Händler, die das Geschäft umlagerten. Viele machten hier Rast und nutzten die Ruhepause, um Informationen auszutauschen und die nötigsten Waren zu kaufen. Der Kaufmann machte ein gutes Geschäft. Er hieß Blacksmith und er lebte schon länger im Westen. Er hatte diesen Ort gewählt, weil auch ihm zu Ohren gekommen war, dass eventuell die Eisenbahn kommen sollte. Er kannte die Bronsons noch aus der Zeit, als er bei Bissonette Felle verkauft hatte.
Interessiert blickte er auf die Ladefläche des Wagens und prüfte das angebotene Fleisch. „Wunderbar!", freute er sich. „Ich habe keine Zeit mehr, selbst zur Jagd zu gehen. Ist das Büffelfleisch?"
„Ja!", bestätigte Theodor. „Einige haben sich auf mein Land verirrt. Den Biestern gefällt es gut bei mir."
„Kein Wunder. Überall sonst werden sie abgeknallt. Bald gibt es keine mehr. Sie verkaufen sogar die Knochen als Düngemittel in den Osten."
„So ein Unsinn", meinte Theodor kopfschüttelnd. „Solange sie mich nicht stören, können sie ruhig bleiben. Das Extrafleisch tut uns gut und kostet nichts."
„Ich kann es auch brauchen! Soll ich es euch gutschreiben?"
„Ja, wir brauchen ohnehin Mehl, Salz und Zucker. Das könnten wir auf dem Rückweg mitnehmen."
Der Händler lachte gutmütig. „Das reicht leicht, um die Sachen zu bezahlen. Fleisch bringt inzwischen Höchstpreise."
„Wirklich?", wunderte sich Theodor.
„Ja, und Goldgräberausrüstung. Ich kann Unsummen für Schaufeln und Siebe verlangen. Ich verstehe nicht, warum Goldschürfer hier ohne diese Dinge ankommen. Und keiner von denen kann mit einer Waffe umgehen und selbst jagen. Bis vor einigen Jahren wären sie völlig unfähig gewesen, hier zu leben." Er lachte fröhlich und zwinkerte Theodor vergnügt zu. „Na ja, besseres Geschäft für mich!", stellte er fest.

Theodor kniff geringschätzig die Augen zusammen und ließ seinen Blick über die Ansammlung von Menschen schweifen. All diese Menschen waren in den Westen gekommen, um ihr Glück zu suchen, aber viele würden hier zugrunde gehen. Wahrscheinlich hatte Collins tatsächlich recht, als er gesagt hatte, dass er hier niemals eine taugliche Braut finden würde.
„Fahrt ihr weiter ins Fort?", fragte Blacksmith.
„Ja. Zwei Soldaten haben meine Schwiegertochter verletzt und jetzt sorgen wir dafür, dass sie bestraft werden."
„Um Gottes willen, wie ist denn das passiert?", fragte der Mann mit großen Augen.
„Sie wurde mit aufständischen Indianern verwechselt", meinte Theodor kurz angebunden. Er verschwieg, dass Monika eine Indianerin war.
Der Händler schüttelte verwundert den Kopf. „Die Soldaten können doch nicht einfach auf eine weiße Frau schießen!"
„Na ja!" Theodor wand sich vor Verlegenheit. „Sie hat ja auch schwarze Haare! Sie ist nämlich Cheyenne."
„Oh!" Blacksmith schien jedoch nicht so überrascht zu sein, wie Theodor es befürchtet hatte. „Na ja ...", meinte er großzügig, „es gibt mehr Männer, die mit Indianerinnen verheiratet sind. Für Frauen ist es hier immer noch sehr gefährlich! Und nicht nur für Indianerinnen. Ich warte noch ein bisschen, ehe ich meine Frau nachkommen lasse. Sie lebt mit den Kindern in St. Louis."
Die Männer nickten bedächtig und Collins machte eine hilflose Handbewegung. „Meine Frau hat jetzt einen Revolver, damit sie sich verteidigen kann. Aber eigentlich können wir die Frauen nicht allein irgendwohin gehen lassen. Es ist zu gefährlich."
Der Händler nickte. „Das stimmt!" Er machte eine flüchtige Kopfbewegung in Richtung der campierenden Siedler. „Die wissen gar nicht, auf was sie sich einlassen. Einige von den Frauen werden in irgendwelchen Bordellen landen."
„Wieso das?", fragte Collins entsetzt.
„Wenn den Männern etwas passiert, bleibt den Frauen und Waisen oft nichts anderes übrig. Wo sollen sie bleiben? Sie dürfen ja kein Land besitzen. Wartet nur ab ...hier wird demnächst auch ein Bordell entstehen, wenn die Bürger es nicht verhindern!"

Die Männer schliefen auf der Ladefläche des Karrens und machten sich am Morgen wieder auf den Weg. Sie überholten dabei immer wieder Siedlertrecks, die im langsamen Tempo gen Westen rollten. Oft wurden die Wagen von Ochsen gezogen, während die Menschen müde daneben her schritten.
Theodor schüttelte den Kopf und pfiff verächtlich durch die Zähne. „Die werden den ersten Winter nicht überstehen. Die haben ja kein Geld, um sich Vorräte zu kaufen."
Collins nickte. „Ich frage mich, wie die es überhaupt so weit geschafft haben."
Sie hielten an, als sie an einem Wagen vorbeikamen, der ein gebrochenes Rad hatte. Zwei schmutzige Kinder standen barfuß daneben und sahen zu, wie die Eltern sich abmühten, das Rad zu wechseln. Zumindest hatten sie ein Reserverad dabei.
„Können wir helfen?", fragte Collins und erntete dabei einen unwilligen Blick seines Vaters.
Die Frau richtete sich auf und wischte sich den Schweiß von der Stirn. Sie war hochschwanger. Offensichtlich hatte sie die Frage nicht verstanden, denn sie griff beschützend nach den Händen der beiden Kinder und zog sie in den Schutz ihres Körpers, als wären die beiden Männer gefährliche Banditen. Collins grinste freudlos, denn diese Menschen hatten nicht einmal eine Waffe, um sich zu verteidigen. Der Mann richtete sich ebenfalls auf und nickte verlegen. „Ja, bitte helfen!", bat er in schlechtem Englisch. Er flüsterte seiner Frau etwas in einer unverständlichen Sprache zu, die sich daraufhin etwas entspannte und den beiden Männern zulächelte. Ihre Augen spiegelten eine Verzweiflung, die zum Gotterbarmen war.
Collins besah sich den Schaden und nickte seinem Vater auffordernd zu. Wir heben den Wagen, damit der Mann das Rad aufziehen kann!", meinte er. „Vielleicht sollten wir das Zeug abladen, damit er nicht so schwer ist."
„Gute Idee!", stimmte der Vater ihm zu. „Klettere mal rauf."
Collins kletterte auf den Wagen und reichte seinem Vater einige Stühle herunter. Dann zog er eine schwere Truhe an den Rand des Wagens und sie hoben sie gemeinsam zu Boden. Der Siedler versuchte sie aufzuhalten, hielt dann aber inne, als er den Sinn

erkannte. Theodor und Collins stellten sich mit dem Rücken zum Wagen, griffen unter die Ladefläche und hoben ihn gemeinsam in die Höhe. Sie keuchten unter der Last, doch mit ihrer Hilfe schaffte es der Mann schließlich, das Rad aufzuziehen. Er strahlte vor Freude und bedankte sich überschwänglich bei Theodor und Collins. „Danke, danke! Ich danke Gott, dass ihr gekommen seid."

Collins winkte freundlich ab und nickte seinem Vater, damit er ihm half, die schwere Truhe wieder auf den Wagen zu heben. Sie enthielt vermutlich alles, was diese Familie besaß.

Dann nahm er das gebrochene Rad und packte es ebenfalls auf den Wagen. „Sie müssen das unbedingt in Fort Robinson reparieren lassen. Dort gibt es einen Wagenbauer und Radmacher."

Der Mann nickte eifrig. „Ja, ja! Reparieren! Wir wollen nach Deadwood und Gold suchen."

Ungläubig musterte Collins den Siedler. Er wollte mit seiner schwangeren Frau und zwei kleinen Kindern nach Deadwood? Hatte er eine Ahnung, wie es da sein würde? „Dort ist keine Schule", meinte er mit einem Achselzucken. „Und eine Kirche gibt es dort auch nicht."

Der Mann lächelte ahnungslos. „Oh, all diese Dinge kommen bald. Und wir werden reich sein!" Er ging an die Seite seines Wagens, an der ebenfalls Ausrüstungsgegenstände befestigt waren. Ein hölzerner Eimer hing dort, aus dem ein kleines Bäumchen hervorlugte. Es sah aus, als bräuchte es dringend Wasser. Der Siedler band es los und reichte es dem verdutzten Collins. „Für euch! Vielen Dank! Es ist ein Apfelbaum. In Deadwood wir brauchen nicht."

Collins nahm den Eimer und schaute verblüfft auf das Bäumchen. Es war sogar schon veredelt worden und hatte einige Blätter entwickelt. An einem Zweig hing einsam ein grüner Apfel. Der Zweig bog sich bereits nach unten und musste eigentlich gestützt werden.

Collins bedankte sich und stellte den Eimer auf die Ladefläche des Karrens. Er nahm seine Feldflasche und goss den Inhalt auf das Bäumchen, obwohl er wusste, dass sie möglichst schnell am White-Fluss halten mussten, um das Bäumchen wirklich zu trän-

ken. Vielleicht wuchs es ja an? Es wäre schön, wenn sie in den nächsten Jahren Äpfel ernten könnten.
Der Karren des Siedlers rumpelte davon und Collins wusste, dass dieser Mann nicht bis zum Fort fahren würde. Er würde sofort nach Norden abbiegen und das Risiko eingehen, dass wieder ein Rad brach. Kopfschüttelnd kletterte Collins auf den Kutschbock neben seinen Vater und gab ihm mit einem Schnalzen zu verstehen, dass er weiterfahren konnte. „Die sind alle wahnsinnig", stellte er fest.
Theodor lachte trocken. „Zum Glück. Da verdienen wir besser. All diese Wahnsinnigen werden viel Fleisch brauchen."
Collins schwieg und schob nachdenklich den Hut in die Stirn. Ihm taten die Frau und die Kinder leid. Einen Arzt gab es in Deadwood nämlich auch nicht. Er glaubte nicht daran, dass diese Leute Gold finden würden. Der Mann würde in der Mine knechten und kaum Geld genug verdienen, um seine Frau und Kinder zu ernähren.

Gegen Mittag erreichten sie schließlich das Fort und suchten die Kommandantur auf. Der Adjutant ließ sofort Captain Wessels rufen, der die beiden Männer zuvorkommend in sein Büro eintreten ließ.
Höflich hörte er sich die Geschichte an und legte dann nachdenklich den Kopf schief.
„Die Geschichte hört sich jetzt ganz anders an!", stellte er fest. „Die Soldaten Schurtz und Hill behaupten, dass sie eine Indianerin, von der sie glaubten, dass es sich um eine flüchtige Lakota handelte, zu den anderen bringen wollten. Sie hätte sich gewehrt und dabei hätte sich der Schuss gelöst."
Collins spuckte vor Wut auf den Boden. „Sie haben auf Rahel geschossen und als meine Frau einen weiteren Schuss verhindern wollte, haben sie ihr in den Oberschenkel geschossen."
„Wer ist Rahel?"
„Unsere Tochter. Sie ist noch ein Baby."
„Die beiden haben mir nichts von einem Baby erzählt", ärgerte sich der Kommandant.
„Meine Schwiegertochter hat Beeren gesammelt und die beiden

haben sich nicht einmal vergewissert, wen sie da vor sich haben. Monika befand sich auf unserem Grund und Boden und wurde von ihren Soldaten schwer verletzt", fasste Theodor die unangenehme Situation zusammen. „Zudem wurde sie anschließend zur Red Cloud Agentur verschleppt, ohne dass die Verletzung behandelt wurde. Sie hätte verbluten können."
Captain Wessels knetete seine Hände und schien peinlich berührt zu sein.
„Das ist alles sehr unangenehm!", gab er zu. „Meine Soldaten haben unüberlegt gehandelt und zudem waren sie schlecht über die Eigentumsverhältnisse informiert. Nicht jede Frau, die in den Hügel herumläuft, ist ein möglicher Feind. Zudem scheint mir, dass das Verhalten völlig unverhältnismäßig war. Hatte sie eine Waffe dabei?"
„Nein. Sie war unbewaffnet und stellte somit keine Gefahr dar!"
Der Kommandant seufzte tief. „Das ist alles sehr unangenehm! Wie können wir das regeln?"
Collins schnaufte wütend. „Ich will, dass die beiden bestraft werden."
„Das ist bereits geschehen. Aufgrund der Aussage des Korporals wurde ihnen für zwei Monate der Sold entzogen und sie wurden zum Strafdienst eingeteilt. Ich konnte ihnen nicht wirklich einen Verstoß nachweisen, weil sie dachten, dass Ihre Frau zu den gesuchten Indianern gehörte. Ihre Handlungsweise war zwar verwerflich, aber nicht ungewöhnlich. Ich versuche natürlich, den Soldaten zu erklären, dass sie hier für Recht und Ordnung stehen, aber bisher zählen Indianer nicht unbedingt zu den Menschen, die geschützt gehören. Die wenigsten Soldaten verstehen, dass wir ursprünglich mal hier eingesetzt waren, um die Vertragsrechte der Indianer zu schützen."
Theodor lachte empört. „Vertragsrechte der Indianer? Na, das muss den Cheyenne aber reichlich seltsam vorkommen."
Captain Wessels zuckte mit keiner Wimper. „Meine Befehle kommen aus Washington. Ich hinterfrage nicht ihren Sinn. Ich bin Soldat und führe die Befehle ordnungsgemäß aus. Inzwischen haben sich die Befehle geändert und so ist es meine Pflicht, meine Soldaten zur Räson zu bringen. Der Vorfall mit Ihrer Frau tut mir

leid und ich möchte mich dafür in aller Form entschuldigen."
„Aha, und das ist alles?", wunderte sich Theodor.
„Wie meinen Sie das?", fragte der Kommandant.
„Nun, wir sind kurz davor, ein Foto von dem Baby zu machen und es der Presse zu übergeben. Ich freue mich schon auf die Schlagzeile, wenn morgen in der Zeitung steht, dass die Armee auf eine Farmersfrau und ihr Kind geschossen hat. Und selbstverständlich werden wir den Vorfall den zivilen Behörden melden. Mal sehen, ob die auch so locker damit umgehen. Immerhin handelt es sich um Landfriedensbruch, schwere Körperverletzung und Freiheitsberaubung." Theodor hatte sich in Fahrt geredet und blickte den Kommandanten finster an.
Captain Wessels räusperte sich und faltete nervös die Hände über dem Tisch. „Ich sagte doch, dass wir uns für den Vorfall entschuldigen. Das Militärgericht hat bereits eine Entscheidung getroffen und tatsächlich hat sich die Sachlage auch durch Ihre Aussage nicht wesentlich verändert. Die beiden haben ihre Strafe bekommen und zweimal können wir sie nicht für das gleiche Vergehen bestrafen. Alles, was ich Ihnen anbieten kann, ist eine Entschädigung. Ihre Frau wurde durch die Armee verletzt und dafür stehen wir gerade."
„So, eine Entschädigung?", fragte Theodor interessiert.
Captain Wessels nickte. „Es ist Angelegenheit des Militärs. Sie können natürlich auch vor Gericht gehen."
Theodor zuckte mit den Schultern. „Das dauert ewig. Und ich glaube auch nicht, dass dabei was bei herauskommt."
Der Captain nickte. „Wir haben hier alles, was Sie vielleicht brauchen könnten. Unser Posten wird ausgebaut und so kann ich Sie vielleicht unterstützen." Er schien sehr an einer gütlichen Einigung interessiert zu sein.
Theodor setzte sein Pokergesicht auf und schaute den Kommandanten herausfordernd an. „Zum Beispiel? Wie würde eine solche Entschädigung wohl aussehen? Ich meine, wenn wir nicht vor Gericht ziehen!"
Der Kommandant lehnte sich vorsichtig nach hinten und dachte darüber nach. „Wir haben hier viel Ausrüstung und gute Handwerker. Was könnten Sie denn brauchen?"

„Ein Haus!", pokerte Theodor. „Ein schönes, großes Haus mit zwei Stockwerken."
Der Kommandant zuckte sichtlich zusammen über die unverschämte Forderung. „Im Gegenzug zu was?"
„Dass wir kein Foto machen und nicht zur Presse gehen."
„Hmh!", Der Kommandant strich sich nervös über seinen Bart und dachte darüber nach. „Ein Haus?", wiederholte er.
„Ein Haus!", bestätigte Theodor. „Im Herbst!"
Der Kommandant kniff die Augen zusammen und wog die Vor- und Nachteile dieses Angebotes ab. „Könnte möglich sein", murmelte er schließlich.
„Aber mit einem Herd."
„Das ist etwas schwieriger", überlegte der Captain. „Ein Haus können meine Soldaten bauen. Das machen sie öfter. Wir können das Holz in der Säge vorbereiten und bringen es zu Ihnen raus. Es dauert höchstens zwei Tage, dann steht das ganze Ding. Das machen wir öfter, wenn wir Baracken brauchen. Aber ein Herd …", er zögerte. „Den muss ich anfordern und dann erklären, warum er nicht mehr im Bestand ist."
„Das kriegen Sie hin!", vermutete Theodor frech. „Ganz bestimmt."
„Hmh."
Collins sah seinen Vater entgeistert an. „Du willst diese Ganoven doch nicht einfach davonkommen lassen? Überleg doch mal! Monika wurde angeschossen! Sie hätte tot sein können! Ich will, dass die beiden vor Gericht stehen! Überleg mal, wie lange sie ausfällt … wir mussten zwei weitere Arbeiter einstellen, die nun ihre Arbeit machen und …"
Der Captain blinzelte leicht und streckte Theodor seine Hand entgegen. „Mit Herd!"
Theodor ignorierte seinen Sohn und nahm die ausgestreckte Hand. „Mit Herd!", betonte er nachdrücklich. „Und zwei Stockwerken."
„Sogar mit Treppe!", bestätigte der Captain.
Immer noch starrte Collins seinen Vater entgeistert an. „Pa!"
Mit einem Grinsen drehte sich der Vater zu ihm um. „Siehst du, nun bekommst du dein Haus! Im Herbst hast du das kleine Haus

ganz alleine für dich, und ich bekomme meine Ranch."
„Möchte jemand einen Whiskey?", fragte der Kommandant ausgesprochen freundlich. Er hatte erreicht, was er wollte. Ein Prozess bedeutete Presse und die konnte er im Moment gar nicht brauchen. Die Zeitungen hatten genug über abgeschlachtete Frauen und Kinder berichtet. Eine weitere Schlagzeile über eine angeschossene Frau und ein unschuldiges Baby würde seiner Karriere schaden. Erst einmal musste sich die Situation wieder beruhigen. Er holte seinen besten Whiskey hervor und schenkte den beiden Ranchern großzügig ein.
Theodor nickte. „Ja, besiegeln wir den Vertrag!"
Er schüttete den Whiskey mit Schwung hinunter und genoss es, wie er in der Kehle brannte. „Ah!", stöhnte er bewundernd.
Der Kommandant lächelte. „Nicht wahr? So ein bisschen Zivilisation kann doch nicht schaden."
„Nein!", brummte Theodor.

Als die beiden kurz darauf die Kommandantur verließen, war Collins immer noch aufgebracht. „Die kommen zu billig davon!", meinte er wütend.
Theodor nickte. „Wäre Monika eine weiße Frau, hätten wir sicherlich mehr erreichen können. Aber sie ist Cheyenne. Und sie war mit den flüchtigen Lakota zusammen. Wir können wirklich froh sein, dass nicht mehr passiert ist. Das Angebot ist sehr großzügig, glaube mir. So ist das eben, wenn man eine Indianerin heiratet."
„Soll das ein Vorwurf sein?", fauchte Collins.
„Nein, eine Tatsache."
Die beiden gingen zu ihrem Wagen und führten die Pferde zu einer Tränke. Stumm standen sie daneben, als die Pferde ihre Köpfe in das Wasser tauchten, um zu saufen. Schließlich fasste Theodor seinem Sohn sanft an die Schulter. „Komm, wenn wir jetzt aufbrechen, dann schaffen wir es heute noch bis zum Handelsposten und sind morgen wieder bei deiner Monika!"
Collins nickte versöhnt. „Hast recht. Ist nicht gut, die Frauen zu lang allein zu lassen. Holen wir den Stacheldraht und dann brechen wir auf!"

Er kletterte auf den Kutschbock und griff nach den Zügeln. Sein Vater setzte sich neben ihn und hielt sich an dem eisernen Geländer fest, als sein Sohn die Pferde angaloppieren ließ. „Hey! Langsam!“, rief er empört.
„Keine Zeit!“, brummte Collins und ließ die Pferde erst wieder langsamer werden, als sie das Fort hinter sich gelassen hatten. Der Staub wirbelte meterhoch und verbarg den Blick auf die Menschen, die ihnen drohend die Fäuste hinterherschüttelten.

Sie passierten die Säge und erreichten nach kurzer Zeit eine weitere Siedlung, die in der Nähe des Forts entstanden war. Hier hatten sich Händler und Familien niedergelassen, die aus der Nähe zum Fort profitieren wollten. Ein Saloon und ein Barbier hatten bereits eröffnet, und mehrere Geschäfte boten ihre Waren den Soldaten feil.
Collins hielt den Wagen vor einer Baracke an und sprang elegant vom Kutschbock. Sein Vater folgte ihm grummelnd zu dem Geschäft mit Eisenwaren, das vom Fort aus hierher verlegt worden war. Sie brauchten Nägel und eine neue Axt, außerdem hofften sie, dass der Stacheldraht inzwischen eingetroffen war. Der Inhaber grinste breit, als er die Bronsons erkannte.
„Hallo, wie geht´s euch denn? Von euch hört man ja schöne Sachen!“
Er steckte die Hände in die Taschen der Schürze aus Leder, die vom Schmutz wahrscheinlich alleine stehen blieb, wenn man sie auszog. Das feiste Gesicht des Händlers war ebenso schmutzig, allerdings von dem Öl, das der Mann sich aus Versehen auf die Stirn geschmiert hatte, als er sich den Schweiß abwischte. Nun waren die Augen vor Neugier weit aufgerissen, als er auf interessante Einzelheiten wartete.
Collins runzelte die Stirn. „So? Was denn?“
„Na, dass du geheiratet hast und inzwischen Vater bist.“ Der Mann zwinkerte vertraulich.
Collins nickte. „Kann man so sagen. Ja, ich habe geheiratet.“
„Ein Cheyenne-Mädchen? Die sollen ja sehr hübsch sein“, forschte der Händler weiter.
„Sehr hübsch!“, bestätigte Collins.

„Na ja, hier waren sie eher dreckig und zerlumpt. Hätte vielleicht mal besser hingucken sollen."
„Stimmt!", stellte Collins mit leichter Ironie fest.
„Wie redet ihr denn?", erkundigte sich der Händler neugierig.
„Mit dem Mund", antwortete Collins. Ihm gingen die Fragen langsam auf die Nerven.
„Oh!" Der Händler zog die Hände wieder hervor und rieb sie geschäftig. „Was braucht ihr?", wechselte er etwas enttäuscht das Thema.
„Ist der Draht endlich da?", mischte sich Theodor ein.
„Aber sicher!" Der Mann zeigte mit dem Daumen an die Seite des Hauses. „Ich habe ihn dort für euch aufbewahrt. Mehrere Rollen. Ihr braucht sie nur aufladen. Und bezahlen!"
„Schön!", brummte Theodor. „Dann zeig mal her!"
Sie gingen an die Seite des Hauses und begutachteten den Stacheldraht, der auf Rollen gezogen war. Theodor war sichtlich zufrieden und nickte anerkennend. „Gute Qualität!"
Der Händler nickte. „In Texas unten gibt es deswegen ziemlichen Ärger. Der Draht verhindert, dass die Herden im Winter in geschützte Gebiete abwandern. Es gibt Cowboys, die den Draht einfach durchschneiden, wenn sie über fremdes Gebiet wandern müssen, und dann gibt es natürlich Krieg."
Theodor blieb davon unbeeindruckt. „Es ist mein Land und mein Vieh und deshalb zäune ich es ein."
Der Händler zuckte mit den Schultern. „Es ist halt neu. Früher war hier alles offenes Land."
Theodor nickte. „Ja, aber jetzt wird es zivilisiert. Aber keine Sorge, wir sichern nur einige Gebiete ab. Ich habe nicht vor, alles Land einzuzäunen."
Der Händler grinste freundlich. „Da ist der Draht auf jeden Fall praktisch. Da braucht ihr nicht so viel Holz."
„So ist es. Was kostet es?"
„Mit den Nägeln und der Axt zweihundert Dollar!", erklärte der Händler.
„Was?", fauchte Theodor. „Das ist ja doppelt so viel wie ausgemacht! Davon kann ich ja eine Ranch kaufen."
Der Händler wand sich verlegen. „Das Zeug ist teuer geworden!

Zwölf Cent für das Pfund. Wird jetzt überall gekauft! Ich war froh, dass ich überhaupt welches auftreiben konnte. Ich musste es aus Dodge City kommen lassen, da kommt dann noch mal der Transport hinzu."

Theodor schnaufte empört und schüttelte den Kopf. „So viel habe ich nicht dabei. Kann ich anschreiben lassen?"

Der Händler nickte. „Ja, aber nur bis zum Herbst! Sonst muss ich Zinsen verlangen."

„Bis dahin habe ich das Geld. Ich werde in den nächsten Wochen Vieh verkaufen."

Der Händler streckte ihm die Hand hin. „Also gut. Bis zum Herbst! Einen Teil jetzt, den Rest, wenn Sie das Vieh verkauft haben."

Theodor schlug ein und nickte dann seinem Sohn zu, dass er die Rollen verladen sollte.

Gemeinsam hoben sie den Stacheldraht auf die Ladefläche und sicherten ihn mit einigen Stricken, damit er auf der unebenen Straße nicht hinunterfiel. Collins verletzte sich an den spitzen Nägeln, die aus den Rollen hervorlugten und lutschte verärgert das Blut von der Hand. Mit einem Kichern reichte ihnen der Händler noch drei Paar Handschuhe. „Die schenke ich euch! Werdet ihr brauchen können!"

Collins lachte und hatte die anzüglichen Fragen schon wieder vergessen. „Danke!", meinte er freundlich.

„Schon gut! Und stell mir deine Frau mal vor, wenn du wieder herkommst!"

„Im Herbst! Da wollen wir ein Familienfoto machen."

„Vielleicht habe ich dann etwas Schönes für euch", verabschiedete sich der Händler. „Vielleicht hat sie ja eine hübsche Schwester?"

Der Wagen rollte langsam davon und rumpelte an einigen Siedlern vorbei, die bereits ihr Lager für die Nacht aufschlugen. Die Männer mussten sich beeilen, wenn sie noch vor der Dunkelheit in der anderen Siedlung ankommen wollten. Collins ließ die Pferde schneller gehen, verhinderte aber, dass sie trabten, da sie dann vermutlich die Ladung verloren hätten. Die letzte Strecke fuhren

sie dann doch in der späten Dämmerung, sodass ihre Gespräche verstummten und sie angespannt auf den Weg vor sich achteten. Sie lachten gutgelaunt, als schließlich das Geschäft von Blacksmith vor ihnen auftauchte.
Der Händler begrüßte sie freundlich und lud sie zum Essen in seine Wohnung ein. „Ganz schön spät!“, stellte er fest.
„Ja, wir haben noch den Draht geholt“, erzählte Collins.
Blacksmith kniff die Augen zusammen und schüttelte den Kopf. „Ich verstehe ja, warum ihr das macht, aber der Draht wird das Land hier verändern“, meinte er traurig.
Collins staunte, denn er hätte eher angenommen, dass der Händler den Fortschritt guthieß.
Theodor dagegen presste stur die Lippen zusammen und machte eine unwillige Handbewegung. „Ich werde nicht alle Weiden einzäunen, aber wenn ich mein Vieh schützen will, muss ich das tun. Ich will auch die Büffel von den Rindern fernhalten. Ich brauche keine Zwitterwesen.“
„Ich bin ja mal gespannt, ob du die Büffel damit aufhalten kannst!“, überlegte Blacksmith.
Theodor zuckte die Schultern. „Wird schon irgendwie gehen.“
Blacksmith verzog lächelnd die Lippen und stopfte sich gemütlich eine Pfeife in den Mund. „Ich habe früher auch mal Büffel gejagt und eine Menge Geld verdient.“ Er zögerte kurz. „Und trotzdem! Der Draht wird das Land verändern!“, meinte er wehmütig.
Theodor nickte verständnisvoll. „ Aber er erleichtert uns das Leben! Wir versuchen es mit dem Draht. Wenn der Draht nicht ausreicht, nehme ich halt Baumstämme.“
Blacksmith lächelte. „Gute Idee. Vielleicht komme ich dann mal bei euch vorbei, esse Büffelfleisch und erinnere mich an die alten Zeiten.“
„Mach das! Im Herbst stellt uns die Armee ein Haus hin und dann haben wir genügend Platz für Gäste.“ Theodor räusperte sich und erzählte dem Händler kurz von seiner Abmachung mit dem Kommandanten.
Blacksmith konnte die Geschichte kaum glauben. „Die Armee stellt euch ein ganzes Haus hin? Weil sie auf eine Indianerin geschossen hat?“, fragte er ungläubig.

„Ja, mit Herd!“, betonte Theodor sichtlich zufrieden.
Blacksmith kniff die Augen zusammen und schüttelte konsterniert den Kopf. „Zu viele tote Cheyenne-Frauen und -Kinder!“, bemerkte er nüchtern. „Sie wollen weitere Schlagzeilen vermeiden.“
Theodor grinste. „Das war deutlich zu sehen. Also habe ich hoch gepokert.“
Collins war immer noch wütend darüber, dass sein Vater in den Handel eingewilligt hatte. „Mir wäre es lieber gewesen, wenn die Halunken bestraft worden wären.“
Theodor zuckte mit den Schultern. „Und ich will ein Haus. Was nützt es uns, wenn die beiden Soldaten unehrenhaft aus der Armee entlassen werden oder irgendeine kleine Strafe erhalten? Davon können wir uns auch nichts kaufen.“
„Aber wir verhindern vielleicht, dass sie das nächste Mal wirklich jemanden töten. Überleg doch mal! Sie haben kaltblütig auf ein hilfloses Baby geschossen.“
„Welches Baby?“, erkundigte sich Blacksmith interessiert.
„Meine Frau hat zwei Mädchen in die Ehe mitgebracht“, erklärte Collins und übersah geflissentlich das erstaunte Gesicht des Kaufmannes.
„Das ist Sache der Armee!“, fuhr Theodor in seinen Überlegungen fort. „Captain Wessels weiß, dass er auf die beiden ein Auge haben muss. Das ist mir lieber, als wenn die beiden unehrenhaft entlassen werden und dann als Herumtreiber Schaden anrichten.“
Collins legte den Kopf schief und dachte darüber nach. Zumindest einer der Soldaten hatte tatsächlich ein schlechtes Gewissen gehabt. Vielleicht hatte sein Vater recht. Lieber waren diese Männer unter der Kontrolle der Armee, als dass sie woanders Schaden anrichteten. Er glaubte ohnehin nicht, dass die beiden in der Lage wären, anständige Arbeit zu verrichten.
Gönnerhaft klopfte ihm Theodor auf die Schulter. „Denk doch an das Haus! Du und Monika, ganz alleine!“
„Ach, auf einmal findest du es gut, wenn ich mit Monika alleine bin?“, staunte Collins.
Theodor grinste. „Na, sie sieht doch sehr hübsch aus.“

Collins lächelte versöhnt. „Endlich siehst du das ein!"
Blacksmith lachte und zwinkerte vertraulich mit seinen Augen. „Vielleicht hätte ich ein nettes Geschenk für euch!"
„So?", wunderte sich Collins.
Der Kaufmann grinste. „Wartet mal!"
Er ging in das Lager seines Geschäfts, das sich hinter dem Verkaufsraum im Erdgeschoss befand und kehrte nach einer Weile mit einem Kätzchen im Arm zurück. Es fauchte und kratzte, sodass Blacksmith es am Nackenfell packte. Vorsichtig drückte er es Collins in die Arme. „Hier! Wenn ich die Kleinen jetzt nicht verschenke, werden sie zu wild. Die lernen nur Unsinn von ihrer Mutter. Die Katzen sind tolle Jäger und halten euch das Haus frei von Ratten und Mäusen."
Collins drückte das Kätzchen in seine Armbeuge und streichelte es sachte. Schließlich schloss es die Augen und schnurrte behaglich. Es war rot-weiß gestreift und sah aus wie ein kleiner Tiger. Katzen waren wertvoll in dieser Gegend und dankbar blickte Collins den Händler an. „Vielen Dank! Das ist wirklich ein schönes Geschenk!"
„Nicht wahr?", freute sich Blacksmith. „Meine Frau hat mir die Katze mitgegeben, damit sich die Mäuse nicht im Mehl festsetzen. Sie wusste nicht, dass sie trächtig war und nun habe ich sieben Kätzchen. Da können wir unseren Nachbarn leicht eins abgeben. Den Kindern gefällt das bestimmt! Solange die Katzen so klein sind, sind sie sehr drollig."
Collins lachte, als er an Eve dachte. Ja, das Kind würde wahrscheinlich den ganzen Tag mit dem Kätzchen spielen.
Auch Theodor sah durchaus Vorteile in dem Geschenk. „Sehr gut. Dann ist endlich Schluss mit den Mäusen im Haus. Ich hätte auch gern einen Wachhund. Da würde ich mich wohler fühlen, wenn die Frauen mal alleine sind."
Collins blickte seinen Vater überrascht an. Er hatte damit gerechnet, dass ihm weder die Katze, geschweige denn ein Hund recht wäre.
Blacksmith dagegen nickte freundlich. „Ich höre mich um. Wenn ich etwas weiß, dann sage ich Bescheid. Hier kommen ja genug Leute durch."

„Ja, aber einen großen Hund!“, forderte Theodor. „Einen richtigen Wachhund, der einen Mann in die Flucht schlagen kann.“
„Habe ich verstanden!“, grinste Blacksmith.
Collins blickte auf das winzige Fellbündel in seiner Armbeuge. „Und wie schlafe ich jetzt, ohne dass der Winzling abhaut?“
Blacksmith kicherte erheitert und stand auf. „Ich hole dir einen Korb. Wenn du eine Decke darüberlegst, kommt sie nicht raus.“

Stacheldraht

Am Morgen brachte Blacksmith der Katze eine Schale Milch und lächelnd standen die Männer um das kleine Tier und sahen zu, wie es hungrig die Milch schlabberte. Dann verabschiedete sich der Kaufmann überschwänglich. „Macht es gut, ihr Halunken. Und passt auf eure Büffel auf. Die werden noch mal zur Goldgrube!"

„Wieso?", staunte Theodor mit gerunzelter Stirn.

„Na ja, es gibt noch mehr Leute, denen die alten Zeiten gefallen. Im Yellowstone Park gibt es Menschen aus Europa, die viel Geld dafür zahlen, dass sie einen echten Büffel oder Bären schießen dürfen."

„Wo?"

„Im Yellowstone Park!"

„Wieso ist das ein Park?"

„Es ist ein Naturschutzgebiet", wurde er korrigiert.

„So ein Unsinn!", ärgerte sich Theodor. „Die Natur muss man doch nicht schützen. Und bei mir können die Menschen aus Europa Büffel, Bären und Wölfe auch umsonst abschießen." Er lachte dunkel.

Blacksmith zwinkerte amüsiert mit den Augen. „Theodor", meinte er belehrend. „Warum sollten Menschen bei dir kostenlos etwas schießen, wenn du dafür viel Geld kassieren kannst?"

„So ein Unsinn!", wiederholte Theodor. Dann zuckte er die Schultern. „Und woher wissen diese Menschen aus Europa, dass es so etwas wie den Yellowstone Park gibt?"

„Aus der Zeitung. Und sie kaufen auch indianische Andenken."

Wieder lachte Theodor ungläubig. „Dann ist das Zeug, was diese Indianer mir geschenkt haben, vielleicht doch etwas wert?"

„Ganz bestimmt sogar. Du solltest es lieber nicht wegwerfen."

Theodor winkte ab. „Ich wollte mir die Wände damit verzieren. Sieht ganz nett aus."

Blacksmith grinste wie ein Fuchs und winkte zum Abschied. „Denk an meine Worte, alter Freund."

„Ist das nett gemeint oder eine Beleidigung?", forschte Theodor.

„Was?“
„Na, alt!“
„Beides! Du bist ein Relikt einer längst vergangenen Zeit!“
Da musste selbst Theodor tief und herzhaft lachen. „Stimmt!“
Mit der Peitsche trieb er die Pferde an, während sein Sohn den Korb mit dem Kätzchen auf seinen Knien balancierte.
Grüßend hob Blacksmith den Arm und schrie: „Und pass auf deine Büffel auf!“
„Mach ich! Und das Fleisch hebe ich dir auf!“
„Gut so!“

Theodor lenkte den Karren erst nach Osten und folgte dann dem Pfad nach Norden. In der Ferne konnte man die Silhouette der Schwarzen Berge erkennen. Am Morgen waren die Berge noch klar zu erkennen. Der Himmel war strahlend blau und beide wussten, dass der Tag wieder heiß werden würde. Das kleine Kätzchen jammerte leise unter der Decke und Collins erbarmte sich und hob es aus dem Korb hervor. Sanft streichelte er das weiche Fell, bis das Kätzchen in seinen Armen eingeschlafen war.
Theodor spuckte in den Staub und nickte großzügig. „Schon niedlich, so ein Ding!“
Collins lächelte. „Ja, Eve wird begeistert sein.“
Theodor sagte nichts, sondern sah seinen Sohn nur prüfend von der Seite an.
Collins bemerkte den Blick und grinste. „Was?“, fragte er herausfordernd.
„Du magst die Kleine, was?“
„Pa, ich liebe beide Kinder. Ich kann mir gar nichts Schöneres vorstellen!“
Theodor nickte und dachte darüber nach. „Ich liebe sie auch“, meinte er in seiner einfachen Art.
Collins lächelte. Sein Vater war schon lange kein Griesgram mehr!
„Hah!“, brummte sein Vater gut gelaunt. „Wird Zeit, dass du einen Sohn zeugst.“
„So so, du willst wohl noch ein Baby auf deinen Knien schaukeln?“, vermutete Collins.

Theodor kicherte vergnügt. „Ich will nur noch Babys auf meinen Knien schaukeln. Habe wahrlich genug in meinem Leben gearbeitet."
Collins stieß ihm den Ellbogen in die Seiten. „Kriegst du, Pa, kriegst du!"
Theodor nickte und wurde plötzlich ernst. „Aber lass ihr noch ein wenig Zeit! Auch wir haben ein Baby verloren, weil wir nicht genug gewartet haben." Er biss traurig die Lippen zusammen. „Weißt du ...", fuhr er fort. „Damals dachte ich noch, dass es ganz normal ist, wenn die Frau ein Kind nach dem anderen bekommt. Auch als die Kleine plötzlich gestorben ist, dachte ich, dass halt bald ein weiteres Kind kommen wird. Aber so war es nicht!" Er schwieg kurz und sah auf die Pferde, die vor ihm in der Hitze dahintrotteten.
„Es wurde still bei uns. Klara hat sich nie davon erholt. Und Gott hat uns keine weiteren Kinder mehr geschenkt. Es war schrecklich! Und ich war oft ungerecht zu euch. Doch diese beiden Kinder haben das Lachen zurückgebracht. Ist das nicht seltsam? Manchmal frage ich mich schon, was der liebe Gott damit eigentlich beabsichtigt?"
„Nichts!", antwortete Collins. „Kinder sind Kinder. Sie erobern einfach unsere Herzen."
„Und die Frau?", fragte Theodor. „Meine Güte, ich wollte sie erschießen! Einfach so! Nur weil sie Indianerin ist."
Collins hob fragend die Augenbrauen. „Und jetzt?"
„Jetzt erschieße ich jeden, der ihr wehtun möchte!", erklärte Theodor ernst.
„Und warum?"
„Sie ist meine Schwiegertochter!"
„Nur deshalb?"
Theodor dachte darüber nach. Ja, Monika war seine Schwiegertochter. Er schützte sie, so wie er die Büffel schützte, die auf seinem Land grasten. Aber es war auch mehr. Monika war eine wundervolle Frau. Die beste, die sein Sohn kriegen konnte. Er zuckte ergeben mit den Schultern. „Sie ist eine wundervolle Schwiegertochter", gab er zu.
Collins lächelte entspannt. Ja, Monika war die Beste!

Gegen Mittag erreichte ihr Wagen das Haus und Collins kletterte mit dem Korb im Arm vom Kutschbock herunter. Eve hüpfte ihm bereist entgegen und strahlte ihn mit ihren großen schwarzen Augen an.
„Sieh mal, ich habe ein Geschenk für dich!", lächelte Collins und hob vorsichtig das Tuch von dem Korb. Das kleine Kätzchen reckte sich verschlafen und blinzelte in die helle Sonne.
„Oh, was ist das?", wunderte sich Eve.
„Eine Katze!", erklärte Collins. „Sie wird dafür sorgen, dass wir keine Mäuse mehr im Haus haben."
Er umarmte flüchtig seine Frau, die ebenfalls aus der Tür humpelte. „Wie geht es deinem Bein?", fragte er fürsorglich.
„Besser!" Monika lächelte weich und führte ihren Mann in das Innere des Hauses. Immer noch stützte sie sich auf die Krücke und Collins runzelte verärgert die Stirn. Ein Haus war ein geringer Preis für die Schmerzen, die seine Frau ertragen musste.
Eve setzte das Kätzchen auf den Boden und sah zu, wie es vorsichtig die Umgebung erkundete. „Poéso!", lächelte sie. „Ich nenne sie Poéso."
Collins lachte und stemmte die Hände in die Hüften. „So so, und was heißt das?"
„Ich weiß nicht", antwortete das Mädchen. „… Katze!"
Sie nahm einen bunten Faden und lachte, als die Katze spielerisch danach griff und sich in dem Faden verhedderte.
„Wo sind die anderen?", fragte Collins.
Eve wedelte mit der Hand. „Am See. Sie pflücken Pflaumen."
„Oh?"
„Ja, Mama sagt, dass dort hinten im Tal Pflaumen wachsen. Oma, Untschi und Anna sind hingelaufen, um sie zu pflücken."
„Hmh, und Josh?"
„Der ist bei den Büffeln. Sie wollten hinüber zu den Rindern und Josh treibt sie zurück."
Collins dreht sich zu seinem Vater um, der in der Tür stand und auf ihn zu warten schien. „Wollen wir endlich ausspannen?", fragte er.
Collins nickte. „Ja, und dann lass uns den Draht abladen."
„Nein!", weigerte sich Theodor. „Den brauchen wir dringend.

Morgen sichern wir die Weiden. Ich bin mal gespannt, ob das funktioniert oder wir das ganze Geld umsonst ausgegeben haben."

Collins nickte. „Die Büffel sind wohl zu den Rindern rüber. Da müssen wir dringend etwas tun. Josh ist los und treibt sie zurück."

Theodor fuhr sich mit der Hand durch das graue Haar. „Wir treiben sie nach Norden. Wenn sich diese Biester treiben lassen!"

Collins schnaubte kurz. „Mal sehen, was Josh uns zu erzählen hat."

Am Spätnachmittag kehrten die Frauen vom See zurück. Sie hatten Pflaumen dabei, die sie in Eimern gesammelt hatten. Klara strahlte zufrieden: „Seht nur! Die wachsen einfach so! Ich werde sie trocknen und aus einem Teil koche ich Pflaumenmus."

Theodor streifte Anna mit einem misstrauischen Blick, doch noch erschien sie ihm kindlich genug, sodass sie keine Gefahr für Josh darstellte. Die beiden Indianerinnen verschwanden in Richtung ihres Zelts und er nickte zufrieden. „Pflaumenmus!", lobte er. „Das klingt gut."

Collins holte den Eimer mit dem Bäumchen und stellte ihn seiner Mutter vor die Füße. „Schau mal, was wir gefunden haben!"

Klara blickte mit gerunzelter Stirn auf das kränkelnde Bäumchen und entdeckte schließlich den Apfel. „Oh!", freute sie sich. „Wenn der Baum nicht anwächst, können wir vielleicht die Kerne von dem Apfel retten."

„Och, der braucht bloß Wasser. Wir lassen ihn bis zum Herbst im Eimer und setzen ihn dann aus."

„Na ja", meinte Klara zögernd. „Wir sollten einen größeren Kübel für ihn finden und noch frische Erde dazutun. Dann schafft er es vielleicht."

„Und ich stütze den Ast mit dem Apfel. Sonst bricht er und wir haben nicht einmal die Kerne." Er verschwand im Stall und kehrte mit einem größeren Kübel zurück, den er am Boden mit lockerer Erde füllte. Vorsichtig hob er das Bäumchen aus dem Eimer und setzte es in den größeren Kübel. Dann streute er weitere Erde hinein und goss einen ganzen Eimer Wasser darüber aus.

„Was ist das?", wollte Eve wissen.
„Ein Apfelbaum!", erklärte Collins.
„Kann man das essen?"
„Ja, es schmeckt süß und sauer. Die Früchte kann man lange lagern und deshalb sind sie wertvoll."
„So wie die Pflaumen?"
„So wie die Pflaumen."

Am Abend kehrte Josh in Begleitung von Tatanka-ohitika zurück. Beide waren verschwitzt und müde.
„Und?", forschte Theodor. „Habt ihr die Büffel zurücktreiben können?"
Josh schüttelte den Kopf. „Wir haben es stundenlang versucht. Aber die Biester haben uns immer wieder ausgetrickst. Und wir wollten ja auch nicht, dass sie durchgehen und irgendwelche Zäune niedertrampeln."
„Nein!", stimmte Theodor zu. „Dann müssen wir es eben morgen nochmal versuchen", schlug Theodor vor. „Ich will sie im Norden haben. In der Schlucht. Und dann bauen wir einen stabilen Zaun."
Josh fuhr sich genervt durch seine dunklen Locken. „Ich glaube nicht, dass es einen Zaun gibt, der diese Biester aufhalten kann."
„So schlimm?", forschte Theodor verblüfft.
„So schlimm!", bestätigte Josh.
„Und Hank?"
„Sehr geschickt. Ihm habe ich es zu verdanken, dass die Büffel wenigstens nicht bei den Rindern auf der Weide stehen. Wir brauchen mehr Leute, um die Büffel zu treiben."
„Na ja, morgen sind wir ja mehr Leute!", meinte Collins.
„Hmh, reicht wahrscheinlich auch nicht! Aber versuchen können wir es ja. Habt ihr den Stacheldraht?"
Collins nickte bestätigend. „Und einen Apfelbaum!"
Josh zog überrascht die Augenbrauen hoch und grinste. „Wirklich? Dann gibt es also endlich Apfelkuchen?"
Collins schlug ihm gönnerhaft auf die Schulter. „Noch nicht! Aber langsam kommt die Zivilisation zu uns! Glaube mir! Der Apfelbaum ist erst der Anfang!"

Josh hängte seinen Hut an den Haken und suchte sich ein Handtuch. „Ich werde auch zivilisiert! Ich geh jetzt baden."
„Gute Idee!", fand Collins. Er hatte den Eindruck, den gesamten Staub zwischen dem Handelsposten und der Ranch geschluckt zu haben. „Ich komme mit!"
Die beiden verschwanden in Richtung des Sees und stürzten sich kurze Zeit später in das kühle Nass. Ihre Sachen lagen lose verstreut am Ufer und ihr Gelächter hallte über den See, als sie sich übermütig nass spritzten.

Am Abend saßen alle um den Tisch und tauschten die Neuigkeiten aus. Theodor übernahm die Rolle des Familienoberhaupts und teilte seine Familie für die kommenden Aufgaben ein. „Als Erstes treiben wir die Büffel in den Norden. Dann ziehen wir den Stacheldraht. Ich will vom Süden her unser Land einzäunen, damit die vorbeiziehenden Siedler nicht auf dumme Gedanken kommen. Wir sichern den Weg mit einem Tor und hängen ein Schild auf."
„Und was soll da draufstehen? Betreten verboten, hier wird scharf geschossen?", fragte Josh frech.
Theodor grunzte erheitert. „Gute Idee! Sollten wir tun! Das schreckt vielleicht ein paar Herumtreiber ab." Er wurde wieder ernst und malte das imaginäre Schild in die Luft. „Bronson-Ranch! Das soll draufstehen."
„Das mache ich!", schlug Collins vor.
Theodor nickte zufrieden. „Ja, du bist ganz geschickt in sowas! Mach nur! Schön groß! Und dann heben wir den Keller für das neue Wohnhaus aus."
Alle schauten ihn verblüfft an. „Welches Haus?", fragte Josh.
„Das, was uns die Armee hinstellt!", betonte Theodor.
„Ein Haus?", wunderte sich Josh.
Theodor nickte. „Wir werden den Keller vorbereiten. Außerdem möchte ich das Erdgeschoss aus Baumstämmen bauen. Das ist stabiler. Das übrige Holz können wir für einen Anbau hernehmen. Dazu müssen wir im Herbst Bäume fällen und hobeln. Wird viel Arbeit!"
„Und was wird mit diesem Haus?", fragte Josh. „Ich meine, dem

Blockhaus?“ Er ließ seinen Kopf kreisen und wanderte mit den Augen an den Wänden entlang, um anzuzeigen, dass er die alte Behausung meinte.
Theodor lächelte. „Na, das geben wir unserem Liebespaar!“
Collins errötete und warf seinem Vater einen verlegenen Blick zu. „Pa will noch ein paar Enkelkinder mehr!“, erklärte er.
„Ach so!“, grinste Josh.

Es wurde spät, ehe sich alle ins Bett verzogen. Collins drückte sich vorsichtig an Monika und hielt sie im Arm. Sie duftete nach Seife und süßlicher Milch und er sog den Duft ihrer Haut ein. Eve schlief längst, doch aus Rahels Bettchen kam ungeduldiges Krähen. Sie wollte ihre letzte Mahlzeit vor der Nacht. Monika legte sie an die Brust und Collins streichelte sanft über das schwarze Haar des Babys. Geduldig wartete er, bis Rahel ihren Durst gestillt hatte und wieder schlafend in ihrem Bettchen lag. Er wusste, dass das Baby die ganze Nacht schlafen würde. Mit einem Grinsen drehte er sich zu seiner Frau und legte ihr den Arm um die Schulter. Wenn sein Vater noch mehr Enkelkinder wollte, dann wollte er ihm den Wunsch gerne erfüllen. Er pustete Monika an den Hals und sie zuckte kichernd zusammen. „Was machst du?“, fragte sie.
„Schsch!“, warnte er. Das ganze Haus würde zuhören, wenn sie weiter kicherte.
„Nichts!“, meinte er leise. „Nur was ein Mann nachts mit seiner Frau macht.“
Monika kicherte fast unhörbar und drehte sich ihm zu. „Und was macht ein Mann?“
Er raubte ihr einen Kuss und brachte sie zum Schweigen. Dann zog er ihr Nachthemd nach oben und tastete mit seiner Hand zwischen ihre Beine. Er fand den Verband und tastete vorsichtig streichelnd darüber, dann rutschte seine Hand weiter nach oben. Sie versteifte sich, aber nicht abwehrend, sondern in williger Hingabe. Sie sehnte sich nach ihm und öffnete die Bänder ihres Nachthemdes, um ihm die Brüste entgegenzurecken. Sein Kopf rutschte tiefer und sein Mund fand die geschwollenen Brustwarzen, die noch feucht von der Milch waren. Nie hätte er gedacht,

dass eine Frau mit Baby ihn so erregen könnte, aber diese Frau strahlte eine solche Weiblichkeit aus, dass es ihm die Luft nahm und die Erregung ins Unermessliche steigerte.
Sie war weit und feucht, als er langsam in sie vordrang. Er war behutsam und vorsichtig, genoss die wunderbare Vereinigung ihrer beiden Körper. Er wollte den Augenblick hinauszögern. Außerdem sollte sonst niemand im Haus etwas merken. Nur an der schnelleren Atmung der beiden war überhaupt zu erkennen, was hier vorging, aber Collins hoffte, dass niemand es bemerkte. Er stieß ein fast unhörbares Keuchen aus, als er sich in ihr entlud ,und lag dann ganz still, als Eve sich im Schlaf auf die andere Seite drehte. Sein Herz pumpte und sein ganzer Körper fühlte sich heiß und verschwitzt an. Hoffentlich wachte das Kind jetzt nicht auf!
Er ließ sich auf die Seite fallen und starrte in der Dunkelheit an die Decke. Ja, er würde mit Monika eine Menge Babys machen! Seine Frau kuschelte sich an ihn heran und er lächelte zufrieden.

Am Morgen trafen sich alle am Tisch, um zu frühstücken. Klara trug bereits den Milcheimer vom Melken in die Kammer und kehrte mit einer Karaffe frischer Milch zurück. Sie brauchte viel Milch, um Butter herzustellen, die sie zum Backen verwendete, aber manchmal gab es frische Milch zum Frühstück. Collins lachte, als er sich den Milchbart vom Mund wischte, und zwinkerte seinem Bruder zu. „Und, treiben wir heute die Büffel?"
„Klar!", meinte Josh lässig. „Irgendwann müssen wir ja damit anfangen. Wenn sie uns aufspießen, knallen wir sie halt doch ab!"
Collins lachte zynisch. „Na, dann ist es aber zu spät."
Die Männer sahen auf, als Hank seinen Kopf zur Tür hereinstreckte. „Hau!", grüßte er.
„Hau!", grüßte Theodor zurück. „Setz dich her und iss mit uns!"
Hank schüttelte den Kopf und meinte: „Ich essen!"
„Ich habe schon gegessen!", wurde er von Theodor verbessert.
„Ich habe ge-gessen!", wiederholte der Indianerjunge.
„Brav!", nickte Theodor zufrieden. „Dann brechen wir auf!" Schwungvoll stand er auf und verließ mit seinem Gewehr das Haus.

Seine Söhne und Hank folgten ihm, während die Frauen und Kinder noch am Tisch sitzen blieben.
Die Männer sattelten ihre Pferde und machten sich auf den Weg zu den Weiden. Der Tag würde wieder heiß werden und so hofften sie, die Büffel bis zum Mittagessen in die Schlucht getrieben zu haben. Sie fluchten, als sie merkten, dass die Büffel schon wieder ihre Position gewechselt hatten und ihnen nun in der Nähe eines Baches entgegenblinzelten. Sie standen dort in aller Ruhe und schienen in den Reitern keine besondere Gefahr zu sehen.
Die Männer hoben die Lassos und ritten in einer Reihe langsam auf die Büffel zu. Sie hatten die Büffel schon einmal getrieben, aber niemand konnte voraussagen, wie sie dieses Mal darauf reagieren würden. Drohend stellte sich ihnen der Leitbüffel entgegen und starrte sie mit seinen großen Augen an. Die Kühe drängten sich enger zusammen und nahmen die Kälber in die Mitte. Diese Tiere waren wild und sie waren gewohnt ihresgleichen zu verteidigen.
Im langsamen Tempo ritten die Reiter mit ihren Lasso den Büffeln entgegen und gemächlich trottete der Leitbüffel vor ihnen davon.
„Langsam jetzt!", warnte Theodor seine Söhne. „Wir folgen ihnen und sperren ihnen den Weg zur Ostweide ab."
Er nickte Josh zu, damit er weiter nach rechts ritt und somit verhinderte, dass die Büffel in diese Richtung ausbrachen. Hank folgte ihm, sodass die Reihe auseinandergezogen wurde. Die Büffel wanderten ohne Eile nach Norden und wichen dem Druck der Reiter nur langsam aus. Immer blieben sie in Sichtweite, als würden sie ahnen, dass diese Menschen es gut mit ihnen meinten. Schließlich erreichte der Leitbüffel die nördliche Schlucht und trabte davon, um im hinteren Teil in einer Kuhle ein Schlammbad zu nehmen. Die Kühe folgten ihm mit ihren Kälbern und grasten das hochstehende Gras ab.
Theodor schob zufrieden seinen Hut nach hinten. „Gar nicht so schlimm, die Biester!"
Collins und Josh tauschten erstaunte Blicke und wunderten sich ebenfalls. Wahrscheinlich hatten die Büffel gespürt, dass mit Theodor nicht zu spaßen war.

„Was machen wir als Nächstes?", fragten sie.
„Einer holt den Wagen mit dem Draht, während wir schon mal ein paar Pfosten für den Zaun schlagen. Wenn wir hier den Ausgang verschließen, verhindern wir zumindest im Moment, dass sie sich mit den Rindern mischen. Morgen können wir dann am hinteren Ende dafür sorgen, dass sie bleiben, wo sie sind."
„Und wenn sie bis morgen weiterwandern?"
Theodor zuckte die Schultern. „Nicht mein Problem! Dann werden sie wahrscheinlich von irgendwelchen Büffeljägern geschossen. Aber das glaube ich nicht. Seht nur, wie hoch hier das Gras steht. Warum sollten sie weiterwandern?"
Josh wendete sein Pferd und galoppierte in Richtung der Ranch zurück, um den Karren mit dem Stacheldraht zu holen, während die anderen zu einem Hügel ritten, um die Bäume zu fällen. Sie holten die Äxte aus den Satteltaschen und machten sich an die Arbeit, einige Kiefern zu fällen. Hank streute jedes Mal Tabak und betete, ehe er einen Baum fällte. Theodor schüttelte voller Unverständnis seinen Kopf, sagte aber nichts.
Mit ihren Äxten entfernten sie die Zweige und schlugen den Stamm an einer Seite spitz, sodass sie ihn in den Boden rammen konnten. Dann warteten sie auf Josh, denn auf dem Karren würde sich auch die Säge befinden, mit der sie die Stämme durchsägen konnten.
Hank beobachtete die Büffel und meldete, dass sie sich immer noch in der weiten Schlucht befanden.
„Gut", brummte Theodor, „Sorge dafür, dass sie dort bleiben." Er wischte sich den Schweiß von der Stirn und streckte seinen schmerzenden Rücken durch. Es wurde Zeit, dass Josh mit dem Karren auftauchte.
In der Ferne konnte er endlich die Staubwolke erkennen und er grunzte unwillig. „Möchte wissen, warum das so lange gedauert hat!"
Collins warf ihm einen schrägen Blick zu und verkniff sich eine Bemerkung. Er fand nicht, dass sein Bruder unnötig viel Zeit vertrödelt hatte. Der Karren wurde schließlich nicht von Rennpferden gezogen. Außerdem war das Gelände viel zu uneben. An einigen Stellen hatten sich bereits Spurrinnen gebildet, in denen

der Karren besser vorankam, aber auf den Weiden gab es diesen Luxus noch nicht.
Josh grüßte fröhlich und sprang mit einem Satz vom Kutschbock. „Hinten habe ich Brote für euch!"
„Gute Idee!", brummte Theodor, um einiges besser gelaunt. Er ging zum Bach und trank das klare Wasser, dann setzte er sich ins Gras und biss in das belegte Brot. Collins setzte sich neben ihn und genoss ebenfalls die kleine Pause. Er zog die Stiefel aus und ließ die Füße ins kühle Wasser baumeln. „Ah, das tut gut!", murmelte er.

Sie gönnten sich nur eine kurze Verschnaufpause und machten sich dann an die Arbeit, die Stämme zu sägen und anzuspitzen. Dann fuhren sie die Pfosten an die Stellen, an denen sie in den Boden gerammt werden sollten. Vom Karren aus schlug Josh mit einem großen Hammer die Pfosten in die Erde, während Collins den Pfosten festhielt und bei jedem Schlag damit rechnete, dass nicht der Pfosten, sondern seine Hände getroffen wurden. Josh verzog stolz die Mundwinkel, denn er war ziemlich geschickt in solchen Dingen.
Theodor und Hank lieferten indessen weiterhin das Rohmaterial für den Zaun. Der Ausgang der Schlucht hatte ungefähr einen Durchmesser von fünfzig Metern. Alle drei bis vier Meter trieben die Männer einen Pfosten in den Boden. Der Boden war sandig und es ging überraschend gut. Schließlich nahmen sie die erste Rolle Draht vom Karren und spannten die oberste Reihe. Collins hatte die Tasche mit den Nägeln und hämmerte den Draht an die Pfosten, während Josh sich als Gegengewicht gegen den Pfosten stemmte. Sie mussten vorsichtig sein, denn selbst die Handschuhe waren kein Schutz vor den Spitzen des Stacheldrahtes. Hank schüttelte den Kopf und verstand immer noch nicht, warum weiße Menschen so einen Aufwand betrieben. Prüfend schaute er zu den Büffeln hinüber und glaubte nicht daran, dass dieser Zaun die Büffel einschränken würde. Theodor sah seinen zweifelnden Blick und schüttelte ebenfalls den Kopf.
„Ich sehe, was du denkst. Wir werden ja sehen, ob der Zaun hält, was er verspricht!"

Hank senkte den Blick und schob mit seinem Fuß den Sand hin und her. „Wir sehen!", murmelte er.
Theodor lachte gut gelaunt und schlug ihm gönnerhaft auf die Schulter. „Hey, dieser Indianerbengel glaubt nicht daran, dass dieses Wunderwerk hier halten wird!"
Collins und Josh unterbrachen ihre Arbeit und musterten ihr Werk abschätzend. „Hmh, so lange sie nicht durchgehen, müsste es eigentlich halten. Dieser Draht ist ganz schön spitz!"
„Hah, wahrscheinlich kraulen sich diese Biester damit den Rücken!", brummte Theodor sarkastisch.
Alle lachten und arbeiteten dann weiter. Bald würde die Sonne sinken und sie wollten zumindest mit diesem Teil des Zaunes fertig werden. Sie zogen vier Reihen Stacheldraht übereinander und begutachteten es dann kritisch.
Theodor rüttelte an einem Pfosten, der jedoch stabil in der Erde steckte. „Na ja, mal sehen! Für Rinder reicht es ganz bestimmt."
Collins nickte. „Dann können wir morgen den Weg vom Süden her absichern."
„Ich möchte erst den nördlichen Ausgang schließen", entgegnete Theodor.
Collins riss überrascht die Augen auf. „Wirklich?"
Theodor wedelte ungeduldig mit der Hand. „Na ja, machen wir erst mal hier die Weide fertig. Ich mag es nicht, wenn wir überall was anfangen und nirgends was fertigstellen. Außerdem will ich nicht, dass die Biester mein Tal verlassen. Vielleicht verdienen wir ja doch mal Geld mit ihnen."
„Gute Idee!", freute sich Collins.
„Und wie kommen wir hinein, wenn wir mal nach ihnen sehen wollen?", wunderte sich Josh.
„Später machen wir hier ein Tor", erklärte Theodor resolut. „Aber dazu brauchen wir mehr Holz."
„Dann müssen wir den Draht ja wieder aufschneiden", wunderte sich Josh.
„Ja, wir trennen ihn zwischen zwei Pfosten und fügen dann das Tor ein. Dazu brauchen wir aber noch Beschläge, damit wir es öffnen und schließen können. Außerdem müssen sich die Büffel im Winter mehr bewegen."

„Dann sind sie ja wieder mit den Rindern zusammen“, befürchtete Collins.
Theodor schüttelte den Kopf. „Im Winter treiben wir die Rinder in die Nähe der Ranch. Dann sind sie in der Nähe des Heus und können besser versorgt werden. Die Büffel brauchen im Winter nur mehr Platz.“
Sie machten sich auf den Rückweg und freuten sich auf das Abendessen.

Viehtrieb

Die nächsten Tage waren die Männer von früh bis spät unterwegs. Hank hatte ihnen eine Stelle gezeigt, in denen ein Waldbrand nur noch die silberfarbenen Stämme hatte stehen lassen, die sich wunderbar als Zaunpfosten eigneten. Sie mussten lediglich gefällt und angespitzt und nicht von allen Zweigen befreit werden. Das Holz war hart und konnte auch gut als Feuerholz verwendet werden. Hank schien froh zu sein, dass die Männer keine lebenden Bäume mehr fällten, und half ihnen widerspruchslos bei der Arbeit. In der Hitze des Sommer zäunten sie weitere Weiden ein und sicherten ihren Besitz von Süden her gegen eindringende Siedler und vorbeifahrende Goldsucher. Am Abend schnitzte Collins an dem gewünschten Schild und lachte, wenn Poesó den herumfliegenden Holzsplittern hinterherflitzte. Die kleine Katze bettelte zum Herzerweichen, wenn Klara mit dem Milcheimer kam, und schlabberte gierig die Milch, die Klara ihr vor die Nase stellte.
Zum Erstaunen der Weißen vertrug Eve die Milch nicht. Klara meinte es gut und stellte dem Kind stets einen Becker Milch zum Frühstück hin, doch Eve bekam davon Bauchschmerzen und es schüttelte sie vor dem seltsamen Geruch. Irgendwann sah Klara ein, dass sie dem Kind damit keinen Gefallen tat und änderte ihre Taktik das Kind zu mästen, indem sie Plätzchen backte. Eve liebte Butterplätzchen. Aber auch Mehl vertrug sie nur in Maßen.

Für die Frauen waren die Sommermonate harte Arbeit. Klara melkte die Kühe und zeigte Anna, wie sie den Stall ausmisten konnte, damit die Männer bereits am frühen Morgen losreiten konnten und nicht Zeit mit anderen Aufgaben verloren. Das Mädchen stellte sich nicht ungeschickt an, wenn sie mit der langen Mistgabel den Mist auf eine Schubkarre lud und zum Misthaufen schaffte. Sie hatte noch nie ein solches Ding gesehen und untersuchte das hölzerne Gestell mit dem Rad, das sich in der Mitte drehte. Es war schwer und unhandlich, doch Anna lernte schnell die Karre auszubalancieren, damit sie nicht kippte und der Mist wieder herunterfiel. Anna kümmerte sich inzwischen auch um die Hühner und sammelte jeden Morgen die Eier ein. Einige Eier hatte Klara den Bruthennen gelassen, sodass nun über zwanzig gelbe Flaumbällchen über den Hof wackelten. Nach dem Frühstück arbeiteten die Frauen im Gemüsebeet und ernteten die ersten Bohnen, Zwiebeln und Kartoffeln. Monika kümmerte sich um den Haushalt und sorgte für riesige Mengen Essen. Sie lernte Brot zu backen und die Temperatur des Ofens gleichmäßig zu halten. Ihr Bein heilte, sodass sie inzwischen ohne Krücke durch das Haus humpeln konnte. Sie freute sich darauf, endlich in den Hügeln nach wilden Zwiebeln, Kürbissen und anderem Gemüse zu suchen. Wenigstens brachten ihr Untschi und Anna frische Pflaumen, die sie entkernte und im Wind trocknen ließ. Klara zeigte ihr ein Rezept, wie man im Ofen Pflaumenmus zubereiten konnte. Dazu wurden die Pflaumen entsteint und mit viel Zucker in eine Brotform gegeben. Wenn man es stundenlang im Ofen backte, dann entstand ein leckeres Mus, das man in steinernen Krügen lagern konnte. Klara bedeckte die Krüge mit Wachspapier und band sie mit Bindfaden zu, damit keine Luft hinzukam. In der Speisekammer würde es vielleicht bis zum Winter halten. Die Männer liebten es, Brot mit Pflaumenmus zu essen.

Die Tage verliefen im gleichmäßigen Rhythmus. Es gab Tage, an denen die Wäsche gewaschen wurde und solche, an denen das Gemüse geerntet oder Obst gesammelt wurde. An besonders trockenen Tagen verschwanden die Männer auch mit den Sensen, um weiteres Heu zu ernten. Am Nachmittag halfen dann auch die Frauen beim Aufladen des Heus, damit es vor Sonnenuntergang in die Scheune gebracht werden konnte. Der Dachboden der Scheune war bereits bis zum Dach gefüllt und die Männer überlegten, ob sie einen weiteren Schuppen bauen sollten. Tatsächlich legten sie ihn an der Seite eines Hangs an, indem sie eine Wand aus dem Hang gruben und mit primitiv gehobelten Baumstämmen eine einfache Dachkonstruktion bauten. Der Schuppen blieb an drei Seiten offen, und doch schützte er das gelagerte Heu vor Regen.

„Im Herbst können wir die zwei Seitenwände ja noch mit Holz verkleiden", meinte Theodor zufrieden.
Monika nutzte die Dachkonstruktion, um dort die Prärierüben zu trocknen, die Untschi und Anna meist in den Abendstunden sammelten. Sie ritten dazu auf einem Pony in die Hügel und suchten die alten Plätze auf, die sie schon seit Urzeiten kannten. Sie ließen die Knollen an den Wurzelsträngen, die sie wie einen Zopf flochten. Auf diese Weise konnte man die Prärierüben bis weit in den Winter hinein lagern und roh oder gekocht verzehren. Klara ließ sich überzeugen, dass diese Knollen durchaus nahrhaft waren, und kochte die Prärierüben versuchsweise in einem Eintopf.
Inzwischen verwendete sie auch schmackhafte Kräuter, die die Indianerinnen ihr brachten.
Theodor hielt das alles für überflüssig, doch als Eve ihm erklärte, dass die Knollen auch im Winter essbar waren und lange gelagert werden konnten, ließ er es brummend zu, dass seine Frau nun „Indianerfutter" kochte. „Vielleicht haben wir ja mal Schweine, die wir dann damit vergiften können!", meinte er abfällig.
Alle lachten gut gelaunt, denn inzwischen wusste jeder, dass sein eigenartiger Humor seine Art war, mit Neuerungen umzugehen.

Dann tauchte eines Mittags Wambli-canté bei ihnen auf. Er überraschte die Frauen, die gerade damit beschäftigt waren, Kohl zu ernten, und grüßte sie höflich in der Sprache der Lakota. Nur kurz streifte sein Blick dabei Anna und Untschi, die er hier noch nie gesehen hatte. Klara trat ihm energisch entgegen und musterte den Indianer abschätzend. Wambli-canté trug inzwischen die Kleidung der Weißen und hatte seine Haare geschnitten. An der Brust funkelte der Stern der Stammespolizei.
Monika blinzelte ihre Überraschung weg und machte eine einladende Handbewegung zum Haus. „Möchtest du Kaffee?", fragte sie auf Lakota.
„Gerne!", freute sich Wambli-canté. „Ich will mit deinem Mann sprechen."
Monika nickte. „Er ist auf den Weiden. Er kommt am Abend zurück."

„Gut. Ich wollte hier übernachten." Seine Stimme formulierte keine höfliche Frage, denn es war selbstverständlich, dass ihm Gastfreundschaft angeboten wurde. „Der Agent schickt mich", erklärte er gleichmütig. Er hätte diese Information nicht geben müssen, tat es aber aus Höflichkeit.

Monika winkte nach Anna, damit sie sich um das Pferd des Gastes kümmerte. Zum ersten Mal wurde die Stimme des Indianerpolizisten streng, als er mit seinen Lippen auf die beiden Lakotafrauen zeigte. „Sie brauchen ein sprechendes Papier, wenn sie hier sind."

Monika senkte den Blick und sagte nichts. Ihr Mann musste das klären.

Klara hatte immer noch die Hände in die Hüften gestemmt und wartete auf eine Erklärung, was der Indianer hier wollte. Monika übersetzte sein Anliegen und Klara lächelte freundlich. „Ah, der Agent hat ihn geschickt. Dann lade ihn doch zum Kaffee ein!"

Monika kicherte respektlos und hielt sich die Hand vor den Mund. „Gerne!"

Sie führte den Gast in das schattige Innere des Hauses und bot ihm einen Stuhl an. Wambli-canté musterte prüfend ihr Humpeln und machte eine vage Handbewegung in Richtung des Beins. „Heilt die Wunde gut?"

„Ja!", antwortete Monika. „Sie ist fast verheilt."

Etwas verblüfft ließ sich Wambli-canté von der kleinen Katze ablenken, die vorwitzig an den Fransen seiner Messerscheide spielte, die er am Gürtel trug. Sie war das einzig Indianische, was er am Leibe hatte. „Was ist denn das?", wunderte er sich.

„Eine Katze!", erklärte Monika. „Sie fängt Mäuse."

„Sehr schlau!"

Der Indianer schlürfte den heißen Kaffee und nahm das Fellbündel auf seinen Schoß. Staunend lauschte er auf das laute Schnurren der Katze. „Seid ihr sicher, dass euch die Katze nicht frisst, wenn sie erst groß ist? Sie scheint bereits jetzt einen großen Hunger zu haben!"

Monika lachte hell. „Sie schnurrt, wenn sie satt und zufrieden ist, nicht, wenn sie hungrig ist."

„Dann bin ich ja beruhigt!", stellte Wambli-canté fest. „Sie hat ein weiches Fell. Daraus kann man bestimmt eine warme Mütze machen."

„Bestimmt! Aber wir wollen, dass sie Mäuse fängt!"

Wambli-canté lachte dunkel und zwinkerte vergnügt mit seinen Augen. Dann setzte er die Katze wieder auf den Boden.

Eve hatte ihn mit großen Augen angestarrt und nahm nun beschützend ihre Katze auf den Arm. „Ich will nicht, dass du ihr etwas antust!", meinte sie bestimmt.

„Nein, nein!", versicherte Wambli-canté schnell. „Es war nur ein Scherz! Deine Katze ist wirklich sehr niedlich. Vielleicht möchte ich auch mal so etwas."

„Aber nicht, um daraus eine Mütze zu machen!", bat Eve.

„Versprochen!", nickte Wambli-canté ernsthaft.

Er sah auf, als Klara ihm einen Teller mit Brot und kaltem Braten vor die Nase stellte.

„Vielen Dank, M'am!", sagte er im gutem Englisch. Er nahm höflich seinen Hut ab, legte ihn auf die Seite und biss hungrig in das Brot.

„Oh, kannst du jetzt Englisch?", freute sich Klara.

„Ein wenig!" Wambli-canté machte eine flüchtige Handbewegung. „Ich bin nun bei der Polizei. Alle lernen Englisch." Es klang noch hölzern und ungewohnt.

Monika legte zweifelnd den Kopf schief. Vor einiger Zeit hatte das ganz anders geklungen. Anscheinend hatte Wambli-canté keinen anderen Weg für sich gesehen.

„Du arbeitest nun für die Weißen?", fragte sie auf Lakota.

Wambli-canté nickte. „Es gibt keine andere Möglichkeit. Entweder wir kämpfen und sterben, oder wir passen uns an. Wenn ich für den weißen Agenten arbeite, habe ich genug für mich und meine Familie zu essen. Arbeite ich nicht, dann gibt es nur Trauer. Die Männer können nicht mehr ihre Familien ernähren, wie sie es gewohnt waren." Seine Stimme war heiser vor Bitterkeit.

Monika senkte den Blick und dachte darüber nach. Ja, auch Wambli-canté hatte sich für das Leben entschieden. So wie sie.

Am Abend kehrten die Männer zurück und begrüßten den Gast im Haus. „Ah, bist du der Meldereiter?", stellte Theodor scharf-

sinnig fest. „Sehr schlau von McGillycuddy, einen Indianer zu schicken! Was will er denn?"
Wambli-canté öffnete eine schmale Ledertasche und zog einen Brief hervor. „Der Agent schickt das sprechende Papier!", erklärte er.
„Aha! Wieso sprichst du schon so viel Englisch und Monika nicht?", fragte Theodor bissig.
Klara stellte sich schützend vor die Schwiegertochter und musterte ihren Mann böse. „Mit mir spricht sie schon sehr gut Englisch!"
„Warum spricht sie dann mit mir nicht?"
„Wahrscheinlich, weil du immer so unfreundlich bist!", schimpfte Klara aufgebracht.
„Ha!" Theodor machte eine unwillige Handbewegung und vertiefte sich in die Lektüre des Briefes. Zufrieden faltete er den Brief zusammen und nickte seinen Söhnen zu. „Wir sollen vierzig Rinder zur Agentur treiben. Sie zahlen vierzig Dollar das Stück!"
Collins runzelte überrascht die Stirn. „Wirklich?"
„Wirklich! Steht hier schwarz auf weiß. Und dass wir uns beeilen sollen. Die Indianer werden unruhig."
„Ich kann euch beim Treiben helfen!", schlug Wambli-canté vor.
Theodor nickte begeistert und schlug dem Indianer freundschaftlich auf die Schulter. „Sehr gut, dann können wir Josh zum Schutz hier lassen."
Wambli-canté verzog keine Miene und trat einen Schritt zur Seite, um der einnehmenden Nähe des weißen Mannes zu entgehen.
„Und wir nehmen Tatanka-ohitika mit. Er braucht ein sprechendes Papier, wenn er hier ist. Und die Frauen auch!"
Theodors Gesicht verdüsterte sich, aber er sagte nichts. Ihm war klar, dass es auch hier Regeln gab, die er beachten musste. Er würde das mit dem Agenten klären. „Hank kommt mit, aber die Frauen bleiben hier. Wir haben zu viel Arbeit im Moment, als dass ich auf sie verzichten könnte. Ich kläre das mit Mr. McGillycuddy", willigte er ein.
Wambli-canté musterte ihn abschätzend und senkte dann den Blick. Er machte eine abschließende Handbewegung und stimmte zu, dass die Frauen fürs Erste hierbleiben konnten. Sollte doch

der Agent mit diesem alten Mann streiten. Er hatte seine Aufgabe erfüllt und das sprechende Papier überbracht.

Am nächsten Morgen packten die Männer ihre Satteltaschen und machten sich auf den Weg zur Weide, um die Rinder herauszusuchen. Sie ließen die Kühe mit den Kälbern stehen und suchten sich ein- und zweijährige Bullen aus, die kräftig genug waren und gut im Futter standen. Collins führte den kleinen Viehtrieb an, während die anderen die Seiten sicherten. Theodor blieb am Ende und führte ein Packpferd mit, auf dem die Schlafdecken transportiert wurden. Sie würden nicht lange unterwegs sein und so hatten sie nur das Nötigste dabei. Ihren Kunden so nahe zu haben, war eine willkommene Überraschung. Sonst mussten die Rinder über große Entfernungen getrieben werden, aber hier lag der Absatzmarkt vor der Tür. Theodor dachte an die Goldgräberstädte, die sicherlich auch gute Absatzmärkte wären. Vielleicht sollte er im Herbst einen weiteren Viehtrieb nach Deadwood machen?
Am Spätnachmittag richteten sie an dem Bach ihr Nachtlager her. Es war warm und so legten sie nur ihre Decken auf den Boden. Die Rinder hatten Wasser gesoffen und standen nun ruhig zusammen und dösten. Alle wussten, dass sie geschlachtet werden würden, aber das war ihr Job. Sie waren hierhergekommen, um Rinder zu züchten.

Am nächsten Tag ging es im langsamen Tempo weiter. Am Nachmittag erreichten sie schließlich die Agentur und trieben die Rinder auf die zugewiesene Koppel. Zufrieden wischten sie sich den Schweiß aus dem Gesicht und ritten zu der Agentur, um Mr. McGillycuddy zu begrüßen. Der Agent grüßte sie freundlich und winkte Wambli-canté zufrieden zu. „Gute Arbeit! Du kannst gehen!"
Wambli-canté nickte und zeigte mit seinen vorgeschobenen Lippen auf Hank. „Der Junge arbeitet dort. Und seine Großmutter und Schwester auch. Sie brauchen ein sprechendes Papier."
Etwas verblüfft musterte der Agent den Jungen und legte den Kopf schräg. „So, so! Das werde ich klären! Danke!"

Wambli-canté wendete sein Pferd und trabte davon, während Collins und sein Vater sich langsam aus dem Sattel gleiten ließen. Hank blieb auf dem Pony sitzen, bis Theodor auch ihm das Zeichen gab, dass er absteigen sollte. Gemeinsam traten sie in das Büro von Mr. McGillycuddy, um das Geschäftliche zu regeln.

Der Agent setzte sich hinter seinem Schreibtisch und deutete einladend auf einige Stühle. Theodor und Collins setzten sich, während Hank abwartend in der Tür stehen blieb. Es sah aus, als wollte er schnellstens die Flucht ergreifen.
Mr. McGillycuddy hatte bereits einen Umschlag mit dem Geld vorbereitet und überreichte ihn Theodor. „Tausendsechshundert Dollar!"
Theodor schnupperte theatralisch an dem Geld und stieß einen Seufzer aus. „Huih!"
Der Agent lächelte verständnisvoll und zauberte wieder seinen Whiskey hervor. „Wie geht es Monika?", fragte er höflich.
Collins kostete von dem Whiskey und lächelte ebenfalls. „Viel besser! Wir haben zwei Frauen, die uns helfen. Das hat natürlich entlastet."
„Aha!", brummte der Agent. „Und wer sind diese Damen?"
Theodor zeigte mit einem Kopfrucken auf Hank. „Die Schwester und Großmutter von diesem Bengel da. Er stand eines Tages vor unserer Tür und wollte Arbeit. Na ja, und dann kam seine ganze Familie hinterher. Monika konnte mit der Verletzung nur schlecht arbeiten und da haben wir sie zur Verstärkung eingestellt. Wambli-canté meinte aber, dass wir dazu Ihre Erlaubnis brauchen."
Der Agent nickte bestätigend und lehnte sich etwas zurück. Er musterte den Jungen streng und schüttelte den Kopf. „Eigentlich sollte er zur Schule gehen. Und seine Schwester auch."
Theodor zuckte mit den Schultern. „Na ja, und was heißt das? Bei uns lernen die beiden ja auch."
„Auch Lesen und Schreiben?", fragte der Agent.
Theodor zuckte etwas zusammen und nickte schließlich. „Wäre schon möglich. Meine Frau kann ihnen das beibringen. Aber nur am Sonntag!"
„So, so!"

„Sie lernen halt, was es auf einer Ranch so zum Arbeiten gibt", erklärte Theodor. „Das ist doch was."
„Und werden sie dafür bezahlt?"
Theodor zuckte nichtssagend mit den Schultern. „Kann schon sein! Muss ich ihnen denn was zahlen? Ich meine, sie bekommen ja Essen und Unterkunft."
Er verschwieg geflissentlich, dass die drei immer noch im Zelt schliefen.
„Und wie lange brauchen Sie die drei noch?"
„Auf jeden Fall bis zum Winter. Ich würde sie aber auch im Winter beschäftigen. Da hätten wir mehr Zeit, ihnen Lesen und Schreiben beizubringen."
„Nun, grundsätzlich bin ich dafür, wenn Indianer auf einer Ranch arbeiten. Ich sehe nur ein bisschen das Problem, dass die Geschwister noch so jung sind. Aber wahrscheinlich ist es für sie das Beste. Ich werde Ihnen eine Genehmigung geben. Ich verlange allerdings, dass Sie ihnen fünfzig Cent am Tag zahlen. Das Geld wird angelegt, bis sie alt genug sind, um selbst darüber zu entscheiden. Die Großmutter bekommt das Geld ausgehändigt."
„Klingt vernünftig!", stimmte Theodor zu. Arbeitskräfte für fünfzig Cent am Tag zu erhalten, war ein sehr gutes Angebot. Vor allen Dingen, weil Hank arbeitete wie ein ausgewachsener Mann!
„Hätten Sie noch Interesse an weiteren Arbeitskräften?", fragte Mr. McGillycuddy. Er sah sofort die Chance für weitere Arbeitsmöglichkeiten.
Theodor hob leicht die Augenbrauen. „Vielleicht! Wenn sie so sind wie Hank oder Wambli-canté. Im Herbst bauen wir weitere Gebäude und ich will eine Herde nach Deadwood treiben. Da könnte ich schon noch ein paar Cowboys brauchen. Da sind Indianer bestimmt nicht schlecht. Reiten können sie wenigstens."
Der Agent lachte trocken. „Ja, reiten können sie! Und die Arbeit ist dem am ähnlichsten, was sie bisher gemacht haben. Es dauert schon noch eine Weile, bis sie zivilisiert sind." Er seufzte.
„Wollen Sie hier übernachten?", wechselte er das Thema.
Theodor schüttelte den Kopf. „Es ist ja lange hell. Da reiten wir noch ein bisschen. Dann sind wir morgen schneller wieder zu Hause."

Der Agent nickte freundlich. „Ich sage Louise, dass sie Ihnen noch ein paar Brote einpackt."
„Das ist sehr freundlich!", bedankte sich Theodor höflich.
„Und ich habe Bier! Wollen Sie zwei Flaschen?"
Theodors Augen wurden rund. „Wirklich?"
Der Agent grinste wie ein Schuljunge. „Wirklich! Wenn Sie die heute Abend ein bisschen im Bach kühlen, dann schmeckt das Bier ganz wunderbar."
„Oh, das wäre natürlich etwas ganz Besonderes!", schwärmte Theodor. „Ich weiß gar nicht, wann ich das letzte Mal Bier getrunken habe. Wo haben Sie das her?"
„Von so ein paar Halunken konfisziert, die es an die Indianer verkaufen wollten. Jetzt behalte ich es für medizinische Zwecke."
„Natürlich!"
Alle lachten, obwohl das Thema nicht zum Lachen war. Der Agent kämpfte auf verlorenen Posten gegen Händler und Halunken, die Alkohol an Indianer verkauften, um sich selbst zu bereichern. Volltrunkene Indianer waren ein trauriger Anblick, aber noch schlimmer waren die Auswirkungen auf den Stamm. Krieger, die vorher noch bei allen angesehen waren, töteten im Suff ihre Freunde oder Familienangehörigen und landeten im Gefängnis.
Es war die Langeweile, die manche Männer in den Suff führte. Während die Frauen sich immer noch um den Haushalt und die Kinder kümmerten, waren die Männer zur Untätigkeit verdammt. Sie verloren dadurch aber auch den Status des Ernährers und Beschützers. Der Fortschritt kam wie ein Feuerross zu den Stämmen, ohne den Menschen Zeit zu geben, sich anzupassen und neue Wege zu finden.

Theodor und Collins ritten davon. Sie hatten einen schalen Geschmack im Mund. Sie wussten, dass der Agent sein Möglichstes tat, sahen aber auch die Schwierigkeiten, mit denen er zu kämpfen hatte. Sie kamen an dunklen Gestalten vorbei, die in Decken gehüllt am Boden saßen und auf die Verteilung des Fleisches warteten. Kinder in schmutzigen Kleidern sahen ihnen mit großen schwarzen Augen hinterher. Hank galoppierte ebenfalls auf

seinem Pony heran und schloss sich ihnen an. Er lächelte freundlich, stolz darauf, dass er bei der weißen Familie arbeiten durfte.
Am späten Abend schlugen die drei wieder ihr Lager am Bach auf. Sie kühlten das Bier im Fluss und genossen nach einer Weile den ersten Schluck. Ein angenehmes Kribbeln breitete sich im Magen aus und Theodor rülpste laut. „Ah, schmeckt das gut!", lobte er.

„Mhm!"

„Vielleicht sollten wir uns im Herbst ein paar Flaschen aus dem Fort mitnehmen", schlug Theodor vor. „Und auch ein Fässchen Rum. Für den Winter!"

„Gute Idee."

Diebe

Monika folgte Klara und Untschi in den Garten und ließ sich zeigen, wie man eine grüne, knollenartige Pflanze erntete. Klara nannte es Weißkohl. Interessiert untersuchte Monika die Pflanze und erkannte, dass der Kohl aus vielen Blättern bestand, die sich in festen Lagen gebildet hatten. Klara achtete darauf, dass nur der Kohl geerntet wurde, aber nicht die ganze Pflanze. Inzwischen waren auch die Kürbisse und Zwiebeln reif, die Monika ebenfalls erntete. Außerdem zogen sie Kartoffeln aus dem Boden und eine rötliche Knolle, die Klara Karotten nannte.

Alles wurde sorgfältig in die Speisekammer gelegt, nur den Kohl behielt Klara im Haus, um ihn zu verarbeiten. Sie nahm ein Brett, auf dem eine scharfe Klinge befestigt war und hobelte den ersten Kohl in feine Streifen. Dann legte sie die Streifen in ein Fass und schüttete Salz auf die erste Lage. Methodisch begann sie, den Kohl mit einem hölzernen Stampfer zu zerquetschen. Staunend standen die Indianerinnen um die weiße Frau und sahen zu, was sie da machte.

„Das ist für den Winter!“, erklärte Klara. „Man nennt es Sauerkraut. Es ist sehr gesund.“

Sie winkte Anna herbei und zeigte ihr, wie sie das Kraut stampfen musste. Die Arbeit war anstrengend und Klara war sichtlich froh, dass sie die Arbeit nicht mehr machen musste. Sie wartete geduldig, bis sich eine Lake auf dem Kraut gebildet hatte, dann fügte sie die nächste Lage Kohl und Salz hinzu, damit Anna sie stampfen konnte.

Monika verzog das Gesicht, als Klara ihr einige Fäden zum Kosten gab. Es war bitter! Sie schwor sich, dass sie dieses seltsame Gemüse ganz bestimmt nicht essen würde! Sie würde warten, bis wieder ein Rind oder ein Büffel geschossen wurde, und dann den Darm zu Würsten drehen und kochen. Dieses Gemüse kannte sie und es war gesund!

Klara lachte verständnisvoll und winkte die beiden Frauen wieder hinaus in den Garten, um weiteres Gemüse zu ernten. Monika vergewisserte sich, dass Rahel schlief, und nahm einen Eimer, um nach Prärierüben zu suchen. Sie schüttelte den Kopf, als Klara zum Beet zeigte, und deutete in die nahen Hügel. Die Zeit war gekommen, um auch andere Dinge zu ernten. Klara nickte ihr Einverständnis und machte sich mit Untschi an die Arbeit, weitere Kartoffeln und Karotten aus dem Boden zu ziehen.

Monika ging in die Hügel und lächelte, als Eve neben ihr auftauchte. Es war schön, für eine Weile mit ihrer Tochter allein zu sein. Anna würde auf Rahel achten und rufen, wenn das Baby aufwachte. Monika lauschte in die Stille. Zum ersten Mal fiel ihr auf, dass sie tatsächlich Frauenarbeit machte, ohne dass die Männer ständig anwesend waren. Natürlich verschwanden auch hier die Männer, um sich um die Rinder oder Pferde zu kümmern, aber am Morgen und am Abend waren sie stets da, um die Mahlzeiten einzunehmen. Manchmal sogar mittags! Und nachts waren sie immer im Haus. Es war ruhig, seitdem die Männer zur Agentur aufgebrochen waren. Auch Josh hatte sie den ganzen Tag noch nicht gesehen. Er war gleich nach dem Frühstück aufgebrochen, um im hinteren Teil des Tales Gras zu mähen. So war er noch in Sichtweite und konnte ein Auge auf die Farm haben. Später wollte er an dem Platz, an dem das neue Haus gebaut werden sollte, weiter an dem Kellerloch graben. Die Männer arbeiteten hier abwechselnd und nutzten hierfür die kühleren Morgen- und Abendstunden. Der Boden war steinig und es war schwieriger ‚als sie angenommen hatten, den Keller zu graben. Theodor bestand trotzdem darauf, denn er versprach sich wesentliche Verbesserungen in der Vorratshaltung. „Dort unten bleibt es schön kühl!“, hatte er erklärt.
Monika kannte diese Form der Vorratshaltung. Auch die Cheyenne hatten zu Beginn des Winters ihre Vorräte in Erdlöchern kühlgehalten. Damals, als die Zeiten noch gut waren und sie tatsächlich Vorräte anlegen konnten. Nur waren ihre Erdlöcher nicht so groß gewesen wie der Kellerraum, den Theodor unbedingt wollte. Der Keller sollte so hoch sein, dass ein Mann darin stehen konnte! Mit einer Treppe zum Hinuntersteigen und einer Luke zum Schließen. Seltsame Ideen hatten die weißen Menschen! Theodor hatte den Bauplatz mit Schnüren abgegrenzt und

einen genauen Plan gezeichnet. Der Bauplatz war sorgfältig gewählt worden, sodass das Haus näher an der Wasserleitung sein würde. Klara hatte sich über einige Annehmlichkeiten gefreut, denn Theodor plante eine Waschküche, die sich im Haus befinden sollte. Monika verstand davon nichts, aber Klara sammelte bereits flache Steine, die unter dem Boden der Waschküche als Abfluss gelegt werden sollten, damit das Wasch- oder Badewasser wieder in den Bach geleitet werden konnte. Neben dem Bauplatz stapelten sich kleine Felsbrocken, mit denen der Keller und die Feuerstelle ausgekleidet werden sollten. Einmal waren die Männer auch zum alten Handelsposten von Bordeaux gefahren und hatten von dort die alten Steine geholt. Sie waren geschwärzt vom Feuer und bereits Hitze und Kälte ausgesetzt gewesen, sodass sie nicht platzen würden, wenn das erste Mal Feuer gemacht wurde.

Monika genoss die Ruhe in den Hügeln und freute sich, dass ihr Bein so gut verheilt war, dass sie das Haus verlassen konnte. Auch Eve war still und suchte eifrig nach Prärierüben und anderen essbaren Pflanzen. Schmetterlinge tanzten über die Wiese und zeigten Monika den Weg zu den Blüten, die sie suchte. Sie fand weitere Prärierüben und wilde Zwiebeln, außerdem Kräuter, die essbar waren und den Geschmack der Speisen verbesserten. Manche halfen auch gegen Übelkeit und andere Beschwerden. Es war bereits Nachmittag und sie machte sich langsam auf den Rückweg, denn Rahel würde bald aufwachen und ihre Milch brauchen. Klara hatte angefangen, das Baby mit gekochten Rüben zu füttern, aber noch verzog Rahel das Gesicht, wenn sie diese Dinge kosten sollte.

Sie folgte dem schmalen Pfad, der zum Haus führte, und trat in den angenehmen Schatten. Anna hatte Rahel auf dem Arm und schaukelte sie vorsichtig hin und her. Das Baby nagte an einem Brotkanten und schien das ganz gut zu finden. Von Klara und Untschi war nichts zu sehen.

Monika lächelte freundlich und stellte den Eimer in die Speisekammer, dann nahm sie das Baby und verzog sich in ihr Zimmer, um es zu stillen. Die Lippen saugten sich gierig fest und die Augen des Babys suchten zufrieden ihren Blick. Eve hüpfte davon und besuchte Klara und Untschi im Gemüsebeet, während Anna weiter das Kraut stampfte. Dann hörte Monika durch das offene Fenster das leise Knirschen, als Eve die Schaukel hinter dem Haus in Bewegung setzte.

Die Pistolenschüsse, die zur selben Zeit durch das Tal hallten, passten überhaupt nicht zu diesen Geräuschen. Monika blickte erschrocken hoch, aber sie konnte die Schüsse nicht einordnen. War Josh zurückgekehrt und hatte auf etwas geschossen? Rahel ließ sich nicht stören und hing weiter an ihrer Brust, doch aus dem Wohnraum kamen plötzlich das Scharren von Stiefeln und der Aufschrei des Entsetzens von Anna. Dann stand ein fremder Mann in der Tür und richtete mit einem gemeinen Grinsen den Revolver auf sie.

Monika war wie gelähmt vor Entsetzen. Wo kam dieser Mann so plötzlich her? Und wo waren Klara und Untschi? Dann schoss der nächste grauenvolle Gedanke durch ihren Kopf: Eve! Wo war ihre Tochter? Zwei weitere Männer tauchten in der Tür auf und schubsten Anna vor sich her. Sie hatten das Kleid des Mädchens zerrissen und drückten es brutal zu Boden, während der andere Mann immer noch den Revolver auf sie richtete.

Nur langsam begriff Monika, was hier vor sich ging, und sie blieb steif vor Angst auf dem Bett sitzen. Der Mann blickte lüstern auf ihre nackte Brust und schüttelte mit dem Revolver. „Hey, wir tun deinem Baby nichts. Wir wollen nur ein bisschen Spaß!"

Monika nickte und versuchte den Mann freundlich zu stimmen. „Ich lege sie in ihr Bett."

„Ja, ja, mach das!", erlaubte der Mann. „Und dann legst du dich auf das Bett und machst mir schön die Beine breit!"

Vom Boden her erklang Wimmern, doch die Männer lachten nur und ließen sich in ihrem widerlichen Tun nicht stören. Monika rutschte vorsichtig zur Seite und legte Rahel in ihr Bettchen. Das Baby war an ihrer Brust eingeschlafen und rührte sich nicht. Dem Mann schien das zu gefallen und er sabberte vor Gier. „Lass mich deine Brüste sehen!", forderte er. Sein Mund offenbarte schlechte Zähne. Insgesamt hatte er ein ungepflegtes Äußeres. Es waren drei Halunken, die zufällig über die einsame Ranch gestolpert

waren und die Anwesenheit der Frauen nutzten, um ihre niedrigsten Bedürfnisse zu befriedigen.
Monika drehte sich ihm zu und entblößte ihre Brüste, indem sie das Kleid weiter hinunterzog. Am Boden wurde das Wimmern des Mädchens kläglicher. Dem Mann schien das zu gefallen, denn er lachte dröhnend. „Schön brav sein, dann lassen wir euch vielleicht leben!"
Monika nickte und rutschte weiter auf das Bett. Sie öffnete einladend ihre Beine und flehte: „Bitte, bitte, tue meinem Baby nichts!"
„Nein, nein!", versicherte der Mann. Er leckte sich vor Gier über die Lippen und näherte sich der Frau. Er weidete sich an ihrer Hilflosigkeit und warf einen neidischen Blick auf seine Freunde, die bereits auf brutalste Weise über das Mädchen herfielen.
„Wow!", stöhnte er. Er nestelte an seiner Hose und ließ sie hinuntergleiten. Immer noch hatte er die Waffe auf die Frau gerichtet und beobachtete sie abschätzend. „Schön brav!", wiederholte er.
Monikas Atem wurde flach vor Angst. Sie wusste, dass diese Männer kein Mitleid mit ihnen haben würden, wenn sie erst fertig waren. Von draußen war nichts zu hören und sie wusste, dass etwas Schreckliches geschehen sein musste. Sie ließ es zu, dass der Mann sich über sie beugte und ihre Brust umfasste. Er quetschte ihre Brustwarze und kicherte, als Milch hervorschoss. Immer noch blickte Monika in die Mündung des Revolvers und wagte keine Bewegung. „Leg dich hin!", befahl der Mann.

Monika blinzelte, denn wenn sie erst lag, konnte sie nicht mehr nach dem Revolver greifen, der in ihrem Gürtel am Rücken steckte. Ihr Gewicht würde es unmöglich machen, dass sie ihn zog.
Sie presste ein Lächeln hervor und zog provozierend ihr Kleid in die Höhe, sodass nun ihr Schoss ungeschützt vor ihm lag. Der Mann lachte wieder und wertete dies als Zeichen ihres Gehorsams. Seine Hand wanderte zwischen ihre Beine und er fuhr mit seinem Finger über ihr Geschlecht. „Na, was ist denn das?"
Dann blickte er leicht irritiert auf das Geschehen am Boden, wo das Mädchen nun gepresste Schreie ausstieß. Einer seiner Freunde stöhnte vor Gier, während der andere bereits seine Hose öffnete, um sich ebenfalls an dem Kind zu vergreifen.

Monika nutzte die winzige Chance, die sie hatte, und zog den Revolver aus dem Gürtel. Mit ihrer anderen Hand schlug sie den Revolver des Mannes zur Seite, dann spannte sie den Hahn und drückte ab. Alles ging so schnell, dass dem Mann keine Zeit mehr blieb, zu reagieren. Seine grauen Augen waren groß vor Überraschung, dann wich er etwas zurück, als er versuchte, die Waffe wieder auf sein Opfer zu richten. „Du Schlampe!", fluchte er. Blut verfärbte das Hemd auf seinem Bauch rot.

Unten am Boden hatten die Männer in ihrem Tun innegehalten. „Scheiße!", fluchten sie unflätig. Sie richteten sich bereits auf und zogen ihre Waffen, um der Bedrohung durch die Frau zu begegnen. Das Kind, das wimmernd am Boden lag, war im Moment keine Gefahr. Im Bettchen schrie Rahel, die durch den Schuss unsanft aus ihrem Schlaf gerissen worden war.

Monika zielte erneut, richtete den Colt auf den Mann und drückte ohne zu zögern ab. Der Kopf des Mannes flog nach hinten und der Schuss aus seiner Waffe schlug in den Boden, ohne Schaden anzurichten. Dann sackte er lautlos zusammen.

Monika saß immer noch auf ihrem Bett und nahm den nächsten Mann ins Visier. Sie würde niemals beide erwischen, aber sie wollte ihr Leben so teuer wie möglich verkaufen.

Der dritte Mann hatte sich aufgerichtet und zielte bereits mit der Waffe auf sie. Er war schnell und er hatte sich bereits von dem Schreck erholt, während der andere noch mit der Waffe in seinem Gürtel kämpfte. Es war schwierig, die Waffe bei heruntergelassener Hose zu ziehen.

Monika schoss ohne zu überlegen auf den Mann, der sich ihr am nächsten befand. Der Mann jaulte auf und richtete dann die Waffe erneut auf sie. Die Kugel hatte ihn am Arm getroffen und kaum verletzt. Monika zog erneut den Hahn durch, obwohl sie wusste, dass es nicht reichen würde.

Der Schuss hallte durch das Zimmer und sie wartete auf den Schmerz. Er kam nicht. Stattdessen sackte der Mann vor ihrem Bett zusammen und rührte sich nicht mehr. Monika kümmerte sich nicht darum, wer ihr zu Hilfe gekommen war, sondern richtete die Waffe auf den letzten Weißen. Er schrie und riss immer noch an der Waffe, die im Gürtel steckte. „Scheiße, Scheiße!", fluchte er, dann erstickte seine Stimme in einem Schwall von Blut. Rauch erfüllte den Raum, als der dritte Schuss langsam verhallte. Monikas Hand zitterte vor Schwäche. Immer noch hielt sie die Waffe in der Hand und richtete sie auf die Person, die in der Tür stand.

„Ich bin es!", rief Josh. „Ich bin es!"

Monika ließ die Waffe sinken und zitterte wie das Laub der Pappeln. Sie schrie vor Angst und hielt sich die Hand vor den Mund. Sie hörte das Baby schreien und war nicht in der Lage, aufzustehen und nachzusehen, ob ihm etwas fehlte. „Eve!", schrie sie in höchster Not. Und zum ersten Mal seit langer Zeit rief sie das Kind mit dem indianischen Namen: „Rotes-Blatt!"

Josh trat in das Zimmer und kontrollierte, ob die Männer wirklich tot waren, dann beugte er sich über Anna, die weinend am Boden lag. Vorsichtig nahm er das Kind in die Arme und legte es auf das Bett neben Monika. „Es ist alles wieder gut!", flüsterte er. „Um Gottes willen, ich muss nach Ma sehen!"

Zum ersten Mal fiel Monika auf, dass weder von Eve noch von den beiden alten Frauen etwas zu hören war. Panisch vor Angst kletterte sie aus dem Bett und lief mit zitternden Knien aus dem Haus. Ihre Brüste waren unbedeckt und das Kleid rutschte ihr tiefer, aber sie war nur um Sorge um ihre Lieben.

Josh folgte ihr und beide liefen in Richtung des Beetes, wo zwei Gestalten leblos am Boden lagen. Es waren Untschi und Klara. Monika schrie vor Verzweiflung, dann sah sie sich wieder nach ihrer Tochter um. Wo war das Kind?

Josh kniete sich neben seine Mutter und drehte ihren Körper vorsichtig um. „Ma!", rief er heiser vor Verzweiflung. „Ma!" Er entdeckte die Schusswunde an der Schulter und weinte vor Angst. „Sie ist verletzt!"

Monika nickte und strich sich die Haare aus dem Gesicht. Wo war das Kind? Sie sah Untschi, die mit blutendem Schädel im Dreck lag, und schluchzte. Diese Männer hatten einfach geschossen! Ohne Erbarmen! Aber wo war ihre Tochter?

„Ma´evepotaé!", rief sie in höchster Not. „Eve!"

Sie rannte zum Haus zurück und suchte in der Nähe der Schaukel nach ihrem Kind. „Eve!", rief sie immer wieder.

Schließlich hörte sie leises Weinen, das aus dem Holzstoß erklang, der seitlich des Hauses aufgeschichtet war. Das Kind hatte sich zwischen die Äste gequetscht und zitterte vor Angst. Monika weinte vor Erleichterung und zog ihre Tochter vorsichtig hervor. „Sie sind weg!“, meinte sie tröstend. „Sie sind weg!“
„Oma?“, fragte Eve ängstlich.
Monika biss die Lippen zusammen. „Wir werden uns um sie kümmern! Hör zu, wir müssen diese bösen Männer wegschaffen. Bleibst du solange bei Rahel?“
Eve nickte bejahend und Monika nahm ihre Tochter an der Hand und führte sie vom Ort des Grauens weg. Sie brachte das Kind zur Scheune und ließ sie dort im Heu Platz nehmen. „Ich hole dir Rahel und du bleibst mit ihr hier, bis ich dich wieder hole!“
„Und Untschi?“, fragte das Kind.
„Untschi ist verletzt“, erklärte Monika.
Eve schlug die Hände vor das Gesicht und weinte. Monika wusste, dass es nichts gab, womit man das Kind nun trösten konnte. „Ich werde mich um Untschi und Oma kümmern!“, versprach sie mit fester Stimme.
Monika lief ins Haus zurück und holte Rahel aus dem Bettchen. Im Bett saß Anna mit vor Schreck geweiteten Augen und blickte sie hilflos an. „Ich komme gleich!“, murmelte Monika. Auch hier war Trost von Nöten.
Sie brachte Rahel zu ihrer Tochter und war froh, dass die Kinder aus der Nähe des Todes verschwunden waren. Dann kehrte sie zurück zum Haus.
Josh hatte Klara in ihr Bett gelegt und blickte nun hilflos auf die Schussverletzung. Er machte eine bittende Geste. „Bitte!“, flehte er.
„Hol Untschi her!“, bat Monika. „Sie hat eine Kopfverletzung. Und dann bringst du die Männer raus.“
Josh nickte, froh darum, dass sie die Initiative übernahm.

Monika beugte sich über ihre Schwiegermutter und sah nach der schweren Verletzung. Die Kugel hatte die Schulter durchschlagen und diese blutete stark. Sie holte sich saubere Tücher aus der Truhe und presste sie gegen die Wunde, um die Blutung zu stil-

len. Sie hoffte, dass keine wichtige Ader durchschlagen war, denn dann würde Klara verbluten.
Josh kehrte mit Untschi im Arm zurück und legte sie neben Anna in das Bett. Anna schrie vor Entsetzen, doch dann kletterte sie aus dem Bett, um nach ihrer Großmutter zu sehen. Sie suchte ebenfalls ein Tuch und presste es gegen den blutenden Schädel. „Untschi!", rief sie verzweifelt. Das Mädchen zitterte wie Espenlaub und doch riss es sich zusammen und versuchte der Großmutter zu helfen. Ihre schwarzen Augen waren groß vor Angst.
Josh beugte sich ebenfalls über Untschi und unterstützte Anna in dem Versuch, die Blutung zu stillen. Vorsichtig tupfte er die Kopfhaut sauber und erkannte, dass es sich nur um einen Streifschuss handelte. Er presste das Tuch gegen die Stelle und forderte Anna mit einem Nicken auf, es ihm gleich zu tun. „Sie wird wieder aufwachen", flüsterte er beruhigend. Kurz drückte er das Mädchen an sich und strich über ihre schwarzen Zöpfe. „Ich hole Wasser, damit wir sie waschen können. Sonst klebt das Blut an den Haaren fest."
Anna verstand kein Wort, aber die warme Stimme von Josh schien sie zu beruhigen.
Josh verschwand im Wohnraum und kam mit einer Schale Wasser zurück. Vorsichtig wusch er das Blut aus den Haaren der älteren Frau. Anna nahm ihm schließlich das Tuch aus der Hand und schüttelte den Kopf. Sie konnte das tun. Mit einem Nicken deutete sie an, dass Josh sich lieber um die Leichen kümmern sollte.
Josh packte schließlich den ersten Halunken an den Beinen und zog ihn aus dem Haus. Er hinterließ dabei eine lange Blutspur auf dem Boden. Den nächsten wickelte er darum in eine alte Decke, ehe er ihn ebenfalls aus dem Haus zog. Beim dritten machte er es genauso. Dann holte er eine weitere Decke und wickelte den ersten Toten darin ein, damit niemand mehr den Anblick ertragen musste.
Mit seinen Händen in den Hüften schaute er auf die drei Leichen und schüttelte den Kopf über das Leid, das diese Männer über seine Familie gebracht hatten. So schnell, so kurz, so unvermittelt. Ein plötzlicher Wind war aufgekommen und so hatte er die Schüsse gehört. Er war sofort herbeigeeilt und doch hatte er nicht

verhindern können, was geschehen war. Nun lagen dort zwei Menschen im Haus und kämpften um ihr Leben. Und er hatte gesehen, was mit Anna geschehen war. Nie würde er ihren Blick vergessen können.

Er kehrte in das vordere Wohnhaus zurück und warf Monika einen fragenden Blick zu.

„Ich brauche den Arzt!", erklärte Monika ruhig. Sie hatte sich gesammelt und ihre Kraft wiedergefunden. Sie wusste, dass Klara sterben würde, wenn hier nicht schnellstens der Arzt auftauchte.

Josh nickte nur und verließ das Haus, um sein Pferd zu satteln. Wenn er jetzt noch losritt, dann schaffte er es bis zum Morgen zur Agentur, und dann konnte der Arzt bis zum nächsten Abend vielleicht hier sein.

Er ignorierte Eve, die ängstlich im Heu hockte und ihre Schwester schaukelte. Wortlos sattelte er das Pferd und zog es aus dem Stall. Dann galoppierte er in Richtung Norden davon.

Monika versorgte so gut sie konnte die Schussverletzung. Die Blutung war leichter geworden und so wagte sie es, einen festen Verband anzulegen. Das Gesicht ihrer Schwiegermutter war blass und sah aus wie der fahle Mond am Himmel. Ihre Atmung war kaum zu spüren. Monika dachte an all die Menschen, die sie bereits verloren hatte. Nun lag dort diese weiße Frau, die sie Schwiegermutter nannte und die inzwischen wie eine Mutter für sie geworden war. Sie holte etwas getrockneten Salbei aus ihrem Bündel und betete für Klara. Ihr leiser Singsang erfüllte das Haus, als sie die Geister um Schutz anflehte. Dann ging sie zum Bett, in dem Untschi lag, und betete auch für sie. Anna saß mit verschränkten Händen daneben und fiel in den Singsang ein. Als die beiden Frauen verstummten, war nur der Wind zu hören, der um das Haus blies. Vorsichtig nahm Monika das verstörte Mädchen in die Arme und strich ihr über die Haare.

„Sie wollten mir wehtun", flüsterte Anna.

„Ja, manchmal tun Männer so etwas. Aber nun sind sie tot!"

„Gut, dass du geschossen hast!", stellte Anna dankbar fest.

„Ja! Sie hätten uns sonst getötet. Und die Kinder auch. Die Weißen bestrafen Menschen, die so etwas tun. Die Männer hätten alle

getötet, die gesehen haben, was sie taten."
Anna atmete entsetzt ein. „Was sind das für Menschen, die Frauen und Kinder töten?"
Monika schwieg. Diese Frage konnte sie auch nicht beantworten. „Bitte, kannst du Eve und Rahel holen? Sie haben Angst."
Anna erhob sich gehorsam und verließ das Zimmer, während Monika wieder an das Bett von Klara trat. Ihre Schwiegermutter atmete noch, mehr konnte sie auch nicht sagen.

Anna kehrte mit Eve und Rahel zurück und blieb in der Tür stehen, weil sie nicht wusste, wohin mit den Kindern. In Monikas Bett lag nun Untschi.
Monika nickte in Richtung des Tisches und Anna setzte sich mit den Kindern an den Tisch. Eve war seltsam still und beobachtete nur wachsam ihre Mutter. Rahel war froh um Annas Gesellschaft und forderte die Aufmerksamkeit des Mädchens. Ihr helles Quietschen erfüllte den Raum und erinnerte die Frau daran, dass das Leben weiterging. Monika setzte sich ebenfalls an den Tisch und nahm Eve auf ihren Schoß. „Du musst dich nicht mehr fürchten!"
Eve schüttelte den Kopf. „Ich habe keine Angst mehr. Der Mann war da und hat gesagt, dass er auf mich aufpasst. Und auf Rahel auch."
„Welcher Mann?", wunderte sich Monika.
„Ein Mann!", lächelte Eve.
„Wie sah denn dieser Mann aus?"
„Wie ein Mann", erklärte Eve. „Wie ein Lakota-Mann."
Monika nickte. Sie wusste, dass kein anderer Mann in der Nähe war. Auch Eve hatte den Geist gesehen. Und wieder hatte er ihnen geholfen.
„Er ist hier, um uns zu schützen!", erklärte Monika.
„Warum hat er Oma nicht geholfen?"
Monika wusste hierauf keine Antwort. Wahrscheinlich war es sehr schwierig für einen Geist, eine Kugel abzulenken. Er hatte sie und die Kinder beschützt. Und dafür gesorgt, dass Josh rechtzeitig da war. Dann lächelte sie. „Er wird auch Oma helfen!", sagte sie zuversichtlich. „Ich habe gebetet."

Eve lächelte zufrieden. „Ich werde auch für Oma und Untschi beten."
„Du kannst mir helfen, Tabakbeutel zu binden, damit wir uns bei den Geistern bedanken können", schlug Monika vor.
Sie holte roten Stoff und brachte Eve eine Schere, damit sie kleine Quadrate aus dem Stoff schnitt. Dann zeigte sie dem Kind, wie sie darin Tabak einwickelte und mit einem Faden zuband. Mit Feuereifer machte sich Eve an die Aufgabe, während Anna das Baby wickelte und wieder in das Bettchen legte. Sie blieb bei ihrer Großmutter und legte sich neben dem Bett auf den Boden. Stille Tränen liefen über ihr Gesicht und sie tastete an die intime Stelle zwischen ihren Beinen. Der Mann hatte den Akt nicht beendet, aber es war genug geschehen, um es bluten zu lassen. Sie war verwirrt und sie hatte Angst, dass je ein Mann ihr wieder so wehtun könnte.

Monika trat vor die Tür und verbrannte Salbei, um die Geister der Toten zu vertreiben. Es waren böse Menschen gewesen und sie fürchtete sich davor, dass sie noch im Tod Unheil über sie bringen könnten. Sie betete und bat die guten Geister, sie und ihre Angehörigen zu schützen. Sie hoffte, dass die Männer bald zurückkehrten, damit sie die Toten von hier fortschafften. Sie wollte nicht einmal die Gräber dieser Männer sehen, um nicht an diesen Tag erinnert zu werden. Müde setzte sie sich neben ihre Schwiegermutter und wickelte sich in eine Decke. Sie würde die Nacht über am Bett von Klara wachen. Im Gürtel steckte wieder der Colt, neu geladen und frisch gereinigt.

Gold

Josh galoppierte in Höchstgeschwindigkeit durch das Tal und schlug dann den Weg über den schmalen Pass ein. Er wollte möglichst viel Wegstrecke hinter sich bringen, solange es noch hell war. Bei Dunkelheit würde es gefährlich werden, auch weil Pferde in der Dunkelheit schlecht sahen und im Tritt unsicher wurden. Am Ende des Tales mäßigte er sein Tempo in einen ausdauernden Trab. Sein Herz schlug ihm bis zum Hals vor Aufregung. Es fiel ihm schwer, überhaupt einen klaren Gedanken zu fassen. Zu viel war in den letzten Wochen und Monaten geschehen, und er fragte sich, ob es richtig gewesen war, hierher zu kommen. Dieses Land war gefährlich!

Er dachte an Monika und Anna, denen noch Schrecklicheres widerfahren wäre, wenn er nicht zu Hilfe gekommen wäre, und er dachte mit Schrecken an seine Mutter und Untschi, die schwer verletzt wurden. Wieder fiel ihm ein, wie Monika zu ihnen gekommen war und nun zum dritten Mal in ihrem Tal überfallen worden war. Lag es daran, dass sie Indianer in ihrem Haus aufgenommen hatten? Wäre seine Mutter nicht verletzt worden, wenn sie alleine gewesen wäre?

Dann dachte er an diese Halunken, deren leblose Körper er aus dem Haus gezerrt hatte. Sie waren schmutzig gewesen, und sie hatten gestunken. Sie hatten die einsame Ranch ausgespäht und vermutlich darauf gewartet, dass die Frauen ihnen schutzlos ausgeliefert waren. Es hatte nichts damit zu tun, dass die Indianerinnen bei ihnen lebten. Er dankte Gott im Himmel, dass Monika so geistesgegenwärtig gewesen war, den einen Mann zu erschießen. Er hätte sicherlich nicht alle drei ausschalten können!

Er bewunderte den Mut, den sie gezeigt hatte, und die Entschlossenheit. Sie hatte die Chance ergriffen und ohne zu zögern geschossen!

In seinen Ohren dröhnten noch die Schüsse und das hohe Weinen des Babys. Er biss wütend die Zähne zusammen, als er daran dachte, wie Eve ängstlich im Stall gesessen war und ihre Schwester beruhigt hatte. Dieses Land war nichts für Frauen und Kinder!

Er versuchte sein Herzklopfen in den Griff zu bekommen, weil er merkte, dass seine Unruhe sich auf das Pferd übertrug. Es hatte bereits mehrfach vor den länger werdenden Schatten gescheut und war schweißgebadet. Er parierte das Pferd zu einem gemütlichen Schritt durch, um es zu beruhigen. Wenn es jetzt durchging und stürzte, würde er nie die Agentur erreichen.
Nach einer Weile hatte das Pferd sich beruhigt und er ließ es wieder zügig antraben. Er folgte der deutlichen Spur, die die Rinder hier vor zwei Tagen hinterlassen hatten. Noch hatte sich das Gras nicht wieder aufgerichtet.
Der Himmel war bereits in ein dunkles Lila getaucht und am südlichen Himmel tauchte der erste Stern auf. Josh zwang das Pferd vorwärts, das nun immer unwilliger wurde. „Hier ist doch ein schöner Pfad“, flüsterte Josh beruhigend. Er achtete darauf, in dem niedergedrückten Gras zu reiten, um Stolperunfälle zu vermeiden. Dann wurde es dunkel. Noch schien kein Mond und für eine Weile tasteten sie sich wirklich durch die finstere Nacht. Das Sternenlicht reichte nicht aus, um den Weg zu erleuchten, und so stieg Josh ab und führte das Pferd eine Weile.

Er wartete, bis der Mond aufging und stieg wieder auf. Es war kein Vollmond und doch reichte das Licht, um wenigstens etwas zu sehen. Josh wusste, dass er es nicht verhindern konnte, wenn das Pferd in ein Loch trat. Er betete, dass sie einfach Glück hatten. Spät in der Nacht wurde er auf einen Feuerschein aufmerksam, der seltsam unwirklich durch die Dunkelheit strahlte. Er ritt darauf zu und hoffte, dass es keine weiteren Halunken waren. Aber die Wahrscheinlichkeit war größer, dass er seine Familie dort traf, die sich inzwischen auf dem Rückweg befinden musste. Halunken würden wahrscheinlich kein Feuer entzünden. Er ritt auf das Feuer zu und beobachtete, wie sich jemand erhob und ihm mit einem Bogen in den Weg stellte. Auf sein Rufen hin erhoben sich auch die zwei anderen Männer von ihrem Lager.

Josh hätte vor Erleichterung am liebsten geweint, als er die Hand hob und sich zu erkennen gab. „Hank, nicht schießen, ich bin es, Josh!“

Der Indianerjunge ließ den Bogen sinken und kam ihm einige Schritte entgegen. Er war überrascht, ihn zu sehen, und führte hilfsbereit das erschöpfte Pferd am Zügel zum Feuer. Die Knie der Stute zitterten und sie schnaubte freudig, als sie die anderen Pferde roch.

Theodor und Collins blickten dem jüngsten Sohn überrascht entgegen und stemmten die Hände in die Hüften. „Was machst du denn hier?"

Josh ließ sich aus dem Sattel gleiten und versuchte die Tränen zu unterdrücken, die ihm in die Augen stiegen. „Pa!", stammelte er, „wir wurden überfallen und Ma wurde schwer verletzt. Monika sagt, dass sie den Arzt braucht …" Seine Stimme endete in einem Schluchzen.

„Um Gottes willen!", flüsterte Theodor entsetzt. „Setz dich her und erzähl erst einmal!"

Josh schüttelte den Kopf. „Ich brauche ein neues Pferd! Ich muss sofort weiter!"

„Was ist denn passiert?", forschte Collins.

„Drei Banditen haben uns überfallen. Sie haben auf Ma und Untschi geschossen und sie schwer verletzt. Dann wollten sie Monika und Anna vergewaltigen. Pa, es war schrecklich! Monika hat geschossen und ich habe die anderen beiden erwischt. Alles ist voller Blut! Ma braucht sofort einen Arzt und Untschi wahrscheinlich auch. Sie hat eine üble Kopfverletzung. Ich muss sofort weiter!"

„Was ist mit Ma?" fragte Theodor mit zusammengebissenen Zähnen.

„Ein Durchschuss an der Schulter. Monika hat die Blutung gestoppt, aber das muss sich unbedingt ein Arzt ansehen!"

Theodor nickte nur und zog sein Pferd heran. „Ich reite selbst zu Mr. McGillycuddy!", erklärte er.

Josh schüttelte den Kopf. „Lass mich reiten! Es ist besser, wenn du nach Hause kommst, glaube mir. Es ist nicht gut, wenn die Frauen allein sind. Und Monika braucht ganz bestimmt Collins."

Theodor zögerte kurz, dann nickte er. „Hast recht! Ich habe nur Angst, dass Mr. McGillycuddy nicht mit dir kommt. Du musst ihn wirklich überzeugen!"

Josh starrte seinem Vater wütend in die Augen. „Ich war dort, Pa! Ich habe gesehen, was diese Schweine getan haben! Und ich weiß, dass Ma schwer verletzt ist. Glaube mir, Mr. McGillycuddy wird kommen!“
Theodor blickte seinen Jüngsten prüfend an und nickte dann. „Schon gut! Reite nur! Wir brechen sofort auf, dann sind wir vielleicht am Morgen zuhause.“
Mit seinen Stiefeln trat er das Feuer aus und warf Erde über die letzten schwelenden Glutnester. Hank und Collins verstauten bereits die Schlafdecken und zogen sich in ihre Sättel. Theodor setzte sich auf Joshs Stute, die sich zufrieden hinter den anderen beiden Pferden einordnete und in Richtung Heimat trottete.
Josh trieb sein neues Pferd weiter nach Norden und fiel in einen leichten Galopp. Es war ihm gleichgültig, ob das Pferd vielleicht stürzte. Dann würde er den Rest der Entfernung eben im Dauerlauf zurücklegen.

Theodor, Collins und Hank folgten dem Bach und blieben ebenfalls in der Spur des niedergedrückten Grases. Sie schwiegen und konzentrierten sich auf den Weg. In der ersten Morgendämmerung trieben sie die Pferde zu einem ausdauernden Galopp an. Sie mussten nun keine Rücksicht mehr nehmen, denn die Pferde würden sich anschließend erholen können.
Die Sonne stand bereits hoch am Himmel, als sie endlich die Ranch erreichten. Anna trat ihnen mit einem Gewehr im Anschlag entgegen und ließ die Waffe sinken, als sie die Männer erkannte.
Auch Monika steckte wieder den Revolver in den Gürtel und lief erleichtert ihrem Mann entgegen. Collins sprang vom Pferd und drückte Anna die Zügel in die Hand. „Hier, führe die Pferde herum. Sie müssen sich etwas abkühlen.“
Hank nahm sein und Theodors Pferd am Zügel und nickte seiner Schwester zu, ihm zu folgen. Er redete nicht mit ihr, obwohl ihm deutlich die Sorge ins Gesicht geschrieben stand. „Wie geht es Untschi?“, fragte er stattdessen Monika.
„Besser. Sie ist erwacht. Kümmere dich um die Pferde und dann komm ins Haus!“

Hank nickte und führte die Pferde eine Weile im Kreis herum, ehe er sie absattelte. Eve lief neben ihm her und erzählte in ihrer kindlichen Art von den Schrecken des vergangenen Tages.
Prüfend musterte Hank die drei Leichen, die immer noch vor dem Haus lagen. Die Pferde scheuten vor dem Leichengeruch und so vermied er es, zu nahe dort vorbeizugehen.

Im Haus beugte sich Theodor über seine Frau und strich zitternd über ihre blasse Wange. „Klara!", flüsterte er heiser vor Angst. Collins stand hilflos im Hintergrund und nahm vorsichtig seine Frau in den Arm. „Oh Gott, was ist denn nur geschehen?"
„Sie kamen und haben sofort geschossen", erzählte Monika. „Eve hatte sich versteckt, so haben sie das Kind nicht gesehen. Sonst hätten sie es auch erschossen. Sie trafen Untschi am Kopf und Klara an der Schulter. Sie dachten wohl, dass beide tot sind. Dann fielen sie über Anna und mich her."
Collins starrte seine Frau mit großen Augen an. „Und dann?"
Monika presste energisch die Lippen zusammen. „Ich zog meine Waffe und habe einen erschossen. Dann kam Josh und hat die anderen erschossen. Sie liegen nun dort!"
Collins wischte sich über die Stirn und atmete durch. „Mein Gott! Ihr hättet alle tot sein können!" Er trat näher an das Bett seiner Mutter und musterte ihr eingefallenes Gesicht. „Ist sie schon erwacht?"
Monika schüttelte den Kopf. „Nein!"
Theodor warf ihr einen Blick zu, der all die Trauer und Wut zeigte, die er empfand. „Danke!", sagte er nur.
Monika nickte. „Ich habe an ihrem Bett gewacht. Aber wir brauchen den Arzt! Josh ist losgeritten, um ihn zu holen."
„Wir haben ihn unterwegs getroffen. Wir haben ihm ein frisches Pferd gegeben, damit er schneller die Agentur erreicht."
„Wir können nichts tun", meinte Monika traurig. „Aber wir müssen die Leichen hier fortschaffen. Es ist nicht gut, wenn die Geister der Toten hier sind."
Zum ersten Mal sagte Theodor nichts. Die Anwesenheit von Geistern schien auch ihm nicht ratsam. Er sagte auch nichts, als Monika, Eve und Anna diese seltsamen Bündel in die Äste eines

Busches hängten und leise Gebete sangen. Mit gerunzelter Stirn trat er an Untschis Bett und musterte die Indianerin. Sie blickte ihn kurz mit den schwarzen Augen an und vermied dann den Blickkontakt. Ihr Kopf war fest bandagiert. Das weiße Leinen sah befremdlich in dem schwarzen Haar aus.
Theodor verließ das Zimmer und knurrte etwas Unverständliches. Collins folgte ihm und versuchte zu erraten, was sein Vater gerade dachte. Gemeinsam traten sie vor die Tür und blickten auf die Leichen, die dort unter den Decken lagen. „Sie müssen hier weg!", befahl Theodor. „Außerdem will ich, dass das Blut weggewischt wird."
Collins nickte und zeigte auf die steifen Körper. „Die müssen doch irgendwo Pferde haben. Sie können ja nicht zu Fuß hierher gekommen sein."
Theodor rief nach Hank, der inzwischen die Pferde abgesattelt hatte. „Schnapp dir ein Pony und schau mal, ob du die Pferde von diesen Halunken findest. Als Indianer kannst du ja bestimmt die Spuren finden, oder nicht?"
Hank starrte ihn verständnislos an und Theodor runzelte genervt die Stirn. „Meine Güte! Lern endlich unsere Sprache!" Er zeigte auf die drei toten Männer und stieß dann ein Wiehern aus. Dann zeigte er mit dem Finger auf den Boden, als würde er dort etwas suchen. „Verstehst du? Pferde?"
„Shunka-wakan kin hena owicawale kte!", erklärte der Junge.
„Was auch immer", knurrte Theodor nicht ganz unfreundlich. „Pferde! Verstehst du?"
Hank nickte mit einem Lächeln und zeigte in Zeichensprache, dass er die Pferde der Männer suchen würde. Er holte dazu aber nicht sein Pony, sondern fing mit der Suche in der Nähe des Beetes an, wo die Männer die beiden Frauen niedergeschossen hatten. Schnell fand er ihre Spuren und folgte ihnen zurück in die Hügel, von wo aus die Halunken die Ranch in Augenschein genommen hatten.
„Kluger Junge!", lobte Theodor.

Theodor ging zu den Gestalten, die am Boden lagen, und entfernte die Decke. Eve trat neugierig näher, aber Theodor schüttelte

den Kopf und schickte das Kind ins Haus zurück. „Das ist nichts für Kinder!“, schimpfte er. „Geh zu Anna!“
Eve gehorchte sofort und verschwand im Haus, um dort nach ihrer Oma zu sehen.
Theodor und Collins durchsuchten die Jackentaschen der Toten, um zu sehen, was sie dabeihatten. Sie stießen auf mehrere Bündel Dollarnoten, die sie überrascht hin und her drehten. „Wo haben die denn das her?“, wunderte sich Collins.
„Wahrscheinlich irgendwo geklaut!“
Ansonsten fanden sie nichts. Ein Mann war noch recht jung und Collins biss die Lippen zusammen. Bei ihm fanden sie eine Taschenuhr, in der ein Bild von einer Frau steckte. „Maria“, war dort eingraviert. Sonst nichts. Vielleicht war es die Mutter des Jungen gewesen, vielleicht war die Uhr aber auch nur von einem Opfer, dem der Bursche die Uhr abgenommen hatte. Collins ließ sie in seine Tasche gleiten. Vielleicht konnte er sie verkaufen. Die Uhr schien wertvoll zu sein. Er glaubte nicht daran, dass es möglich wäre, den rechtmäßigen Eigentümer dieser Uhr ausfindig zu machen.
Der Vater hatte inzwischen die Kutsche eingespannt und fuhr das Gespann vor das Haus. Gemeinsam luden sie die Leichen auf den Karren und deckten sie wieder zu.
„Wohin jetzt?“, fragte Collins.
Theodor zeigte mit einem Nicken auf die weiter entfernten Hügel. „Wir werfen sie dort in eine Schlucht und decken sie mit Steinen zu.“
„Sollten wir nicht warten, bis der Agent hier war? Ich will nicht, dass wir Ärger bekommen.“
Theodor dachte darüber nach und schüttelte den Kopf. „Wir können ihm ja die Burschen zeigen, wenn er kommt. So lange lassen wir sie unbedeckt. Steine können wir auch anschließend noch auf die Leichen werfen. Aber ich will sie hier weg vom Haus haben.“
Collins kletterte zu Theodor auf den Kutschbock und nahm die Zügel in die Hand. Sein Vater hielt ein Gewehr in den Händen und sicherte die Umgebung. „Lass antraben!“, befahl er mit einem Schnalzen. „Ich will so schnell wie möglich wieder zurück sein!“

Der Wagen rumpelte durch das Tal und folgte dann dem Weg nach Südwesten. Zwischen den dicht mit Pinien bewachsenen Hügeln gab es genügend Schluchten, in denen man die unliebsamen Gestalten verschwinden lassen konnte.

Nach ungefähr zwei Stunden kehrten sie wieder zurück. Sie traten ins Haus und sahen zu, wie Monika und Anna mit Seifenlauge versuchten, die Blutflecken aus dem Boden zu entfernen. Sie schrubbten mit einer Bürste den Boden und wischten das Blut mit einem Tuch auf, das sich immer wieder braun färbte.
Theodor setzte sich neben seine Frau an das Bett und streichelte sanft ihre Hand. Er war ein harter Mann, aber im Moment fühlte er eine solche Hilflosigkeit, dass es ihm den Atem nahm. Er wollte nicht ohne seine Frau sein! Sie hatte ihm das Leben lebenswert gemacht. Vielleicht hätte sein Leben genauso geendet wie das von diesen drei Jungs, die er mitleidlos in die Schlucht geworfen hatte, wenn er Klara nicht getroffen hätte. Aber sie hatte stets an das Gute in ihm geglaubt und ihn auf den rechten Pfad geführt.
„Klara!", murmelte er voller Sehnsucht. „Ich schimpfe auch nicht mehr gegen die Indianer, wenn du bleibst!"
Als Zeichen, dass er es wirklich ernst meinte, nahm er Eve auf den Schoss und drückte sie an sich. „Soll ich dir eine Geschichte erzählen?", fragte er.
„Über einen Wolf?"
Theodor lachte. „Gefallen dir diese Geschichten?"
Eve nickte eifrig. „Ja, bei uns gibt es auch solche Geschichten. Aber sie handeln von Wihio."
„Wer ist denn Wihio?", wunderte sich der Großvater.
„Oh, ein ganz böses Wesen. Er hat immer Hunger und narrt die Menschen."
Theodor drückte das Kind behutsam an sich. Dann lächelte er. „Vielleicht magst du mir eine Geschichte erzählen? Von diesem Wihio?"
Zum ersten Mal hörte er die Geschichte von dem Spinnenmann. Und wie die Büffel aus dem Sack gesprungen sind und sich auf der Erde verteilt hatten.
„Opa", fragte Eve. „Nicht wahr, eines Tages lässt du die Büffel

aus deinem Sack, damit sie sich wieder auf der Erde verteilen können."

Theodor blickte dem Kind in die schwarzen Augen und sah den tiefen Wunsch darin. Ja, dieses Kind glaubte tatsächlich, dass er die Büffel retten würde! Er lachte fröhlich, als ihm der Gedanke gefiel. „Weißt du was? Eines Tages, da öffnen wir gemeinsam den Sack und lassen alle Büffel wieder raus!"

Das helle Lachen des Kindes erfüllte das Haus und Theodor nickte zufrieden. Ja, er würde gut zu den Indianern sein. Weil Klara sich darüber freuen würde.

Am Nachmittag kehrte Hank tatsächlich mit drei Pferden zurück, die er zwischen den Hügeln gefunden hatte. Stolz saß er im Sattel eines gescheckten Pferdes und führte die anderen beiden am Zügel.

„Wow!", staunte Theodor. „Sehr geschickt!"

Sie durchsuchten die Satteltaschen und legten die Ausrüstung der Männer ordentlich auf den Boden. Seltsamerweise waren die Pferde und die Ausrüstung besser gepflegt als die Männer. Die Sättel waren fast neu und stellten einen ziemlichen Wert dar. In den tiefsten Ecken der Satteltaschen stießen die Bronsons auf einige Säckchen, die mit Goldstaub und kleinen Körnern gefüllt waren. Diese Männer hatten ihr Glück mit Goldsuchen versucht. Auf dem Rückweg waren sie über die Ranch gestolpert und hatten gedacht, dass sie hier leichte Beute vor sich hätten. Stattdessen waren ihnen eine Indianerin und ein junger Bursche zum Verhängnis geworden.

Theodor starrte ungläubig auf das Gold und schüttelte den Kopf. „Sie hätten sich doch Huren kaufen können! Jede Menge! Verstehst du, warum sie das Risiko eingegangen sind, eine Ranch zu überfallen?"

Collins zuckte die Schultern. „Wahrscheinlich haben sie in den Frauen keine Gefahr gesehen. Leichte Beute!"

„Ich möchte wissen, was wirklich passiert ist", überlegte Theodor. „Josh sagte, dass die Männer die Frauen vergewaltigen wollten. Ich möchte wissen, ob er rechtzeitig kam! Hat Monika etwas gesagt?"

Collins schüttelte den Kopf. „Sie sagt gar nichts!"
„Hmh!" Der Vater senkte betreten den Kopf. „Wir sind schließlich verantwortlich für Anna und Hank. Nicht, dass dem Mädchen etwas passiert ist und sie von diesen Schweinen einen dicken Bauch kriegt."
„Oder Monika? Vielleicht sollte Mr. McGillycuddy sich das anschauen?"
Collins schluckte schwer, als er daran dachte, dass vielleicht ein fremder Mann mit seiner Frau geschlafen hatte. Misstrauisch beobachtete er Monika, aber sie schien seine Blicke zu ignorieren. Er würde Josh genauer fragen, was er gesehen hatte!

Am Nachmittag näherten sich mehrere Reiter dem Gebäude. Es waren Josh, Mr. McGillycuddy und Wambli-canté. Außerdem zwei weitere Indianer, die Collins nicht kannte. Der Agent hatte seine Arzttasche dabei und stieg sofort vom Pferd, um nach den Patienten zu sehen. Kurz zog er den Kopf zischen die Schultern als ein plötzlicher Wind nach ihm griff. Dann legte sich die Böe wieder.
Theodor griff dankbar nach der Hand des Arztes und führte ihn zu Klara.
„Danke, dass Sie gekommen sind. Meine Frau ist schwer verletzt! Bisher ist sie nicht aufgewacht ..."
Seine Stimme brach ab, als der Arzt sich geschäftig über die Frau bückte und ihr an die Stirn fasste. Dann wickelte er vorsichtig den Verband auf, um nach der Verletzung zu sehen. „Glatter Durchschuss!", murmelte er ernst. „Ich brauche heißes Wasser, um meine Instrumente zu desinfizieren!", forderte er. „Ich muss die Wunde nochmals reinigen und prüfen, ob keine Splitter darin stecken."
Theodor nickte und machte sich sofort an die Arbeit. Er winkte nach Anna, damit sie Feuerholz hereinholte. Mit einem Kopfnicken zeigte er auf das Mädchen. „Sie ist wahrscheinlich vergewaltigt worden. Und ihre Großmutter liegt im Nebenzimmer mit einer Kopfverletzung. Könnten Sie sich das auch mal ansehen?"
Der Arzt nickte etwas abwesend. „Euch hat es ja wirklich übel erwischt."

„Ja, aber die Schurken sind tot. Wir haben sie in eine Schlucht gekippt. Wollen Sie sich das anschauen?"
Der Arzt schüttelte den Kopf. „Ich nicht. Aber ich wäre froh, wenn Sie Wambli-canté die Toten zeigten. Schließlich muss ich einen Bericht schreiben."
„Mach ich!", stimmte Theodor zu. Er drehte sich zu Collins um, der etwas hilflos in der Tür stand. „Nimm die Jungs und zeig ihnen die Stelle, wo die Halunken liegen."

Collins drehte sich um und verließ das Haus, um die Indianer zu dem Ort zu führen. Mit der Hand zeigte er auf die drei Pferde. „Hank hat die Pferde gefunden. Wir wollten sie behalten!"
Wambli-canté nickte. „Der weiße Mann wird das entscheiden."
„Habt ihr sonst noch etwas gefunden?", fragte der Indianerpolizist.
„Nein!", log Collins.
An dem Gesicht des Indianers war nicht zu erkennen, ob er ihm glaubte oder nicht. Collins führte ihn durch das Tal zu den Hügeln und zeigte ihm die drei Leichen. Umsichtig untersuchte Wambli-canté die drei Männer und machte schließlich eine verächtliche Handbewegung. „Die drei waren offensichtlich Herumtreiber."
Collins seufzte. „Ja, sie waren auf leichte Beute aus. Darf ich nun Steine über sie legen?" Er zeigte in den Himmel, wo bereits die ersten Aasfresser kreisten.
Wambli-canté nickte. „Wir helfen dir!", meinte er großzügig. Gemeinsam schafften sie Steine heran und legten sie auf die drei Leichen. Dann kehrten sie zum Haus zurück.
Collins bat seine Frau, den Indianern ein Essen zuzubereiten, und trat an das Bett seiner Mutter, um zu sehen, wie weit der Arzt inzwischen war. Seine Mutter lag da und musterte ihn mit großen Augen. „Collins!", flüstert sie matt.
„Ma!", rief Collins erleichtert. „Wie geht es dir?"
Klara war völlig desorientiert und sah ihn nur irritiert an.
Der Arzt schob Collins zur Seite und lächelte. „Monika hat wirklich gute Arbeit geleistet. Ich habe die Wunde nochmals gereinigt und eine Drainage gelegt. In drei bis vier Tagen komme ich noch-

mals vorbei und sehe nach eurer Mutter. Es wird lange dauern, aber sie wird ganz bestimmt wieder gesund!"
Collins presste unter Tränen die Lippen zusammen und stemmte die Hände in die Hüften. Er war so dankbar, dass ihm die Worte fehlten. „Mein Gott, ich bin Ihnen so dankbar!", flüsterte er immer wieder.
„So, jetzt schaue ich noch nach den anderen Patienten und dann mache ich mich wieder auf den Rückweg."
Collins führte den Arzt in das Nebenzimmer und sah zu, wie er sich über Untschi beugte. Die Indianerin ließ die Behandlung zu und der Arzt untersuchte vorsichtig den Streifschuss.
„Uh, schweres Schädeltrauma!", diagnostizierte er. „Da sind noch ein paar Knochensplitter drin, die ich entfernen muss. Kann mir bitte jemand helfen, ihren Kopf festzuhalten?"
Collins seufzte und setzte sich an das Kopfende, um den Arzt bei der Arbeit zu unterstützen. Anna stand mit großen Augen daneben und weinte schluchzend.
„Josh!", rief Collins nach seinem Bruder. „Nimm das Mädchen bitte mit raus!"
Josh gehorchte und griff nach Annas Arm, um sie aus dem Zimmer zu führen, doch Monika trat energisch dazwischen und tröstete das Mädchen. Sie hatte Rahel im Arm und drückte sie nun Anna in die Arme. In der Sprache der Lakota redete sie auf das Mädchen ein.
Der Arzt öffnete vorsichtig die Wunde und entfernte einige Knochensplitter. Die Wunde blutete stark und Collins wischte sich nervös über die Stirn.
„Halten Sie den Kopf fest!", murrte der Arzt streng. Die Indianerin hatte die Zähne zusammengebissen und kämpfte gegen eine Ohnmacht.
Collins packte den Kopf fester und spürte das Zittern der Frau. Sie musste ungeheure Schmerzen haben! Schließlich ergab sie sich der Ohnmacht und Collins seufzte erleichtert.
„Sie wacht schon wieder auf!", meinte der Arzt.
Er legte einen neuen Verband an und stand schließlich auf, um sich die Hände zu waschen. „Sie hat ganz schön Glück gehabt!", stellte er fest.

Dann sah er Theodor und Collins prüfend an. „Und sonst haben Sie nichts gefunden?"
Collins zögerte und zog schließlich die Taschenuhr hervor. „Doch, diese Uhr!"
Der Arzt nahm sie in die Hand und überprüfte sie eingehend. „Hmh!", meinte er schließlich. „Sie haben eindeutig in Notwehr gehandelt, also ist es nur gerecht, wenn die Ausrüstung der Männer bei Ihnen bleibt. Auch die Pferde. Ich werde darüber einen Bericht schreiben. Die Uhr nehme ich mit. Vielleicht findet sich der rechtmäßige Eigentümer. Sollte sich nach einem Jahr niemand melden, werde ich Ihnen die Uhr wiedergeben."
Theodor nickte zufrieden. Er sagte ebenfalls nichts von dem Gold oder dem Geld. Er sah es nur als gerecht an, es zu behalten. Es war nicht so viel, dass es von einem Postkutschenraub stammen konnte, und so sah er keine Veranlassung, es zu melden. Es würde Wochen dauern, ehe Klara wieder in der Lage wäre zu arbeiten, und das sollten diese Halunken ihm bezahlen!
Der Arzt wandte sich inzwischen an Josh und befragte ihn zu der Situation, die er vorgefunden hatte, als er den Frauen zu Hilfe geeilt war. Interessiert hörten die Männer zu, während Monika sich in eine Decke hüllte und damit ihre Not zeigte. Auch Anna hatte sich in eine Decke gehüllt und verschwand ins Nebenzimmer. Es war nicht richtig, dass die Männer darüber redeten, was hier geschehen war.
Josh tat sich schwer, die richtigen Worte zu finden. „Ich glaube, bei Monika ist nichts passiert. Sie hat auf dem Bett gesessen und geschossen, als der Mann sich ihr genähert hat. Aber bei Anna … der Mann hatte bereits die Hose runter und lag auf ihr. Sie hat geschrien."
Der Arzt nickte und ging in das Nebenzimmer, um nach dem Mädchen zu sehen.
Monika folgte ihm und schüttelte den Kopf. „Anna will nicht!", erklärte sie.
Der Arzt runzelte die Stirn und musterte die Indianerin streng. „Anna ist noch ein Kind. Wenn der Mann sie vergewaltigt hat, dann kann es sein, dass sie verletzt wurde. Ich möchte mir das ansehen."

Monika schüttelte vehement ihren Kopf. „Sie blutet, aber das wird vergehen."
„Ja, und wenn sie schwanger wird? Das ist doch unverantwortlich!"
Monika blieb stur. Wenn das Mädchen nun schwanger war, konnte auch der Arzt dies nicht mehr ändern. Aber Anna hatte gesagt, dass der Mann nicht lange genug auf ihr gelegen hätte. Im Winter würden sie wissen, ob etwas passiert war oder nicht. Aber niemals würden die Frauen es zulassen, dass ein fremder weißer Mann den intimen Bereich einer Frau untersuchte.
Der Arzt gab sich schließlich geschlagen und kehrte zu den Männern zurück. „Sie wollen nicht!", erklärte er kurzangebunden.
„Wenn das Mädchen schwanger ist, kann man es ohnehin nicht ändern. Wir können nur hoffen, dass nichts passiert ist. Sie ist einfach noch ein bisschen zu jung für so etwas."
„Ach Gott!", schimpfte Theodor aufgebracht. „Dass so etwas ausgerechnet in meinem Haus passiert! Schließlich haben wir hier die Verantwortung."
Der Arzt verließ das Haus und redete kurz mit seinen Polizisten. Er schien zufrieden zu sein mit dem, was die Männer ihm zu berichten hatten. Er verabschiedete sich von den Bronsons und versprach, in den nächsten Tagen nochmals nach Klara zu sehen. „Wechseln Sie täglich den Verband und halten Sie die Wunde sauber. Hier ist etwas Morphium, wenn die Schmerzen zu groß werden. Aber seien sie vorsichtig! Immer nur ein paar Tropfen geben!"
Theodor nickte und verabschiedete sich von dem Arzt. Er sah zu, wie die Männer durch das Tal ritten und schließlich verschwanden. Dann kehrte er ins Haus zurück und setzte sich ans Bett seiner Frau. Klara war wach und sah ihn fragend an. „Was ist denn passiert?"
„Drei Halunken haben euch überfallen. Hast du denn nichts mitbekommen?"
Klara schüttelte ganz langsam den Kopf. „Gar nichts! Ich war mit Untschi im Garten. Wie geht es denn den anderen?"
„Untschi hat einen Streifschuss am Kopf. Den anderen geht es gut. Hoffe ich!", schränkte er ein.

Klara wurde misstrauisch. „Wieso?“
Theodor zuckte unglücklich die Schultern. „Die Männer haben sich über Anna hergemacht. Keiner kann sagen, ob da mehr passiert ist.“
„Ach Gott!“, stöhnte Klara. „Wie schrecklich!“
„Ja! Wir müssen einfach abwarten. Sie ist sehr still, das macht mir Sorgen.“
Klara schloss eine Weile die Augen, dann stöhnte sie leise. „Oh, das tut aber entsetzlich weh.“
Theodor beugte sich über seine Frau und stopfte ihr ein Kissen in den Rücken. „Es wird eine Weile dauern, bis das heilt.“
Klara biss die Lippen zusammen. „Das Sauerkraut muss abgedeckt werden.“
„Jetzt vergiss mal das dumme Sauerkraut!“, schimpfte Theodor. „Deine Gesundheit ist wichtiger.“
Klara sah ihren Mann durchdringend an. „Nein, das Sauerkraut ist wichtig. Zeige den Mädchen, wie man es in den Steinkrug füllt und abdeckt, und lass sie weitere Lagen stampfen! Im Winter brauchen wir es.“
„Schon gut!“, beruhigte Theodor seine Frau. „Ich kümmere mich darum.“
„Und sorge dafür, dass das Kraut wirklich mit einem Teller beschwert wird. Es muss von der Lake völlig bedeckt sein.“
„Ja, ja!“, brummte Theodor erheitert. Solange seine Frau ihn herumkommandieren konnte, würde es ihr schnell wieder bessergehen.
„Und schau nach, ob der Apfelbaum gegossen wurde.“
Theodor verzog das Gesicht und war froh, als seine Frau eine Weile schlief.
Sie war schon gesund schlimm genug, aber im Moment erschien sie ihm wie ein Drache, der aus seinem Schlaf geweckt worden war.
Er rief nach den Indianerinnen und zeigte ihnen, wie man das Sauerkraut in einen Topf füllte und mit dem Teller beschwerte. Dann deckte er den Topf mit einem Deckel ab und stellte ihn in die Speisekammer. Mit einem Eimer bewaffnet ging er um das Haus und goss das Apfelbäumchen. Prüfend wog er den Apfel

in der Hand, der an dem Zweig reifte. Bald wäre er reif und dann konnten sie die Kerne aussäen. Mit ein wenig Glück würden in einigen Jahren Apfelbäume um das Haus wachsen und angenehmen Schatten spenden. Auch das Bäumchen sah gesund aus und würde vielleicht anwachsen, wenn sie es im Herbst aussetzten. Es war stark, ebenso stark wie seine Söhne und diese Indianerfrauen. Er sah zu, wie Collins mit seiner Frau zum See ging. Er hielt ihre Hand, eine ganz ungewohnte Geste.

Monika fühlte die Stärke in der Hand ihres Mannes und ließ es zu, dass er sie führte. Ihr inneres Zittern hatte nachgelassen, auch weil sie froh war, dass der Arzt die Verantwortung übernommen hatte. Erst jetzt konnte sie über ihre eigenen Gefühle nachdenken. Sie hatte gehandelt und ihre Familie beschützt und erst jetzt wurde ihr die Tragweite klar. Nichts war geschehen und sie hatte den Geistern mit Tabak gedankt. Collins schaute sie mit seinen blauen Augen fragend an und sie senkte den Blick. „Es ist nichts geschehen!", versicherte sie in ihrer Sprache „Sie nicht tun weh mir." Noch konnte sie nicht alle Worte in dieser fremden Sprache finden.

„Ich weiß", murmelte ihr Mann. „Aber wie geht es dir?"

Sie lächelte. „Mit geht es gut. Josh kam und die Geister schützen uns. Klara und Untschi bald wieder gut."

Collins seufzte tief. Dann drückte er Monika an sich. Es fühlte sich gut an. Beschützend, vertrauenerweckend und liebevoll. Ihr Herz klopfte, als sie wieder in seine Augen sah. Er war jetzt ihr Mann und sie liebte ihn. Sie liebte ihn für seine Großzügigkeit, seine Aufmerksamkeit und seine Sorge um sie. Collins würde ihr niemals wehtun. Es war eine wärmende Liebe, die ihre Seele heilte.

Ranch

In den nächsten Tagen schlugen die Männer das Holz für das neue Haus. Sie wollten in der Nähe bleiben und suchten dazu die grünen Hügel auf. Ein Mann blieb stets beim Haus und arbeitete weiter an dem Keller. Jeder hatte ein Gewehr dabei, um sich im Notfall verteidigen zu können. Sie waren misstrauisch und standen bereits mit angeschlagenem Gewehr da, als nach vier Tagen der Arzt in Begleitung seiner Indianerpolizei wieder auftauchte. Dieser konnte die Vorsichtsmaßnahmen nachvollziehen. Lächelnd zog er seinen Hut und grüßte Josh, der mit nacktem Oberkörper vor ihm stand und verlegen das Gewehr sinken ließ.
„Hallo! Alles in Ordnung bei euch?"
Josh wischte sich den Schweiß von der Stirn und deutete auf die Grube. „Ja, ich buddle gerade an dem Keller. Kommen Sie doch mit ins Haus! Ich brauche dringend ein bisschen Schatten!"
„Gerne! Wie geht es denn eurer Mutter?"
„Sie ist sehr schwach, aber die Wunde scheint gut zu heilen."
„Das ist gut!", freute sich Mr. McGillycuddy. „Dann schauen wir doch mal nach dem Rechten."
Er ließ sich ins Haus führen und nickte Monika freundlich zu, die am Tisch stand und Mehl knetete. Es war offensichtlich, dass sie nun das Kommando im Haus übernommen hatte.
Monika wusch sich die Hände und trat an Klaras Bett, um dem Arzt zu helfen. Auch Eve kam neugierig näher und stellte sich still dazu. Der Arzt lächelte und schickte das Kind zum Spielen.
„Das ist nichts für Kinder!", mahnte er.
Eve nahm ihr Kätzchen auf den Arm und verließ mit ihr das Haus. Draußen traf sie Anna, die damit beschäftigt war, Wäsche aufzuhängen. Es waren lauter zerschnittene Leinentücher, die Monika als Verband benutzte.
Die Katze sprang durch das Gras und versuchte einen Schmetterling zu fangen, der taumelnd über die Wiese flog. Eve lachte hell und vertiefte sich in das Spiel mit der Katze.
Im Haus wandte sich der Arzt seiner Patientin zu. „Hallo, Mrs. Bronson, wie geht es uns denn heute?"

Die ältere Frau lächelte matt. „Ach, ich bin immer so müde. Ich kann gar nicht aufstehen und helfen."
Der Arzt schüttelte konsterniert den Kopf. „Meine liebe Frau! Sie werden noch eine ganze Weile nicht aufstehen und helfen dürfen! Überlassen Sie das mal ruhig Ihrer Schwiegertochter!"
Klara wackelte unglücklich den Kopf hin und her. „Ja, aber das geht doch nicht. Sie weiß doch noch so wenig von dem, was zu tun ist."
Der Arzt kicherte respektlos und hob belehrend den Finger. „Monika weiß ganz genau, was zu tun ist! Glauben Sie mir das!"
„Ja, aber doch nicht, wie man Kraut einlegt und ..."
„Still!", schimpfte der Arzt. „Ich kann ja sonst nicht hören, wie ihr Herz schlägt! Glauben Sie mir, Monika weiß genau, was es braucht, um hier zu überleben. Die Indianer leben hier schon seit Jahrtausenden."
Klara schwieg, als der Arzt ihren Brustkorb mit seinem hölzernen Rohr abhörte. Dann wickelte Mr. McGillycuddy vorsichtig den Verband auf und zog die Drainage heraus. Es blutete leicht, aber das Blut war rötlich und die Wunde deutete auf keine Entzündung hin. „Sehr schön", murmelte der Arzt. „Was machen die Schmerzen?", erkundigte er sich fürsorglich.
„Ach", klagte Klara. „Manchmal sind sie schon schlimm. Die Tropfen helfen da zum Glück."
Wieder hob der Arzt seinen Finger, aber dieses Mal warnend. „Nicht zu viel nehmen! Die Tropfen machen süchtig. Und wenn die Schmerzen erträglich sind, dann nehmen Sie die Tropfen besser gar nicht mehr."
Klara schaute ihn mit großen Augen an und wirkte nun völlig verloren. „Aber die Schmerzen ...", flüsterte sie müde.
Der Arzt biss die Lippen zusammen und legte einen neuen Verband an. Klara hatte die Augen geschlossen und schien wieder zu schlafen.
Freundlich drehte sich der Arzt zu Monika um. „Mach weiter so! Die Wunde heilt gut! Wechsle den Verband und sorge dafür, dass die Wunder sauber bleibt und die Frau nicht aufsteht."
Monika nickte gehorsam, dann führte sie den Arzt ins Nebenzimmer, in dem immer noch Untschi im Bett lag. Die Indianerin

litt unter schlimmen Kopfschmerzen, die selbst mit dem heiligen Rauch nicht besser wurden. Der Arzt untersuchte die Kopfverletzung und schüttelte besorgt den Kopf. „Die Wunde heilt gut, aber die Kopfschmerzen werden noch ein paar Tage anhalten. Untschi soll möglichst im Bett bleiben und sich nicht bewegen. Sonst bleiben die Kopfschmerzen."
Monika übersetzte seine Worte und Untschi nickte als Zeichen, dass sie verstanden hatte. Der Arzt verließ den Raum und ging zum Wassereimer, um sich die Hände zu waschen. Dann setzte er sich an den Tisch, um etwas zu essen.
Monika schöpfte ihm einen Teller mit Suppe und rief dann nach Josh und den beiden indianischen Polizisten. Josh hatte weiter an dem Keller gearbeitet und die beiden Indianer hatten ihm geholfen. Sie spritzten sich ihre Oberkörper nass und wuschen sich die Hände, ehe sie ins Haus traten.
„Heiß heute!", murmelte Wambli-canté.
„Verdammt heiß!", bestätigte Josh. „Danke fürs Helfen!"
Wambli-canté lächelte. „Gerne! Ich verstehe nur nicht, warum ihr ein tiefes Loch grabt."
„Na, um all die Halunken verschwinden zu lassen, die hier in Zukunft auftauchen werden", scherzte Josh.
Wambli-canté runzelte ungläubig die Stirn, dann lachte er gut gelaunt. „Ich bin kein Halunke! Also helfe ich dir, dieses Loch zu graben."
Josh kicherte. „Es wird der Keller", erklärte er. „Wir bauen dort ein neues Haus."
Überrascht sah Wambli-canté sich um und deutete mit vorgeschobenen Lippen auf das Haus, in dem sie sich gerade befanden. „Dieses Haus ist doch groß genug?"
Josh folgte der Bewegung mit seinen Augen und grinste. „Nicht groß genug für meinen Bruder! Er will viele Kinder."
„Ah!" Die Indianer lachten herzhaft.

Die Männer aßen den Eintopf, während Monika, Eve und Anna im Nebenraum verschwanden. Sie würden warten, bis die Männer fertig waren, und dann später essen. Seitdem Monika den Haushalt übernommen hatte, hatte sie auch wieder indianische

Sitten eingeführt. Solange indianische Männer am Tisch saßen, würde sie dort nicht Platz nehmen. Außerdem hatte Rahel Hunger und so war sie erleichtert, in der Abgeschiedenheit ihres Zimmers das Baby zu stillen. Hier lag nur Untschi, die ihr ein müdes Lächeln schenkte.

Der Arzt beschloss, dieses Mal auf der Ranch zu übernachten, damit er am nächsten Tag noch einmal nach seinen Patientinnen sehen konnte. Er freute sich auf ein Gespräch mit Theodor und Collins. Außerdem wollte er sich einen Eindruck verschaffen, wie Hank sich machte. Er hatte festgestellt, dass es sehr schwierig war, Indianer wirklich zum Arbeiten zu bewegen. Aber vielleicht hatte diese Familie eine gute Art gefunden, mit Indianern umzugehen. Anna schien wirklich fleißig zu sein und sich problemlos dem neuen Haushalt anzupassen. Er sah wohlwollend auf, als das Mädchen das Geschirr abräumte und den Abwasch erledigte.
„Was machen eigentlich eure Milchkühe?", erkundigte er sich.
Josh kicherte. „Jetzt, da Ma krank ist, muss ich die Kuh melken!", erklärte er.
„Wieso machen das die Frauen nicht?"
Josh schüttelte den Kopf. „Monika und Anna machen wirklich viel, aber da weigern sie sich!"
„Na ja, Indianer vertragen ohnehin keine Milch", erklärte der Arzt.
„Woran liegt das?", wunderte sich Josh.
„Keine Ahnung. Es ist einfach so. Sie vertragen auch keinen Alkohol. Die geringste Menge verwandelt sie in Bestien, oder sie fallen einfach um. Im letzten Winter hatten wir mehrere Fälle, in denen betrunkene Indianer im Schnee einfach erfroren sind. Aber gegen die Händler ist kein Kraut gewachsen. Selbst hohe Strafen schrecken die nicht davon ab, heimlich Alkohol zu verkaufen."
Josh runzelte die Stirn und sah zu, wie Anna die Küche aufräumte. Er bis sich auf die Lippen, als er an ihr schmerzverzerrtes Gesicht dachte. Er hätte ihr das gern erspart.
Er senkte die Stimme, als er sich vertraulich an den Arzt wandte. „Anna wurde übel mitgespielt, aber sie redet mit niemandem darüber. Und schon gar nicht mit ihren Bruder. Ist das normal?"

Der Arzt nickte. „Es gibt viele Tabus bei den Indianern. Bruder und Schwester reden zum Beispiel nicht miteinander. Ich schätze mal, dass das Mädchen mit der Großmutter oder Monika darüber spricht. Es gibt viele Dinge, die selbst ich noch nicht weiß."

„Ach so!", staunte Josh. „Wieso dürfen denn Bruder und Schwester nicht miteinander reden. Das ist doch sehr seltsam."

Es war Wambli-canté, der dem jungen Weißen antwortete: „Es geschieht aus Respekt!"

„Es ist doch nicht respektvoll, wenn man den anderen ignoriert!", empörte sich Josh.

„Wir ignorieren unsere Schwestern nicht", wurde er belehrt, „sondern wir achten sie."

„Aha!", knurrte Josh keineswegs überzeugt. „Trotzdem ist das seltsam. Gibt es auch einen Grund, warum Monika nie mit unserem Pa redet?"

Wambli-canté warf ihm einen erstaunten Blick zu. „Er ist ihr Schwiegervater. Darum!"

„Ach so!", brummte Josh, als wäre damit alles erklärt. „Gibt es irgendwelche Tabus, die Eve betreffen?"

Wambli-canté kicherte dunkel. „Nein, kleine Kinder dürfen alles. Sie sind heilig."

„Na, Gott sei Dank!", schnaufte Josh. „Da können wir also nichts falsch machen, was?"

„Nein!", stimmte Wambli-canté zu.

Am Abend erzählte Josh seinem Vater von den Erkenntnissen, die er gesammelt hatte. „Stell dir vor, Monika redet nicht mit dir, weil du ihr Schwiegervater bist."

„Wer sagt denn solchen Unsinn?", wunderte sich Theodor erstaunt.

Josh nickte in Richtung der Indianer, die in der Nähe des Hauses ihr Nachtlager aufgeschlagen hatten. „Wambli-canté hat es mir erzählt. Er sagt auch, dass bei den Indianern ein Bruder nicht mit seiner Schwester spricht. Hast du jemals einen solchen Unsinn gehört?"

„Sicher nicht!", stimmte Theodor zu. Mit gerunzelter Stirn beobachtete er seine Schwiegertochter, die mit einigen Holzscheiten im Arm in Richtung Tür trat.

„Hör mal!", forderte er sie auf. „Bei uns Weißen redet der Schwiegervater schon mit seiner Schwiegertochter. Hast du das verstanden?"
Monika starrte ihn kurz mit großen Augen an, dann senkte sie den Blick und lief ohne zu antworten ins Haus. Sie wirkte völlig verwirrt.
Theodor seufzte genervt und stemmte die Hände in die Hüften.
Josh kicherte und wischte sich über die Nase. „Meine Güte, du fällst aber auch immer mit der Tür ins Haus!"
Theodor drehte sich empört zu ihm um. „Was soll denn das? Sie lebt jetzt hier und soll gefälligst unsere Sitten annehmen. Sonst benehmen wir uns alle irgendwann wie die Indianer!"
Collins stellte sich neben seinen Vater und stemmte ebenfalls die Hände in die Hüften. „Das wäre nicht das Schlechteste! Die sind nämlich alle sehr höflich!" Er drehte sich um und verschwand hinter seiner Frau im Haus.
„Ha!", rief Theodor ihm hinterher. „Das wäre ja noch schöner!"

Am Morgen machte sich der Arzt wieder auf den Rückweg, nachdem er ein letztes Mal seine Patienten versorgt hatte. Theodor bedankte sich herzlich bei ihm und versprach, im Herbst Büffelfleisch für den privaten Verbrauch des Arztes vorbeizubringen. Mr. McGillycuddy nickte freundlich und warf einen letzten prüfenden Blick auf Hank, der bereits auf seinem Pony saß und darauf wartete, dass er mit den Männern zur Arbeit reiten konnte. Er sah inzwischen wie ein Farmerjunge aus. Nur die langen Zöpfe schauten immer noch unter dem Hut hervor. Aber ansonsten sah er gepflegt und sauber aus. Sogar neue Stiefel trug der Junge. Der Arzt reichte ihm zum Abschied die Hand, die Hank in seiner scheuen Art ergriff.
„Pass gut auf die Leute hier auf!", meinte der Arzt.
Hank ruckte bestätigend mit dem Kopf und deutete wortlos auf seinen Bogen, den er am Rücken trug. Es sah nicht so aus, als würde er damit nur Kaninchen jagen.
Der Arzt kniff die Augen zusammen und ließ es dabei. Dann galoppierte er mit seinen beiden Polizisten nach Norden davon. Es war ein weiter Weg zur Agentur.

Die Bronsons indes machten sich wieder auf den Weg, Holz für den Neubau zu schlagen und die Wände des Kellers mit Steinen auszulegen. Die Rinder versorgten sich von selbst, sodass Hank immer nur kontrollierte, ob sie noch genügend Wasser fanden. Er war froh um diese Patrouillenritte, die ihn von der harten Arbeit fortführten. Sein Körper hatte Muskeln angesetzt und seine Hände waren schwielig geworden. Aber er beschwerte sich nie. Er hatte diese Arbeit gewählt und er war froh darüber, denn sie gab ihm die größtmögliche Freiheit. In den Abendstunden ging er auf die Jagd oder verschwand in Richtung des Sees, um zu fischen oder zu baden.

Untschi erholte sich schnell und wohnte bereits wieder in ihrem Tipi. Noch konnte sie nicht arbeiten, aber sie flickte Kleidung oder stickte an wunderschönen Perlenarbeiten.

Collins war froh, denn nun hatte er mit Monika sein Zimmer wieder. Meist waren sie abends einfach zu müde, um sich zu lieben, denn die Zeit des späten Sommers musste genutzt werden. Auch Monika war müde, denn sie versorgte nun den gesamten Haushalt, kümmerte sich um das Beet, legte Vorräte an, kochte und wusch für alle Personen und stillte ein Baby. Ohne Anna wäre diese Arbeit kaum möglich gewesen. Zwischendurch versorgte sie Klara, die immer noch nicht aufstehen konnte.

Klara hasste es, zur Untätigkeit verdammt zu sein, aber sie sah ein, dass die Heilung Zeit brauchte. Sie lag blass in ihrem Bett und leitete von dort ihre Schwiegertochter an. Sie achtete auf die Gärung des Sauerkrautes und war ansonsten großzügig in dem, was ihre Schwiegertochter an indianischen Knollen und sonstigem Gemüse anschleppte. Irgendetwas würden sie im Winter schon zu essen haben.

Auch die Milch wurde weniger, weil Josh die Kühe nur halbherzig melkte, und so verzichtete sie darauf, dass die indianischen Frauen Butter schlugen. Das musste eben warten, bis es ihr besser ging. Sie bat Josh, die Kühe trotzdem zu melken und die Milch den Kälbern zu geben, damit sie im Winter wenigstens etwas Milch hätten.

„Sonst gibt es keine Plätzchen!“, hatte sie geschimpft, als Josh maulend im Stall verschwand.

Theodor hatte ihr das gefundene Geld gezeigt und lässig mit der Hand gewedelt. „Mach dir keine Sorgen! Wir haben genug, um im Herbst und Winter Vorräte und Konserven zu kaufen. Und Plätzchen! Ich brauche die Jungs draußen, um das Haus zu bauen."
„Ich will aber selbst Plätzchen backen! Also soll Josh weiterhin die Kühe melken."
„Na schön!" Theodor wusste, wann man besser nicht mit einer Frau stritt.

Dann kam unvermittelt der Herbst mit seinen kalten Nächten und einsetzenden Stürmen. Theodor baute ein kleines Blockhaus für Hank, Untschi und Anna, weil er es nicht verantworten wollte, dass seine Angestellten in einem Tipi hausten. „Und einen Ofen bekommt ihr auch!", erklärte er selbstbewusst.
Hank nickte zufrieden. Ein Haus, wie die Weißen es hatten, war in seinen Augen angemessen. Auch sein Haus hatte eine Öffnung für ein Fenster, das Theodor demnächst im Fort Robinson holen wollte. Sie trugen ihre Habseligkeiten in die neue Unterkunft und blickten misstrauisch auf die niedrigen Bettgestelle aus rohem Holz, in denen sie nun schlafen sollten. Nun gut! Hank ließ die Frauen das Tipi abbrechen, damit es über den Winter geschont wurde. Im Frühling wollte er es wieder aufbauen, denn dann würde der Wind hindurchwehen, wie sie es gewohnt waren.

Einige Tage später brachen die Bronsons auf, um ins Fort Robinson zu fahren. Sie ließen die Indianer zurück, die auf die Ranch aufpassen sollten, obwohl Theodor wieder einige unpassende Bemerkungen machte. „Hoffentlich steht noch alles, wenn wir wiederkommen!"
Collins tippte ihm auf die Schulter. „Pa, wenn nicht, dann sind sicherlich nicht Hank, Anna und Untschi schuld."
„Na ja, das meine ich auch gar nicht! Aber du weißt ja nie, wer sich hier herumtreibt."
„Wir sind ja nur ein paar Tage weg! Hank passt schon auf!"
Theodor brummte etwas Unverständliches und schob sich den Hut tiefer in die Stirn. Dann drückte er Hank das geladene Ge-

wehr in die Hand. „Mach nur das Nötigste und pass ansonsten hier auf, klar?“
Hanks Augen funkelten vor Begeisterung über die Anerkennung. „Ich passe auf!“, versprach er.
„Und du verschwindest nicht in die Hügel, um zu jagen?“
„Nein!“, versprach der Junge.
„Also gut!“
Theodor kletterte auf den Kutschbock und setzte mit einem Schnalzen die Pferde in Bewegung. Langsam rumpelte der Karren davon, flankiert von Collins und Josh, während die Frauen und Kinder auf der Ladefläche Platz genommen hatten. Klaras Arm lag immer noch in einer Schlinge, um die Schulter zu stabilisieren. Die Wunde war gut verheilt, obwohl eine gewisse Steifheit geblieben war.

Die Bronsons erreichten am Abend das Geschäft von Blacksmith und gaben dem Händler eine Liste mit Dingen, die sie auf dem Rückweg mitnehmen wollten. Der Händler staunte nicht schlecht, denn er konnte sich nicht vorstellen, dass alles auf dem Wagen Platz hatte. „Soll ich euch die Sachen nicht lieber liefern?“, fragte er.
„Wäre das möglich?“, wunderte sich Theodor.
„Sicher! Ich wollte euch ohnehin mal besuchen und etwas von diesem Büffelfleisch probieren! Ich habe einen Gehilfen, der auch mal zwei Tage allein bleiben kann. Aber zwei Fässer Mehl, mehrere Kannen Lampenöl, Whiskey, Zucker, Schmalz, Konserven, Salz und Kaffeebohnen kriegt ihr gar nicht auf euren Wagen. Der ist ja schon voll beladen mit den Frauen und Kindern. Wie wollt ihr das überhaupt bezahlen?“
„Stoff und Wolle brauchen wir auch noch!“, fügte Klara hinzu.
Theodor lächelte und zog ein Bündel mit Dollarscheinen aus seinem Lederbeutel. „Rinder verkauft!“
„Oh!“, staunte Blacksmith. „Hatte ich vergessen!“ Er machte eine einladende Handbewegung. „Die Wolle und die Stoffe sollen sich die Frauen lieber selbst aussuchen. Das könnt ihr ja mitnehmen. Den Rest liefere ich euch in ein bis zwei Wochen. Ist das in Ordnung?“

„Sicher!", nickte Theodor. „Und vielleicht noch einen Ofen, oder zwei?"
„Wozu braucht ihr denn die?", wunderte sich Blacksmith.
„Wir haben jetzt Angestellte. Die müssen im Winter ja auch das Blockhaus heizen."
„Hmh, die kriege ich aber frühestens in drei Wochen. Reicht es, wenn ich euch das Zeug dann erst bringe?"
„Der Kaffee reicht nicht, aber den kannst du uns ja gleich mitgeben."
„Stimmt!", grinste Blacksmith. „Denn der Kaffee sollte besser nicht ausgehen."
Alle lachten, dann schlugen sie ihr Nachtlager in der Nähe des Hauses auf. Sie wickelten sich in warme Decken, denn nachts war es bereits kühl.

Am nächsten Mittag erreichten sie Fort Robinson und Theodor verschwand in der Kommandantur, um mit dem Captain zu besprechen, wann das Haus gebaut werden sollte. Collins machte sich auf die Suche nach einem Fotografen, denn er wollte endlich das versprochene Familienfoto machen. Die Menschen blieben stehen und gafften auf die Familie mit der Indianerin und den zwei dunkelhäutigen Kindern. Aber niemand sagte etwas.
Der Karren hielt vor einem Geschäft, in dem im Hinterzimmer ein Fotostudio eingerichtet war. Der Fotograf rieb sich die Hände, als er erkannte, dass er zahlungskräftige Kunden hatte, denn Collins wollte nicht nur ein Familienfoto, sondern auch Einzelporträts. „Ich kann mit Gold bezahlen!", erklärte er.
„Selbstverständlich, selbstverständlich!", beeilte sich der Mann zu sagen. Er trug einen schwarzen Anzug und wirkte mit seiner Nickelbrille wie ein zu groß geratener Schuljunge. „Was möchten Sie denn für Fotografien?"
Collins zeigte auf seine Frau und die Kinder. „Ich möchte sie in ihren Gewändern fotografieren. Als Erinnerung! Und dann möchten wir Familienfotos machen."
„Oh, ja, natürlich." Er zeigte auf einen Vorhang, der einen Teil des Raumes abteilte. „Ihre Frau kann sich gern dahinter umkleiden."
Collins lächelte zufrieden und holte die Bündel mit der indiani-

schen Kleidung. Er drückte sie Monika in die Arme, die verblüfft auf sein Anliegen hörte. „Warum soll ich diese Dinge anziehen?“, wunderte sie sich.
„Wir machen ein Bild für unsere Enkelkinder!“, erklärte Collins. „Damit sie sehen, wer du warst!“
Monika senkte den Blick und lächelte. „Aber es sind Kleider der Lakota!“
„Ist das so schlimm?“, fragte Collins.
Monika kicherte. „Nein, aber eines Tages werden die Menschen denken, dass ich Lakota war. Nicht Cheyenne.“
„Wir schreiben es unter das Bild!“, erklärte Collins mit einem Lachen. „Cheyenne-Mädchen mit Lakotakleid.“
„Gut!“, stimmte Monika zu. „So machen wir es.“
Sie verschwand mit Eve hinter dem Vorhang, während Collins Rahel auf dem Arm behielt. Sie schlief in ihrer Wiege und sah niedlich aus. Der Fotograf witterte sofort ein gutes Geschäft. „Darf ich mehrere Bilder machen? Ich habe eine Sammlung von Fotos von Indianern!“
„Gerne!“, stimmte Collins zu. „Wenn es uns nicht mehr kostet?“
„Nein, nein, die Glasplatten sind ja für mich!“
Geduldig warteten die Männer und Klara darauf, dass Monika sich umzog. Auch Theodor kam hinzu und rieb sich zufrieden die Hände. „Die Armee hat bereits alles vorbereitet, sogar der Herd ist da! Sie kommen nächste Woche, sodass wir das Haus vor dem Winter noch beziehen können.“
Dann wurde es still, als Monika mit Eve an der Hand hinter dem Vorhang hervortrat. Sie waren wunderschön. Beide trugen die schön bestickten Kleider der Lakota, dazu bestickte Leggins und Mokassins. An den Ohren baumelten lange Ohrringe aus Dentaliumschnecken und um den Hals hingen lange Ketten aus Knochen und Perlen. Es war atemberaubend. Selbst der Conchogürtel, der sonst immer fremd und ärmlich gewirkt hatte, wirkte hier nun wie ein besonderes Schmuckstück.
„Toll!“, stieß der Fotograf mit einem Seufzen aus.
Geschäftig schob er einen Sessel heran und nahm Eve an der Hand. „Magst du dich da mal draufstellen? Dann mache ich von dir zuerst ein Foto.“

Eve gehorchte und ließ sich auf den Stuhl heben. In ihren Händen hielt sie die indianische Puppe und der Fotograf klatschte in die Hände vor Begeisterung. Er stellte sich hinter seinen Apparat, hielt seinen Kopf unter das Tuch und schaute durch die Linse. „Wunderbar!", freute er sich.
Er machte mehrere Fotografien von dem Kind, die er später als „Lakotakind mit Puppe" verkaufen würde. Dann ließ er Monika auf dem Stuhl Platz nehmen und drückte ihr die Wiege in die Hand. „Squaw mit Papoose", nannte er das Bild.
Er wartete geduldig, bis die beiden sich wieder umgezogen hatten und schließlich die gesamte Familie als „Farmerfamilie" posierte. Er machte auch ein Bild von Collins, seiner Frau und den Kindern, und schüttelte ungläubig den Kopf, denn die beiden Mädchen sahen in seinen Augen sehr indianisch aus. Da änderten auch die roten Schleifen nichts, die Klara ihrer Enkelin ins schwarze Haar gebunden hatte. Auf dem Schwarzweiß-Foto erschienen sie ohnehin in Schwarz. Die Glasplatte nahm das Bild im Negativ auf; erst wenn man es gegen einen dunklen Hintergrund hielt, konnte man erkennen, was darauf abgebildet war. Der Fotograf verschwand anschließend in seiner Dunkelkammer und machte Abzüge für die Familie auf lichtempfindlichem Papier, das er schließlich noch auf Karton zog.
Er verlangte für damalige Verhältnisse ein Vermögen für seine Arbeit, doch Theodor zahlte ohne mit der Wimper zu zucken. Kritisch betrachtete er die Fotos und schüttelte schließlich den Kopf. „In den indianischen Kleidern sehen die beiden wirklich wie Indianer aus. Aber hier, mit uns, kann man gar nicht mehr erkennen, dass Eve und Monika Indianerinnen sind."
Alle hielten staunend die Bilder in den Händen und wunderten sich über die Veränderung. „Tja, Kleider machen Leute!", erklärte Theodor schließlich.
Sie steckten die Bilder in eine Ledermappe, die der Fotograf ihnen ebenfalls verkaufte, damit die Bilder nicht beschädigt wurden.
„Ich habe ja die Glasplatten, wenn was sein sollte", meinte er. „Solange ich hier mein Geschäft habe, kann ich Ihnen gern noch weitere Abzüge machen."

Die Bronsons hielten auf dem Rückweg noch bei dem Eisenwarengeschäft und kauften weitere Nägel. Der Kaufmann konnte kaum seinen Blick von Monika abwenden und wandte sich schließlich flüsternd an Collins. „Die sieht ja gar nicht aus wie eine Squaw!"
Collins grinste. „Ich sagte doch, dass du mal besser hättest hingucken sollen!"
Der Händler lächelte vielsagend. „Habe ich, habe ich! Ich hole mir jetzt auch so ein Mädel. Weiße Frauen gibt es hier ja zu wenige."
Collins schüttelte empört den Kopf. „Dich Schmierfink will wahrscheinlich auch keine Indianerin. Die sind nämlich sehr sauber."
Der Mann schaute auf seine schmutzigen Hände und wischte sie an seiner Schürze ab. „Nachts sind sie nicht schmutzig!", verteidigte er sich.

Kopfschüttelnd machten sich die Bronsons auf den Weg zu ihrer Ranch. Sie hatten jetzt schon Mitleid mit der Frau, die dieser Mensch einmal heiraten würde. Collins ritt neben dem Wagen und betrachtete seine Frau, die auf dem Wagen das Baby stillte. Manchmal hätte er gern gewusst, was sie von ihm dachte. Ob sie ihn für einen guten Ehemann hielt? Zumindest wusch er sich regelmäßig. Er kicherte gut gelaunt. „Pa", rief er fröhlich. „Wir brauchen noch eine Badewanne für das neue Haus. Kann Blacksmith uns die besorgen?"
Theodor grinste ebenfalls. „Klar! Ich frag ihn heute Abend."

Sie übernachteten wieder bei dem Kaufmann und luden am Morgen die Stoffe und Wollknäuel auf den Wagen. Blacksmith lächelte, als er den Auftrag erhielt, eine Badewanne zu besorgen. „Meine Güte, ihr lebt aber auf großem Fuß!"
„Nein, wir werden eine Waschküche haben und da ist eine Badewanne doch sehr praktisch. Wir möchten so eine, wo man den Stöpsel rausziehen kann."
„Ich kann euch auch Blech besorgen. Damit kann man eine Rinne bauen, in der das Wasser dann abfließt."

„Mach das, und vergiss den Hund nicht!", meinte Theodor. Blacksmith tippte sich an die Stirn. „Wozu braucht ihr das eigentlich?"
„Na, für die Menschen, die dann bei uns die Büffel schießen!", erklärte Theodor. „Hast du uns doch vorgeschlagen!"
„Aber die brauchen doch keine Badewanne!"
„Wenn sie aus Europa kommen, brauchen sie die ganz bestimmt!" Theodor lachte laut und hielt alles für einen guten Scherz. Er wollte schon immer mal in einer Badewanne mit heißem Wasser sitzen. Der Goldstaub von einigen namenlosen Halunken würde ihm nun dazu verhelfen. Und Frauen sollten ohnehin nicht in kaltem Wasser baden müssen. Er dachte an seine Frau und nahm den Händler verschwörerisch auf die Seite. „Kannst du auch was für meine Frau mitbringen? Ein bisschen Puder oder Parfüm? Du weißt schon ... etwas, was Frauen gefällt."
Blacksmith sah ihn mit großen Augen an. „Meinst du das wirklich?"
„Ja, wirklich! Und eine schöne weiche Bürste für ihr Haar."

Am späten Nachmittag erreichten sie wieder die Ranch und fuhren unter dem Schild durch, das nun den Eingang ihres Tales zierte. Theodor deutete voller Stolz auf die eingebrannten Buchstaben. „Seht ihr, das ist unser Land!"
Der Wagen rollte durch das Tal und Josh galoppierte etwas voraus, um endlich aus dem Sattel zu kommen. Vor dem Haus warteten die drei Indianer und lächelten mit ihren Augen. „Hau!", grüßte er Hank.
„Hau!", grüßte Hank zurück. „Hier ist alles ruhig."
„Sehr schön!", freute sich Josh und glitt aus dem Sattel. Er ließ es zu, dass Anna die Zügel nahm und mit dem Pferd im Stall verschwand. Zum ersten Mal fiel ihm auf, dass sie Brüste entwickelte. Er grinste immer noch, als der Wagen vorfuhr und er Eve und seiner Mutter von der Ladefläche half. Rahel quengelte ungeduldig, denn dem Baby war die Reise zu langweilig geworden.
Eve war bereits im Haus verschwunden und stellte sich an den Tisch, um beim Zubereiten des Abendessens zu helfen. Auch für sie war die Fahrt anstrengend und langweilig gewesen. Sie freute

sich, als die Katze spielerisch nach ihren Füßen kratzte und ihr in die Zehen biss.

Eine Woche später wurde das Tal von der Armee übernommen. Eine kleine Gruppe berittener Soldaten, die drei Wagenladungen Holz und Ausrüstung mit sich führte, hielt vor dem Haus und wartete auf weitere Befehle. Ein Korporal salutierte vorschriftsmäßig und stieg vor Theodor aus dem Sattel. „Mr. Bronson?“, fragte er höflich.

„Jawohl!“, bestätigte Theodor. „Ist das mein Haus?“

„Ja, wir haben einen Baumeister und mehrere Schreiner dabei. Wo soll das Haus denn hin?“

Theodor deutete auf die Baustelle. „Dort! Wir haben bereits den Keller und einen Teil vom Erdgeschoss vorbereitet. Aber lassen Sie doch Ihre Leute erst einmal absitzen. Schlagen Sie ein Lager auf und meine Frau bringt Ihnen dann was zu essen. Morgen können wir uns die Baustelle dann in Ruhe ansehen.“

Der Korporal nickte mit einem Lächeln. „Das ist wirklich sehr freundlich! Wir haben zwar Rationen dabei, aber was Anständiges zum Essen ist meinen Jungs sicherlich lieber.“

„Gerne! Wer für mich arbeitet, wird auch anständig verpflegt! Aber sagen Sie Ihren Jungs, dass sie die Finger von den Frauen lassen sollen!“

„Selbstverständlich!“, versicherte der Korporal. „Captain Wessels hat uns diesbezüglich klare Anweisungen gegeben.“

„Umso besser!“, brummte Theodor.

Er sah zu, wie die Männer in der Nähe ihre Armeezelte aufschlugen und die Pferde absattelten. Er wies ihnen eine Koppel zu, auf der die Pferde die nächsten Tage bleiben konnten. Die Wagen lenkten die Soldaten neben die Baustelle und schirrten dann die Pferde aus. So war das Baumaterial bereits neben der Baustelle und musste nicht weit getragen werden. Auch die Kutschpferde wurden auf die Koppel geführt und laufengelassen.

Geflissentlich versuchten die Soldaten, nicht auf die Indianerinnen zu starren, die ihren gewohnten Arbeiten nachgingen. „Ganz schön hübsch!“, murmelte einer.

„Nicht für uns!", zischte der andere zurück. „Oder willst du deinen Sold gestrichen bekommen?"
„Nein, nein, aber gucken wird doch wohl erlaubt sein."
„Nicht bei diesem alten Haudegen!", warnte ihn der Erste. „Glaub mir, der versteht keinen Spaß."
Die Soldaten seufzten und bedankten sich artig, als Klara ihnen einen großen Topf mit Eintopf brachte. „Die andere wäre mir lieber gewesen!", maulte ein Soldat. „Kann die nicht mal rüberkommen?"
Die Männer lachten leise und machten sich über den Eintopf her. Sie wussten, dass sie höchstens Scherze machen durften.

Am Morgen standen alle um die Baustelle herum und Theodor erklärte ihnen, wie er sich sein Haus vorstellte. Die Zimmerleute holten ihre Äxte und Sägen und machten sich an die Arbeit, während die einfachen Soldaten die Wagen abluden. Unter einer Fuhre Bretter tauchte schließlich der Herd auf, den Theodor zufrieden in Augenschein nahm. Auch die Treppenzarge war vorbereitet worden, sodass man später nur die Stufen montieren musste.
Geschäftig legten die Soldaten den Boden und ließen eine Aussparung an der Stelle, wo die Luke für den Keller angebracht werden sollte. Eine Leiter sollte vom Rand der Speisekammer nach unten führen. Geschickt zogen die Soldaten die Wände in Ständerbauweise hoch und zogen den Teil, den die Bronsons mit Baumstämmen bereits vorbereitet hatten, ein. Hier sollte der Wohnraum entstehen und Theodor versprach sich durch die Baumstämme eine bessere Wärmedämmung im Winter. Für den unerfahrenen Rancher wäre es schwierig gewesen, die beiden Baustile zu verbinden, doch bei den Soldaten befanden sich gelernte Zimmerer, die geschickt die entstehenden Übergänge verbanden. Außerdem hatten sie geeignetes Werkzeug dabei.
Bereits am ersten Tag hatten sie das Erdgeschoss hochgezogen und den Boden verlegt.
Staunend standen alle am Abend vor dem entstehenden Gebäude und schüttelten die Köpfe. „Das hätten wir alleine niemals so schnell geschafft", meinte Collins.

„Na ja, wir haben doch gute Vorarbeit geleistet!", knurrte Theodor. „Der Wohnraum stand ja schon!"
Collins und Josh kicherten fröhlich. „Stimmt. Und den Keller hatten wir auch schon ausgebuddelt."
„Na seht ihr!", lächelte Theodor zurück. „Morgen könnt ihr in der Küche den Kamin hochziehen, während die Armee uns die Schlafzimmer im Obergeschoss baut. Bin ja mal gespannt, wie lange es dauert, bis die ein Dach konstruieren."
Der Korporal stemmte empört die Hände in die Hüften und sah nun aus wie Theodor, ehe er eine Standpauke hielt. „Wir machen ein ganz normales Satteldach und ziehen sogar einen Dachboden ein. Das hält im Winter schön warm!"
„Na prächtig!", freute sich Theodor. „So habe ich mir das auch vorgestellt."

Die Soldaten verbrachten die Nacht in ihren Zelten, denn es wurde empfindlich kalt. Manchmal lag am Morgen bereits der erste Reif auf den Grashalmen. Tagsüber war es immer noch warm, doch der Wind nahm zu und kündigte kaltes Wetter an.
Die Soldaten waren den ganzen nächsten Tag mit der Konstruktion des Daches beschäftigt. Auch hier waren die Balken bereits vorbereitet und sogar beschriftet worden. Die Soldaten zogen eine Decke über dem Schlafräumen ein und andere nagelten die Außenbretter fest. Collins und Josh waren im Erdgeschoss mit den Zwischenwänden beschäftigt, um Bad, Küche und Speisekammer voneinander zu trennen. Der Wohnraum war durch die Blockhüttenkonstruktion ohnehin für sich. Hier sägten sie nur die Öffnung für das Fenster aus. Auch die Küche und das Bad erhielten ein Fenster. Die Soldaten hatten fünf Fenster mitgebracht, die nicht ganz reichen würden, aber zumindest für das Erdgeschoss und zwei Schlafräume. Drei weitere Fenster mussten die Bronsons im Spätherbst holen, um die beiden Blockhäuser und das verbliebene Schlafzimmer mit Fenstern auszurüsten. Das Holz reichte auch nicht mehr für die Zwischenwände der oberen Zimmer. Außerdem wollte Theodor nicht nur die Außenverkleidung des Hauses, sondern eine Innenverkleidung aus Holz, um die Wärme besser zu halten. „Wenn wir auch innen Bretter an

die Wand nageln, dann ist es hier oben nicht so kalt!", erklärte er. „Und zwar senkrecht, dann pfeift der Wind nicht durch die Ritzen und eine Tapete bringen wir auch an."
Collins und Josh sahen sich verblüfft an. Ihr Vater hatte wirklich gute Vorschläge. „Wir könnten auch Zeitungspapier an die Wand kleben und dann weiß streichen."
„Wir fahren mit den Jungs ins Fort zurück und holen uns, was nötig ist!", bestimmte Theodor in seiner resoluten Art. „Die Fenster müssten inzwischen auch längst da sein. Wir nehmen Decken mit, um sie heil hierher zu transportieren."
„Und mit was bezahlen wir das?", wunderte sich Josh. Dann schlug er sich erschrocken die Hand vor den Mund und prustete los.

Connor

Monika sah ihrem Mann nach, als er mit seinem Vater den Soldaten folgte, um im Fort die Bretter für das Haus zu besorgen. Sie war froh, dass die Soldaten wieder verschwanden, denn sie hatten die Ruhe des Tales gestört. Ihre anzüglichen und unverschämten Blicke waren unerträglich gewesen, obwohl niemand es gewagt hatte, sich ihr oder Anna zu nähern. Trotzdem hatte sie sich stets in einen Schal gehüllt, wenn sie das Haus verlassen hatte. Nur in der Abgeschiedenheit ihres Zimmers hatte sie es gewagt, ihr Baby zu stillen. Nun konnte sie sich wieder an den See setzen oder in den Hügeln nach Hagebutten und Pilzen suchen. In der Gesellschaft der Soldaten hatte sie sich nicht getraut, allein in die Hügel zu gehen. Selbst in der Begleitung von Untschi und Anna erschien ihr das nicht sicher genug.

Stattdessen hatte sie geholfen, die Ritzen des Hauses mit Lehm und Moos zu verstreichen, und mit den Frauen zusammen ganze Berge an Essen auf den Tisch gezaubert. Sie hatte es Klara und Untschi überlassen, das Essen den Soldaten zu bringen, und Klara hatte dazu nur verständnisvoll gelächelt. Sie wusste, dass Monika den Soldaten nicht traute.

Rahel konnte inzwischen sitzen und war kurz davor zu krabbeln. Sie hatte eine Rolltechnik entwickelt, wenn sie irgendwohin wollte, und musste stets beobachtet werden, denn überall, selbst im Haus, lauerten Gefahren für das Baby. Das Feuer im Herd und in der Feuerstelle war heiß! Theodor hatte ihr einen hohen Stuhl geschreinert, damit sie beim Essen am Tisch sitzen konnte. Das Baby spielte mit Begeisterung mit dem Besteck und hieb mit dem Löffel auf die Tischplatte ein. Alles in ihrer Nähe musste weggeräumt werden, da es sonst auf dem Boden landete.

„Da, da, da!“, lachte sie dann jauchzend.

Monika wunderte sich über das lebhafte Kind, das so gar nicht wie andere Cheyenne-Mädchen war. Aber vielleicht lag es daran, dass es auch von weißen Menschen aufgezogen wurde, die ihm fast zu viel Aufmerksamkeit schenkten.

Eve dagegen war immer noch zierlich und beobachtete mit ihren klugen Augen die Dinge um sich herum. Sie begleitete die Frauen bei ihren Arbeiten und lernte geschickt all die Handgriffe, die ein Mädchen können sollte. Es gab kaum Zeiten, in denen sie spielte, denn sie war damit beschäftigt, ihre Schwester zu hüten oder sich um die Tiere zu kümmern. Inzwischen fütterte sie die Katze und verschwand morgens im Stall, um die Hühner zu füttern und die Eier einzusammeln. Sie knetete für Klara den Brotteig, wenn Klara über Schmerzen klagte, und holte das Feuerholz herein.

Monika liebte den Herbst und genoss die letzten warmen Tage. Immer noch waren die Schrecken des letzten Winters eingebrannt in ihrer Erinnerung. Manchmal erschien es ihr wie ein Alptraum, der vor langer Zeit geschehen war, denn so viel hatte sich seitdem verändert. Nur die Narben zeigten ihr, dass nichts von alledem nur ein Traum gewesen war. Sie betete, um sich bei den Geistern für dieses neue Leben zu bedanken. Klara sagte nichts mehr, wenn sie die roten Tabakbündel in einen Busch hängte und leise ihre Gebete sang. Sie glaubte auch, dass ein paar Schutzgeister ihnen nicht schaden konnten.

Monika überprüfte, ob die Pilze bereits trocken genug waren, und wendete sie, damit der Wind den Trockenprozess besser unterstützte. In beiden Speisekammern stapelten sich die Vorräte und der Keller war ebenfalls gut bestückt mit Kartoffeln, Rüben und anderen Knollen. Klara hatte den Apfelbaum vor dem neuen Haus eingesetzt und die Kerne des Apfels um das Haus herum eingepflanzt. Sie hatte jeden Kern mit einem Zweig gekennzeichnet, um zu überprüfen, ob dort im Frühjahr etwas wuchs. Sie hatte Monika das Fruchtfleisch kosten lassen und diese hatte anerkennend genickt. Äpfel waren eine gute Sache! Aber wenn an einem Baum immer nur ein Apfel wuchs, dann mussten sie viele Bäume anpflanzen!

Klara lachte hellauf. „Kind, an einem Apfelbaum wachsen doch ganz viele Äpfel. So wie bei einem Pflaumenbaum!"

Monika kicherte ebenfalls und hielt sich verlegen die Hand vor den Mund. Immer noch gab es so viele Dinge, die sie lernen musste.

„Ach, Kind!", lächelte Klara. „Ich weiß immer noch so wenig über dieses Land hier! Da macht es ganz bestimmt nichts, wenn du nichts von Äpfeln weißt!"
„Kann man sie denn lagern?", erkundigte sich Monika.
„Sehr lange, wenn die Sorte richtig ist."
„Was ist eine Sorte?", wunderte sich Monika.
„Na, es gibt viele verschiedene Apfelsorten. Sie wurden gezüchtet. Einige wurden wegen ihres Geschmacks gezüchtet und andere, damit man sie lange lagern kann."
Monika blickte ihre Schwiegermutter verblüfft an. „So wie bei Pferden?"
„So ist es!", bestätigte Klara. „Man kann auch bei Früchten und bei Gemüse ganz bestimmte Eigenschaften züchten. So wie bei Pferden oder Rindern."

Monika wunderte sich über all die Errungenschaften und nahm sie als Teil ihres neuen Lebens. Sie sah zu, wie die Männer nach ihrer Rückkehr die Fenster einsetzten und nachträglich in dem Blockhaus von Untschi, Hank und Anna einen Boden aus gehobelten Brettern verlegten, damit es vom Boden her nicht so kalt war. Sie stand daneben, als Theodor und Klara in dem neuen Haus zum ersten Mal feierlich in der Küche den Herd anfeuerten und der Rauch problemlos durch das Rohr nach draußen stieg. Und sie lächelte, als Klara im Wohnraum den Kamin anheizte und in ihrem neuen Schaukelstuhl Platz nahm, den Theodor ihr geschenkt hatte. Staunend hatte Monika all die Dinge bewundert, die ihnen der Händler kurze Zeit später geliefert hatte. Sie liebte die hellen Lampen, mit denen es auch am Abend möglich war, Näharbeiten und Stickarbeiten zu machen.
Sie beobachtete prüfend, wie Klara Eve zum ersten Mal ein Bad in der eisernen Wanne bereitete und anschließend das Wasser über den Abfluss nach außen leitete. Sie fand es seltsam, dass die Weißen sich nicht im See badeten. Aber im Winter war es bestimmt schön warm in dem Raum, den die Weißen „Waschküche" nannten.
Unvermittelt setzte der erste Schneefall ein und beendete von heute auf morgen ihre Ausflüge in die Hügel. Sie lebte nun mit

Collins und ihren Kindern allein in dem kleinen Blockhaus und wunderte sich manchmal über die Ruhe, die hier eingekehrt war. Die Arbeit fand nun in dem großen Haus statt, in dem gewaschen und gekocht wurde. Sie nutzte inzwischen eher den Kamin, um die Hütte zu wärmen. Der Herd blieb kalt, da alle zum Essen in das große Haus gingen. Aber nachts, da war sie mit ihrer kleinen Familie alleine. Sie genoss die Ruhe und Abgeschiedenheit und hoffte, dass sie nun Collins ein wenig besser kennenlernen konnte. Bei ihren Unterhaltungen musste sie nun nicht mehr die Bemerkungen ihres Schwiegervaters fürchten.
Tagsüber war Collins meist unterwegs, weil die Männer vor dem Winter noch die letzten Zäune ziehen wollten. Außerdem wurde es Zeit, Brennholz für den Winter zu schlagen. Sie holten dazu die verkohlten Stämme aus dem Gebiet, wo wohl vor Jahren ein Waldbrand getobt hatte. Sie legten die Stämme in die Nähe des Hauses, um sie später im Winter zu zersägen. Einige Stämme nutzten sie auch als Pfosten für die Zäune, die sie zogen. Irgendwann war der Stacheldraht zu Ende und sie verschoben die weitere Arbeit auf das Frühjahr. Sie trieben die Rinder auf die Weiden in der Nähe des Hauses und öffneten einige Zäune, um den Büffeln mehr Bewegungsfreiheit einzuräumen. Die dunklen Riesen zogen gemächlich zu den bewaldeten Hügeln und suchten dort Schutz und Nahrung.
Manchmal erschallte aus dem Neubau lautes Hämmern, wenn die Männer wieder eine Wand verkleideten oder nachträglich eine Zwischenwand einzogen. Monika verstand nicht, warum die Weißen eigene Zimmer zum Schlafen brauchten, denn gemeinsam war es doch wesentlich wärmer. Sie lächelte über die Schlafmützen, die Klara und Theodor bereits gegen die Kälte in ihren Zimmern aufsetzten. Im Winter würde es noch viel kälter werden!

Als die ersten Schneestürme tobten, begann Klara mit dem versprochenen Unterricht. Nach dem gemeinsamen Frühstück saßen nun Anna, Hank und Eve am Tisch und blickten mit ausdruckslosen Gesichtern auf die Buchstaben, die Klara ihnen zeigte. Theodor brummte zwar, dass er Hank eigentlich beim Füttern

und Stallausmisten brauchte, doch ein warnender Blick seiner Frau ließ ihn sich eines Besseren besinnen. Hank konnte ebenso im Haus helfen, denn nach dem Unterricht musste er mit seiner Schwester Holz sägen und hacken.
Auch Monika setzte sich dazu, wenn Klara mit ihren Schreibtafeln kam, aber sie wusste nicht, wozu diese Kunst gut sein sollte. Vergeblich sah sie auf die Linien und Striche und versuchte, einen Sinn dahinter zu sehen. Schließlich machte sie lieber ihre Stickarbeiten und beschäftigte sich mit Rahel. Sie merkte sich einige Buchstaben, aber noch wurden in ihrer Vorstellung Geschichten von einer Person an die andere weitergegeben und nicht über das sprechende Papier.
Hank ging es ebenso, denn er brauchte Wochen, um sich zu merken, wie man seinen Namen schrieb. Stoisch saß er am Tisch, obwohl alles in seinem Inneren dagegen rebellierte. Aber er wusste, dass dies der Preis war, den er zahlen musste, wenn er hier arbeiten wollte. Der Agent hatte verlangt, dass er bis zum Frühjahr seinen Namen schreiben und einfache Wörter lesen konnte.
Klara war stets geduldig und zeigte den Kindern, wie man Laute in Striche umwandelte. Aber es war Eve, die mit Feuereifer ihren Namen schrieb und die Bilder mit Oma, Opa und Mama beschriftete. Es war auch Eve, die am schnellsten entziffern konnte, was auf den Lebensmittelverpackungen stand. „Mehl!", las sie interessiert. „Kaffee!" Dann buchstabierte sie das Wort auf einer Konservendose. „Oma, was ist Piersisch?"
Klara lachte hell und nahm die Konservendose in die Hand. „Pfirsiche!", korrigierte sie. „Das ist ganz leckeres, süßes Obst!"
Monika staunte über die schnelle Auffassungsgabe des Kindes. Wahrscheinlich dachte es einfach nicht darüber nach, wozu es gut sein sollte.
Vielleicht hätte Klara resigniert, wenn nicht Eve und Anna so gute Fortschritte machten. Aber sie hatte dem Agenten versprochen, den Kindern Lesen und Schreiben beizubringen, und so tat sie es auch.

Monika genoss die Zeit mit Collins in der Einsamkeit der Blockhütte. Ihr Englisch hatte sich verbessert, sodass sie nun einfache

Gespräche führen konnte. Zum ersten Mal konnte sie wirklich ein Familienleben führen, ohne dass sie fürchten musste, dass eine Salve in ihr Tipi knallte oder sie in die Enge einer Baracke gesperrt wurde. Eigentlich hatte sie mit Heskovetse nie ein Eheleben führen können. Sie genoss es, abends am Kamin zu sitzen und im Schein einer Lampe ihre Stickarbeiten zu machen oder Kleidung auszubessern. Inzwischen trug ihr Mann im Haus gefütterte Mokassins als Hausschuhe und freute sich darüber. „Irgendwann werde ich mal Cheyenne!“, hatte er gescherzt.
An den Wänden hingen schön bemalte Büffelhäute, die Lakota ihnen im Tausch gegen Lebensmittel gegeben hatten. Sie machten die Blockhütte behaglich und erinnerten Monika an die bemalten Zeltwände der Cheyenne. Sie freute sich immer über den Besuch der Lakota und teilte großzügig ihre Vorräte. Ihr Mann schüttelte zwar den Kopf, sagte aber nichts. Sie hatten genug Vorräte und sie hatten Geld, um gegebenenfalls weitere Lebensmittel zu kaufen. Den ganzen Winter über kamen immer wieder Sword, Wambli-canté, Buffalo-Hump mit seiner Frau und andere Lakota oder Cheyenne bei ihnen vorbei. Sie saßen auf einem Büffelfell am Kamin, rauchten mit Collins ihre Pfeife und erzählten Geschichten, die Monika oder Eve übersetzten. Meist kam auch Theodor grummelnd dazu und beschwerte sich über die Hungerleider, die regelmäßig seine Ranch überfielen. Aber dann hörte er doch gern die Geschichten. Zum ersten Mal erfuhren Theodor, Collins und Josh die Wahrheit über Crazy-Horse, Sitting-Bull, Sinte Gleschka, Little-Wolf und Dull-Knife, und all die anderen Häuptlinge. Die Indianer erzählten witzige Anekdoten, aber auch die traurigen Ereignisse, die dazu geführt hatten, dass sie nun in der Reservation leben mussten.
Theodor aber liebte den Humor der indianischen Gäste. Mit ihnen konnte man scherzen und bissige Bemerkungen machen, ganz wie es sonst seine Art war. Er lachte Tränen, wenn sie sich über den weißen Agenten lustig machten, und hielt sich den Bauch vor Lachen, wenn sie sich über die Errungenschaften der Zivilisation wunderten. Warum sollte man ein sprechendes Papier mit sich tragen, wenn man früher frei und ungebunden über die Prärie ziehen konnte. Sie kamen immer ohne dieses sprechen-

de Papier, wenn sie die Bronsons besuchten, und Mr. McGillycuddy war klug genug, die Grenzen der Reservation insgeheim auf das Tal der Bronsons auszuweiten. Er hätte sonst viele gute Krieger in sein Haus mit den eisernen Stäben sperren müssen.
Außerdem trug er Monika als Haushaltsvorstand in die Stammesliste auf Pine Ridge ein. Er wusste aus Erfahrung, dass ihre Kinder vielleicht einmal hier siedeln würden, weil die weiße Gesellschaft Mischlingskinder nicht so gern sah. Er forcierte die Handelsbeziehungen zu den Bronsons, sodass Theodor, Collins und Josh häufiger in Richtung der Agentur unterwegs waren, um ihre Produkte abzuliefern. Sie brachten Rinder, Eier, Gemüse und frisches Büffelfleisch und verzichteten auf einen Viehtrieb nach Deadwood. Die Agentur war einfach näher.
Theodor holte bereits Informationen ein, wie man Touristen auf seine Ranch locken konnte. In einigen Jahren wollte er ihnen ein Blockhaus und Möglichkeiten zur Büffeljagd anbieten. „Stellt euch mal vor!“, erzählte er seiner überraschten Familie. „Dann können diese Wahnsinnigen mit einem echten Indianer zur Büffeljagd gehen!“
Er deutete zufrieden auf Hank. „Er soll sich bloß nicht die Haare scheiden, sonst verdirbt es den Eindruck. Die wollen doch einen echten Indianer sehen.“
Er lachte dröhnend, als hätte er eine gute Idee verkündet. „Ha, und Untschi kann dann ihre Stickereien verkaufen!“
Auch in seinem Haus hingen indianische Stickereien an den Wänden, allerdings keine bemalten Büffelfelle, sondern einzelne Messerscheiden, schön bestickte Puppen und Kleidung. An den Wänden klebten grüne Tapeten mit orientalischen Mustern, die zu den indianischen Artefakten in einem seltsamen Kontrast standen. „Ich weiß ja nicht, wohin mit dem Blödsinn!“, hatte Theodor in seiner schnodderigen Art erklärt. Aber jeder wusste, dass er inzwischen die Kunstfertigkeit bewunderte. Auch er trug gefütterte Mokassins in seinem Haus und freute sich, dass er seitdem immer warme Füße hatte.

Der Winter kam mit den üblichen Schneestürmen, sodass das Leben sich auf das Haus beschränkte. Die Männer misteten den

Stall aus, fütterten die Rinder, sorgten für das Feuerholz und richteten ansonsten ihre Ausrüstung für das nächste Frühjahr. Sättel mussten repariert und eingefettet werden, Messer und Sensen geschärft, Ausrüstung ausgebessert und Verbesserung am Haus vorgenommen werden. Auch im Winter waren die Menschen von früh bis spät beschäftigt.
Für die Frauen blieben das Kochen, Nähen, Waschen, Stricken, Backen und das Haus in Ordnung zu halten. Die Tage waren kurz und die Menschen genossen die Zeit, in der sie am Abend gemütlich am Feuer sitzen konnten, um zu erzählen oder sich den Handarbeiten zu widmen. Theodor und Collins nahmen sogar manchmal ein Buch in die Hand und genossen die Ruhe und den Frieden ihres Tals.

Monika wunderte sich über diese Tätigkeit und so begann Collins ihr eine Geschichte vorzulesen. Er las „Romeo und Julia" von Shakespeare und Monika lauschte dem fremden Klang der Worte und der Sprache. Sie fand die Liebesgeschichte schön. Auch das Ende war schön, denn der Tod war nur ein Übergang in ein anderes Leben, sodass sie den Ausgang der Geschichte nicht als tragisch, sondern als hoffnungsvoll empfand.
Collins sah sie mit diesem seltsamen Blick an, der ihr immer wieder sagte, dass es für den weißen Mann manchmal nicht einfach war, mit einer Indianerin verheiratet zu sein.
Aber spätestens im Bett waren diese Bedenken wie weggewischt. Im Bett waren sie Mann und Frau. Hier bedurfte es keiner Worte.
Aber auch hier hatte sich eine kleine Veränderung ergeben, doch sie wusste nicht, wie sie Collins darauf vorbreiten sollte. Seit dem Frühling war er forscher und drängender geworden. Jetzt fürchtete sie sich ein bisschen davor, denn immer noch waren ihr Sitten und Gebräuche der Weißen fremd.

Am Abend lag sie neben ihrem Mann im Bett und fühlte, wie er näher an sie heranrutschte. Sie wusste längst, dass in ihrem Leib neues Leben entstanden war, und erzählte Collins in ihrer scheuen Art davon. Ihre Augen waren ängstlich auf ihn gerichtet, weil sie nicht wusste, ob er sich auch wirklich freuen würde. Noch

war Rahel so klein. Vielleicht wollte er nicht so schnell ein weiteres Kind?
Collins aber lachte glücklich und legte ihr besitzergreifend die Hand auf den Bauch. „Ist es auch wirklich von mir?“, vergewisserte er sich.
„Ja!“, antwortete sie überrascht.
Er beließ es dabei. Anscheinend war ja auch bei Anna nichts passiert. Sein Bruder hatte zum Glück rechtzeitig eingreifen können.
Verlegen versuchte Monika, sich vor seinen zudringlichen Fingern zu retten, die lüstern unter ihr Nachthemd fassten. Hatte er nicht verstanden, dass sie ein Kind erwartete und ihm damit nicht mehr zur Verfügung stand?
Er bemerkte ihren Widerstand und kicherte. „Die Kinder schlafen doch!“
Monika presste die Lippen zusammen, als er ihr Nachthemd hochschob. Wollte er tatsächlich mit ihr schlafen? „Aber das Baby?“, flüsterte sie bittend.
Ein wenig überrascht richtete sich Collins etwas auf und blickte zu dem Bett, in dem die Kinder schliefen. Rahel war inzwischen zu groß für die Wiege und lag nun an der Wandseite des Kinderbettes, in dem auch Eve schlief. „Rahel schläft!“, beruhigte er sie. Er küsste sie innig und nestelte an dem Nachthemd, um an ihren Brüsten zu saugen.
Sie rutschte etwas zur Seite und versuchte, das Nachthemd wieder nach unten zu ziehen. „Collins!“, mahnte sie ihn.
„Was denn?“, wunderte er sich ungeduldig.
Sie schwieg, als sie seine Ungeduld hörte. Für ihn schien es ganz normal zu sein, mit einer Frau zu schlafen, die ein Baby im Leib trug. Sie lauschte auf seinen heißen Atem und stöhnte unterdrückt, als er ihre Brust nahm.
„Oh Monika!“, flüsterte er heiser. „Du bist wunderschön!“
„Und das Baby?“, wagte sie zu fragen.
Er lachte dunkel. „Oh, das ist schon in Ordnung! Du bist so wunderbar weich und rund. Und du duftest so angenehm. Von mir aus kannst du immer schwanger sein!“
Er saugte an ihren Brüsten und zog energisch das Nachthemd in die Höhe. Seine Finger streichelten über ihren Bauch und rutsch-

ten dann zu ihrer intimen Stelle. Ihre Gedanken wirbelten. Sie wollte ihrem Mann nah sein und ihm gehorchen. Und doch war alles so fremd und anders. Würde es dem Baby schaden? Noch war es winzig in ihrem Leib und so konnte sie es vielleicht wagen. Zumindest diese eine Mal, bis sie ihm erklärt hatte, dass die Cheyenne so etwas nicht machten? Sie schloss die Augen und gab sich den Gefühlen hin, die sie durchströmten. Auch sie wollte diese Vereinigung. Jetzt gab es keine Heimlichtuerei mehr im Heu oder unter der Decke, immer in der Angst, dass jemand sie hören oder entdecken könnte. Hier waren sie allein. Und die Kinder schliefen nachts.

Sie zuckte zusammen, als Collins wieder ihre Brüste knetete und gierig an ihnen saugte. Sein Finger blieb an der heißen Stelle zwischen ihren Beinen und sie stöhnte vor Erregung. Ihr Mann hatte dazugelernt!

Collins lachte und flüsterte in ihr Ohr: „Mach dich breit!"

Sie öffnete gehorsam ihre Beine, damit er sein Tun fortsetzen konnte. Ihr Körper schwitzte in der Kühle der Nacht und ihr Atem wurde heftiger. Sie reckte ihm ihren Unterleib entgegen, damit er endlich sein Geschlecht in ihre nasse Höhle steckte. Er machte sich leicht, als er sich auf sie legte und ihr diesen Wunsch erfüllte. Vorsichtig tauchte er in sie ein, dann hob er eines ihrer Beine höher, um noch tiefer vorstoßen zu können. Er keuchte unbeherrscht, als ihr Fleisch aufeinander klatschte und sie sich beide den Wellen ergaben, die sie durchbrandeten.

Stöhnend ließ er sich anschließend auf die Seite fallen. „Wow, das machen wir öfter!", seufzte er zufrieden.

Monika lauschte ebenfalls auf die Wellen, die durch ihren Körper zuckten. Durfte sie ihm nun sagen, dass dies nicht möglich war? Sie entschied, eine bessere Gelegenheit abzuwarten, und kuschelte sich an ihn heran. „Mein Mann!", flüsterte sie.

„Meine Monika", antwortete er. „Mein Grasmädchen!"

„Du weißt es?", wunderte sie sich.

„Ja, Bissonette hat es uns übersetzt", erzählte Collins. „Ein wunderschöner Name!"

Monika lächelte in die Dunkelheit. Ja, sie war sein Grasmädchen. Sie hatte nie Gelegenheit, ihm von ihren Ängsten zu erzählen, denn Collins nutzte die Zeit des Winters, um sich ausgiebig seiner Frau zu widmen. Ihr wachsender Bauch war eine ständige Versuchung. Schon immer hatten ihn die weiblichen Formen erregt, doch nun hielt er es manchmal vor Lust nicht mehr aus. Zu sehen, wie ihr Bauch sich rundete und ihre Brüste nochmals an Umfang zulegten, raubte ihm den Verstand. Er sehnte die Nacht herbei, damit er sein tanzendes Geschlecht in seiner Frau versenken konnte.

Er wusste, dass sie seine anzüglichen Blicke tagsüber nicht mochte, und so unterließ er es, aber nachts konnte er es kaum abwarten, bis die Kinder tief und fest schliefen.

Es war der schönste Winter aller Zeiten für ihn. Tagsüber versorgte er die Rinder und Pferde und nachts kümmerte er sich um seine Frau. Selbst als sie kugelrund war, wischte er ihre Bedenken beiseite und fand neue Möglichkeiten, ihren Leib zu liebkosen. Er umfasste sie einfach von hinten, sodass er nicht auf ihr liegen musste.

Monika kannte dies auch von Heskovetse. Er hatte so mit ihr geschlafen, wenn es schnell gehen musste. Sie hatte gekniet wie ein Hund, und er hatte sich an ihr gestoßen. Manchmal hatten sie es hinter der Baracke so getan, einige Male sogar fast im Stehen, wenn für wenige Augenblicke niemand anwesend war.

Aber mit Collins war es anders. Seine Hände waren sanft und streichelten ihren Bauch und ihre Brüste. Er freute sich über das wachsende Leben und genoss es, wie ihr Leib sich rundete. Es erregte ihn. Sein Eindringen kam einer Verschmelzung gleich, die beide sehnsüchtig erwarteten. Und er war vorsichtig. So sagte sie ihm nichts von den Gewohnheiten der Cheyenne.

Der Schwiegervater machte natürlich anzügliche Bemerkungen, als er erkannte, dass sie schwanger war, doch Klara freute sich wirklich. „Hach, noch ein Baby! Ist das nicht wunderbar?“

Theodor hob Rahel auf den Arm, die ihm jauchzend entgegenwackelte. Sie machte gerade ihre ersten Schritte und stürzte sich von einem Arm, der sie auffing, in den nächsten.

„Na ja, bin ja mal gespannt, ob dieses Kind wie ein Mensch aussieht.“

„Theodor!", schimpfte Klara aufgebracht. „Wie kannst du nur?" Theodor kicherte lustig und alle wussten, dass er wieder mal einen seiner Scherze gemacht hatte.
Sie verloren in diesem Winter kein Vieh, weil er verhältnismäßig mild war. Stolz blickten sie auf die unzähligen Kälber, die im Frühjahr geboren wurden. Eines Tages würden sie reiche Rancher sein!
Collins aber freute sich am meisten über die fünfzehn Büffelkälbchen, die neben ihren Müttern standen und ihn mit dunklen Augen anstarrten. Sie waren der wirkliche Reichtum dieses Tals. Und er wartete auf die Geburt seines ersten eigenen Kindes. Auch dieses Kind wäre wie ein Wunder.

Es wurde ein warmer Frühling und die Geburt verlief ohne Komplikationen. Collins merkte nicht einmal etwas davon, denn Monika hatte zur Geburt das Haus verlassen und sich zwischen das Schilf des Seeufers gehockt. Als sie mit dem Bündel im Arm zurückkehrte, war er fassungslos. „Ja, aber ...?", schimpfte er. Mehr fiel ihm nicht ein, denn der Anblick des Neugeborenen ließ ihn verstummen.
„Es ist ein Sohn", murmelte Monika erschöpft, aber glücklich. Ihre Augen leuchteten, denn sie wusste, dass Collins sich freuen würde. Er würde sich auch über eine weitere Tochter freuen.
„Wirklich?" Sein Lachen war tief und voller Staunen.
Sie kicherte. „Wirklich!" Sie liebte dieses Wort.
Er drehte sich im Kreis und weckte mit seinem Jubelruf das ganze Tal. „Kommt mal alle her! Ich habe einen Sohn! Hört ihr? Einen Sohn! Ma, Pa, schaut doch mal!"
Etwas verschlafen kamen die ersten Neugierigen aus den Häusern und näherten sich dem frischgebackenen Vater. Als Erstes stürmte Eve näher, um einen Blick auf den Bruder zu erhaschen. Dann folgte bereits Anna, die ins Haus lief, um Rahel aus dem Bett zu holen. Mit dem Kind im Arm stellte sie sich neben Collins und blickte auf das winzige Neugeborene. „Ein Sohn ist eine gute Sache!", stellte sie fest.
Hank blieb sichtlich unbeeindruckt und machte eine gönnerhafte Bemerkung: „Ich werde ihm einen Bogen schenken!"

Dann kamen Theodor und Karla noch in ihren Nachthemden und barfuß durch das Gras gelaufen, um ihren ersten wahren Enkel anzusehen. „Na, so was, der ist ja fast so klein wie Rahel damals war!", staunte Theodor.
„Ach was!", schimpfte Klara in ihrer resoluten Art. „Sieh nur, wie kräftig der Junge ist. Den müssen wir nicht so aufpäppeln wie Rahel!"
Misstrauisch beäugte der alte Mann das Neugeborene und runzelte die Stirn. „Na ja, für mich sieht das nur wie eine halbe Portion aus. Der zerbricht ja, wenn ich ihn auf den Arm nehme."
Collins lachte schallend. „Der zerbricht schon nicht! Hier, halte doch mal!"
Ohne abzuwarten legte Collins das Baby seinem Vater in die Arme, während seine Mutter vor Neid seufzte. „Lass mich doch mal halten!", bat sie ungeduldig.
„Ha, jetzt habe ich diesen Winzling! Musst dich noch etwas gedulden! Kannst ihn ja dann immer halten, während ich rechtschaffene Arbeit mache."
Alle standen um die junge Familie herum und bestaunten das Neugeborene.
„Ein bisschen wie ein Indianer sieht er ja doch aus", stellte Theodor fest.
„Ja, seine Augen sind auch nicht blau!", bedauerte Collins.
Klara schüttelte missbilligend den Kopf. „Deine Augen haben auch zuerst so ausgesehen. Aber sieh doch mal, das kleine Grübchen hier! Wie bei dir!"
„Meinst du?", fragte Collins etwas verunsichert.
„Aber ja, und überhaupt, alle neugeborenen Babys haben solche Augen. Diese hier werden ganz bestimmt bald blau. So, und nun lasst mal die junge Mutter in Ruhe! Sie muss sich erholen!"
Mit Nachdruck schickte Klara die Umstehenden weg und half Monika, sich ins Bett zu legen. Fürsorglich legte sie das Neugeborene daneben und lächelte frohen Herzens. So viele Enkelkinder!

Einige Wochen später saß Monika am Ufer des Sees und betrachtete sinnend ihren kleinen Sohn. Er war so, wie sie ihn geträumt hatte: Seine Haut war von einem leichten Braun, seine Haare schwarz und er hatte die blauen Augen seines Vaters, die in dem dunklen Gesicht noch stärker leuchteten als bei seinem Vater. Am liebsten lag er an ihrer Brust, aber auch das hatte er von seinem Vater geerbt. Als die Augen diesen blauen Schein entwickelten, hatte es jeden Zweifel ausgeräumt, den Collins vielleicht im hintersten Winkel seiner Gedanken gehabt hatte. Diese Augen konnten nur von ihm sein. Sie hatten die Farbe eines klaren Sees und auch sein Vater hatte keine Zweifel mehr an der Herkunft des Kindes.

Es sollte Connor getauft werden, doch Monika hatte noch einen weiteren Namen für ihn: „Mahpe!"

„Und was heißt das?", hatte Theodor misstrauisch gefragt.

„Wasser!"

„Aha! Na gut, dann heißt der Bengel eben Connor Mahpe Bronson!"

Immer wieder hallte sein lautes tiefes Lachen durch das Tal und erfreute die Geister, die über diese Familie wachten.

Historischer Abriss

Mit den Cheyenne beschäftige ich mit schon seit Längerem. Bereits bei den Recherchen zu „Der scharlachrote Pfad“ oder „Wie ein Funke im Feuer“ oder „Die Feder folgt dem Wind“ bin ich auf viele Unterlagen gestoßen und habe historische Ereignisse einfließen lassen, die auch die Cheyenne betreffen. Die Cheyenne waren mit den Lakota verbündet und so war es selbstverständlich, dass ich mich auch in diese Thematik einarbeite. Im Roman „Wie ein Funke im Feuer“ wurde meine Recherchearbeit intensiver, weil ja die Hauptprotagonistin vom Volk der Cheyenne ist. Die Idee zum Roman „Im fahlen Licht des Mondes“ entstand jedoch, als ich die Biografie von Mitch Walking Elk las. Hier begegnete ich einem Menschen, der so viel Leid in seinem Leben, aber auch in der Geschichte seiner Familie erfahren hat, dass ich beschloss, einen Roman über die Cheyenne zu schreiben. Meine Protagonisten sollten exemplarisch für all die Cheyenne stehen, die ähnliche Schicksale erlebt hatten.
Es ist schier unfassbar, was diesem Volk angetan wurde. Ein Massaker folgte auf das andere, mit unzähligen weiteren Gemetzeln, die gar nicht dokumentiert sind. Mir stellte sich die Frage, wie jemand damit umgeht, der all dies überlebt? Wie musste es für die Überlebenden sein, wenn all ihre Familienangehörigen umkommen, sei es durch Überfälle oder durch Krankheiten? Fast keine Familie der Cheyenne kam unbeschadet aus der Zeit der Kolonisierung heraus. Wir können uns kaum vorstellen, was all diese Verluste für dieses Volk bedeutet haben. Eine ganze Kultur wurde vernichtet und die Cheyenne kämpfen noch heute darum, das Wenige, was geblieben ist, zu erhalten. Kaum einer der Menschen spricht noch die Sprache und viele Zeremonien gingen verloren.
Hier in Deutschland sieht man gern die glorreiche und kriegerische Vergangenheit der Cheyenne. Cheyenne-Dogsoldiers, die gegen die weißen Eindringlinge kämpften und mit ihren Hauben aus Rabenfedern wohl sehr eindrucksvoll aussahen, spuken in den Köpfen der Menschen. Weniger bekannt ist, dass diese Chey-

enne zuerst einmal ihr Land und ihre Lebensweise verteidigt haben. Noch weniger bekannt ist, dass auch das Dorf der Dogsoldiers zerstört wurde. Verträge und Friedensabkommen wurden nicht eingehalten und Dörfer mitten im Frieden niedergemetzelt. Hier gab es nichts Heroisches. Cheyenne als „Krieger“ zu bezeichnen, ist keineswegs angemessen. Die Cheyenne wollten keinen Krieg. Immer wieder ersuchten die Häuptlinge um Frieden, doch die Weißen wollten in ihrer Gier alles Land und hatten keinen Platz für die Ureinwohner. Die Cheyenne wehrten sich in einem aussichtslosen Kampf, bis die wenigen Überlebenden endlich auf Pine Ridge oder in Montana bleiben durften. Heute gibt es ungefähr zehntausend Stammesmitglieder, von denen ca. die Hälfte auf der Northern Cheyenne Reservation leben. Zwölftausend Cheyenne sind Stammesmitglieder der Southern Cheyenne in Oklahoma. Einige Familien leben heute noch auf Pine Ridge.
Ich möchte mit meinen Büchern unterhalten, aber auch Wissenswertes vermitteln. Am meisten möchte ich jedoch Betroffenheit auslösen. Wer sich mit der Geschichte Nordamerikas beschäftigt, wird erleben, dass die Besiedelung des Kontinents zu Lasten der einheimischen Bevölkerung ging und immer noch geht. Uranabbau, Umweltverschmutzung, Landraub und Fracking gehen häufig zu Lasten der indigenen Bevölkerung. Misshandlung von Frauen, Mord, Schikane gegen Ureinwohner … wer sich mit den Nachrichten aus dem indigenen Amerika beschäftigt, kann kaum glauben, dass so etwas in einem Rechtsstaat passieren kann. Schlechtere Bildungschancen, Arbeitslosigkeit, Drogen- und Alkoholsucht sind Themen, mit denen die Stämme zu kämpfen haben. Die hohe Diabetesrate ist ein weiteres Phänomen, das besonders indigene Völker vor große Herausforderungen stellt. Nicht umsonst erklärt die Weltgesundheitsorganisation einige Stämme als „gefährdet“!
In meinem Buch wird die Geschichte dieses Volkes exemplarisch mit Moekaé erzählt. Sie steht für die vielen Frauen und Kinder, die unter den Aggressoren zu leiden hatten. Ein Teil dieses Buch handelt aber auch von einer weißen Familie. Ich fand es interessant, dass es durchaus Familien gab, die den „Indianern“ wohlgesonnen gegenüber standen und ihnen auch geholfen haben.

Bei meinen Reisen bin ich auf mehrere Familien gestoßen, die in der Vergangenheit gute Kontakte zu ihren indianischen Nachbarn hatten und kleine Museen eingerichtet haben, in denen Geschenke von damals ausgestellt sind. Rancher, die Indianer beschäftigt haben, oder Familien, bei denen der Großvater mit einer Indianerin verheiratet war, sind keine Seltenheit. Einige Familien haben bis heute gute Kontakte zu den Reservationen und unterstützen diese bis heute. Auch das ist Amerika. Ich fand es beim Schreiben ganz schön, dass ich auch mal „nette“ Weiße hatte und nicht nur mordende Soldaten.

Wie immer sind die historischen Ereignisse sehr genau recherchiert. Vor allen Dingen die Kämpfe der Cheyenne, der Exodus und der Ausbruch aus Fort Robinson haben so stattgefunden. Die Geschichte um Moekaé ist natürlich erfunden. Aber auch die Lage auf Pine Ridge, wo die flüchtigen Cheyenne Zuflucht gesucht haben, ist realen Ereignissen nachempfunden.

Viel Spaß beim Lesen!

Eure Kerstin

www.traumfaenger-verlag.de

Die Handlung ist frei erfunden, basiert jedoch auf historisch belegten Ereignissen.

Aktionsgruppe Indianer & Menschenrechte e.V.

Die Aktionsgruppe Indianer & Menschenrechte e.V. (AGIM) ist eine Organisation, die sich im Rahmen der Menschenrechtsarbeit der politischen und kulturellen Unterstützung indianischer Völker in Nordamerika widmet. Von indianischen Organisationen ausdrücklich beauftragt, unterstützt AGIM diese Völker in ihrem Kampf um Selbstbestimmung und Anerkennung als souveräne Nationen. Die Aktivitäten der AGIM erfolgen in enger Zusammenarbeit und gegenseitigem Austausch mit den indianischen Völkern selbst.

Seit Jahrhunderten wurden die indigenen Völker ihrer Lebensgrundlagen und ihrer Rechte beraubt – bis heute. Wir müssen uns daher unserer Verantwortung gegenüber diesen Völkern stellen. Die Tätigkeitsfelder der AGIM umfassen politisches Engagement, kulturelle Unterstützung sowie Öffentlichkeitsarbeit. Wichtiges Instrument ist dabei die 2007 verabschiedete UN-Deklaration der Rechte der indigenen Völker, die diesen erstmals auf höchster Ebene Anerkennung gewährt.
Das von AGIM herausgegebene Magazin „Coyote", das vierteljährlich erscheint, ist die einzige Periodika, die sich im deutschsprachigen Raum ausschließlich nordamerikanischen Indianern widmet.
Die Aktionsgruppe Indianer & Menschenrechte e.V. (1986 gegr.) ist ein anerkannt gemeinnütziger Verein.

WINTERPROJEKT Pine Ridge Reservat, Süddakota USA

Jedes Jahr kehrt der bitterkalte Winter wieder nach Süddakota zurück und jeder sollte ein warmes Zuhause haben!

Der Wintereinbruch in Süddakota bedeutet für viele Familien im Pine Ridge Reservat einen neuen Kampf ums Überleben. Die letzten Winter mit Temperaturen von unter minus 20 Grad waren extrem. Die meisten Familien auf dem Pine Ridge Reservat leben weit unter der Armutsgrenze, deshalb wird es auch in diesem Winter vielen Familien nicht möglich sein, Heizmaterial zu kaufen, wie z. B. Holz oder das am meisten verwendete Propangas. Leider kommt die Gasfirma erst zu einer Familie, wenn diese für mindestens 120 Dollar Gas bestellt. Und das haben viele Familien nicht zur Verfügung. Deshalb sterben jedes Jahr im Winter viele Menschen – unter ihnen sehr oft alte Menschen – an Unterkühlung.
Über die Gesellschaft für bedrohte Völker (GfbV) werden Spenden entgegengenommen. Jede noch so kleine Spende kann sehr hilfreich sein. Die weltweit anerkannte Organisation GfbV leitet die Spenden zu 100 Prozent weiter und das Geld wird nur für Heizmaterial wie Propangas oder Holz verwendet.

Spendenkonto:
Förderverein für bedrohte Völker (GfbV)
Postbank Hamburg
WICHTIG: Stichwort „Winterprojekt“
IBAN: DE89 2001 0020 0007 4002 01

Wenn Sie eine Spendenbescheinigung benötigen, vergessen Sie nicht, Ihre Adresse anzugeben. Bis 100 Euro reicht der Überweisungsbeleg. Ansprechpartner: Andrea Cox
www.andreac.de

Lila Pilámaya ye!

Unsere Romane:

Der scharlachrote Pfad

Eine Sioux-Saga

Historischer Roman
von Kerstin Groeper

16,90 € ISBN 978-3-941485-23-5

Kranichfrau

Die Geschichte einer Blackfeet Kriegerin

Historischer Roman
von Kerstin Groeper

Neu als Taschenbuch!
14,90 € ISBN 978-3-941485-14-3

Auf den Pfaden des Luchses

Von den Ojibwe zu den Cheyenne

Historischer Roman
von Tanja Mikschi

16,90 € ISBN 978-3-941485-24-2

NEU:

Donnergrollen im Land der grünen Wasser

Historischer Roman
von Kerstin Groeper

16,90 €   ISBN 978-3-941485-55-6

Die Feder folgt dem Wind

Historischer Roman
von Kerstin Groeper

16,90 €   ISBN 978-3-941485-15-0

Wintercount

Dämmerung über dem Land der Sioux

Historischer Roman
von Dallas Chief Eagle
übersetzt von Kerstin Groeper

Neu als Taschenbuch!
9,90 €   ISBN 978-3-941485-02-0

Unsere Romane:

Ulzanas Krieg

Die Weißen nannten ihn Josanie

Der letzte Kampf der Apachen

Historischer Roman
von Prof. Karl H. Schlesier

16,90 € ISBN 978-3-941485-06-8

Wie ein Funke im Feuer

Eine Lakota und Cheyenne Odyssee

Historischer Roman
von Kerstin Groeper

16,90 € ISBN 978-3-941485-60-0

Das Echo des Adlerschreis

Erinnerungen an ein früheres Leben

Roman von Rebecca Netzel

9,90 € ISBN 978-3-941485-54-9

Unsere Biographien:

NEU:

Crazy Horse

Das Leben & Vermächtnis
eines Lakota Kriegers

Die Edward Clown Familie,
erzählt vonWilliam B. Matson

22,50 € ISBN 978-3-941485-52-5

There will be no surrender
– Ich werde mich nie ergeben

Autobiographie
von Mitch Walking Elk

9,90 € ISBN 978-3-941485-16-7

Waheenee

Ein Indianermädchen erzählt

Gilbert L. Wilson,
nach Erzählungen von Waheeneer

9,90 € ISBN 978-3-941485-53-2

Unsere Thriller:

Tanz mit Schlangen

Tödliche Zeremonie bei den Hopi

Thriller von Ulrich Wißmann

9,90 € ISBN 978-3-941485-47-1

Böser Zauber

Schwarze Magie
auf der Navaho Reservation

Thriller
von Ulrich Wißmann

9,90 € ISBN 978-3-941485-18-1

Maggie Yellow Cloud

Das verkaufte Herz
Eine Lakota-Ärztin bei den Navajo

Thriller von Brita Rose-Billert

9,90 € ISBN 978-3-941485-29-7

Sturmgeflüster

Tödliche Spurensuche im Land der Sioux

Thriller von Alexandra Walczyk

9,90 € ISBN 978-3-941485-27-3

Wer die Geister stört

Mord am heiligen Berg der Apachen

Thriller
von Ulrich Wißmann

9,90 € ISBN 978-3-941485-11-2

Der Fluch von Fort Henry

Schwarze Magie
auf der Navaho Reservation

Thriller
von Ronda Baker-Summer

9,90 € ISBN 978-3-941485-22-8